1951-2021

新中国文学出版事业从这里开始！

人民文学出版社
七十年图书总目
1951-2021

人民文学出版社 / 编

王海波 / 辑录

索引

PEOPLE'S
LITERATURE
PUBLISHING
HOUSE

人民文学出版社

索引

书名笔画索引

一 画

一二·一诗选	3036
一人之城 幻想卷	4678
一人能守半边天	9971
一九二八年三月十五日	13482
一九二五年的风暴	9889
一九七八年全国优秀短篇小说评选作品集	1759
一九八四	11975
一九三七年的爱情	1319
一寸土	12601
一千〇一天	17942
一千八百担	2308
一千零一夜	13432
一千零一夜	13434
一千零一夜（1）	13409
一千零一夜（2）	13410
一千零一夜（3）	13414
一千零一夜（4）	13415
一千零一夜（5）	13419
一千零一夜（6）	13420
一千零一夜（一）	13386
一千零一夜（二）	13385
一千零一夜（三）	13390
一千零一夜（少年版全集 上下）	15918
《一千零一夜》故事选	13425
一亿五千万	14217
一亿六	1167
一个人	11942
一个人的西部	5141
一个人的西部 致青春	5379
一个人的名字 苏联作家短篇小说选（1951—1954）	12450
一个人的安顺	4435
一个人的夜晚	9510
一个人的诗歌史	6539
一个人的绿龟岛	9167
一个人的道路	12660
一个人的湘西辞典	4935
一个人的遭遇	12588
一个人的遭遇	12599
一个女人一生中的二十四小时	11948
一个女人和一个半男人的故事	1843
一个女人的悲剧	2480
一个女人的遭遇	13422
一个女中学生的日记	9079
一个女囚的自述	199
一个女剧员的生活 边城	2405
一个天使的沉沦	587
一个天朝人的磨难	11272
一个不知名的姑娘	12423
一个中国人在美国	15726
一个世纪儿的忏悔	11058
一个平常的女人	1613
一个外币女郎的自述	12579
一个传奇的本事	5589
一个军的传奇	5383
一个医生的救赎	4695
一个吧女和七个水手	444
一个角色的创造	18238
一个青年艺术家的画像	11579
一个非洲庄园的故事	13388
一个和八个	3394
一个陌生女人的来信	11986
一个陌生女人的来信	12253

条目	页码
一个"参与创造历史"的华人 ——司徒眉生传奇	4528
一个城市的历史	11337
一个美国女孩在中国	4816
一个神秘世界的见闻	4077
一个孩子的诗园	15799
一个孩子的战争——家庭拯救纪实	5060
一个博物学家的死亡 希尼诗100首	14206
一个普通的战士	17638
一个温暖的雪夜	9901
一个编书匠的审读思辨	6730
一个编审的视界 鲁迅·国际友人·现代文学	6754
一个鲍米涅人	12258
一个演员的生活笔记	5266
一个演员的库藏记忆	5265
一小窝弄学人 2005年度英国短篇小说精选	11864
一天等于二十年	18575
一支红色游击队的成长	9830
一匹马走进酒吧	13828
一匹马两个人	2265
一匹布	18683
一匹会表演的小马	16794
一匹瘦红马	1674
一车高粱米	2715
一车高粱米(快板诗)	2722
一切始于爱情——罗日杰斯特文斯基诗选	14243
一切破碎,一切成灰	13126
一切随缘	14788
一日一生	13233
一日千里	18942
一见钟情	3223
一片叶子下生活	5246
一片冰心	4346
一片树叶变呀变	8908
一片幽情冷处浓 纳兰词	3779
一仆二主	14818
一仆二主	18354
一分钟小说	12714
一月后,一年后	12275
一以当十	6091
一本打开的书(第一部)	12456
一本打开的书(第二部)	12467
一本打开的书(第三部)	12558
一只小狗的故事	16401
一只马蜂及其他	17964
一只打开坚果的狼	16493
一只金镯	18968
一只狗的典型一天	16400
一只捣蛋狗的回忆	16403
一只流浪狗的自述	16402
一只眼睛睡了 一只眼睛醒着	3437
一只黑猫的自闭症	777
一只想飞的猫	10132
一只想飞的猫	9618
一只想做强盗的猫	9007
一生	11041
一生太长了	2024
一生 伪币制造者	11300
一生里的某一刻	5088
一生的麦地	5426
一生做个好人	15999
一生 漂亮朋友	11088
《一代风流》的典型性格	6300
一代军师(第一部)	807
一代军师(第二部)	808
一代军师(第三部)	826
一代军师(第四部)	827
一半儿的奥秘	17326
一半的力量	13183
一半是黑色,一半是白色	769
一对白天鹅·温迪古尔灰雁	9382
一对红的故事 战士业余演出独幕剧集	17984
一对喜猪	18620
一地鸡毛	1942
一场火警	9955
一场欢喜一场空	11355
一百三十五个世界著名的文学家	7332
一百万堵墙	11891
一同成长	1571
一岁的小鹿	15856
一年四季	16792
一年集	6025
一先令蜡烛	11883

书名	页码
一件妙事	18409
一份缘	4190
一次战地采访	1784
一坛猪油 迟子建短篇小说编年 卷四（2004—2010）	2047
一块烫石头	11396
一声犬吠	16591
一束微暗的灯光	3222
一抔尘土	12166
一把小麦	13481
一把炒面一把雪	2798
一把泥土	12376
一针见血	801
一位女士的画像	12757
一位绅士的画像	12325
一身孤注掷温柔Ⅰ	1457
一身孤注掷温柔Ⅱ	1458
一身孤注掷温柔Ⅲ	1459
一身孤注掷温柔Ⅳ	1460
一条想念春天的鱼	9426
一张工票 揭露资产阶级罪恶录	3987
一纸情深	5306
一周间	12447
一定办好民校	19051
一定要解放台湾	9961
一封拾到的信	1757
一厘米微蓝《萌芽》美文精选（2000—2006）·情	4591
一面小白旗的风波	1626
一度青春	12050
一架弹花机	1496
一盏红灯	19015
一起去小镇	16343
一起去地下	16347
一起去冰雪森林	16344
一起去原野	16345
一起去海底	16346
一起去森林	16342
一起沉默 2000—2005年《萌芽》小说精选	1957
一桩神秘案件	11081
一样的天空	541
一根水做的绳子	881
一根燃烧尽了的绳子	4794
一笑散	17678
一座营盘	1217
一部法国小说	11963
一袋麦种	18179
一得余抄	6096
一望无极	4537
一粒麦种	13598
一粒麦种	13721
一粒珍珠的故事	4525
一粒种子的旅行	16649
一期一会好时光	10738
一棵开花的树	9609
一棵石榴树的国王	9725
一棵行走的树	8804
一棵树站着	3218
一幅画	12556
一腔废话	951
一蓑烟雨任平生 东坡词赏读	3777
一路平安	18089
一路走来终不悔	7787
一路两个人	14560
一触即发	13017
一群与众不同的鸟	16396
一群美丽的妖怪	8915
一颗红心	18173
一颗清亮的大星——胡适传	4796
一颗新星	2789
一滴泪的天长地久	4856
一镐渠	15916
一箭和	18677
一瞬化作风(1)	13680
一瞬化作风(2)	13681
一瞬化作风(3)	13684
乙方	990

二　画

书名	页码
二十一个故事	12200
二十一世纪 鲁迅和我们	6673
二十亿光年的孤独	14407
二十五世纪的人(上下)	556
二十世纪八、九十年代俄罗斯中短篇小说研究	7473

二十世纪女孩 弗洛拉·邦宁顿的日记	16428	二班女生有点闹	8649
二十世纪元代戏剧研究	7049	二流小说家	13221
二十世纪中国文学三人谈	6241	二堂舍子	18545
二十世纪末中国文学现象研究	6450	二路电车	13527
二十世纪外国文学回顾		十一月的姆咪谷	16700
——《环球时报》国际文化备忘录	4325	十一郎	18831
二十世纪外国散文精选	15659	十二级台风刮不倒(小靳庄诗歌选)	2962
二十世纪外国短篇小说编年 英国卷		十二把椅子	11415
（上下）	11669	十二背后	3475
二十世纪外国短篇小说编年 法国卷		十二楼	2633
（上下）	11671	十二寡妇征西	18956
二十世纪外国短篇小说编年 俄苏卷		十七岁	12932
（上下）	12590	十七岁,十七岁,十七岁	415
二十世纪外国短篇小说编年 美国卷		十七岁向谁宣战	1009
（上下）	12901	十七岁的轻骑兵	1354
二十世纪外国短篇小说编年 德语卷		十七年蝉	1025
（上下）	11670	十八岁给我一个姑娘(英文)	1402
二十世纪台湾诗歌史	6446	十八相送 苏童短篇小说编年卷叁	
二十世纪西方文学比较研究 王宁文化		（一九九五至一九九六）	1980
学术批评文选之2	7377	十八勇士大渡河	18770
二十世纪独白——沃兹涅先斯基诗选	14247	十八高僧传	4532
二十年目睹之怪现状(上下)	2604	十九世纪文学主流(第一分册)	
二十夜问	13381	流亡文学	15122
二十面相的谜题	16757	十九世纪文学主流(第二分册)	
二马	2454	德国的浪漫派	15124
二马 牛天赐传	2511	十九世纪文学主流(第三分册)	
二马 牛天赐传 丁聪插图本	2502	法国的反动	15135
二月	2344	十九世纪文学主流(第五分册)	
二月	2481	法国的浪漫派	15127
二心集	5441	十九世纪文学主流(第六分册)	
二叶亭四迷小说集	13400	青年德意志	15138
二奶奶成了土专家	9985	十九世纪文学主流(第四分册)	
二年级日记狂	8972	英国的自然主义	15132
二年级日记狂（升级版）	9570	十九世纪文学主潮(第一卷)	15090
二闯文化关	9948	十九世纪外国文学史(第一卷)	15261
二进宫	18474	十九世纪英国文论选	15134
二进宫	18694	十九世纪英国诗人论诗	15131
二进宫	18843	十九世纪波兰浪漫主义文学	15121
二知道人集	8244	十三人故事	11087
二刻拍案惊奇(上下)	2653	十三妹	18495
二郎捉太阳	9762	十三妹	18804
二胡演奏法	10548	十三陵水库的黎明	19028
二神父	11483	十三陵水库歌谣	9935

十大吉祥	19041	丁玲散文集	4054
十万个为什么	16963	丁玲短篇小说选(上下)	1772
十个女人的命运	457	丁玲短篇小说选集	2298
十五岁的船长	11238	丁玲集外文选	5496
十五贯	18131	丁香	8358
十五贯戏曲资料汇编	7296	丁聪古趣漫画	10861
十五贯(昆曲)	5762	七十年代苏联青年作家小说选	12559
十日谈	11168	七个人的背叛 冲击传统散文的声音	4455
十月	12342	七个小淘气	8859
十月的阳光	84	七个会议	13895
十月的孩子	11774	七个来自远方的故事	12150
十月的歌	3610	七个英雄的故事	14729
十号的命运	13282	七个铜板	11473
十四个美梦	9436	七个淘气包	16104
十年	946	七月十四日	14796
十年一觉电影梦 李安传	4606	《七月》《希望》作品选(上下)	8104
十年九夏	819	七月轮舞	1024
十年——从改变电视的语态开始(修订版)	10775	七月的长江	1572
		七月的战争	2724
十年来的新中国文学	6123	七月流火	17899
十年诗抄	2848	七号的复仇	13265
十米真相	13820	七兄弟	11036
十字军骑士	12726	七色花	15892
十字架上的魔鬼	13852	七色桥	894
十字路口的人们	12665	七步镇	1387
十里盐湾	3592	七国银河 镐京魅影	1478
十图桥	9143	七侠五义	8661
十侠	2276	八一风暴	17872
十面包袱	4960	"八一"的枪声	9829
十面埋伏	961	八十一梦 五子登科	2514
十爱	2215	八十大寿	18630
十幅自画像	307	八十天环游地球	11225
丁丁与我 埃尔热访谈录	17422	八十天环游地球	11261
丁丁的一次奇怪旅行	8941	八大时间	7613
丁西林剧作选	5918	八大奇案	16145
丁秀芹审椅子(曲艺专辑)	10330	八大锤	18692
丁玲	8107	八山	12255
丁玲办《中国》	6462	八月的乡村	2296
丁玲传	5210	八月的星期天	12099
丁玲作品新编	8162	八月桂花遍地开	1221
丁玲选集	8140	八角塔下	1876
丁玲散文	5237	八哥	9321
丁玲散文选	4097	人	14236

条目	页码
人	14697
人二雄路线之好旅馆	5159
人人都能成为简·奥斯丁	
——女性小说畅销秘笈	15186
人工智能	17239
"人"与"鬼"的纠葛——鲁迅小说论析	6663
人之诗	3041
人马座纪事	1286
人子	12862
人·历史·家园 文化批评三调	6403
人比月光更美丽	3085
人文之宝 2020 古物之美	
故宫600年纪念手账	10880
人文文本 建筑、阅读、音乐与记忆	4839
人心向高炉	18573
人生	1936
人生若只如初见	4893
人生的开端 卡迪央王妃的秘密	11051
人生的太阳——作家艺术家致青少年	8420
人生的枷锁	12314
人生的战斗	11278
人生的修行	5605
人生彼岸	4275
人生是梦	14877
人生咨询录	10599
人生啊,欢迎"迷路"	10830
人生散叶	5239
人生感言	4771
人生路上不逍遥	4635
人生舞台	12571
人们都叫我动物	11875
人民公仆	13615
人民公社一枝花	9968
人民公社好	19030
人民公社好	9940
人民公社幸福路	9942
人民公社是乐园	18566
人民文学出版社六十年图书总目	
1951—2011	10274
人民在战斗	29
人民在前进	13456
人民的儿子	2935
人民的江山万万年	17768
人民需要明朗的朝霞 缅甸诗人诗集	14341
人民警察(第一部)	1209
人民警察(第二部)	1210
人民警察(第三部)	1211
人在江湖	4660
人在旅途——周作人的思想和文体	6669
人在职场	4425
人有病天知否 一九四九年后中国文坛纪实	4298
人,岁月,生活(上下)	14712
人,岁月,生活(第一部)	14688
人,岁月,生活(第二部)	14689
人,岁月,生活(第三部)	14690
人,岁月,生活(第五部)	14693
人,岁月,生活(第六部)	14694
人,岁月,生活(第四部)	14691
人、自然与文化	
——中西环保哲学比较研究	10606
人血不是水	12500
人争一口气	4699
人极	2243
人间	12528
人间天堂	12792
人间天堂	13313
人间天堂	17770
人间五味(插图本)	5420
人间正道	539
人间正道是沧桑	5892
人间乐园	15046
人间问题	13588
人间好	18988
人间 希望伴我前行	5540
人间词话	6836
人间的春天	3859
人间草木(插图本)	5419
人间信息 范小青短篇小说精选集	
(1991年—1997年)	2031
人间喜剧(1)	15442
人间喜剧(10)	15451
人间喜剧(11)	15452
人间喜剧(12)	15453
人间喜剧(13)	15454
人间喜剧(14)	15455

人间喜剧(15)	15456	人类的动物园	7606
人间喜剧(16)	15457	人类的音乐	17402
人间喜剧(17)	15458	人类的基因	17240
人间喜剧(18)	15459	人类的曙光 德国表现主义经典诗集	14163
人间喜剧(19)	15436	人类学历史本体论(上中下)	10954
人间喜剧(2)	15443	人类星光灿烂时	14559
人间喜剧(20)	15437	人都是要死的	11582
人间喜剧(21)	15438	人啊,人	846
人间喜剧(22)	15439	人造人的故事	11098
人间喜剧(23)	15440	人脑是如何工作的	17238
人间喜剧(24)	15441	人——梅热拉伊蒂斯抒情诗集	14244
人间喜剧(3)	15444	人望幸福树望春	81
人间喜剧(4)	15445	人道主义与现代文学(上下)	
人间喜剧(5)	15446	（现代文艺理论译丛增刊）	15298
人间喜剧(6)	15447	人勤春来早(二胡独奏曲,民族乐队	
人间喜剧(7)	15448	伴奏)	10469
人间喜剧(8)	15449	人鼠之间	13317
人间喜剧(9)	15450	入土不安 欧美惊悚小说精选集	11232
人间鲁迅	4840	入世之初	11304
人间愉快	4461	入戏	13371
人间·慈母·爱	4117	入住望京的女人们	676
人杰	12864	儿女英雄传	8681
人到中年 方舟 中篇小说卷		儿女英雄传(上下)	2626
（1979—1982）	2175	儿子与情人	11603
人物·书话·纪事	4542	儿子的反差	9199
人物纪念	5620	儿童文学选	8293
人物志	17713	儿童文学选(1954.1—1955.2)	8270
人的大地	11649	儿童文学选(1956)	8271
人的大地	12208	儿童文学选(1957)	8273
人的颂赞	9887	儿童圣经故事	16117
人的境遇	11650	儿童团	17904
人往高处走(话剧)	5706	儿童诗歌精选	10066
人鱼部落	8545	儿童经典古诗诵读(拼音绘图版)	8567
人狗情	15658	儿童经典成语故事诵读(拼音绘图版)	8565
人性记录	11731	儿童经典格言诵读(拼音绘图版)	8568
人性闲话	4333	儿童经典寓言诵读(拼音绘图版)	8566
人性的弱点 80周年纪念版	17465	几何学的奠基人 欧几里德	9669
人参的故事	9807	几度元宵	1802
人鬼之间	12870	九三年	10994
人类从何而来 达尔文	9678	九三年	15828
人类文字浅说	10722	九大行星	15946
人类的大脑	16212	"九大"凯歌震天下	10576
人类的大脑	17237	九月公主与夜莺	16919

九月寓言	770	三大师	14480
九叶派诗选	3560	三大师	14666
九州缥缈录 1 蛮荒（修订版）	1230	三大纪律八项注意	10422
九州缥缈录 2 苍云古齿	1231	三大纪律八项注意	10433
九州缥缈录 3 天下名将	1232	三寸金莲	1323
九州缥缈录 4 辰月之征	1233	三千里江山	17871
九州缥缈录 5 一生之盟	1234	三千里江山	7
九州缥缈录 6 豹魂	1235	三千翻	17779
九州缥缈录 套装（1—6卷）	1229	三个女人的遭遇	306
九州飘零书 商博良	1385	三个瓦工	1618
九江口	18056	三个从家庭出走的妇女	
九级风暴	1659	——比较文学论文集	7369
九故事	12993	三个火枪手(上、下)	11265
九故事（英汉双语版）	13059	三个瓜	18618
九重恩怨	454	三个饲养员	18626
九歌	3657	三个音乐家	16419
九颗红心向祖国	3991	三个穿灰大衣的人	12347
刀马人	9184	三个彩色故事	13296
刀尖 1 阳面	1391	三个傣族歌手唱北京	2869
刀尖 2 阴面	1392	三门李轶闻	4094
刀兵过	1383	三门峡的传说	9747
刀背藏身 徐皓峰武侠短篇集	2067	三不愿意	18492
刀锋	12313	三不愿意	18673
刀劈三关	18707	三少年	18086
力争上游	17758	三分之一的加菲猫	4561
力争上游	19016	三月麦子满圳黄	9920
又一个早晨	289	三月里的幸福饼	2125
又见小不点魔法师	16679	三月雪	1598
又见炊烟	4608	三月潮	344
又见梅娘	4349	三击掌	18507
又见深秋	497	三击掌	18536
又是烟雨迷蒙时	5355	三击掌	18661
又怎样	13821	三打祝家庄	18020
又寂寞又美好	10696	三打祝家庄	18051
了不起的盖茨比	12940	三只小狼和一只大坏猪	16120
了不起的盖茨比	13306	三只小狼和一头大坏猪	16206
		三只小猪	16009

三　画

		三只鸟的故事	16596
三八线上的凯歌	39	三只虫草	2154
三人	12487	三只喵厨师	8729
三人行	17889	三四十年代苏俄汉译文学论	6700
三人行 路	2493	三生石	1950
三大王和老北风	17996	三生石	2091

三尖树时代	12094	三峡民间故事	9745
三年	17571	三峡灯火	2872
三年早知道	1606	三峡建设者风采	4368
三仲马传	14476	三峡拾韵	4367
三朵小红花	18182	三看御妹	18909
三关排宴 四郎探母	18663	三复集	6098
三字经	10259	三剑客	11171
三字经	9600	三顾茅庐	2584
《三字经》全解	8622	三换肩	18109
三访大寨(曲艺集)	10341	三座山	18021
三里湾	18090	三座山	18397
三里湾	18958	三座楼	17753
三里湾	53	三家村札记	4042
三里湾 小二黑结婚 李有才板话	1430	三家巷	83
三角龙是我哥们	9046	三家巷 苦斗(《一代风流》第一卷、第二卷)	762
三角地	2028		
三角地	9265	三娘教子	18645
三角地	9398	三曹诗选	3621
《三角地》(当当版单本)	9390	三眼皮美容剂	8528
三角帽	11023	三跃进	17788
三闲集	5453	三彩马的旅行	9532
三沙,蔚蓝的绽放	7797	三盗令	18840
三张牌	12966	三清贤	18977
三姊妹	14914	三幕悲剧	11861
三拉房	19014	三摆渡	18114
三国史话	5351	干劲及其他	9907
《三国志·武帝纪》注译	5638	干燥花	615
三国志通俗演义(影印本)	2609	于无声处(话剧)	5863
三国演义	2574	于少保萃忠全传	2635
三国演义(上下)	8680	于立鹤	2892
三国演义 汉日对照(1—6)	2701	于老师的恋爱时代	1278
三国演义 汉法对照(1—6)	2682	于坚的诗	3171
三国演义 汉俄对照(1—6)	2693	于伶剧作选	5925
三国演义研究论文集	6857	于松太太的贞洁少男	11149
三斧头	9299	于絮尔·弥罗埃	10990
三怪客	15729	工人创作选	3874
三怪客泛舟记	12077	工人阶级必须领导一切	10575
三怪客骑行记	12074	工人阶级的最后时光	12019
三定桩(莱芜梆子)	5828	工艺美术	17317
三弦战士	2853	工地春光(独幕话剧)	5838
三姐妹	18408	工匠精功	5330
三城记	1405	工农一家人——革命历史歌曲	10405
三故事	11073	工农齐武装	10426

工农兵大学生	1191	大气功师	392
工农革命歌——革命历史歌曲	10402	大长今	13647
工作着是美丽的	2535	大风传(上下)	1032
工矿大跃进歌谣选	9885	大风起兮——袁瑞良赋体文学论	9607
工程兵曲艺作品选	10348	大风歌	112
工潮	2333	大风歌	1251
士气文心 苏轼文化人格与文艺思想	7003	大风暴	1559
士兵突击	1336	大巴扎	12048
士兵突击	5893	大水	564
土门	905	大白鲨	13323
土专家	17862	大鸟科科骑士	16639
土地	13467	大饥荒 爱尔兰女孩菲利斯的日记	16429
土地	13575	大头鱼在雨天和晴天	8532
土地	1492	大头鱼在雨天和晴天	8846
土地婆婆变变变	9039	大头鱼在雨天和晴天	8991
土豆先生,弹琴了	5381	大写西域(上下)	10822
土里长了什么?	17312	大老爷查荒	9736
土拨鼠约翰尼奇遇记	17026	大地	280
土拨鼠的传奇	8456	大地三部曲	13055
土著的毒箭	16139	大地与梦想	3157
土壤	251	大地与脚印	3280
下一次将是烈火	14657	大地之灯	1179
下乡吃牛排	14772	大地飞虹	3242
下乡集	1698	大地飞彩虹——铁道兵诗选	2934
下世纪的公民们	8421	大地芬芳	1061
下驴上马	17771	大地苍茫	6475
下雨天的大气球	16683	大地的女儿	12805
下雨的童话	8475	大地的孩子	16556
下雪了,天晴了	8617	大地的翅膀	4020
大刀记(第一卷)	141	大地的脚踝	3362
大刀记(第二卷)	143	大地笔记	4429
大刀记(第三卷)	144	大地新游	3967
大刀进行曲——革命历史歌曲	10409	大臣夫人	18371
大力神星球,或曰红色星球	12934	大西瓜	9537
大上海沉没	423	大西洋帝国:一座城池的兴与衰	17439
大门牙姑娘有美梦	9110	大灰狼(儿童剧)	5741
大卫的母亲	11661	大师	11844
大卫·科波菲尔	15824	大师之死	11838
大卫·科波菲尔	16975	大师们的写作课 好文笔是读出来的	5433
大卫·科波菲尔(上下)	11001	大师名画贴纸游戏 亚历山大·考尔德	16296
大卫·科波菲尔(上下)	11188	大师名画贴纸游戏 达利	16300
大卫·格德尔 舞会	11809	大师名画贴纸游戏 毕加索	16302
大毛和小快腿	8391	大师名画贴纸游戏 米罗	16298

大师名画贴纸游戏 克里姆特	16297	大红狗去医院	16506
大师名画贴纸游戏 亨利·马蒂斯	16301	大红狗去体检	16543
大师名画贴纸游戏 阿尔钦博托	16299	大红狗去旅行	16507
大师名画贴纸游戏 保罗·克利	16304	大红狗加入棒球队	16542
大师名画贴纸游戏 康定斯基	16303	大红狗在马戏团	16504
大师杰作的秘密·第一辑(1-4)	16305	大红狗在成长	16515
大师和玛格丽特	12568	大红狗当消防员	16511
大同江	13442	大红狗忙碌的一周	16531
大同江	13501	大红狗克里弗	16509
大伟人江奈生·魏尔德传	10984	大红狗克里弗礼盒套装(1—40)	16549
大传送带	12548	大红狗克里弗(第1辑 1—10)	16537
大自然文学研究(第二卷)	9448	大红狗克里弗(第2辑 1—10)	16538
大自然观察笔记	16896	大红狗克里弗(第3辑 1—10)	16539
大自然里的STEAM	17341	大红狗克里弗(第4辑 1—10)	16540
大自然是什么?	17313	大红狗还小的时候	16502
大后方	12496	大红狗找工作	16512
大全若缺——全息观纵览与沉思	10624	大红狗,我们爱你	16527
大众媒介与中国现当代文学	6388	大红狗和小猫咪	16524
大杂院里的人们	2292	大红狗和爸爸	16518
大庄园	967	大红狗和恐龙	16541
大庄园(续)	1225	大红狗和爱抱怨的邻居	16520
大庆儿歌	8318	大红狗和暴风雨	16523
大庆红花遍地开("工业学大庆"曲艺专辑)	10322	大红狗的万圣节	16528
		大红狗的生日会	16514
大庆红旗飘万代(歌曲选集)	10398	大红狗的圣诞节	16529
大庆词源	3214	大红狗的伙伴们	16521
大庆战歌 大庆工人诗选	2938	大红狗的快乐冒险	16516
大庆道路宽又广	10436	大红狗的春季大扫除	16522
大江飞虹(话剧)	5829	大红狗的复活节	16536
大江风雷(上下)	125	大红狗的美国游	16535
大江东去	2883	大红狗的夏天	16503
大江健三郎的文学世界	7399	大红狗的第一个秋天	16505
大宅门(上下)(电视剧本)	5871	大红狗的第一个雪天	16526
大宅门(第二部)	712	大红狗参加大巡游	16534
大军师司马懿之军师联盟	1328	大红狗参加运动会	16533
大收藏家	486	大红狗是明星	16530
大戏剧家关汉卿杰作集	18318	大红狗是冠军	16508
大欢乐的日子	3890	大红狗爱助人	16510
大红狗大救星	16513	大红狗第一次去学校	16519
大红狗手绘原稿故事集(50周年纪念精装版)	16601	大红狗第一次在外面过夜	16532
		大红狗最好的朋友	16517
大红狗去上学	16500	大红狗懂礼貌	16501
大红狗去远足	16525	大红袍	18787

大进军	12997	大波（第二部）	89
大进军	2717	大波（第三部）	94
大块	14642	大波（第四部）	105
大劫狱	1623	大房子里的小夫人	13240
大报仇	19004	大草原上的小木屋	16223
大男人沙文主义 踩了他的尾巴		大树杜鹃	9430
（八十年代台湾社会现象 2）	4836	大树还小	7616
大别山老根据地歌谣选	9730	大战血蚂蚁	8501
大沙漠	1526	大战孟良崮	1668
大青山上	9860	大战蒙面狐	17091
大规模地收集全国民歌	6046	大战蒙面狐 1 凶神蒙面狐	17062
大苗山情歌集	9744	大战蒙面狐 2 铁喙将军	17063
大雨伞下的克莱芒斯	16240	大战蒙面狐 3 毁灭地下王国	17064
大果园 巴什基里亚作家短篇小说选	12466	大便事件	8522
大国之魂	426	大保国	18797
大明王朝 1566	840	大禹治水	8442
大明英烈传	8679	大律师现实录	1884
大明奇才解缙（电视文学剧本）	5879	大胆的妈妈和她的孩子们	18403
大明宫词（电视剧本）	5870	大胆革新	17781
大金块	16385	大胖和小胖	1632
大鱼之恋	9248	大美女温老师	8585
大狗传	2168	大美陕北	4822
大狗喀啦克拉的公寓	9378	大洋深处	1780
大闹天宫	2576	大结局	16802
大学	10258	大秦之道	5232
大学	9597	大都会	13115
大学三部曲（桃李 桃花 桃夭）	1240	大都会	553
大学之大	10695	大校的女儿	659
大学之道	17446	大破保守迷魂阵	17756
大学 中庸 笠翁对韵	8463	大爱无言	13798
大学时代	210	大爱镇江	4778
大学春秋（上下）	237	大唐三藏取经诗话	17679
大学语文	10089	大唐西域记	17712
大学语文教育学	10088	大唐秦王词话	17740
大学潜规则	1008	大唐悬疑录 最后的狄仁杰	1394
大河之妻	13134	大唐悬疑录 最后的狄仁杰 2	1395
大河之城	5178	大唐悬疑录 最后的狄仁杰 3	1396
大河两岸	13609	大唐悬疑录 最后的狄仁杰 4	1397
大河两岸	13870	大唐悬疑录 最后的狄仁杰 5	1398
大河奔流（电影新作集）	5857	大凉山之歌	2791
大河春秋（六场话剧）	5859	大凉山往事	1175
大波	1325	大海与玫瑰	9434
大波（第一部）	52	大海与撒丁岛《世界文学》地理散文	

集粹	15664	大旗(杨朔短篇小说选)	1684
大海航行靠舵手	10424	大寨人心向红太阳	10439
大浴女	837	大寨文艺节目选	10598
大浪淘沙(电影文学剧本)	5852	大寨红花遍地开	10440
大家欢唱总路线	18596	大寨红花遍地开(民族管弦乐曲)	10472
大家都是好朋友	17176	大寨红花遍地开(笙独奏曲,民族乐队	
大家族	478	伴奏)	10476
大家跟着唱	18973	大寨步步高("农业学大寨"曲艺专辑)	10323
大雪纷飞	2794	大寨英雄贾进才	18226
大堂神父	11371	大寨精神颂	10347
大跃进曲艺选	10292	大熊的水上野餐	16797
大跃进战歌	9911	大熊的冬天小屋	16798
大彩图本世界经典童话 红玫瑰卷	17011	大熊猫传奇	348
大彩图本世界经典童话 蓝宝石卷	17010	大熊猫传奇(下)恶魔岭	9090
大脚马皇后(文学剧本)	5875	大熊猫传奇(上)食铁怪兽	9088
大象	12724	大熊猫传奇(中)强盗大胡子	9089
大象	16660	大熊猫的春天	5398
大象和我	14774	大撤退	377
大象的证词	11867	大题小作	4658
大象树	9420	大赢家	675
大猫费迪南的旅行	17201	丈夫学堂	14847
大清王朝的英籍公务员 赫德传	4928	与大师一起艺术创想·中国传统文化	9589
大清河畔话当年(板胡独奏曲,混合		与大师一起艺术创想·线条创意篇	17304
管弦乐队伴奏)	10471	与友人谈里尔克	7459
大清药王	646	与地球重新签约 哥本哈根社会发展	
大混沌	479	论坛文选之一	17407
大祸临头	18382	与达洛维夫人共舞 文学名著背后的	
大堰河	3572	灵感故事	14648
大森林里的小木屋	16085	与众不同的男老师	17173
大森林里的小木屋	16203	与众不同的男老师	17214
大森林里的小木屋	16224	与苏格拉底散步——大思想家和	
大森林的小木屋	16448	生活中的小事	14485
大雁情	4497	与希罗多德一起旅行	14517
大量的矿石	12517	与沙漠巨猫相遇	17143
大猩猩萨利·琼斯历险记	12241	与青春有关的日子(电视文学剧本)	5885
大雷雨	14912	与特雷莎共度的最后几个下午	11780
大摇小晃的地震	16934	与狼人共舞	13095
大路	12387	与狼为伴 不一样的童年	14497
大路集	3955	与维奥兰特一起的特殊夏日	16176
大路歌——革命历史歌曲	10404	万山红遍(下)	165
大鼻子的故事	9623	万山红遍(上)	151
大鼻子情圣	14896	万山红遍(上下)	1433
大瘟疫 伦敦女孩爱丽丝的日记	16432	万千气象 中国著名文学家访谈录	4697

条目	页码	条目	页码
万历书坛——邢侗个案研究	7173	上甘岭	17640
万火归一	13031	上古追缉	9372
万水千山	17841	上古神话与史话	8743
万水千山（话剧）	5717	上半场	5175
万叶集（上下）	14316	上任	18088
万叶集选	14312	上任	2332
万尼亚舅舅	14916	上诉理由	12570
万尼亚舅舅	18406	上学去,阿尔菲	17164
万圣节奇遇	17113	上学记（增订版）	5170
万圣节前夜的谋杀案	11877	上学的烦恼	11892
万岁！毛主席	10412	上面很安静	12010
万岁！毛主席（民族管弦乐曲）	10485	上种红菱下种藕	1419
万岁！伟大的中国共产党	10447	上帝的左手	11933
万年长青	18572	上帝是谁 辛格创作及其对中国文坛的影响	7409
万年青	146	上帝微服出巡时	12091
万年春	302	上海人	522
万众欢腾庆"九大"	10573	上海人	9908
万花筒	16807	上海巨商黄楚九	4439
万里无云 行走的群山	911	《上海文学》与当代文学体制的五种形态	6499
万里云月寻旧梦	4279	上海老城厢、龙华与徐家汇寻旧	10836
万里长江	9998	上海,远在何方？	12027
万里心航	525	上海英租界寻旧	10856
万里送牛 报告文学（第四集）	3992	上海的早晨（一）	56
万顷纵我一苇如——陈东有博文八十一篇	5158	上海的早晨（二）	97
万物天缘:球迷罗西自传	5343	上海的早晨（三）	198
万物花开	705	上海的早晨（四）	220
万物枯荣——看这个翻过百倍的股民	1205	上海往事	1215
万首论诗绝句（一—四）	6802	上海绅士	1027
万首唐人绝句	17726	上海美法租界寻旧	10864
万炮齐发轰瘟神	17966	上海屋檐下	17831
万炮震金门	3926	上海屋檐下 法西斯细菌	5953
万家忧乐	4166	上海散记	3870
万家春	17967	上海歌谣	9785
万能拖拉机诞生	9890	上海摩登——一种新都市文化在中国（1930—1945）	6725
万箭穿心	2117	上尉的女儿	11319
寸心集	6107	上尉的女儿	11433
上了炸药的狗	13933	上尉的女儿	15763
上天台	18810	上塘书	740
上天台 封官	18538	山大王和小小鸟	8904
上车如到家	17774	山上运河 甘肃引洮工程史 第一集	10000
上升的一切必将汇合	13245	山门	18556
上甘岭	1506		

书名	页码
山乡巨变(下)	87
山乡巨变(上)	58
山乡风云录	104
山区人民唱山歌	9913
山区收购站	1700
山中的糖果	5184
山中黎明(玉米事件)	1533
山冈	12257
山月恨	279
山丹丹开花红艳艳	10431
山水阳光	3970
山水献宝	9925
山本	1357
山东快书艺术浅论	10352
山东快书创作选集	10280
山东快书武松传	10281
山外青山(2000—2008)	2016
山外青山天外天	14232
山外是大海	1043
山民牧唱	11496
山地花环	14950
山西首富 孔子第七十五代孙孔庸之传奇	4430
山西歌谣	9784
山在山的深处	5126
山在虚无缥缈间	393
山羊不吃天堂草	8638
山羊不吃天堂草	9073
山羊不吃天堂草	9195
山羊不吃天堂草(当当版单本)	9213
山羊坡	9323
山那边还是山·草根街	9147
山那面人家	7804
山芽儿	9224
山花烂漫	18187
山村女儿	18902
山村花正红	17936
山村的早晨	1569
山村夜诊(快书、快板专辑)	10308
山村战鼓(唱词专辑)	10306
山村新人	120
山村新人	932
山村新人(六场话剧)	5823
山里的猴子	15934
山谷中	1661
山谷里的火光	4030
山谷里的春天	2540
山林中的春天	8473
山林风情	329
山林童话	8883
山雨	2306
山雨欲来	13079
山雨欲来风满楼	2967
山河的回旋	4382
山居闲话 胡同文化	5593
山城	65
山城集	2319
山南水北	4657
山药蛋派作品选	2555
山鬼故家	3144
山泉集	2899
山洪	2377
山神的箭堆	5402
山骇谷深	12254
山匪	403
山狸猫金爪	9261
山旅书札	14590
山海经	10158
山野	2537
山野新歌	17972
山魂(上下)	278
山盟(上下)献给建国四十周年长篇诗体小说	3093
山溪和海岛	3953
山歌传(诗剧)	5772
山(翡冷翠山居闲话 五峰游记)	5569
山寨号角	1735
山燕	8328
山鹬的故事	11135
山鹰(相声专辑)	10315
山巅之险	14195
千万不要忘记	17913
千川独行 赵恺传	5179
千世峰小说集	13599
千古之谜	256
千古长城义乌兵	5053
千古风流	3747

书名	页码
千古文人侠客梦——武侠小说类型研究	6263
千古绝唱	3735
千代的即刻救援	16621
千鸟谷追踪(下)猴面鹰发起攻击	9087
千鸟谷追踪(上)大战野人岭	9085
千鸟谷追踪(中)猎雕	9086
千寺钟	921
千年的铁树开了花	10444
千年的铁树开了花(小提琴独奏曲，钢琴伴奏)	10482
千年悖论 读史与论人	4925
千江有水千江月	806
千字文	10261
千字文	9593
《千字文》全解	8621
千里马时代的史诗	14740
千里同风	14404
千奇百怪的菌	16605
千奇屋	16050
千夜之夜	13864
千河镇	9141
千钧一发	16172
千秋师表	9614
千重浪	137
千家诗	10262
千家诗	9598
千家诗评注	3722
千堆雪	448
千锤百炼红又专	9917
"千禧年"系列 斯蒂格和我	12008
千瓣莲花	18194
乞力马扎罗山上的雪	13231
川岛选集	8092
川剧旦角表演艺术	18267
川剧喜剧集(上下)	18161
川端康成 三岛由纪夫往来书简	14753
川端康成小说经典(一、二、三)	13631
川端康成小说选	13604
个人事件	18350
个体部落纪事	1274
义和团故事	9786
义和拳(上下)	168
义和拳那些事儿	1051
凡人	13030
凡尔登的教训	11554
凡尔赛公主 玛丽·安托瓦内特的日记	16430
丸之岬	461
夕鹤	18427
广大的战线	164
广东歌谣	9774
广州好	2864
广岛姑娘	12375
广厦万象	1152
广阔天地炼红心(笛子曲选第一集)	10477
广阔的路	4012
广漠的世界	12865
广箧中词	3796
广播戏曲唱词	18979
亡友鲁迅印象记	6621
亡者俱乐部	13089
亡蜀鉴	18760
门外谈禅	10663
门外探美	6343
门在楼梯口	13285
门背后的天堂	796
门诺斯岛奇幻之光	12161
门诺斯岛重生之路	12162
门廊里的小马	15937
尸骨还乡	11580
尸骨袋	13169
已无人为我哭泣	13365
已经忘却的日子 不合时宜 人生访谈卷	5280
也该穷人发财了!	10714
也是亚当,也是夏娃	2137
女八路夺枪 现代革命故事选	9805
女人百年	1285
女人现在时	4426
女人的名字是弱者吗?	1822
女人都不说,男人都不问	10811
女儿,爸爸要救你——一个白血病患者求医的生死实录	4983
女士及众生相	11640
女大厨 一个女厨师的故事	12187
女飞行员	17933
女子的服饰 第二件红毛衣	5595
女子监狱	654

女仆的儿子	11080	飞回的孔雀——袁昌英	4347
女心理师	1160	飞向人马座	765
女队长	18231	飞向人马座	8349
女队长(演唱专辑)	10309	飞向太空港	5285
女生贾梅;十六岁的少女	9165	飞向冥王星的人	8556
女主人	12397	飞行员与小王子	16655
女权、启蒙与民族国家话语	6732	飞行的瓦片	9333
女同志	1265	飞行的杀手	733
女企业家	529	飞行酿酒师	2170
女村长安娜	14954	飞花令 给孩子玩的古诗词(1)	3816
女巫	460	飞花令 给孩子玩的古诗词(2)	3817
女巫的魔法	16628	飞花令 给孩子玩的古诗词(3)	3818
女兵事	4865	飞花令 给孩子玩的古诗词(4)	3819
女兵谢冰莹	4350	飞花逐月(上下)	396
女店主	18355	飞来飞去的鼻子	8494
女性与战争——马斯特雷塔作品中的 墨西哥革命重塑	7480	飞兵在沂蒙山上	2539
		飞虎队与野猪队	8361
女性五人诗	3484	飞鱼座女孩	9134
女性年龄	3106	飞越大西洋	12079
女性的权利	14766	飞越风暴	17139
女皇武则天	2428	飞越沧桑	495
女送货员	17755	飞筐	1673
女活佛	299	飞翔的小樱桃	8980
女神	3516	飞翔的鸟拒绝忧伤	11702
《女神》及佚诗	3575	飞渡油菜花	9439
女神(初版本)	3588	飞鼠萨米历险记	17198
女孩与弃狗	16831	小二姐做梦	18929
女孩四季	9427	小二黑结婚	17991
女孩范贝西	8697	小二黑结婚	2527
女孩的游戏书	15880	小人国和大人国	15775
女教师的故事	12292	小人国和大人国	15821
女检察官	4580	小人国和大人国	16187
女强人	526	小人国和大人国	17021
女婿	12380	小人物日记	12075
女婿	18383	小人精丁宝	9377
飞龙全传	2617	小丫头奥尔加 去度假	16481
飞鸟	5900	小丫头奥尔加 过生日	16482
飞鸟对老树说 邓家荣散文集	5206	小丫头奥尔加 变魔法	16484
飞鸟集·园丁集	14322	小丫头奥尔加 做怪事	16483
飞鸟集 新月集	14725	小丫扛大旗 报告文学(第二集)	3984
飞出地球去	764	小丫林晓梅	9164
飞灰	12174	小女生的秘密行动	8596
飞过沧桑的蝴蝶	3221	小女孩与幻梦者	12188

小女婿	18094	小鸟快飞	8616
小小十年	2313	小鸟快飞	8912
小小好淘气	8440	小鸟的朋友	16926
小小步伐	13027	小市民	18410
小小国	12171	小尼古拉和红胡子	17095
小小的死亡之歌	14171	小尼古拉的礼物	16208
小小烧炭工	16455	小尼古拉的圣诞节	17093
小小职员	11676	小尼克的大探险	16480
小马倌阿里	9260	小皮卡成长图画书(四册)	9526
小王子	15869	小老虎历险记	8939
小王子	15883	小老虎历险记 恐龙的朋友	8838
小王子	15885	小老鼠麦斯的成长故事	17205
小王子	17016	小老鼠丽丽	16279
小王子归来	15882	小老鼠准备好了	16690
小王子写给妈妈的信	14512	小过年	18872
小天堂的毁灭	609	小向导(儿童曲艺专辑)	8308
小木屋系列(经典插图版 1—9)	16460	小朵朵和大魔法师	8997
小木偶	9412	小朵朵和半个巫婆	8998
小五义(上下)	8658	小朵朵和超级保姆	8996
小不点魔法师	16678	小羊碧翠斯和温妮莎	16784
小友记	12269	小米、小马和小墨	16545
小毛毛不想长大	16614	小妇人	12777
小毛毛想飞起来	16613	小妇人	12779
小毛麻的火星历险记	16355	小妇人	16459
小手指奇境历险记	17086	小妇人	16992
小公主	16005	小戏创作谈	6145
小公主	16119	小红马	13354
小公主	16994	小红鸟和鹿爷爷	9044
小公主的生日	16292	小红帽的野花标本集	16488
小公主萨拉	16183	小约翰	10992
小风雨	15855	小麦与玫瑰	13503
小心儿怦怦跳	16386	小花牛	18361
小心,猫房间	9050	小芬的蝈蝈	9005
小书房	16255	小苍蝇是怎样变成大象的(儿童剧)	5733
小水滴的快乐旅行	16653	小巫女去旅行	16904
小石头	8950	小巫女过生日	16908
小布头奇遇记	9016	小巫女过圣诞	16907
小北野武	14764	小巫婆真美丽	8940
小号	16663	小两口逛庙会	18116
小生物语	14761	小足球队	17924
小仙女	15803	小兵张嘎	8593
小白桦树	2780	小伯爵	16074
小鸟生物钟	9508	小岛	11765

小灵通漫游未来	8555	小姑贤	18517
小青蛙希罗尼穆斯的故事	16316	小姑贤	18875
小坡的生日	8433	小姐集	2471
小坡的生日	9621	小玻奇	11836
小英国,大伦敦	5211	小城风波	2460
小英雄雨来	10151	小城花开	9228
小林多喜二小说选	13539	小城春秋	40
小林多喜二小说选(上下)	13596	小城故事 中国现代文学中的小城小说	6703
小林多喜二传	15337	小城畸人	13118
小林多喜二选集(第一卷)	13496	小草恋山	8394
小林多喜二选集(第二卷)	13476	小冒险家的旅行日志	16842
小林多喜二选集(第三卷)	13500	小星星	8355
小雨后	9492	小虻牛	8272
小雨蛙哪儿去了	16331	小品文选集	3863
小矿工	1615	小鬼头历险记	16181
小拇指的树叶标本集	16485	小鬼鲁智胜	9162
小明和小明	9601	小胖和小松	8286
小朋友和大朋友	17177	小美人鱼	12042
小兔子	7792	小美的精言妙语	16581
小兔彼得	17038	"小迷糊"阿姨	8289
小狐狸买手套	16219	小神风和小平安	8276
小狐狸买手套——日本经典童话集	17149	小说	10028
小狐狸的旅行	9536	小说	6962
小狗巴罗和米拉	8874	小说与人民	15160
小狗达西卡	12730	小说山庄 外国最新短篇小说选	15635
小狗的小房子	10134	小说山庄 外国最新短篇小说选·2003	15642
小狗栗丹	16269	小说山庄 外国最新短篇小说选·2004	15653
小店春早(黄梅戏)	5827	小说山庄 外国最新短篇小说选·2005	15660
小放牛	18932	小说山庄 外国最新短篇小说选·2006	15665
小学生必背古诗70篇	10030	小说山庄 外国最新短篇小说选·2007	15667
小学生作文三级跳(1—3)	10072	小说山庄 外国最新短篇小说选·	
小学优秀古诗背诵指定篇目(75篇)	10064	2008—2009	15669
小学、初中新课标文学名著助读	10068	小说山庄 外国最新短篇小说选·	
小学群文阅读古诗词读本(1—2年级)	10124	2010—2011	15695
小学群文阅读古诗词读本(3年级)	10125	小说山庄 外国最新短篇小说选·	
小学群文阅读古诗词读本(4年级)	10126	2012—2013	15698
小学群文阅读古诗词读本(5年级)	10127	小说门	6447
小学群文阅读古诗词读本(6年级)	10128	小说旧闻钞	2570
小河弯弯	9300	小说创作十戒	6333
小河流水哗啦啦 蚂蚁的本领别小瞧	8646	小说创作谈	6176
小泥车	15062	小说创作新论	6558
小泥炉变成炼铁厂	9937	小说戏曲论集	6872
小宝宝的伟大诞生	16903	小说是灵魂的逆光	5271

小说神髓	15343	小零蛋流浪记	16675
小说旁证	6980	小路字典	8917
小说课	5233	小蜗牛请客	9419
小说课堂	5346	小蜗牛慢慢来	16544
小说教室	14777	小蜂的故事	16103
小说散文选	15585	小溪流的歌	8281
小孩子的权利	16417	"小溜溜"溜了	8550
小莽苍苍斋藏清代学者书札(上中下)	5672	小嘲鸫莫克尔奇遇记	17027
小桔灯	8288	小蝌蚪吞了一块天	8961
小桔灯	8338	小镇艳阳录	13234
小桔灯	9624	小鲤鱼跳龙门	10133
小哥俩	9629	小糊涂神儿	8953
小铁脑壳遇险记	17908	小糊涂蛋和小糊涂神	9045
小铃铛	12523	小懒猪买鸡蛋	8899
小酒店	11015	小翻车	18635
小萝克	11147	小癞子	10988
小菟丝在水下	15926	习经笔记	3337
小菟丝在地下	15925	习惯死亡	1169
小菟丝和颠倒屋	15924	马	17947
小野父子去哪儿了？	9488	马丁·伊登	12886
小银和我	14468	马丁诺夫中篇小说集	12666
小船,小船	9246	马人	12884
小船长全集	16648	马大友过关	18623
小象巴贝尔的故事	16013	马万祺诗词选	3126
小猪鲁滨孙	17040	马上天下	1002
小猫尤什卡	11450	马凡陀的山歌	3604
小猫汤姆	17039	马未都说·车上篇	4711
小猫的圣诞日	16590	马未都说·枕上篇	4703
小猫摩西	16589	马未都说·厕上篇	4723
小清河上的风云	66	马未都说(厕上篇、枕上篇、车上篇)	4728
小淑女米莉·茉莉·曼迪和她的白色小茅屋	16358	马卡尔·杜勃拉瓦	14995
		马卡洛娃	17558
小淑女米莉·茉莉·曼迪和她的朋友们	16357	马尔代夫之月——旅人七日谈	1111
小绿人罗博	16998	马尔达	11475
小超访谈录	4987	马尔林斯基小说选	11370
小提琴演奏初步教程	10547	马尔兹独幕剧选集	14957
小提琴演奏法	10543	马尔兹短篇小说选	12798
小黑马的故事	8279	马兰开花	17632
小黑鳗游大海	8382	马亚一家(上下)	11118
小猴儿皮皮	8398	马列文论研究	7418
小猴哈里流浪记	8574	马戏团的秘密	2258
小猴哈里流浪记	8878	马戏团的秘密	5219
小塘主	9223	马克西姆欢闹合唱团	16967

书名	索引号
马克西姆拯救芭蕾舞团	16965
马克西姆误闯音乐学校	16966
马克西姆爱上交响乐团	16964
马克·吐温中短篇小说选	12748
马克·吐温中短篇小说选	12772
马克·吐温 文坛顽童	8800
马克·吐温文集(1—12卷)	15539
马克·吐温评传	15246
马克·吐温幽默作品选	12783
马克·吐温短篇小说选	12775
马克·吐温短篇小说集	12733
马克思主义与文学批评	15172
马克思主义与现代美学问题	7381
马克思主义文艺审美论	7391
马克思论艺术和社会理想	15312
马克思的誓言	16770
马克思 恩格斯 列宁 斯大林论文艺	15125
马克思恩格斯艺术与共产主义	15095
马克思恩格斯论艺术(第一册)	15097
马克思恩格斯论艺术(第二册)	15102
马克思恩格斯论艺术(第三册)	15103
马克思恩格斯论艺术(第四册)	15106
马克思恩格斯论文学与艺术(一)	15126
马克思恩格斯论文学与艺术(二)	15128
马克思恩格斯论浪漫主义	15094
马克思、恩格斯收集的民歌	13969
马克思 恩格斯美学思想论集	7356
马来群岛自然考察记Ⅰ	14626
马来群岛自然考察记Ⅱ	14627
马连良演出剧本选集(第一集)	18067
马里奥和魔术师	11721
马亨德拉诗抄	14380
马没有罪过	11353
马识途讽刺小说集	1898
马奇	12991
马拉松哭泣	8970
马的家族	16938
马郎	9746
马科斯与猫科动物	13324
马前泼水	18689
马桥词典	723
马格斯·哈弗拉尔	11106
马恩列斯论文艺	15086
马贼	971
马特洛索夫(普通一兵)	12584
马特维·克日米亚金的一生	12445
马家军调查	4493
马烽	7710
马烽与《吕梁英雄传》	6525
马蒂诗选	13970
马雅可夫斯基儿童诗选	15905
马雅可夫斯基论美国	14231
马雅可夫斯基诗选	14227
马雅可夫斯基诗选	14252
马雅可夫斯基选集(第一卷)	15546
马雅可夫斯基选集(第一卷)	15590
马雅可夫斯基选集(第二卷)	15566
马雅可夫斯基选集(第二卷)	15591
马雅可夫斯基选集(第三卷)	15562
马雅可夫斯基选集(第三卷)	15592
马雅可夫斯基选集(第五卷)	15568
马雅可夫斯基选集(第四卷)	15550
马雅可夫斯基选集(第四卷)	15604
马赫图姆库里诗集	14398
马赛克镶嵌壁画案	11804
马鞍山上的暴风雨	1566
子午山孩——郑珍:人与诗	5002
子民们	425
子弟兵和老百姓(民族管弦乐曲,民族器乐合奏曲)	10468
子夜	2281
乡土	1819
乡土中国	5389
乡土中国	9590
乡下佬	11461
乡下的葬礼	12191
乡下姑娘	2552
乡风与市风 灵山歌	8128
乡风市声	4177
乡村与城市	3049
乡村女教师	17585
乡村医生	12122
乡村里的罗密欧与朱丽叶	10983
乡村的罗密欧与朱丽叶	12024
乡村的夜	3530
乡村捕钓散记	4837

乡村检察官手记	13573
乡村骑士	11010
乡村集	4068
乡里旧闻	4996
乡谣	621
乡愁以外 北美华人写作中的故国想像	6393

四　画

丰子恺作品新编	8165
丰子恺散文	5572
丰臣家的人们	13592
丰产记	1704
丰收	2343
丰收之后	17927
丰收图	18960
丰收的季节	18980
丰收锣鼓（民族器乐合奏曲）	10470
丰饶之海（第一卷）春雪	13752
丰饶之海（第二卷）奔马	13753
丰饶之海（第三卷）晓寺	13754
丰饶之海（第四卷）天人五衰	13755
丰盈的激情（上下）（1976—1984）	2011
丰盛的秋天（话剧）	5753
王二小接闺女	18010
王二姐思夫	18514
王又曾集	8243
王士菁纪念集	5357
王士禛诗选	3769
王大成翻身记	61
王大绩讲高考 历年作文同一题	10042
王大绩讲高考 语文优化备考方案	10057
王大绩精讲作文高分一招鲜	10036
王大绩精讲 高考语文备考教程	10070
王大绩精讲满分作文个性样式	10035
王小波散文	4619
王小鹰	7751
王子与贫儿	12735
王子与贫儿	15819
王少安赶船	18521
王少安赶船	18890
王文治诗文集	8240
王文显剧作选	5938
王火作品自选集	7765
王世贞史学研究	7034
王尔德作品集	14976
王尔德读本	15686
王尔德童话	16218
王汉喜借年	18984
王亚凡诗抄	2891
王亚平诗选	3519
王西彦小说选	2376
王仰晨编辑人生	4607
王旭烽	7767
王充闾语文课	5404
王充闾散文	4578
王安忆	7731
王安忆小说选	2009
王安忆散文	4632
王安石文选译	10926
王安石诗文选读	8201
王妈妈	1510
王秀鸾	17997
王秀鸾（歌剧）	5957
王杰	3997
王杰之歌	18018
王昙诗文集	8241
王国维戏曲论文集	18303
王金发考	2141
王学与中晚明士人心态	6976
王宝钏	18662
王城如海	1288
王昭君	8673
王贵与李香香	3590
王贵与李香香 漳河水	3613
王禹偁诗文选	8209
王冠宝石案	16124
王统照	8111
王统照诗选	3533
王统照短篇小说选集	2329
王家新的诗	3176
王笠耘纪念集	4877
王渔洋事迹征略	7318
王婆骂鸡	18880
王维论稿	7044
王维诗选	3649
王维诗选	3702

王维诗选	3742
王鲁彦文集(1—5卷)	8032
王蒙	7706
王蒙小说选	2006
王蒙 不成样子的怀念	4502
王蒙文存(10) 中篇小说2	7532
王蒙文存(11) 短篇小说1	7533
王蒙文存(1—23)	7546
王蒙文存(12) 短篇小说2	7534
王蒙文存(13) 短篇小说3	7535
王蒙文存(14) 散文随笔杂文1	7536
王蒙文存(15) 散文随笔杂文2	7537
王蒙文存(16) 诗歌	7538
王蒙文存(17) 专栏文章	7539
王蒙文存(18) 论《红楼梦》论李商隐	7540
王蒙文存(19) 讲演录	7541
王蒙文存(1) 青春万岁	7523
王蒙文存(20) 访谈录 对话录	7542
王蒙文存(21) 创作谈 文艺杂谈	7543
王蒙文存(22) 作家作品评论 序	7544
王蒙文存(23) 综论 代言 附录	7545
王蒙文存(2) 活动变人形	7524
王蒙文存(3) 暗杀3322	7525
王蒙文存(4) 恋爱的季节	7526
王蒙文存(5) 失态的季节	7527
王蒙文存(6) 踌躇的季节	7528
王蒙文存(7) 狂欢的季节	7529
王蒙文存(8) 在伊犁 新大陆人	7530
王蒙文存(9) 中篇小说1	7531
王蒙文集(1—45)	7633
王蒙文集(1—50)	7680
王蒙文集 天下归仁 说《论语》	7679
王蒙文集 不奴隶,毋宁死?谈"红"说事	7647
王蒙文集 中国天机	7636
王蒙文集 中篇小说(上中下)	7637
王蒙文集 代言 建言 附录	7645
王蒙文集 半生多事 大块文章 九命七羊	7648
王蒙文集 老子十八讲	7646
王蒙文集 老子的帮助	7654
王蒙文集 庄子的快活	7653
王蒙文集 庄子的奔腾 与庄共舞	7641
王蒙文集 庄子的享受	7652
王蒙文集 讲说《红楼梦》	7639
王蒙文集 论文学与创作(上中下)	7651
王蒙文集 红楼启示录	7638
王蒙文集 我的人生哲学	7656
王蒙文集 闷与狂	7678
王蒙文集 评点《红楼梦》(上中下)	7640
王蒙文集 诗歌 译诗 论李商隐	7649
王蒙文集 谈话录(上下)	7644
王蒙文集 得民心得天下 说《孟子》	7677
王蒙文集 欲读书结	7655
王蒙文集 散文随笔(上中下)	7643
王蒙文集 短篇小说(上下)	7650
王蒙文集 微型小说 翻译小说	7642
王蒙文集 演讲录(上中下)	7635
王蒙代表作	1907
王蒙自述 我的人生哲学	4422
王蒙讲说《庄子》系列(1—6册)	7140
王蒙讲说《道德经》系列(1—4册)	7141
王蒙评点《红楼梦》(1—8册)	7139
王蒙卷	4265
王蒙·革命·文学	6422
王蒙散文	4620
王瑶《中国新文学史稿》批判	6056
王瑶文论选	6718
王愿坚	7722
井上靖小说选	13565
井中男孩	11586
井冈山上太阳红	10457
井冈山诗抄	2813
井冈山故事	9844
井台会	18525
井台会	18837
井台会	18871
井伏鳟二小说选	13587
井岗山上的故事	9825
井岗山上的故事	9832
开门红	18589
开小差的狗	14655
开天辟地	8439
开不败的花朵	1485
开心点,阿尔菲	17192
开心度假	17354
开会忙(话剧)	5722
开启神奇的电能宝库 法拉第	9684

开明国文讲义(上下)	10062	天上的船	9161
开明新编国文读本(上下)	10061	天上掉下一头鲸	9535
开罗国际	12621	天上馅饼店	8694
开学第一天	9404	天山进行曲	2951
开学第一课(下册)	10241	天山牧歌	2756
开学第一课(上下)	10242	天山战歌	10004
开学第一课(上册)	10240	天门听风	4327
开学第一课·中华文化(九年级)	10250	天子娇客	591
开学第一课·生命(三年级)	10245	天开海岳:走近港珠澳大桥	5331
开学第一课·我爱你,中国	10253	天天天蓝	9425
开学第一课·幸福(六年级)	10248	天天读经典·世界儿童文学名著	
开学第一课·英雄(八年级)	10244	精读本(当当版)	17035
开学第一课·美(七年级)	10249	天天最励志小说馆	17080
开学第一课·爱(四年级)	10246	天长地久	870
开学第一课·梦想(五年级)	10247	天长夜短	2153
开始	10697	天方夜谭	13428
开洋——国门十三行	1075	天方夜谭	15746
开垦	2725	天方夜谭	17018
开埠	1200	天方诗经	14280
开渠	18013	天火	2076
开滦歌谣	2968	天平之甍	13526
夫妻之间(话剧)	5694	天囚——小叶秀子诗歌集	3153
夫妻互助学文化	18624	天仙配	18129
夫妻双戴花	18858	天仙配 王安忆短篇小说编年卷三	
夫妻红	18961	一九九七——二零零零	1999
夫妻识字	17995	天边有一颗星星	5031
夫妻的房间	12270	天台山笔记——与远年灵魂的对话	4276
夫妻参观展览会	18607	天地月亮地	950
夫妻桥	18167	天地正气	10944
夫妻逛街	18949	天地奇旅	9375
夫妻竞赛	18192	天有二日？禅让时期的大清朝政	10837
天一言	11869	天网	962
天人五衰	13546	天网的坠落	12927
天人合一	10946	天行者	970
天下一碗	919	天衣无缝针	9493
天下无贼 赵本夫小说力作	1927	天问论笺	6923
天下乐无双	8516	天池怪兽	8508
天下兴亡 匹夫有责	10951	天安门上的红灯	2726
天下财富	569	天安门诗抄	2995
天下第一丑	703	天坑迷雾	8509
天与地的问答 张衡	9670	天扰	13045
天才少年T.S.的漫游历险记	13270	天国之痒	5363
天上有星星	18379	天罗地网	17597

天竺诗文	14323	天象祭司	15715
天竺葵	13244	天涯何处无芳草	4134
天使	1195	天涯明月刀	370
天使与魔鬼	12949	天涯梦	4198
天使之耳:交通警察之夜	13869	天越来越亮	14358
天使之城或弗洛伊德博士的外套	11971	天赐之年	11786
天使坠落在哪里	1425	天黑得很慢	1333
天使·玫瑰之城	9453	天鹅仙女	9737
天使的诡计	774	天鹅的女儿	8380
天使的救赎 情感卷	4546	天鹅贼	13199
天使的掌印	14492	天蓝诗选	3017
天使洞穴	8548	天漏邑	1289
天使,望故乡——被埋葬的生活的故事	13086	天瓢	1014
天性——如梦八十秋	1202	无人生还	11800
天空	9603	无人作证	1277
天空之上	4733	无人爱我	14650
天空之上 第十二届新概念获奖者作文簿	4802	无人能解之谜	16759
天空之上 第十届新概念获奖作文簿	4652	无土时代	917
天空之镜	9212	无风之树 行走的群山	910
天空岛奇遇	9027	无为集	4139
天空的囚徒	12013	无双传	18908
天空的皮肤	12924	无可奈何花落去 二晏词	3789
天城恋歌	13644	无边的土地	12808
天砚	1269	无名岛	17876
天砚	420	无名英雄	17840
天香	1066	无名的能量	6471
天亮之前	1717	无名的裘德	11018
天亮报捷	18588	无名高地有了名	21
天津当代诗五家论	6561	无关巴黎的雪	5121
天津报刊与中国现代文学	6742	无字(1—3)	1085
天宫图 平平淡淡 瑶沟的日头	2082	无尽长夜	11799
天真的预言——布莱克诗选	14058	无形的武器	13791
天根	11899	无声戏	2639
天圆地方	4383	无声的黄昏	6296
天狼星的阴影	14179	无花果落地的声响	1428
天堂	3326	无极	793
天堂十记	2061	无雨之城	836
天堂与地狱	13214	"无"的意义——朴心玄览中的道体论	
天堂之岛	8507	形而上学	10612
天堂圣火之城	12173	无所不知先生	15737
天堂的影子	14204	无底洞	18700
天眼	16257	无定河	260
天眼红尘	2035	无神论者望弥撒	15724

无病集	5369	元宵谜	18722
无悔的狂澜——张澜传	4434	元剧考论	7171
无梦之境	1353	元遗山诗集笺注	3641
无梦谷	493	元稹诗文选	8233
无痕永恒	1915	韦庄研究	7017
无望的逃离	12598	韦庄集	3632
无情剑（1—3）	395	韦君宜	7728
无辜的坟墓	13020	韦君宜文集（1—5）	7617
无辜的罪人	14928	韦君宜纪念集	4428
无暇告别	13201	韦拔群烈士的故事	9854
无路可逃 1966—1976 自我口述史	5194	云三彩	9198
无愁河的浪荡汉子 八年（下卷）	1412	云上之行	16330
无愁河的浪荡汉子 八年（上中下）	1416	云中人	1355
无愁河的浪荡汉子 八年（上卷）	1241	云中命案	11744
无愁河的浪荡汉子 八年（中卷）	1261	云中谁寄锦书来	4871
无愁河的浪荡汉子 朱雀城（上中下）	1149	云心水心玉簪记 琴曲书画昆曲新美学	10771
无意的时针	3442	云朵棉花糖	8907
无题集（《随想录》第五集）	4112	云间王子Ⅰ 蓝莓村	16244
无影灯下的战斗（报告文学集）	4007	云间王子Ⅱ 三个太阳	16245
元人杂剧选	5969	云间王子Ⅲ 天凤怒	16246
元人杂剧概况	18326	云层笼罩着塔拉	12658
元氏长庆集	17732	云罗山	18680
元古宙	16971	云使	14277
元代文人心态	7118	云的南方 惊奇卷	4599
元代文学史	7272	云妹妹	9414
元代杂剧	6898	云南各族民间故事选	9798
元代杂剧全目	7297	云南看云集	5587
元白诗笺证稿	17715	云南歌谣	9795
元曲三百首	8265	云海探奇（下）月下白猸	9096
元曲纪事	7312	云海探奇（上）密林角斗	9094
元曲选（一——四）	17681	云海探奇（中）鹰飞猴叫	9095
元杂剧鉴赏集	6926	云雀	13966
元好问诗选	3645	云雀谣	9168
元明杂剧	18319	云崖初暖	172
元明南戏考略	6873	云雾森林	14669
元明清三代禁毁小说戏曲史料	7303	云燕	157
元明清戏曲研究论文集	6864	艺术三昧 音乐会	5596
元明清戏曲研究论文集（二集）	6890	艺术与审美的当代形式	6352
元明清散曲选	3689	艺术文化论——对人类艺术活动的多维　审视	6254
元明散曲鉴赏集	6950	艺术生产原理	6245
元明散曲精华	3709	艺术价值论	6271
元诗史	7282	艺术论	15147
元素周期表	12126		

艺术论	15151	五月之夜	2544
艺术现象的符号——文化学阐释	6231	五月花	2876
艺术的真谛	7791	五月的矿山	18
艺术的理解	6042	五月的鲜花	2111
艺术的第二次诞生——翟墨当代艺术手记	6305	五月端阳	2833
		五号的陨落	13266
艺术哲学	15101	"五四"文学论集	6713
艺术家们	1466	五代十国文学编年	7279
艺术家的美学	6244	五代作家的人格与诗格	6968
艺术家韩起祥（天狗）	1958	五代诗话	6799
艺术符号与解释	6252	五台吟	3428
艺术感觉论——对于作家感觉世界的考察	6253	五百万汉字	2173
		五百年来一大千	5191
艺伎回忆录	13346	五年计划颂	3875
木工小史	11264	五色的山水天地 北国吟 黑龙江的传说	4257
木下顺二戏剧集	15083	五色廊	716
木木	11317	五环旗下的中国	4667
木戈比 附精力旺盛的人们	12532	五卷书	14721
木兰从军	18650	五河县	2585
木兰从军	18743	五姑娘	18120
木头宝座	11652	五封信	12678
木吉有事	8572	五奎桥	17865
木吉有事	9273	五星饭店	818
木匠迎亲	18000	五侯宴	18714
木桶的故事 格列佛游记	11187	五侯宴	18855
木偶戏技术	18342	五彩梦	3071
木偶奇遇记	15795	五彩路	8278
木偶奇遇记	16191	五旗颂	10609
木偶奇遇记	16369	五颜六色的一天	8962
木偶奇遇记	17015	五颜六色的一天	9499
木偶奇遇记 快乐的故事	15847	支农晨曲（吕剧）	5835
木偶净瑠璃	13540	支援"钢帅"一片心	9978
五十大话	4626	支援越南,打倒美帝	18208
五十米爱琴海	4748	不一样的王子（拼音读本）	16194
五人义	18469	不一样的公主（拼音读本）	16195
五大名剧论（上下）	6929	不一样的妈咪	8471
五大颂歌	14200	不一样的森林小剧场	16388
五万年以前的客人	8341	不去吃会死	4915
五千一	18212	不可一世论文学	6372
五个孩子和沙地精	16198	不可战胜的力量	3850
五个街角	13334	不可思议的鲸豚	16936
五月	14113	不可理喻的亚洲之旅	14769
五月之夜	11333	不平凡的夏天（上下）	12493

不平坦的道路	17823	不准带机器人上学	8714
不归之旅	17045	不能走那条路	1525
不必然的对等——文学改编电影	5269	不能走那条路	1625
不再有爱	12195	不能走那条路	1747
不在犯罪现场	13333	不能都由你说了算！	16836
不在地主	13453	不能容忍	18870
不死鸟	14352	不掷骰子的上帝 爱因斯坦	9674
不死鸟	18424	不做文盲	18611
不光彩的小事	11941	不做情绪的奴隶	10873
不同的职业	17338	不断革命的人	9896
不回信你会变丑的	9104	不断集	2906
不会变形的金刚	9276	不敢露面的队长	1676
不合常规的飞翔 新世纪《世界文学》短篇小说精华	15645	不惑集	3965
		不装	5334
不争吵,阿尔菲	17181	不想吃饭,阿尔菲	17189
不安	13946	不想告别的夏天	10710
不许犯我	13403	不需要的荣誉	12399
不许收获的秋天	197	不管狗和茶炊怎么闹腾	5399
不寻常的河流旅行家	17127	不靠谱的演员都爱说如果	5017
不尽长江滚滚来	211	太子村的秘密	1807
不如归	13796	太平广记(1—5)	2603
不如归 黑潮	13617	太平,太平	2260
不坏那么多,只坏一点点	2143	太平洋上的乐园	18366
不连续的故事	1573	太平洋的拂晓	427
不听话的小男孩	17203	太平洋探戈	2138
不听话的小男孩儿	17217	太白山手记(火纸)	1961
不怕鬼的故事	10929	太行飞虹	4553
不怕鬼的故事	2605	太行风云	98
不怕鬼的故事(译写本)	10906	太阳大厦	1089
不屈的人们	12442	太阳与雨——托马斯·沃尔夫中短篇小说选	13087
不要温顺地走进那个良宵——狄兰·托马斯诗选	14169	太阳门	11526
不是忏悔	503	太阳升起	1045
不是我天生脾气坏	9107	太阳从背后升起	2050
不是单靠面包	12426	太阳老爷	12816
不是梦	18562	太阳刚刚出山	1685
不信神的故事	10930	太阳花	8618
不恰当的关系	1921	太阳来的十秒钟	11839
不哭	12140	太阳系历险记	11257
不圆的珍珠	4644	太阳初升的时候	1658
不拿男生当回事儿	8594	太阳社小说选	2496
不爱红装爱武装	3988	太阳和他的反光	3082
不疲倦的斗争	6	太阳和鱼	14651

太阳底下降	13382	友谊诗	3698
太阳城	1142	友谊是一场信任游戏	9293
太阳神	3424	友谊船	18012
太阳照在桑干河上	2519	友谊集	2740
太阳照常升起	13146	友谊集	3942
太阳溪农场的丽贝卡	17078	友情	15741
太空遇险记	16857	友情	3892
太湖魂	782	友情是一棵月亮树	8575
区委书记	17610	友情是一棵月亮树	9257
历史	13464	友情是一棵月亮树	9361
历史人物	6581	厄尔尼诺诅咒	9369
历史(上下)	11563	匹克威克外传(上下)	11200
历史上劳动人民反孔批儒诗歌二十七首	2958	匹诺曹	16924
历史风涛中的文人们	4707	车夫,挥鞭!	12218
历史·现实·想象——英国文学论集	7497	车尔尼雪夫斯基	15230
历史的天空	610	车迟国	2599
历史的使命	4200	车轮转动的奥秘	17260
历史的使命(第二集)	4201	车轮的辙印	1655
历史的使命(第八集)	4213	车轮滚滚(电影文学剧本)	5861
历史的使命(第三集)	4202	巨人	11908
历史的使命(第五集)	4210	巨人传	10991
历史的使命(第六集)	4206	巨人传	11085
历史的使命(第四集)	4203	巨手	8357
历史的星空	4521	巨魔海	13164
历史的叙述与叙述的历史 拜厄特《占有》之历史性的多维研究	7425	扎尕那草图 古马、阿信、娜夜、人邻、阳飐诗选	3498
历史学家	12969	扎波里叶村的玛莎	12483
历史诗学	15155	扎根	711
历史选择了法家	8726	扎根农村(唱词专辑)	10307
历代词选	3749	戈丹	13475
历代律诗选评	3812	戈尔丹大叔	17971
历代笑话选	5634	戈麦的诗	3302
历代赋论汇编(上下)	7329	戈拉	13395
历代赋论汇编(上下)	8254	戈拉	13417
尤三姐	2582	戈洛夫廖夫老爷们	11376
尤利西斯(下)	11639	戈洛夫廖夫老爷们 童话集	15625
尤利西斯(上)	11635	戈培尔传	14585
尤若夫诗选	14263	戈雅	11546
友与敌	14216	戈壁滩上的探矿队	3932
友(怀鲁迅 我所见的叶圣陶)	5576	比比看	18115
友谊与爱情(原名《机组》)	11636	比安基动物小说	11420
友谊之歌	2808	比如女人	787
友谊的彩虹——坦赞铁路工地诗歌选	2947	比克多尔堡	15796

比利不怕强盗	16637	少年如风两相望	1422
比利时文学选集·法语作家卷	11704	少年凯歌	4328
比利的生日晚会	16636	少年侦探	13626
比我年轻的婆婆	4969	少年侦探团	16349
比昂逊戏剧集	14856	少年的人际交往与网络交往	10043
比较文学与二十世纪中国文学	6359	少年曹操	1313
比较文学与当代文化批评 王宁文化学术批评文选之1	7376	少年维特之烦恼	10982
		少年维特的烦恼	11070
比恩庄（又名玩偶厅）	11624	少年维特的烦恼	15769
比萨镇奇遇	9012	少年维特的烦恼 亲和力	11165
比翼齐飞	17873	少年维特的烦恼 赫尔曼和多罗泰	11201
切·格瓦拉传	14555	少年飘泊者	2447
切梦刀	8987	少林武鼠和皇家老鼠	8449
牙医谋杀案	11810	少林铁头鼠	8438
牙齿是检验真理的第二标准（小说生活 毕飞宇、张莉对话录）	5090	少数民族大跃进歌谣选	9986
		少数民族戏剧研究	18298
瓦尔登湖	14425	少数民族戏剧选（一）	18200
瓦尔登湖	14449	少数民族戏剧选（二）	18201
《瓦尔登湖》艺术笔记	17394	少数民族诗歌选	2957
瓦尔登湖（全注疏本）	14443	日厂办起满天星	9924
瓦西里·焦尔金	14240	日子	14730
瓦特	8703	日子疯长	5332
瓦特 伟大的工程师	8770	日子就是江山	3226
瓦朗坦飞起来啦	16260	日"历"万机	10862
瓦萨·日列兹诺娃	18421	日瓦戈医生	12569
《瓦萨·日列兹诺娃》的剧本分析和角色创造	18340	日瓦戈医生	12626
		日日夜夜	12602
瓦解	13535	日升之处	14592
瓦解	2159	日丹诺夫论文学与艺术	15272
少女日记	14474	日本人民的英雄气概——日本报告文学集	14745
少女寻父	13939		
少夫人达琳	385	日本文学史——日本文学的传统和创造	15338
少年	11375	日本文学翻译论文集	7397
少年	11445	日本古代随笔选	14723
少年儿童歌曲选	10399	日本古典文学大辞典	10269
少年儿童歌曲选（第一集）	10365	日本古典俳句选	14315
少年儿童歌曲选（第二集）	10372	日本古诗一百首	14301
少年儿童歌曲选（第三集）	10378	日本东京所见小说书目	7300
少年儿童歌曲选（第五集）	10391	日本电影剧本选	15082
少年儿童歌曲选（第四集）	10388	日本民间故事	17508
少年天子	753	日本当代小说选（上下）	13584
少年巴比伦	1427	日本江户时代织物纹样	17546
少年水手和他的母猫	16865	日本劳动者	13439

日本足利学校藏宋刊明州本六臣注文选	8234
日本近代五人俳句选	14396
日本狂言选	15059
日本狂言选	15064
日本沉没	13558
日本改造法案	15076
日本明治时代设计图谱（上下）	17548
日本的树木	14787
日本的黑雾	13542
日本面面观	4140
日本鬼子来了 叶兆言中篇小说 卷二	2055
日本啊,日本	446
日本浮世绘纹样	17547
日本短篇小说选	13579
日本遁世文学的研究——中世知识人的思想与文章表现	7465
日本谣曲狂言选	15065
日头	933
日记的鲁迅	6757
日出	17842
日出	5928
日出	5945
日出东方	637
日出南天山	4459
日阿阔夫	17631
日夜书	1421
日夜守在山顶上	9923
日晕	394
日落之后	13178
日落紫禁城	548
日落碗窑	2103
日照清东陵	1348
中山狼	10902
中山狼	18159
"中山狼"的本性及其它 批判"四人帮"反党集团杂文集	4028
中山路——追寻近代中国的现代化脚印	4739
中文系	1040
中世纪	17305
中古文学系年（·上下）	7313
中央党校日记	4804
中外历史故事精选	10106
中外比较文学的里程碑	6304
中外民间故事	10159
中外民间故事精选	10096
中外神话传说	10095
中外著名文学家木刻肖像选	10600
中考作文常见主题一点通（初中）	10054
中西比较诗学体系（上下）	6260
中西文艺理论融合的尝试兼及中国古代文论的现代转换研究	7020
中年——浪漫之旅	12931
中年期	1254
中华人民共和国国歌（管乐总谱）	10526
中华人民共和国国歌（管弦乐总谱）	10525
中华人民共和国颂歌	2728
中华中篇小说百年精华（上中下）	1923
中华文学评论百年精华	6346
中华民族文学关系史（南方卷）	6311
中华百年游记精华	4329
中华成语故事	8744
中华杂文百年精华	4404
中华戏剧百年精华（上下）	5952
中华诗歌百年精华	3187
中华散文百人百篇	4437
中华散文百年精华	4273
中非湖区探险记Ⅰ	14624
中非湖区探险记Ⅱ	14625
中国20世纪文学理论批评价值取向研究	6437
中国二十世纪中短篇小说选读	10175
中国二十世纪戏剧选读	10179
中国二十世纪散文选读（二十世纪中国散文精选）	10177
中国十四行体诗选	3561
中国八十年代文学现象研究	6448
中国八大诗人	7236
中国人史纲（上下）	4914
中国人史纲（青少年版）	5312
中国人史纲（青少年普及版）	5318
中国人民不可侮——批判安东尼奥尼的反华影片《中国》文辑	6134
中国人民志愿军诗选	2711
中国人民志愿军战士诗	2729
中国人民的手	14143
中国人民的戏剧	18341
中国人民解放军"八一"建军节二十五	

书名	页码
周年文艺竞赛得奖作品选集	10554
中国人民解放军战士诗选	2739
中国人的修养	5606
中国儿童文学获奖作家书系 典藏版	9211
中国山村教师	4199
中国女杰刘志华	4223
中国女博士	1050
中国小说史	7263
中国小说史略	7238
中国小说史简编	7264
中国小说史稿	7256
中国小说戏曲的发现	7071
中国乡土小说的世纪转型研究	6476
中国历史年表（上下）	10276
中国历史故事精选	8591
中国历代小说序跋集（上中下）	7316
中国历代文选（上下）	5642
中国历代诗歌选下编（一）	3668
中国历代诗歌选下编（二）	3669
中国历代诗歌选上编（一）	3659
中国历代诗歌选上编（二）	3660
中国少数民族文学史（小说卷）	6530
中国少数民族文学史（文学批评卷）	6526
中国少数民族文学史（戏剧卷）	6529
中国少数民族文学史（诗歌卷）	6527
中国少数民族文学史（散文卷）	6528
中国少数民族戏剧	6127
中国中古文学史讲义	7242
中国中古文学史 论文杂记	6768
中国六大古典小说识要	7129
中国文人的非正常死亡	4355
中国文人的活法	4432
中国文化史	7214
中国文化的守夜人——鲁迅	6674
中国文化前沿	6399
中国文学艺术工作者第三次代表大会文件	6101
中国文学史	7250
中国文学史（1—3）	7262
中国文学史（1—4）	7253
中国文学史（一）	7258
中国文学史（二）	7259
中国文学史（三）	7260
中国文学史大纲	7257
中国文学史（四）	7261
中国文学史纲（上册）	7248
中国文学史简编（修订本）	7243
中国文学研究（上下）	6870
中国文学理论批评史（上下）	7265
中国文学理论现代性问题研究	6381
中国文学跨世纪发展研究	6421
中国书画浅说	10955
中国末代皇后郭布罗·婉容传	5117
中国末代皇妃额尔德特·文绣传	5116
中国古代小说与戏曲关系史	7086
中国古代小说研究（第一辑）	7023
中国古代小说研究（第二辑）	7065
中国古代小说研究（第三辑）	7066
中国古代小说研究（第四辑）	7089
中国古代小说总目提要	7319
中国古代小说演变史	7156
中国古代文艺学	7090
中国古代文学史（上中下）	7284
中国古代文学论集	6994
中国古代文学观念发生史	7135
中国古代文学作品选（一）	8211
中国古代文学作品选（二）	8212
中国古代文学作品选（三）	8213
中国古代文学作品选（四）	8214
中国古代文学作品选简编（上下）	8215
中国古代文学选读	10010
中国古代戏曲文学辞典	10268
中国古代戏曲目录研究	7127
中国古代戏曲选	6002
中国古代戏剧选	5999
中国古代诗词名篇	3728
中国古代诗学原理	6990
中国古代叙事文法理论研究	7234
中国古代剧场史	7116
中国古代散文名篇	5659
中国古代寓言故事	10139
中国古代寓言故事	10165
中国古代寓言选	5643
中国古典文学论丛（第一辑）	6928
中国古典文学论丛（第二辑）	6935
中国古典文学论丛（第七辑）	6952

书名	页码
中国古典文学论丛(第三辑)	6937
中国古典文学论丛(第五辑)	6946
中国古典文学论丛(第六辑)中青年专号	6947
中国古典文学论丛(第四辑)中青年专号	6940
中国古典文学研究	7040
中国古典文学理论批评史(上)	7254
中国古典戏曲论著集成(一)	18304
中国古典戏曲论著集成(二)	18305
中国古典戏曲论著集成(十)	18314
中国古典戏曲论著集成(七)	18311
中国古典戏曲论著集成(八)	18312
中国古典戏曲论著集成(九)	18313
中国古典戏曲论著集成(三)	18306
中国古典戏曲论著集成(五)	18309
中国古典戏曲论著集成(六)	18310
中国古典戏曲论著集成(四)	18307
中国古典诗学与新诗名家	7113
中国古典诗法举要	7167
中国古典散文研究论文集	6893
中国申奥亲历记 两次申奥背后的故事	4587
中国外国文学学会论文集第七届 2002 武汉	7400
中国民间文学史(初稿)	7251
中国民间故事选(一)	9732
中国民间故事选(二)	9797
中国民间故事选(三)	9809
中国民间故事集	9757
中国民间故事精选	9810
中国民间舞蹈选集	17581
中国出了个毛泽东	9717
中国动脉	4463
中国老兵器说谜	10741
中国老游艺说趣	10740
中国地方戏曲集成(上海市卷)	17813
中国地方戏曲集成(山东省卷)	17817
中国地方戏曲集成(山西省卷)	17812
中国地方戏曲集成(广东省卷)	17818
中国地方戏曲集成(内蒙古自治区卷)	17811
中国地方戏曲集成(北京市卷)	17814
中国地方戏曲集成(辽宁省吉林省黑龙江省卷)	17820
中国地方戏曲集成(江西省卷)	17819
中国地方戏曲集成(江苏省卷)	17816
中国地方戏曲集成(安徽省卷)	17810
中国地方戏曲集成(河北省卷)	17804
中国地方戏曲集成(浙江省卷)	17806
中国地方戏曲集成(湖北省卷)	17801
中国西行放歌	3279
中国西部现代文学史	6690
中国百年油矿	4519
中国有个雅戈尔	4250
中国当代小说史稿——人物形象系统论	6251
中国当代文艺学学术史(1949—1976)	6547
中国当代文学史论	6550
中国当代文学史初稿(下册)	6187
中国当代文学史初稿(上册)	6178
中国当代文学史新稿	6382
中国当代文学发展史	6366
中国当代文学传媒研究	6489
中国当代文学作品选(下)	7703
中国当代文学作品选(上)	7701
中国当代文学作品选(中)	7702
中国当代文学的艺术探索	6459
中国当代文学思潮史	6230
中国当代名家大奖书系 拼音版(定制套装全5册)	9040
中国当代婚恋性爱备忘录(第一集)	4147
中国当代婚恋性爱备忘录(第二集)	4148
中国当代散文史	6354
中国当代散文精华	4145
中国当代微型小说精华	1919
中国当代新诗史	6274
中国曲艺通史	10355
中国曲艺概论	10354
中国先锋诗歌论	6414
中国传统戏曲剧本选集(一)	17797
中国传统戏曲剧本选集(二)	17798
中国传统戏曲剧本选集(三)	17799
中国传统戏曲剧本选集(四)	17800
中国传统家训选	8746
中国名诗三百首	8268
中国戏曲	6114
中国戏曲艺术思想史	10937
中国戏曲论集	18289
中国戏曲声腔源流史	7115
中国戏曲研究资料初辑	17628

中国戏曲研究资料初辑	18236	中国现代知性诗学研究	6734
中国戏曲选(上中下)	5982	中国现代诗歌艺术	6611
中国戏曲剧种研究	10942	中国现代诗歌选	3580
中国戏剧史长编	7255	中国现代诗歌理论批评史	6689
中国戏剧史讲座	18244	中国现代话剧史论	6716
中国戏剧图史	7114	中国现代独幕话剧选 1919—1949（第一卷）	5939
中国纪录电影——览一诗话：审美选择	10827	中国现代独幕话剧选 1919—1949（第二卷）	5940
中国作家协会第二次理事会会议(扩大)报告发言集	6028	中国现代独幕话剧选 1919—1949（第三卷）	5941
中国近世戏曲史	7246	中国现代散文史（1917—1949）	6758
中国近代小说史论	7188	中国现代散文选 1918—1949（第一卷）	5490
中国近代小说编年史(1—6)	7133	中国现代散文选 1918—1949（第二卷）	5491
中国近代文论选(上下)	6769	中国现代散文选 1918—1949（第七卷）	5499
中国近代文学发展史(修订本)(上中下)	7293	中国现代散文选 1918—1949（第三卷）	5492
中国近代思想史论	10957	中国现代散文选 1918—1949（第五卷）	5497
中国近百年文学体式流变史(上下)	6318	中国现代散文选 1918—1949（第六卷）	5498
中国现代三大文学思潮新论	6701	中国现代散文选 1918—1949（第四卷）	5493
中国现代小说史论	6698	中国现代散文选萃	5504
中国现代小说史(第一卷)	6657	中国现代散文精华	5513
中国现代小说史(第二卷)	6658	中国现代短篇小说选 1918—1949（第一卷）	2362
中国现代小说史(第三卷)	6661	中国现代短篇小说选 1918—1949（第二卷）	2363
中国现代小说流派史	6659	中国现代短篇小说选 1918—1949（第七卷）	2372
中国现代长篇小说名著版本校评	6685	中国现代短篇小说选 1918—1949（第三卷）	2365
中国现代文化指掌图	6684	中国现代短篇小说选 1918—1949（第五卷）	2367
中国现代文学史(一)	6582	中国现代短篇小说选 1918—1949（第六卷）	2368
中国现代文学史(二)	6583		
中国现代文学史(三)	6588	中国现代短篇小说选 1918—1949（第四卷）	2366
中国现代文学史(初稿)	6633		
中国现代文学史研究的视阈	6712	中国现代寓言故事	10067
中国现代文学史略	6627	中国现当代儿童诗选	3466
中国现代文学史简编	6600	中国现当代作家作品研究	6415
中国现代文学主潮论	6706	中国担保.1	10959
中国现代文学传统	6678	中国担保.2	10960
中国现代文学论集(上下)	6694	中国担保.3	10961
中国现代文学的历史经验	6735	中国担保.37	10962
中国现代文学的文化阐释	6705	中国担保.38	10963
中国现代文学的性别意识	6679		
中国现代文学思潮流派讨论集	6606		
中国现代文学选读	10009		
中国现代主义诗学	6337		
中国现代传记文学史论	6756		
中国现代杂文史论	6613		
中国现代社团文学史	6682		

书名	编号
中国担保.39	10972
中国担保.40	10964
中国担保.41	10965
中国担保.42	10967
中国担保.43	10966
中国担保.44	10969
中国担保.45	10968
中国担保.47	10971
中国担保.48	10970
中国虎	858
中国国民党革命委员会爱国老人诗词选	3044
中国制造	611
中国知青终结	4405
中国知青梦	4499
中国知青梦	459
中国和亚非各国人民的友谊	3924
中国的亿万富翁——李延国报告文学选	4169
中国的眸子	4494
中国的"敦刻尔克大撤退"	680
中国的源头	4377
中国狐文化	6993
中国京剧院演出剧本选（第一集）	18053
中国审美文化焦点问题研究	7151
中国诗史（上中下）	7241
中国诗词日历·2018	10847
中国诗性文论与批评	6988
中国诗学多元解释思想研究	7143
中国诗学研究（第四辑）新诗研究专辑	6383
中国诗学（第二十一辑）	7166
中国诗学（第二十二辑）	7169
中国诗学（第二十七辑）	7209
中国诗学（第二十八辑）	7211
中国诗学（第二十九辑）	7231
中国诗学（第二十三辑）	7179
中国诗学（第二十五辑）	7195
中国诗学（第二十六辑）	7200
中国诗学（第二十四辑）	7181
中国诗学（第二十辑）	7163
中国诗学（第十一辑）	7042
中国诗学（第十二辑）	7055
中国诗学（第十七辑）	7126
中国诗学（第十八辑）	7147
中国诗学（第十九辑）	7158
中国诗学（第十三辑）	7063
中国诗学（第十五辑）	7088
中国诗学（第十六辑）	7099
中国诗学（第十四辑）	7076
中国诗学（第十辑）	7028
中国诗学（第七辑）	6995
中国诗学（第八辑）	6998
中国诗学（第九辑）	7009
中国诗学（增订版）	7038
中国诗歌 2010 年刊诗选	3264
中国诗歌 2010 年网络诗选	3261
中国诗歌 2011 年民刊诗选	3297
中国诗歌 2011 年网络诗选	3286
中国诗歌 2011 新发现	3295
中国诗歌 2012 年民刊诗选	3330
中国诗歌 2012 年网络诗选	3313
中国诗歌 2013 年民刊诗选	3355
中国诗歌 2013 年网络诗选	3341
中国诗歌 2014 年民刊诗选	3385
中国诗歌 2014 年网络诗选	3373
中国诗歌 2015 年民刊诗选	3408
中国诗歌 2015 年网络诗选	3396
中国诗歌 2016 年民刊诗选	3460
中国诗歌 2016 年网络诗选	3421
中国诗歌 2017 年民刊诗选	3473
中国诗歌 2017 年网络诗选	3438
中国诗歌 2017 年新发现诗选	3432
中国诗歌 2018 年度民刊诗选	3489
中国诗歌 2018 年度网络诗选	3492
中国诗歌 2018 年度诗人作品选	3493
中国诗歌 2018 年度诗歌精选	3488
中国诗歌 2018 新发现诗人作品选	3479
中国诗歌 2019 年度网络诗选	3497
中国诗歌 2019 年度诗人作品选	3505
中国诗歌 2019 新发现诗人作品选	3496
中国诗歌 2020 年度网络诗选	3513
中国诗歌 2020 新发现诗人作品选	3512
中国诗歌 一个人出走	3388
中国诗歌 一个人的舞蹈	3325
中国诗歌 十支朱红	3420
中国诗歌 九十年代备忘录	6324
中国诗歌 大地不言	3335
中国诗歌 大地挥起风来	3285

中国诗歌 与神为邻	3305	中国诗歌研究史 宋代卷	7223
中国诗歌 与谁人书	3376	中国诗歌研究史 明代卷	7228
中国诗歌 山川变形记	3378	中国诗歌研究史 金元卷	7221
中国诗歌 天上的青海	3299	中国诗歌研究史 唐代卷	7227
中国诗歌 天空的放牧者	3309	中国诗歌研究史 清代卷	7224
中国诗歌 中国90后诗选	3284	中国诗歌研究史 魏晋南北朝卷	7226
中国诗歌 毛笔信	3262	中国诗歌 指点江山	3440
中国诗歌 心灵的风	3288	中国诗歌 临河而居	3293
中国诗歌 水边的月亮	3402	中国诗歌 星空下	3369
中国诗歌史通论	7122	中国诗歌 秋兴九章	3433
中国诗歌 另一个秘密	3416	中国诗歌 很慢的春天	3389
中国诗歌 生命的礼物	3347	中国诗歌 音乐之生	3340
中国诗歌 白睡莲	3332	中国诗歌 夏夜	3465
中国诗歌 白露为霜	3407	中国诗歌 途径	3357
中国诗歌 半个冬日	3459	中国诗歌 爱的花絮	3294
中国诗歌 在文字的背面	3314	中国诗歌 爱的抒情诗	3255
中国诗歌 尘世记	3404	中国诗歌 高山流水	3291
中国诗歌 自然的母语	3399	中国诗歌 高不可攀的蝴蝶	3300
中国诗歌 行走的人	3377	中国诗歌 疼痛与光芒	3345
中国诗歌 行踪	3296	中国诗歌 浮生记	3456
中国诗歌 多年以后	3427	中国诗歌 浮雕的歌声	3343
中国诗歌 守望岛	3462	中国诗歌通史 少数民族卷	7110
中国诗歌 那一夜的美	3334	中国诗歌通史 汉代卷	7109
中国诗歌 如鸟飞翔	3458	中国诗歌通史 辽金元卷	7104
中国诗歌 走进词的院子	3282	中国诗歌通史 当代卷	7107
中国诗歌 芦花放	3453	中国诗歌通史 先秦卷	7100
中国诗歌 我的天涯	3457	中国诗歌通史 宋代卷	7103
中国诗歌 我的辽阔	3331	中国诗歌通史 现代卷	7108
中国诗歌 我是谁	3461	中国诗歌通史 明代卷	7105
中国诗歌 我踩在新泥上	3360	中国诗歌通史 唐五代卷	7102
中国诗歌 词语里的人	3463	中国诗歌通史 清代卷	7106
中国诗歌 松脂	3391	中国诗歌通史 魏晋南北朝卷	7101
中国诗歌 往开阔处去	3363	中国诗歌 桑柘木	3359
中国诗歌 变异的故乡	3439	中国诗歌 黄土高天	3290
中国诗歌 净水无痕	3344	中国诗歌 菩提树之诗	3352
中国诗歌 诗生活	3301	中国诗歌 雪线	3409
中国诗歌 经年无痕	3287	中国诗歌 铜奔马	3322
中国诗歌 奏鸣曲	3387	中国诗歌 惊春	3415
中国诗歌 春夜辞	3348	中国诗歌 悲欣集	3257
中国诗歌 树林之诗	3328	中国诗歌 最新的词	3464
中国诗歌研究史 少数民族卷	7220	中国诗歌 温暖的时间	3254
中国诗歌研究史 汉代卷	7229	中国诗歌 蓝或紫	3298
中国诗歌研究史 先秦卷	7222	中国诗歌 遥远的地方	3401

书名	页码
中国诗歌 遥望	3452
中国诗歌 慢抒情	3400
中国诗歌 醉里挑灯看花	3281
中国诗歌 踩着风拾级而上	3292
中国诗歌 黎明的窗	3374
中国诗歌 薄雪	3410
中国话剧百年典藏·作品卷10（1990年代）	5910
中国话剧百年典藏·作品卷1（早期新剧）	5901
中国话剧百年典藏·作品卷2（五四时代）	5902
中国话剧百年典藏·作品卷3（1930—1937）	5903
中国话剧百年典藏·作品卷4（1937—1940）	5904
中国话剧百年典藏·作品卷5（1940年代）	5905
中国话剧百年典藏·作品卷6（1950—1960年代）	5906
中国话剧百年典藏·作品卷7（1970年代）	5907
中国话剧百年典藏·作品卷8（1980年代Ⅰ）	5908
中国话剧百年典藏·作品卷9（1980年代Ⅱ）	5909
中国话剧百年典藏·理论卷一（1906—1929）	6752
中国话剧百年典藏·理论卷二（1929—1949）	6753
中国话剧百年典藏·理论卷三（1949—1977）	6538
中国话剧百年典藏·理论卷五（百年话剧记忆）	6536
中国话剧百年典藏·理论卷四（1978—2000）	6537
中国话剧运动五十年史料集（第一集）	18242
中国话剧运动五十年史料集（第二辑）	18263
中国话剧运动五十年史料集（第三辑）	18297
中国姑娘	4458
中国经典民间传奇·月亮卷	8519
中国经典民间传奇·红樱桃卷	8633
中国经典民间传奇·星星卷	8518
中国经典民间传奇·黄柠檬卷	8632
中国经典民间传奇·紫葡萄卷	8631
中国经典民间传奇·蓝草莓卷	8630
中国经典童话	8506
中国经典童话天天读（套装）	9024
中国经典童话完全手绘本·百合卷	8628
中国经典童话完全手绘本·茉莉卷	8629
中国品牌·精品荟萃	10267
中国俗文学史（上下）	7239
中国帝王皇后亲王公主世系录（上下）	10275
中国语文的时代演进	10721
中国神话	8285
中国神话	8655
中国神话传说（上下）	10927
中国神话选	5665
中国神话选	8346
中国原创绘本获奖系列	9534
中国铁木儿	8284
中国留日学生心态录	4150
中国通史	10953
中国通俗小说书目	7295
中国散文诗创作概论	6395
中国短篇小说百年精华（上下）	1916
中国短篇童话精选	8592
中国童谣精选	10065
中国寓言故事精选	10094
中国寓言选	10555
中国新文学史初稿（上下）	6571
中国新文学发展史	6662
中国新文学图志（上下）	6665
中国新生代农民工	4890
中国新时期小说主潮（上下）	6345
中国新诗选读（二十世纪中国诗歌精选）	10178
中国新诗总系（10卷）	8157
中国新诗流变论	6670
中国新诗萃 20世纪初叶—40年代	3555
中国新诗萃 50年代——80年代	3069
中国新诗萃 台港澳卷	3172
中国新诗编年史（上下）	6733
中国数学之神 华罗庚	9685
中国歌谣	6867
中国歌谣资料（第一集、第二集上下）	7306

中罗文学关系史探	7429	内部威胁	12918
中学生文学名著助读	10221	内港	12039
中学生课外文学名著导读	10160	内蒙古歌谣	9790
中秋之夜	1619	见习生的毕业	13872
中秋节快乐	9503	见习生的伤心	13873
中洛辛郡的心脏	11066	见习生的初恋	13874
中庸	10260	见字如晤	5105
中庸	9596	见证	4303
中锋在黎明前死去	18426	见证 中国乡村红色群落传奇	5190
中短篇小说卷	2029	牛仔比利	16634
中短篇小说选	11128	牛汉卷	4241
中短篇小说选	11350	牛汉诗文集	7579
中短篇小说选	11486	牛汉诗选	3150
中短篇小说选	11488	牛汉散文	4768
中短篇小说选(一)	12854	牛皮城堡	8547
中短篇小说选(二)	12859	牛郎织女笑开颜(诗剧)	5770
中短篇小说选(上下)	11359	牛栏春暖(小戏曲)	5798
中短篇小说集(下)	11394	牛虻	12000
中短篇小说集(上)	11392	牛津迷案	13003
中短篇小说集(中)	11393	牛津简明英国文学史(上下)	15181
中篇小说选	12707	牛顿	8700
中篇小说集	1814	牛顿的苹果——物理学的灿烂星座	17410
中篇小说集	1858	牛铃叮当	5075
贝尔 听见了吗?	8773	牛皋扯旨	18105
贝尔曼与黑衣人	12143	牛皋招亲	18745
贝尔蒂雄166	12821	牛皋砸御酒	18813
贝多芬	11726	牛棚杂忆	5077
贝壳鸟	8905	午后四点	11768
贝壳——曼德尔施塔姆诗选	14245	午后悬崖	1964
贝壳集	3901	午间女人	11842
贝克街的幽灵	13037	毛一罕好来宝选集	9764
贝克街谋杀案	13015	毛毛虫的超级历险	8967
贝希尔诗选	14132	毛主席万岁	18580
贝法利亚城	11596	毛主席开掘幸福泉(曲艺、戏剧集)	10338
贝茜成长的奥秘	17079	毛主席永远活在我们心中	2976
贝茜成长的奥秘(新版)	17134	毛主席在我们中间	9905
贝科夫小说选	12541	毛主席走遍祖国大地	10418
贝姨	10979	毛主席来了	18940
贝姨	11222	毛主席听我说相声	10353
贝朗瑞歌曲选	13963	毛主席的军事路线永放光芒	
内心的报告	14622	(活页歌曲)	10464
内心的命令	5104	毛主席的建党路线放光辉(组歌)	10572
内奸凤敌	12627	毛主席的革命路线胜利万岁	10567

毛主席诗词	2907	手风琴伴奏歌曲选(三)	10373
毛主席诗词	2960	手风琴伴奏歌曲选(五)	10382
毛主席诗词十九首	2852	手风琴伴奏歌曲选(六)	10387
毛主席指示我们过草地	9898	手风琴伴奏歌曲选(四)	10375
毛主席是我们心中的红太阳	10563	手风琴罪案	13058
毛主席语录再版前言	10571	手风琴演奏法	10542
毛主席颂歌	9770	手机	13217
毛委员在连队建党	9828	手机	953
毛泽东三兄弟	5226	手机爱情酸曲	9611
毛泽东与中国文艺	6270	手·造型	17270
毛泽东与著名作家	4413	手提箱	12950
毛泽东与著名学者	4414	手提箱孩子	15987
毛泽东之歌	2991	升官图	17838
毛泽东文艺生涯(上下)	5036	长长的流水	1699
毛泽东文艺思想讨论会文集	6220	长长的流水	8343
毛泽东正值神州有事时	5006	长长的锚链	14203
毛泽东同志是当代最伟大的马克思 　　列宁主义者	10569	长生塔	8431
		长生塔	9042
毛泽东论文艺	6065	长生塔	9619
毛泽东和他的诗词	10045	长生殿	17684
毛泽东的随行摄影记者	10639	长生殿	5967
毛泽东的旗帜迎风飘扬	2713	长生殿	5971
毛泽东诗词全编鉴赏(增订本)	3469	长白山下	2854
毛泽东诗词选	3080	长乐老	18685
毛泽东重整旧河山(1949—1961)	4967	长在中原十八年	5207
毛泽东最后七年风雨路	4808	长江行	3902
毛泽民夫人朱旦华访谈录	5038	长江还在奔腾	373
毛姆文集 人性的枷锁(上下)	15537	长坂坡	18506
毛姆文集 刀锋	15538	长坂坡	2577
毛姆文集 毛姆短篇小说选(Ⅰ)	15533	长征	4540
毛姆文集 毛姆短篇小说选(Ⅱ)	15534	长征路上	2994
毛姆文集 月亮与六便士	15535	长夜	2364
毛姆文集 彩色面纱	15536	长夜行(歌剧)	5965
毛姆短篇小说集	11575	长河浪花集	4036
毛承志书画集	10832	长诗	14087
气味	1083	长诗三首	2816
气球上的五星期	11259	长虹	2779
气球的颜色	16855	长恨此身非我有 豪放词	3785
手风琴曲选(1)	10480	长恨歌	724
手风琴曲选(2)	10483	长眠医生	13238
手风琴曲选(3)	10488	长脖子熊的故事	8942
手风琴伴奏歌曲选(一)	10363	长颈龙的完美一天	13743
手风琴伴奏歌曲选(二)	10364	长颈鹿的脖子——教育小说	12030

长辈吴松明	1556	从小毡房走向全世界	2889
长跑者之歌	3013	从小桥流水说起	4483
长裙子短袜子	9307	从艺术到人生	6281
长腿娃娃夏天的奇遇	8538	从内罗毕到深圳 一个美国人的东方	
长腿娃娃夏天的奇遇	9053	罗曼史	13098
长歌行	3054	从文自传	4120
长篇小说与艺术问题	6386	从未说过一句话	1177
长篇小说《长城万里图》纵横谈	6308	从生活出发	6194
长篇小说《幻化》评论集	6335	从仪式到狂欢——20世纪少儿文学	
什么事都在发生	10890	作家作品研究（上下）	6479
什么是口头文学	15268	从市集上来	11354
什么是什么	13091	从地中海出发	5394
什么是文学？	15193	从地球到月球	11236
什么都要可以吗？	16837	从百草园到三味书屋 公园	5598
什罗姆斯基小说选	11484	从同适斋到不舍斋	7148
什特凡大公	12694	从传统到现代：多维视野中的中国戏剧	
片石集	2987	研究	6445
仇与情	11117	从延安到北京	3589
仇恨的火花	3977	从延河到天山	3891
仇恨的火焰	18230	从军诗	3694
仇敌	12910	从两个蛋开始	706
化妆常识	18284	从序幕开始 附转椅	13563
化雨集	4472	从昆仑到喜马拉雅	9859
化圆为方 俄罗斯处女作奖小说集	12619	从彼得堡到莫斯科旅行记	14455
仅仅是开始	2	从空间追寻时间	4688
反五关	18976	从秋水蒹葭到春蚕腊炬	6951
反华电影剧本《德尔苏·乌扎拉》	15030	从闽西到浙西	9862
反抗诗集	14127	从前有个奴隶	12811
反革命狂想曲的幻灭		从前的女孩	12229
——"四人帮"利用电影反党的铁证	10597	从神话走向文明	8721
反映社会主义跃进的时代，推动社会主义		从夏天开始的故事	719
时代的跃进	6102	从热烈到温煦	5273
反修哨兵（相声专辑）	10333	从消逝的村庄走来	5216
反侵略的烈火——反对美英侵略		从清华园到深圳湾	4656
阿拉伯的诗文画集（第三集）	10560	从维熙	7734
反美斗争的最前哨	3990	从最小的可能性开始 中国诗歌评论	6331
反美铜墙（朗诵诗）	2926	从集市上来	11424
反翻把斗争	17883	从尊敬一事无成的自己开始	5222
介存斋论词杂著 复堂词话 蒿庵词话	6771	从新德里到布罗斯 骑行万里，追寻真爱	14608
从十九到二十六	698	从遵义到大渡河	9865
从九都山到井岗山	9838	父与子	11314
从山冈上跑下来的小女孩	8274	父与子	17421
从小要爱护名誉	12438	父与子 处女地	11434

父女一心	18943	公务员 附:浪荡王孙	11084
父女争先	18962	公主与船长	16051
父子劳模	15037	公主小姐不想吃饭	16833
父子的远方	9365	公主劳伦蒂娜	16177
父父子子	4156	公主和船长	16565
父母之河	3052	公主魔咒	16041
父后七日	4875	公刘诗草	3213
父(我们现在怎样做父亲 背影)	5577	公刘短诗精读	3135
父亲岛	12119	公羊的节日	13305
父亲的一九四二	4951	公报字字放光芒	10565
父亲的军装	5385	公证人	1906
父亲的眼泪	13137	公社花开幸福来	18095
父亲变成星星的日子	9131	公社的人们	1712
父亲嫌疑人	779	公社春来早(板胡独奏曲,民族乐队伴奏)	10466
父辈的信念	14520		
今天我是升旗手	9056	公社添新花(革命儿歌选)	8314
今天我是升旗手	9209	公社铺云我下雨 农民歌手诗抄	2922
今天我想慢吞吞	17137	公审苍蝇	19018
今天没有空难	3137	公猫阿漆的奏鸣曲	8959
今天狭路相逢	4143	月下集	2840
今天将会过去	6293	月牙儿	2339
今古奇观	8657	月牙儿	2400
今古奇观(上下)	2594	月牙儿 阳光 我这一辈子	2485
今年,我们毕业	4466	月牙泉	510
今年我们毕业 2 北大清华学生求职故事	4581	月出的风景	3116
今昔天桥	19046	月光	11137
今昔物语集(上下)	17501	月光下的音乐会	16923
今昔物语集 天竺震旦部	17503	月光下的秘密	9324
今夜没有雨	402	月光下的银匠	2222
今晨无泪	450	月光下的蝈蝈	9432
今朝儿女	17895	月光下的蝈蝈(升级版)	9457
凶手(凶手 挣扎)	1972	月光手帕	9662
凶犯	2003	月光曲	5924
分门纂类唐宋时贤千家诗选校证(上下)	3743	月色撩人 鬼魅丹青 中篇小说卷(2008—2011)	2177
分享美食	16851		
分类白话诗选	3556	月色繁星 外国短篇爱情小说选评	15666
分类放,阿尔菲	17178	月夜到黎明	3867
分类唐诗三百首	3833	月夜变身	11792
分离的幻象	12057	月亮	16922
分裂的村庄	2098	月亮下去了	13352
公开的秘密	9956	月亮与六便士	12239
公无渡河	13691	月亮上的一头长颈鹿	16623
公务员	11125	月亮上的小王子	8610

月亮上的绿奶酪	16624	风鸟皮诺查	8810
月亮生病了	8505	风过耳	1186
月亮生病了	8909	风过留痕	5365
月亮花	8834	风尘交易人——一个美国汽车商的经历	612
月亮花	8933	风尘侠士情（上下）	567
月亮花园	9424	风尘逸士——吴稚晖别传	4362
月亮和六便士	11565	风帆	3972
月亮和六便士	12312	风吹到乌镇时累了	9496
月亮茶馆里的童年	9123	风雨无悔——对话王光美	5129
月亮背面	517	风雨五十年	4130
月亮是夜晚的一点明白	871	风雨不了情	390
月亮船	8877	风雨历程——晚年刘少奇	5344
月亮湖的姑娘	1842	风雨长征号	4399
月（荷塘月色 海上生明月）	5557	风雨共伞	18601
月圆之夜的秘密	16867	风雨年华	4084
月圆月缺	13912	风雨红颜	12933
月唐演义（上下）	8664	风雨夜路	19044
月球闭合线	9373	风雨桐江	115
月琴弹奏法	10546	风雨谈	5609
月落乌啼霜满天	334	风味绝佳	13738
月落荒寺	1435	风物与意象	9586
月黑夜	2538	风波（话剧）	5727
月照东墙	18138	风格练习	15190
勿忘草	3114	风格散记	6258
风一样的萝拉	16676	风哥哥	9509
风之丘五十元硬币之谜	13871	风高放火与振翅洒水	6370
风之画员	13676	风烟望故国	3443
风之影	11752	风流父子	418
风子	2439	风流佛	13620
风云初记	100	风浪	9945
风云初记	4	风展红旗 工农兵诗选	2930
风云初记（二）	8	风萧萧	2473
风云初记（三）	102	风雪儿女	49
风云变	447	风雪之夜	1660
风云急	203	风雪之夜	9981
风云雷电谱雄歌	6125	风雪东线	1490
风中之树——对一个杰出作家的探访	4370	风雪边防线	1733
风中玫瑰	638	风雪多瑙河	580
风中烛	12062	风雪夜归人	17828
风从八方来——中国引智大观	4277	风雪夜归人	5950
风月同天 日本人眼中最美中国古诗100首	10254	风雪夜归人 闯江湖	5947
		风雪集	5914
风（风 这是风刮的）	5554	风景	2118

风景名胜	10018	凤凰与魔毯	16080
风筝	1331	凤凰与魔毯	16844
风筝误	18853	凤凰飞上摩天岭	17960
风雷（上下）	763	凤凰台（话剧）	5732
风暴中的庄园	12819	凤凰吟	9553
风暴勇士	17003	凤凰林	2942
风暴勇士 1 海上来的姑娘	17067	勾栏女艾丽莎	11632
风暴勇士 2 冒险小分队	17068	勾魂拐——悬念小说集	1908
风暴勇士 3 决战伽波尔	17069	卞之琳	8122
风暴颂（反对美帝斗争诗歌画集）	10562	卞之琳作品新编	8153
风暴潮	596	六一词	17724
丹贝拉	13502	六一诗话 白石诗说 滹南诗话	6780
丹凤街	2385	六十八天（淮海大战记）	1517
丹东之死	14869	六十年的变迁	18903
丹青十字架——韩美林传	4342	六十年的变迁（一）	43
丹青风骨	623	六十年的变迁（二）	90
丹青引	554	六十年的变迁（三）	240
丹妮亚的露营地	12365	六十种曲（一）	17688
丹娜	12667	六十种曲（二）	17689
丹娘	17570	六十种曲（十）	17697
乌云密布	11548	六十种曲（十一）	17698
乌龙院	18066	六十种曲（十二）	17699
乌龙院	18668	六十种曲（七）	17694
乌尔逊河边的狼	9342	六十种曲（八）	17695
乌兰牧骑——红色文化工作队	18299	六十种曲（九）	17696
乌兰诺娃	17627	六十种曲（三）	17690
乌兰斯匹格传奇	12035	六十种曲（五）	17692
乌托小国	9139	六十种曲（六）	17693
乌丢丢的奇遇	9015	六十种曲（四）	17691
乌克兰、白俄罗斯民间舞蹈	17666	六十楼的土土土	8897
乌克兰民间故事	17491	六个和七个	16785
乌龟也上网	9154	六六年	1047
乌拉尼亚	11789	六（六）班真给力	9278
乌泥湖年谱 1957—1966	622	六号门	18084
乌鸦女孩	12272	六年级（甲）班同学录	9313
乌鸦的诡计	8562	六指雪貂	17133
乌塔耶书	14059	六便士之家——迷失在书镇	14552
乌篷船	9640	六眼看世界——儿子你自己拿主意	4306
凤还巢	18665	六朝文絮	17700
凤尾竹的梦	3018	文人陈独秀	5154
凤鸣关	18533	文人集团与中国现当代文学	6389
凤鸽儿	9326	文天祥	520
凤鸽儿 A Very Special Pigeon 汉英对照	9346	文天祥 正气永存	8764

书名	页码
文天祥诗选	3665
文艺工作者为什么要思想改造	6005
文艺心理学概论	6235
文艺节目(第一辑)首都游园活动文艺节目选	10591
文艺节目(第二辑)少年儿童文艺专辑(下)	10594
文艺节目(第二辑)少年儿童文艺专辑(上)	10592
文艺节目(第七辑)器乐曲专辑	10479
文艺节目(第八辑)	10596
文艺节目(第三辑)庆祝一九七三年"五一"国际劳动节首都游园活动文艺节目选	10593
文艺节目(第五辑)	10595
文艺节目(第六辑)曲艺专辑	10304
文艺节目(第四辑)小戏专辑	5795
文艺论集	6585
文艺论集续集	6584
文艺作品选 第一辑(八册)	9962
文艺作品选 第二辑(八册)	9963
文艺作品选 第七辑(八册)	9994
文艺作品选 第八辑(八册)	9996
文艺作品选 第三辑(八册)	9964
文艺作品选 第五辑(八册)	9991
文艺作品选 第六辑(八册)	9993
文艺作品选 第四辑(八册)	9965
文艺评论集	6136
文艺的绿色之思 文艺生态学引论	6327
文艺学习	6130
文艺学的沉思	6264
文艺学概论	15266
文艺战线上的一场大辩论	6043
文艺界拨乱反正的一次盛会——中国文学艺术界联合会第三届全国委员会第三次扩大会议文件·发言集	6159
文艺信息学	6225
文艺美学	6376
文艺美学的学科定位和发展趋势研究	6457
文艺宣传资料(一)	5785
文艺理论译丛(第一期)	15087
文艺理论译丛(第二期)	15088
文艺新学科导论	6265
文艺辩论集	6059
文化大革命颂	2964
文化中国·文艺卷	10704
文化中国·军事卷	10705
文化中国·科技卷	10707
文化中国·哲学卷	10706
文化关	19033
文化冲突与审美选择	6242
文化转型与当代审美	6456
文化昆仑 钱钟书其人其文	6315
文化的重量:解读当代华裔美国文学	7413
文化诗学 理论与实践	6385
文化视域中的翻译理论研究	7467
文化经济学思维——物质与文化均衡发展分析	6387
文化研究视野中的英美文学	7428
文心选编	9584
《文心雕龙》的风格学	6920
文心雕龙注(上下)	6765
文心雕龙注释	6794
文心雕龙研究	6807
文心雕龙研究论文集	6954
文心雕龙简论	6914
文本阅读之旅——从语文课堂开始	10041
文成公主	17884
文则 文章精义	6773
文自成选集	7563
文字生涯	14470
文坛风云录	5133
文坛风云续录	4825
文坛徜徉录(上下)	6212
文体与形式	6369
文体与图像	6486
文体的自觉与抉择	6289
文林察辨	6288
文明	11515
文明地狱	1713
文物	10012
文学	10013
文学十年	6099
文学与文艺学	15220
文学与电影	17582

文学与生活 密云期风习小记	6623	文学观察与史性阐述	6467
文学与快乐	5198	文学批评的向度	6492
文学与革命	15322	文学批评学	6262
文学与精神分析学 王宁文化学术批评文选之3	7382	文学肖像	14699
		文学作品是怎样写成的	6223
文学上的失误	13336	文学评论集	6011
文学之路——中德语言文学文化研究（第一卷 2000年）	7379	文学评论集（二集）	6032
		文学社群与文学关系论	7170
文学之路——中德语言文学文化研究（第二卷 2001年）	7380	文学的反思	6226
		文学的当代性	6240
文学之路——中德语言文学文化研究（第三卷 2002年）	7384	文学的理性和良知	6291
		文学视阈与戏剧电影	6485
文学艺术的春天	6129	文学经典化问题研究	7440
文学艺术要同人民生活保持密切的关系	15254	文学研究与批判专刊（第一辑）	6880
文学少女（1）渴望死亡的小丑	13687	文学研究与批判专刊（第二辑）	6881
文学少女（2）渴求真爱的幽灵	13689	文学研究与批判专刊（第三辑）	6882
文学少女（3）沉陷过往的愚者	13692	文学研究与批判专刊（第四辑）	6883
文学少女（4）背负污名的天使	13693	文学研究会小说选（上下）	2437
文学少女（5）绝望恸哭的信徒	13694	文学研究集刊（第一册）	6021
文学少女（6）怀抱花月的水妖	13695	文学研究集刊（第一册）	6900
文学少女（7）迈向神境的作家（上）	13717	文学研究集刊（第二册）	6026
文学少女（8）迈向神境的作家（下）	13710	文学研究集刊（第三册）	6030
		文学研究集刊（第五册）	6037
文学少年	5257	文学研究集刊（第四册）	6033
文学书事——作家给编辑的信	4334	文学俄国（第一辑）	7475
文学书简（下）	15299	文学俄国（第二辑）	7491
文学书简（上）	15287	文学活着	6284
文学书籍评论丛刊（一）	6076	文学原理——创作论	6341
文学书籍评论丛刊（二）	6079	文学原理新释	6321
文学书籍评论丛刊（三）	6080	文学部唯野教授	13663
文学书籍评论丛刊（五）	6082	文学理论要略	6294
文学书籍评论丛刊（六）	6084	文学理论教程	6256
文学书籍评论丛刊（四）	6081	文学 理解与还原	6418
文学史与知识分子价值观	6483	文学探路集	6215
文学史的视野	6368	文学常识	6115
文学台湾——台湾知识者的文学叙事与理论想像	6355	文学遗产与电影	17659
文学:回忆与思考 1949—1979	6179	文学遗产选集（一辑）	6845
文学回忆录	14456	文学遗产选集（二辑）	6858
文学价值论	6255	文学遗产增刊（一辑）	6843
文学:向着无尽的可能	6468	文学遗产增刊（二辑）	6846
文学杂评	6058	文学遗产增刊（三辑）	6848
文学问题漫论	6094	文学遗产增刊（五辑）	6868
文学:观念的变革	6229	文学遗产增刊（六辑）	6874

文学遗产增刊(四辑)	6854	火	2438
文学短论	6124	火与冰的故事集	12230
文学编辑四十年	4318	火山爆发为什么会掀掉山顶？	
文学缘 近半个世纪我所接触的作家	4583	关于火山和地震的问与答	15947
文学概论	6165	火之编年史	16378
文学概论	6342	火车大巴扎	14672
"文学"概念史	6751	火车头	17
文学鉴赏导读	6364	火车出发了	17377
文学解读学导论	6302	火车向着韶山跑	10456
文学漫笔	5111	火中钢	2735
文学翻译与文学批评	6392	火凤	2963
文昭关	18466	火凤凰	542
文昭关	18648	火凤燎原 1	10785
文章辨体序说 文体明辨序说	6782	火凤燎原 10	10794
文章辨体序题疏证	6834	火凤燎原 2	10786
文·堺雅人健康的日子	14759	火凤燎原 3	10787
文·堺雅人憧憬的日子	14760	火凤燎原 4	10788
文景之治演义	557	火凤燎原 5	10789
文赋集释	6816	火凤燎原 6	10790
文豪日历 2021 外国文学史上的今天	10885	火凤燎原 7	10791
文德斯论电影 情感电影 影像的逻辑	17413	火凤燎原 8	10792
文镜秘府论	6787	火凤燎原 9	10793
文镜秘府论研究(上下)	7128	火印	9129
方文年谱	7320	火印	9193
方方	7717	火光在前	1487
方方散文	5172	火红的山丹	8315
方四姐	19000	火红的年代(电影文学剧本)	5810
方式即意义 自《黑暗之心》到《现代启示录》改编的中国古典美学观照	7427	火花	13788
		火花	186
方成世纪人生	5047	火把 长征短篇小说集	1739
方成讲幽默	7777	火把节	9754
方舟故事(一)	15871	火的女儿	11245
方舟故事(二)	15872	火炬	14382
方纪散文集	4041	火炬	3959
方志敏的故事	9843	火炬与太阳	3887
方殷诗选	3056	火炬在山乡燃烧	4515
忆丽尼	4543	火线	11535
忆陈冬尧	9875	火线剧社女兵日记	5181
忆昔花间初识面 花间词	3778	火星人百科全书	16383
忆念鲁迅先生	6593	火星孤儿	1410
忆秋白	9881	火种	108
忆语三种	5679	火桂花 The Cassia Tree 汉英对照	9343
忆鲁迅	5467	火烈鸟的家	13688

火烧赤壁	2573
火海擒敌(群众演唱选 6,1973 年,知识青年上山下乡曲艺专辑)	10303
火焰	12691
火焰驹	18527
火漫银滩	208
火箭小子	17076
为人鱼姑娘当翻译	8576
为了人民的幸福	15040
为了六十一个阶级弟兄	17874
为了六十一个阶级弟兄	18155
为了六十一个阶级弟兄	19050
为了自由	12650
为了告别的聚会	9083
为了你,我愿意热爱整个世界	1462
为了这样的自由	14142
为了幸福的明天	1483
为了欣赏为了爱	4482
为了诗意的栖居——现代主义经典文本解析	6396
为了革命的后代	63
为了钢	18110
为了皇帝	13701
为了朝鲜,为了人类!	2719
为女儿感动——从一串葡萄说起	4331
为长寿而斗争	9893
为奴隶的母亲	2290
为创造新的英雄典型而努力	6008
为这场雪我要感谢你 献给女友的诗	15706
为和平而斗争	12346
为诗辩护	15105
为诗辩护 试论独创性作品	15142
为革命而打球	3995
为革命学习的人们	3989
为面包而斗争	13484
为孩子解读《三国演义》	9631
为孩子解读《水浒传》	9632
为孩子解读《西游记》	9602
为孩子解读《红楼梦》	9604
为党生活的人	13571
斗天图	2950
斗牛士之名	13274
斗书场	18185
斗争在杨赣红区与白区	9870
斗争钱文贵	2529
认同与疏离 美国华裔流散文学批评的东方主义视野	6427
认识了齐什科夫	12474
认知书 1 快乐的一天	17329
认知书 2 美丽的颜色	17330
认知书 3 可爱的朋友们	17331
认知书 4 漂亮的衣服	17332
认知书 5 勤劳的小女孩	17333
心	13867
心/飞扬 新概念十年风云人物	4709
心中永存的珍珠	4296
心中的画	4086
心中海岸	13880
心动	732
心动周期	9367
心有灵犀	4356
心有戚戚	12281
心向北京唱丰收(二胡曲选第一集)	10478
心如钢铁地追求幸福	5030
心远——一个教育世家的百年沧桑	4953
心灵与阳光同行	5058
心灵的乡村	3152
心灵的回归	3365
心灵的家园	3271
心灵的密码 日本现代诗精选集	14402
心灵的焦灼	11633
心事	2264
心的丝路	5022
心泊千岛湖	4380
心是孤独的猎手	13293
心语 老鹤诗词选集	3324
心航集 柳斌诗词	3434
心病者	14815
心涛	505
心海的消息	5025
心象	3108
尹世霖儿童朗诵诗选	8413
引路的红旗	4008
引爆地球	8441
丑八怪	15907
丑石	4627

丑行或浪漫	1003	巴尔扎克全集(第八卷)	15401
丑陋的中国人	4650	巴尔扎克全集(第九卷)	15400
巴人小说选	2381	巴尔扎克全集(第三十卷)	15472
巴人文艺论集	6605	巴尔扎克全集(第三卷)	15385
巴人先生纪念集	4335	巴尔扎克全集(第五卷)	15395
巴人杂文选	5501	巴尔扎克全集(第六卷)	15396
巴山夜雨	2512	巴尔扎克全集(第四卷)	15394
巴比特	12898	巴尔扎克论文艺	15144
巴中友谊颂	14406	巴尔扎克选集(1—12卷)	15521
巴贝尔和他的孩子们	16014	巴西当代戏剧选	14983
巴乌斯托夫斯基选集(上下)	12425	巴西来的男孩	13172
巴·布林贝赫诗选	3042	巴甫连科短篇小说集	12428
巴尔扎克 一个伟大的寻梦者	7401	巴甫里克·莫洛卓夫	14228
巴尔扎克中短篇小说选	11050	巴甫洛夫	17620
巴尔扎克中短篇小说选	11203	巴别尔马背日记 1920.7—9(插图本)	14704
巴尔扎克年谱	15289	巴努斯诗选	14265
巴尔扎克传	14566	巴拉干	12689
巴尔扎克传——普罗米修斯或巴尔扎克的一生	14475	巴拉圭消息	12955
巴尔扎克全集(1—30)	15542	巴金	8110
巴尔扎克全集(第一卷)	15376	巴金文集(1)	7822
巴尔扎克全集(第二十一卷)	15418	巴金文集(10)	7855
巴尔扎克全集(第二十二卷)	15419	巴金文集(11)	7856
巴尔扎克全集(第二十七卷)	15469	巴金文集(12)	7859
巴尔扎克全集(第二十八卷)	15470	巴金文集(13)	7860
巴尔扎克全集(第二十九卷)	15471	巴金文集(14)	7861
巴尔扎克全集(第二十三卷)	15420	巴金文集(2)	7823
巴尔扎克全集(第二十五卷)	15427	巴金文集(3)	7825
巴尔扎克全集(第二十六卷)	15468	巴金文集(4)	7829
巴尔扎克全集(第二十四卷)	15422	巴金文集(5)	7834
巴尔扎克全集(第二十卷)	15409	巴金文集(6)	7838
巴尔扎克全集(第二卷)	15384	巴金文集(7)	7847
巴尔扎克全集(第十一卷)	15403	巴金文集(8)	7848
巴尔扎克全集(第十二卷)	15405	巴金文集(9)	7852
巴尔扎克全集(第十七卷)	15408	巴金书信集	5512
巴尔扎克全集(第十八卷)	15417	巴金全传(修订版 上下)	5052
巴尔扎克全集(第十九卷)	15416	巴金全集(1)	7934
巴尔扎克全集(第十三卷)	15406	巴金全集(10)	7957
巴尔扎克全集(第十五卷)	15411	巴金全集(11)	7958
巴尔扎克全集(第十六卷)	15407	巴金全集(12)	7962
巴尔扎克全集(第十四卷)	15410	巴金全集(13)	7963
巴尔扎克全集(第十卷)	15402	巴金全集(14)	7965
巴尔扎克全集(第七卷)	15397	巴金全集(15)	7967
		巴金全集(16)	7969

书名	编号
巴金全集(17)	7973
巴金全集(18)	7984
巴金全集(19)	7985
巴金全集(2)	7935
巴金全集(20)	7981
巴金全集(21)	7982
巴金全集(22)	7983
巴金全集(23)	7996
巴金全集(24)	7989
巴金全集(25)	7987
巴金全集(26)	7990
巴金全集(3)	7936
巴金全集(4)	7941
巴金全集(5)	7943
巴金全集(6)	7951
巴金全集(7)	7945
巴金全集(8)	7952
巴金全集(9)	7953
巴金创作评论	6632
巴金论稿	6651
巴金作品新编	8176
巴金译文全集(1)	15615
巴金译文全集(10)	15624
巴金译文全集(2)	15616
巴金译文全集(3)	15617
巴金译文全集(4)	15618
巴金译文全集(5)	15619
巴金译文全集(6)	15620
巴金译文全集(7)	15621
巴金译文全集(8)	15622
巴金译文全集(9)	15623
巴金的两个哥哥	4486
巴金卷	5533
巴金选集	8065
巴金选集(上下)	8076
巴金选集(上中下)	8139
巴金散文	5551
巴金散文选	5461
巴金短篇小说选集	2311
巴勃罗·聂鲁达传	15234
巴哈尔诗选	14393
巴音敖拉之歌	17836
巴骆和	18817
巴特先生的返老还童药	15968
巴朗先生	11141
巴基斯坦纪行	8368
巴基斯坦短篇小说选	13621
巴勒斯坦战斗诗集	14383
巴萨关键词	17454
巴斯卡医生	11246
巴斯克维尔的猎犬	16143
巴斯克维尔的猎犬	17445
巴斯德 微生物先知	8777
巴塞尔的钟声	11606
巴塞罗那1888	12172
巴赫曼作品集	15662
巴赛特的最后纪事	11229
巴黎一市民的星期日	11164
巴黎公社诗选	13957
巴黎公社诗选	13972
巴黎公社诗选	13989
巴黎圣母院	11078
巴黎评论·作家访谈1	14554
巴黎评论·作家访谈2	14613
巴黎评论·作家访谈3	14614
巴黎评论·作家访谈4	14646
巴黎评论·作家访谈5	14678
巴黎评论·诗人访谈	14665
巴黎评论·短篇小说课堂	13359
巴黎的忧郁	14197
巴黎的鳞爪	5531
办年货	18616
办喜事	18612
以人民的名义	4496
以色列百年风云(上下)	4304
邓小平论文艺	6247
邓子龙传	5149
邓友梅	7730
邓友梅小说选	2007
邓汉仪集校笺(上中下)	8269
邓拓诗词选	3002
劝导	11284
劝导员	18959
双生子	19024
双合印	18746
双阳公主	18059

双城记	11153	水之嬉戏	13736
双面人	16173	水乡的春天	17618
双牵牛 河北遵化农业机械化故事集	4029	水中鱼 略萨回忆录	14638
双胞胎	13889	水牛	13458
双狮洞	19007	水牛牯	8416
双教子	18184	水手比利·巴德	13054
双推磨	18153	水仙已乘鲤鱼去	1374
双婚记	17829	水仙花	11541
双塔记	2745	水边的文字屋	9560
双喜	18965	水边的记忆	8535
双喜临门	73	水边的记忆	9232
双筒猎枪	8350	水边的摇篮	13655
孔子	13640	水在时间之下	1173
孔子 至圣先师	8755	水自无言	8573
孔子的故事	9474	水自无言	9267
孔子的故事（增订本）	10243	水向东流	32
孔孟在文艺方面的反动言论辑录（试编本）	10907	水灾	641
		水岸之间	9633
孔雀王子的回家路	9030	水往低处流	17859
孔雀石箱	15904	水乳大地	731
孔雀东南飞	18688	水泥	12446
孔雀东南飞	18848	水泥座女人 职场公关进阶实录	1020
孔雀姑娘	9739	水波无痕	8577
孔雀胆	5933	水波无痕	9268
孔雀高飞	156	水经注	17680
孔雀翎毛	15738	水浒	2571
孔厥短篇小说选	1786	水浒一百零八将	17554
书之船	9546	水浒之旅	10773
书中藏有花生酱	9082	水浒传	8667
书生戎马	3448	水浒传（上中下）	2611
书衣文录（增订版）	5016	水浒传 汉法对照（1—6）	2681
书画	10016	水浒传 汉俄对照（1—5）	2692
书店的戴安娜	13802	水浒传的演变	6856
书信	5474	水浒传源流考论	7035
书信选	14457	水浒全传（上中下）	2579
书信选	14461	水浒志传评林	17741
书迷	1090	水浒研究论文集	6865
书帽选集	10282	水浒猎人	1320
水	12695	水浒猎人 2	1390
水与火的缠绵	736	水浒猎人 3	1448
水上	14420	水浒猎人 4	1449
水上勉选集	13589	水孩子	15820
水之北	12876	水流过,星月留下 王鼎钧纽约日记	

（1996年4月—1997年11月）	5082	末日军团	11681
水族馆之谜	13822	末日愚者	13775
水淹下邳 白门楼	18776	末世之城	13117
水焚	533	末世之家	13205
水晶瓶塞的秘密	16147	末代大亨	13312
水蓝色的眼泪	1993	末代太监孙耀庭传	4453
水滴石穿	222	末代国舅润麒	4964
幻化（三部曲）	598	末代皇弟浦杰传	4452
幻灭	11044	末代皇叔载涛	4945
幻象——拉斯普京新作选	12594	末代皇妹韫龢	4946
幻象集	14053	末代皇帝立嗣纪实	4454
幻影	16361	末代皇帝的后半生	4451
幻影杀手	16162	末代皇帝的非常人生	4930
幻鲸	690	末代皇帝:溥仪影像全析	5290
		末代皇族的新生	5085
五　　画		未了的旅程	2550
玉门儿女出征记	2875	未名社作品选	8183
玉门诗抄	2730	未名诗选	3089
玉门诗抄（二集）	2812	未走之路——弗罗斯特诗选	14165
玉女神驹	16024	未来的科技 从机器人到机动独轮车	16111
玉仙园	9734	未来科技	17235
玉台新咏（明小宛堂覆宋本）	3783	未完成的肖像	12108
《玉台新咏》编纂研究	7123	未完成的画	4038
玉台新詠	17701	未完成的追踪	616
玉米	1135	未完的梦	384
玉米田之死	1877	未知归处	11985
玉观音	464	未终结的故事——福尔克·布劳恩	
玉观音	727	作品集	15700
玉君	2326	未穿的红嫁衣 沉浮	975
玉环风采	4366	未婚夫妻修水库	18953
玉带桥（上中下）	1294	击鼓骂曹	18475
玉树藏族民歌选	9724	击鼓骂曹 当锏卖马	18652
玉泉喷绿（下）	122	巧克力手印	1966
玉泉喷绿（上）	107	巧妙的游击战 越南南方游击战故事集	14743
玉娇梨	2623	巧媳妇	18075
玉烟天下	4229	正义童话	15811
玉堂春	18670	正午的暮色（一、二）	12539
玉楼明月长相忆 婉约词	3786	正月新春	1501
玉雕集 怪马集 凤凰集（六十年代台湾		正在变暖的地球	17243
社会现象1）	4829	正阳门下	9180
玉簪记	18140	正红旗下	1766
玉簪记	18765	正红旗下 中日文对照注释	2470
玉簪记（川剧）	5712	正误交织陈独秀——思想的诠释与	

文化的评判	10644	小说选	13330
正常人	419	世界文学中的现实主义问题	15265
去可可西里吃大餐	2217	世界末日之战	13109
去印度的多多	13649	世界发明大王 爱迪生	9676
去尕楞的路上	1963	世界华文文学概要	6326
去来集	5371	世界华文文学整体观	6423
去雅典的鞋子	2148	世界名著背后的故事(1—2)	7506
甘纽大叔	11493	世界尽头的世界	13289
甘苦人生	4488	世界的尽头	16762
甘肃歌谣	9778	世界是什么？	17314
甘蔗田	18429	世界美术名作二十讲	10839
甘蔗林—青纱帐	2903	世界语境中的《源氏物语》	7398
甘露寺	18708	世界神话传说选	15571
甘露街	13624	世界真奇妙	17339
世上也有小巨人	16612	世界著名寓言	15816
世上温州人	4394	世界最高峰的奇迹	8348
世世代代怀念周总理(曲艺集)	10339	世说新语	17734
世代相传	14649	世说新语选	2705
世纪大提速	937	《世说新语》美学研究	7174
世纪之约	9376	世道	12814
世纪之初读老舍 2006 国际老舍学术研讨会论集	6707	世道	872
		艾凡赫	11046
世纪之痛 中国农村留守儿童调查	4655	艾凡赫	11263
世纪风云中跋涉	4244	艾贝尔的飞行电梯	16677
世纪风铃——文化人素描	4187	艾吕雅诗钞	14126
世纪末的挽钟	492	艾吕雅诗选	14210
世纪末的童话	491	艾伊特玛托夫小说集	12520
世纪沧桑 香港一百五十六年风雨录	10605	艾米丽的追求	16180
世纪良知——巴金	4314	艾米丽的攀登	16179
世间女子	4584	艾约堡秘史(插图版)	1389
世间生活 冯骥才生活散文精选	5382	艾玛上学记	16819
世变缘常——四十年代小说论	6676	艾玛不想睡觉	16817
世故人情	4157	艾玛在爸爸的办公室	16814
世界大串连——中国出国潮纪实	4132	艾玛和老师的小宝宝	16822
世界上所有的夜晚	1947	艾玛和她的小伙伴	16820
世界上所有的夜晚	2105	艾玛的另一种爱	16818
世界上最幸福的人	15735	艾玛的圣诞节	16815
世界上最奇怪的动物	16389	艾玛的香蕉浴	16824
世界上最美丽的妈妈	16839	艾玛的秘密小本子	16823
世界上最迷人的 100 个童话	16081	艾玛的新发型	16816
世界上最疼我的那个人去了	4551	艾玛学跳舞	16821
世界上最懒的鸭子	16791	艾玛爱打扮	16825
世界中心的情与怨 厄瓜多尔当代短篇		艾芜	8102

书名	编号
艾芜选集(艾芜短篇小说选)	8059
艾芜短篇小说集	2288
艾克发疯	9957
艾克拜尔·米吉提短篇小说精选	2042
艾希广播剧选	14972
艾青	3208
艾青	8084
艾青年谱长编	6452
艾青作品新编	8161
艾青诗全编(上中下)	3189
艾青诗选	3310
艾青诗选	3524
艾青诗选	3538
艾莉丝或真正的生活	11556
艾特玛托夫小说选	12557
艾特玛托夫小说集(下)	12546
艾特玛托夫小说集(上)	12543
艾特玛托夫小说集(中)	12566
艾特玛托夫读本	13742
艾烟	9331
艾略特与《荒原》	7417
艾略特文学论文集	15194
艾森豪威尔的独白	18219
艾森豪威尔的烦恼	18096
艾森豪威尔独白	17968
艾黎诗选	14392
古之旅红色吕梁灵奇的画卷大碛口酒都杏花村	4746
古小说钩沈(上下)	2568
古今小说	17716
古今小说(上下)	2596
古今通俗文学演变论集	7145
古今短诗300首·中国	10170
古今短诗300首·外国	10171
古今集	6111
古今谭概	17704
古文观止	17735
古文观止	5682
古文观止详注	5675
古文观止新注	5660
古文物专家的鬼故事	12102
古为今用及其他	18294
古巴文学简史	15167
古本平话小说集(上下)	2628
古史六案	10889
古代人的百科全书 亚里士多德	9671
古代小品文精华	5653
古代小说与民间宗教及帮会之关系研究	7078
古代中国	17309
古代中国文化讲义	10956
古代文人书信精华	5655
古代文人自传精华	5649
古代文言小说精华	2646
古代白话短篇小说鉴赏集	6938
古代白话短篇小说精华	2645
古代印度文艺理论文选	15331
古代抒情赋精华	5657
古代作家写作技巧漫谈	6943
古代的人	14430
古代骈文精华	5654
古代游记精华	5652
古代寓言精华	5651
古兰经故事	17499
古老的歌	9550
古宅	1847
古玛河春晓	167
古希腊戏剧	14909
古希腊戏剧选	14883
古希腊戏剧选	14895
古希腊抒情诗选	14011
古希腊散文选	14423
古希腊悲剧经典	14902
古译佛经寓言选	10915
古事记	13397
古事记	13406
古典小说戏曲丛考	7301
古典文艺理论译丛(一)	15107
古典文艺理论译丛(二)	15108
古典文艺理论译丛(十)	15116
古典文艺理论译丛(十一)	15117
古典文艺理论译丛(七)	15113
古典文艺理论译丛(八)	15114
古典文艺理论译丛(九)	15115
古典文艺理论译丛(三)	15109
古典文艺理论译丛(五)	15111
古典文艺理论译丛(六)	15112

书名	页码
古典文艺理论译丛（四）	15110
古典文学研究中的错误倾向	6878
古典的原野	4392
古典爱情	1940
古罗马	17316
古罗马文学史	7410
古罗马戏剧选	14878
古物陈列室 巴尔扎克小说选	11233
古怪城镇的一天	17381
古怪故事集	16368
古炉	1049
《古炉》评论集	6496
古诗	10022
古诗十九首探索	6860
古诗十九首释 经典常谈	7180
古诗今读	10051
古诗源	17744
古诗撷英	6964
古城春色	123
古城春色（第二部）	326
古城堡智胜女幽灵	16100
古星图之谜	294
古泉酒馆	11972
古神话选释	10910
古埃及	17310
古剧说汇	6850
古剧精华	5986
古船	350
《古船》手稿	1386
古塔上的风铃	359
古斯泰·贝林的故事	11006
古堡里的月亮公主	15963
古堡（鸡窝洼的人家）	1960
古堡惊魂	16167
古登堡的学徒 小印刷师马丁的日记	16312
古墓之谜	11751
古精蓝城堡	972
古籍序跋集	5549
节日习俗	10019
节令诗	3691
节振国	18073
本土语境与西方资源 ——现代中西诗学关系研究	6710
本尼和佩妮 只是假装的	16687
本尼和佩妮 灯关了	16686
本尼和佩妮 玩具破坏者	16685
本尼和佩妮 绝对不行的事	16684
本尼和佩妮 帽子不见了	16688
本来我们应该跳舞	12120
本杰明·富兰克林自传	14424
本杰明·富兰克林自传	14491
本和我	16015
本草神医 李时珍	9682
本案拒绝旁听	411
本源	13326
可不可以天天出去玩	10783
可不可以不要 NG	10757
可不可以不要铁饭碗	10754
可怕的爬虫屋	16408
可怕的孩子	11976
可怕的病毒计划	9097
可怕的陷阱	8474
可笑的女才子	14836
可爱的中国	5452
可爱的拼音	17263
可爱的魔鬼先生	15966
左手	11151
左手爱情右手你	704
《左传》《国语》方术研究	7036
左传国策研究	7010
左传故事	8737
左传选译	10918
左传疑义新证	7119
左拉中短篇小说选	11099
左拉的大象	17210
左轮三五七 叶兆言短篇小说编年卷二 1994—1996	2026
左宗棠	5137
左琴科小说艺术研究	7402
左撇子	11340
左翼文学运动的兴起与上海新书业 （1928—1930）	6711
石人	11936
石川啄木小说集	13391
石川啄木诗歌集	14289
石中剑	12059

书名	编号
石头记脂本研究	6965
石头后面（评书、评弹专辑）	10310
石头汤	16010
石头赶车（陕西故事集）	4039
石匠	1645
石秀之恋 十年创作集（上）	2434
石秀探庄	18462
石佛口	19009
石库门里的新家	9401
石林诗话校注	6825
石板沙沟一家人	1550
石油大哥（长篇说唱诗）	2974
石油诗 第一集	2919
石油诗 第二集	2920
石炭歌	2916
石泉城	13135
石爱妮的命运	69
石遗室诗话	6818
石像怪兽	13099
石鹰颂 防化指挥工程学院校园文化集萃	3225
石瀑布	590
布瓜的世界	10691
布尔加科夫魔幻叙事传统探析	7471
布尔乔亚之痒	4444
布兰尼肯夫人	11303
布宁中短篇小说选	11352
布宁中短篇小说选	11447
布宁文集（1—4卷）	15512
布宁诗文选	15721
布宁散文	14705
布宁短篇小说选	11414
布宁短篇小说选	11448
布克村信札	1029
布谷鸟又叫了	17846
布谷鸟与紫丁香	3023
布谷鸟的呼唤	12036
布拉格一瞥 新世纪《世界文学》散文精华	15644
布拉格,那蓝雨中的石子路	4645
布封文钞	15092
布封 鸟的世界（第一册）	17460
布封 鸟的世界（第二册）	17461
布封 鸟的世界（第三册）	17462
布封 鸟的世界（第五册）	17464
布封 鸟的世界（第四册）	17463
布封散文	14440
布莱克诗选	13960
布莱希特戏剧选（上下）	14968
布莱希特选集	14965
布莱昌短篇小说集	11517
布莱泽	13057
布莱德尔小说选集	11531
布基兰小站的腊八夜	2106
布雪和她的妹妹们	12411
布鲁克林	11901
布鲁克林的荒唐事	13008
布鲁斯—帕廷顿计划	16136
布登勃洛克一家（上下）	11040
龙女牧羊	18068
龙飞三下江南 一只绣花鞋续篇	885
龙马精神	17925
龙王爷低头	18716
龙王辞职	18211
龙牙齿不见了	9525
龙凤艺术	3952
龙凤剑情樱花泪	487
龙鸟迷踪	9068
龙年档案	685
龙江颂（主旋律）	10578
龙床 明六帝纪（修订版）	4984
龙纹身的女孩	11896
龙抬头	12118
龙虎风云记	173
龙虎斗	18954
龙须沟（话剧）	5697
龙须沟 茶馆	5868
龙族Ⅰ 火之晨曦（修订版）	1467
龙族Ⅱ 悼亡者之瞳（修订版）	1468
龙喜记	15061
龙潭记	293
平山冷燕	2622
平凡的世界（1—3）	720
平凡的母亲	5125
平乡诗文集	8238
平日的英雄	15039
平凹四书	1151

平台	1139
平江的火焰	9853
平安夜	9059
平原	1103
平原作战（主旋律乐谱）	10585
平原枪声	77
平原烈火	1
平原游击队	17604
平家物语	13418
平静的风暴	12277
灭亡 新生	2424
打工词典	1088
打工族买屋记	13926
打开山区金银窝	9974
打开文化百宝箱	9916
打开民国老课本	10086
打击侵略者（话剧）	5700
打击侵略者怒涛	6062
打龙袍	18702
打花鼓	18696
打严嵩	18832
打豆腐	18989
打灶王	18681
打虎上山（学习改编革命样板戏曲艺专辑）	10324
打侄上坟	18755
打金枝	18137
打金枝	18550
打金枝	18767
打金枝	18934
打金姑	18921
打狗劝夫	18520
打油小说集	13263
打孟良 打焦赞	18481
打砂锅	18682
打面缸	18695
打破陈规	17772
打狼狈	18950
打雪	18967
打铜锣	18175
打鹿将	12756
打着"写走资派"的旗号 为复辟资本主义开路	6154
打断侵略者的脊骨——反对美英侵略阿拉伯的诗文画集（第一集）	10558
打渔杀家	18690
打跑美国狼	17783
打督邮	18642
打樱桃	18986
打擂台	18615
扒瓜园	18180
扔在八月的路上	13667
东不成西不就	4936
东区挽歌	13733
东风食堂	18574
东风怒吼	19031
东风浩荡	134
东风第一枝	3961
东风集	2905
东风歌	2823
东方（上中下）	175
东方女性——伦理道德小说集	1826
东方巨龙腾空起	9967
东方百科全书 宋应星	9673
东方红	10416
东方红（上下）	106
东方快车谋杀案	11732
东方奇人传	4163
东方的太阳	3272
东方的故事	544
东方故事集	11609
东方神韵——意境论	6325
东正教精神与俄罗斯文学	7435
东北军民敢决战（批林批孔曲艺专辑）	10320
东北作家群小说选	2441
东汉士风与文学	7006
东汉开国	10746
东亚女性的起源 从女性主义角度解析《列女传》	17515
东亚汉字文化圈古代文学论集	7157
东西方戏剧流派	10941
东西两峒口（话剧）	5739
东西南北集 外国诗与诗论	15611
东西谣曲——吉卜林诗选	14180
东行两月	3889
东进序曲	17920

书名	编号
东坡乐府笺	3823
东欧儿童故事选	15913
东欧杂记	3841
东欧短篇小说选	11477
东国十八日记	5143
东周列国志(上下)	2587
东周列国演义(上下)	8683
东京风暴	18205
东京有个绿太阳	571
东线	24
东南亚华文新文学史	6419
东屋掌灯西屋亮	1074
东浙读书记(上下)	7205
东游记	18240
东霓	1480
东篱诗探	3267
东藏记	630
东瀛我辈	613
卡门	11250
卡门	15723
卡门	17607
卡夫卡小说全集(1—3)	11683
卡夫卡小说选	11638
卡夫卡中短篇小说全集	12054
卡夫卡中短篇小说选	11680
卡夫卡和现代主义	15320
卡夫卡散文	14537
卡夫卡短篇小说选	11584
卡瓦利与克雷的神奇冒险	13144
卡尔卢什卡的戏法	15908
卡尔腾堡	11927
卡米朗,大胃王	16808
卡里来和笛木乃	14719
卡里来和笛木乃	14720
卡里来和笛木乃	15745
卡拉之狼	12994
卡拉马佐夫兄弟(上下)	11356
卡拉迦列戏剧选集	14943
卡迪巴	11970
卡·恰彼克戏剧选集	15048
卡勒瓦拉(上下)	13988
卡塔兰现代诗选	14156
卡彭塔利亚湾	13945
卡斯特罗·阿尔维斯诗选	14138
卡斯特罗修道院女院长	11160
卡斯特桥市长	11208
卡道奇尼科夫	17557
卡蹦豆超市的小怪人儿	16321
北大之父蔡元培	4280
北大荒人	17910
北山小集	5685
北方的白桦树——布宁诗选	14100
北方的红星	10001
北方的河	1937
北方城郭	545
北斗星村	12350
北加里曼丹万岁	14374
北江诗话	6792
北极公主	8861
北极公主	8870
北极风情画 塔里的女人	2494
北极光	1944
北极村童话	2101
北极星	3969
北极星下(第一部)	11621
北极星下(第二部)	11645
北极精灵——科学家考察手记	9577
北间岛	14351
北宋词境浅说	7194
北宋临川王氏家族及文学考论——以王安石为中心	7024
北宋新旧党争与文学	6986
北欧缤纷 池元莲散文选	4293
北鸢	1260
北国一片苍茫 迟子建短篇小说编年卷一(1985—1991)	2044
北京 1980	1411
北京人	5942
北京人艺剧照插图本 茶馆	5877
北京人民艺术剧院 1952—2002	10633
北京人在纽约	1044
北京中考语文古诗文背诵与阅读	10071
北京书简	6182
北京市初中开放性科学实践活动项目手册(初中一年级使用)	10085
北京市初中开放性科学实践活动项目	

手册（初中二年级使用）	10087	史料选编（1910—1949）	10618
北京的红尘旧梦	4704	叶山嘉树 黑岛传治小说选	13608
北京的星星	14733	叶子是小鸟的书	9445
北京法源寺	445	叶文玲	7736
北京是个好地方	17225	叶尔绍夫兄弟	12494
北京—莫斯科	3882	叶圣陶	8100
北京颂歌	10454	叶圣陶文集（1）	7827
北美汉学家辞典	10266	叶圣陶文集（2）	7830
北海道之旅	4095	叶圣陶文集（3）	7841
北疆红似火	2948	叶圣陶作品新编	8175
占卜师的预言	14660	叶圣陶选集	8072
卢卡契文学论文选（第一卷）论德语		叶圣陶散文	5602
文学	15329	叶圣陶短篇小说选集	2301
卢贡大人	11103	叶圣陶童话（稻草人）	8432
卢贡家族的家运	11024	叶芝家书	14618
卢奇安对话集	14422	叶兆言	7753
卢梭的歌剧	16765	叶兆言研究资料	6519
卢森堡论文学	15174	叶甫盖尼·奥涅金	14075
卢獭拉的珍珠	17090	叶甫盖尼·奥涅金	14085
旧旧的时光	9443	叶甫盖尼·奥涅金	14093
旧地重游	11614	叶底红莲 赵淑敏散文选	4294
旧址	842	叶剑英诗词选集	3037
旧时天气旧时衣	4978	叶剑英诗词选集	3112
旧时月色中的文人们	4702	叶笛集	3929
旧京书影 北平图书馆善本书目		叶维廉诗选	3227
（一九三三年）	7325	叶紫创作集	8043
旧京,旧京	766	叶紫选集	8058
旧途新旅	4409	叶蔚林	7764
旧梦难温	1868	电厂之夜	13325
归去来	1985	电气人	16551
归去来兮	794	电闪雷鸣	17940
归去来兮（上下）（1985—1989）	2015	电的环形跑道	16937
归来以后	3907	电话大串线	9000
归来记	12176	电话安装奇事	12168
归来的啼鹃	4116	电话里的故事	15857
归国	18972	电影女孩	13149
归宿	649	电影艺术在表现形式上的几个特点	17578
目光	9549	电影艺术的灿烂新花	
且介亭杂文	5444	——《闪闪的红星》评论集	6141
且介亭杂文二集	5445	电影·戏剧文学集	5867
且介亭杂文末编	5446	号声嘹亮 工农兵短篇小说选	1723
甲午海战	17885	田大妈也要学文化	18567
《申报》有关韩国独立运动暨中韩关系		田汉在日本	6615

田汉的一生	5298	兄妹开荒	17993
田汉诗选	3541	兄妹问答	18599
田汉选集	8071	叫喊的城市	6297
田汉剧作选	5917	叩问生命的留白	3436
田园三部曲	11189	另一个爱人	12205
田园交响曲	12211	另一半中国史	10819
田园的忧郁	13794	另一半中国史(插图版)	10782
田园鼠蒂米	17041	另一种文明	5032
田间	3200	叹息桥	13190
田间	8114	因界无边	1062
田间诗抄	2839	囚徒与白鸽	3087
田间诗选	3034	囚魂的苏醒——日本战犯在中国收容所	
田间短诗选	2873	的六年轨迹	14751
田原诗选	3224	四一班的神奇教室(1—8)	16456
田涛小说选	2392	四一班的神奇教室 1 打喷嚏神秘事件	16322
田裁缝相亲	18927	四一班的神奇教室 2 重来一次的心愿	16323
田鼠丹尼奇遇记	17029	四一班的神奇教室 3 我的名字真讨厌	16324
史记	17709	四一班的神奇教室 4 都是谎言惹的祸	16325
史记与诗经	6972	四一班的神奇教室 5 长大后想做什么	16326
史记会注考证	17710	四一班的神奇教室 6 偶尔也会闹别扭	16327
史记故事	8741	四一班的神奇教室 7 这也许就是恋爱	16328
史记选	5627	四一班的神奇教室 8 我们还能再见吧	16329
史记选	5635	四十八天	1516
史记选	5681	四十九日·祭(上下)(电视文学剧本)	5899
史记选注	5626	四十年的愿望(话剧)	5767
《史记》精解	8644	四十条纲要放光芒	9910
史记 墨子 吕氏春秋	8467	四大发明	10015
史诗时代	3948	四大名著珍藏版	2703
史铁生	7737	四大名著插图品鉴	10943
史铁生小说选	2008	四川歌谣	9773
史铁生作品全编(1—10)	7684	四个苹果	12293
史铁生作品系列(1—7)	7580	四月三日事件	2197
史铁生卷(史铁生散文选)	4288	四月的哈瓦那	2910
史铁生散文	4579	四六丛话	6821
史嘉本的诡计	14814	四世同堂(上下)	2445
只不过是爱情	12373	四世同堂 围城	5896
只有一个人生	4734	四世同堂(足本)(1—3)	2500
只有一个太阳	1105	四只等着喂食的狗	8634
只有四个人	8387	四合院里的小时候	9518
只有你听到我的沉默	4854	四进士	18693
兄(我的三个弟弟 做大哥的人)	5579	四条汉子	2093
兄弟团结是一家	9918	四库全书初次进呈存目	7327
兄弟擂台	18214	四库全书荟要总目提要	7323

《四库全书总目》的官学约束与学术缺失	7172	生死牌	18128
四君子图	5300	生产学习两积极	19037
四姊妹夸夫	18609	生如夏花 泰戈尔经典诗选	
四姊妹夸夫	18877	（双语有声彩绘版）	14319
四松堂集 附鷦鷯庵笔麈	17703	生者与死者	12503
四季之花	14783	生物史话	10047
四季花	18617	生的执著——存在主义与中国现代文学	6668
四季流光	2235	生命	12037
四舍五入	13888	生命	12377
四法则	12983	生命之树:达尔文的一生	16718
四部古典小说评论	6902	生命之歌	14394
四牌楼	1185	生命不止一次	4274
四签名	12183	生命册	1310
四签名	16129	生命呼啸	484
四签名	17443	生命的乐章	891
四溟诗话 薑斋诗话	6778	生命的礼花	2893
四滴水	15032	生命的欢乐	3053
四魔头	11818	生命的秘密 从草履虫到达尔文	16782
生人妻	2351	生命线	10005
生人妻	2557	生命是劳动与仁慈	528
生于 1999	15973	生命是怎么回事	16411
生与死的搏斗	12686	生命泉	3983
生之歌	14329	生命美学的诉说	4418
生——瓦尔拉莫夫小说集	12592	生命通道	1931
生日礼物	16600	生活与美学	15148
生日快乐,爸爸	17188	生活之帆	1782
生旦净末丑表演艺术	18262	生活中的数学	10046
生生死死	4181	生活世界的喧嚣 新生代小说研究	6426
生（生命的路 谈生命）	5564	生活在英雄们的中间	3845
生存境遇的追问:张洁论	6474	生活在城堡里	15010
生死十日谈	1134	生活·创作·修养	6181
生死场	2370	生活里的文学和艺术	6431
生死场中的跋涉者——萧红女性文学		生活——我的姐妹	
研究	6729	——帕斯捷尔纳克诗选	14246
生死场 后花园 小城三月	2402	生活的火花	9906
生死场 呼兰河传	2483	生活的牧歌	6038
生死西行	627	生活的真实和戏曲表演艺术的真实	19063
生死存亡的时代	11534	生活的桥梁	15042
生死吟	4801	生活的道路	13557
生死线	996	生活的路	187
生死恨	18666	生活的歌	3028
生死桥	473	生活的赞歌	17963
生死牌	18058	生活的赞歌	2843

书名	编号
失子惊疯	18826
失去的金铃子	213
失业之旅	5073
失乐园	13964
失乐园	14068
失行孤雁——王国维别传	4361
失约之城	12040
失态的季节	498
失物	11895
失物之书	11852
失窃的孩子	12989
失眠公主与梦魇色的夜魔（全彩绘本）	16859
失落灵魂之城	13318
失落的大陆 拿单·扎赫诗选	14403
失落的南方	14616
失落的秘符	13046
失踪叔叔的来信	16029
失踪的小羊羔	16584
失踪的王子	16118
失踪的名画——卡拉瓦乔与《逮捕耶稣》之谜	14528
失踪的孩子	12198
丘吉尔传	14544
丘吉尔 英国传奇首相	8788
丘特切夫诗选	14086
代代红	17939
代价	218
代表团万岁	15077
代课老师是恐龙	9038
仙山玉屑 崆峒历代诗词选	8250
仙缘与尘缘	5252
白山黑水画人生	5074
白门柳 夕阳芳草 秋露危城 鸡鸣风雨	722
白门楼	18503
白马山庄杀人事件	13696
白马叙事	5071
白马部落	5186
白马雪儿 Looking for Snowy 汉英对照	9344
白天不懂夜的黑	2110
白天和黑夜的故事	11143
白天鹅	3111
白云无事常来往 丰子恺画语	10882
白云鄂博交响诗	2913
白云缭绕的大地	13528
白比姆黑耳朵	12535
白毛女	18030
白毛女（歌剧）	5956
白手起家搞工厂	18156
白氏长庆集	17685
白水滩 通天犀	18482
白玉的基石	2747
白石诗词集	3642
白石溪炮楼的毁灭	9839
白兰花	2758
白头山	14326
白头山	14387
白奴的故事	11471
白发狂夫	417
白老虎	13679
白朴戏曲集校注	5981
白色花 二十人集	3020
白色旅馆	11937
白衣女人	11072
白麦	887
白杨林风情	3022
白杨颂	2897
白豆	699
白求恩大夫	2530
白求恩的赞歌	8342
白求恩援华抗战的 674 个日夜	5147
白围裙和白山羊	15917
白沙 苏童短篇小说编年卷 肆（一九九七至一九九九）	1981
白沙码头	929
白良关	18762
白玫瑰——施托姆抒情诗选	14024
白雨斋词话	6767
白轮船	13635
白轮船——故事外的故事	15765
白金的女体塑像 圣处女的感情	2420
白狐迪拉与月亮石	8713
白夜	11405
白夜	11427
白夜	906
白夜 同一本书·爱情经典	15654
白夜 舅舅的梦	11378

白庙村农民诗选	9946	他人的脸	13834
白居易 乐天诗雄	8787	他乡的天空 摩尔宫殿的秘密	
白居易评传	6869	散文卷(2001—2005)	5277
白居易诗(白居易诗选)	3756	他仍在路上——严文井纪念集	4555
白居易诗选	3656	他从天边来	3130
白居易选集	3741	他们不是孤立的	12677
白城恶魔	13062	他们何其相似 附:荡秋千的男孩	12573
白城堡 蓝雪花	9023	他们的乐园	16881
白垩纪	4820	他们特别能战斗(报告文学集)	4010
白胡子	9301	他和他的人	13776
白香山集(一——三册)	17673	他的妹妹——日本现代戏剧选	15085
白香词谱笺	17739	他的城	12196
白宫岁月 克林顿夫妇传	14521	斥叛徒法斯特	7330
白屋说诗	6871	瓜豆集	5613
白桦——叶赛宁诗选	14248	丛林曲	2546
白桦的诗	3035	丛林里的脚印	12321
白海参	341	丛林故事	11689
白海豹	11720	丛林故事	16006
白海豹	16363	丛林故事	16190
白雪少年	4957	丛林故事	16202
白雪乌鸦	1039	丛林故事	16995
白蛇	2134	令人反感的幸福	13327
白蛇传	18064	令人烦恼的茶壶	16359
白蛇传	18678	用生命拥抱文化——中华20世纪学者	
白蛇传	8662	散文的文化精神	6348
白蛇传(京剧)	5962	用微笑迎接风暴	382
白蛇传(越剧)	5691	印度	17318
白蛇传(越剧)	5707	印度印地语言学史	7368
白银时代俄国文学思潮和流派	7405	印度尼西亚民歌选	14331
白象家族	9286	印度走着瞧	4798
白象家族(升级版)	9386	印度现代文学	15340
白鹿原	465	印度现代短篇小说集	13567
白鹿原(手稿本 壹——肆)	1120	印度诗稿	2790
《白鹿原》评论集	6323	印度贵妇的五亿法郎	11256
白族民间故事传说集	9767	印度短篇小说选	13591
白族民歌集	9760	印象与风景	14603
白棉花	9064	印象凤城河	4713
白鹅的孩子	8986	匆匆	9636
白痴(上下)	11331	匆匆忙忙小故事	16672
白痴(上下)	11386	犯罪团伙	11811
白旗	18442	犯罪嫌疑人	800
白鲸	12773	处女地	11343
他人的血	11602	处处有亲人 群众演唱选1(1973)	5791

书名	编号
处处莲花开	4965
处男葛不垒	2164
外公的13号古宅	16040
外公突然变成猫	17109
外苏河之战	1369
外国二十世纪短篇小说选读	15647
外国历史故事精选	16092
外国中短篇小说藏本 马克·吐温	12786
外国中短篇小说藏本·太宰治	13745
外国中短篇小说藏本 卡夫卡	11903
外国中短篇小说藏本·吉卜林	12031
外国中短篇小说藏本·陀思妥耶夫斯基	11430
外国中短篇小说藏本 杰克·伦敦	12787
外国中短篇小说藏本 欧·亨利	12785
外国中短篇小说藏本·果戈理	11429
外国中短篇小说藏本 契诃夫	11422
外国中短篇小说藏本 茨威格	11904
外国中短篇小说藏本·泰戈尔	13431
外国中短篇小说藏本·都德	11254
外国中短篇小说藏本 莫泊桑	11243
外国中短篇小说藏本 爱伦·坡	12788
外国中短篇小说藏本·高尔基	12629
外国中短篇小说藏本·海明威	13193
外国中短篇小说藏本 梅里美	11242
外国中短篇小说藏本·屠格涅夫	11428
外国中短篇小说藏本 普希金	11423
外国中短篇小说藏本·福克纳	13195
外国中篇小说百年精华(上下)	15640
外国中篇小说经典10篇	15650
外国长诗经典10篇	15651
外国文学评论(第一辑)	7350
外国文学评论(第二辑)	7351
外国文学季刊(1981年第1期)	15573
外国文学季刊(1981年第2期)	15574
外国文学季刊(1982年第1期)	15575
外国文学季刊(1982年第2期)	15576
外国文学季刊(1982年第3期)	15577
外国文学季刊(1982年第4期)	15578
外国文学季刊(1983年第1期)	15579
外国文学季刊(1983年第2期)	15580
外国文学季刊(1983年第3期)	15581
外国文学季刊(1983年第4期)	15583
外国文学季刊(1984年第1、2期)	15587
外国文学季刊(1984年第3期)	15588
外国文学季刊(1984年第4期)	15589
外国文学季刊(1987年第1期)	15605
外国民间故事精选	16093
外国动物童话世界	15812
外国戏剧百年精华(上下)	15648
外国戏剧经典10篇	15652
外国诗1	15582
外国诗2	15584
外国诗3	15594
外国诗4	15595
外国诗5	15597
外国诗6	15601
外国诗歌百年精华	15634
外国诗歌百篇必读	15670
外国诗歌经典100篇	15638
外国哲理诗	15610
外国散文百年精华	15633
外国散文百篇必读	15672
外国散文经典100篇	15637
外国短篇小说百年精华(上下)	15641
外国短篇小说百篇必读	15671
外国短篇小说经典100篇	15636
外国短篇童话精选	16094
外国童话经典100篇	15639
外国寓言经典100篇	15649
外面是夏天	13877
外省书 远河远山	1006
外星人来啦	16426
外星巡游	17296
外星男孩	8937
外星男孩 小巫婆真美丽	8833
外祖母	11466
外套	11307
外婆家	5308
冬	1753
冬之旅	11956
冬天记的夏天印象	14452
冬天里的春天(上下)	228
冬天的小鸟	16332
冬天的早班飞机	3307
冬天的恶魔	13153
冬天的童话	4102

冬日一杯茶	16351	乐府歌辞述论	7177
冬日笔记	14587	乐神的摇篮——萨尔茨堡手记	4412
冬布拉之歌	1762	乐透彩	13034
冬(冬天 江南的冬景)	5561	乐斋词 纪宝成词集	3312
冬雨	1767	饥饿	13443
冬战	14963	饥饿	17467
冬眠的动物	16251	饥饿间奏曲	11872
冬蕾	227	饥饿的狗	12853
鸟儿们的旅行	16253	饥饿的郭素娥 蜗牛在荆棘上	2415
鸟儿如何建造家？	17258	饥饿的道路	12807
鸟与诗人	14499	饥饿荒原	592
鸟飞到了时间上面	5424	饥饿 维多丽娅	11130
鸟小姐在巴黎	12090	主之音 附疯人	14724
鸟少年	10774	主体性·创新·艺术规律	6239
鸟(鸟的天堂 一只小鸟)	5583	主课(独幕话剧)	5809
鸟岛历险记	8404	市民与妓女 近代初期阿姆斯特丹的	
鸟的礼物	13661	不道德职业	17426
鸟孩儿	8884	市场经济与文艺 2005 北京文艺论坛	6397
务虚笔记	841	立头等功的孩子	8418
包戈廷戏剧集	18365	立场	6400
包公三勘蝴蝶梦	18889	立体交叉桥	1836
包公的故事	10905	立雪集	7019
包公铡国舅	19010	立新街甲一号与昆仑奴 摸鱼儿	
包公铡赵王	18999	短篇小说卷(1991—2004)	2180
包公遗骨记	4487	玄幻故事集	12104
包氏父子	2338	玄学与魏晋南朝诗学研究	7125
包身工	5485	闪开,让我歌唱八十年代	4654
包法利夫人	11017	闪闪的红星	1719
包法利夫人	11123	闪闪的红星(电影文学剧本)	5813
包法利夫人 三故事	11183	闪光的青春 中央国家机关优秀青年	
乐土 浩然的自传体小说	383	事迹汇编	4384
乐在其中	7781	闪光的氰化物	11887
乐观的悲剧	18392	闪光暗号	16131
乐园	13237	闪灵	13215
乐园集	2774	兰姆散文	14439
乐府文学文献研究	7051	半个世纪的脚印——袁可嘉诗文选	3125
乐府学概论	6829	半个魔法	16016
乐府诗研究论文集	6859	半世纪的相逢——两岸和平之旅	4516
乐府诗选	3618	"半边天"(小吕剧)	5796
乐府诗选	3731	半边天(吕剧)	5822
乐府诗选	3822	半驯之马	13295
乐府诗集	17702	半轮黄日	13804
乐府诗集(1—4)(傅增湘藏宋本)	3784	半夜羊叫	18199

半夜鸡叫	1604	冯至诗文选集	8047
半夜的星星会说话	8880	冯志与《敌后武工队》	6502
半是儒家半释家——周作人思想研究	6708	冯沅君传	4671
半新女儿家	2431	冯雪峰与中国现代文学	6656
半篮花生（革命现代越剧）	5805	冯雪峰全集（1—12）	8036
头号书迷	13219	冯雪峰论文集（下）	6639
头发	2116	冯雪峰论文集（上）	6637
头脑风暴教授	16393	冯雪峰论文集（中）	6638
汉文学史纲要	7247	冯雪峰纪念集	4395
汉文精华	5648	冯雪峰评传	6680
汉书故事	8735	冯雪峰选集 创作编	8133
汉水的襄阳"人文汉水·襄阳笔会"文集	5140	冯雪峰选集 论文编	8132
汉代文学思想史	7286	冯维辛 格里鲍耶陀夫 果戈理	
汉字艺术	10662	苏霍沃-柯贝林戏剧选	14940
汉字和文化问题	10723	冯溥集笺注	3832
汉译与谢芜村俳句集	14405	冯骥才	7709
汉武帝 开疆辟土	8769	冯骥才卷（冯骥才散文）	4220
汉武帝和太史公	14975	冯骥才语文课	10091
汉画像的象征世界	10933	写电影剧本的几个问题	6155
汉姆生文集（1—4卷）	15505	写在水上的诺贝尔	4638
汉姆生传	14546	写在雪地上的书	9661
汉晋女德建构	7184	写字桌的1971年	2275
汉诺有一只小龙宝宝	16617	写字楼的奇想日志	1472
汉藏民间叙事传统比较研究	6498	写戏常识	18282
汉魏六朝文选	5670	写作中的大作家	15192
汉魏六朝乐府文学史	7266	写作生涯回忆	4125
汉魏六朝民歌选	3647	写作这回事 创作生涯回忆录	13248
汉魏六朝百三家集题辞注	6772	写状	18555
汉魏六朝诗文精华	8222	写画六十年	7778
汉魏六朝诗选	3640	写春联	18634
汉魏六朝诗歌鉴赏集	6934	写给女儿的故事	16272
汉魏六朝诗精华	3706	写给少先队员的诗	8294
汉魏乐府风笺	3635	写给男人的情诗——当代青年女诗人	
汉魏晋南北朝诔碑文研究	7018	爱情诗选	3096
宁可拴着磨石	18359	写给我天堂里的妹妹	16052
宁静乐园 一个人的音乐课	5323	写给所有"4岁至75岁孩子"的50篇	
宁静海	12720	童话	16062
它来到我们中间寻找骑手	7692	写给所有少男少女的美丽的爱情故事	15668
它是谁	9418	写给孩子们的故事	16273
它被谁吃了？	17253	写满字的空间	5131
冯友兰论人生	4941	讨孔风云（故事新编）	4015
冯文炳选集	8097	让马	18087
冯至作品新编	8154	让历史记住三线学兵	4323

书名	编号
让化肥	19043
让百姓做主——琴坛村罢免村主任纪事	4982
让我们温暖太阳	16227
让我们富起来	17514
让我陪在你身边	17111
让爱一起飞	3445
礼花集	2867
礼拜六的蝴蝶梦——论鸳鸯蝴蝶派	6660
礼崩乐坏的春秋	8723
训谕童话	15807
必需品专卖店	13140
记丁玲 记丁玲续集	5588
记忆与沉思	5040
记忆门	430
记忆之战	12903
记忆犹新	17890
记忆的艺术	17476
记忆的声音 阿赫玛托娃诗选	14260
记忆银行	17065
记者亲历南水北调大移民	5003
记事珠	4121
记贺龙	3950
永久的悔	4716
永无回归之路	2049
永不言败——裘服大王张葆祥传	4315
永不放弃(电视文学剧本)	5874
永不凋谢	5228
永不掉队	15733
永不满足	16595
永生的战士	1486
永远不死的人	18351
永远不落的太阳	12463
永远有多远	1965
永远向着前面	1503
永远的公主与王子	16025
永远的《白鹿原》	6556
永远的里程碑 居里夫人	9672
永远的质疑	6330
永远的祈祷——两个从死亡边缘上生还的日军老兵的真诚告白	17512
永远的信天翁	8809
永远的哨兵	9362
永远的菲利普	13202
永远是春天	1768
永远鼓舞我们前进	3854
永别了,古利萨雷!	13634
永别了,古利萨雷!	13916
永别了,外企 一个被炒鱿鱼的外企"首代"的自白	4520
永别了,苏珊	11610
永恒之王四部曲(1-4)	12144
永恒的友谊	2742
永恒的父亲	11807
永恒的规律 附:白旗	12554
永恒的孩子	12068
永恒的源泉	18384
司马迁	804
司马茅告状	18917
司马相如集校注	3714
司机	12381
司空曙诗集校注	3791
尼门河上的黎明	17633
尼贝龙根之歌	14055
尼尔斯骑鹅历险记	16555
尼克代表我	9170
尼克索评传	15241
尼伯龙根之歌	13974
尼罗河上的惨案	11729
尼罗河的女儿 克利奥帕特拉七世的日记	16433
尼采散文	14435
尼科列金纳轶事	12698
民主——一部关于美国的小说	12765
民主德国作家短篇小说集	11547
民兵英雄会北京	18641
民兵英雄谱	18220
民间文学工作者必读	15251
民间文学论集	6120
民间文学增刊 一九六五年第一期	9806
民间创作	15233
民间故事剧	15071
民间信仰与20世纪中国文学的叙事演变	6545
民国大学的文脉	6736
民族认同和语言表达	6402
民族心灵的幻象 中国小说审美理想	6322
民意党人劫狱记	11397

民歌与诗风	6066	出版史	14526
民歌作者谈民歌创作	6097	加斯东,孩子也能懂的哲学课(1—4)	17207
弗兰肯斯坦	11215	加缪中短篇小说集	11583
弗兰妮与祖伊	12995	加缪读本	14557
弗兰茨·冯·济金根	14862	加薪秘诀	12133
弗吉尼亚·伍尔夫:性别差异与女性写作研究	7468	召树屯 附嘎龙	9733
弗拉舍里诗选	14114	皮卡和蜻蜓	9530
弗拉胡查短篇小说集	11468	皮卡的金矿	9521
弗罗斯特作品集(1—3)	14196	皮包政府	17787
弗洛伊德传	14550	皮皮鬼的恶作剧	15959
弗斯特上校服罪了	14951	皮克斯基尔事件	14464
出了象牙之塔	15332	皮肤变白的军人	16126
出口成章——论文学语言及其他	6126	皮特儿·独眼猫·笨鸭鸭	8957
出北口走草地	1143	皮普先生	13943
出走的人 作家与家人	14664	皮蓝德娄戏剧二种	14874
出卖影子的人	15725	边区自卫军平汉路工人破坏大队	3520
出版人 汤姆·麦奇勒回忆录	14510	边地梦寻——一种边缘文学经验与文化记忆的探勘	6404
出版业调查报告 第四届"未来编辑杯"获奖文集	10655	边防战士	15025
出逃	13372	边城	2456
奶 2003年度英国短篇小说精选	11866	边城风雪	142
奶牛打喷嚏	16682	边城 湘行散记	8134
奶牛的秘密生活	14677	边城 湘行散记 插图典藏	8192
奶奶过生日	9417	边界上	1577
奶奶现在不一样了	17156	边陲鬼屋	12101
奶奶现在不一样了	17228	边缘	12034
奶奶的星星	8808	边缘故事集	13277
奴儿	8747	边寨之夜(话剧)	5725
奴隶解放之歌	2838	边疆少年之歌	8303
加布罗沃笑话与传闻	17495	边疆风貌	3957
加兰短篇小说选	12742	边疆的声音	1507
加兰短篇小说集	12764	边疆晓歌	118
加里宁论文学和艺术	15306	边疆晓歌	934
加法是什么	17320	发条钟	11757
加法怎么用	17321	发现与涂色 1	17283
加香论巴尔扎克	15162	发现与涂色 2	17284
加莱义民	16425	发现与涂色 3	17285
加拿大	12157	发现与涂色 4	17286
加拿大文学史	15180	发现与涂色 5	17287
加拿大短篇小说选	12866	发现与涂色 6	17288
加勒比海之谜	11934	发现小说	6490
加斯东·伽利玛 半个世纪的法国		发现身边的科学(1—4)	17224
		发现青年	4353

发现昆虫	9687	对花枪	18933
发现童年 三十年儿童文学评论选	9459	对杰克·奥克尼的考验	12266
发怒的火山	16250	对和平宣誓	3858
发烧	982	对话场景中的中国现代小说理论话语	6704
圣女桑塔	12899	对话的难度——当代教育与鲁迅接受	
圣天门口(上中下)	768	研究	6709
圣火	13625	对面	2070
圣地	271	对面的撒旦	11943
圣安东尼的诱惑	11109	对星星的诺言——米斯特拉尔诗选	14191
圣拉萨的丁香	11501	对倒	1359
圣诞节红雀	12958	对菱花 慰问袋	18193
圣诞节的袋鼠	16680	对唱河西大丰收	2825
圣诞节故事集锦	17388	台木尔短篇小说集	13568
圣诞奇案	11846	台北人	1871
圣诞夜	16424	台北女孩看大陆	5173
圣诞夜奇遇记	17374	台尔曼传	17663
圣诞树和婚礼	15728	台州存照	4462
圣诞颂歌	11276	台伯河边的爱情	11712
圣诞涂色书	17291	台胞的心声	2969
圣诞赞歌	11216	台海上空的鸟战	8561
圣经与文学阐释	7390	台港澳及海外华文作家词典	10272
圣经中的故事	16466	台湾小说选	1758
圣经文学十二讲——圣经、次经、伪经、		台湾小说选(二)	1808
死海古卷	7370	台湾小说选(三)	1844
圣经文学研究(第一辑)	7424	台湾中国古代文学研究文选	6949
圣经文学研究(第二辑)	7432	台湾中篇小说选	1812
圣经文学研究(第十一辑)	7490	台湾电影与大陆电影关系史	10810
圣经文学研究(第十二辑)	7494	台湾同胞我的骨肉兄弟	10446
圣经文学研究(第十三辑)	7496	台湾青年诗选	3109
圣经文学研究(第十辑·2015 春)	7487	台湾现代诗四十家	3090
圣经文学研究(第七辑)	7466	台湾学者中国文学批评论文选	6939
圣经文学研究(第八辑)	7476	台湾诗选	3005
圣经文学研究(第九辑)	7482	台湾诗选(二)	3033
圣经文学研究(第三辑)	7438	台湾散文选	4047
圣经文学研究(第五辑)	7453	台湾街角小旅行	5183
圣经文学研究(第六辑)	7457	台湾游记选	4078
圣经文学研究(第四辑)	7446	台湾新诗发展史	6246
圣经的故事	17414	驭风飞翔的旅程 莱特兄弟	9677
圣经故事	17389	母与子	11962
圣骨传奇	13032	母与子(下)	11588
对女巫低语	16053	母与子(上)	11560
对不起,她不在了	14581	母与子(中)	11587
对不起,南极	5010	母女会	18664

母子会	17980
母兔	9330
母亲	12371
母亲	12391
母亲	12416
母亲	12527
母亲	2369
母亲不会死	5013
母亲和我们	1975
母亲和我们七兄妹	4988
母亲的大碗:铁扬散文集	5112
母亲的女儿	12116
母亲的金手表	4878
母亲的故事是一盏灯	9431
母亲的菩提树	4977
母亲叙事	5307
母亲 短篇作品选	12581
母豹出山	8615
幼儿园,我来了(8册)	9511
幼儿园,我准备好了	9522
幼儿能力自我测试 机灵小不点	8480
幼儿能力自我测试 快乐小不点	8483
幼儿能力自我测试 酷仔小不点	8481
幼儿能力自我测试 聪明小不点	8482
《幼学琼林》精解(上下)	8625
辽宁歌谣	9772
辽恩卡流浪记	15906
丝绸之路	10014
丝绸之路	3429
丝绸之路——从蓬莱到罗马	5396

六　　画

邦斯舅舅	11241
邦斯舅舅(上下)	10978
动力之魂——中国玉柴机器董事长　王建明真传	4417
动画电影	17651
动物之神	13052
动物小说大王沈石溪西顿金品共读系列	9396
动物王国	17301
动物日记	3367
动物凶猛	1946
动物们的圣诞节	15874

动物们的复活节	15875
动物农场	12216
动物农庄	11973
动物园	13766
动物的大便	16940
动物的菜谱	16254
动物的智慧	16604
动物的错觉	14786
动物商店	16593
动物寓言集	13102
动荡的一九〇五年	12670
动摇	290
寺内	2195
吉卜林短篇小说选	11692
吉布赛的诱惑	2442
吉尔·布拉斯	10986
吉尔约岭上的一家	11035
吉吉	11929
吉吉的帽子丢了	16597
吉亚泰诗选	14267
吉狄马加的诗	3472
吉狄马加的诗与文	7571
吉诃德先生传	10973
吉林民间故事	9781
吉姆爷	11019
吉姆爷	11211
吉姆爷 水仙花号上的黑水手 黑暗深处	11182
吉姆的狮子	17132
吉姆的狮子	17212
吉洪诺夫诗集	14212
吉德里兄弟(上下)	12709
吉檀迦利	14276
吉檀迦利 先知	15699
考什布克诗选	14117
考验	12638
考验	244
考验的道路	12419
考验(话剧)	5720
考新郎	18982
老人与海	13129
老人与海	13145
老人与海	13155
老人与海	13344

老人与海	15734	老舍文集(13)	7946
老人和猫	12295	老舍文集(14)	7954
老干部别传	1793	老舍文集(15)	7968
老工人的心	9980	老舍文集(16)	7971
老大 第一季	13800	老舍文集(2)	7869
老大 第二季	13801	老舍文集(3)	7887
老卫队的探戈	12088	老舍文集(4)	7894
老马威尼·溜蹄的野马	9381	老舍文集(5)	7895
老子本原	6809	老舍文集(6)	7904
老子 庄子	8460	老舍文集(7)	7905
老子讲读	5683	老舍文集(8)	7918
老子的故事	9475	老舍文集(9)	7925
老子春秋(上中下)	1048	老舍生活与创作自述	4122
老牛布罗瑟姆回家了	16587	老舍全集(1)	8003
老长工	9894	老舍全集(10)	8012
老巴塔哥尼亚快车	14659	老舍全集(11)	8013
老水牛爷爷	1543	老舍全集(1—19)(修订版)	8033
老古玩店	11302	老舍全集(12)	8014
老生	1198	老舍全集(13)	8015
老奶奶的狼	9340	老舍全集(14)	8016
老师的秘密	17099	老舍全集(15)	8017
老师是位船长	17172	老舍全集(16)	8018
老当益壮	18584	老舍全集(17)	8019
老负鼠的猫经(英汉对照插图本)	14209	老舍全集(18)	8020
老羊工	1528	老舍全集(19)	8021
老妇还乡	11668	老舍全集(2)	8004
老妇还乡	18453	老舍全集(3)	8005
老妈是个大坏蛋?	8601	老舍全集(4)	8006
老戏台 冯俊科中篇小说选	2191	老舍全集(5)	8007
老戏的前世今生	4592	老舍全集(6)	8008
老麦梅尔到底胜利了	12472	老舍全集(7)	8009
老杨同志	2531	老舍全集(8)	8010
老社员的故事	9938	老舍全集(9)	8011
老张的哲学 赵子曰	2398	老舍作品选读	10173
老张的哲学 猫城记	2509	老舍作品新编	8178
老张的哲学 猫城记 高荣生插图本	2499	老舍研究论文集	6618
老岸	1267	老舍幽默诗文集	8135
老舍	8120	老舍剧作选	5776
老舍与二十世纪中国文学和文化	6692	老舍散文	5571
老舍文集(1)	7868	老舍散文精编	5514
老舍文集(10)	7929	老舍短篇小说选	2320
老舍文集(11)	7937	老爸的秘密	8692
老舍文集(12)	7942	老店铺传奇	2207

书名	编号
老实人 附:天真汉	10980
老实赢天下 赵章光评传	4783
老孟泰来到了上海	9892
老树精婆婆的七彩头发	8898
老残游记	2593
老挝短篇小说集	13548
老将上阵(小戏集)	5850
老将出马	9952
老将军让车	19048
老桑树下的故事	14
老梁观世界	4997
老谋深算	12936
老鼠应该有个好收成	9666
老滩	941
老管家耶尔奈	11463
老熊和老鼠	16912
老橡树	18358
老魏俊与芳芳	1609
老藤椅慢慢摇——周有光和他的时代	4975
地力	573
地下人,或当代英雄	12589
地下时光	11967
地下的春天	17827
地下的战斗	1530
地下的星星	13577
地下铁	10685
地上有草	7605
地上的长虹	1521
地之子	2459
地之子 建塔者	2384
地之国	11932
地中海的王子	16160
地方戏曲集(第一辑)	17657
地方戏曲集(第二辑)	17656
地方戏曲集(第三辑)	17795
地方戏曲集(第四辑)	17796
地方戏移植革命样板戏好(第一辑)	6146
地方戏移植革命样板戏好(第二辑)	6151
地方法院	12078
地心游记	11260
地衣:李村寻人启事	5317
地产魅影	1037
地矿手记	4944
地矿手记 II	5362
地图与疆域	11979
地质春秋	286
地底魔术王	16756
地狱	13196
地狱之门	12128
地狱之旅	11820
地海传奇 I	15992
地海传奇 II	15993
地海传奇 III	15994
地海巫师	16019
地球的红飘带	367
地球省	1327
地毯的那一端	5027
地魂鼠侦探	8582
地雷阵	2528
地雷阵	2553
地粮	14602
地覆天翻记	2522
耳朵上的绿星	8999
共犯	13921
共产党人(一)	11514
共产党人(二)	11524
共产党人(三)	11523
共产党人(五)	11539
共产党人(六)	11540
共产党人(四)	11529
共产党光辉万年红	9909
共和国不会忘记——大庆人的故事	3212
共和国交响"中国改革开放优秀报告文学奖"获奖作品集	4726
共和国沧桑回顾——我亲历的往事	5135
共和国青春年代	5161
共和国的部长们	4886
共和国的歌	2803
共和国震撼瞬间	4947
共命鸟	7795
共济会的秘密	17430
芒克的诗	3241
芒果的滋味	16379
亚丁湾的午后时光	2077
亚历山大大帝 叱咤欧亚非三大陆	8785
亚非人民要独立	17786

书名	页码
亚非民间故事集	17506
亚细亚的孤儿	2397
亚细亚瀑布	323
亚洲民间故事	17509
亚洲的声音	14223
亚洲的新纪元	3862
亚特兰蒂斯之心	13247
亚森·罗平的秘密	16156
亚森·罗平探案全集 少儿版(1—30)	16207
亚森·罗平智斗福尔摩斯	16151
亚·奥斯特洛夫斯基戏剧选	14938
亚·奥斯特洛夫斯基 契诃夫戏剧选	14941
亚瑟与乔治	11754
亚瑟王之死 ⅠⅡ	11220
亚瑟王之死(上下)	11029
朴八阳诗选	14344
朴素·真诚·美——丁玲创作论	6236
机灵的小巫女	16905
机器人启示录	13290
权力48法则	17387
权谋之业	11969
再见了,马拉卡纳《世界文学》地理小说集粹	15663
再见,不勇敢的我	17082
再见,出租屋	10752
再见,哥伦布	13029
再见梅娘	5045
再生	3097
再生草	12256
再进獐子岛 中国作家獐子岛行	5165
再批判	6044
再尝一粒酸葡萄	8491
再被狐狸骗一次·春田狐	9646
再谈人生	5076
协和大院	5405
协商建国 1948—1949年中国党派政治日志	4283
西川诗选	3145
西女巫之死	13714
西乡钞	13783
西长城——新疆兵团一甲子	5065
西风逐晚霞	551
西方人看中国戏剧	6238
西方历史上的"诗与哲学之争"	7501
西方现代派文学问题论争集(上下)	7360
西方战线上的五个孩子	16668
西方美学史(下)	7343
西方美学史(上)	7341
西方影响与民族风格	6249
西古德逊短篇小说集	11552
"西北王"的败落	582
西北的故事	13468
西尔克王国传奇	16841
西汉列车	1257
西西弗神话	11974
西西里柠檬	15731
西托尔·西杜莫朗诗集	14364
西行 西行 中国作家西班牙纪行	4803
西决	1479
西里西亚之歌	14274
西利西亚的纺织工人	13968
西伯利亚文学简述	7358
西沙之战(诗报告)	2939
西苑诗草	2793
西苑集	6009
西非日记	3978
西非神话故事	15561
西昆体研究	7080
西征记	966
西郊集	2787
西线无战事	11572
西南联大文学作品选	8180
西哈诺	14829
西洲曲	1145
西班牙战场 内战见闻实录	17473
西班牙流浪汉小说选	11176
西夏	1011
西顿动物小说	12784
西顿动物故事	16366
西部神话	4272
西域行	17891
西厢记	18045
西厢记	5968
西厢记诸宫调	17677
西厢记简说	6863
西望长安(话剧)	5746

西湖二集	2637	在乌鲁布铁	2052
西游记	8653	在水一方——名人笔下的同里	4379
西游记(上中下)	2580	在水边	14768
西游记 汉日对照(1—8)	2702	在水陆之间,在现代边缘	7693
西游记 汉法对照(1—6)	2680	在平原	2249
西游记 汉俄对照(1—8)	2687	在北方	2775
西游记研究论文集	6855	在旧时光里徜徉——民国文人的欧洲游	5586
西游记漫话	6953	在田野上,前进!	27
西游戏曲集(上下)	6000	在生命的光环上跳舞	4389
西游补	17686	在他乡	8727
西蒙诺夫	17556	在丛林中	12452
西滢闲话	5530	在印象派画家身旁 波丽娜日记	16309
西潮的彼岸	4791	在外地主	13553
西藏的女儿	7768	在冬日光线里	14198
西藏的战争	1095	在动作中分析剧本和角色	18325
西藏短诗集	2801	在地下	4508
西藏歌谣	9769	在亚瑟王朝廷里的康涅狄克州美国人	12737
压迫	5930	在西伯利亚森林中	14636
在一个村子里	12655	在西线的列车上	7690
在一个城市里	15009	在轨道上前进	30
在一个夏令营里	8378	在延安文艺座谈会上的讲话	6575
在人间	12392	《在延安文艺座谈会上的讲话》研究	6720
在人海里——道德见闻录	252	在后台的后台	4659
在人群中消失的日子	5199	在多重转型中兴起、全盛及分化	
在工业战线上	3881	新时期以来北京作家群研究	6495
在大地上行走	3269	在多重空间运思——当代文学研究	
在大海那边	3968	三十年论文选	6440
在大理石悬崖上	12264	在《红楼梦》里读懂中国	7212
在上帝的眼皮底下	2256	在严寒的日子里	404
在上帝的眼皮底下	5217	在更高的路程上	3884
在山泉诗话校笺	6833	在两条道路上	1622
在太空中你能听到喊叫声吗?		在时代的列车上(话剧)	5718
关于太空探险的问与答	15951	在时间的前方	3168
在历史的边缘	6283	在岗位上	3936
在少女们身旁	11666	在我的开始是我的结束	2119
在中等水平上	12394	在这里 张爱玲城市地图	10679
在毛主席教导下	9856	在阿尔泰山	13452
在风吹到的所有方向里 献给妻子的诗	15705	在青山那边	298
在风雪到来之前	1561	在其香居茶馆里	2340
在乌苏里的莽林中		在非洲密林中	181
——乌苏里山区历险记	14702	在昂美纳部落里	48
在乌苏里的莽林中		在呼伦贝尔草原	1540
——德尔苏·乌扎拉	14703	在岸边	12049

在和平的日子里	1629	在路上	13375
在和平的日子里	17877	在新时期面前	6269
在底层	15004	在新事物的面前(话剧)	5769
在底层的人们	12847	在新标准面前(独幕话剧)	5846
在法国的日子里	4059	在福建前线	3930
在革命化道路上前进的好剧团		在漩涡中	11382
（第一集）	18302	在鞍钢工地上	3851
在革命的烈火中	3905	在激流中	1586
在荒地	12464	百万英镑	12789
在茫茫的草原上(上)	44	百万富翁	12345
在故宫寻找苏东坡	5418	百日阳光	1264
在南极的边缘	3906	百分之百无所畏惧	17123
在南极,独自一人	14629	百分之百独立完成	17122
在哈萨克牧场	3900	百代风流餐韵食趣红事白事节日抒怀	
在钢铁战线上	17962	天理良心	4859
在顺川发现的一本日记	12341	百鸟衣	2827
在俄罗斯谁能快乐而自由	14076	百鸟朝凤	2190
在前进的道路上	1554	百年大计(话剧)	5735
在语言之内航行:论新诗韵律及其他	6488	百年心声——现代希伯来诗选	14397
在祖国的东方	22	百年巴金 生平及文学活动事略	4411
在祖国需要的岗位上	17643	百年百种优秀中国文学图书	10610
在桥梁工地上	1563	百年沧桑"永绩"号 从北洋水师到人民	
在爱情与欲望之间	17451	海军	4851
在高中与鲁迅相遇	9578	百年学科沉思录——二十世纪中国古代	
在高黎贡在	4604	文学研究回顾与前瞻	6971
在竞赛中	17946	百年战争记事 让娜的日记	16313
在海的尽头遇见你	12193	百合花	1605
在宽阔的土地上	3120	百合花	1746
在难中 深度访谈北川乡镇书记	4729	百花三国志	17553
在理发师的剃刀下	14656	百花集	6029
在教养院里	12484	百步街	9142
在勘探的道路上	3873	百里奚认妻	18935
在康布尔草原上(话剧)	5754	"百事"一代	12587
在朝内166号与前辈魂灵相遇	4559	百草园·社戏·三味书屋	9630
在森林的海洋里——战士、孩子和军犬	8419	百战归来认此身 曾志回忆录	4872
在黑暗中	2452	百炼成钢	54
在敦煌	5078	《百炼成钢》评介	6051
在墓旁	14336	百家姓	10257
在蒲雅诺夫卡	12478	百家姓	9595
在蒙哥马利的日子	4852	《百家姓》精解	8624
在感性与理性之间	6494	百喻经	17707
在零下四十度	2521	百喻经故事	5489
在路上	12820	百喻经寓言	8739

百慕大三角	12593	达夫尼斯和赫洛亚 真实的故事	11100
有20头大象的餐厅	17117	达木丁苏伦诗文集	15567
有一个美丽的地方	1818	达尔文	8698
有一种爱情叫见字如面	5417	达尔文 进化论的奠基人	8775
有人敲门	214	达尔文的猴子——生物学的灿烂星座	17411
有个丫头叫草环	9308	达尼娅	15015
有瓦的日子	5089	达米伦一家	13448
有心论	14771	达观	5049
有双小脏手	9413	达·芬奇密码	13026
有吉佐和子小说选	13566	达·芬奇密码 插图版电影剧本	14980
有问集	5370	达·芬奇密码(精华版)	13276
有我,你别怕	14529	达·芬奇寓言故事	16072
有希望,没有音乐也能跳舞	14400	达利自传	14567
有怪兽吗,阿尔菲?	17197	达拉斯夜未眠	13082
有客来兮	1967	达洛维太太 到灯塔去 海浪	11642
有爱无爱都铭心刻骨	2122	列子	17733
有爱相伴 致2008·汶川	3230	列王纪选	14308
有狼的风景——读八十年代中国文学	6334	列夫·托尔斯泰中短篇小说选	11443
有梦不觉夜长	475	列夫·托尔斯泰文集(1—17卷)	15519
有情人难成眷属	364	列夫·托尔斯泰文集(第一卷)	
有嫌疑的女人	12044	童年 少年 青年	15393
有趣的购物	16854	列夫·托尔斯泰文集(第二卷)	
有趣的海洋学	16603	中短篇小说 1852—1856	15387
有趣的数与量	17327	列夫·托尔斯泰文集(第十一卷) 复活	15412
有趣的数字	17261	列夫·托尔斯泰文集(第十二卷) 故事	15413
而已集	5455	列夫·托尔斯泰文集(第十七卷) 日记	15421
而河马被煮死在水槽里	13128	列夫·托尔斯泰文集(第十三卷) 戏剧	15414
存在	13308	列夫·托尔斯泰文集(第十五卷) 政论	15415
存在的艺术	17481	列夫·托尔斯泰文集(第十六卷) 书信	15426
夸奇莫多 蒙塔莱 翁加雷蒂诗选	14152	列夫·托尔斯泰文集(第十四卷) 文论	15423
夺印	18099	列夫·托尔斯泰文集(第十卷)	
夺位	991	安娜·卡列宁娜(下)	15425
灰灰的瘦马	9320	列夫·托尔斯泰文集(第七卷)	
灰色笔记	14658	战争与和平(三)	15399
灰姑娘	18886	列夫·托尔斯泰文集(第八卷)	
灰姑娘的花草标本集	16487	战争与和平(四)	15404
灰姑娘逃婚	16026	列夫·托尔斯泰文集(第九卷)	
灰娃的高地 Huiwa's Stand 汉英对照	9345	安娜·卡列宁娜(上)	15424
灰烬之城	13258	列夫·托尔斯泰文集(第三卷)	
灰烬的沉默	13544	中短篇小说 1857—1863	15388
"灰常棒"的灰姑娘	9103	列夫·托尔斯泰文集(第五卷)	
灰舞鞋	2136	战争与和平(一)	15391
灰舞鞋 密码 中篇小说卷(2003—2007)	2176	列夫·托尔斯泰文集(第六卷)	

战争与和平（二）	15392	死结	12482
列夫·托尔斯泰文集（第四卷）		死魂灵	11306
中短篇小说1885—1910	15389	死魂灵	11366
列夫·托尔斯泰 暴风中的孤帆	8795	成千上万的新生儿	16942
列车长	1581	成长,请带上这封信:他们致孩子	5054
列车在前进	17949	成为小镇神探	17145
列车行	2961	成功作文的奥秘	10060
列宁	14213	成功的两翼	4481
列宁	14237	成吉思汗	12459
列宁	14682	成兆才评剧剧本选集	18091
列宁与无产阶级文化协会	15305	成名	4788
列宁与文艺学问题	15198	成语故事	10026
列宁与高尔基通信集	14695	扛着女儿过大江——最初的感动	4338
列宁在十月 列宁在一九一八年	15035	扣子的颜色是天空的颜色	8571
列宁论文学	15257	扣子的颜色是天空的颜色	9255
列宁论文学与艺术	15313	托马诗选	14264
列宁论文学与艺术（一、二）	15279	托马斯·伯恩哈德自传小说五部曲	12089
列宁和阿里	14219	托马斯·曼散文	14565
列宁斯大林与苏维埃文学	15197	托尔斯泰儿童故事选	15897
列那狐的故事	15742	托尔斯泰中短篇小说选	11411
列那狐的故事	15888	托尔斯泰评传	15271
列那狐的故事	16664	托洛茨基自传	14709
列岫云川	5051	托诺—邦盖	11664
列洛	12415	执着的龙	16007
列斯科夫中短篇小说集	11374	扫文盲	17761
死人的殿堂	11819	扫松下书	18653
死于威尼斯	11983	扫荡五气	17760
死亡之舞	13005	扬子江边颂英雄	9934
死亡约会	11733	扬子江的暴风雨	17637
死亡草	11959	扬帆（上下）	12702
死亡是怎么回事	16410	扬州历代诗词	3721
死亡测试	17048	扬州评话探讨	10356
死无葬身之地	14987	扬眉鞭剑出鞘	4491
死不着	2997	扬着灰尘的路上	1682
死不着	3593	夷门书家	2208
死火重温	6320	划桨入海	17121
死水	1361	毕飞宇研究资料	6513
死水	3539	毕业	1079
死水恶波	13187	毕业新歌（独幕话剧）	5819
死水微澜	2315	毕业歌——革命历史歌曲	10406
死刑报告	739	毕加索的云彩	12127
死(我的祖母之死 死后)	5562	毕希纳文集	15386
死屋手记	11357	毕希纳全集	15504

书名	编号
毕沅诗集（上下）	3803
毕革飞快板诗选	2912
毕淑敏散文	4753
至诚六种	4862
至爱极边	4602
过去的年代（上下）	45
过去的足迹	4090
过去的脚印	5463
过龙兵	795
过关	1576
过社日	18621
过站不停	1080
过渡	1639
过渡集	1754
邪屋	13268
邪恶的实验	12906
此地是他乡	2140
此时此地	14776
此身未忍负流光——默缘堂廿年吟草	3393
此情无计可消除 漱玉词·断肠词	3780
此情可待	11853
贞子的救赎	13747
师友风谊 文林廿八宿	4567
师长在向士兵敬礼	443
师陀作品新编	8167
师（藤野先生 沈从文先生在西南联大）	5578
尘世的火烛 吕大明散文选	4297
尘世的爱神	11687
尘埃落定	562
尘梦	412
尖子班奇闻	9315
尖叫	9500
光之帝国	13734
光未然歌诗选	3100
光明大道（吕剧）	5726
光明与黑暗	174
光明之路	13517
光明世纪	13181
光明在我们的前面	2335
光明行 家族的历史	13948
光明普照大地	12348
光的落尘	3191
光荣与梦想——人民文学出版社	4692
光荣之旅	626
光荣归于你们	14324
光荣的任务	6003
光荣的标兵	9930
光荣的星云	2734
光辉的里程	1740
光辉的榜样——焦裕禄	4001
光·影·移动 我的电影人生	14551
当下集	14193
当天使坠落人间	16256
当今十大奇案	1855
当今世界——古米廖夫诗选	14250
当今俄罗斯文坛扫描	7411
《当代》（1）	7696
《当代》（2）	7697
《当代》（3）	7698
当代工人——王涛	4259
当代小说见闻录	6290
当代中国人文观察	6371
当代长篇小说（人民文学出版社建社卅五周年纪念专刊）	315
当代长篇小说（中国人民解放军建军六十周年专刊）	339
当代文艺评论视域中的鲁迅传统	6546
当代文学的文化透视	6416
当代文学的社会—历史批评	6259
当代文学:终结与起点 八十、九十年代的文学与文化	6552
当代文学新潮	6306
当代以色列作家研究	7408
当代北京与文艺:城市精神的艺术呈现	2012
北京文艺论坛	6478
当代西方后经典叙事学研究	7481
当代报告文学流变论	6303
当代抒情短诗千首	3228
当代希腊戏剧选	14981
当代社会万花筒 报告文学选	4151
当代青年三部曲	282
当代英雄	11322
当代英雄	11441
当代性与文学传统的重建	6374
当代诗歌话语形态研究	6464
当代俄国中短篇小说选	12606

条目	页码
当代俄罗斯文学纪事(1992—2001)	7421
当代俄罗斯诗选	14253
当代美国戏剧60年(1950—2010)	7485
当代美国诗选	14162
当代寓言集	14598
当关	651
当安娜准备去睡觉	17155
当红军的哥哥回来了	2837
当芦笙响起的时候	1535
当时已惘然	496
当时已惘然	866
当时只道是寻常	4892
当时实在年纪小	5259
当我们眼光相遇的时候	14305
当我再也感受不到太阳	14015
当叔本华滑倒的时候 ——大思想家的小故事	14484
当河水汇流的时候	12490
当爱情上了年纪	5335
当烧饼遇上油条	9283
当暴风雨袭来的时候	1588
早年的欢乐	12492
早来的春天	93
早来的鹤(白轮船)	13633
早春	2999
早晨	2778
早晨六点钟	1488
早晨的太阳	3938
早期新诗的合法性研究	6731
早霞短笛	2788
虫(夏三虫 夏天的昆虫)	5580
曲艺选(1957年)	10290
曲艺选(1958年)	10296
曲艺选(1959—1961年)	10300
曲艺音乐研究	10298
曲波全集(1—6)	7634
曲终人在	1216
曲终人散	13018
曲海总目提要(上中下)	7304
曲海总目提要补编	7305
吕氏春秋集释(一、二册)	17682
吕氏春秋寓言 晏子春秋寓言	8738
吕剑诗存	3138
吕剑诗集	3026
吕梁英雄传	2518
同一片蓝天——于果和他的大学	4340
同甘共苦	17837
同业余演员谈演技	17611
同志时代	1986
同志,你走错了路	17878
同志间	17847
同声四调	5197
同样是敌人	17824
同桌时代	4424
同窗	311
吊车	16803
吃火的人	16630
吃石头的鳄鱼	8399
吃汤团	18991
吃的自由	4239
吃新集	1665
吃鲷鱼让我打嗝	13279
因为女人	916
因为有你,世界在变	17450
因为我爱你	11918
吸吸的精言妙语	16577
吸血侠 达伦·山传奇Ⅰ 初变吸血鬼 吸血鬼的助手 吸血魔	15961
吸血侠 达伦·山传奇Ⅱ 吸血鬼圣堡 死亡测试 吸血鬼王子	15962
吸血侠 达伦·山传奇Ⅲ 吸血鬼杀手 黑色陷阱 吸血魔王	15972
吸血侠传奇(4) 亡灵之湖 幽灵之王 命运之子	16064
吸血鬼的助手	15927
团队	16920
团结胜利的凯歌(报告文学选集)	4004
团结起来,争取更大的胜利	10420
屹立的群峰	57
岁月与性情 我的心灵自传	4718
岁月风情	4506
岁月名章	3278
岁月如流 我这八十年	4989
岁月如歌	561
岁月如箫	4589
岁月、命运、人——李广田传	4512

书名	页码
岁月情怀	3289
岁月深处	3275
岁月静好 蒋勋日常功课	5438
岁月履痕	5015
岁朝渡口	18966
岁寒集	5919
回忆毛主席	9876
回忆,扑克牌	13708
回忆托尔斯泰	14713
回忆陀思妥耶夫斯基	14458
回忆录	12182
回忆录	14454
回忆录 附我的童年	14722
回忆录选	14685
回忆契诃夫	14687
回忆贺龙同志	9880
回忆高尔基	14684
回忆 第三帝国废墟上我的青春	17448
回忆鲁迅	6625
回忆鲁迅房族和社会环境 35 年间（1902—1936）的演变	6572
回归	11828
回归本源——加西亚·马尔克斯传	14478
回声	15072
回声续集	2785
回声集	2752
回到潘日鲁德	12632
回春记	18824
回音壁	3059
回首大决战 及关于战争与和平的其他新作	15690
回首当年	4228
回家	13210
回家	1669
回家之路	13341
回家的路	13243
回眸红岩	3160
回眸"学衡派"——文化保守主义的现代命运	6666
回鹿山	4916
刚果风雷	17938
网络上的"幸福小猪"	9295
网络王小波	4388
网络文学论纲	6356
网络张爱玲	4387
网络金庸	4373
网络空间的文学风景	6455
网络鲁迅	4352
年月日 朝着东南走 横活	2079
年老的一代	12384
年年夏日那片海	11781
年华是漫长的期许	4855
年青人	18582
年青的一代	17926
年青的鹰	17907
年事梦中休,花空烟水流 梦窗词	3815
年假	1564
年糕树	9660
朱子家礼与韩国之礼学	10616
朱东润自传	4701
朱生豪"小言"集	5537
朱生豪书信全编	5603
朱尔菲亚诗选	14238
朱光潜人生九论	4903
朱光潜作品新编	8149
朱自清	8099
朱自清作品新编	8156
朱自清卷（朱自清散文）	5528
朱自清诗文选集	8045
朱自清选集（上下）	8138
朱自清散文精选	5542
朱向前文学理论批评选	6362
朱苏进研究资料	6511
朱桂花的故事	1524
朱雀	1259
朱痕记	18769
朱湘	8096
朱增泉创作杂谈	5248
朱增泉现代战争散文	4927
朱增泉散文与随笔·人物卷	5243
朱增泉散文与随笔·历史卷	5245
朱增泉散文与随笔·战争卷	5244
朱增泉散文与随笔·游记卷	5242
朱德诗选集	2901
朱颜长好	2062
朱熹文学思想研究	7131

朱鹮	13767	传麦种	9718
先人祭	14949	传奇	2394
先行官	9949	传说之死	1976
先到先得	13301	传说的继续	12516
先知	13207	传统与文艺 2008 北京文艺论坛	6444
先知	14278	传统的幻象：跨文化语境中的王国维诗学	7149
先知	14304	传统故事与异域传说 文学母题的比较	
先秦文论全编要诠（上下）	7077	文化研究	7489
先秦文学史	7276	传统美育与当代人格	6339
先秦文选	5687	传媒与文艺 2006 北京文艺论坛	6420
先秦两汉文论选	6812	传媒与文化领导权	6551
先秦诗文精华	8220	传媒时代的文学	6417
先秦诗选	3776	传薪者——上海古籍往事	5202
先秦诗歌精华	3707	乒乓运动的春天	4002
先秦音乐美学思想论稿	10909	乒乓猫大冒险	16887
先秦散文选	5628	乒乓猫上报纸	16885
先秦散文精华	5656	乒乓猫飞起来	16884
先秦寓言选	5646	乒乓猫过生日	16882
先晋胡子	1680	乒乓猫玩音乐	16883
先锋战士（六场话剧）	5851	休丁香	18920
廷达里郊游	12145	伍子胥 弃小义，雪大耻	8763
竹公主	9622	伍光健翻译遗稿	15570
竹园夜雨	4261	伏牛山的儿子 曹靖华传	4670
竹林中	13894	伏尔泰小说选	11053
迁徙 默温自选诗集（1—2）	14201	伏尔泰论文艺	15141
乔厂长上任记 改革小说选（上下）	1992	伏尔泰评传	15250
乔布斯的厨师	14762	伏枥集	2909
乔老爷奇遇	18130	伏虎	17973
乔伊斯长篇小说人物塑造	7450	伏藏	1035
乔伊斯读本	15691	优美的安娜贝尔·李寒彻颤栗早逝去	13670
伟大的一天	18353	优哩婆湿	15063
伟大的公民	17612	优雅地低于爱情	4603
伟大的心	17634	优雅的人生整理 让你和家人告别混乱的	
伟大的北京	10453	生活	17477
伟大的会师	9831	优雅的字母	17264
伟大的安慰者	5621	伐木人传（上下）	149
伟大的社会主义祖国在前进	10413	伐木工人歌	10438
伟大的变化	3886	伐木声声	2915
伟大的战士——焦裕禄	3999	伐木者，醒来吧！	14136
伟大的统帅	15014	伐东吴	18800
伟大的起点	17569	伐齐东	18768
伟大的旅程 叶卡捷琳娜的皇家日记	16434	伐致呵利三百咏	14295
伟大的维多利亚时期收藏品	12992	延边人民热爱毛主席	10414

书名	编号
延边之歌	2783
延安儿女心向毛主席	10450
延安轶事	9882
延安集	2534
延河在召唤	152
仲夏	12372
仲夏夜之梦	14803
仲夏夜之梦	14900
任由摆布	12628
任性的卡琴	11114
伤心万柳杀	607
伤心咖啡馆之歌	13292
伤心的试验	9422
伤心碧	2467
伤花落地	931
伦理嬗变与文学表达——文学伦理之维	6477
伦敦浪了起来	4369
华生探案记	13200
华主席在湘阴的故事	8332
华主席挥手我前进（曲艺演唱集）	10336
华主席穿上绿军装（革命儿歌专辑）	8331
华伦斯坦	14806
华丽人生	13811
华沙、北京、维也纳	2720
华沙城的节日	3839
华南虎日志	4782
华威先生	2310
华兹华斯 柯尔律治诗选	14036
华兹华斯叙事诗选	14062
华莱斯诗选	14134
华特·迪士尼 从米老鼠到梦幻王国	8790
华容道	18799
华盛顿 美国第一人	8801
华族与龙	4149
华盖集	5440
华盖集续编	5458
仰恩之子	5142
仰望	3215
仰望苍穹	4571
仿佛或恰恰相反	3507
伙伴	9200
伙食房大跃进	19039
伪币犯	12285
伪自由书	5449
伪君子	14807
伪装者之谜	16874
伪满洲国（上下）	721
伪满洲国"明贤贵妃"谭玉龄传	5118
伪满洲国"福贵人"李玉琴传	5119
自己人——好算帐	14929
自己的园地	5519
自己的园地 雨天的书	5508
自以为聪明的八哥	8363
自由	217
自由人	12524
自由与局限 中国当代新生代小说家论	6454
自由地学习 华德福早期教育	17416
自由先驱	12444
自由或死亡	11570
自由的画面 黑奴女孩克洛蒂的日记	16435
自由颂	14008
自由颂 普希金诗歌精粹	14094
自由港之谜 香港经济奇迹探析	10603
自行车	16662
自行车之歌	5249
自杀俱乐部	11779
自我	13361
自我演戏以来	18264
自言自语	5220
自指引擎	13878
自掘坟墓	9959
自然纪事	14631
自然侦探	17300
自然放大镜	17230
自游人	863
自豪的西班牙	11544
伊万的女儿,伊万的母亲	12597
伊凡·杰尼索维奇的一天	11419
伊凡·杰尼索维奇的一天	12507
伊凡诺夫	14922
伊凡·楚普罗夫的堕落	12374
伊戈尔远征记	14079
伊戈尔远征记 涅克拉索夫诗选	14098
伊卡狷格	16921
伊尔库茨克故事	18437
伊则吉尔老婆子	12460

伊克巴尔诗选	14346	血道	15928
伊克巴尔诗选	14386	血缘	1500
伊利亚特	13962	向上的台阶	2160
伊利亚特	14028	向历史诉说——我的父亲冯友兰	5262
伊利亚特	15827	向日葵的秘密	9159
伊甸之东	12869	向中国致敬	14354
伊坦·弗洛美	12850	向月宫报喜	9954
伊坦·弗洛美	12896	向左走·向右走	10687
伊坦·弗洛美	12962	向右看齐	7608
伊拉塞玛	12923	向民歌学习	6047
伊莎贝尔	12236	向岁月致意	3435
伊格尔远征记	14090	向阳院的故事	8300
伊索	18396	向阳商店	18102
伊索寓言	15782	向阳情结——文化名人与咸宁（下）	4317
伊索寓言	15798	向阳情结——文化名人与咸宁（上）	4245
伊索寓言	15850	向阳湖文化人采风（下）	4316
伊索寓言	15889	向阳湖文化人采风（上）	4246
伊索寓言	15977	向苏军红旗歌舞团学习	6015
伊索寓言	16220	向时间走去——绿原短诗新编	3320
伊索寓言	16382	向往宫	13622
伊索寓言	17033	向往温暖	3251
伊索寓言选	15748	向疾病要快乐	4805
伊索寓言选	15783	向着白夜旅行	2099
伊索寓言精选	15846	后方的前线（话剧）	5730
伊索寓言精选100篇（彩图注音版）	16054	后代	1620
伊朗人民的呼声	14349	后来……	11803
伊萨柯夫斯基诗选	14211	后汽车时代的城市	17404
伊斯拉姆诗选	14388	后宫·如懿传（修订版1—6）	1371
伊薇特	11145	后宫·如懿传（修订版 第一卷）	1377
伊壁鸠鲁的笑	16771	后宫·如懿传（修订版 第二卷）	1378
血与水	13358	后宫·如懿传（修订版 第三卷）	1379
血色浪漫	876	后宫·如懿传（修订版 第五卷）	1381
血字的研究	12179	后宫·如懿传（修订版 第六卷）	1382
血字的研究	16132	后宫·如懿传（修订版 第四卷）	1380
血字的研究	17444	后羿	1339
血牡丹	8410	后悔录	783
血的审判	18401	行人寥落的小径	4641
血的婚礼	14157	行为艺术	1951
血玲珑	634	行动队	8400
血玲珑（文学剧本）	5880	行同陌路	11766
血迹	5920	行军纪事	36
血染三条石	1714	行军路上（舞蹈）	10538
血朝廷	1443	行走的中国	4732

书名	编号
行吟集	14395
行囊空空	614
全元戏曲(第一卷)	5983
全元戏曲(第二卷)	5985
全元戏曲(第十一卷)	5996
全元戏曲(第十二卷)	5997
全元戏曲(第十卷)	5995
全元戏曲(第七卷)	5992
全元戏曲(第八卷)	5993
全元戏曲(第九卷)	5994
全元戏曲(第三卷)	5988
全元戏曲(第五卷)	5990
全元戏曲(第六卷)	5991
全元戏曲(第四卷)	5989
全心全意	12395
全世界人民一定胜利	10428
全世界人民团结起来,打败美国侵略者及其一切走狗!	10400
全世界孩子都喜欢的 100 个童话 大师绘本·红卷	16108
全世界孩子都喜欢的 100 个童话 大师绘本·蓝卷	16109
全世界孩子都喜欢的 100 个童话·红卷	15990
全世界孩子都喜欢的 100 个童话·蓝卷	15991
全本详注金瓶梅词话(1—6)	2704
全本新注 聊斋志异(上中下)	2638
全民俱兵,保卫祖国	19036
全评新注 世说新语	2673
全国人民齐欢庆(庆祝四届人大曲艺专辑)	10319
全国少数民族群众业余艺术观摩演出 曲艺戏剧选	18203
全国少数民族群众业余艺术观摩演出 新民歌选	9803
全国报刊文学论文索引 1960 年	10264
全国报刊文学论文索引 1961 年	10265
全国第一次文代会与新中国文学体制的建构	6434
全相平话五种	17728
全面启动	13120
全校会注集评聊斋志异 修订本(1—4)	2695
全家动员除四害	19034
全家福(话剧)	5773
全球化语境中的文化选择	10689
全球资本主义的终结 新的历史蓝图	17405
会飞的小鹿	8881
会飞的小溪	9002
会飞的软木塞	16462
会计姑娘	18103
会讲故事的兔子	9562
会走路的梦	4558
会玩,才有翅膀	9101
会咬人的香肠	17009
会亲家	17776
会亲家	18971
会说话的马与男孩	16753
会说话的自行车	17131
会说话的铃铛	9319
会说话的路	8317
会唱歌的火炉	5255
会唱歌的画像	8889
合庆山庄夜话	4260
合欢	1872
合唱歌曲选(第一集)	10374
杀人不难	11793
杀人回忆	13262
杀人的喜剧	17623
杀手的眼泪	16114
杀手短信	13010
杀寺	18528
杀庙	18547
杀戮之地	13013
企业家的黑天鹅	4799
企克瓦尼诗选	14230
企鹅会被冻伤吗？关于极地动物的问与答	15982
众生之路	11095
众声	5230
众声喧哗	2189
众里寻他千百度 辛弃疾词	3795
众树歌唱——欧美现代诗 100 首	14161
众神狂欢 世纪之交的中国文化现象	6549
众神的肖像	6295
爷爷电影院	9437
爷爷回来了吗？	16899
爷孙俩	10848

条目	页码
伞（上下）	207
创世纪（纳西族史诗）	9800
创业（电影文学剧本）	5836
创业史（第一部、第二部）	760
创作回忆录	4123
创作经验漫谈	6162
创作是一种燃烧	6221
创作漫谈	6116
创造之秘——文学创作发生论	6338
创造社作品选（上下）	8181
创造奇迹的时代	3923
创新作文的玄机	10059
创意世界	17303
创意作文进阶训练	17267
肌理	8807
危地马拉的周末	12812
危险的脑疝	1824
危险的旅伴	15011
危险的旅程 姆咪谷的故事	16891
危险援救	12907
杂色	1952
杂交水稻之父 袁隆平	9675
杂花生树	4351
杂拌通	17513
杂谈《空城计》	19045
杂剧三集	18321
杂牌军	1114
旭阳岭疑云	11935
负笈集 霜凝随笔之一	4807
负鼠比利大叔奇遇记	17030
匈牙利现代小说选	12705
匈奴的子孙	5253
匈捷访问记	3878
名人传	11204
名人传	11286
名人传	11288
名门后代	9266
名门闺秀	2468
名优之死	17948
名字游戏 请勿谈论庄天海 短篇小说卷（2011—2016）	2182
名利场	11196
名利场（上下）	10995
名利场 杨绛点烦本（上下）	11273
名作家写的童话故事	15751
名作家和他们的衣橱	14673
名侦探罗平	16165
名剑明珠	488
名家笔下的榆林	4868
名望与光荣（上中下）	12710
名厨之死	11878
名誉	13350
多元语境中的精神图景——九十年代文学评论集	6340
多元·融合·跨越——英国现当代诗歌及其研究	7431
多少往事烟雨中	4781
多田便利屋	13669
多尔第	14111
多多	16643
多多和美美的小房子	16641
多多和倒霉的小金鱼	16642
多多的诗	3304
多余的人	209
多余的话	5476
多角关系	2410
多拉·布吕代	12097
多罗泰娅之歌	11785
多项选择	13360
多面 AI	15716
多面手	9947
多重对话——中国新文学的发生	6681
多特和袋鼠	16106
多萝西与大法师	16957
多欲之年	322
多彩果蔬园	17256
多彩的乡村	594
多情自古伤离别 柳永词	3790
多情客游记	11131
多棱镜下	6723
多瑙河传奇	17486
争夺（曲艺专辑）	10327
争取社会主义文学的更大繁荣	6103
争宝	18633
争锋 世界顶级外企沉浮录	986
色	12722

书名	编号
色彩的语像空间	6430
庄一拂《古典戏曲存目汇考》补正	7207
庄子的故事	9476
庄子思想的现代价值	7073
庄子选译	5662
庄子选译	5684
庄子选集	5661
庄子寓言 列子寓言	8742
《庄子》精解	8642
庆丰收	18625
庆功宴	3899
庆余年（修订版第一卷）远来是客	1440
庆余年（修订版第二卷）人在京都	1441
庆余年（修订版第三卷）北海有雾	1442
庆余年（修订版第五卷）悬空之刺	1455
庆余年（修订版第四卷）龙椅在上	1447
刘三妹	2871
刘三姐	18003
刘大白诗选	3531
刘大观年谱考略	7326
刘云打母	18850
刘长卿集编年校注	3725
刘介梅	18112
刘介梅	18117
刘介梅	18881
刘公案（车王府曲本）	2641
刘文学	18204
刘心武	7732
刘心武谈《红楼梦》	5096
刘心武续红楼梦（修订版）	1184
刘以鬯经典（酒徒 对倒 寺内）	7800
刘巧儿	18100
刘巧儿	18869
刘巧儿参加人民公社	19026
刘巧团圆（鼓词）	10277
刘白羽小说选	1750
刘白羽卷	4287
刘白羽散文	4622
刘白羽散文选	4033
刘半农文选	8106
刘半农诗选	3532
刘邦演义	519
刘老汉卖报	18597
刘亚洲将军经典文录	7776
刘志丹画传	10849
刘罗锅断案故事	574
刘绍棠	7739
刘胡兰	17941
刘胡兰（歌剧）	5724
刘胡兰（歌剧）	5748
刘胡兰（歌剧）	5959
刘俊卿与双轮奇迹	4258
刘亮程散文	5201
刘恒	7756
刘莲英（话剧）	5740
刘海砍樵	18146
刘海粟散文精选	4850
刘宾雁论文学与生活	6222
刘锡庆纪念集	5348
刘震云	7754
刘勰的文学史论	7267
刘醒龙	7744
齐孙子的故事	9477
齐眉集	3113
齐桓晋文的霸业	8724
交易场	13110
交城晨曦	8340
交响情人梦	13672
交响情人梦 1	17518
交响情人梦 10	17527
交响情人梦 11	17528
交响情人梦 12	17529
交响情人梦 13	17530
交响情人梦 14	17531
交响情人梦 15	17532
交响情人梦 16	17533
交响情人梦 17	17534
交响情人梦 18	17535
交响情人梦 19	17536
交响情人梦 2	17519
交响情人梦 20	17537
交响情人梦 21	17538
交响情人梦 22	17539
交响情人梦 23	17540
交响情人梦 24	17542
交响情人梦 25	17543

交响情人梦 3	17520	关于《山外青山天外天》	15284
交响情人梦 4	17521	关于女人和男人	4189
交响情人梦 5	17522	关于艺术家	5299
交响情人梦 6	17523	关于历史和历史剧——从《卧薪尝胆》的	
交响情人梦 7	17524	许多不同剧本说起	6113
交响情人梦 8	17525	关于文学艺术问题的讲话	15273
交响情人梦 9	17526	关于文学和艺术问题（增订本）	15285
交通工具	17335	关于世界的哲学课	17171
亦德的冬天	9117	关于电影的特殊表现手段	6161
产科医生	1154	关于生与死的报告	4161
充盈的虚无——俄罗斯文学中的宗教		关于写诗和读诗	6034
意识	7394	关于男人	4115
妄想电影	7785	关于我父母的一切	4423
忏悔无门（修订版）	5059	关于社会主义现实主义的几个问题	15224
忏悔录（第一部）	11062	关于陀思妥耶夫斯基的六次讲座	14641
忏悔录（第二部）	11075	关于厕所 叶兆言中篇小说 卷四	2054
忙碌的一生——安哥拉国父		关于美	11822
阿戈斯蒂纽·内图传记	14579	关于爱你, 这件微不足道的小事	
忙碌的校园侦探社	9311	（悠嘻恋爱星球第一季）	10747
问苍茫	948	关于《被开垦的处女地》（二）	15282
问故乡	5033	关于鲁迅的生活	6569
问泉	5041	关于《感伤的罗曼史》	15283
问银河（升级版）	9568	关于詹牧师的报告文学	1948
问题的核心	11558	关于鞭子的杂感	3877
问樵闹府 打棍出箱	18477	关不住的小老虎	17983
闯入者	13833	关不住的姑娘	18941
闯关东	5894	关汉卿	17852
闯进灵异世界——戴小华散文选	4253	关汉卿杂剧选	5977
闯祸的快乐少年	16848	关汉卿戏曲选	5972
闯滩（曲艺专辑）	10325	关汉卿戏曲集	18317
羊在想马在做猪收获	8536	关汉卿戏剧人物论	6932
羊角号	531	关汉卿戏剧图片	18323
羊泉村	14860	关汉卿戏剧集	5978
羊脂球	11009	关汉卿画像	18324
羊脂球	11048	关汉卿研究（第一辑）	18247
羊脂球	11249	关汉卿研究（第二辑）	18260
羊脂球	15722	关汉卿选集	5987
"羊群"的领头狮	316	关西儒魂——于右任别传	4363
并不遥远的往事	4787	关露啊, 关露	4313
并非虚构的故事	1545	米·布尔加科夫	7444
关于二十世纪文学的论争	15321	米丘林	17608
关于人生的哲学课	17170	米兰小游星	8875
关于上班这件事	10892	米兰公寓	9128

米尼	1420	江山	700
米吉安尼诗文集	15565	江山多娇	3372
米米朵拉	1249	江布尔	17624
米芾研究	7186	江那边的国土	4182
米耶达诗选	14115	江杰生将军诗词选	3235
米拉与阿尔菲	17196	江河日月	4899
米凯亚诗选	14362	江河旋律 王鼎钧自选集	7681
米佳的爱情	11435	江姐	18017
米河流向远方	226	江南文化与唐代文学研究	7027
米香	750	江南未雪 1990年代一个南方乡镇的日常生活	5106
米特里亚·珂珂尔	12645		
米特洛芬和陶尔米道尔斯基	11459	江南北国诗痕	3430
米基达·布拉图斯	12418	江南游龙	474
米隆老爹	11155	江格尔 蒙古族民间史诗	3047
米斯蒂	11156	江海儿女	170
米蒸糕和龙风筝	9524	江湖集	2866
米德尔马契(上下)	11110	江鹰	4022
灯	19008	汲水	18537
灯光	9944	池莉	7747
灯光明亮(故事会)	4019	池塘	17250
灯岛	4013	汤团王	7796
灯泡	16804	汤岛之恋	13868
灯笼	14946	汤怀自刎	18774
灯塔	11815	汤姆叔叔的小屋	12771
灯塔颂	17757	汤姆的午夜花园	16032
州委书记(上下)	12502	汤姆·索亚历险记	12734
壮心未与年俱老 陆游诗词	3807	汤姆·索亚历险记	12769
壮志凌云(曲艺辑)	10335	汤姆·索亚历险记 哈克贝利·费恩历险记	12770
壮志难移	18913		
壮族人民歌唱毛主席	10449	汤姆·索亚历险记 哈克贝利·费恩历险记	12797
冲上九重天	547		
冲上批林批孔的战场(批林批孔曲艺专辑)	10311	汤姆猫	17151
		汤姆猫在海边	17152
冲破黑暗	1679	汤姆猫的派对	17154
冲破黎明前的黑暗(话剧)	5701	汤姆猫游火星	17153
冲积期化石	2474	汤显祖与晚明戏曲的嬗变(增订版)	7232
冲积期化石 飞絮 苔莉	2421	宇宙牙齿	9217
冲绳岛幸福长寿秘诀	14647	宇宙锋	18145
冲锋在前	1720	宇宙锋	18732
冲霄集	3951	决不投降 阎继哲传	4719
次元壁	15718	决斗	11349
汗和鞭子	14137	决斗	1489
污血之玷	11843	决心	18606

决定中国命运的密码 毛泽东电报解析	5034	安徒生童话	11262
决战南京	983	安徒生童话	15823
决胜21点	13074	安徒生童话	15887
决胜千里外	17902	安徒生童话	15975
决裂	12912	安徒生童话	17031
决裂	18405	安徒生童话故事集	15848
决裂（电影文学剧本）	5831	安徒生童话选	15749
决裂集	3928	安徒生童话选	15785
守日人	12611	安徒生童话选	15789
守夜人	12610	安徒生童话选集	15784
守顽地	4174	安徒生童话精选	15844
守望灯塔	11711	安徒生童话精选	15853
守望的天空	1121	安诺德文学评论选集	15091
守藏（上下）	1451	安得盛世真风流	5410
安东诺夫短篇小说选	12361	安提戈涅	14991
安乐的巢穴	16939	安魂	1239
安尼尔的鬼魂	13235	安魂曲	12155
安吉堡的磨工	10998	安源大罢工	18119
安巩传	2714	安静的森林	13532
安达瑞的故事	17507	安德列也夫	17555
安全的食物	17241	安德列耶夫小说戏剧选	15586
安全部特派员	1853	安德烈·托尔斯泰	14607
安多纳德	15772	安德鲁·卡内基自传	14564
安安	9125	安徽民间故事	9782
安图的后代	224	安徽歌谣	9771
安妮日记	14513	冰与火的对话——娄德平诗选	3266
安妮日记	14577	冰上怪兽	11133
安妮日记	16465	冰上怪兽	11269
安妮日记（精编彩绘本）	14578	冰小鸭的春天	8455
安妮卡的宝石	16101	冰小鸭的春天	8845
安妮丝之死	11503	冰小鸭的春天	9004
安娜之死	1295	冰公主	11922
安娜·卡列宁娜	15830	冰心	8095
安娜·卡列宁娜	16981	冰心小说散文选集	8040
安娜·卡列尼娜（上下）	11323	冰心书信全集	4821
安娜·卡列尼娜（上下）	11453	冰心作品新编	8147
安娜·西格斯短篇小说集	11506	冰心评传	6642
安娜害怕去睡觉	17227	冰心卷（冰心散文）	4292
安哥拉诗集	14370	冰心选集（上下）	8127
安息日	13886	冰心散文选	4074
安徒生文集（1—4卷）	15499	冰灯虹影	4113
安徒生自传	14441	冰岛渔夫	11086
安徒生 神秘花园中的精灵	8793	冰岛渔夫 菊子夫人	11224

书名	编号
冰冻未来	15711
冰河·凌汛·激流·漩涡 冯骥才记述文化五十年国际学术研讨会论文集	6563
冰封火焰之谜	13288
冰点	13614
冰屋奇婚	11395
冰海魔踪	8504
冰符国的哭泣	16095
冰鲸	17115
冰瀑	16878
字母的故事	10720
字造	2204
讲好了不说爱	773
讲演与口才	10044
军人的美和美的军事文学	6218
军队的女儿	923
军功章	13436
军训季	4948
军民大生产	10430
军民团结如一人	10566
军官病房	11705
军垦新曲	2932
许三观卖血记	725
许子东讲稿第1卷 重读"文革"	7788
许子东讲稿第2卷 张爱玲·郁达夫·香港文学	7789
许子东讲稿第3卷 越界言论	7790
许地山	8085
许地山作品新编	8184
许地山选集（下卷）	8052
许地山选集（上卷）	8051
许茂和他的女儿们	735
许杰短篇小说选集	2375
许钦文小说选集	2318
许愿树	16282
许愿树上的迷你屋	8605
论马雅可夫斯基诗作的思想性与技巧	15219
论无边的现实主义	15195
论艺术文学的特征	15206
论艺术在社会生活中的地位和作用	15200
论艺术的技巧	17662
论艺术的特性	6207
论公式化概念化	6012
论文学	15301
论文学	15302
论文学	15304
论文学与现实的关系	6040
论文学、艺术与科学	15326
论文学、艺术和文化	15328
论文学艺术的特性	6877
论"文学是人学"	6193
论文学 续集	15303
论文选集	6041
论文偶记 初月楼古文绪论 春觉斋论文	6770
论文集（第一卷）	6620
论艾米莉·勃朗特的《呼啸山庄》	7333
论东西文化的幽默	9642
论电影与戏剧中的冲突	17562
论电影艺术中的家庭道德	17605
论电影剧本中的人物	17636
论电影剧作的几个问题	17592
论生活与创作	6027
论生活艺术和真实	6006
论生活、艺术和真实	6171
论写作	15213
论民间舞蹈	17661
论西欧文学	15149
论匠艺	18328
论伏尼契的《牛虻》	7334
论汤显祖剧作四种	18292
论导演构思	18327
论戏曲反映伟大群众时代问题（一）	18249
论戏曲反映伟大群众时代问题（二）	18266
论戏曲表现现代生活	18250
论红楼梦	6879
论苏联文学（下）	15264
论苏联文学（上）	15245
论社会主义现实主义	15161
论现实主义问题	6104
论诗与民歌	6088
论诗歌源流	15156
论经典	7152
论契诃夫的戏剧创作	15242
论革命的现实主义和革命的浪漫主义相结合	6061
论哈代的《苔丝》《还乡》和《无名的裘德》	7338

论俄罗斯古典作家	15318
论叙事诗	6117
论语	8465
《论语》全解	8645
论语派作品选	2444
论语通译	10924
论聂米罗维奇-丹钦柯导演方法	18336
论莫里哀的喜剧	15240
论夏绿蒂·勃朗特的《简爱》	7339
论浪漫派	15120
论剧作	6168
论剧作家劳动	18335
论曹禺的戏剧创作	6650
论《猎人笔记》	15226
论情节的典型化与提炼	15225
论寄	7081
论斯丹达尔的《红与黑》	7335
论斯坦尼斯拉夫斯基的创作方法	17593
论短篇小说创作	6160
论新闻纪录电影	17561
论新歌剧	18245
论演员的自我感觉	18334
论儒林外史	6916
论衡选译	10923
农业机器站	12653
农民	11127
农民个个成专家	9972
农民账本	4972
农民帝国	942
农民起义	11479
农民家书	4888
农民家史（上下）	4971
农庄男孩	16446
农村大跃进歌谣选	9883
农村业余剧团怎样化妆和制作服装道具	18254
农村业余剧团怎样组织演出	18255
农村业余剧团怎样排戏	18256
农村业余剧团怎样搭台和建筑剧场	18253
农村,在高潮中	2757
农村纪事	1693
农村跃进之歌（第一辑）	3911
农村跃进之歌（第二辑）	3914
农村跃进之歌（第三辑）	3915

农村散记	1520
访古学诗万里行	6919
访白袍	19003
访苏记	3844
访苏散记	3927
访战后朝鲜	3860
访康藏高原	3864
寻访林徽因	4339
寻欢作乐	12311
寻找一只鸟	9407
寻找大别山	4943
寻找大熊猫	9446
寻找小狗贝斯	17006
寻找长江女神	9029
寻找乌托邦——现代美学的危机与重建	7495
寻找巴金的黛莉	4785
寻找另一种声音——我读外国文学	4406
寻找失散的姐妹 范小青短篇小说精选集（1998年—2005年）	2032
寻找母亲	13682
寻找丢失的星	9294
寻找"希望的言语"	6436
寻找快乐岛	8929
寻找灵魂的归宿——史铁生创作的终极关怀精神	6380
寻找帕依提提	13364
寻找鱼王	10255
寻找宝藏	9691
寻找美人鱼	8857
寻找海盗宝藏	17147
寻找遗失在树下的脚印	8604
寻找餵员	8558
寻求金羊毛的人	11491
寻金者	12017
寻觅旧京	10809
寻觅旧京（续编）	10857
寻觅兽类	9690
寻宝小子	13023
寻宝少年历险记	16846
寻家记	9933
寻梦环游大自然	17206
寻梦者的足印——文学生涯回忆录	4168
寻梦者的塑像——秦牧作品评论集	6309

书名	编号
尽意潇洒——陈伯坚散文选	4242
异乡奇遇	219
异母兄弟	18389
异邦人 辻井乔诗歌选	14401
异国风情	10634
异教王后	13083
导盲犬珍妮	5284
导演学基础	18339
阮步兵詠怀诗注	3624
阮章竞诗选	3064
阳台农场	9251
阳光·土地·人	3077
阳光下的日子	12004
阳光下的葡萄干	14992
阳光下的罪恶	11734
阳光大姐的故事	5286
阳光与土壤	14368
阳光女生成长站	8708
阳光岁月 张世军诗集	3219
阳光抚摸的高地	10818
阳光男生成长站	8695
阳光灿烂照征途——工农兵诗选	2927
阳光点燃心灯	5007
阳光洒满五·七路——五·七干校诗选	2983
阳光裹着记忆	4922
阳翰笙剧作选	5922
收获好情绪	16856
收获的季节	17159
阪急电车	13925
阶级斗争的形象历史——评《红楼梦》	6907
阴阳际会	436
阴沉沉的天——美国黑人短篇小说选	12873
阴谋	1553
"阴谋文艺"批判	6156
阴谋和爱情	14808
阴暗的河流	12813
阴影的河流	3119
那一剑的风情	452
那个叫苹果的女孩	8513
那个男孩的家	13662
那个夏季那个秋天	1214
那个骑轮箱来的蜜儿	8853
那么现在该干什么了呢	14450
那五	2094
那只打呼噜的狮子	9502
那两方神奇的土地	4544
那里的印度河正年轻	14594
那时花开 惊奇卷	4679
那些才女们……	4691
那些事,那些人 2000—2005 年《萌芽》散文精选	4527
如今瑶山大不同	9975
如兄如弟(话剧)	5742
如戏人生	4536
如花似玉的原野	516
如花谢般美丽——文学艺术探微	4881
如何赞美一只乌鸦	9567
如果末日无期	1370
如果生活欺骗了你	14097
如果我忘记你,巴格达	13719
如果我的胆子没那么小	16911
如果我留下	13061
如果你想过1%的生活	5150
如果要去探险	16495
如果是真的,就太奇怪了	12202
如果说爱	3366
如梦如烟恭王府	4386
如梦初醒	16284
如意碎片	8559
如歌的岁月	3252
如歌的诱惑	593
如愿	14805
妇人学堂	14848
妇女代表(话剧)	5734
妇女的道路	12511
妇女服务站	17965
妇女能顶半边天(活页歌曲)	10465
她去哪儿了	13157
她们笔下的她们	15696
她有多少孩子	4050
她有罪过吗?	11401
她志在凌云	4071
她的朋友们	15020
她的镜像幽灵	13185
她爬上河岸	778
她是一个弱女子	2430

她是一个弱女子 迷羊	2479	戏曲选（三）	17808
她是美丽的	432	戏曲选（五）	17815
好！	14214	戏曲选（六）	17821
好人难寻	13246	戏曲选（四）	17809
好人难做	1109	戏曲剧本丛刊（第一辑）	17802
好吃的香肠	16927	戏曲剧本丛刊（第二辑）	17805
好色的哈姆莱特	4712	戏曲唱工讲话	18277
好好说再见	5241	戏曲演员语文课本（初中第一册）	18454
好运和我都"鼠"于你	10881	戏曲演员语文课本（初中第二册）	18455
好来宝选集	10283	戏曲演员语文课本（初中第三册）	18457
好困好困的新年	9515	戏曲演员语文课本（初中第四册）	18456
好兵帅克	12649	戏曲演员语文课本（高中一册）	18458
好兵帅克	15829	戏曲演员语文课本（高中三册）	18459
好兵帅克	16980	戏曲演唱论著辑释	18315
好兵帅克历险记	15780	戏的念词与诗的朗诵	18293
好兵帅克历险记（上下）	12700	戏迷自传	2492
好阿姨	19049	戏剧与时代	6367
好奇的小巫女	16906	戏剧艺术论丛（1979年第一辑）	6169
好爸爸童谣	9442	戏剧冲突与英雄人物	18346
好诗共欣赏 陶渊明、杜甫、李商隐三家诗讲录	7218	戏剧社	13860
好帮手	17990	戏剧的现实主义问题	18241
好家伙	5911	戏剧选	14870
好痒啊	16275	戏剧选	15057
好想养只小宠物	8685	戏剧理论译文集（八）	18338
好榜样	17977	戏剧理论译文集（九）	18343
妈妈肚子里的宝	17103	戏剧集	14937
妈妈，快拉我一把	5337	戏剧集	15027
妈妈的红绿灯	8472	戏剧新作《剧本》月刊增刊1	5866
妈阁是座城	1164	观园诗词选	3182
戏曲	6957	观我（五魁）	1962
戏曲人物散论	17655	观音（晓来谁染霜林醉）	10708
戏曲小说书录解题	7314	观察一只黑鹂的十三种方式	14190
戏曲艺术讲座（第七集）	19072	观察植物	9688
戏曲艺术讲座（第五集）	19067	观潮与聚焦：中国文学新生态	6557
戏曲艺术讲座（第六集）	19071	欢乐农场派对日	17379
戏曲艺术讲座（第四集）	19066	欢乐的聚会，阿尔菲	17185
戏曲切末与舞台装置	18276	欢乐颂——歌德、席勒、海涅抒情诗选	15753
戏曲改革散论	17613	欢庆党的第九次全国代表大会	10574
戏曲表演的十要技巧	18290	欢迎来到实力至上主义的教室1	13909
戏曲表演的四功五法	19057	欢迎来到实力至上主义的教室2	13910
戏曲选（一）	17803	欢迎来到实力至上主义的教室3	13911
戏曲选（二）	17807	欢迎来到实力至上主义的教室4	13922
		欢迎来到实力至上主义的教室5	13917

欢迎来到实力至上主义的教室6	13918	红色狂飙——左联实录	4446
欢呼中苏会谈公报	2799	红色的安源	10002
欢呼集	2708	红色的苦菜花	1671
欢呼集	2845	红色的英勇标志	12945
欢笑的金沙江	26	红色的果实	88
买牛记	1602	红色的种子	18122
买星星的人	9221	红色诗歌集	3175
羽蛇	12833	红色宣传员	18436
羽蛇	730	红色海疆	2863
红大院(话剧)	5771	红色娘子军(主旋律)	10580
红与黑	11119	红色歌谣	9759
红与黑	11184	红色赣粤边	9858
红小兵越战越坚强(活页歌曲3)	10463	红灯记	18083
红太阳颂	2979	红灯记 革命现代京剧样板戏	5780
红瓦	1013	红宅谜案	12134
红日	68	红字	12767
红丹山	3896	红字 七个尖角顶的宅第	12895
红心永向华主席(曲艺、演唱辑)	10334	红军不怕远征难	2988
红石口	147	红军巧计灭白匪	9849
红石口	1585	红军到了我的家	9847
红石山中	1722	红军路上	4018
红布条	18593	红玛瑙集	3963
红叶丛书	7727	红花	3601
红电波	8325	红花朵朵开	1498
红处方	1159	红花草原	8983
红鸟国秘史	608	红花满山	2931
红奶羊	9234	红杏集	3014
红奶羊	9347	红豆——女性情爱文学的文化心理透视	6350
红尘	310	红豆生南国	2166
红尘	973	红豆相思鸟	9555
红尘无泪	469	红牡丹	2416
红尘匹马长安道 中国商人往事	10826	红纱灯	9119
红光普照大地	1694	红松村的故事 工农兵短篇小说选	1724
红光照耀着克拉德诺	12664	红松林	18125
红光满天	17969	红松店	18019
红光满天	9977	红雨	8298
红帆船	1290	红雨(电影文学剧本)	5844
红色山歌万万千	9943	红拂传	18761
红色卫星闹天宫	18710	红拇指印	12136
红色风暴	17858	红岸	2834
红色风暴(话剧)	5774	红岩	17917
"红色托尔季查"	12647	红狐	7595
红色交通线	72	红学:1954	4853

红学与二十世纪学术思想	6967	红楼梦(上下)	2663
红河南北	3908	红楼梦(上下)	8659
红房子	1849	红楼梦(上中下)	2619
红房子的秘密	15863	红楼梦古画录	10936
红房子酒店 叶兆言中篇小说 卷三	2056	红楼梦 汉日对照(1—8)	2685
红房间	11064	红楼梦 汉法对照(1—8)	2683
红线	11571	红楼梦 汉俄对照(1—7)	2691
红线	13940	红楼梦问题讨论集(一集)	6839
红项圈	12156	红楼梦问题讨论集(二集)	6841
红城勇士	17004	红楼梦问题讨论集(三集)	6840
红城勇士1 恶魔来袭	17059	红楼梦问题讨论集(四集)	6844
红城勇士2 夺剑之路	17060	红楼梦论稿	6888
红城勇士3 勇士归来	17061	红楼梦评论集	6851
红茶坊	4684	红楼梦研究	6903
红柳集	2902	红楼梦研究论文集	6892
红星照耀中国	14442	红楼梦研究参考资料选辑(第一辑)	6905
红星新歌	2949	红楼梦研究参考资料选辑(第二辑)	6906
红蚂蚱 绿蚂蚱	8715	红楼梦研究参考资料选辑(第三辑)	6910
红昼	1102	红楼梦研究参考资料选辑(第四辑)	6912
红晕	639	红楼梦研究稀见资料汇编(上下)	7317
红高粱家族	849	红楼梦语言艺术研究	7043
红烛	3540	红楼梦新证(上下)	6909
红烛 死水	3563	红楼梦辩	6904
红袖添香夜读书 北宋文人往事	10825	红路	80
红袖集 立正集 剥皮集(六十年代台湾社会现象3)	4831	红管家	18077
		红鼻子国王	16242
红娘	18687	红鼻子雪大王	14082
红娘(附曲谱和表演说明)	18823	红旗手	2727
红雪	963	红旗处处飘	17864
红铜鼓	18196	红旗出山林	9758
红船	1123	红旗呼啦啦飘	2533
红绸	1196	红旗勋章	13463
红葫芦	9322	红旗插在人心里	9919
红棉花开(广西叙事民歌选)	2986	红旗歌(话剧)	5695
红逼宫	18534	红旗歌谣(工农文艺读物)	9796
红嫂	18082	红旗歌谣(普及本)	9788
红楼二尤	18654	红旗谱	76
红楼十二钗评传(增订本)	7198	红缨枪	8310
红楼艺术	6963	红缨歌	17905
红楼艺术	7164	红鞋子	8530
红楼说梦(插图本)	7008	红鞋子	8843
红楼梦	2575	红鞋子(拼音版)	9339
红楼梦八十回校本(1—4)	2595	红鞋子童话 拼音版	9037

红鞋子(精装图画书)	9540	孙犁十四章	4939
红鞋子(精装版)	8982	孙犁文论集	6204
红嘴巴小鸟	8537	孙犁全集(1)	7552
红嘴巴小鸟	9236	孙犁全集(10)	7561
红霞	17998	孙犁全集(11)	7562
红霞万朵(黄梅戏)	5837	孙犁全集(1—11)	7551
红襟鸟	16289	孙犁全集(2)	7553
驯象学校大作战	9572	孙犁全集(3)	7554
约旦的风暴	14359	孙犁全集(4)	7555
约克郡人骨之谜	13019	孙犁全集(5)	7556
约婚夫妇	11170	孙犁全集(6)	7557
约斯蒂娜	18449	孙犁全集(7)	7558
约瑟夫·富歇 一个政治性人物的肖像	14644	孙犁全集(8)	7559
约瑟·安特路传	10974	孙犁全集(9)	7560
约翰尼·派尼克与梦经	15693	孙犁作品新编	8172
约翰·列侬传	14558	孙犁卷(孙犁散文)	4269
约翰·克里斯朵夫	16982	孙犁散文选	4082
约翰·克利斯朵夫	15839	孙绳武诗文集	7673
约翰·克利斯朵夫(1—4)	10993	孙毓霜诗词选	3180
纨绔少年	14930	孙膑 坐轮椅的军师	8750
纪伯伦全集(1—5卷)	15474	巡诊的路	2941
纪伯伦诗文选	15626		
纪伯伦读本	15684	七　　画	
纪伯伦散文	14754	麦山的黄昏	9239
纪念契诃夫专刊	10557	麦山的黄昏(升级版)	9353
纪念契诃夫画册	10556	麦子	2274
纪念鲁迅诞生一百周年文献资料集		麦子熟了的时候	1547
1881—1981	6597	麦田人民公社史	9997
纪实和虚构——创造世界方法之一种	467	麦田里的守望者	12822
纪弦精品	3132	麦田物语	7614
纪游诗	3700	麦收	1567
纪廉诗选	14139	麦克风女王就是我	9277
纪德小说选	11223	麦克白	14901
纪德文集(1—3卷)	15484	麦秸垛 妻妾成群 中篇小说卷	
纪德读本	15685	(1986—1989)	2185
孙之俊漫画(1—5)	10749	麦琪的礼物	12740
《孙子兵法》全解	8643	麦琪的礼物	12790
孙文波的诗	3177	麦琪的礼物及其它故事	12763
孙安动本	18160	玛申卡	17619
孙应鳌集	8245	玛申卡	18375
孙原湘集(上中下)	8248	玛尔戈王后	11231
孙悟空的故事	10901	玛列茨卡娅	17559
孙悟空夜游十三陵	19038	玛多娜生意	2223

玛丽亚	12758	远征 圣保罗的秘密	12817
玛丽亚蓝眼睛	12768	远河远山	9138
玛丽和糖果人	16294	远航	10461
玛利亚·玛格达莲	14825	远航	14569
玛利亚·斯图亚特传	14542	远航的白船	16422
玛侬·列斯戈	11158	远离尘嚣	11289
玛侬·列斯戈	11294	远离莫斯科的地方（上中下）	12349
玛法达的世界 1	16471	远望集	3000
玛法达的世界（1—5）	16470	远程巡逻队	17083
玛法达的世界 2	16472	远游与阐释	7461
玛法达的世界 3	16473	远路去中国 西方人与中国皇宫的历史纠缠	5360
玛法达的世界 4	16474		
玛法达的世界 5	16475	远嫁	674
玛德琳卡	16658	违背道德的人	12213
玛德琳卡的狗	16656	运动王子 梦幻足球	8500
玛德琳的故事全集	16439	运动王子 魔法棒球手	8486
形式主义的花园	3467	运动身体棒	17334
形体训练"基本功"教材	18559	运动超级棒	17352
形象思维资料汇编	6173	运哪家货（独幕话剧）	5833
形影不离	12033	坏女孩	15988
进山东	4628	坏女孩的恶作剧	13078
进过天堂的孩子	8882	坏男孩彭罗德	16986
进军集	2966	坏事开头	12268
进退	1256	坏种子	13331
吞吐大荒——徐悲鸿寻踪	4554	坏孩子和别的奇闻	11309
远大前程	11219	走火事件	9269
远山	915	走出地球村	4222
远方	9484	走出肯尼亚 一个人和一个家族的奋斗	14584
远方与故乡	5021	走出盆地	1281
远方有个女儿国	366	走在幽暗的小径上	14668
远方青年	17909	走在蓝色的田野上	11951
远方的歌声	12639	走过落雨时分	8614
远方集	2772	走过硝烟的大学 浙江大学西迁纪事	4682
远去的云	8414	走向北方	3517
远去的风景	4359	走向圣殿	4262
远去的驿站	851	走向地平线	1831
远古的人类	16561	走向共和	1082
远古的恐龙	16602	走向社会主义现实主义	15158
远东来信	1180	走向南亚	4749
远处的青山 外国经典散文青春版	15713	走向新世纪——第六届世界华文文学国际研讨会论文集	6279
远行人独语	4218		
远行集	3945	走向新岸	12480
远村	1835	走进帕米尔高原——穿越柴达木盆地	5193

走进夜晚	1340	志摩的诗	3544
走进獐子岛 中国作家獐子岛行	4786	志摩的诗 猛虎集	3586
走近大家	4396	声音的意味 20世纪新诗格律探索	6480
走近名家《读书》主持人周晓丽采访手记	10664	声音集	14205
		劫后余生	13363
走到世界尽头	14635	芙奴传	18136
走到世界尽头	17146	芙蓉旧事	4538
走钢丝的人	16239	芙蓉镇	233
走钢丝的人	16437	苇塘纪事	1582
走钢丝的少女	16164	苤苜集	4552
走娘家	18981	芽与根的和弦	3156
走错教室上错课	9081	芽芽搬新家	9482
贡劳格英雄传说	11011	芽芽搬新家	9656
贡献	12356	花	3964
攻其不备	13111	花儿是心上的油	1199
赤叶河(歌剧)	5964	花儿精灵的舞会	8520
赤朽叶家的传说	13735	花之寺	2451
赤彤丹朱	507	花之寺 女人 小哥儿俩	2396
赤夜(上下)	253	花开天地中	3392
赤泥岭	2764	花开的童话	4680
赤胆红心	17886	花开遍地万户香	17882
赤桑镇	18754	花木兰	18133
赤脚汉达里耶	12716	花木兰	8668
赤脚医生万泉和	869	花不流泪	3233
赤道环游记	12749	花月痕	2621
赤道战鼓	17932	花边文学	5447
赤壁之战	18050	花村	1283
坎坷人生	11561	花束集	14119
坎特伯雷故事	11205	花园与春天	13412
孝庄皇后	4963	花园会	18523
坟	5448	花园会	18874
志外吟——胡抗美诗词集	3253	花间集	17717
志贺直哉小说集	13451	花间集评注	3712
志愿人生 2004至2007年度北京十大志愿者	4745	花间集校	3638
		花环	2904
志愿女教师	12825	花雨集	18280
志愿军一日(第一编)	9815	花非花 紫砂艺人蒋蓉传	4550
志愿军一日(第二编)	9816	花帜	453
志愿军一日(第三编)	9817	花季	476
志愿军一日(第四编)	9818	花的草原	1695
志愿军英雄传(一集)	9812	花河	1194
志愿军英雄传(二集)	9813	花城	3958
志愿军英雄传(三集)	9814	花荡	18558

花香的尘世	10658	严复选集	8229
花(养花 看花)	5555	严格的寒假补习	16619
花脸	5303	严寒,通红的鼻子	14077
花斑猫与燕子西尼娅	16704	严酷的学校	16468
花落花开	895	芦芒诗选	3006
花落春不在	523	芦花计	18916
花堡	864	芦花放白的时候	1589
花街往事	1365	芦花荡	18511
花腔	663	芦花荡 荷花淀	2563
花魁劫	442	芦荡火种	18070
花煞	1362	芦笙战歌	2989
花满人间	4675	劳伦斯中短篇小说选	11723
花蜜和蜂刺	4053	劳伦斯文集(1—10卷)	15527
花影	1329	劳伦斯读本	15694
花瓣饭	8718	劳伦斯散文	14507
花瓣饭 迟子建短篇小说编年卷三(1997—2003)	2046	劳拉的原型	13093
		劳拉的秘密	16031
芥川龙之介小说选	13407	劳森短篇小说集	13928
芥川龙之介读本	15683	劳模嫁女	1711
芬兰现代小说集	11910	劳燕	1309
苍山红梅(白剧)	5843	克什米尔之歌	12454
苍山歌声永不落	10459	克列钦斯基的婚事	14934
苍老的爱情	7682	克苏鲁的呼唤	13269
苍河白日梦	1322	克里昂加选集	11469
苍穹之谜	12624	克里姆林宫的钟声	18367
苍茫天地一醉翁	1338	克里姆·萨姆金的一生(1—4)	12635
苍狼	13639	克里姆·萨姆金的一生(第一部)	12505
苍凉与世故	4790	克里姆·萨姆金的一生(第二部)	12508
苍海茫茫	11597	克里姆·萨姆金的一生(第三部)	12514
苍鹭小姐与灰鹤先生	16796	克里奥佩特拉的女儿	13161
芳华	1301	克孜勒山下	145
芳草园·学语文	10207	克拉克顿	12800
芳菲遍野(1990—1995)	2010	克非谈《红楼梦》	5122
严文井	7729	克莱芙王妃	11162
严文井卷	4291	克莱芙王妃	11298
严文井选集(上下)	7564	克莱采奏鸣曲	11399
严文井散文	4576	克鲁日里哈	12412
严文井散文选	4099	克鲁奇科夫斯基戏剧集	15054
严文井童话	8425	克雷洛夫寓言	16909
严文井童话寓言集	8392	克雷洛夫寓言一百篇	15898
严辰诗选	3003	克雷洛夫寓言全集	14463
严秀杂文选	4096	克雷洛夫寓言全集	15900
严复诗文选	8198	克雷洛夫寓言精选	15899

克雷洛夫 谢德林寓言选	15750
苏三不要哭	9176
苏三起解	18463
苏丹港	11747
苏东坡诗词选	3651
苏东坡突围 草木春秋 散文卷（1993—2000）	5281
苏北少年"堂吉诃德"	5258
苏尔科夫诗选	14215
苏苏的幸福开始	4416
苏辛词说	3836
苏武 十九年的孤独背影	16758
苏拉巴蒂	13521
苏金伞诗选	3039
苏妮和麻希瓦里	17649
苏珊·希尔短篇小说选	11601
苏珊的微笑	1332
苏珊娜之歌	13004
苏轼 千古风流人物	8784
苏轼传	7202
苏轼词（苏轼词选）	3751
苏轼词选	3646
苏轼和陶诗编年校注	3805
苏轼诗词选	3809
苏轼诗选	3630
苏轼选集	3740
苏菲的选择	13048
苏菲娅的春天	12403
苏联一些批评家、作家论艺术革新与"自我表现"问题（现代文艺理论译丛增刊）	15296
苏联人民的文学 第二次全苏作家代表大会报告、发言集（下）	15215
苏联人民的文学 第二次全苏作家代表大会报告、发言集（上）	15214
苏联文学与人道主义	15291
苏联文学与党性、时代精神及其他问题（现代文艺理论译丛增刊）	15295
苏联文学艺术问题	15199
苏联文学艺术问题	15269
苏联文学中的正面人物、写战争问题（现代文艺理论译丛增刊）	15293
苏联文学中的共产党人形象	15247
苏联文学中的典型性问题	15203
苏联文学史（下）	15243
苏联文学史（上）	15232
苏联文学思想斗争史	15239
苏联札记	3847
苏联电影艺术的技巧问题	17596
苏联电影中的摄影艺术	17646
苏联电影的道路与莫斯科艺术剧院	17564
苏联民间文学论文集	15252
苏联民间舞蹈基本训练	17665
苏联当代小说选	12549
苏联当代诗选	14239
苏联军事文学会议报告、发言集	15221
苏联戏剧大师论演员艺术	17647
苏联戏剧创作发展的几个问题 苏联作家协会理事会第十四届全体会议上的几个报告	15207
苏联作家论社会主义现实主义（第一次苏联作家代表大会前后的有关言论）	15278
苏联青年作家及其创作问题（现代文艺理论译丛增刊）	15292
苏联青年作家小说集（上下）	12521
苏联现实主义问题讨论集	15310
苏联流行笑话与幽默	17492
苏联集体农庄中的新事物和文学的任务	15223
苏联游记	14686
苏联舞蹈家瓦冈诺娃	17664
苏童	7755
苏童研究资料	6517
苏镇舞会	11154
杜十娘	2597
杜十娘 三上轿	18540
杜马岛	13043
杜少陵集详注（一——四）	17676
杜布罗夫斯基	11329
杜卡莱先生	14841
杜尔太太的道德	18385
杜运燮六十年诗选	3162
杜甫传	6837
杜甫全集校注（1—12）	8260
杜甫戏为六绝句集解 元好问论诗三十首小笺	6788
杜甫诗（杜甫诗选）	3759

杜甫诗选	3622	极端天气	17236
杜甫诗选	3671	极端天气 全球变暖与气候转变	16112
杜甫诗选评	3824	杨二舍化缘	18513
杜甫诗选注	3664	杨二舍化缘	18876
杜甫选集(杜甫诗选)	3723	杨乃武与小白菜	18905
杜甫叙论	6915	杨三姐告状	18883
杜甫游踪考察记	7237	杨门女将	18841
杜拉斯 一位不可模仿的女性	4560	杨布拉德一家(上下)	12838
杜牧年谱	7310	杨刚文集	7909
杜牧传	6911	杨争光	7766
杜牧诗选	3629	杨芳灿集	8239
杜牧研究丛稿	6805	杨克的诗	3383
杜诗百首	3650	杨金花夺帅印	19002
杜诗百首	3655	杨宗保问路	19001
杜宣散文选	4058	杨春山入社	1551
杜朝选	18190	杨·胡斯	18419
杜鹃山	17903	杨柳风(柳林风声)	15996
杜鹃山(主旋律乐谱)	10586	杨柳的形象:物质的交流与中日古代文学	7091
杜鹏程	7742	杨柳春风	17978
村上海盗的女儿(下)	13777	杨贵妃撒娇	4991
村上海盗的女儿(上)	13778	杨度与梁启超 我们的祖父和外祖父	5236
村仇	1502	杨绛文集(1—8)	7550
村仇	1603	杨绛文集 小说卷	7576
村风	2886	杨绛文集 文论戏剧卷	7573
村妇	538	杨绛文集 散文卷(下)	7575
村居一月	14925	杨绛文集 散文卷(上)	7574
村姑小姐	11387	杨绛——永远的女先生	5223
村落	13107	杨绛全集(1—9)	7657
村歌	1691	杨绛作品精选 小说戏剧	7547
杏花二月	18009	杨绛作品精选 散文Ⅰ	7548
杏花雨	2196	杨绛作品精选 散文Ⅱ	7549
杏林风骚	625	杨绛散文选	4770
杏林春暖	1705	杨桂香	18221
巫师与玻璃球	12986	杨振声选集	8108
极北直驱	14765	杨朔卷(杨朔散文)	4270
极目新教育	10859	杨朔散文选	4031
极地的动物	16941	杨家将	8654
极地探险	17128	杨家将演义	2669
极花	1250	杨娥传	18819
极限幻觉	9152	杨逵作品选集	7699
极简:丢掉不必要的物品,开始极简主义 生活	17552	杨梅酒	18631
		杨排风	18742
极端天气	16215	杨澜访谈录(第一辑)——李敖、龙应台、	

书名	编号
余光中	10619
杨澜访谈录(第二辑)——周小燕、谭盾、田浩江	10620
杨澜访谈录(第三辑)——杰克·韦尔奇、杨雪兰、史蒂夫·福布斯	10621
杨澜访谈录(第五辑)——王蒙、胡舒立、唐师曾	10623
杨澜访谈录(第四辑)——王光美、徐匡迪、程安东	10622
杨璐诗词集(1—3)	3216
李二的奔走	2214
李二嫂改嫁	18144
李大钊	2832
李大钊诗文选集	8061
李大海	1692
李广田	8090
李卫文选	9605
李子树上的男孩	12131
李太白年谱	7298
李太白别传	4436
李六乙纯粹戏剧	5873
李文朝将军诗词选集	3238
李双双	17915
李双双	18101
李双双小传	1689
李双双小传	1741
李白与杜甫	6901
李白传	7204
李白诗文系年	7302
李白诗论丛	6866
李白诗(李白诗选)	3755
李白诗选	3619
李白诗选	3653
李白诗选	3808
李白研究	6896
李白选集	3716
李白 欲上青天揽明月	8797
李尔王	14868
李吉庆装帧艺术	10797
李有才板话	2523
李有才板话	2561
李有才板话	2566
李自成(1—10)	751
李兆麟——烽火辽东	555
李闯王(五幕话剧)	5961
李秀成之死	17866
李何林文论选	6224
李英儒与《野火春风斗古城》	6503
李林译文集(1—2)	15656
李国文	7704
李国文千字文	4811
李国文小说选	2022
李国文文集 10 随笔一 红楼非梦	7592
李国文文集 11 随笔二 闲话三国	7593
李国文文集 14 随笔五 说唐	7596
李国文文集 15 随笔六 说宋	7597
李国文文集 16 随笔七 大雅村言	7598
李国文文集 17 随笔八 天下文人	7599
李国文文集 2 长篇小说二 花园街五号	7584
李国文文集 3 系列小说一 危楼记事 寓言新编	7585
李国文文集 4 系列小说二 涅槃 没意思的故事	7586
李国文文集 5 中短篇小说一 第一杯苦酒	7587
李国文文集 6 中短篇小说二 电梯谋杀案	7588
李国文文集 7 中短篇小说三 世态种种	7589
李国文文集 8 散文一 江上数峰青	7590
李国文文集 9 散文二 淡之美	7591
李国文评注酉阳杂俎	2697
李国文谈《红楼梦》	5095
李国文散文	4489
李季	3207
李季诗选	3007
李佩甫	7733
李始美灭白蚁	18715
李柯克谐趣作品集	15661
李栋恒将军诗词书法作品集	3232
李信子姑娘	3975
李贺诗	3758
李贺诗选	3662
李贺诗集	3643
李敖自传	5292
李敖自传与回忆	4146
李真	13722
李贽与晚明文学思想	7084
李贽文选读	5637

李晓明与《平原枪声》	6524	"两个口号"论争资料选编（上下）	6591
李健吾传	5238	两个女红军	17999
李健吾创作评论选集	8093	两个女伴	12473
李润杰快板书选集	10346	两个支书	18639
李家庄的变迁	2526	两个打秋千的人	18447
李陵碑	18535	两个理发员	17989
李陵碑	18845	两个新嫁娘	11179
李逵探母	18644	两天	944
李梦阳诗选	3767	两匹马	1527
李笠翁曲话	18308	两片灵芝	4780
李商隐	7161	两只小羊	9415
李商隐诗	3760	两兄弟	18166
李商隐诗选	3663	两代人	18005
李商隐诗选评	3835	两代书	7771
李商隐诗集疏注（上下）	3687	两代官	1036
李清照	7159	两地	5392
李清照词（李清照词选）	3754	两地书	5457
李清照诗词选	3701	两行写在泥土地上的字	5093
李清照集校注	3666	两朵跃进花	17765
李渔戏曲叙事观念研究	7134	两次暗杀之间	13709
李瑛	3203	两块六	18011
李瑛七十年诗精选（上下）	3274	两亩地	14287
李瑛抒情诗选	3043	两亩试验田	18578
李瑛近作选（1979—1999）	3167	两宋望族与文学	7085
李锐散文	4752	两张发票（淮北梆子戏）	5800
李準小说选	2005	两张图纸（湖南花鼓戏）	5841
李煜词讨论集	6852	两重奏	202
李嘉诚父子传奇	10628	两亲家	18165
李嘉诚如是说	10617	两宫之间	13618
李箕永短篇小说集	13595	丽人行	17867
李毓昌放粮	18978	丽人安魂曲	11626
李璟李煜词	3633	丽丽的风筝	16278
李攀龙诗选	3774	丽丽的水果	16277
更多的人死于心碎	13227	丽丽的菜园	16276
更多的怪兽，阿尔菲	17165	丽丽的蛋糕屋	8871
更红集	3933	丽莎的哀怨	2403
吾乡印象	3122	丽赛的故事	13256
吾皇喊你解数独	10893	否定句	10779
吾栖之肤	12228	还乡	11003
豆棚闲话	2630	还乡之谜	13092
两万五千英里的爱情	14568	还乡记	2285
两千年前的微笑	10817	还乡路上	18636
两个人的城市 龙城幽梦	758	还有一位老船长	9349

还有,宝莱特……	12064
还我自由	11470
还我河山(上下)	225
还是妖蛾子	4539
还原舞台 高于舞台——革命样板戏影片评论集(第一辑)	6152
还能再爱吗	1058
还魂草	2341
来日方长	11909
来生我们一起走	1989
来自地狱的报告——纪实小说	375
来自穷乡僻壤的人们	12431
来自坦赞铁路的报告	4023
来自星星的弟弟	9111
来自海洋的邀请	17376
来自遗忘的最深处	12081
来自矮人国的小兄妹	15943
来来往往	14159
来参观的人(独幕话剧)	5842
来信	12470
来得容易去得快	14935
扶轮问路	4784
扶轮问路	4885
扶持	1568
扶桑	1228
扶墙集	3486
技术革新双跃进	18063
拒绝合唱	4630
找死高峰会	13104
找姑鸟	9801
批判孔老二的反动音乐思想(论文集)	10552
批判坏戏文章选辑	6147
批判坏戏文辑	6144
批判晋剧《三上桃峰》	6137
批判集	6035
批评与文艺 2007 北京文艺论坛	6435
批评家之死	11694
批林批孔民歌选	2936
批林批孔战歌	2943
批林批孔战旗红	10435
连升店	18488
连升店	18729
连队生活歌曲六首(手风琴伴奏)	10393
连环计	18728
折不断的翅膀	4142
折叠岁月 中华新韵诗词集	3371
抓壮丁	17896
抓住时机	13224
扮演者游戏	2270
抢伞	18997
抑郁生花	5386
抛锚	12021
投入火热的斗争	2743
投机商人	15013
投枪集	3940
抗日战争(1—3)	5162
抗日战争(一)	5130
抗日战争(二)	5139
抗日战争(三)	5146
抗日战歌——革命历史歌曲	10407
抗争	2337
抗金兵	18802
抗战呐喊 民国珍稀史料中的抗日战争	10821
抗美援朝诗选	2721
抗震凯歌(曲艺、戏剧辑)	10331
护身符的故事	16847
护秋之夜	2213
抉择	734
把一切献给党	17860
把一切献给党	9823
把人民解放军的文艺工作提高一步	6013
把日子过成段子	4959
把仇恨集中在枪口上	14738
把心交给党	17956
把东京厨房搬回家 日本女人吃不胖	17549
把东京厨房搬回家 日本孩子真健康	17550
把奸细消灭干净	2736
把批林批孔的斗争进行到底	10434
把爱刻在心上	10816
把眼光放远一点	17826
把绵羊和山羊分开	671
把帽子传一传	13927
把路修上天	2746
报仇雪恨	12916
报告文学(第一集)	3976
报告政府	1987

报应之日	12914	吴尔夫文集 普通读者Ⅰ	15490
抒情的光线	3183	吴尔夫文集 普通读者Ⅱ	15491
求学 寻找我的天地	5539	吴尔夫文集 幕间	15496
求索——青少年时代的毛泽东同志	8362	吴尔夫读本	15676
步下红毯之后	5029	吴尔夫散文	14531
步步跟着毛主席	9966	吴孙子的故事	9480
坚决支前	18879	吴伯箫散文选	4079
坚决贯彻毛泽东文艺路线	6004	吴宓评注顾亭林诗集	3794
坚持	1531	吴宓和民国文人	5227
坚持毛主席革命路线就是胜利	6132	吴承恩年谱	7309
坚持文艺革命 反击右倾翻案风	6150	吴组缃小说课	7201
坚强的人	20	吴组缃小说散文集	8038
肖开愚的诗	3192	吴栋材和一个村庄的传奇	4968
肖长华先生谈表演艺术	17658	吴冠中画语录	4755
肖长华演出剧本选	18024	吴冠中散文精选	4841
肖申克的救赎	12974	吴梅村传	4920
肖复兴音乐散文	5012	吴梅村诗选(吴伟业诗选)	3726
肖洛姆-阿莱赫姆幽默小说选	11417	吴晗杂文选	4043
肖洛霍夫文集(1—8卷)	15475	吴越后裔	1174
肖洛霍夫传	14547	吴敬梓诗文集	8225
肖像集	14698	时代与文学的肖像	4358
里山简单生活	13896	时代 命运 个人	14749
里尔克诗选	14158	时代姑娘 未完的忏悔录	2404
里尔克读本	15679	时光之书 七枚硬币	11813
里尔克散文	14436	时光之书 石雕	11796
里昂的婚礼	15740	时光之书 金杯	11888
里柯克小品选	14416	时光匆匆老去	12199
里普卡的两次恋爱——斯洛伐克短篇 小说选	12718	时光收藏人	9009
		时光匣,拾光侠	10867
里德尔的日记	15960	时光陡峭	3471
吴三桂全传	5225	时光倒影 情感卷	4597
吴正诗选	3117	时时刻刻	13125
吴尔夫文集 一间自己的房间	15492	时间	13831
吴尔夫文集 达洛维太太	15486	时间与河流——青年渴望的传奇故事	13084
吴尔夫文集 岁月	15493	时间之间	9569
吴尔夫文集 远航	15489	时间呀,前进!	12359
吴尔夫文集 到灯塔去	15494	时间呀,前进!	12468
吴尔夫文集 夜与日	15487	时间的女儿	11885
吴尔夫文集 海浪	15495	时间是怎么回事	16780
吴尔夫文集 雅各的房间 闹鬼的屋子及 其他	15485	时间旅行者的妻子	12998
		时间悄悄的嘴脸	1150
吴尔夫文集 奥兰多	15488	时间就是钢	18569
吴尔夫文集 普通读者	15520	时雨记	13642

书名	页码	书名	页码
时雨谷案	13771	男孩的街	9244
时刻	12701	男孩的街(升级版)	9354
时刻准备着	18225	男孩彭罗德的烦恼	15867
时空旅行	17361	男班主任的鲜事儿	8595
时候就要到了	12809	男婚女嫁	195
县长拾粪	1651	困豹	813
县委书记	1000	困兽记	2348
县委书记	3876	吵家招亲	18818
县城	757	串龙珠	18719
吒语	12692	呐喊	2278
园丁之歌(湘剧高腔)	5839	呐喊	2356
园丁之歌 群众演唱选3(1973)	5793	呐喊 彷徨 故事新编 丁聪插图本	2504
园会	11737	呐喊(注释本)	2353
园青坊老宅	878	听一听,读一读,画一画——幽默儿歌	
园圃之乐	14504	(上下)	8459
旷野	889	听见 陈燕的调律人生	5115
旷野无人 一个抑郁症患者的精神档案	4661	听来的故事	1912
旷野迷踪	16258	听雨楼随笔·抚剑堂诗抄	7784
围攻老虎庄	9819	听罢溪声数落梅	5435
围攻别斯捷尔采城(一个古怪人的		吟余拾存 行骥老人诗词创作七十年	3426
故事)	11489	吟香钗会	18829
围城	2373	吟踪寄笺	3354
围城(汉英对照)	2466	吹牛大王历险记	15822
围墙里的小柯	9076	吹风笛的人	14944
足茧千山 克玉诗选	3188	吹着口哨走过来——雕刻时光	4332
足球门	1001	吹魔笛的雅蒂微嘉	16259
足球明星玛德琳卡	16657	呜咽的澜沧江	518
邮局,红夹竹桃	18373	别人的孩子	18369
邮轮碎片	1456	别人的爱情	1330
邮递员	19023	别了,那道风景	13942
男人与男孩	11849	别了,莎菲	4309
男人与妻子	11850	别了,蒺藜	1809
男人的一半是女人	1324	别处的雨声	3161
男人的一半是女人	935	别母归宋	18936
男人的风格	852	别列津纳河	14630
男人备忘录	4427	别延安	3603
男人是加法,女人是减法	4763	别乱动,阿尔菲	17182
男女生交往秘诀大全	8527	别林斯基	15237
男生严小段的花头经	9282	别林斯基选集(第一卷)	15153
男生贾里;孤女俱乐部	9163	别皇后 祭江	18825
男男女女	4155	别说再见 波切利自传	14506
男孩日记	11919	别样的风景	4640
男孩阿不	8696	别样的江湖	987

岗旗	17976	我不只是小猫	16894
岑参边塞诗选	3676	我不过无比正确的生活	5163
岑参评传	6955	我不要一个人上学	16834
岑桑散文选	4065	我不是个胆小鬼	9113
财主与长工（四幕剧）	5747	我不是地球女孩	9108
财主底儿女们（上下）	2388	我不是坏小孩 1	8446
牡丹园记	4085	我不是坏小孩 2	8447
牡丹亭	17672	我不是坏小孩 3	8448
牡丹亭	5976	我不能死	13495
告别马焦拉	12585	我不做痴缠小箭猪	9281
告别天堂	1317	我不想做一只小老鼠	9481
告别火星	2763	我为伟大祖国站岗	10441
告诉我,什么是天和地？	16391	我为你辩护	10632
告密者	13143	我为祖国造铁牛	2946
乱云飞（民族管弦乐曲,根据革命现代京剧《杜鹃山》同名唱段改编）	10486	我心中每天开出一朵花	10684
		我心中的歌献给解放军	10442
利约短篇小说集	12818	我心换你心	470
利图马在安第斯山	13303	我本傲娇	10863
秀才外传	18163	我只是个传说	9250
私访记	1580	我只能为你画一张小卡片	10693
私语词典	14752	我叫刘跃进	954
我与人民文学出版社	4324	我们	4937
我与小城告别	312	我们一定要解放台湾	19035
我与父辈	5070	我们一起坐看云端	17449
我与兰登书屋 贝内特·瑟夫回忆录	14501	我们一起聊大便	16415
我与地坛	2072	我们一家人	12987
我与地坛	4673	我们人生开始时	14988
我与我的世界	4126	我们飞	12201
我与我的对话	7803	我们五个	16790
我与戛纳 戛纳电影节掌门人福茂日记	14628	我们见过吗 宋毓建悬念小说精选集	2169
我才是真的公主！	16835	我们为什么不快乐	4847
我,卫子夫	780	我们为啥长毛发	16414
我飞了	9047	我们心中的魔鬼	13472
我飞了	9058	我们去找一盏灯 叶兆言短篇小说编年卷三 1997—2009	2023
我飞了	9206		
我乡间的妻子	3079	我们去找一盏灯 阿弟,你慢慢跑 短篇小说卷（2005—2010）	2181
我不升职记 1 soho 篇	10756		
我不升职记 2 公司篇	10766	我们生活在这儿	12522
我不升职记 3 职场篇	10777	我们自己当龙王	9912
我不升职记 4 终极狂想曲	10796	我们会见了彭德怀司令员	3846
我不只是小马	16895	我们访问了苏联	3843
我不只是小仓鼠	16893	我们走出浓荫之后	14018
我不只是小狗	16892	我们来自喀琅施塔得	17650

我们时代的人	12386
我们这个时代肝肠寸断的表情	4534
我们这时代的人	3880
我们和阿拉伯人民	2797
我们和越南人民的战斗友谊	3993
我们的一伙儿和他	13401
我们的七日战争 我们的天使游戏	16045
我们的人	17606
我们的土地	18431
我们的大冒险 我们的圣战	16046
我们的心多么顽固	1373
我们的节日	5
我们的打工作战 我们的C计划	16047
我们的礼物《译文》儿童文学专刊	15902
我们的时代 第1部	1436
我们的时代 第2部	1437
我们的时代 第3部	1438
我们的青春	3986
我们的朋友狗狗	16370
我们的朋友遍天下	10429
我们的学校	13444
我们的故事之乱世佳人 1949—1959年 香港故事	1189
我们的修学旅行 我们的秘密校园祭	16048
我们的党是一个伟大的党,光荣的党, 正确的党	10568
我们的秘岛探险队 我们的最终战争	16049
我们的爱情	776
我们的遗憾来自于相爱时间的错过	2017
我们的街	11542
我们终将改变潮水的方向	5235
我们要活得有尊严	4648
我们是日本人	14345
我们是姐妹	12032
我们是革命新一代(儿童诗歌选)	8302
我们是怎样爱上婚姻的	2039
我们是神仙	17777
我们怎么做编辑——中国出版集团优秀 编辑经验谈	10845
我们怎样讲故事	16781
我们怎样远离暴力	16416
我们怎样接受不同	16412
我们养过三只小鸭鸭	8479
我们班的淘气包	17175
我们都会错过一些事情	9495
我们都是小闯将——批林批孔儿歌专辑	8304
我们都是好朋友	16850
我们都是哨兵(独幕剧)	5761
我们都爱桃伯特	10765
我们能谈点开心的事吗	17474
我们就这样走向迷途 卡夫卡文学箴言 与绘画	17468
我们游向北京	1148
我们播种爱情	82
我写儿歌来参战	8306
我对年轻人说	4215
我在云上爱你	1176
我在另一个世界等你	12973
我在每一个早晨诞生	3058
我在你身旁	9366
我在纽约18年	4391
我在哪里丢失了你 范小青短篇小说 精选集(2006年—2009年)	2033
我在梦里梦见	14007
我有一个好爸爸	8402
我有一个梦想	4407
我因思爱成病——狗医生周乐乐和病人 李兰妮	1129
我自己走过的路	5553
我似猫	13750
我会被当成老笨蛋	14586
我负丹青——吴冠中自传	4438
我多么爱你	12712
我那风姿绰约的夜晚	7610
我,玛格丽特公主	16333
我走过的道路(下)	4131
我走过的道路(上)	4118
我走过的道路(中)	4127
我把自己弄丢了	9112
我听见亚美利加在歌唱——美国诗选	15758
我住宝岛一村	4933
我坐在这里,等待,等待	14016
我 谷川俊太郎诗集	14411
我迎着阳光	2859
我这一辈子 月牙儿	2461
我这一辈子 正红旗下 高荣生插图本	2498

我这一辈子 老舍中短篇小说选	2508	我的包着红头巾的小白杨	13915
我这把生锈大刀	1015	我的母亲	4231
我没有自己的名字	2163	我的丝绸之路 西域的诗	3501
我,或者"我"	5311	我的师傅	1608
我画俄罗斯	10678	我的同时代人的故事(第一卷)	11328
我国社会主义文学艺术的道路	6100	我的同时代人的故事(第二卷)	11338
我知道你们都没睡觉	9528	我的同时代人的故事(第三、四卷)	11342
我和小鸟和铃铛 金子美玲诗歌精选集	14410	我的团长我的团(上下)	1335
我和艾青	4950	我的自传	14462
我和你,有着最深的情谊	5084	我的名字叫王村	1272
我和你的大城小镇	1477	我的名字叫米娜	16559
我和草原动物朋友	9566	我的名字叫爱情	3318
我和哈利·波特的真实故事	14482	我的安东妮亚	12889
我和童话有个约会		我的安东妮亚	12942
——BCTV2"华夏书苑"栏目有奖征文	8436	我的收藏	16640
我的一家	9826	我的观影自传	4806
我的二本学生	5427	我的苏联兄弟	11538
我的丁一之旅	791	我的青年朋友们	12461
我的大英百科狂想曲	17433	我的轮椅 舞台旋转 散文卷	
我的大学	12393	(2005—2016)	5278
我的小狗	16281	我的叔叔	16492
我的天才女友	12113	我的罗陀斯 上海七十年代	4897
我的专注力训练书 1	16263	我的朋友 X	11984
我的专注力训练书 2	16264	我的妹妹,我的爱 史盖乐·蓝派克秘史	13132
我的太阳	3088	我的姐姐	12618
我的中国梦·小学低年级版	9559	我的经营观	10653
我的中国梦·小学高年级版	9556	我的哈佛岁月	4789
我的中国梦·初中版	9557	我的帝王生涯	1384
我的中国梦·高中版	9558	我的前半生	5391
我的中尉	12630	我的恐怖同桌	8648
我的父亲丰子恺	5014	我的原始森林笔记	9576
我的父亲顾颉刚	4792	我的原野盛宴	5397
我的文档	13242	我的爱如此麻辣	1429
我的心呀,在高原	13975	我的爱情诗	3095
我的孔子	3414	我的恋人	3558
我的世纪(彩图版)	17447	我的家	5153
我的左眼不相信右眼	4582	我的家很大很大很大	9507
我的东方	756	我的课桌在哪里 农民工子女教育调查	4531
我的兄弟们	14130	我的菩提树	1168
我的生存质量	1136	我的探险生涯 Ⅰ	17455
我的生活质量	715	我的探险生涯 Ⅱ	17456
我的包着红头巾的小白杨	12560	我的第一个上级	1657
我的包着红头巾的小白杨	13636	我的第一个上级	1749

书名	编号
我的第一本童话故事书	16266
我的第一本睡前故事书	16265
我的短诗选	2709
我的童年	14718
我的童年丢了	5414
我的遥远的清平湾	2268
我的歌剧世界	14500
我的德国笔记	4720
我所见到的法兰西文学大师	4642
我所认识的鲁迅	6568
我所生长的地方	9641
我带你去那儿	12953
我要我们在一起(悠嘻恋爱星球第二季)	10778
我要活下去	512
我要读书	1511
我要做小伴娘	17102
我要做好孩子	9063
我要做好孩子	9205
我是一个幸运的小孩儿	9538
我是一片云	3121
我是一只小小鸟	9284
我是一朵向阳花	8296
我是一条鱼	8490
我是一根筋?	8687
我是太阳	530
我是少年酒坛子	2228
我是公社一棵苗	8311
我是公社小社员	10460
我是写作高手	17265
我是延安人	2937
我是米拉儿(升级版)	9383
我是妈妈的小棉袄	8583
我是劳动人民的儿子	12339
我是克隆人	15974
我是我的神(上下)	1244
我是你爸爸	435
我是保姆	927
我是谁	8728
我是猫	13427
我是猫	13433
我是跑马场老板	16023
我是漫画大师	17266
我看见风了	8478
我看到开满了花的小径	14019
我看美国佬	4153
我怎样学会了演京戏	19058
我保佑不了你	3450
我很怕,但我还有勇气!	5008
我亲历的文坛往事·忆大事	4450
我亲历的文坛往事·忆心路	4448
我亲历的文坛往事·忆名师	4449
我亲爱的小玫瑰	16243
我亲爱的玛德莲	12132
我亲爱的甜橙树	16229
我亲爱的甜橙树	17092
我亲爱的甜橙树(三部曲)	16228
我亲爱的甜橙树(漫画版)	16226
我亲爱的童年	9291
我亲爱的童年(升级版)	9350
我说出了风的形状	5320
我给记忆命名	5387
我爱人像红红的玫瑰花 彭斯诗歌精粹	14040
我爱大寨花(革命儿歌)	8323
我爱比尔	2244
我爱北京天安门	10423
我爱北京天安门	10489
我爱边疆(革命儿童选)	8321
我爱动物 1	17273
我爱动物 2	17274
我爱过而又失去的女人	14021
我爱劳劳	13853
我爱你,罗尼——罗纳德·里根致南希·里根的信	14479
我爱这蓝色的海洋	10445
我爱诗歌	8749
我爱旅行 1	17277
我爱旅行 2	17278
我爱假日 1	17275
我爱假日 2	17276
我疼	2085
我家来了个怪外婆	17112
我家来了外星人	8971
我家来了外星人(升级版)	9573
我家的月光电影院	8533
我家的月光电影院	9270

我家的时尚女孩——害怕长大	4308	何时入梦	4195
我被枪毙三个月	8526	何其芳文集(1)	7891
我能行	15998	何其芳文集(2)	7892
我能跳过水洼	16000	何其芳文集(3)	7893
我梦中的小翠鸟	9638	何其芳文集(4)	7897
我脸上的秘密	11841	何其芳文集(5)	7896
我喜欢有些感觉不说	8487	何其芳文集(6)	7906
我握着毛主席的手(兄弟民族作家诗歌合集)	2870	何其芳作品新编	8163
		何其芳译诗稿	13992
我辈中人 写给中年人的情书	5374	何典	2616
我最怕做选择题	9102	何香凝传	4932
我最爱的妻	11954	何洁往事	5185
我遇到另一个我	9109	何景明诗选	3771
我等不到了	4800	何道生集	3827
我就是我	9657	佐渡流人行	13851
我曾经爱过你	14013	但求无愧无悔	6277
我想和你在一起	8731	但使相思莫相负	4861
我想变得与众不同	16665	作文 教学	18541
我想要的只是一个拥抱而已	1104	作业大冒险	17007
我想要的只是你	13737	作业痒痒病	9249
我想跟自己谈谈金钱哲学	17452	作家论	6604
我感谢党	3853	作家和出版人	14634
我跟父亲当红军	9833	作家笔下的路桥记者笔下的路桥路桥历史名人故事	4460
我歌唱人类	14330		
我歌唱带电的肉体	14017	伯尔中短篇小说选	11557
我愿意是急流	14020	伯特伦旅馆	11950
我愿意是急流 同一首诗·爱情经典	15655	低到尘埃里 张爱玲情事	5213
我敲门	11536	低姿匍匐	5437
我额头青枝绿叶 灰姓自述	4813	你不能再回家	13088
我醒来之前	13024	你为什么沉默不语	14014
每一个的影子	16352	你只能年轻两回	16789
每一天,每一小时	12721	你们无法得到我的恨	14588
每一天都快乐	16387	你们我们他们	10692
每日一禅 一禅语录轻手账	10891	你们知道我是谁——高士其作品选	8337
兵日志	4867	你冬眠吗?	17254
兵生活	4866	你在高原(1—10卷)	1166
兵临城下	17906	你在谁身边,都是我心底的缺	1099
兵样	5050	你会在那儿吗?	11808
兵家纪事	619	你好,中秋节(拼音版)	9520
体味写诗	4956	你好!本林同志	2238
"体育王子"与"奥地利公主"	8688	你好,休斯敦	4738
体育馆之谜	13823	你好,忧愁	11740
何以捡君还?	14785	你好,忧愁	11829

你好,忧愁	12283	身影离开大地	11675
你好,沉默	9368	佛本生故事	17497
你好,科学!(1)万万没想到	10108	佛佛道道	4159
你好,科学!(2)惊奇大发现	10109	佛经故事	17498
你好,科学!(3)一看吓一跳	10110	伽弗洛什	15774
你好,科学!(4)探秘真好玩	10111	伽利略	8706
你好,请问几点打烊	5251	伽倻琴集	3030
你好,新疆	4842	近三百年名家词选	3814
你还没有爱过	5028	近代中国的西式建筑	10671
你来自蔷薇星辰	9292	近代中国的新式交通	10672
你身体的印痕	11833	近代中国的新式码头	10674
你知道我在等你吗	718	近代中国的新式婚丧	10673
你的一句话	11831	近代词史	7285
你的生活就这样了?	5275	近代英国诗钞	14147
你的好心看起来像个坏主意	9041	近代诗百首	3677
你的夏天还好吗?	13773	近代诗选	3658
你的爱怎么了	5358	近代美术史潮论	15334
你的脚下,我的脚下	9178	近代爱国诗选	3704
你的朝霞	12561	近百年中国文学史论	6432
你往何处去	11495	近似无止境的徒步	2187
你往何处去	12729	近松门左卫门	15066
你所不知道的溥仪	5189	近距离 怀俄明故事(断背山)	12978
你所不知道的溥仪Ⅱ 伪满秘事	5428	近影	2241
你是一束年轻的光	3386	彷徨	2277
你是人间四月天 林徽因诗集	3583	彷徨	2358
你是土地生养和哺育起来的	11527	彷徨(注释本)	2354
你是我兄弟	1057	余光中	3205
你是我的宝贝	9057	余华	7758
你是我的宝贝	9208	余步伟遇到马兰	2142
你是谁?	2225	余秋雨卷(余秋雨散文)	4236
你是黄昏的牧人——萨福诗选	14057	余党末日	4040
你是普通的花	4055	佘塘关	18944
你怎么弱得心安理得	5282	希克梅特诗集	14325
你配得起更好	5083	希特勒传	14549
你能拒绝诱惑	5208	希特勒时代的孩子们	11717
你越过那片沼泽 范小青短篇		希望工程 苦涩的辉煌	4300
小说精选集(1980年—1990年)	2030	希望之路 孙梽文报告文学选	4690
你喜欢勃拉姆斯吗……	11741	希望的旗帜——亚美尼亚作家短篇	
你喜欢勃拉姆斯吗……	12274	小说选	12458
你就是影帝	9254	希腊罗马神话与传说中的恋爱故事	15547
住在橘子里的仙女	8869	希腊的心	14125
住院的病人	16137	希腊的神话和传说	11026
身体日记	12095	希腊神话	15817

1165

希腊神话	17022	迎春	1601
希腊神话与英雄传说	15548	迎春花	17919
希腊激情	13000	迎春花开（曲艺集）	10342
坐天下 张宏杰解读中国帝王	10813	迎春橘颂	2846
坐在你身边看云	14060	迎接朝霞	1638
坐在树杈上的月亮	8947	迎着太阳做早操（儿童小歌舞）	10537
坐牢家爸爸给女儿的八十封信	4184	迎着朝阳	1731
坐看重围 电影《师父》武打设计	5132	迎着朝阳（独幕话剧）	5820
谷	2559	饭店之花	18380
谷源涌散文集	5180	饭店世界	11679
含羞草	8868	饮冰室诗话	6766
邻居	12400	系绳结，阿尔菲	17184
邻笛集 现代诗选	14010	言说与现场——中国当代文学的一种	
狂人堡	11598	读法	6497
狂士怪杰——辜鸿铭别传	4364	言菊朋的舞台艺术	18269
狂欢	16916	亨利·艾斯芒德的历史	11014
狂欢之歌	2877	亨利四世	14834
狂欢的季节	605	亨利四世	14865
狂乱	12276	亨利第五	14843
狂奔 苏童短篇小说编年卷 贰		库兹明娜	17629
（一九九零至一九九四）	1979	吝啬鬼·泼妇·一夫多妻者——十八世纪	
狂奔的鸭群	9302	中国小说中的性与男女关系	6982
狂野之夜 关于爱伦·坡、狄金森、		应知天命集	6491
马克·吐温、詹姆斯和海明威		应物兄（上下）	1404
最后时日的故事	13101	应修人潘漠华选集	8048
狂想曲	13854	这一代人	95
犹太幽默笑话	17401	这几篇小说的问题在哪里？	
狄尔戏剧集	14948	——评《除夕》《棱角》《红豆》	6068
狄更斯的圣诞故事	11285	这个夏天	16558
狄更斯的圣诞故事（中英双语版 1—5）	11268	这无穷尽的平原的沉寂——魏尔伦诗选	14056
狄金森诗抄（上下）	14069	这本书能救你的命	13273
狄金森诗选	14050	这边风景（上下）	1413
狄康卡近乡夜话	11312	这里有一条爱河	4092
狄奥提玛——荷尔德林诗选	14063	这里的黎明静悄悄……	15764
狄德罗小说选	11192	这位是巴鲁耶夫	12518
狄德罗美学论文选	15133	这完美的一天	13141
角色的创造	18333	这是不是个人	14583
角落里的老人	12154	这是成熟的季节啊	2771
条约中的近代中国	10860	这是谁的书？	17222
岛	18391	这是谁的脚印？	9501
邹荻帆诗选	3149	这都不叫事儿	5138
邹容集	8251	这样你就不会迷路	12082
迎风	12499	这样的时代	15049

这辈子活得热气腾腾	5123	快乐动手	17359
这滩鲜血是不会干的	13499	快乐的金色年华	16447
庐山旧事	4612	快乐星期八	8994
庐隐	8094	快乐基因	13211
序幕	11368	快板创作选集	10288
辛亥光焰	1067	闲人再思录	14589
辛亥遗事	883	闲人痴想录	12076
辛伯达航海历险记	13394	闲云散记	5114
辛弃疾传	6842	闲情乐事	4158
辛弃疾词（辛弃疾词选）	3753	闲情偶寄（插图珍藏版）	5671
辛弃疾词选	3690	间谍	11667
辛弃疾选集	3717	间谍	11688
辛格自选集	13356	灿若桃花	1140
辛格短篇小说集	12840	弟子规	10256
辛笛诗稿	3045	弟子规	9594
辛酸	13543	弟子规 三字经 千字文 孝经	8462
弃儿汤姆·琼斯史（上下）	11299	《弟子规》全解	8620
弃儿汤姆·琼斯的历史（上下）	11091	冻僵的王子	15971
忘却的魅力	7689	冷水中的一点阳光	12279
忘却斜阳上土堆 周作人传	5240	冷香 戴小栋的诗	3342
怀安诗选	3611	汪！汪！汪！	9533
怀抱猫咪，与象共泳	13698	汪顺仙	18121
怀念上帝之家	11706	汪笑侬戏曲集	18023
怀念毛泽东同志	9879	汪容甫文笺	5633
怀念乔木	5066	汪琬全集笺校	8236
怀念那棵树	4470	汪曾祺	7714
怀念声名狼藉的日子 龙凤呈祥 中篇小说卷（1998—2003）	2183	汪曾祺小说全编（上中下）	7794
		汪曾祺小说经典	1933
怀念狼	1318	汪曾祺小说散文精选	7801
怀念狼	900	汪曾祺书信全编	5377
怀念敬爱的周总理	4025	汪曾祺回忆录	5431
怀念集	4075	汪曾祺全集（1—12卷）	7688
怀念集	4870	汪曾祺卷（汪曾祺散文）	4268
怀念鲁迅先生 遥寄张爱玲 散文卷（1957—1992）	5279	汪曾祺诗歌全编	3510
		汪曾祺散文全编（1—6卷）	5364
怀亲诗	3696	沐恩奇遇记	9187
怀麓堂诗话校释	6819	沙与沫——纪伯伦诗选	14320
忧国	13545	沙比诗集	14360
快一点！	9541	沙汀	8101
快一点，阿尔菲	17179	沙汀选集	8056
快心编	2650	沙汀短篇小说集	2287
快书、快板研究	10299	"沙皮狗男生"李多多	9297
快乐王子集	15866	沙河坝风情	332

沙鸥诗选	3136	沧桑旅顺口(上下)	4819
沙皇的信使	11271	沟底有人家	5373
沙逊的大卫	14078	没人要的小熊	16626
沙恭达罗	15058	没用人的一生	12486
沙恭达罗	15060	没有太阳的街	13480
沙家店战斗	1494	没有太阳的街	13607
沙家浜	18085	没有太阳的街	17630
沙家浜 革命现代京剧样板戏	5783	没有凶手的杀人夜	13686
沙家浜(总谱)	10579	没有火柴的小女孩	16237
沙盘	2058	没有办法一直努力的人生	5224
沙堡	11585	没有地址的信 艺术与社会生活	15154
沙漠	11897	没有地图的旅行	14605
沙漠	12385	没有名字的身体	713
沙漠生物圈	9469	没有她,我就无法成为自己 马克龙	
沙漠里的战斗	17635	夫妇的浪漫爱情	14611
沙漠的眼睛	8984	没有批评就不能前进	6054
沙漠骑士昂泰拉	13583	没有男人的公寓	12267
沙滩上的小脚印	12007	没有男人的夏天	13257
汽车在叫唤	1560	没有我,世界会不会不一样?	16390
汽笛	2749	没有尾巴的狼	8854
汽笛	2821	没有弦的炸弹	1678
沃土	38	没有玻璃的花房	1350
沃尔夫戏剧集(上下)	14964	没有指针的钟	13294
沃罗夫斯基论文学	15311	没有孩子是差生	10642
沃特希普荒原	16022	没有寄出的信	12427
沂蒙山高	1732	没有鼻子的小狗	8921
沂蒙故事集	1697	没有演完的戏	18564
汾水长流	914	没羽集	3921
汾水长流	92	沉吟	12137
汾河湾	18757	沉沦	2448
汾河湾	18846	沉沦的国土	4495
汾城轶闻——一个系统工程学家的遭遇	327	沉沦 迷羊	2414
泛滥	13435	沉重的翅膀	239
沧波万里风	550	沉浮	13627
沧海(上下)	4372	沉浮庄则栋	5042
沧海月明 李汉荣心灵散文	5432	沉船	13387
沧海赋	4100	沉睡的人	12240
沧海撷英 丹桂飘香 风情物语 灵秀河山		沉睡的女儿	1023
诗韵有声	10829	沉睡的记忆	12234
沧浪之水	650	沉睡的声音	11782
沧浪诗话校释	6777	沉睡的谋杀案	11772
沧桑人生	287	沉睡森林的丑公主	16280
沧桑足音——张国祚诗选	3256	沉静的风景(1996—1999)	2014

书名	编号
沉默的火焰	12631
沉默的另一面	15344
沉默的防御工事	12652
沉默的村庄	11505
沉默的证人	11798
沉默博物馆	13712
沈从文小说选（第一集）	2378
沈从文小说选（第二集）	2379
沈从文小说选集	2327
沈从文作品新编	8171
沈从文思想研究	6737
沈从文家书	5574
沈从文散文	5552
沈从文散文选	5494
沈阳部队曲艺作品选	10344
沈祖棻创作选集	8098
沈清传	18398
沈德潜诗文集（一—四卷）	8237
完全李敖（李敖大传）	4403
完美伴侣	12327
完美的一天	16354
完美的已婚女人	11858
完美罪行之友	11697
宋之的剧作选	5926
宋元之际士人阶层分化与诗学思想研究	7130
宋元小说家话本集（上下）	2694
宋文选	5676
宋文选（上下）	5641
宋代文学史（下）	7275
宋代文学史（上）	7274
宋代田园诗研究	7121
宋代词学审美理想	6808
宋代散文研究	6996
宋老大进城	1555
宋老大进城	1761
宋庆龄的后半生	4776
宋庆龄往事	4909
宋庆龄往事续编	5368
宋江三十六人考实	7294
宋村纪事	2548
宋应星 百工科技的集成者	8780
宋词三百首笺注	3761
宋词三百首简注（宋词三百首）	3732
宋词与禅	7079
宋词文化与文学新视野	6985
宋词百首	3739
宋词纵谈	6944
宋词诠释学论稿	7039
宋词选	3744
宋金元文论选	6793
宋诗选	3748
宋诗选注	3639
宋诗精华	3711
宋琬年谱考证	7324
宋景诗	17567
宋濂全集（1—5）	8261
牢狱的破灭——印度巴基斯坦现代乌尔都语诗集	14348
穷人	11321
穷人树	5062
穷官——献给老少边穷地区无私奉献的干部们	4235
穷棒子社的故事（上下）河北遵化建明公社纪事	10007
灾难物理学奇事	13028
良心	15029
良心反抗暴力 卡斯台利奥加尔文	14645
启与魅 卡森·麦卡勒斯自传	14640
启功 诗书继世	4942
启功说唐诗	7072
启程的理由	14763
启蒙、文学与戏剧	6487
启蒙时代	861
评《山乡巨变》	6070
评书传统作品选	10286
评书创作选集	10284
评注聊斋志异选	2613
评剧大观（一）	18864
评剧大观（二）	18865
评剧大观（十）	18906
评剧大观（七）	18891
评剧大观（八）	18892
评剧大观（九）	18893
评剧大观（三）	18866
评剧大观（五）	18884
评剧大观（六）	18885

书名	编号
评剧大观（四）	18867
评雪辨踪	18151
评弹创作选集	10293
补天裂（修订版）	926
补课	12485
补锅	18178
初中生必背古诗文50篇	10031
初中优秀古诗文背诵指定篇目（61篇）	10063
初中语文助读课本7年级（上）	10038
初中语文助读课本8年级（上）	10039
初中语文助读课本9年级（上）	10040
初升的太阳（六场话剧）	5853
初鸣集	6093
初春时节	1570
初恋	11384
初恋	11402
初恋	11426
初恋	11436
初恋	12405
初恋总是诀恋	13706
初唐四杰诗选	3733
初探总部	16799
社长的女儿	18170
社会之外	14471
社会中坚	17600
社会主义好	18209
社会主义快快来	9926
社会问题沉思录 报告文学选	4152
社会毒瘤	13616
社交礼仪守则	13184
社里的人物	2820
诉讼	11589
词	6959
词曲概论	7185
词论史论稿	6992
词苑丛谈校笺	6798
词林摘艳	17725
词学十讲	7183
词学通论	7199
词话丛编续编（一——五）	6822
词悬浮	3195
词源注 乐府指迷笺释	6784
译文序跋集	5548
译学新论 从翻译的间性到海德格尔的翻译思想	7441
君子兰开花——杨啸儿童小说选	8417
君子梦	581
灵犬莱茜	12941
灵动的设计 威廉·莫里斯的经典设计纹样	17483
灵泉洞（上）	71
灵度——少林武僧日记	4216
灵蛇咒语	16123
灵魂之伤	12280
灵魂之湖	17053
灵魂之湾	12948
灵魂之舞	7612
灵魂只能独行	4737
灵魂兄弟	12291
灵魂的粮食	3349
灵魂草场	9235
灵魂是用来流浪的	1106
灵感的流云	6203
尾巴	1046
尾巴	4826
迟子建	7746
迟子建散文	4617
迟开的花朵	11406
迟开的玫瑰（眉户调）	5887
迟开的素馨花	3027
迟来的旅行者	14101
局外人	12066
局外人	13377
局外人 鼠疫	11949
改邪归正的梅莫特 不可思议的杰作	11060
改革开放的践行人——记平朔开创者陈日新	5064
改革者	266
张二嫂看戏	18926
张三赶脚	18996
张士珍	18097
张之洞（上中下）	653
张飞闯辕门	19011
张天翼小说选集	2359
张天翼文学评论集	6643
张天翼童话 一	8428

张天翼童话 二	8429	陆机陆云年谱	7322
张中行别传	4705	陆客台湾	4846
张中行散文	4616	陆游年谱	7311
张文台将军诗三百首	3237	陆游传	4565
张文秀	18925	陆游诗选	3623
张仪 舌灿莲花定天下	8765	陆游诗选	3654
张老汉游公社	9950	陆游选集	3718
张光年文论选	6442	阿 Q 正传	17601
张光年文集(1—5)	7762	阿 Q 正传	17848
张宇	7726	阿 Q 正传	2309
张弛集	3944	阿 Q 正传	2478
张羽煮海	10899	《阿 Q 正传》在国外	6636
张羽煮海	18912	阿 Q 正传(注释本)	2352
张志民诗百首	3353	阿 Q 正传 赵延年插图本	2506
张抗抗	7741	阿力玛斯之歌	160
张抗抗散文	4766	阿凡提的故事	9765
张枣译诗	15697	阿尤喜	13446
张枣的诗	3260	阿什贝利自选诗集(1—3)汉英对照	14192
张枣随笔选	4923	阿巴斯短篇小说集	13460
张贤亮	7724	阿甘正传	12939
张炜	7705	阿古汉纳	15858
张炜散文	4615	阿尔贝蒂诗选	14140
张居正(1—4卷)	817	阿尔巴尼亚现代短篇小说集	12688
张居正大传	4545	阿尔巴尼亚短篇小说集	12684
张弦研究资料	6508	阿尔巴尼亚短篇小说集	12690
张承志卷(张承志散文)	4248	阿尔芒丝	11295
张俊以儿童诗选	8424	阿尔达莫诺夫家的事业	12410
张俊彪研究文集(上下)	6360	阿尔奈先生的钱	11129
张彦赶船	18515	阿尔班·米歇尔 一个出版人的传奇	14532
张闻天早年文学作品选	8082	阿尔特米奥·克罗斯之死	12855
张养浩作品选	8207	阿尔特米奥·克罗斯之死	13119
张洁	7719	阿尔菲与战士"爸爸"	17187
张洁文集(1—11)	7600	阿尔菲在思考	17186
张洁文集 散文随笔卷	4926	阿尔菲有力量袋？	17195
张洁的小说世界	6261	阿尔菲,别笑得太早	17191
张爱玲传	4994	阿尔菲的秘密朋友	17180
张翠莲	19005	阿尔盖齐诗文选	15602
张默精品	3139	阿兰·罗伯-格里耶新小说中的时间	7470
陆士衡诗注	3637	阿兰·德龙的秘密	14494
陆氏《异林》之钟繇与女鬼相合事考论	7061	阿加莎·克里斯蒂侦探推理"波洛"系列	11876
陆文夫	7707		
陆文夫研究资料	6510	阿加莎·克里斯蒂 秘密笔记	15145
陆文夫散文	4574	阿达拉	11296

阿达拉 勒内	11082	阿塔·特罗尔 一个仲夏夜的梦	13981
阿列霞	11347	阿鲁巴农家的怪事	16928
阿列霞	11400	阿道尔夫	11159
阿·托尔斯泰	7443	阿富汗诗歌选	14279
阿佤人民唱新歌	10458	阿瑟·戈登·皮姆历险记	12796
阿妈妮	14333	阿雷·托康巴耶夫诗集	14233
阿丽思中国游记	8609	阿赫玛托娃诗全集（1904—1920）	14256
阿来文集 大地的阶梯	4330	阿赫玛托娃诗全集（1921—1957）	14257
阿来文集 中短篇小说卷	1903	阿赫玛托娃诗全集（1958—1965）	14258
阿来文集 诗文卷	7757	阿赛河那边	265
阿来散文	5205	阿穆尔河的里程	12529
阿里杰的末路（上下）	12363	阿霞	11437
阿里斯托芬评传	15249	阿霞	18189
阿里斯托芬喜剧集	14804	陇头鸿踪：平凉历代游记选	5315
阿秀王	9755	陈三两爬堂	18134
阿陆哥	13531	陈子龙及其时代	4568
阿纳泰的贝壳	11654	陈子龙全集（上中下）	8258
阿垅诗文集	7570	陈子昂	693
阿奇与阿七	16404	陈从周园林随笔	4624
阿拉亚	13523	陈丹青 艾未未 非艺术访谈	4563
阿拉贡文艺论文选集	15164	陈世旭	7716
阿拉贡诗文钞	14129	陈东东的诗	3490
阿拉伯人民的呼声——阿拉伯各国诗人 反帝国主义及殖民主义诗集	14338	陈占元晚年文集	7773
		陈白尘研究资料	6521
阿拉伯文学史	15342	陈伯吹童话	8430
阿拉伯文学简史	15171	陈国凯	7720
阿拉伯古代诗选	14313	陈国凯文集（1—10）	7602
阿拉伯南方之门	14591	陈国凯选集（1—3）	568
阿拉伯埃及近代文学史	15339	陈国凯精品集	7667
阿拉伯短篇小说集	13473	陈忠实	7760
阿拉伯童话	16069	陈忠实文集（1—10）	7674
阿果里诗选	14273	陈忠实传	5314
阿狗的生活日新月异	2038	陈忠实论——从文化角度考察	6357
阿波罗之杯	14778	陈忠实纪念集	5283
阿诗玛	9722	陈绎曾集辑校	8255
阿细人的歌	9719	陈独秀江津晚歌——一个人和一家人	4934
阿细的先基	9789	陈亮龙川词笺注	3672
阿哇尔和美拉	18402	陈恭尹集	8246
阿拜故事诗	14080	陈桥驿梦 赵匡胤传	4902
阿姨你住过的地方	9421	陈涌文论选	6717
阿曼佐的约定	16450	陈骏涛口述历史	5144
阿笨猫与外星小贩	9019	陈毅诗词选集	2973
阿猫和阿狗	16406	陀思妥耶夫斯基	15231

书名	页码
陀思妥耶夫斯基文集(1—20卷)	15532
陀思妥耶夫斯基传	14696
陀思妥耶夫斯基传	14708
陀斯契加耶夫和别的人	18414
妙手空空	8952
妖怪们的比赛	17157
妖怪们的比赛	17169
妖怪记事簿	979
妖怪记事簿(二)	1018
妖怪博士	16384
妖蛾子 纪念版	4721
妖魔的狂笑	11753
姊妹行	2267
妞妞 一个父亲的札记	4717
努尔哈赤	4845
努埃曼短篇小说选	13586
邵荃麟评论选集(上下)	6185
邵燕祥卷	4263
邵燕祥散文	4756
劲芽(儿童文学选辑)	8327
鸡鸣山下	8324
鸡蛋里的悄悄话	8852
纯洁的领域	13761
纯真年代	13131
纯爱之殇 青春卷	4676
纯情年代——飞翔在童心世界	4337
纯棉女友	4467
纯棉爱情	4468
纯棉婚姻	4469
纳兰词	17671
纳尼亚传奇 凯斯宾王子	16199
纳尼亚传奇 狮子、女巫和魔衣柜	16205
纳吉宾短篇小说选	12370
纳西族的歌	9761
纳·赛音朝克图诗选	3021
纵横集 王玮学术文选	6310
纸人	9186
纸上王国	5326
纸上看展	9693
纸上乾坤	5291
纸老虎现形记(话剧)	5768
纸现场	6329
纸醉金迷	2401
纺织女工(舞蹈)	10535
驴小弟进城	9548
驴皮记	11074
驴皮记 绝对之探求	11172
纽约人在北京	1060
纽约兄弟	13122
纽约丽人	5881

八　画

书名	页码
奉公守法	10950
奉命谋杀	11824
玩火	12668
玩火的女孩	11912
玩火的女孩(珍藏版)	12046
玩出专注力	17366
玩出记忆力	17368
玩出创造力	17367
玩出思维力	17369
玩会跳船	19012
玩具国奇妙夜	17136
玩偶之家	14861
玩偶之家	8768
玩偶死去的夏天	12085
玩着,春天来了	9136
玩着,等待花开	9151
玩意儿	10656
环山的雪光	2269
环城大道	12051
环湖崩溃	830
环境·动物·女性·殖民地 ——欧美生态文学的他者形象	7479
武人琴音	10804
武士会	1126
武王伐纣	8444
武则天	17892
武林三凤(上中下)	397
武松	18656
武松打店	18484
武昌城	1068
武钢建设史话	10006
武家坡	18701
青瓦大街	9317
青龙涧	18579

书名	页码
青瓜瓶	9240
青瓜瓶（升级版）	9352
青鸟	13731
青鸟	16553
青鸟（续篇）	16554
青年	11444
青年女教师	18348
青年近卫军	12362
青年近卫军	15016
青衣	1935
青衣	2115
青衣	2192
青花瓷碗	2051
青纱集	2914
青青的林子	2879
青苔街往事	8711
青枫坡	1744
青松岭	17934
青松岭（电影文学剧本）	5811
青松翠竹	2814
青狐	717
青泥莲花记	5677
青春一九六九	1084
青春万岁	182
青春之歌	17856
青春之歌	18790
青春之歌	50
《青春之歌》评介	6049
青春飞翔 中华校园诗歌节获奖作品选	3231
青春电影事件	9051
青春岁月——当代青年小报告文学选	4104
青春咖啡馆	11902
青春的光辉	1522
青春的伙伴	18586
青春的备忘 知青往事追怀（修订版）	3306
青春的荒草地	9116
青春的烦恼	14006
青春的烦恼 海涅诗歌精粹	14044
青春的舞台	15075
青春的橄榄树——写给少男少女们	4162
青春战歌（歌曲选集）	10383
青春前期	8450
青春梦幻曲	301
青春常在	12551
青春期女孩完美攻略	17244
青春期动物——德国老爸笔下的火星女儿	12056
青春期男孩完美攻略	17245
青春痣	1117
青春献给伟大的党	10452
青草的骨头	9118
青草绿了又枯了：寻找战火中的父辈	5388
青烟或白雾	696
青海民歌选	9721
青海湖水闪银光	9988
青海歌谣	9777
青梅	17974
青梅煮酒论英雄	18766
青蛇	499
青铜与白石 雕塑大师刘开渠传	4106
青铜的种族	12830
青铜葵花	8636
青铜葵花	9071
青铜葵花	9196
青铜葵花（当当版）	9121
青铜魔人	16380
青蛙爷爷弗洛格奇遇记	17028
青蛙梦想家	9490
青霜剑	18751
现代艺术札记·文学大师卷	15631
现代艺术札记·美术大师卷	15632
现代艺术札记·演艺大师卷	15630
现代文艺理论译丛（一）	15280
现代文艺理论译丛（二）	15281
现代文艺理论译丛（三）	15286
现代文艺理论译丛（五）	15297
现代文艺理论译丛（六）	15294
现代文艺理论译丛（四）	15288
现代文学经典：症候式分析	6699
现代四作家论	6189
现代戏剧与现代性	6714
现代阿拉伯小说集	13485
现代阿拉伯诗集	14343
现代青年	2391
现代现实主义的艺术追求——柯云路谈《新星》、《夜与昼》	6234

现代非洲诗集	14342
现代性:批判的批判——中国现代文学研究的核心问题	6696
现代性的追求	6726
现代性视野中的曹禺	6687
现代诗人及流派琐谈	6640
现代诗名著名篇解读	10198
现代诗的情感与形式	6347
现代俄国文学史	15182
现代叙事与文学想象	6715
现代美英资产阶级文艺论文选(下编)	15166
现代美英资产阶级文艺论文选(上编)	15165
现代派诗选	3551
现在开始,什么时候结束	1913
现实与文艺 2009 北京文艺论坛	6461
现实主义艺术论	6057
现实主义还是修正主义	6077
现实主义和现代主义	6228
现实主义的历史命运——创作方法探讨	15319
现实主义的当代中国命运	6384
玫瑰与紫杉	12110
玫瑰山庄	660
玫瑰门	835
玫瑰玫瑰我爱你	472
玫瑰迷宫	11965
玫瑰海岸	4958
玫瑰鹅	8966
表	12338
表 附文件	15903
表意主义戏剧——中国戏曲本质论	10743
表演开始啦	16420
表演经验(第一辑)	18286
表演经验(第二辑)	18287
坦白	1245
坦克奔驰	2925
"垃圾分类"我最棒	9545
幸存者	1346
幸存者游戏	13267
幸存的人	223
幸运儿	10694
幸运儿	276
幸运之轮	12824
幸运明星	8887
幸运的小金鼠	8993
幸运的露西	17130
幸福	1484
幸福	15052
幸福	1509
幸福	1971
幸福与痛苦的人生	4689
幸福,不见不散	999
幸福不是从天降	15050
幸福花儿遍地开	18964
幸福花儿遍地开	9976
幸福和友谊	2759
幸福的日子	3939
幸福的生活	17580
幸福的料理箱	10730
幸福(话剧)	5743
幸福桥	17880
幸福基本靠抢	1137
幸福假面	12109
幸福得如同上帝在法国	11686
幸福渠(柳琴独奏曲,弦乐伴奏)	10473
幸福歌	2824
幸福糖果邮局	9298
其实你蒙蔽世人	4887
耶戈尔布雷乔夫和别的人	18422
耶路撒冷,一个女人	13837
耶路撒冷的解放	14027
耶稣之子	13162
耶稣的学生时代	13876
耶稣的童年	13875
耶稣重上十字架	11629
取南郡	18718
取洛阳	18747
取洛阳 通天犀	18548
苦丁斋思絮(上下)	4374
苦儿流浪记	15801
苦牛	8353
苦斗	96
苦乐留痕	4966
苦竹杂记	5614
苦闷的园丁——"现代性"体验与俄罗斯文学中的知识分子形象	7437
苦闷的象征	15333

苦闷的象征 出了象牙之塔	15341	英国幼儿多元智能开发游戏书	17384
苦苓与瓦幸的魔法森林	8709	英国环岛之旅	14662
苦苓的森林秘语	8710	英国经典思维冒险游戏书	17382
苦果	11551	英国幽默笑话	17400
苦茶随笔	5610	英国特工	12323
苦豸制度	8539	英国脑力阶梯训练	17365
苦恋与墓碑	3091	英国脑力阶梯训练：故事版·第1辑	17373
苦海	313	英国脑力思维训练书	17383
苦涩的结合 17世纪荷兰东印度公司的一出离婚戏剧	17427	英国病人	13159
苦难与光明	14371	英国浪漫主义诗歌史	7374
苦难历程（上下）	12583	英国超凡想象力激发大书	17385
苦难国——讽刺小说选	11492	英国短篇小说选	11061
苦难的历程（第一部）	12434	英国童话	16065
苦难的历程（第二部）	12435	英国童话	16075
苦难的历程（第三部）	12451	英美国家人文风情	10055
苦菜花	18878	英格力士	749
苦菜花	74	英雄人物数今朝	17875
昔阳大地（报告文学集）	4035	英雄三生	1532
昔阳散记	4021	英雄工兵	17945
昔阳新儿歌	8322	英雄与孩子	2723
昔阳新曲艺	10329	英雄万岁	17879
昔阳新故事	4016	英雄山Ⅰ 穿插	1452
昔阳新歌谣	2945	英雄山Ⅱ 伏击	1453
苹果	16373	英雄司机	17572
苹果王子	8930	英雄列车	18915
苹果树	11719	英雄杨春增	18771
苹果树	12065	英雄时代	629
苹果要熟了	1654	英雄沟	2543
苹果酒	16625	英雄事业的赞歌	14141
苗儿青青	11520	英雄的十月	5619
苗山走寨歌	9748	英雄的父亲	1574
苗岭风雷	18080	英雄的阵地（话剧）	5699
苗族民间故事选	9799	英雄的画像	2993
英子的乡恋	5000	英雄战歌	2831
英伦女谍	11699	英雄炮兵	18741
英国文学史 1789—1832	15315	英雄莫问出处 香港的移民与出入境	10601
英国文学史 1832—1870	15317	英雄格斯尔可汗	9775
英国文学史 1870—1955（上下）	15314	英雄格斯尔可汗（二）蒙古族民间史诗	9808
英国文学史纲	15274	英雄颂	2829
英国文学论文集	7352	英雄赞	9992
英国文学论集	7353	范小青	7750
英国文学简史	15175	范小青研究资料	6512
		范小青散文	5156

范成大诗选	3644	茅盾全集(33) 外国文论五集	8026
直觉	13011	茅盾全集(34) 回忆录一集	7997
直捣蜂窝的女孩	11945	茅盾全集(35) 回忆录二集	7998
苕溪渔隐丛话(前集后集)	6781	茅盾全集(36) 书信一集	7999
苔蕾丝·德斯盖鲁	11595	茅盾全集(37) 书信二集	8000
茅山歌	9729	茅盾全集(38) 书信三集	8001
茅台论道	5148	茅盾全集(39) 日记一集	8027
茅盾	8081	茅盾全集(3) 小说三集	7903
茅盾文集(1)	7821	茅盾全集(40) 日记二集	8028
茅盾文集(10)	7858	茅盾全集(41) 附集	8029
茅盾文集(2)	7824	茅盾全集(4) 小说四集	7907
茅盾文集(3)	7828	茅盾全集(5) 小说五集	7908
茅盾文集(4)	7832	茅盾全集(6) 小说六集	7912
茅盾文集(5)	7833	茅盾全集(7) 小说七集	7913
茅盾文集(6)	7836	茅盾全集(8) 小说八集	7914
茅盾文集(7)	7843	茅盾全集(9) 小说九集	7915
茅盾文集(8)	7849	茅盾全集 补遗(上下)	8031
茅盾文集(9)	7853	茅盾作品新编	8158
茅盾全集(10) 剧本 童话神话 诗词	7922	茅盾评论文集(上下)	6158
茅盾全集(11) 散文一集	7923	茅盾的创作历程	6641
茅盾全集(12) 散文二集	7926	茅盾选集	8068
茅盾全集(13) 散文三集	7927	茅盾选集(1—3)	8125
茅盾全集(14) 散文四集	7939	茅盾 姚雪垠谈艺书简	6398
茅盾全集(15) 散文五集	7940	茅盾散文速写集(上下)	5487
茅盾全集(16) 散文六集	7950	茅盾短篇小说选集	2317
茅盾全集(17) 散文七集	7955	茅盾短篇小说选集(上下)	2360
茅盾全集(18) 中国文论一集	7956	茅屋	11033
茅盾全集(19) 中国文论二集	7970	枉费心机	11291
茅盾全集(1) 小说一集	7901	林中人	13192
茅盾全集(20) 中国文论三集	7964	林中小屋	5353
茅盾全集(21) 中国文论四集	7972	林中的陌生人 最后一位隐士	14663
茅盾全集(22) 中国文论五集	7988	林中响箭(儿童文学选辑)	8305
茅盾全集(23) 中国文论六集	7991	林中路	1587
茅盾全集(24) 中国文论七集	7992	林斤澜小说经典	1934
茅盾全集(25) 中国文论八集	7993	林斤澜文集(1—10)	7672
茅盾全集(26) 中国文论九集	7994	林斤澜说	6405
茅盾全集(27) 中国文论十集	7995	林斤澜散文	4575
茅盾全集(28) 中外神话研究	7986	林则徐	18809
茅盾全集(29) 外国文论一集	8022	林则徐选集	8228
茅盾全集(2) 小说二集	7902	林则徐 禁烟先锋	8751
茅盾全集(30) 外国文论二集	8023	林冲夜奔	18479
茅盾全集(31) 外国文论三集	8024	林冲夜奔	18923
茅盾全集(32) 外国文论四集	8025	林辰纪念集	4475

林间空地	14166	丧失了名誉的卡塔琳娜·勃罗姆	12224
林肯传	14490	或许在别处	13891
林肯 解放黑奴的美国总统	8799	或许你看到过日出	7691
林庚文艺思想批判	6887	画山绣水(游记选)	4056
林庚诗选	3549	画外话 冯骥才卷	10611
林语堂作品新编	8177	画外话 吴冠中卷	10608
林语堂卷(林语堂散文)	5526	画外话 张仃卷	10614
林海雪原	18736	画外话 范曾卷	10613
林海雪原	47	画阴影的人	16241
《林海雪原》评介	6048	画画旅行	17544
林家铺子	2307	画语诗心	3398
林家铺子	2331	画家王福历险记	16267
林家铺子 茅盾小经典	2513	画家,少妇,少女	11620
林徽因	8112	画梦录	5523
林徽因作品新编	8151	画廊集	5624
林徽因诗集	3548	画魂——张玉良传	273
林徽因集 小说·戏剧·翻译·书信	8188	卧龙湖往事	1248
林徽因集 诗歌·散文	8189	卧虎镇	17898
林徽因集 建筑·美术(上、下)	8190	卧读偶拾	4693
杯子的故事	9654	事实如此	3412
柜中缘 铁弓缘	18554	事实证明,人民永远是最可爱的	5215
柜台	17979	刺刀见红	17988
板门店纪事	3848	刺客	2165
板门店前线散记	3857	刺客传奇	8666
板车之歌	13518	刺绣者的花	229
板胡演奏法	10544	刺猬灯	9485
板桥杂记·续板桥杂记	5678	刺猬歌	838
板桥家书译注	10922	枣花传奇	886
板凳歪歪	9410	枣窗闲笔	17746
松竹长青	18001	雨	12326
松柏长青	9877	雨	1640
松鼠艾尔顿和艾吉斯	16775	雨人	8531
枪侠	12968	雨人	8840
枪的故事	9855	雨王亨德森	13228
枫叶女孩	8879	雨天的书	5532
枫叶红了的时候(五场讽刺喜剧)	5858	雨天的书 泽泻集	5615
枫叶荻花秋瑟瑟	431	雨从哪里来?	17257
枫叶集	2769	雨月物语	13424
枫树湾(八场话剧)	5832	雨后	12003
杰克与盒子	16689	雨后青山	150
杰克·伦敦小说选	12929	雨——现代法国诗抄	14154
杰克·伦敦短篇小说选	12754	雨雨的桃花源	8890
丧失了名誉的卡塔琳娜·勃罗姆	11555	雨果文集(1—12卷)	15478

书名	编号	书名	编号
雨果传（下）	14472	奇双会	18838
雨果传（上）	14473	奇幻国成长记	9034
雨果戏剧选	14873	奇幻森林	16364
雨果诗抄	13999	奇异的书简	4500
雨果诗选	13952	奇妙水世界	17353
雨果诗选	13997	奇妙世界	17356
雨果诗选	14034	奇妙动物世界	16211
雨果绘画	17390	奇妙梳妆	17297
雨果散文	14434	奇奇怪太空游侠	9371
雨巷 戴望舒诗集	3584	奇岩城	16154
雨点集	3181	奇怪的团子	9504
雨涤松青	1721	奇怪的纸牌	8863
雨雪霏霏	259	奇怪的病号	8552
雨街的猫	9017	奇怪的赖医生	16988
卖艺访友	18791	奇官罗崇敏	4913
卖白果	9644	奇面城的秘密	16629
卖花姑娘	15080	奇迹之年	13938
卖国贼的下场	17785	奇迹年代	11921
卖酒女	9899	奇迹花园	8974
卖海豚的女孩	1226	奇迹男孩	13322
卖梦人	13044	奇迹男孩(绘本版)	16783
郁风散文精选	4863	奇耻外号"窥探狂"	8651
郁达夫小说集	2462	奇特的一生	12540
郁达夫作品新编	8169	奇特的战斗	8386
郁达夫卷	5525	奇梦集	13376
郁达夫选集	8041	奇袭白虎团	18079
郁达夫选集	8067	奇袭白虎团（主旋律乐谱）	10583
郁达夫选集（上下）	8129	奇袭白虎团 革命现代京剧样板戏	5782
郁达夫散文	5570	奇袭虎狼窝	1670
矿工之歌	12644	奇婚记	11494
矿工们	15038	奇境	12842
矿山小歌手——革命儿歌集	8316	奇境	15710
矿山锣鼓	2880	奇谭	11627
矿区	13447	奇趣学语文	10210
奈何岁月	572	瓯北诗话	6783
奔马	13552	瓯北诗话校注	6827
奔月	1316	欧也妮·葛朗台	10975
奔流集	3941	欧也妮·葛朗台	11186
奔跑的布袋猫《萌芽》美文精选（2000—2006）·乐	4593	欧也妮·葛朗台	15773
		欧也妮·葛朗台 古物陈列室	11126
奔跑的青春——全美中学生领袖范紫光	4360	欧也妮·葛朗台 高老头	11054
奔腾的大海	291	欧文读本	15673
奔腾的雅鲁藏布江	178	欧文散文	14437

欧文短篇小说选	12744	政治、社会、思想潮流	15179
欧行散记	3837	欧洲纪事	18352
欧阳予倩选集	8066	欧洲针织印花和壁纸纹样	17471
欧阳予倩剧作选	5921	欧洲教育	11735
欧阳修文选	5645	欧洲寓言选	15629
欧阳修传	7203	欧洲新艺术植物纹样	17470
欧阳修词选译	10898	欧游札记	3869
欧阳修学术研究	7000	拔河	297
欧阳海之歌	129	拔掉白旗插红旗	17766
欧里庇得斯悲剧二种	14846	拔蒲歌	5356
欧里庇得斯悲剧集（一）	14832	抽梁换柱	17994
欧里庇得斯悲剧集（二）	14842	拐角书店	9498
欧里庇得斯悲剧集（三）	14851	拍案惊奇（上下）	2644
欧·亨利小说	12794	拥军秧歌（民族管弦乐曲）	10487
欧·亨利小说全集（1—4卷）	15497	拥抱生命	644
欧·亨利小说选（下）	12750	抵抗的全球化（上下）	17424
欧·亨利小说选（上册）	12738	抵押出去的心	15687
欧·亨利幽默小说选	12781	拘留	802
欧·亨利短篇小说选	12761	拉丁美洲文学	7340
欧·亨利短篇小说选	12774	拉丁美洲文学简史	15169
欧·亨利短篇小说选	12776	拉丁美洲现代独幕剧选	14967
欧·亨利短篇小说选	12793	拉丁美洲被切开的血管	17406
欧·亨利短篇小说集	12751	拉丁美洲短篇小说选	12844
欧美文学论丛第一辑 经典作家作品研究	7385	拉扎尔·西理奇诗集	14271
欧美文学论丛第二辑 欧美文学与宗教	7386	拉齐斯短篇小说选	12407
欧美文学论丛第十一辑 欧美戏剧文学与文化	7500	拉季谢夫	15236
		拉法格文学论文选	15099
欧美文学论丛第十二辑 18世纪文学研究	7505	拉郎配	18919
欧美文学论丛第十辑 成长小说研究	7492	拉封丹寓言	15854
欧美文学论丛第七辑 西班牙语国家文学研究	7455	拉封丹寓言	15891
		拉封丹寓言诗	13993
欧美文学论丛第八辑 文学与艺术	7469	拉封丹寓言诗选	13995
欧美文学论丛第九辑 俄罗斯文学研究	7493	拉封丹寓言诗选	15744
欧美文学论丛第三辑 欧美文论研究	7387	拉维尔斯坦	13226
欧美文学论丛第五辑 圣经、神话传说与文学	7420	拉斯普京小说选	12553
		拉斯普京创作研究	7434
欧美文学论丛第六辑 法国文学与宗教	7452	拉奥孔	15119
欧美文学论丛第四辑 传记文学研究	7403	拉德夫斯基诗选	14268
欧洲GO了没	10764	拂尘	880
欧洲文论简史 古希腊罗马至十九世纪末	7361	拙笔留情	7780
欧洲文学史（下）	7345	择天记（第一卷）恰同学少年	1297
欧洲文学史（上）	7342	择天记（第二卷）数寒星	1298
欧洲文学背景——西方文明巨著背后的		择天记（第七卷）西风烈	1305

书名	编号
择天记（第八卷）敢叫日月换新天	1307
择天记（第三卷）莫道君行早	1299
择天记（第五卷）东方欲晓	1306
择天记（第六卷）战地黄花	1304
择天记（第四卷）起风雷	1300
抬高房梁，木匠们 西摩：小传	13021
拇指男孩的秘密日记	16489
转个弯,怎样都幸福	10795
转吧,这伟大的世界	13080
转身	4683
转角遇到爱	865
转型中的社会：奈保尔作品研究	7484
转型期报告文学论纲	6438
转战南北	9820
转校生的愿望	9312
轭下	11454
斩单通 牧虎关	18539
斩栾平(学习革命样板戏曲艺专辑)	10316
斩黄袍	18491
斩黄袍	18833
斩雄信	18473
斩颜良	18763
轮下	11574
轮下	15771
轮子上的麦小麦	9126
轮椅上的梦	747
软弱	600
到十九号房间去	12315
到大地尽头	13805
到远方去	2751
到来的时刻	16353
到庐山看老别墅	4533
到莫斯科找答案	13138
到敌人后方去——革命历史歌曲	10408
到爱情为止	1246
到群众中去落户	6014
非比寻常 中文系 2	1284
非鸟	708
非花非雾集	7373
非这样生活不可	15000
非法智慧	9153
非洲	17315
非洲人	11980
非洲民间故事	17510
非洲当代中短篇小说选	13593
非洲戏剧选	15084
非洲现代文学（下）东非和南非	15308
非洲现代文学（上）北非和西非	15307
非洲童话集	15914
非洲游记	2908
非梦非烟	352
非常之洲 非洲见闻录	5276
非常妈妈	15995
非常男生卜的开心辞典	8476
叔本华散文	14433
叔叔的故事	1953
肯纳尔沃思堡	11077
卓文君	18830
卓别林传	17563
卓别林 我的环球之旅	14609
卓娅	14327
虎牙	16153
虎皮武士	14074
虎皮武士	14083
虎步流亡——金九在中国	597
虎胆英雄传	381
虎啸龙吟	1337
虎符	17843
虎符	5936
贤良桥畔	3982
具象传播论——形名学之形学	10702
果戈理	15235
果戈理小说戏剧选	15569
果戈理小说选	11345
果戈理小说选	11409
果戈理文集（1—7卷）	15529
果戈理选集（第一卷）	11362
果戈理选集（第二卷）	11373
果壳里的宇宙 霍金	9686
果林公社跃进歌	9982
昆仑行	2917
昆仑春色	1736
昆仑殇	2092
昆仑垦荒队	2874
昆虫小语	4882
昆虫记	16115

昆虫记	16188	明日酒醒何处	4517
昆虫记	16233	明月几时圆	892
昆曲之路	4731	明文选	5666
昆廷·杜沃德	11111	明末清初西湖小说研究	7208
国人暴动	8445	明代小说史	7283
国王米达长着驴耳朵	16175	明代小说丛稿	7045
国王的全息图	13236	明代文论选	6806
国王蛇	8925	明代文学思潮史	7292
国木田独步选集	13404	明代传奇全目	7307
国风 王勇超与关中民俗艺术博物馆	4949	明代杂剧全目	7299
国运 南方记事	4664	明代福建文学结聚与文化研究（上下）	7162
国际友谊号	1648	明白了	18723
国际传播与国家形象	10701	明词史	7280
国际安徒生奖·曹文轩文集	9219	明诗选	3745
国际经典游戏大全集	17350	明洪武至正德中朝诗歌交流系年	7137
国际获奖画家插画本	17034	明宫女	2162
国际歌	10357	明朗的天	17835
国际歌	10421	明朗的天（话剧）	5764
国际歌 三大纪律八项注意	10360	明清上海稀见文献五种	10935
国画	586	明清小说研究论文集	6889
国宝灵光	4326	明清文人话本研究	7067
国宝档案	10700	明清传奇史	7290
国殇	1930	明清江苏文人年表	7321
国殇	4742	明清社会性爱风气	6977
国脉 谁寄锦书来	1415	明清笑话四种	5632
国语选	5636	易卜生文集（第一卷）	15428
国家干部（上下）	960	易卜生文集（第二卷）	15429
国家特别行动 新安江大移民	4696	易卜生文集（第七卷）	15434
国朝闺秀诗柳絮集校补（一——四）	3792	易卜生文集（第八卷）	15435
哎呀呀,美国小月亮	17952	易卜生文集（第三卷）	15430
昌耀评传	4662	易卜生文集（第五卷）	15432
昌耀的诗	3155	易卜生文集（第六卷）	15433
明人杂剧选	5973	易卜生文集（第四卷）	15431
明天的天气——以对话、书信、电报与其它文件等形式表达的现场报导剧	15031	易卜生书信演讲集	14553
		易卜生全集（第一卷）	15390
明天的世界	14339	易卜生全集（第二卷）	15398
明天的诗篇	3234	易卜生论	15228
明天树上长橘子	8891	易卜生戏剧四种	14850
明天战争	741	易卜生戏剧选	14823
明天是我们的	12801	易卜生戏剧选	14881
明天就要决赛	8370	易卜生戏剧选	14982
明天遥遥无期	2112	易卜生戏剧集（1—3）	14894
明日	2495	易卜生戏剧集（一）	14824

书名	索引号
易卜生戏剧集（二）	14827
易卜生戏剧集（三）	14844
易卜生戏剧集（四）	14852
易代之悲 钱澄之及其诗	7144
易经（上下）	8466
易碎品	12014
易解人生 田园破解伏羲易	10728
昂朵马格	14837
迪伦马特戏剧集（上下）	14990
迪伦马特侦探小说集	12215
迪伦马特喜剧选	14969
迪克西的热气球之旅	17148
迪克西的爱心赛车	17144
迪克西智擒珠宝大盗	17036
典型文案	6460
典型报告	1628
典型报告	9891
忠诚	12332
忠诚	18450
忠诚的代价 美国前财长保罗·奥尼尔眼中的布什和白宫	17412
忠烈侠义传 三侠五义	2660
忠烈侠义传 小五义	2661
忠烈侠义传 续小五义	2662
咀华集	6624
咀华集 咀华二集	6619
呼兰儿女	995
呼兰河传	2558
呼兰河传	2567
呼兰河传	9218
呼兰河传	9628
呼和诺尔野猫	9328
呼啸山庄	11185
呼啸山庄	15837
呼啸山庄	16973
呼啸的山风	119
咚咚,谁在敲门	16594
咏史诗	3692
咏物诗	3697
咏春六十年	5333
咖啡店政客	14839
呦呦鹿鸣	8388
呦呦鹿鸣（下）鸟岛水怪	9093
呦呦鹿鸣（上）花鹿失踪	9091
呦呦鹿鸣（中）长在树上的鹿角	9092
岸	12534
罗才打虎	1497
罗山条约	5061
罗门精品	3173
罗小波的遭遇	8411
罗马凶杀案	11764
罗马尼亚戏剧选（上下）	15056
罗比洛的舞蹈	16787
罗文应的故事	8290
罗平与杀人魔王	16174
罗平的大失败	16163
罗平的大冒险	16161
罗生门	13630
罗生门	13749
罗兰之歌 特利斯当与伊瑟 列那狐的故事	15628
罗汉钱	18141
罗汉钱	18887
罗汉钱（沪剧）	5709
罗成叫关	18486
罗成叫关	18530
罗成叫关	18796
罗伯斯庇尔传	14571
罗杰行动	11893
罗杰疑案	11730
罗昌秀	17863
罗亭	11330
罗亭	11390
罗亭	15778
罗亭 贵族之家	11408
罗亭 贵族之家	11416
"罗萌国粹系列长篇小说"评论集	6336
罗曼·罗兰文集（1—10卷）	15530
罗曼·罗兰革命剧选	14845
罗盘	12141
罗密欧与朱丽叶	14899
罗隐集系年校笺（上下）	8253
罗森堡夫妇	14955
罗森堡夫妇	15041
罗德里格斯岛之旅	14617
罗摩功行之湖	14306

书名	编号
罗摩衍那（一）童年篇	14292
罗摩衍那（二）阿逾陀篇	14293
罗摩衍那（七）后篇	14299
罗摩衍那（三）森林篇	14296
罗摩衍那（五）美妙篇	14298
罗摩衍那（六）战斗篇（上下）	14300
罗摩衍那（四）猴国篇	14297
罗摩衍那初探	7349
《罗摩衍那》选	14310
帕乌斯托夫斯基散文	14706
帕尔马幽默作品选	12988
帕里黛与帕里夏	257
帕斯捷尔纳克传（上下）	14711
帕斯捷尔纳克创作研究	7426
帕德玛河上的船夫	13450
岭南三大家研究	7059
岭南药侠——王老吉传奇	748
凯尔巴巴耶夫诗选	14224
凯尔特	17319
凯尔特人之梦	13298
凯利帮真史	13932
凯恩河	12925
凯勒中篇小说集	11042
凯旋	2890
凯斯宾王子	16752
凯撒和克莉奥佩特拉	14892
败坏了赫德莱堡的人	12741
败类	15036
购买上帝的男孩	9663
图瓦	11142
图书市场营销——出版社市场营销优秀论文集锦	10629
图书馆之谜	13866
图书管理员	12616
图画圣经	17392
钓太阳	8900
钓龟	18464
钓金龟	18815
垂杨柳 苏童短篇小说编年卷伍（二〇〇〇至二〇〇六）	1982
垂直的舞蹈	662
垂帘听政 慈禧真相	5319
知书达礼	10947
知在	1107
知更鸟	16193
知知大叫的桃树	8918
知春集	6174
知道吗，你应当快乐	13158
迭戈和弗里达	11978
牧民新歌（笛子独奏曲，民族乐队伴奏）	10467
牧师	11923
牧师的女儿们	12247
牧羊山	18532
牧羊豹	9289
牧羊豹（升级版）	9385
牧羊歌	18169
牧虎关	18836
牧神的午后	13841
牧鸭会	18111
牧童	9505
牧童情话	15600
牧歌	13958
物之物语	4895
物理属于相爱的人	11953
和大人一起读（1—4）	10136
和大姐	18416
和风	890
和风景的对话	14757
和乌鸦做邻居·乌鸦银斑点	9647
和古典音乐在一起的时光	5411
和平之路	3515
和平之歌	2754
和平公报飞满天	9960
和平纪事	14124
和平的风 黎巴嫩诗人诗集	14340
和平的保证	12455
和平的前哨	2737
和平的最强音	2842
和平战士约翰	18349
和平胜利的信号	3856
和平歌	14261
和老爸在一起的日子——女心理师手记	14524
和老鼠一起去世界底部旅行	16691
和我们的女儿谈话	913
和我玩吧	9491
和战斗英雄麦贤得在一起	4000

和鲁迅相处的日子	3918	往者难追 我的阅读与记忆	5350
和解	12640	往事与随想(上中下)	14460
季节(上下)	1010	往事随笔	14683
季羡林卷(季羡林散文选)	4289	往前看	17769
季羡林散文	4573	爬上月亮的兔子	16717
秉烛后谈	5611	爬山歌选(一)	9720
秉烛谈	5608	爬山歌选(二)	9726
岳飞出世	18814	爬山歌选(三)	9731
岳飞 鹏举的忠魂	8761	爬出窗外并消失的百岁老人	12160
岳云	17918	爬满青藤的木屋	1796
岳母刺字	18499	彼岸	4302
岳母刺字	18698	彼岸的巴士	12959
岳家庄	18494	彼得大帝	15833
岳家庄	18669	彼得大帝(上下)	12567
岳家的鸡毛蒜皮	1073	彼得·卡恩的第三个妻子 2006年度	
使者	13744	英国短篇小说精选	11865
使徒	14116	彼得·史勒密奇遇记	11034
侠的踪迹——中国武侠小说史论	6614	彼得兔奇遇记	17023
侠盗亚森·罗平	11727	彼得兔奇遇记	17037
侠盗罗宾汉	16076	彼得兔的世界 波特小姐书信手稿集	14444
侦探一家	13007	彼得兔的故事	17215
侦探与小偷	8554	彼得兔经典故事全集	16283
侦探迷的聪明手册	15944	彼得堡故事	11327
侦察员	12383	彼得·潘	16185
佩罗童话	16008	彼得·潘	16196
佩斯卡拉的故事	11121	彼得·潘	16631
货郎	14081	彼得·潘	17013
货郎担	18854	彼德·潘	15997
货郎担(秧歌剧)	5958	所以	855
货郎哥	18565	所有我亲爱的人	14184
侬偎	1115	所有的乡愁	957
侬卡	12671	所有爱的开始	12071
卑微的英雄	13297	所有悲伤的年轻人	13315
的里雅斯特与一位女性	14208	所罗门之歌	12872
追害	12100	所罗门王的宝藏	16073
欣慰的纪念	6567	所谓先生	786
征服者贝莱(第一卷)	11510	所谓作家	697
征服者贝莱(第二卷)	11519	舍甫琴柯	17644
征服者贝莱(第三卷)	11530	金人	11482
征服者贝莱(第四卷)	11543	金山寺	18168
征婚启事	1070	金马车	18394
往上爬	11553	金元明清词选(上下)	3678
往生书	13166	金元明清诗文精华	8223

书名	页码
金元诗选	3762
金云翘传	14288
金戈铁马辛弃疾	10739
金手指	12170
金火山	11258
金玉奴	18649
金玉奴	18828
金石记	884
金石萃珍——平凉历代碑刻金文选	10854
金龙河水浪滔天	17961
金田伏击战	9850
金代诗论辑存校注（上下）	6835
金头花	13486
金发女郎	11616
金圣叹史实研究	7153
金圣叹传（增订版）	4921
金丝猴跟踪	9395
金光大道（一）	132
金光大道（二）	136
金兆燕集	3828
金色之门——尤今散文选	4251
金色小提琴	8911
金色太阳永不落	8330
金色回响	4256
金色兴安岭	1513
金色兴安岭	1799
金色的麦田	2157
金色的运动场	2982
金色的花环	2992
金色的足迹	4172
金色眼睛的映像	12139
金字塔的秘密	16150
金克木散文	4631
金近童话	8426
金沙江畔	18092
金沙江藏族歌谣选	9723
金沙洲	79
金沙滩	18467
金词风貌研究	7175
金茅草	9306
金雨滴	9392
金牧场	848
金鱼	12831
金波儿童诗选	8401
金波语文课 一起长大的玩具	10140
金星英雄（上下）	12351
金秋	17293
金阁寺	13741
金剃刀	8412
金珠和银豆	8375
金翅鸟（散文选）	4011
金翅雀	13220
金钱	11007
金钱与抗日战争	10831
《金瓶梅》与封建文化	6984
金瓶梅 汉日对照（1—8）	2700
金瓶梅 汉西对照（1—9）	2690
金瓶梅 汉英对照（1—5）	2672
金瓶梅 汉法对照（1—5）	2699
金瓶梅 汉俄对照（1—6）	2698
金瓶梅 汉德对照（1—8）	2696
金瓶梅论集	6942
金瓶梅词话（1—21）	17747
金瓶梅词话（一至二十一）	2648
金瓶梅词话（上下）	2659
金瓶梅词话（上中下）	2632
金粉世家（上下）	2475
金陵永生——魏特琳女士传	4295
金陵琐事	17718
金黄稻浪接九霄	9973
金银岛	11218
金银岛	16235
金银岛 化身博士	11213
金斯堡诗全集（上中下）	14175
金雁桥 收关胜	18552
金锁阵	18510
金锁沉香张爱玲	4345
金鹅	16930
金融大风暴	589
金鹰	18123
金鹰	5777
命	2172
命	9610
命犯桃花	4905
命运	1311
命运	4051

命运之人（上下）	13746	周大新	7759
命运之子	17055	周大新文集（1—18）	7685
命运之轮	8789	周大新精选集（1—4）	7676
命运曲奇	673	周仁献嫂	18794
命运变奏曲 我的个人当代史	5048	周氏兄弟与日本	6728
命运城堡	8690	周文选集	8077
命运零点 1	13813	周末童话	15864
命运零点 2	13814	周立波选集	8055
命运零点 3	13815	周邦彦词选	3713
命运零点 4	13816	周扬文论选	6443
命运零点 5	13817	周扬文集（第一卷）	7507
命运零点 6	13818	周扬文集（第二卷）	7508
命若琴弦	1990	周扬文集（第三卷）	7509
命案目睹记	11771	周扬文集（第五卷）	7511
斧柄集	14185	周扬文集（第四卷）	7510
丛惠 喜讯	2387	周克芹	7721
爸爸	12151	周作人作品新编	8168
爸爸去哪儿了？	17106	周作人和他的苦雨斋	4400
爸爸失踪了	17100	周作人的是非功过	6612
爸爸有你就够了	14775	周作人卷（周作人散文）	5524
爸爸，我们去哪儿	11938	周国平散文	4618
爸爸的秘密生活 2007 年度英国短篇小说精选	11863	周易（汉俄对照）	10938
		周信芳戏剧散论	18278
爸爸爸	1949	周信芳舞台艺术	18291
爸爸爸	2130	周信芳演出剧本选	18061
爸爸变成肉包子	8865	周信芳演出剧本选集（上下）	17586
采石集	7364	周信芳演出剧本新编	18065
采莲浜苦情录	1273	周总理永远和我们在一起	2975
采蒲台	1515	周恩来论文艺	6157
受不了的幸福	4441	周恩来青年时代诗选	2996
受戒	2078	周铁汉	1493
受战争迫害的人们	12661	周涛卷（周涛散文）	4221
受保企业行业评审要点与担保业务操作模式及典型案例	10958	周海婴纪念集	4970
		周梅森	7761
受害者	13368	周梅森研究资料	6514
受难地的女人	11660	鱼王与斯芬克斯	16121
贪食忘忧果的人	12322	鱼水情（小舞剧）	10536
念头	1409	鱼目集	3568
贫非罪	14924	鱼肠剑	1091
贫富天平	1054	鱼肠剑	18667
贫嘴张大民的幸福生活	5895	鱼游春水	4067
朋友和敌人（话剧）	5758	鱼藻宫	18643
肮脏的书桌	13772	兔子的林间奇遇	17204

兔子彼得的故事	16012	京剧大观(三)	18705
兔子彼得的故事	16216	京剧大观(五)	18725
兔面人传奇	9001	京剧大观(六)	18726
狐小小、狐悠悠、狐涂涂	8956	京剧大观(四)	18706
狐仙妮妮	8872	京剧艺术讲座(一)	19054
狐兔入井	8607	京剧艺术讲座(二)	19055
狐狸拉克尔和雷莎	16776	京剧艺术讲座(三)	19056
狐狸的朋友	9531	京剧化妆常识	18275
狐狸的森林魔法	17221	京剧丛刊(33)	18026
狐狸洞话语	4858	京剧丛刊(34)	18027
狐狸雷迪奇遇记	17024	京剧丛刊(35)	18028
忽必烈 纵马驰中原	8760	京剧丛刊(36)	18029
狗	5581	京剧丛刊(37)	18033
狗与狼	12238	京剧丛刊(38)	18034
狗油锥子	18928	京剧丛刊(39)	18035
狗洞	18557	京剧丛刊(40)	18036
狍子鲁特和洛基	16777	京剧丛刊(41)	18037
饲养	13757	京剧丛刊(42)	18038
变	11576	京剧丛刊(43)	18039
变天记	70	京剧丛刊(44)	18040
变幻的天气	16248	京剧丛刊(45)	18041
变色人	8693	京剧丛刊(46)	18042
变色龙	11425	京剧丛刊(47)	18043
变色猫与月亮冰激凌	17116	京剧丛刊(48)	18044
变色猫与月亮冰激凌	17211	京剧丛刊(49)	18046
变戏法	11615	京剧丛刊(50)	18047
变形记	11005	京剧丛刊(第1—32合订本)	18025
变形记	11987	京剧曲牌简编	18272
变形记	15739	京剧杂谈	19068
变声期	8525	京剧《红灯记》评论集	18300
变法争鸣的战国	8725	京剧《沙家浜》评论集	18301
变革	12194	京剧的行当	19069
京本通俗小说(一函二册)	17750	京剧的角色分行及其艺术特点	18274
京味儿夜话	4271	京剧剧目初探(增订本)	18296
京味浮沉与北京文学的发展 北京文学研究资料汇编	6565	京剧常识讲话	18261
		京剧锣鼓	18273
京城内外	1832	京剧锣鼓谱简编	19053
京城杂吃	4344	庞贝	11855
京胡演奏法	10550	庞瑞垠研究资料	6522
京派小说选	2432	夜	13151
京剧	10017	夜与昼(上下)	318
京剧大观(一)	18703	夜上海	17833
京剧大观(二)	18704	夜之色	16320

夜归	1593	底色	4995
夜仙子	17104	底层	18420
夜半撞车	11695	底牌	11769
夜光人	16669	郊游去！	17174
夜色温柔	12780	放下武器	701
夜色温柔	13307	放大的时间	5256
夜访良辰镇	13081	放飞心情	3336
夜巡	12052	放声歌唱	2828
夜走骆驼岭	1664	放松点，爸爸	17193
夜来香开花的时候	5067	放河灯	9637
夜里老鼠们要睡觉	12217	放逐（上下）	1192
夜听海涛	14001	放眼观宇宙 伽利略	9680
夜间故事（上下）	2237	放歌长城岭	2928
夜的草	12096	放歌集	2885
夜泊秦淮 叶兆言中篇小说 卷一	2053	放歌集（1—5卷）	7793
夜思与独语	4775	废名小说选	2328
夜总会——十七个著名的外国惊险故事	15606	废名作品新编	8146
夜屋	12957	废名选集	8143
夜赶模型	17778	废墟上的白鸽	9391
夜莺与古瓮 济慈诗歌精粹	14042	废墟居民	9077
夜莺与玫瑰	15852	盲点	13174
夜莺之歌	16288	盲音乐家	11335
夜航	11562	盲孩子和他的影子（升级版）	8992
夜航	12209	盲歌女阿凛	13843
夜航	15770	刻骨铭心	1356
夜航西飞	14535	性别诉求的多重表达	
夜读抄	5612	——中国当代文学的女性话语研究	6465
夜晚的远足	13658	性别、语境与书写的政治	6466
夜晚的远足	13924	怪人们	13685
夜晚的秘密	16271	怪才的荒诞与忧伤	13302
夜晚的消息	14207	怪老头儿与"怪人国"	8924
夜深沉	2489	怪老头儿的"豹子"	8923
夜深沉	314	怪雨伞	8906
夜宿花亭	18524	怪物马戏团	15929
夜宿花亭	18911	怪物比利·迪恩的真实故事	16491
夜魂	11870	怪物克雷	16667
夜幕	11696	怪怪班级的怪人	9296
夜幕降临	13191	怪诞故事集	15709
夜歌和白天的歌	3514	怪钟	11868
夜谭十记	268	怪客 杨羽仪散文选	4137
夜谭续记	1450	怪屋	11801
夜翼	12928	怪屋	16158
庙魂	1133	怪梦探秘	17120

怪盗二十面相	16381	学会观察和倾听自己的情绪	17457
怪盗四十面相	16557	学词入门第一书 白香词谱	3793
闹瓜园	18931	学语文主题公园	10209
闹齐庭	18987	学语文·新起点	10211
闹严府	18895	学校里的松鼠	15938
闹房	18162	学校是一段旅程 华德福教师手记	17417
闹鬼的房子	3370	沫若文集(1)	7813
闹鬼的旅馆	9099	沫若文集(10)	7844
郑文焯批校汲古阁初刻梦窗词	3801	沫若文集(11)	7845
郑和下西洋	8663	沫若文集(12)	7846
郑振铎	8116	沫若文集(13)	7854
郑振铎文集(1)	7851	沫若文集(14)	7864
郑振铎文集(2)	7865	沫若文集(15)	7857
郑振铎文集(3)	7898	沫若文集(16)	7862
郑振铎文集(4)	7917	沫若文集(17)	7863
郑振铎文集(5)	7947	沫若文集(2)	7814
郑振铎文集(6)	7948	沫若文集(3)	7815
郑振铎文集(7)	7949	沫若文集(4)	7816
郑振铎前期文学思想	6671	沫若文集(5)	7817
郑敏诗集(1979—1999)	3169	沫若文集(6)	7831
卷耳集 屈原赋今译	10911	沫若文集(7)	7835
卷席筒	18946	沫若文集(8)	7839
卷葹	2383	沫若文集(9)	7850
单人房	13659	沫若译诗集	13956
单人旅行	2059	沫若诗词选	2978
单刀会	18711	沫若选集(1)	8062
单行道	14496	沫若选集(2)	8073
单身社会	17466	沫若选集(3)	8074
单弦牌子曲创作选集	10291	沫若选集(4)	8069
单恋	12564	浅草—沉钟社作品选	8182
单筒望远镜	1401	法门寺	18647
单筒望远镜	834	法布尔 寻找昆虫学家之旅	16827
单簧管演奏法	10549	法兰西组曲	11728
炉	1499	法兰西漫游	4197
炉火熊熊	9995	法兰克福的来信	12440
炉边蟋蟀	11277	法尼娜·法尼尼 外国经典短篇小说 青春版	15714
冼星海传	4046		
学大寨	18233	法式善诗文集(上下)	8242
学大寨民歌选	2972	法老的诅咒	15986
学习鲁迅深入批修(一)	6133	法老要回家	9539
学习漫谈	9902	法场换子	18773
学天桥	18595	法西斯细菌	5927
学生托乐思的迷惘	11991	法拉第	8707

书名	编号
法拉第 电学之父	8774
法国中篇小说选（下）	11113
法国中篇小说选（上）	11112
法国文学史（1—3卷）	7412
法国文学史（下册）	7371
法国文学史（上册）	7347
法国文学史（中册）	7354
法国文学的理性批判精神（增订本）	7498
法国文学简史	15244
法国当代五人诗选	14153
法国当代短篇小说选	11564
法国进步作家论社会主义现实主义	15163
法国近代名家诗选	13987
法国短篇小说选（上下）	11120
法国童话	16061
法国童话	16116
法国童话	16189
法国童话选	15743
法国童话选	15797
法国新小说发生学	7451
法显传	17720
法朗士短篇小说集	10987
法捷耶夫评传	15275
法捷耶夫的创作	15210
法斯宾德论电影 幻想的无政府主义 电影解放心智	17409
法蒂玛之手	12147
河上柏影	2156
河之南	10735
河北歌谣	9779
河西走廊行	2836
河岸	965
河（桨声灯影里的秦淮河）	5568
河流如血	743
泪珠儿	691
泪瀑 南方风土故事诗集	3067
油船"德宾特"号	12340
油断	13562
沿途探秘	17360
沿着季风的方向 从印度到东南亚的旅程	5384
沿着爱的方向	3193
沿着塞纳河到翡冷翠	5063
泡沫	15034
泡泡家族	9075
注视一只黑鸟的十三种方式——史蒂文斯诗选	14183
泣血乡恋	11166
泣血长城	5155
泳池夏日屋	12087
泥太阳	938
泥巴男生	9262
泥孩子	9332
泥孩子	9400
泥棚户	12646
沸腾的九十年代	13929
沸腾的车间	12498
沸腾的群山	126
沸腾的群山（二）	133
沸腾的群山（三）	155
沼尾村	13551
波兰民族的良心——斯·热罗姆斯基小说研究	7407
波尼的大日子	16588
波伏瓦——一位追求自由的女性（追求自由的波伏瓦）	4464
波伏瓦姐妹	14503
波希米亚女郎	12961
波罗地海天空	12457
波罗的海代表	17626
波洛探案集	11960
波莉再斗大笨狼	16779
波莉安娜	16997
波莉安娜（新版）	17135
波莉和大饿狼的故事	16760
波莉和大笨狼最后的故事	16761
波特夫诗集	14105
波斯人的婚礼	10999
波斯古代诗选	14309
波斯短篇小说集	13477
波缅洛夫斯基小说选	11358
波德利普人——纤夫曲	11383
波德莱尔美学论文选	15140
泽玛姬	9749
泾渭流韵 平凉历代诗词选	8249
宝山参军	18594
宝石的红星	2718

宝宝好习惯·睡前故事	17209	空之境界:未来福音	13902
宝船	9616	空中飞船	17759
宝塔山下新一代	10490	空中有苍鹰	12225
宝葫芦	18191	空中城堡	12011
宝葫芦的秘密	8275	空有玉貌	11150
宝葫芦的秘密	8608	空军飞行员	11631
宝葫芦的秘密	9020	空军飞行员	12207
宝葫芦的秘密	9617	空谷	560
宗奇散文	4530	空谷幽魂	11745
宗璞	7708	空城计	18730
宗璞文学创作评论集	6375	空荡荡的家	12001
宗璞卷	4290	空盼	11783
宗璞散文	4577	空暗女王	12060
定计化缘	18679	空影之书	13114
定叫山河换新装	10415	穹顶之下（上下）	13216
定西笔记	4894	实践学习 收获成长	
定军山	18657	——"四个一"实践学习任务单	10090
定势作文的突破	10058	试论《陈三五娘》的两种形象处理	19064
定命论者雅克和他的主人	11012	试论独创性作品	15104
宠物公墓	13250	试看天地翻覆——学习毛主席词二首	6149
宠物鹦鹉在哪里	16853	试验年代	13127
审土地	18995	诗	6961
审头刺汤	18651	诗二十一首	2819
审美之窗	6282	诗人	14750
审美价值系统	6307	诗人之恋 苏联三大诗人的爱情悲剧	7372
审美形态的立体观照	6248	诗人 文体 批评——中古文学新语	6987
审美形态学	6363	诗人继续沉默	13838
审美的感悟与追求	6286	诗人鲁迅 鲁迅诗全考	6763
审美鉴赏系统模型	6278	诗与春秋 苏恒纪念集	5079
审椅子	18014	诗与美	6237
审潘洪	18509	诗与真·诗与真二集	7359
审潘洪	18658	诗与颂歌	14009
官场现形记（上下）	2592	诗与遗产	6119
官僚们的夏天	13564	诗风录	2795
空山2	853	诗水流年	3239
空山3	947	诗外文章——文学、历史、哲学的对话	
空山（三部曲）	968	（1—3）	5336
空山 机村传说1	767	诗式校注	6817
空山灵雨	3103	诗论	6622
空山灵雨	5520	诗论·文论·剧论 屠岸文艺评论集	6365
空之境界（下）	13901	诗论集	6060
空之境界（上）	13899	诗词指要	7190
空之境界（中）	13900	诗的艺术	15096

书名	编号
诗的位置	14187
诗卷长留天地间——论郭小川的诗	6202
诗学	15143
诗学 诗艺	15100
诗话丛林校注	6831
诗话总龟(前集后集)	6796
诗经 礼记 黄帝内经	8461
诗经全注	3724
诗经名物图解	10939
诗经国风今译	10914
诗经研究论文集	6894
诗经选	3620
诗经选	3800
诗经选	9606
诗经选译	10904
诗经选译	10912
诗经选译(增补本)	10897
诗经鉴赏集	6941
《诗经》精解	8641
诗品	17669
诗品注	6764
诗品笺注	6820
诗品集解 续诗品注	6785
诗选	14118
诗选(1953.9—1955.12)	2741
诗选(1956年)	2767
诗选(1957年)	2815
诗选(1958年)	2847
诗选(一)1949—1979	3008
诗选(二)1949—1979	3016
诗选(三)1949—1979	3019
诗美的积淀与选择	6233
诗美学(修订版)	6507
诗爱者的自白——屠岸的散文和散文诗	4320
诗翁彼豆故事集	16096
诗流双汇集	9655
诗情与哲理——杜鹏程小说新论	6232
诗集	14281
诗集传	17687
诗就是诗	6250
诗韵人生 李黎诗选	3446
诗意的超越 谢莹莹文选	7799
诗源辩体	6797
诗境浅说	7191
诗歌初集	3597
诗歌欣赏	6109
诗歌集	3048
诗歌集	3101
诗蕴	3351
诗篇中的诗人	15643
房间	11977
房客	12135
诚行天下	4585
视觉幻象1	17344
视觉幻象2	17345
话中外古今	4185
话本选(上下)	2601
话说儒家	10676
话剧创作散论	18251
话剧创始期回忆录	18237
话剧表演知识讲座	6166
话剧剧本专刊	17912
建设十三陵水库的人们(第一集)	3910
建设十三陵水库的人们(第二集)	3912
建设十三陵水库的人们(第三集)	3913
建设十三陵水库的人们(第五集)	3919
建设十三陵水库的人们(第四集)	3917
建设的歌	2750
录鬼簿新校注	17743
居里夫人	8699
居里夫人自传	14620
居里夫人 科学界的明珠	8778
屈大均全集(1—8)	8210
屈原	17839
屈原	5912
屈原	7160
屈原与他的时代	6813
屈原论稿	6804
屈原论稿	6918
屈原 汨罗江畔的悲吟	8796
屈原选集	3720
屈原赋今译	10895
屈原赋校注	3625
屈原集	3616
屈原 蔡文姬	5948
屈赋通笺	6895

弥尔顿十四行诗集	14012	迦尔洵小说集	11367
弥尔顿诗选	13965	迦丽亚	12424
弥尔顿诗选	14033	迦陵谈诗	7215
弥补	12167	迦陵谈诗二集	7216
弦裂 柏林爱乐乐团首席小提琴家		参加红军的第一天	9851
斯特恩回忆录	14481	参军	2532
陌生的十字路口	3131	参观展览会	17775
陌生朋友	11612	艰难与辉煌	4196
陕西歌谣	9776	艰难的历程——无锡市企业、企业家报告文学	
降龙伏虎	17868	集	4141
降龙伏虎	18914	艰难的父爱 陈社散文自选集	4876
妹妹入学	8291	艰难的岁月	9857
妹妹脸上的巴掌印	8805	承载	4815
姑娘·女人·影子——瑞士短篇小说选	11630	线索	1446
姑娘们	18970	绀弩杂文选	5460
姑娘的秘密	1656	绀弩散文	5509
姑娘的秘密	19032	练兵场上（板胡独奏曲，民族乐队伴奏）	10475
姑娘闹海	19040	绅士怪盗	16152
姑娘跑向罗马	345	细民盛宴	1287
姑隐其名	15008	细米	8640
姑嫂上县城	18622	细米	9074
姑嫂比赛	18955	细米	9220
姑嫂看鱼	18983	细米（当当版单本）	9214
姐妹俩（话剧）	5738	细读·第一辑	7210
妮娜·西蒙娜停止歌唱的那一天	13690	细读·第二辑	7219
妮摩拉	13505	细读·第三辑	7233
姆咪在冬天做的傻事	16442	织席记	9444
姆咪妈妈的精言妙语	16578	孟子（上下）	8464
姆咪谷的冬天	16702	孟子文选	5630
姆咪谷的伙伴们	16694	孟子 汉俄对照	2688
姆咪谷的夏天	16701	孟子的故事	9479
姆咪谷的俱乐部	16441	孟子详解	5673
姆咪谷的彗星	16440	孟子选译	10916
姆咪谷的彗星	16699	孟子选注	5663
姆咪和大洪水	16695	孟子寓言 韩非子寓言	8740
姆咪和盗贼	16443	《孟子》精解	8635
姆咪的海上探险	16444	孟夫子秘闻	1860
姆咪的精言妙语	16580	孟东野诗集	3648
姆咪爸爸回忆录	16697	孟加拉母亲——印度诗选	15759
姆咪爸爸的精言妙语	16579	孟伟哉小说选	1920
姆咪爸爸海上探险记	16696	孟伟哉文集 10 人在沧海风涛间	7665
姆咪、美宝和小美的故事	16889	孟伟哉文集 1 一座雕像的诞生	7658
姆咪家来了个小坏蛋	16888	孟伟哉文集 2 访问失踪者	7659

孟伟哉文集 3 黎明潮	7660
孟伟哉文集 4—6 昨天的战争	7661
孟伟哉文集 7 你没有停止呼吸	7662
孟伟哉文集 8 作家的头脑怎样工作	7663
孟伟哉文集 9《当代》档案拾遗	7664
孟郊诗集校注	3715
孟浩然年谱	7315
孟浩然诗选	3679
孟浩然集	17668
孟浩然集校注	3703
孟德尔 迟来的掌声	8779
孤儿泪	4715
孤儿院的孩子	11462
孤本元明杂剧（1—4集）	18316
孤独之酒	12226
孤独者的秋天	14168
孤独的小螃蟹	10131
孤独的池塘	11968
孤独前驱——郭嵩焘别传	4365
孤独麋鹿王	9182
孤绝	1878
终极实验	12938
终极恐龙	9226
驼背人	16127
驼峰飞虎（电视文学剧本）	5884
驿路	13785
驿路折花	1828
经进东坡文集事略	17745
经典与传统 先秦两汉诗赋考论	7007
经典名著这样读	9592
经典关系	668
经典咏流传	10874
经典咏流传·小学生必背古诗词	10156
经典咏流传·中学生必背古诗词	10157
经典咏流传·我为诗狂	8247
经典咏流传 学生背诵版	10251
经典咏流传·娃娃读诗	8745
经典朗诵诗选	3503
经典散文诗选	5395
经济建设通讯报告选	3855
经济建设通讯报告选（二集）	3861
经略赣西南——曾山与苏维埃	4410
贯通与驾驭:宋代文体学述论	7165

九 画

契尔诃夫	17576
契佛短篇小说选	12861
契诃夫	11431
契诃夫	15208
契诃夫与艺术剧院	18337
契诃夫小说全集（1—10卷）	15526
契诃夫小说选	11344
契诃夫小说选（下册）	11332
契诃夫小说选（上册）	11320
契诃夫文集（1—16卷）	15544
契诃夫传	15277
契诃夫论文学	15152
契诃夫戏剧集	14936
契诃夫的一生	14515
契诃夫幽默讽刺小说选	11418
契诃夫独幕剧集	14917
契诃夫短篇小说	11432
契诃夫短篇小说选	11413
春	12469
春	2304
春大姐	1542
春与阿修罗 宫泽贤治童话诗精选集	14409
春之声 散文家笔下的改革开放	4685
春之循环	18374
春天	2748
春天在哪里	8916
春天并不遥远	8364
春天来到了鸭绿江	15
春天的太阳照耀着乌珠穆沁草原	1611
春天的丑闻	13152
春天的百草宴	4823
春天的来客 陈布文文集	7694
春天的雾	296
春天的歌声	18590
春天集	3960
春天漫笔	3935
春风回梦记	2426
春风吹来的童话	8344
春风吹到诺敏河（话剧）	5702
春风秋雨 中国当代文学五编辑散文选	5176
春风集	2822

春水船	9645	春梦随云散	4357
春去春又来	16650	春雪	13555
春归雁	4087	春琴抄	13793
春鸟集	3012	春雷	1595
春回地暖(上下)	103	春暖花开(话剧)	5728
春华秋实(话剧)	5698	春满天涯	2911
春尽	422	春满车间	2952
春花曲	18894	春潮	11438
春花的葬礼	14167	春潮	11439
春花秋叶——中国五四女作家	6677	春醪集	5522
春困	1315	春醪集 泪与笑	5503
春(我们把春天吵醒了 春意挂上了树梢)	5558	珂赛特	15790
春苗(电影文学剧本)	5830	珍妮姑娘	12874
春林妈下乡	1636	珍贵无比	12378
春到工地	1599	珍珠赋(散文选)	4006
春到草原	1579	玻璃门内	13847
春到淮北	17639	玻璃之城	13260
春明外史(上、下)	2515	玻璃天	13726
春的喜歌	1546	玻璃城堡	13177
春姑娘和雪爷爷	8283	玻璃鞋(上下)	772
春城集	2811	毒	14534
春草闯堂	18164	毒窟探秘	9098
春草国	14220	毒蘑菇的秘密	16651
春草集	3057	封建制度的诞生	8722
春茶	46	封神之兽	8766
春柳堂诗稿	17721	封神传	8656
春香传	13383	封神榜(上中下)(车王府曲本)	2647
春香传	13430	封神演义(上下)	2588
春香传	18896	《封神演义》考论	7187
春种秋收	1523	项羽 悲剧英雄	8756
春种秋收	1760	项美丽在上海	4473
春秋经传集解(一——三)	17683	项链	11097
春秋配	18782	城下(上下)	363
春秋逸谭——平凉历史掌故选(上下)	10855	城与年	12612
春闺梦	18758	城与海——朗费罗诗选	14172
春洪	15012	城山三郎小说选	13578
春蚕	2282	城乡路上	18992
春蚕	2330	城市与狗	12849
春莺颂	2849	城市与狗	13304
春桃	2346	城市之光	1266
春桃	2422	城市之光	13720
春啊,春啊,播种的时候	2770	城市片断	1270
春宴	1308	城市片断	656

1196

城市公社红旗飘	19052	赵美蓉观灯	19013
城市白皮书	513	赵晓岚说李煜 林花谢了春红	10712
城市民谣	1263	赵铁林 我的"老三届"岁月	4817
城市守望者	1110	赵基天诗集	14347
城市表情	1268	赵德发	7763
城市和鱼	2109	郝寿臣脸谱集	18460
城市姑娘	11030	郝经集编年校笺（上下）	8256
城郊一少年	12422	郝经集编年校笺（上下）	8266
城南少年游	4824	郝莉小姐在旅行中 九十分钟以外的	
城南旧事	2131	地方	12879
城南旧事	617	某《小仓日记》传	13784
城南旧事	9406	某种活法	12015
城堡	11644	某种微笑	12282
城堡里的骑士	17125	荆棘路	1583
城堡 变形记	11947	"革命文学"论争资料选编（上下）	6589
政府委员	17622	革命电影阔步前进	
政治委员	1558	——彩色影片《艳阳天》《火红的山丹》	
赵小兰（话剧）	5689	《青松岭》评论集	6139
赵子曰 离婚	2510	革命生涯	9874
赵子曰 离婚 韩羽插图本	2501	革命自有后来人	18076
赵云拒婚	18924	革命青年进行曲	10427
赵云截江	18789	革命现代京剧 龙江颂	5786
赵氏孤儿	18052	革命现代京剧《龙江颂》评论集	6148
赵巧儿	3594	革命现代京剧 平原作战	5803
赵本夫研究资料	6523	革命现代京剧《平原作战》评论集	6135
赵延年木刻插图本 狂人日记	2464	革命现代京剧主要唱段选	10584
赵延年木刻插图本 阿Q正传	2463	革命现代京剧主要唱段选段选集	10590
赵延年木刻插图本 故事新编	2465	革命现代京剧 红色娘子军	5788
赵延年木刻插图本 野草	5543	革命现代京剧 杜鹃山	5812
赵延年木刻鲁迅作品图鉴	10651	革命现代京剧《杜鹃山》评论集	6138
赵丽宏语文课	5324	革命现代京剧 沙家浜（综合本）	5848
赵丽宏散文	5128	革命现代京剧 奇袭白虎团	5794
赵尚志（上下）	535	革命现代京剧《奇袭白虎团》评论集	6140
赵明熙诗文集	14390	革命现代京剧 海港	5787
赵金辉捉"贼"（曲艺专辑）	10317	革命现代京剧《海港》评论集	6143
赵树理文集（1—4）	7569	革命现代京剧 海港（综合本）	5814
赵树理作品新编	8179	革命现代京剧短小唱段选段选集	10589
赵树理选集	2565	革命英雄的谱系	6073
赵树理选集	8049	革命的里程碑	6055
赵盼儿	18859	革命要钢我们炼	2959
赵剑平文集（1—6）	7666	革命样板戏论文集（第一辑）（试编本）	6142
赵恺两卷集 木笛（散文卷）	7775	革命样板戏剧本汇编（一）	5815
赵恺两卷集 诗雕公园（诗歌卷）	7774	革命烈士诗歌选读	10069

条目	编号	条目	编号
革命歌曲选(1974年第二集)	10394	草明短篇小说集	2324
革命歌曲选(一)	10358	草房子	8637
革命歌曲选(一)1972年	10362	草房子	9072
革命歌曲选(一)1973年	10376	草房子	9148
革命歌曲选(一)1974年	10392	草房子	9181
革命歌曲选(二)	10359	草房子	9197
革命歌曲选(二)1972年	10366	草房子(当当版)	9122
革命歌曲选(二)1973年	10379	草珠项链	8517
革命歌曲选(三)	10361	草莽集	3545
革命歌曲选(三)1972年	10369	草根闯央企	1207
革命歌曲选(三)1973年	10381	草原	11341
革命歌曲选(五)1973年	10386	草原上的人们	17579
革命歌曲选(六)1973年	10390	草原上的小木屋	16449
革命歌曲选(四)1972年	10371	草原上的小木屋	17077
革命歌曲选(四)1973年	10385	草原上的小木屋(云南新华版)	17088
革命歌曲选汇编(第一集)	10368	草原上的小木屋(新版)	17085
革命歌曲选汇编(第二集)1972年	10380	草原上的小镇	16452
革命歌曲选汇编(第三集)		草原上的红卫兵见到了毛主席	10419
（1973年《革命歌曲选》合订本）	10395	草原上的红卫兵见到了毛主席	
革新台上看高低	17762	（民族管弦乐曲）	10474
带上她的眼睛	1926	草原上的战斗	1675
带上你的画笔	16494	草原之夜	1578
带上铅笔去旅行	16498	草原之夜	1800
带伤疤的男人	12320	草原之歌(歌剧)	5751
带血的金达莱	241	草原之鹰	9183
带灯	1128	草原女民兵(舞蹈)	10534
带我走 90后的抗日纪念碑	4940	草原小姐妹	18078
带你去远方	5429	草原和群山的故事	13637
带你去故乡	5101	草原的早晨	161
带你看故宫	9517	草原 草原	9460
带条纹的地狱囚服	11663	草原烽火	78
带枪的人	18368	草原,悲欢离合	1841
带经堂诗话(上下)	6786	草原集	1737
带星星的火车票	12512	草原集	2881
带班 短篇小说集	1729	草原雏鹰	8309
草叶集(上下)	14000	草原新歌	8333
草叶集选	13953	草船借箭	18542
草台竹地	1851	草鞋湾	9204
草虫的村落	9659	草镯子	9060
草色遥看	4754	茧	1255
草岚风雨	309	茧屋	8977
草间弥生:爱丽丝奇境历险记	16477	茱莉亚的海边白日梦	17202
草明选集	8057	茱莉亚的海边白日梦	17216

茶花女	11056	荡寇志(上下)	2618
茶花女	14813	荣国府的经济账	7206
茶花赋	4101	荣誉	10680
茶味行役	5108	荣誉	12414
茶瓶计	18873	荧屏背后的生活	643
茶馆	17855	故土	281
茶馆	5878	故乡	2283
茶馆 上海的早晨	7798	故乡	2349
茶馆 龙须沟	5869	故乡	2805
茶馆 叶浅予插图本	5891	故乡	9625
荀子的故事	9478	故乡天下黄花	952
荀子选	5631	故乡岁月	4973
荀慧生的舞台艺术	18271	故乡和亲人	3934
荀灌娘	18822	故乡相处流传	959
荒山泪	18022	故乡面和花朵(1—4)	955
荒乱年代	12552	故乡集	4083
荒诞书	15878	故去者之国	13780
荒诞派戏剧选	14973	故园	12604
荒原	12975	故园	1905
荒原上的牛蒡	15912	故园风雨后	12165
荒原无故事	4666	故事海选	17500
荒原——艾略特诗选	14173	故事新编	2279
荒原狼	12026	故事新编	2357
荒凉山庄(上下)	11301	故宫三部曲	9615
荒凉河谷	328	故宫三部曲 变局 承载 守望	5152
荒野	13713	故宫之美:寻宝·探秘·看展实用手账	9591
荒野	17249	故宫六百年	5409
荒野里的牧羊人	12192	故宫的古物之美	5316
荒野的呼唤	12731	故宫的古物之美 3	5401
荒野的呼唤	12943	故宫的古物之美·绘画风雅 1	5366
荒煤散文选	4076	故宫的隐秘角落	5422
荒煤短篇小说选	2361	胡也频小说选集	2300
荒漠的旅程	1213	胡风文艺思想批判论文汇集(一集)	6017
茨冈	14073	胡风文艺思想批判论文汇集(二集)	6018
茨威格小说全集(1—4卷)	15541	胡风文艺思想批判论文汇集(三集)	6019
茨威格中短篇小说叙事研究	7458	胡风文艺思想批判论文汇集(五集)	6022
茨威格在巴西	11999	胡风文艺思想批判论文汇集(六集)	6023
茨威格读本	15689	胡风文艺思想批判论文汇集(四集)	6020
茨威格散文	14508	胡风回忆录	4192
茨维塔耶娃诗选	14259	胡风评论集(下)	6607
茫茫风雪夜	1621	胡风评论集(上)	6601
茫茫的草原(下部)	371	胡风评论集(中)	6602
茫茫黑夜漫游	12058	胡风译文集	15596

胡风集团反革命"作品"批判	6024	南北朝文学编年史	7278
胡石言研究资料	6518	南瓜头与姜糖人	10744
胡丘陵长诗选	3248	南瓜头与姜糖人 2	10772
胡安·鲁尔弗中短篇小说集	12843	南行记	2350
胡利娅姨妈与作家	13040	南行记	2457
胡适	8117	南行记续篇	1708
胡适文集（1—7）	8002	南阳关	18781
胡适传论（上下）	6664	南极精灵 科学家考察手记	9194
胡适自传	5585	南园风情录	365
胡适作品新编	8148	南宋刊单疏本《毛诗正义》	6826
胡适诗存	3557	南宋词境浅说	7192
胡适新诗理论批评	6691	南社诗选	3615
胡桃坡	2921	南社研究	7002
胡狼嗥叫的地方	13890	南国情天	361
胡萝卜种子	16011	南征北战（电影文学剧本）	5818
胡萝卜须	11716	南征北战奇观	4278
胡萝卜须	16829	南京血祭	2412
胡厥文诗词集	3405	南京的恶魔	11982
茹尔宾一家人	12408	南京的陷落	340
荔枝满山一片红	9984	南京部队曲艺作品选	10318
南丁格尔 提灯天使	8794	南南的绿楼房	8965
南山东篱	5329	南柯梦记	5979
南山的灯	1709	南柳春光 报告文学（第三集）	3985
南乡三十六村	5302	南音	1481
南方	1204	南洋淘金记	2395
南方与北方	11108	南冠草	5934
南方之星	12249	南唐二主词校订	3628
南方小蜜蜂俱乐部	8606	南海长城	17921
南方有嘉木 不夜之侯 筑草为城		南海花园	2835
（茶人三部曲）	742	南海第一井	5055
南方来信	17931	南斯拉夫短篇小说集	12656
南方来信选（农村版）	14742	南腔北调集	5442
南方来信（第一集）	14731	南渡记	374
南方来信（第二集）	14732	南渡记 东藏记	726
南方邮航	12206	南渡记 东藏记 西征记	1030
南方快车	14675	南窗乱弹	6287
南方汽笛	17937	南疆木棉红 工农兵短篇小说集	1727
南方的爱	599	药王孙思邈传奇	642
南方的海	11830	药老虎发家史	3994
南方的寡妇	12984	药都人物	2206
南北极	2455	枯草上的盐	3165
南北极 公墓	2399	枯湖	1172
南北朝文学史	7273	柯丘宾斯基小说选	11364

书名	编号
柯灵作品新编	8170
柯灵卷	4264
柯灵散文	4610
柯灵散文选	4081
柯岩儿童诗选	8385
柯涅楚克选集(下)	15028
柯涅楚克选集(上)	15026
柯诺普尼茨卡短篇小说集	11472
柯蓝朗诵散文诗选	4514
查无此人	1364
查尔卡小说选	12680
查尔斯街	1098
查特莱夫人的情人	11690
查理第九时代轶事	11002
查第格	10989
相见恨早	1399
相声传统作品选	10285
相声创作选集	10278
相声垫话选	10294
相声溯源	6197
相助	13373
相识	16913
相性	14758
相思一片	4111
相思树	18856
相亲记	17954
相爱的日子	2113
相逢行	803
相逢犹如在梦中——梦莉散文选	4254
柚子	2453
柏辽兹	14523
柏杨曰(上下)	10748
柏杨回忆录 插图本	4869
柏杨全集(1—25)	7578
柏杨序事	5167
柏杨妙语	4651
柏杨版资治通鉴(1—36册)	5688
柏林之围	11037
柏拉图之恋	925
柏拉图文艺对话集	15098
柏拉图文艺对话集 歌德谈话录	15146
柏棺	11851
柏慧	1005
柳叶儿青青	18610
柳叶船	9554
柳永词	3750
柳永词选注	3764
柳亚子诗词选	2858
柳成荫装帧艺术	10667
柳青文集(1—4)	7567
柳青年谱	6504
柳青传 附·柳青和女儿的谈话	5160
柳林风声	16633
柳林风声	17014
柳林传	1476
柳林前传	264
柳宗元传论	6930
柳宗元论文选读	5639
柳宗元诗文选	8202
柳宗元诗文选	8203
柳宗元选集	8218
柳荫记	18150
柳荫记	18780
柳荫记(川剧)	5693
柳荫记(川剧)	5711
柳树井	18990
柳哑子	9230
柳暗花明	235
柳鲍芙·雅洛娃娅	15023
树下	1156
树下的我和树上的你	8603
树大根深	13697
树叶	16496
树叶	8732
树民	13374
树国之旅	16285
树屋三邻居	8979
树结钟	8989
勃列日涅夫集团关于文艺问题的决议和言论选编	15300
勃洛克 叶赛宁诗选	14251
要认真总结经验 要了解运动的全过程	10570
要吃鱼虾下海洋	9928
要短句,亲爱的	11678
要塞	12210
柬埔寨革命故事	14748

柬埔寨通讯集	14747	拴娃娃	18930
咸阳宫	1238	拾玉镯	18143
威尔斯科幻经典	11718	拾玉镯	18544
威尼斯的冬天	11611	拾玉镯	18727
威尼斯是一条鱼	14637	拾婴记	8716
威尼斯商人	14866	拾棉花	18985
威尼斯商人	14906	拾穗小札	3980
威尼斯商人	15825	挑山担海跟党走	2955
威弗莱或六十年的事	11107	挑灯集——郑子瑜散文选	4186
威克菲牧师传	11013	挑战	14780
威廉·退尔	14822	挑战	2418
威廉·福克纳	7445	挑战	8329
"歪脑袋"木头桩	10135	挑战的手套	18417
研究文艺史上儒法斗争的几个问题	6908	挑滑车	18480
砖巷	11698	挑滑车	18844
厚土	1977	挣不断的红丝线	1805
厚土	2229	挣断锁链的奴隶	1590
厚古薄今批判集（第一辑）	6875	挖蔓菁	18526
厚古薄今批判集（第二辑）	6876	按头人	18434
厚古薄今批判集（第三辑）	6884	挥手之间	3973
厚古薄今批判集（第四辑）	6885	挥笔写人生——郭梅尼人物通讯选	4398
砌石与寒山诗	14186	挪威森林猫	9464
砂女	13836	拯救乳房	702
砂器 望乡	15078	轻抚水,轻抚风	13892
面包和汤和猫咪好天气	13774	轻松玩写作	17268
面向未来	12562	鸦片与大棒	13606
面向生活	6016	鸦片王国浮沉记	401
面纱	12310	背向世界	12221
耐冬花	18918	背叛	4301
牵牛花	9411	背道而驰	823
牵手	584	背影	5495
牵风记	1408	战士在故乡	18107
残月	1206	战士在故乡（话剧）	5760
残夜	247	战士创作选	1505
残缺骑士	12061	战士还乡	18900
残雪	7745	战士快板诗	2712
残照录	3966	战马超	18505
残酷的爱	399	战马蜂	9466
挂在月亮上的秋千	8892	战无不胜小女神	9106
挂红灯	18963	战太平	18835
挂红灯	245	战友之歌	14328
挡不住的洪流	10003	战友（歌剧）	5705
拽着太阳飞 中美素质教育启示录	4465	战斗	5923

书名	页码
战斗与歌唱	3522
战斗之歌	14369
战斗在滹沱河上	9
战斗进行曲——革命历史歌曲	10410
战斗里成长	17850
战斗里成长(话剧)	5960
战斗到明天(第一部)	62
战斗的乡村	3609
战斗的边疆	1519
战斗的青春	759
战斗的幸福	1536
战斗的南越	14372
战斗的洗礼	15053
战斗的越南南方青年	14734
战斗的越南南方青年(第二集)	14736
战斗的越南南方青年(第三集)	14746
战斗的植物	14784
战斗的旗	2710
战斗集(话剧)	5775
战地红缨	8299
战地莺花录(上下)	2652
战地新歌	10367
战地新歌(第三集)	10389
战地新歌续集	10377
战后二十年中国文学研究	6433
战后日本文学史	7504
战争	11533
战争与人民	249
战争与回忆(1—4)	12848
战争与和平	13882
战争与和平	15834
战争与和平	16985
战争与和平(1—4)	11336
战争与和平(1—4)	11389
战争与和平(上中下)	11451
战争与爱情(上下)	428
战争风云(一)	12827
战争风云(二)	12828
战争风云(三)	12829
战争目光	672
战争史笔记(三国—隋唐)	10729
战争史笔记(上古—秦汉)	10711
战争史笔记(元—明)	10761
战争史笔记(五代—宋辽金夏)	10745
战争史笔记(全五卷)	10763
战争史笔记(清)	10762
战争传说	1282
战争和人(一、二、三)	468
战争、和平、进步	2753
战争的回声	12515
战争往事——抗日战争胜利半世纪祭	1899
战争故事	12648
战役	11653
战犹酣(工农兵诗选)	2944
战国策选译	10921
战线	2547
战线南移(五幕剧)	5755
战洪图	17935
战歌与情歌——朱子奇译诗集	15599
战濮阳	18502
点面之间——一个数学老师的追梦人生	5011
点亮心灯	4385
点燃灵魂的一簇圣火	6276
点燃朝霞的人们	12826
临江会	18816
临江驿	18655
临朐冯氏年谱	10828
临津江边	1504
竖琴	12352
省委书记 K省纪事	850
省委书记和他的秘书们	687
省委第一书记	347
尝试集	3547
尝试集	3587
是我必然遇到你	4931
是你,制造了天气 气候变化的历史与未来	17428
是这样开始的(战时札记)	14692
是朋友,不是野味	9547
是误会吗,阿尔菲?	17183
是猪就能飞	9192
盼兮集	3382
盼到黎明	11604
眨眼睛比尔	16105
显生宙·古生代1	16968
显生宙·古生代2	16969

显生宙·古生代3	16970	星河 白描	3487
显克维奇选集(1—8卷)	15513	星河 立春·夏至	3511
显克微支短篇小说集	11457	星河 灯	3478
显应桥	18948	星河 寻找	3339
哑牛	9305	星河 阳光	3384
哑舍(一)	1342	星河 红豆	3397
哑舍(二)	1343	星河 约定	3506
哑舍(三)	1344	星河 麦田	3315
哑舍(五)	1347	星河 远方	3317
哑舍 古董小传	1312	星河 画蝉	3495
哑舍(四)	1345	星河 雨水	3316
哑舍(零)	1341	星河 雨后	3411
哑歌人的自白——屠岸诗选	3105	星河 季节	3390
冒犯书	854	星河 南风	3474
冒险史	12177	星河 思念	3346
冒烟的书包	9258	星河 秋天	3356
冒牌屋	13861	星河 流水	3419
星	12368	星河 黄土	3379
星火	13208	星河 雪花	3481
星火燎原	17893	星河 第一辑	3243
星火燎原(一)	9821	星河 第二辑	3249
星火燎原(二)	9869	星河 第三辑	3259
星火燎原(十)	9872	星河 第五辑 我的灵魂	3270
星火燎原(七)	9871	星河 第六辑 河姆渡	3277
星火燎原(九)	9873	星河 第四辑	3380
星火燎原(三)	9863	星河 绿茶	3491
星火燎原(六)	9868	星河 黑陶	3431
星火燎原(四)	9867	星河 港湾	3441
星巴的梦	8978	星河 窗口	3403
星尘	11821	星河 感怀	3327
星形广场	12053	星河 暗香	3417
星辰时刻	13362	星河 橡树	3483
星际战争	11707	星空下的咖啡馆	2034
星际信使 伽利略·伽利雷	16654	星空下的凯莉亚	16319
星河 大地	3470	星空探索家	17229
星河 日月	3455	星星之火	14997
星河 日暮	3454	星星之火	9846
星河 午夜	3333	星星为什么微笑	18393
星河 长夜	3358	星星去哪儿了？	9513
星河 月光	3364	星星有尖角吗？关于星星的问与答	15948
星河 风起	3502	星星伞	8976
星河 石榴	3323	星星索	9055
星河 田野	3375	星星秘笈 I 魔法大师歌德哈尔	16037

星星秘笈Ⅱ 沙长老	16038	思想与文学之间	6373
星星秘笈Ⅲ 魔影	16039	思想·山水·人物	14726
星星离我们有多远	10879	思想·手迹·足迹	7783
星座号	12069	思想·文本·史实 鲁迅研究三维	6724
星座神话	10758	思想杂谈选集	3883
星球大战前传Ⅰ·幽灵的威胁	12920	思想者的知情意——读忆舒芜	5037
星球大战前传Ⅱ·克隆人的进攻	12919	"思想事件"的修辞	6428
星球的晨风	9271	思想的天鹅	5023
星球拯救者	12620	思想的星空	4736
星期天	11958	思想战线上的电影	17648
星期六晚上和星期日早晨	11625	思潮与文体——20世纪末小说观察	6344
昨天	18215	蚂蚁	744
昨天——中英鸦片战争纪实	439	蚂蚁唱歌	9233
昨天和明天	12663	蚂蚁搬泰山	18571
昨天的战争(第一部上下)	158	品艺诗	3693
昨天的战争(第二部上下)	183	品花宝鉴	17751
昨日之歌	3569	品味收藏	4590
昨日毛虫今日蝶	16935	品咂时光的声音	7604
昨日世界 一个欧洲人的回忆	14575	品说扬州·人物篇	10052
昨夜长风	455	品悟人生随笔	9664
昨夜风雨	682	咱们的领袖毛泽东	10425
昨夜星辰昨夜风 八十自述	4891	咿咿和呀呀的故事 一只笑不停的狼	16812
昭君出塞	18142	咿咿和呀呀的故事 小精灵派对	16809
昭明文选研究	6966	咿咿和呀呀的故事 肚子里的小眼睛	16811
昭和六十四年绑架案	13914	咿咿和呀呀的故事 阁楼上的音乐	16813
昭昧詹言	6779	咿咿和呀呀的故事 淘气的风	16810
贵妃醉酒	18795	响马传	18049
贵宾	2436	哈代中短篇小说选	11290
贵族之家	11316	哈代文集(1—8卷)	15498
贵族之家	11391	哈代诗歌研究	7415
界牌关	18783	哈尔的移动城堡	12012
虹	12337	哈尔茨山游记	14412
虹	13493	哈尼娅	11722
虹	2380	哈达献给毛主席	9751
虹霓集	2810	哈迈	18198
蚁山之珠 美国土著的沉沦与拯救	14518	哈迈 大苗山苗族民歌集	9743
思凡 双下山	18487	哈克贝利·费恩历险记	12745
思无邪	4906	哈克贝利·费恩历险记	12795
思考的技术	17551	哈利利和哈依丽亚	15055
思行录	4976	哈利·波特与凤凰社	11684
思家饭店的晚餐	12877	哈利·波特与凤凰社	11857
思维的乐趣	5072	哈利·波特与凤凰社Ⅰ	12316
思痛录(增订纪念版)	4979	哈利·波特与凤凰社Ⅱ	12317

哈利·波特与凤凰社Ⅲ	12318
哈利·波特与凤凰社Ⅳ	12319
哈利·波特与凤凰社（英汉对照版）（上下）	12290
哈利·波特与火焰杯	11662
哈利·波特与火焰杯Ⅰ	12287
哈利·波特与火焰杯Ⅱ	12288
哈利·波特与火焰杯Ⅲ	12289
哈利·波特与火焰杯（全彩绘本）	16879
哈利·波特与火焰杯（英汉对照版）（上下）	12261
哈利·波特与死亡圣器	11775
哈利·波特与阿兹卡班囚徒	11856
哈利·波特与阿兹卡班囚徒（全彩绘本）	12297
哈利·波特与阿兹卡班囚徒（英汉对照版）	12246
哈利·波特与阿兹卡班囚徒:拉文克劳	12308
哈利·波特与阿兹卡班囚徒:格兰芬多	12309
哈利·波特与阿兹卡班囚徒:斯莱特林	12307
哈利·波特与阿兹卡班囚徒:赫奇帕奇	12306
哈利·波特与阿兹卡班的囚徒	11657
哈利·波特与被诅咒的孩子	14984
哈利·波特与"混血王子"	11709
哈利·波特与"混血王子"Ⅰ	12328
哈利·波特与"混血王子"Ⅱ	12329
哈利·波特与"混血王子"Ⅲ	12330
哈利·波特与"混血王子"（英汉对照版）（上下）	12331
哈利·波特与密室	11658
哈利·波特与密室Ⅰ	12262
哈利·波特与密室Ⅱ	12263
哈利·波特与密室（全彩绘本）	12296
哈利·波特与密室——多比的警告	15931
哈利·波特与密室（英汉对照版）	13345
哈利·波特与密室:拉文克劳	12305
哈利·波特与密室:格兰芬多	12304
哈利·波特与密室——曼德拉草的哭声	15932
哈利·波特与密室:斯莱特林	12302
哈利·波特与密室:赫奇帕奇	12303
哈利·波特与魔法石	11656
哈利·波特与魔法石 $9\frac{3}{4}$ 站台	15940
哈利·波特与魔法石——poster book 1	15964
哈利·波特与魔法石——poster book 2	15965
哈利·波特与魔法石Ⅰ	12260
哈利·波特与魔法石Ⅱ	12259
哈利·波特与魔法石 厄里斯魔镜	15941
哈利·波特与魔法石 古灵阁	15939
哈利·波特与魔法石（全彩绘本）	12067
哈利·波特与魔法石（英汉对照版）	12243
哈利·波特与魔法石:拉文克劳	12301
哈利·波特与魔法石——神奇历险	15922
哈利·波特与魔法石——神奇动物	15921
哈利·波特与魔法石——神奇魔法	15923
哈利·波特与魔法石 神秘的对角巷	15942
哈利·波特与魔法石:格兰芬多	12299
哈利·波特与魔法石:斯莱特林	12298
哈利·波特与魔法石:赫奇帕奇	12300
哈利·波特电影角色书 阿不思·邓布利多（英汉对照版）	16948
哈利·波特电影角色书 罗恩·韦斯莱（英汉对照版）	16946
哈利·波特电影角色书 哈利·波特（英汉对照版）	16947
哈利·波特电影角色书 赫敏·格兰杰（英汉对照版）	16945
哈利·波特（礼品书）	11672
哈利·波特的书架	15188
哈利·波特的魔法世界	15920
哈利·波特（珍藏版1—7）	11835
哈利·波特 格兰芬多学院笔记	17490
哈利·波特 斯莱特林学院笔记	17489
哈利·波特 霍格沃茨圣诞立体书	17488
哈利·波特 霍格沃茨学年手册	16392
哈利·波特 魔法史之旅	16858
哈佛读本	14527
哈拉马河	11581
哈拉哈普·班达哈罗诗集	14365
哈依瓦撒之歌	13959
哈泽穆拉特	11311
哈姆莱特	14863
哈姆莱特	14890
哈姆莱特	15843
哈姆莱特	17043
哈姆莱特 莎士比亚戏剧选	14907

哈姆雷特	14828	钢铁的人	1683
哈菲兹抒情诗选	14294	钢铁是怎样炼成的	12344
哈森与加米拉	17573	钢铁是怎样炼成的	12531
哈谢克小说小品选	12703	钢琴协奏曲《黄河》(两架钢琴谱)	10587
哈谢克短篇小说集	12669	钢琴协奏曲《黄河》(总谱)	10581
哈德逊之谜	1081	钢琴师——二战期间华沙幸存记	14486
咬人的夏天	9242	钢琴伴唱《红灯记》	10582
咬人的夏天(升级版)	9351	钥匙(话剧)	5721
咪子的家	9489	钦文自传	4129
哪年夏天在海边	2226	钦差大臣	14915
哪里传来找我的电话铃声	13707	钦差大臣	14939
哞哞	17129	钨矿	12823
炭窑	2549	钮可谟一家(上下)	11093
峡谷烽烟	8374	拜达尔大门	12398
骨肉情——苏联当代中短篇小说选	12577	看人	2073
骨肉情深(曲艺辑)	10337	看上去很美	812
骨折学习法	9247	看不见的人	12863
幽灵大婶罗莎·里德尔	15969	看不见的大陆	14522
幽灵之王	17054	看不见的城市	11795
幽灵之行	11848	看那灰色的马	13806
幽灵女孩	13050	看戏散笔	19070
幽灵犬	12181	看看世界有多大	16902
幽灵别墅追冰鬼	16098	看看你身边	16499
幽灵船	15984	看看这世界	5113
幽港谋杀案	11920	看着我的眼睛——我和阿斯伯格综合征	14530
幽魂岛 欧美灵异小说名家名作选	11770	怎么办?(上下)	11310
幽暗之地	13904	怎不让人心疼	5288
幽默童话	15809	怎样上好群文阅读课(3—4年级)	10093
钟义和小白龙	17642	怎样上好群文阅读课(5—6年级)	10092
钟匠约瑟	17084	怎样开展职工业余艺术活动	17588
钟声	13570	怎样认识《约翰·克利斯朵夫》	7331
钟声扬诗文集(1—6)	7668	怎样写作文	9580
钟哥与金黛	14947	怎样识五线谱	10553
钟离剑	18098	怎样识简谱	10541
钟敬文文艺思想批判	6067	怎样学语文	9579
钟鼓楼	308	怎样练习歌唱	10551
钢水红似火	9921	怎样选择第一志愿	10665
钢花	11537	怎样爱科学	9582
钢花怒放	18576	怎样读书	5601
钢铁之花	18637	怎样培养农村业余戏剧骨干	18257
钢铁开花	9983	怎样辅导农村戏剧活动	18259
钢铁元帅传将令	19027	怎样做好巡回演出工作	18252
钢铁运输兵	17887	怎样做数学游戏	9581

怎样编写工厂史	6078	秋灯忆语——"张家大弟"张宗和的	
怎样编写鼓词	17590	战时绝恋	5009
选元戎	18501	秋江	18148
选队长	17987	秋收起义在醴陵	9834
选本编纂与八十年代文学生产	6541	秋林红果	4073
选择与失落：中俄文学关系的文化观照	7463	秋夜	9634
选择有灵魂的工作	17453	秋（秋夜 故都的秋）	5560
适夷诗存	3050	秋海棠	2486
适夷散文选	5518	秋瑾诗文选	8205
香火	1262	秋瑾选集（秋瑾诗文选注）	8227
香水	799	科尔沁草原的人们	1495
香水之旅 畅游聚斯金德的气味世界	17425	科尔沁草原的人们	1644
香在无寻处	1016	科尔沁旗草原	2322
香河	1028	科尔顿中短篇小说选	12860
香草糖的眼泪 青春卷	4549	科里尼案件	12214
香艳丛书（1—5）	2649	科学小品	10027
香格里拉（电视文学剧本）	5883	科学的艺术与艺术的科学	6275
香格里拉的追寻	4668	科学实验玩起来	17246
香港小说精选	1885	科学诗	2851
香港文学史	6312	科学真好玩	17336
香港当代诗选	3099	科学普及电影的技巧问题	17645
香港新诗发展史	6482	科妮上小学了	16734
香魂女	2161	科妮上幼儿园	16733
香飘四季	101	科妮去体检	16736
香稻米	5929	科妮去理发	16737
种花去——自然观察笔记	5310	科妮去野营	16735
种谷记	2517	科妮在农场	16724
种树的人	16268	科妮过圣诞节	16742
秋	2305	科妮走丢了	16722
秋与死之忆	3123	科妮住院了	16723
秋千上的怪物	8919	科妮和小宝宝	16740
秋之白华 杨之华珍藏的瞿秋白	5354	科妮和复活节兔子	16741
秋之蝇 库里洛夫事件	11823	科妮的山区徒步	16745
秋天的女人不离婚	1218	科妮的生日会	16744
秋天的男人 王刚中短篇小说选	1932	科妮的"睡觉节"	16746
秋天的思索	2220	科妮的鳄鱼	16747
秋天的童话	13154	科妮学芭蕾	16731
秋天的愤怒	1840	科妮学音乐	16727
秋风怀故人 冯至百年诞辰纪念集	4505	科妮学做比萨饼	16725
秋风和萧萧叶的歌	3574	科妮学骑马	16729
秋水伊人	1125	科妮学骑车	16728
秋老虎	873	科妮学滑雪	16730
秋色赋	3971	科妮学游泳	16726

书名	编号	书名	编号
科妮看牙医	16738	保卫社会主义现实主义(第二辑)	15260
科妮捡了一只小猫	16739	保卫和平	15216
科妮第一次乘飞机	16743	保卫和平(话剧)	5763
科妮踢足球	16732	保卫察里津	12335
重见阳光的日子 叶兆言中篇小说 卷五	2057	保尔与维吉妮	11157
重生	12093	保尔与维吉妮	11297
重写未来	12148	保加利亚中短篇小说集(上下)	12727
重回"五四"起跑线	6683	保护网下	11605
重返 1976 我所经历的"总理遗言"案	4772	保护活着的儿子	18441
重返伊甸园——劳伦斯诗选	14182	俄耳甫斯诞生	13163
重返哥廷根	5092	俄国文学史	7362
重返爱情	978	俄国文学史(下)	15290
重返基利贝格斯	12092	俄国文学史(上)	15205
重拨时光	13300	俄国文学史(中)	15211
重建新文学史秩序 1950—1957 年 现代作家选集的出版研究	6697	俄国民粹派小说特写选(上下)	15603
		俄国当代小说集	12605
重逢调	9802	俄国作家童话选	15896
重读大师 一种谎言的真诚说法(外国卷)	6316	俄国革命前夜 柳芭日记	16308
重读大师 激情的归途(中国卷)	6317	俄国短篇小说选	11351
重新派遣	13278	俄罗斯之爱	12158
重叠的水	3210	俄罗斯文化评论(第一辑)	7416
复仇	2075	俄罗斯文学中彼得堡的现代神话意蕴	7503
复仇女神	11794	俄罗斯古典作家论(下)	15259
复仇的火焰(第一部 动荡的年代)	2861	俄罗斯古典作家论(上)	15258
复仇的火焰(第二部)	2894	俄罗斯生态文学论	7406
复仇新娘	13253	俄罗斯民间舞蹈	17654
复杂的善意	12954	俄罗斯圣彼得堡藏石头记(1—6)	2684
复社与文学研究	7197	俄罗斯后现代主义文学研究 ——理论分析与文本解读	7499
复活	11326		
复活	11452	俄罗斯侨民文学史	15324
复活	17825	俄罗斯的童话 意大利童话	12389
复活的艺术	13124	俄罗斯命运的回声	7464
复活的海	3038	俄罗斯美术随笔	10652
复堂师友手札菁华(上中下)	5674	俄罗斯童话	16077
便衣警察	303	俄洛天刚亮	185
便携式文学简史	12235	俄语语言文学研究·文学卷	7395
修己以敬	10945	俄语语言文学研究·文学卷(第二辑)	7396
修复生者	12273	俗人散文	4600
修配工	13342	俗世奇人	2074
修墓的老人	11067	俗世奇人全本	2250
保卫西沙(相声专辑)	10313	俗世奇人(足本)	2144
保卫延安	12	俗世奇人(足本)	2211
保卫社会主义现实主义(第一辑)	15253	《俗世奇人》(足本)评论集	6542

俗讲、说话与白话小说	6847	追寻海盗的足迹	16571
信天翁	16873	追寻联盟	16461
信是有缘	449	追寻黑人奴隶的足迹	16611
皇后之死	10669	追寻儒略·恺撒的足迹	16570
皇甫村的三年	3885	追声少年	1334
皇甫宠物馆	8866	追花人	1815
皇帝的孩子	12999	追报表(楚剧)	5840
皇冠上的标记	12911	追求	231
皇家赌场	12169	追时间的女人	13232
皇朝落日	10800	追查到底	3872
鬼无鬼岛	13525	追逃	993
鬼火	13171	追匪记	1624
鬼怪迷的勇敢手册	15945	追梦——文哲散文选	4457
鬼话连篇集 死不认错集(六十年代台湾社会现象7)	4835	追随她的旅程	1426
		追踪	13858
鬼眼——作案现场	11619	追踪鸟类	9689
鬼魂奏鸣曲	13069	追踪金的黎明	434
鬼魅的大窗子	16407	追踪雪豹	9335
侵略	14993	追蝴蝶的人	16479
侵略者的下场	18605	律诗百首颂嘉诚	3209
侵略者的哲学	9958	很久以来	1372
泉	1600	叙利亚短篇小说集	13507
泉·最美 父亲心中的胡海泉	4912	叙事 玛卓的爱情 中篇小说卷(1994—1997)	2248
侯方域全集校笺(上中下)	8252		
侯金镜文艺评论选集	6164	俞平伯	8113
侯宝林相声选	10350	剑鸟	8544
侯家路	5254	剑指江淮——抗战时期的张爱萍	4513
追忆似水年华之前 普鲁斯特之夏	14431	剑胆诗魂——辛弃疾	679
追寻已远——晚清民国人物素描	4504	食人鱼事件	859
追寻马可·波罗的足迹	16567	食为天	5403
追寻文艺复兴大师的足迹	16608	食戒	12203
追寻达尔文的足迹	16606	食物从哪儿来?	17311
追寻达·芬奇的足迹	16566	食指	3197
追寻希腊众神的足迹	16568	食指的诗	3170
追寻罗马缔造者的足迹	16569	食梦少年	9370
追寻埃及众神的足迹	16610	食梦者的玻璃书	13002
追寻哥伦布的足迹	16609	逃走的小水滴	16249
追寻逝去的时光	11739	逃离	13812
追寻逝去的时光(第1卷) 去斯万家那边	11906	逃婚调	9728
		逃避自由	17479
追寻逝去的时光(第2卷) 在少女花影下	11907	盆栽	13241
		胆剑篇	17894
追寻拿破仑的足迹	16607	胜利之歌——歌颂华主席、批判四人帮	

书名	编号
诗集	2980
胜利在望	17985
胜利者	11518
胜利者	14996
胜利的十月（诗歌朗诵演唱会）	2971
胜利的红军	2761
胜利追赶着时间	1518
胜利属于阿尔及利亚	14355
胜利路上（话剧）	5756
胜者即是正义 1	13789
胜者即是正义 2	13765
胜者即是正义 特别篇	13764
狮口脱险	16646
狮子,女巫和魔衣柜	16217
狮子,女巫和魔衣橱	16749
狮子饭店的毛驴厨师	8943
狮子的外衣	12324
狮子的梦	9003
狮子窗外的白云	8948
独白下的传统	4136
独白与手势·白	604
独白与手势·红	648
独白与手势·蓝	603
独自呢喃的树	5229
独来独往的猫	16943
独乳兰夏	1042
独药师	1253
独家新闻	12164
独唱歌曲选（第一集）	10370
独唱歌曲选（第二集）	10384
独粒钻石	12900
独幕剧选（1954.1—1955.12）	5744
独幕剧选（1956）	5765
独幕剧选（1957）	5766
独幕剧选（一集）	5729
狱中	1537
"狱中日记"诗抄	14356
狱中书简	14413
狱中书简	14465
急子回国	18998
急欲轻生的鲸群	14770
蚀	2295
饼干武士	9054
弯月河	9149
弯曲的船板	14194
弯弯的辛夷花	9132
弯家有娘初长成	10753
哀悼人	13704
亭长小武（上下）	1224
亭亭的童话	8922
亮了一下	1914
亮相	924
亮剑	875
度行天下	4740
庭长夫人（上下）	11104
疯人辩护词	11701
疯马吉恩	16638
疯狂奔放的夏天	9310
疯狂的月亮	437
疯狂的石榴树——现代外国抒情诗选	15761
疯狂的头发	8691
疯狂的兔子	9048
疯狂的洗衣女工	16788
疯狂爱书人	17089
施韦泽 人类爱的典范	8798
施公案（上下）	8677
施尼茨勒作品集（1—3卷）	15540
施尼茨勒读本	15678
施托姆小说选	11190
施淑仪集	8259
施蛰存作品新编	8150
施普瑞传奇	4219
亲人	1642
亲王之子	386
亲历五月	4727
亲身经历的故事	12525
亲近自然	17357
亲和力	11140
亲骨肉	18376
亲亲土豆 迟子建短篇小说编年 卷二（1992—1996）	2045
亲亲大自然	17337
亲亲我的小花	17158
亲亲我的妈妈	9062
亲亲我的妈妈	9207
亲爱的安吉维拉	14779

亲爱的安德烈	4698	美人鱼公主	16082
亲爱的迭戈,齐耶拉拥抱你	13378	美人鱼的眼神	5295
亲爱的敌人	1242	美女	12563
亲爱的笨笨猪	8848	美女如云	628
亲戚	15045	美女作家	657
音乐与爱情	3194	美术馆盗窃案	16875
音乐札记	4797	美仙湾	342
音乐岛	3065	美在这方 中国作家泰州行	4838
音乐美学问题	17565	美好的七年	14767
彦涵:苦难风流	4918	美好的生活 失败与想象力不可或缺	14639
帝王之死	10670	美丽中国·人文卷	4981
帝王谷中的背叛 达·芬奇笔记被窃疑案	16090	美丽中国·自然卷	4980
		美丽风景	17363
帝国之王	12006	美丽的龙	15865
帝国主义必败	13560	美丽的北京	2807
帝国瀑布	12952	美丽的汉字	17262
恸哭	13790	美丽的西沙群岛	5192
恢复力	17475	美丽的年轻女子	12073
恍惚	11742	美丽的姑娘们	15019
恍惚的人	13556	美丽的南方	85
恰巴耶夫	12433	美丽的植物	16252
恰巴耶夫	12550	美丽的愿望	9452
恰同学少年	1834	美丽、神奇、丰富	2765
恰佑比诗选	14270	美利坚,一个中国女人的战争	908
恰奇诗选	14266	美英强盗滚出去——反对美英侵略阿拉伯的诗文画集(第二集)	10559
恽寿平全集(上中下)	8263		
恨世者	14812	美国,一个秋天的旅行	4175
恨望古今	4572	美国人,滚回去!拉丁美洲诗选	14135
闻一多书信选	5505	美国夫人	13063
闻一多作品新编	8145	美国文学思想背景	15177
闻一多诗文选集	8044	美国文学简史(下册)	7363
闻所未闻	11944	美国文学简史(上册)	7346
闻捷	3204	美国文学简史(修订本)	7389
闻捷诗选	2998	美国生态女性主义文学批评研究	7477
阁楼	2271	美国鸟人	13100
阁楼精灵	8938	美国华裔文学之文化研究	7422
阁楼精灵 男孩木里外传	8839	美国自套绞索	19019
差半车麦秸	2564	美国走着瞧	4744
差等生	8437	美国,我对你说	14262
养女	14932	美国现代诗选(上下)	14149
养猪场的喜事	18591	美国奇谭	17955
养猪阿奶(曲艺专辑)	10321	美国佬	11713
养猪能手魏振强	18638	美国佬	13819

美国的悲剧	15777	美猴王·齐天大圣篇3·丹炉修炼	8830
美国的悲剧（上下）	12867	美猴王·齐天大圣篇4·真假猴王	8831
美国幽默笑话	17396	美猴王·齐天大圣篇5·火眼金睛	8832
美国狼,滚出台湾去!	19020	美猴王·孙悟空篇1·出海寻师	8818
美国深南之旅	14623	美猴王·孙悟空篇2·仙山受阻	8819
美国短篇小说集	12752	美猴王·孙悟空篇3·石猴得名	8820
美国歌谣选	14148	美猴王·孙悟空篇4·祖师授艺	8821
美的五次沉思	7460	美猴王·孙悟空篇5·王者归来	8822
美的结构	6243	美猴王·金甲猴王篇1·初显神威	8823
美学书怀	6087	美猴王·金甲猴王篇2·如意金箍棒	8824
美学问题讨论集（一）	6036	美猴王·金甲猴王篇3·大闹阎罗殿	8825
美学问题讨论集（二）	6039	美猴王·金甲猴王篇4·计退天兵	8826
美学问题讨论集（三）	6071	美猴王·金甲猴王篇5·天庭授命	8827
美学问题讨论集（五）	6106	美然与四季骑士	16262
美学问题讨论集（六）	6128	姜子牙钓鱼	9543
美学问题讨论集（四）	6072	姜宸英集（上下）	3829
美学论文选	15150	姜夔词	3752
美学批判论文集	6063	叛逆者	2259
美学或艺术和语言哲学	15196	叛逆的小精灵	16043
美学原理	15089	"叛徒与隐士":周作人	5039
美学原理 美学纲要	15137	送你一个长安	3273
美学（第一卷）	15093	送货路上（湖南花鼓戏）	5806
美学新论	6268	送狗上学堂——欧洲童话故事精选	15862
美,始于怀念	12028	送套鞋	18994
美拯救世界 俄罗斯文学中的圣徒式		送粮	18183
女性形象	7430	送粮路上（舞蹈）	10539
美是自由的象征	6227	类说	17723
美顺与长生	1444	迷人的春光——英国抒情诗选	15755
美食中国	10865	迷人草	822
美食家	1938	迷失男女	12956
美食家	2090	迷失故事的墓穴《世界文学》五年小说	
美帝现形记	19025	精选	15674
美帝的穷途末路	18207	迷冬	1132
美洛斯来的瘟疫	18448	迷茫的大地	288
美洲的圣胡安娜	18430	迷思雨	3449
美第奇匕首	12982	迷宫之屋	13176
美猴王·小石猴篇1·石猴出世	8813	迷情	12086
美猴王·小石猴篇2·灵芝仙草	8814	迷惘	11590
美猴王·小石猴篇3·树叶耳朵	8815	迷魂谷	12951
美猴王·小石猴篇4·水帘仙洞	8816	迷路记	18210
美猴王·小石猴篇5·猴王之争	8817	迷路的云	4962
美猴王·齐天大圣篇1·齐天大圣	8828	前夕	148
美猴王·齐天大圣篇2·大闹天宫	8829	前车之鉴——爱德华·贾森的总统生涯	12832

前世今生的樱花	825	将才铁军 抗日名将朱程	4849
前汉演义（上下）	8682	将·军	1087
前列	11497	将军三部曲	2888
前仰后合集 大愚若智集 越帮越忙集		将军在理发室里	9931
（六十年代台湾社会现象8）	4833	将军吟（上下）	204
前进在社会主义大道上		将军的马	3605
——欢庆第四届全国人民代表大会		将军胡同	9130
胜利召开（歌曲专辑）	10397	将军胡同	9216
前进的回声	3606	将军族	1873
前进歌——革命历史歌曲	10401	将相和	18788
前驱（上下）	114	将相和（京剧）	5714
前往阿姆河之乡	14595	举国欢腾庆凯旋	2809
前夜	11315	举起你的爪子！	16635
前夜 父与子	11346	举起这杯热酒——秦兆阳散文选	4226
前线	15001	举鼎观鱼	18775
前线的颂歌	3937	洱海夜渡	1591
前哨	11465	洪水之后	11802
前途未卜	12913	洪水过后	15593
前途似锦	1541	洪古尔	9741
前路缤纷	3406	洪秀全演义	2627
首届中华铁人文学奖获奖作品选（上下）	7769	洪灵菲选集	8078
首相A	13759	洪承畴传	4722
首都	12271	洪流集（工农兵诗选）	2954
首席女高音	13887	洪家关聚义	9837
首席记者	945	洪深文抄	4507
首领们	13332	洪深文集（一）	17789
逆风	11928	洪深文集（二）	17790
逆行的鱼	9243	洪深文集（三）	17792
逆行的鱼（升级版）	9356	洪深文集（四）	17793
逆旅	4230	洪深剧作选	5916
逆流与暗流	391	洪堡的礼物	13223
总工程师和他的女儿	177	洪湖赤卫队	18004
总有一天	42	洪湖赤卫队	18071
总统先生	12836	洪湖赤卫队	5855
总路线红旗遮满天	17754	洒金笺	480
总路线,进兵营	9922	洞庭湖畔四十天	9841
总路线是指路灯	17763	洞箫横吹	17834
炼狱·天堂 韩美林口述史	5231	洗兵马	1635
炼狱中的圣火	4069	洗冤	797
炼魂	504	洗澡	714
炽焰燃烧	13121	洗澡之后	1193
炸弹蚂蚁和爱晕倒的羊	8973	洗澡之后（汉英对照）	1220
炮弹是怎样造成的	17853	洗澡（汉英对照）	899

活人塘	1482
活力运动	17358
活下去	13449
活尸	14921
活动变人形	321
活在你手机里的我	12637
活页器乐曲[二胡-10]快乐的山区邮递员	10523
活页器乐曲[二胡-11]庆丰会上话今昔	10527
活页器乐曲[二胡-12]支农货担进山来	10530
活页器乐曲[二胡-13]草原新牧民	10528
活页器乐曲[二胡-14]延边人民热爱毛主席	10531
活页器乐曲[二胡-1]北京有个金太阳	10497
活页器乐曲[二胡-2]五指山上红旗飘	10495
活页器乐曲[二胡-3]山村变了样	10498
活页器乐曲[二胡-4]人勤春来早	10504
活页器乐曲[二胡-5]金珠玛米赞	10505
活页器乐曲[二胡-6]豫北叙事曲	10506
活页器乐曲[二胡-7]骑马挎枪走天下	10507
活页器乐曲[二胡-8]机轮飞转歌声扬	10510
活页器乐曲[二胡-9]赞大寨	10522
活页器乐曲 二胡练习曲五首	10524
活页器乐曲[小号-1]我为祖国守边疆	10500
活页器乐曲[小提琴-1]唱支山歌给党听	10496
活页器乐曲[小提琴-2]山丹丹开花红艳艳	10508
活页器乐曲[小提琴-3]延边人民热爱毛主席(小提琴齐奏曲)	10516
活页器乐曲[小提琴-4]千年的铁树开了花	10521
活页器乐曲[板胡-1]喜送战备粮	10499
活页器乐曲[板胡-2]公社春来早	10509
活页器乐曲[单簧管-1]红太阳照亮了草原	10501
活页器乐曲[柳琴-1]幸福渠(柳琴独奏曲)	10514
活页器乐曲[唢呐-1]送粮路上唱丰收	10493
活页器乐曲[唢呐-2]山村来了售货员	10529
活页器乐曲[笛子-10]你追我赶争上游	10518
活页器乐曲[笛子-11]广阔天地炼红心	10520
活页器乐曲[笛子-1]我是一个兵	10491
活页器乐曲[笛子-2]公社社员运粮忙	10492
活页器乐曲[笛子-3]油田的早晨	10502
活页器乐曲[笛子-4]丰收曲	10503
活页器乐曲[笛子-5]野营路上(笛子二重奏)	10511
活页器乐曲[笛子-6]陕北好	10512
活页器乐曲[笛子-7]牧民新歌	10513
活页器乐曲[笛子-8]扬鞭催马运粮忙(笛子独奏曲)	10517
活页器乐曲[笛子-9]革命青年运肥忙	10519
活页器乐曲[笙-1]海南春晓	10494
活页器乐曲[笙-2]大寨红花遍地开(笙独奏曲)	10515
活成自己就好了	5304
活该他喝酪浆 按牌理出牌 早起的虫儿(八十年代台湾社会现象1)	4828
活泉	466
活着·张艺谋	4908
活着的人们	11499
洛夫精品	3174
洛东江	13574
洛尔伽诗钞	14128
洛阳名园记 桂海虞衡志	17711
洛阳豪客	2423
洛桑拣宝	9752
洛塔的日记 1 小兔满屋	16374
洛塔的日记 2 野兔子帮	16375
洛塔的日记 3 小虫魔曲	16376
洛塔的日记 4 野兔行动	16377
浏阳河(筝独奏曲三首)	10484
浏河十八湾	194
济公传(上下)	8660
济南的冬天	9456
济慈评传	4625
济慈诗选	13961
济慈诗选	14032
洋河大渠	9903
洋铁桶的故事	2541
宣传部长	1022
宣战(六场话剧)	5826
宫本百合子选集(第一卷)	13494
宫本百合子选集(第二卷)	13508
宫本百合子选集(第三卷)	13510

宫本百合子选集（第四卷）	13498	祖国站起来了	13489
突出重围	570	祖国盛开大寨花（歌曲选集）	10396
突破临津江	11	祖国铜墙	14737
突然,响起一阵敲门声	13770	神之病历 1	13725
穿方格大衣的女人	12715	神之病历 2	13732
穿心莲	1017	神之病历 3	13760
穿白衣服的人	17957	神木	2232
穿过锁孔的风	13271	神火	8287
穿红背心的小伙子	18568	神圣之路	12947
穿破裤子的慈善家（上下）	11566	神圣的火花	8510
穿透烟雾的记忆	13830	神圣的苏格拉底之死	16768
穿堂风	9364	神圣的夜晚	13865
穿越时空的悲恋	13213	神圣的承诺 香港基法的诞生	10602
穿越夜空的疯狂旅行	16027	神圣祭坛	1869
穿越夜空的疯狂旅行（黑夜狂旅）	16192	神曲	14038
穿靴子的马	8495	神曲（上中下）	13951
穿睡衣的作家	14610	神曲 天国篇	14035
穿旗袍的姨妈	862	神曲 地狱篇	14023
客地——黄晳暎中短篇小说选	13674	神曲 炼狱篇	14030
冠村随笔	13729	神灯前传	242
郎莎	18197	神州问茶	10630
语文杂谈	6755	神巫之爱 边城	2477
语文闲谈（精编本）	10719	神奈川海边的大浪	16318
语文新读本	9665	神奇动物在哪里	15876
《语丝》作品选	5507	神奇动物在哪里（原创电影剧本）	14985
语言:形式的命名 中国诗歌评论	6319	神奇动物在哪里（插图版）	15884
语言变革与现代文学的发生	6722	神奇动物 格林德沃之罪	
语若轻鸿	4431	（原创电影剧本）	14989
祖父在父亲心中	2120	神奇的一年	16999
祖父陆宗达及其师友	4910	神奇的大钟	8920
祖母绿	2071	神奇的胡子	9529
祖列依哈睁开了眼睛	12634	神奇的嗅觉	17223
祖国	11995	神奇的魁地奇球	15877
祖国	13530	神奇的敲鼓男孩	16866
祖国,光辉的十月	2818	神奇故事集	16367
祖国抒情诗	2776	神的儿女	13537
祖国,我可爱的人民	13516	神话传说	10029
祖国,我对你许诺——建国 50 周年政治抒情诗选	3159	神亭岭	18468
祖国的儿子黄继光	34	神神鬼鬼	4178
祖国的光复	12679	神勇酷班头	8514
祖国屏障	55	神秘人像	16140
祖国颂	14376	神秘大森林	17252
		神秘白牡丹	16171

神秘访客	13016	说艺扶桑 日本的设计与艺术	10677
神秘谷Ⅰ 树屋的秘密	8589	说不出口怎么办？	16832
神秘谷Ⅱ 断崖的骑士	8590	说书史话	7245
神秘谷Ⅲ 白巫的梦呓	8626	说东道西	4180
神秘谷Ⅳ 黑石的暗语	8627	说东道西集	3903
神秘岛	11237	说吧，叙利亚	14661
神秘的115	331	说岳全传	2671
神秘的Y符号	16067	说诗晬语笺注	6828
神秘的女老师	8849	说爱，说不爱	4765
神秘的小岛	8405	说剧	6921
神秘的许愿瓶	9280	说唱王杰（一）	18224
神秘的松布尔	200	说唱王杰（二）	18227
神秘的星球	16247	说唱创作选集	10289
神秘的圆周率 祖冲之	9667	说唱麦贤得	18229
神秘诗！怪诞诗！——柯尔律治的三篇		说唱焦裕禄（第一集）	18228
代表作	14026	说唱焦裕禄（第二集）	18232
神秘星空	3361	诵读（1年级）	10212
神秘香水配方	16877	诵读（2年级）	10213
神秘追踪	17046	诵读（3年级）	10214
神笔马良	10141	诵读（4年级）	10215
神笔马良	8381	诵读（5年级）	10216
神笔马良	8469	诵读（6年级）	10217
神拳	17901	诵读（7年级）	10218
神象奇缘	17005	诵读（8年级）	10219
神谕之夜	13113	诵读（9年级）	10220
神童	13702	诵读（一年级）	10202
神魂颠倒集 心血来潮集		诵读（二年级）	10203
（六十年代台湾社会现象6）	4834	诵读（七年级）	10196
神像的启示	5103	诵读（八年级）	10197
神韵论	6803	诵读（九年级）	10204
神殿危机	12921	诵读（三年级）	10192
神镜	2205	诵读（五年级）	10194
祝你成功	15021	诵读中国（大学卷）现当代部分	10189
祝福	2289	诵读中国（小学卷）现当代部分	10188
祝福毛主席万寿无疆	10417	诵读中国（幼儿卷）现当代部分	10187
祝福青青的小树林	8578	诵读中国（初中卷）现当代部分	10185
祝福青青的小树林	9428	诵读中国（高中卷）现当代部分	10186
误入歧途	1276	诵读（六年级）	10195
误会	12366	诵读（四年级）	10193
诱拐	11226	诵读（学前卷）	10252
诱变 黄跃华中短篇小说集	2188	垦荒曲（第一部）	110
诱惑	2419	垦荒曲（第二部）	111
诱僧	500	既没圆缺	9449

咫尺天涯	12882	勇闯精灵国	17118
屏风后的女人	1901	勇战大怪兽的小姑娘	16868
屎壳郎先生波比拉	8873	勇猛的牧羊犬	9150
费尔迪杜凯	12725	勇敢的心	16017
费加罗的婚姻	14833	勇敢的打拖	9753
费家有女	534	勇敢的年代	14377
费鲁米娜·马尔土拉诺	18444	勇敢的约翰	14102
眉轩香影陆小曼	4952	勇敢的泪珠儿	16293
眉清目秀的日子 一个女人的咖啡时光	5145	勇敢的草原	8409
除三害	18734	勇敢的船长	11646
除"四害"（相声集）	10340	勇敢点，阿尔菲	17194
除"虱"篇（批林批孔杂文集）	4014	勇敢童话	15810
险境千里	438	勇锁关山（七场话剧）	5860
院长	11767	柔石小说选集	2294
娃娃店	18740	柔石选集	8050
姥姥躲在牙齿里	8895	柔密欧与幽丽叶	14802
姨妈的后现代生活	994	绑子上殿	18471
姚长庚一家人	1512	绑架风云	13343
姚雪垠文集（1—20）	7582	绑架游戏	13898
姚期	18500	结合	8105
姚期	18849	结婚	1491
姚奠中（上下）	4874	结婚进行曲	17870
姚燧集	8257	结婚 没有意思的故事 短篇小说卷	
"娜拉现象"的中国言说	6744	（1979—1990）	2179
娜娜	11094	绕路而行	12080
娜嘉	12687	骄傲的风筝	8841
怒火万丈（解放台湾诗文画集）	10561	绘·智	17372
怒火腾空	18218	绘新图（曲艺辑）	10332
怒涛	17881	给一颗星的颂歌	16933
怒海轻骑	17584	给个萝卜吃吃	9423
贺兰香	18863	给火车开门	8493
贺后骂殿	18472	给同志们	2744
贺后骂殿	18744	给我的孩子们	9627
贺兴安文集（1—3）	7686	给我留下华尔兹	13264
贺敬之	3206	给青年小说家的信	14612
贺敬之诗选	3143	给青年作家的信	15191
贺敬之谈诗	6378	给青年的十二封信	5341
盈盈集	3614	给青年的十二封信 美绘版	9587
勇士	13582	给诗人	3523
勇士马丁	17001	给契诃夫的信	14453
勇气与卓识 马寅初的一生	4904	给战斗者	3521
勇斗忍者蛙	17008	给孩子一个好身体	17247
勇闯骷髅岛	8564	给孩子们	8280

书名	页码
给孩子们的礼物	15879
给孩子们的诗园·中国童诗卷	9463
给孩子们的诗园 古诗卷	9455
给孩子们的诗园·外国童诗卷	17138
给寂寞的人们	4479
给猴王照相	9447
骆一禾的诗	3268
骆英诗集 知青日记及后记 水·魅	3319
骆驼爸爸讲故事	8851
骆驼祥子	17854
骆驼祥子	18901
骆驼祥子	2303
骆驼祥子 二马	2507
骆驼祥子 手稿本	2488
骆驼祥子画传 老舍名著的形象解读	10750
骆驼祥子 离婚	2443
骆驼集(十年来的诗歌选)	2860
骆宾基短篇小说选	1763
骆寒超诗学文集(1—12)	7577
绝无仅有的小学	16622
绝色演员的温暖面具	1026
绝妙好词笺	17738
绝顶	670
绝响	9229
绝望	12538
绝望中诞生	1943
绞刑架下的报告	14714
绞刑架下的报告	14716
绞索套着脖子时的报告	14715
孩儿塔	3534
孩儿塔	3546
孩子们的那些事儿	16880
孩子,你别哭	13602
孩子,你能成功——15位奥运冠军的成长故事	10737
孩子,该回家了	9325
孩子都是哲学家	17226
骈文	6958
骈文史论	7268

十　画

书名	页码
耕堂劫后十种:晚华集 秀露集 澹定集 尺泽集 远道集 老荒集 陋巷集 无为集 如云集 曲终集	4929
耙耧天歌 大校 乡村死亡报告	2080
艳阳天(一)	116
艳阳天(二)	127
艳阳天(三)	130
艳阳天(电影文学剧本)	5817
艳阳楼	18470
艳歌	2233
秦川儿女(一)	188
秦川儿女(二)	189
秦川儿女(三)	192
秦兆阳	7712
秦观集编年校注(上下)	3734
秦时月	243
秦岭低头	17764
秦牧全集·补遗卷	7522
秦牧全集(第一卷)	7515
秦牧全集(第二卷)	7516
秦牧全集(第十卷)	7521
秦牧全集(第七卷)	7520
秦牧全集(第八卷)	7513
秦牧全集(第九卷)	7514
秦牧全集(第三卷)	7517
秦牧全集(第五卷)	7512
秦牧全集(第六卷)	7519
秦牧全集(第四卷)	7518
秦牧卷(秦牧散文)	4267
秦牧散文选	4109
秦始皇 一统中国	8753
秦香莲	18522
秦香莲	18737
秦香莲	18862
《秦香莲》的人民性	19065
秦香莲(河北梆子)	5719
秦皇父子(影视剧本)	5889
秦俑	579
秦淮世家	2490
秦腔	907
泰戈尔传	14755
泰戈尔作品集(1—10)	15345
泰戈尔诗选	14314
泰戈尔诗选	14318
泰戈尔经典诗集	16365

泰戈尔剧作集(三)	18381	埋伏	2121
泰戈尔剧作集(四)	18395	袁天成革命	18857
泰戈尔散文	14727	袁水拍诗歌选	3066
泰利埃公馆	11138	袁枚文选译	10917
泰国文学简史	15309	袁枚诗选	3773
泰国当代短篇小说选	13611	袁鹰儿童诗选	8371
泰国现代短篇小说选	13487	袁鹰散文六十篇	4164
珠江风暴	9836	都尔的本堂神甫 比哀兰德	11043
珠江,东方的觉醒	4674	都市之梦	4191
珠江岸边	3962	都市风流	755
珠帘寨	18671	都市文化与中国现当代文学	6390
珠郎娘美	18195	都市的女儿	368
珠峰上的雪崩	8563	都市情缘	709
珠峰史诗	14593	都兰趣话	11209
珠穆朗玛的眸子	5342	都柏林人	12121
敖德萨故事	12608	都柏林人 青年艺术家的画像	11641
班长有啥了不起	8584	都是妖蛾子	4510
班主任是个大美女	8686	都愿意(小吕剧)	5801
班尼和奶嘴	16546	都德小说选	11240
班尼受够了!	16547	耆年集 陆林文史杂稿三编	7168
班尼狗的故事	16311	恐龙	16372
班里来了个冷美女	8650	恐龙山的幽灵	9100
素友诗集	14357	恐龙在你家的后院生活过吗?	
匿名	1236	关于恐龙的问与答	15952
蚕	11755	恐龙涂色书	17290
蚕姑	1597	恐怖分子	13022
顽皮的小尼古拉	16210	恐怖谷	12178
匪患世界(上下)	353	恐怖谷	16130
赶上英国	18598	恐怖谷	17442
赶车传	3595	壶井荣小说集	13506
赶车传(下)	2882	壶井繁治诗钞	14363
赶车传(上)	2850	埃及古代故事	13384
赶花轿	18172	埃及现代短篇小说集	13491
赶象人	17074	埃及短篇小说集	13465
赶路记	3600	埃林·彼林选集	11480
起义	12675	埃涅阿斯纪	14418
起义者	13402	埃梅短篇小说选	11594
起步	269	埃梅短篇小说选	11691
起跑线上(独幕话剧)	5845	埃斯库罗斯悲剧二种	14857
盐色	1464	埃德加的诅咒	14502
盐味	1351	耿耿难眠	1813
盐味 盐道 盐色	1465	聂姆佐娃 克里昂格童话选	15909
盐河旧事	2209	聂绀弩还活着	4171

书名	编号
聂格鲁吉小说选	11476
聂鲁达诗文集	14123
莽秀才造反记	274
恭亲王奕䜣	4809
恭贺新禧	2088
恭喜恭喜	18587
莱文沃思案	13286
莱布尼茨的美好世界	16766
莱辛寓言	15792
莱拉	13367
莱茵河传奇	17485
莱特兄弟 让梦想飞上天	8782
莱蒙托夫	15218
莱蒙托夫诗选 当代英雄	15614
莱蒙特短篇小说集	11474
莲花湾探亲	18632
莲花微光里的梦 林徽因的一生	4669
莫友芝诗文集（上下）	8235
莫扎特	11725
莫吐儿	12890
莫里	9393
莫里亚克小说选	11628
莫里哀戏剧 莫泊桑短篇小说	15703
莫里哀喜剧选	14885
莫里哀喜剧选（上中下）	14855
莫里兹短篇小说集	11456
莫里森研究	7404
莫应丰	7740
莫应丰中篇小说集	1803
莫阿比特狱中诗钞	14218
莫拉维亚短篇小说选	11577
莫罗米特一家	12674
莫泊桑小说精选	11235
莫泊桑中短篇小说选	11069
莫泊桑文集（1—4卷）	15522
莫泊桑短篇小说选	11198
莫班小姐	11228
莫恩先生的悲剧	14986
莫称之为夜晚	13808
莫桑比克战斗诗集	14384
莫斯科访问记	3865
莫斯科抒情及其它	3916
莫道往事如山 杨继仁散文精选	4747
莫雷尔的发明	13136
莫黛斯特·米尼翁 婚约	11180
莉卡	11407
莉莉大闹校园 莉莉与马戏团	15955
莉莉在狂野的西部 莉莉去印第安探险	15956
莉莉侦破木乃伊之谜 莉莉造访沉没的世界	15953
莉莉迷上了足球 莉莉与中世纪魔剑	15954
莉莉登上了海盗船 莉莉过了把侦探瘾	15957
荷尔德林诗集	14052
荷花淀	1649
荷花淀	2132
荷花淀	2194
荷花淀派作品选	2554
荷珠配	17888
荷珠配	18684
荷塘——今日南泥湾	4003
荷塘月色	5511
荼蘼	920
获岛静夫日记 一个侵华日军的战地实录	10657
晋阳秋	928
恶土	13380
恶之花	13984
恶之花	13998
恶之花	14048
恶之花 巴黎的忧郁	14025
恶之花 波德莱尔诗歌精粹	14041
恶之花选	14002
恶夜追击令	13097
恶意之山	13807
恶潮扩张	13762
恶魔诅咒的红圈	16166
恶魔的遗产	13459
恶魔奏鸣曲	824
恶魔钻石	16170
莎士比亚十四行诗	14071
莎士比亚历史剧选	14886
莎士比亚四大悲剧	14897
莎士比亚全集（1）	15346
莎士比亚全集（1）	15357
莎士比亚全集（10）	15355
莎士比亚全集（11）	15356

莎士比亚全集(1—8卷)	15511	莎拉公主多功能相框拼图 1	17346
莎士比亚全集(2)	15347	莎拉公主多功能相框拼图 2	17347
莎士比亚全集(2)	15358	莎拉公主多功能相框拼图 3	17348
莎士比亚全集(3)	15348	莎拉公主多功能相框拼图 4	17349
莎士比亚全集(3)	15359	莎罗冷	1974
莎士比亚全集(4)	15349	莎菲女士的日记	2411
莎士比亚全集(4)	15360	莎菲女士的日记 丁玲文选	8136
莎士比亚全集(5)	15350	莎菲女士的日记 韦护	2476
莎士比亚全集(5)	15361	真正的人	12402
莎士比亚全集(6)	15351	真正的人	15018
莎士比亚全集(6)	15362	真正的老师	1529
莎士比亚全集(7)	15352	真正的朋友	16395
莎士比亚全集(8)	15353	真有其事	12149
莎士比亚全集(9)	15354	真空地带	13455
莎士比亚全集 纪念版(1—11卷)	15523	真话集(《随想录》第三集)	4072
莎士比亚戏剧(上下)	14908	真狡猾,阿尔菲	17168
莎士比亚戏剧故事集	14487	真理之战	12904
莎士比亚戏剧故事集	16457	真假李逵	18733
莎士比亚戏剧选读	14893	真假医生	16645
莎士比亚戏剧集(一)	14789	真假皇帝	8354
莎士比亚戏剧集(二)	14790	真情	13369
莎士比亚戏剧集(十)	14799	真情到永远	658
莎士比亚戏剧集(十一)	14800	真想变成大大的荷叶	9454
莎士比亚戏剧集(十二)	14801	桂公塘	2556
莎士比亚戏剧集(七)	14795	桂花雨	3220
莎士比亚戏剧集(八)	14797	桂香街	1293
莎士比亚戏剧集(九)	14798	桂冠 诺贝尔文学奖作家肖像和传略	10801
莎士比亚戏剧集(三)	14791	栖凤楼	532
莎士比亚戏剧集(五)	14793	桐城派编年(上下)	7155
莎士比亚戏剧集(六)	14794	桥	11507
莎士比亚戏剧集(四)	14792	桥	12025
莎士比亚抒情诗选	15754	桥	1557
莎士比亚 吟诗的剧神	8792	桥	1776
莎士比亚喜剧五种	14905	桥隆飙	180
莎士比亚喜剧五种	14911	桦树沟	23
莎士比亚喜剧选	14887	桃之夭夭	1423
莎士比亚植物志	14632	桃夭	1223
莎士比亚悲剧五种	14904	桃幻记 辻井乔小说选	13645
莎士比亚悲剧四种	14875	桃花	1368
莎士比亚悲剧选	14888	桃花劫	771
莎乐美	14903	桃花村	18779
莎乐美——一位征服天才的女性		桃花峪	1612
(征服天才的莎乐美)	4375	桃花扇	17844

桃花扇	18032	根鸟	9399
桃花扇	5970	根鸟(当当版)	9166
桃花扇(上下)	17670	根深蒂固	14953
桃花盛开的地方——奉化风情录	4237	索尔仁尼津短篇小说集	12519
桃花庵	18882	索尔仁尼琴传(上下)	14710
桃李	667	索尔仁尼琴读本	15682
桃源梦	333	索弗洛诺夫剧作集	18364
桃潭钓月	3499	索罗金小说的后现代叙事模式研究	7474
格子网	515	索道隆隆 矿山短篇小说集	1726
格兰特船长的女儿	11239	索福克勒斯悲剧二种	14858
格列佛游记	11032	索德格朗诗选	14151
格列佛游记	11255	哥儿	13398
格里包夫	17603	哥儿	13650
格林童话	15818	哥儿	13795
格林童话	15849	哥儿	15768
格林童话	15886	哥白尼	8702
格林童话	15976	哥尔多尼戏剧集	14838
格林童话	16225	哥尔多尼戏剧集	14884
格林童话	17032	哥伦布传	14543
格林童话百篇	15800	哥拉·布勒尼翁	11000
格林童话全集	15786	哥德巴赫猜想	4032
格林童话选	15747	速写三篇	2347
格林童话选	15788	速写集	3954
格林童话精选	15845	栗子	2562
格拉长大	8719	栗子狗来了	8901
格拉齐耶拉	11714	栗志恒	18126
格非	7752	贾平凹	7743
"格洛里亚斯科特"号三桅帆船	16142	贾平凹卷(贾平凹散文)	4234
格莱葛瑞夫人独幕剧选	14961	贾平凹散文精选	4663
格桑梅朵	212	贾平凹散文精选	5325
格斯尔传	9783	贾岛研究	7052
校长是文具盒	9010	贾岛集校注	3736
校外追梦	8586	贾奈达之城	833
校花	977	贾谊集校注	5658
校园功夫之王	9253	贾曼的花园	14621
校园春光(教育革命故事集)	4017	贾雅·普拉纳之歌	14291
校园秘史	13239	翅膀	8376
核电员工最后遗言 福岛事故十五年前的		夏(上下)	1190
灾难预告	14756	夏天来了(话剧)	5736
核桃鼠和他的伙伴们	9006	夏天里的苹果梦	9409
根本利益	4492	夏天的早晨	16350
根鸟	8639	夏天的森林	9408
根鸟	9070	夏天最后一朵玫瑰 外国经典诗歌	

青春版	15712	原来老妈有魔法	8600
夏日的海滩	9263	原来如此的故事	16286
夏日单车之恋	13179	原来如此的故事（全译插图本）	16399
夏日终焉	13748	原诗 一瓢诗话 说诗晬语	6789
夏日漫步山间	14498	原狱	559
夏日骤雨	15051	原谅了你等于原谅了我 蒋一谈爱情诗集	3485
夏目漱石小说选	13677	原野	5944
夏目漱石选集（第一卷）	13393	原野 北京人	5955
夏目漱石选集（第二卷）	13389	原罪·宿命	1991
夏（扬州的夏日 夏）	5559	原罪·宿命	2221
夏伯阳	17616	逐云而居	14599
夏夜的秘密	12970	逐鹿中原	91
夏夜情思	4282	烈火红心	17861
夏衍选集（上下）	8070	烈火红心	5778
夏衍剧作选	5913	烈火里的爱情	3074
夏洛的网	15851	烈火金刚	1086
夏洛的网 校舍上的车轮	15859	顾城	3199
夏洛蒂·勃朗特的秘密日记	13139	顾城的诗	3151
夏济安日记	4896	顾维钧在"九一八"	1131
夏屋，以后	11763	捕捉心跳	1954
夏娃的女儿	11181	捕梦网	13255
夏倍上校	10976	捕蜂器	11988
夏猎	543	捕鼠记	16795
破门	13779	捕鼠器	11914
破戒	13392	捉水鬼	18739
破戒	13408	捉鱼去	9544
破戒 家	13426	捉放曹	18476
破茧	956	捉放曹	18546
破烂的电梯	16467	捉放曹	18646
破洪州	18957	捉放曹的人物创造	
破除迷信	19017	——郝寿臣表演艺术之一	18268
破除迷信	9886	捉猫故事集	15861
破晓记	121	捆绑上天堂	694
破晓的山野	246	哲学家的狗	13935
破碎的和平	12915	逝去的岁月	2409
破毁铁屋子的希望		逝去的年华	261
——《呐喊》《彷徨》新论	6675	逝去的武林	10805
破镜谋杀案	11773	逝去的裕河	4393
破壁记	201	捡柴	18543
原子站	11521	换来儿——瘸腿威廉	11522
原子能	15043	换房	18016
原乡人——钟理和中短篇小说选	1806	捣蛋鬼日记	16083
原动力	2524	捣蛋鬼学校	8523

热门话题集	4154	党的阳光照耀着祖国	10451
热瓦甫琴歌	2990	党的好女儿	19047
热风	5454	党重给了我光明	18124
热鸟	9137	党费	1631
热带雨林里总是下雨吗？		眩惑	346
关于热带雨林的问与答	15980	眠空	5250
热带雨林绑架案 达尔文和恐龙岛的		晓风杨柳岸	3447
秘密	16091	晓寺	13549
热点追踪——20世纪俄罗斯文学研究	7392	晓光《三十六计》心得	7047
热洛夫	17599	晓庄钟声——陶行知办学演义	585
热爱生命	12747	晓英·赝说·鹿鸣馆	13758
热爱生命	13156	鸭如花	2102
热爱生命	15736	鸭宝河	9316
热海欢歌	230	鸭绿江边	14350
热曼妮·拉瑟顿	11105	鸭绿江告诉你	4211
热碧亚—赛丁	2865	晃来晃去的人	13370
顿巴斯	12364	哺乳期的女人	2114
顿巴斯矿工	17577	《晏子春秋》研究史	7146
致一百年以后的你——茨维塔耶娃诗选	14242	晏子春秋选译	10928
致大海——俄国五大诗人诗选	15752	蚌、蛎、螺、蚬	18404
致女儿书	4601	哨位日历2019	10866
致无尽岁月	2139	哨所的早晨 短篇小说集	1728
致艾尔薇拉——拉马丁诗选	14061	哭泣的小猫	8720
致我们单纯的小美好	9575	哭泣精灵	9124
致我们亲爱的故乡	10894	哭秦庭	18784
致我的青蛙王子	12996	哭鼻子大王	8549
致纯真的你:十五个成长故事	9574	哦,十五岁的哈丽黛哟……	277
致青年公民	2782	哦,我的坏女孩	8452
致命追杀	12905	哦,香雪	2272
致命诱惑	17044	哦嘘 哦嘘	1122
致命遗产	11873	恩与仇	18897
致亲爱的母亲	14574	恩犬	4170
致薇拉	14601	恩泽尔与克蕾特 一个查莫宁的童话	16863
柴达木手记	3931	啊呜啊呜好吃的节日多	9571
柴达木手记	4057	啊,拓荒者!	12888
柴堆旁的男孩	16057	啊,拓荒者!	12897
监视	13850	啊,拓荒者!	15767
紧急状态	13605	啊,拓荒者!我的安东尼亚	12857
紧锁的房子	11618	啊,昆仑山!	317
逍遥津	18752	罢宴	18675
党生活者	13440	圆了彩虹——吴冠中传	4238
党岭山上	9861	圆之外	389
党和生命	1641	圆环	13272

圆圆和方方	8553	铁魂曲	575
圆梦	566	铁路边的孩子们	16843
峻青	7718	铁路的孩子	16018
峻岭青松（曲艺专辑）	10312	铁凝	7749
贼城	13077	铁凝小说选	2004
钱达尔短篇小说集	13445	铁凝日记——汉城的事	4419
钱的故事	1880	铁凝散文	4767
钱谦益诗选	3775	铃兰花	15911
钱锺书选唐诗（上下）	3834	铅笔上学了	9011
钻天峰	140	特立独行的企鹅	14582
钻玉米地	2266	特写选（1956年）	3897
钻石	13206	特里尼	11532
钻石广场	11623	特别响,非常近	13147
钻石广场	11879	特利斯当与伊瑟	11139
钻塔上的青春	2953	特罗耶波尔斯基短篇小说选	12420
铁人（电影文学剧本）	5888	特洛亚妇女	14849
铁门里	1667	特殊性格的人	1662
铁弓缘	18798	造市者	11925
铁马冰河入梦来	325	造物主的地图	11837
铁水奔流	19	造春集	1616
铁水钢花	18613	造船厂	13071
铁水钢花冲天翻	9951	乘风破浪	75
铁石心肠的儿女	11487	乘法是什么	17324
铁甲车	12449	乘法怎么用	17325
铁皮狗	9114	敌人	18413
铁血共和 图说辛亥革命	10759	敌后武工队	761
铁血红韵	3422	租界	1065
铁血信鸽	2254	秧歌	2104
铁血首义路	1077	秧歌剧选	18006
铁血柔情	12908	秧歌剧选	5856
铁伞记	33	秧歌剧选集	5963
铁灯	12683	秘密	11847
铁连环	18583	秘密手稿	11880
铁依甫江诗选	3029	秘密会不会爆炸	9105
铁栅栏上的眼睛	11674	秘密花园	12892
铁屋中的呐喊	6727	秘密花园	16230
铁流	12334	秘密花园	16987
铁猫咔咔咔	9036	秘密的心	16560
铁旋风（一）	139	秘密线人——水门"深喉"的故事	14495
铁骑兵	1575	秘密（怒航 秘密）	1973
铁腕柔情——撒切尔夫人传	5057	秘密情报点	13070
铁道员	13643	秘鲁传说	12887
铁道游击队	64	秘鲁传说	14415

书名	编号
透光的树	13641
透明的捡屑人	16681
透明怪人	16348
笔下千骑——绘画大师徐悲鸿	4098
笔迹的秘密	12717
笑面人（上下）	11052
笋瓜自传	11715
倩女离魂	18055
借牛	18177
借衣 哭窑 打柴 训弟 打周仁 激友回店	18553
借罗衣	18158
借命而生	1352
借赵云	18497
借氆氇	18149
借靴	18820
借镜杀人	11762
俺爹俺娘	5436
倾听花开的声音	5196
倾听俄罗斯	4378
倾诉	12197
倒带人生	14572
倒数第二次危机	16801
倒数第二梦	12990
倒影集	1785
候鸟的勇敢	2193
倪焕之	2286
俯拾诗歌集	3247
倦倚碧罗裙 明清女性词选	3797
健介的王国	16028
健全的社会	17478
臭小子之乾隆告状	8540
射手	1508
息壤	1400
倔强的红小鬼	9827
徐玉诺诗文选	8109
徐兰沅操琴生活（第一集）	18246
徐兰沅操琴生活（第二集）	18283
徐兰沅操琴生活（第三集）	18295
徐母骂曹	18498
徐母骂曹	18847
徐志摩传	4818
徐志摩作品新编	8155
徐志摩卷	5536

书名	编号
徐志摩选集	8083
徐志摩选集（上下）	8130
徐志摩散文	5550
徐柏坚诗选	3329
徐祯卿全集编年校注	8216
徐策跑城	18735
徐雉的诗和小说	8080
徐懋庸回忆录	4124
徐霞客山河异志	1445
徐霞客山河异志 2	1473
徐霞客游记	5686
殷夫诗文选集	8039
殷夫选集	8053
航海的历史	16562
拿破仑传	14573
拿破仑 科西嘉战神	8803
爱人同志	684
爱与仇	234
爱与孤独	4735
爱与美之岛	18439
爱与歌	3596
爱上动手的科学书	17386
爱上你几乎就幸福了	1188
爱上读书的小树精	9033
爱之诗	3073
爱之树 1970—1985 民主德国抒情诗选	14155
爱小虫	9519
爱犬的天堂	9394
爱心晚餐	17163
爱甩辫子的姑娘	18904
爱尔兰人	14670
爱尔兰的凯尔特文学与文化研究	7502
爱尔兰经典童话	16232
爱尔兰童话故事	16287
爱写诗的小螃蟹	8995
爱在人间	4108
爱在山野	9336
爱在长生不老时	13173
爱在伊斯坦布尔	13730
爱有余生	1434
爱吃意大利面的新娘	16929
爱因斯坦	8704
爱因斯坦:天真可爱的物理天才	8781

爱因斯坦传	14545	爱的变奏曲	3031
爱因斯坦:我的宇宙	5264	爱的怯懦	11756
爱因斯坦的灵感	16764	爱的学堂	13116
爱伦·坡研究	7454	爱的故事	12575
爱伦·坡幽默小说选	12782	爱的背面	13053
爱伦·坡短篇小说集	12755	爱的重量	12115
爱行天下	5289	爱的复活	238
爱米莉·古怪小姐 1 迷失,黑暗与无聊	17435	爱的配方	13827
爱米莉·古怪小姐 2 摇滚,死亡,虚假,		爱的哲学	14003
复仇和孤独	17436	爱的哲学 雪莱诗歌精粹	14046
爱米莉·古怪小姐 3 逢魔时刻	17437	爱的教育	11178
爱米莉·古怪小姐(全三册)	17438	爱的教育	11227
爱如烟花只开一瞬		爱的教育	16221
"人民文学·贝塔斯曼"杯文学新秀		爱的教育	16996
征文奖获奖作品集	1902	爱的谎言	1857
爱玛	11221	爱的答案	3178
爱玛	11279	爱,始于冬季	11940
爱丽丝梦游仙境	11287	爱是怎么回事	16413
爱丽丝梦游仙境	16200	爱是赔本的生意	10648
爱丽丝梦游奇境	16632	爱界	12244
爱丽丝梦游奇境(150 周年纪念版)	16476	爱神草	12609
爱丽丝漫游奇境 爱丽丝镜中游	17012	爱说教的男人	14676
爱丽丝镜中奇遇记	16397	爱眉小札	5510
爱丽丝镜中游	16201	爱捣蛋的小邂逅	16673
爱丽斯漫游奇境	11177	爱热闹的小猫奥斯卡	16586
爱听童话的仙鹤	8406	爱钱的请举手	4440
爱别离	1171	爱·旅行	5087
爱佐与爱莎	2768	爱做梦的雷梦	16652
爱岛的男人	12219	爱情	11404
爱社的人	1552	爱情	1666
爱——阿赫马托娃诗选	14249	爱情一叶	12222
爱国者	15073	爱情——土库曼作家短篇小说选	12462
爱国的"叛国者"——马思聪传	4144	爱情与幻想	4194
爱迪生	8701	爱情与自由	14004
爱迪生 发明大王	8772	爱情与自由	14070
爱的艺术	17480	爱情与荣誉	12976
爱的历史	13036	爱情与夏天	11997
爱的历史	13349	爱情,欠了我们一分钟	998
爱的左边	13675	爱情生活	13653
爱的饥渴	13740	爱情句号	781
爱的花瓣	3060	爱情半夜餐	11981
爱的灵感	3554	爱情有毒	860
爱的变奏	3086	爱情的三部曲 雾·雨·电	2417

爱情的考验	11599
爱情试验	1850
爱情是个冷笑话	1118
爱情想太多	10734
爱斯基摩王子	13660
爱森的袭击	11500
爱跳舞的小龙	8969
爱德华三世 两位贵亲戚 新被裁定的两部莎士比亚疑剧	14891
豹	11591
豹子湾战斗	17922
颂雷锋学雷锋(群众演唱选4,1973年,曲艺专辑)	10302
颂歌声声飞北京——少数民族诗歌选	2929
颂歌献给华主席	4027
翁同龢选集	8230
翁倩玉爱的奉献	4397
胭脂扣	490
脆弱	16238
脂砚斋重评石头记	17719
脂砚斋重评石头记	2608
脂砚斋重评石头记(己卯本)	2675
脂砚斋重评石头记(甲戌本)	2674
脂砚斋重评石头记(庚辰本)	2668
胶东纪事	1653
脑力游戏1	17342
脑力游戏2	17343
脑残	12623
脑袋里的小矮人	15967
脑袋里的小矮人 可爱的魔鬼先生	16060
脑·想象力	17271
狼	13488
狼	15069
狼王梦·狼王洛波	9649
狼狈的冒险	8524
狼的眼睛	16830
狼毒	12926
狼烟北平	874
狼獾河	8712
逢魔时间——李碧华散文选	4252
留别兹诺夫	17621
留住你的春天	4484
留德十年	5091
鸳鸯香炉	5026
鸳鸯被	19006
鸳鸯蝴蝶——《礼拜六》派作品选(上下)	2440
恋人	11926
恋爱与打扮大作战	16620
恋爱中的男人	11881
恋爱中的宝贝	10640
恋爱中的宝贝(电影文学剧本)	5882
恋爱时代	13711
恋爱时代(下)	13671
恋爱时代(上)	13668
恋爱的女孩	16033
恋爱的季节	463
恋爱学分	12190
恋恋浮城	4843
恋情诗	3699
恋歌 爱情诗选	3024
衰与荣	379
衰神附身记	13700
高乃依 拉辛戏剧选	14889
高三啦涨分啦 高考黑马自述 我为什么高三能涨200分	10184
高士其科普童话	8427
高山大峒	28
高山尖兵(六场话剧)	5825
高山仰止	5500
高山滚鼓集 道貌岸然集 闻过则怒集(六十年代台湾社会现象5)	4832
高门巨族的兰花 凌叔华的一生	4844
高元钧山东快书选	10351
高中生古诗文推荐背诵95篇	10107
高中生必背古诗文40篇	10034
高中语文新教材文言文译注·一年级	10032
高中语文新教材文言文译注·二年级	10033
高玉宝	59
高术莫用	10803
高龙巴	11096
高尔夫球场命案	11817
高尔兹镇	11545
高尔基	15217
高尔基文集(1—20卷)	15525
高尔基文集(第一卷)	15363
高尔基文集(第二十卷)	15382

高尔基文集(第二卷)	15364	高适岑参诗选	3686
高尔基文集(第十一卷)	15381	高亮赶水	18772
高尔基文集(第十二卷)	15375	高举毛泽东思想红旗做又会劳动又会	
高尔基文集(第十七卷)	15373	创作的文艺战士	6131
高尔基文集(第十八卷)	15377	高举红旗反侵略	2800
高尔基文集(第十九卷)	15374	高原上的探戈	13186
高尔基文集(第十三卷)	15383	高原牛的家	11525
高尔基文集(第十五卷)	15379	高原怒吼	18629
高尔基文集(第十六卷)	15380	高晓声	7723
高尔基文集(第十四卷)	15378	高晓声一九八一年小说集	1792
高尔基文集(第十卷)	15372	高晓声一九八〇年小说集	1781
高尔基文集(第七卷)	15369	高晓声小说选	1804
高尔基文集(第八卷)	15370	高晓声研究资料	6520
高尔基文集(第九卷)	15371	高谅纪事	13470
高尔基文集(第三卷)	15365	高乾大	2525
高尔基文集(第五卷)	15367	高野圣僧——泉镜花小说选	13619
高尔基文集(第六卷)	15368	高渐离	5932
高尔基文集(第四卷)	15366	高斯 观天测地的数学天才	8757
高尔基早期作品选	12537	高等垃圾	17953
高尔基创作选集	12353	高路入云端	4879
高尔基论文选集	15202	高歌向太阳——广西各族新民歌选	2956
高尔基和电影	17660	高鹗	728
高尔基的《母亲》与社会主义现实主义		郭小川	3202
问题	15267	郭小川诗选	2985
高尔基选集 文学论文选	15263	郭小川诗选	3468
高尔基读本	15681	郭小川诗选(上下)	3061
高尔基剧作集(一)	18386	郭子仪单骑见回纥	18821
高尔基剧作集(二)	18387	郭沫若	3198
高尔基剧作集(三)	18400	郭沫若史剧论	6649
高尔基短篇小说选	12542	郭沫若全集 文学编(1)	7888
高尔德诗文选	15545	郭沫若全集 文学编(10)	7920
高兰墅集	17727	郭沫若全集 文学编(11)	7977
高加索的俘虏	15894	郭沫若全集 文学编(12)	7978
高考作文常见主题一点通(高中)	10053	郭沫若全集 文学编(13)	7979
高老头	10977	郭沫若全集 文学编(14)	7980
高老头	11193	郭沫若全集 文学编(15)	7966
高老头 欧也妮·葛朗台	11266	郭沫若全集 文学编(16)	7959
高老庄	2583	郭沫若全集 文学编(17)	7960
高老庄	903	郭沫若全集 文学编(18)	7974
高兴	902	郭沫若全集 文学编(19)	7975
高利贷者	11016	郭沫若全集 文学编(2)	7889
高官的良心 中国足球打黑第一斗士	4873	郭沫若全集 文学编(20)	7976
高适传论	6933	郭沫若全集 文学编(3)	7900

书名	编号
郭沫若全集 文学编(4)	7910
郭沫若全集 文学编(5)	7911
郭沫若全集 文学编(6)	7931
郭沫若全集 文学编(7)	7932
郭沫若全集 文学编(8)	7933
郭沫若全集 文学编(9)	7919
郭沫若作品新编	8159
郭沫若评传	6655
郭沫若诗歌戏剧选	8124
郭沫若选集(1—4)	8126
郭沫若散文	4611
郭曾炘集	3825
郭影秋诗词集	3509
郭麐诗集(上中下)	3806
席勒文集(1—6卷)	15502
席勒传	14525
席勒戏剧诗歌选	14880
席勒评传	15157
席勒诗选	13991
座右无铭	4556
座头鲸赫连么么	8811
病中抒怀 张文台将军诗词书法作品集	3229
病中集(《随想录》第四集)	4093
病房	18446
病相报告	904
病隙碎笔	4672
病魔	13001
疾风落叶	166
疼痛	3425
疼痛与抚摸	509
疲软的小号	8458
离开只为让你想念	4758
离开的,留下的	12146
离别时刻	13281
离我们很近	7683
离离原上草	3011
离家出走	11859
离家出走	13881
离婚	2345
离婚指南	1939
离婚指南	2231
离婚指南	2236
离骚 九歌	3688
离骚今译	10903
唐人小说	2707
唐人传奇	8678
唐人律诗精华	3737
唐人绝句精华	3675
唐三藏西游释厄传 西游记传	2629
唐山来的报告	4024
唐五代小说的文化阐释	6991
唐五代北宋词学思想史论	7054
唐五代两宋词简析	3820
唐五代词	17730
唐五代词选	3729
唐五代词选注	3813
唐五代词境浅说	7193
唐太宗 最能接受批评的皇帝	8752
唐文选	5669
唐文选(上下)	5647
唐文选注	5644
唐代小说文化意蕴探微	7095
唐代小说史	7281
唐代文学史(下)	7271
唐代文学史(上)	7270
唐代文学演变史	7269
唐代诗歌	7252
唐代歌行论	7041
唐传奇笺证	6970
唐传奇鉴赏集	6922
唐戏弄	7249
唐克诗选	14221
唐宋八大家骈文研究	7056
唐宋士风与词风研究——以白居易、苏轼为中心	7022
唐宋文精华	5650
唐宋传奇选	2600
唐宋传奇选	2606
唐宋传奇集	17729
唐宋传奇集	2569
唐宋名家词选	3810
唐宋时期馆驿制度及其与文学之关系研究	7060
唐宋词一百首	3798
唐宋词史论	6989
唐宋词选	3674

唐宋词选释	3667	唐璜(上下)	13983
唐宋词格律	7189	唐璜秘志	13035
唐宋词鉴赏集	6924	站在巨人的肩上 牛顿	9679
唐宋词简释	3787	站在世界屋脊的将军	4595
唐宋词精华	3705	站在金字塔尖上的人物	5270
唐宋诗文鉴赏举隅	6927	站在最前列	31
唐宋诗文精华	8221	站冰——刘心武小说新作集	1925
唐宋诗宏观结构论	7032	站起来的声音(1949—1956)	2013
唐知县审诰命	18922	竞选州长	12753
唐的赎金	17108	部长女儿的婚事 二十一部当代长篇小说	
唐诗三百首	17731	选粹	7700
唐诗三百首	3757	旅广手记	4119
唐诗三百首详析	3802	旅中吟	3141
唐诗三百首详析	3811	旅长	14933
唐诗三百首简注	3719	旅行奇遇	17302
唐诗今译集	10913	旅行的印象	5347
唐诗 在变革中走向辉煌	6981	旅行故事:空间经验与文学表达	7154
唐诗百首	3738	旅行盒子	17298
唐诗名译	10932	旅行箱	16661
唐诗研究论文集	6891	旅顺口(上下)	12358
唐诗选	3652	旅客之家	18585
唐诗选	3746	悭吝人	14811
唐诗选(上下)	3661	阅读与写作	9583
唐诗选注	3765	阅读普希金	7388
唐诗选读	10008	阅微草堂笔记选译	10919
唐诗类选	3763	羔羊的盛宴	13906
唐诗课	6559	粉川	1019
唐诗接受史	7112	粉红小猪数数书	16627
唐诗综论	6945	粉笔人	12265
唐诗鉴赏集	6917	粉碎美蒋战争挑衅	19021
唐诗精华	3710	粉墨春秋(一)	18248
唐祈诗全编	3480	益智录(烟雨楼续聊斋志异)	2657
唐祈诗选	3104	烘房飘香	18181
唐弢文论选	6719	烦恼的女孩	16034
唐弢杂文选	5459	烦恼的冬天	12851
唐前志怪小说史	7289	烦恼的冬天	13355
唐顿庄园	17441	烧五气	17767
唐浩明文集·杨度(上中下)	689	烧荒	810
唐浩明文集·张之洞(上中下)	688	烛光行动	12845
唐浩明文集·曾国藩(上中下)	683	烟	11365
唐朝的天空	7611	烟	12662
唐湜诗卷(上下)	3190	烟与镜	12045
唐璜	14809	烟火漫卷	1461

烟斗	12453
烟斗上小人儿的话	5322
烟斗里的星星	8893
烟尘集	5462
烟花女荣辱记	11146
烟囱下的孩子	9115
烟囱下的短歌	2802
烟囱宅之谜	11916
烟雨霏霏的黎明	14700
烟河	13763
烟草(一)	12676
烟草(二)	12682
烟壶 美食家 中篇小说卷(1983—1986)	2174
烙印	3536
烙印 罪恶的黑手	3566
凌云健笔话书情——人民文学出版社图书评论集(2000—2014)	5151
凌汛 朝内大街166号	5035
凌红蝶	9979
凌乱的床	12284
凌濛初研究	7069
凄凉别墅	12098
凄楚的微笑	13623
准风月谈	5443
凋零城的花园	16666
瓷月亮 严阵诗选	3500
涛声人面	5214
涛声入梦	511
浦之上 一个王朝的碎片	940
浦江清文录	6886
凉州词	1417
酒虫儿	1474
酒吧长谈	13096
酒鬼的鱼鹰	2100
酒徒	1360
酒楼	964
涟漪	369
浙江歌谣	9794
浙学读本	10952
消失	13103
消失的艺术	12233
消失的场景	563
消失的岛屿 希尼自选诗集 (1966—1987)	14188
消失的岛屿 希尼自选诗集 (1988—2013)	14189
消失的宝冠	16149
消逝的黑纽扣	8457
消息树	17986
涅瓦河畔	18357
涅克拉索夫	15209
涅曼河畔	11478
浩舸诗词选	3276
浩然	7735
海	12186
海与毒药	13751
海上大教堂	11889
海上女民兵	10443
海上花列传	2620
海上花园	17951
海上劳工	11197
海上的桃树	1076
海上繁华梦	4173
海山论集	6167
海子	3196
海子的诗	3129
海丰农民运动	9866
海犬的故事——外国短篇小说选	15813
海风中失落的血色馈赠	13347
海风 海风	9461
海外华文文学现状	6301
海外奇遇	2598
海外望神州 外国人眼中的中国改革开放	4686
海市	3949
海市奇观	343
海边的雪	2018
海边草	6292
海伦·凯勒 我要光明	16826
海军曲艺作品选	10349
海军军官	18407
海防万里(话剧)	5759
海杜克复仇记	12704
海员朱宝庭	1627
海岛女民兵	1718
海明威文集 太阳照常升起	15517
海明威文集 永别了武器	15515

海明威文集 老人与海	15516	海涅诗选	14065
海明威文集 丧钟为谁而鸣	15514	海涅选集	15130
海明威文集 非洲的青山	15518	海涅选集 诗歌卷	13996
海明威 爱冒险的酷文豪	8791	海涅选集 游记卷	14421
海明威读本	14576	海涅散文	14432
海迪自选集(1—6)	7581	海(海上的日出 海上的月亮)	5566
海岬上	2777	海浪	11637
海钓	9338	海浪 达洛维太太	12107
海的女儿(儿童文学选辑)	8301	海陵诗话	7082
海的沉默	11498	海豚爱上猫	809
海的梦	2355	海盗宝藏	17299
海的梦 憩园	2482	海淀集	6085
海底	1147	海隅印记	4319
海底历险记	16583	海蒂	11648
海底两万里	11214	海港(主旋律乐谱)	10577
海底两万里(下)	16991	海港 革命现代京剧样板戏	5784
海底两万里(上)	16990	《海港》(总谱)	10588
海底两万里(上下)	11251	海路	4681
海底来客	16030	海滨饭店战火鬼	16099
海底苦战	9932	海滨故人	2449
海底隧道	11617	海滨故人 归雁	2393
海底隧道	9158	海滨故人庐隐	4310
海底魔术师	16550	海滩	17248
海姑娘洛丽	8453	海滩上种花	9635
海鸥	14918	海誓	2884
海鸥	17982	海德格尔的墓地之旅	16772
海鸥导演计划	17652	海燕	12673
海峡两岸著名学者师友录	4247	海燕	1690
海泉的诗	3283	海燕(相声专辑)	10305
海洋	18443	海霞(电影文学剧本)	5849
海洋为什么是蓝色的?		海螺渡(儿童文学选辑)	8297
关于海洋的问与答	15978	海濡之士 北仑名家 1	10709
海洋真奇妙	17255	海鹰	11508
海屏(评弹专辑)	10314	海疆英魂——记甲午海战中的邓世昌和	
海狼	12963	致远舰	4408
海涅文集 小说戏剧杂文卷	15480	涂自强的个人悲伤	2123
海涅文集 批评卷	15479	涂色书 1 小猫格朗将军	17279
海涅文集 诗歌卷	15481	涂色书 2 小绅士科吉	17280
海涅文集 游记卷	15482	涂色书 3 双胞胎姐妹	17281
海涅评传	15159	涂色书 4 小厨师莎拉	17282
海涅诗选	13955	涂·智	17370
海涅诗选	13980	浴场谋杀案	11939
海涅诗选	14047	浴血罗霄	1100

浮士德	14879	浪漫主义的夕阳——波德莱尔诗选	14064
浮士德	15842	浪漫的与古典的 文学的纪律	6610
浮士德	17042	浪漫的中国:性别视角下激进主义思潮与	
浮士德(一、二)	14810	文学(1890—1940)	6741
浮士德博士的悲剧	14826	涌动的神力	12922
浮云	255	宽边帽子	18418
浮世澡堂	13396	家	18907
浮世澡堂 浮世理发馆	13423	家	2284
浮生六记	2615	家人们	1072
浮生六记	5680	家长和孩子一起玩的小实验1	16563
浮生六记(新增补)	5668	家长和孩子一起玩的小实验2	16564
浮生如梦 玛丽莲·梦露文学写真		家风	1197
(上下)	14483	家在云之南 忆双亲,记往事	4812
浮生琐忆	4420	家在何方	407
浮尘漂流记	5097	家有九凤	745
浮华城市	738	家有猫狗	14505
浮城	1130	家守绮谭	13803
浮躁	843	家里来客人啦	16886
流亡诗集	14353	家园	13072
流水三十章	1181	家园笔记	595
流动的房间	2227	家事	18347
流动的盛宴	14653	家国梦萦——母亲廖梦醒和她的时代	5107
流年光景 情感卷	4677	家和日子旺	1549
流血的职场	988	家变	1874
流行天王 迈克尔·杰克逊	14541	家庭与世界	13421
流沙河之歌	2857	家庭电影	13654
流泪的女孩	16036	家庭问题纪实	4160
流浪地球 刘慈欣作品精选	2252	家庭纪事	11379
流浪者之歌——东欧三诗人集	15760	家庭的戏剧	11313
流浪的星星	11890	家常事	11122
流浪金三角	4285	家族试验	2251
流浪狗和流浪猫	8856	家谱	12084
涧溪春晓	5430	宴饮诗	3695
浪 一个"叛国者"的人生传奇	640	窄门	12212
浪花	5622	容忍与自由	5604
浪花群英传	9612	容易被搅浑的是我们的心	6401
浪里行	1743	请收藏我的声音	9327
浪荡女人	11377	请收藏我的声音(升级版)	9358
浪涛中的人们	1514	请医	18512
浪游者	14054	请你记住——缪塞诗选	14170
浪游者夜歌 歌德诗歌精粹	14045	请你这样教育我 清华北大人大十省	
浪漫主义回忆	15187	高考状元向家长老师呼吁	10626
浪漫主义者和病退	2095	请客	856

书名	页码
请挽救艺术家	2212
朗弗罗诗选	13973
朗诵诗	3068
朗诵诗选	2918
朗读者 1	10841
朗读者（1—6）	10846
朗读者 2	10842
朗读者 2018 日历	10850
朗读者 3	10843
朗读者 Ⅱ·1	10870
朗读者 Ⅱ·2	10871
朗读者 Ⅱ·3	10872
朗读者 Ⅱ（全 3 册）	10869
朗读者 Ⅱ（全 6 册）	10878
朗读者 Ⅱ（学生版）	10875
朗读者手账	10851
朗读者（青少版）	10844
诸葛亮的 N 种死法	8529
诸葛亮的 N 种死法	9256
诸葛亮 草庐中的智谋家	8759
诺贝尔	8705
诺贝尔 和平之友	8771
诺尔玛或无尽的流亡	11665
诺尔曼·白求恩断片	5618
诺尔曼·白求恩断片	5623
诺桑觉寺	11283
诺得先生的方舟	16793
诺博士	12159
读了又读的童话 中国卷	8689
读了又读的童话（外国卷）	16144
读书杂记	6122
读书疗法 女性生活各阶段的读书指南	17418
读书读书	4179
读词偶得 清真词释	3730
读诗三札记	6853
读爱情故事的老人	13130
读悟天下 薛保勤诗歌选	5188
读读 看看 写写（上下）	6506
读读童谣和儿歌（1—4）	10138
读随园诗话札记	6897
扇子	18356
袒露在金陵	5434
袖珍诗韵	10931
被开垦的处女地	12360
被开垦的处女地（一）	12501
被开垦的处女地（二）	12497
被风吹乱的空城	4857
被占领的巴黎 伊莲娜·皮图日记	16315
被出卖的摇篮曲	14962
被克隆的眼睛	4629
被束缚的人	12123
被规训的历史想像：论长篇历史小说《李自成》	6451
被迫过着花天酒地的生活	4443
被侮辱与被损害的	11325
被偷去记忆的博物馆	16066
被隐藏的孩子	12041
被欺凌与被侮辱的	11348
被遗弃的小狐狸	16615
被遗忘的公主	16418
被窝是青春的坟墓	2063
被搞丢的人生 废料箱里的 148 本日记	14671
被照亮的世界——《故事新编》诗学研究（增订本）	6740
被催眠的美丽	8488
被颜色闯入的梦境	16901
课外文学名著导读（小学、初中版）	10167
课外文学名著导读（高中版）	10166
冥古宙·太古宙	16972
冥想之诗	15707
谁之罪？	11440
谁发出的火焰令	8503
谁动了我的老鼠	17432
谁在俄罗斯能过好日子	11412
谁杀了岳飞	10799
谁来安慰托夫勒 又一个姆咪谷的故事	16890
谁来救阿尔菲？	17190
谁没来吃晚餐 爱因斯坦小提琴失窃案	16089
谁是小偷	17098
谁是真英雄	8579
谁是最可爱的人	3840
谁家有女初长成	2135
谁能无过,谁能免祸	14926
谁偷了假牙？	17124
谁寄给你紫色的信	8512
谁道人间秋已尽 人间词·人间词话	3781

书名	编号
谈小说创作	6108
谈艺录及其他	10838
谈文学	15222
谈龙录 石洲诗话	6790
谈生活、创作和艺术规律	6196
谈吃 上海的吃及其他	5594
谈如何学艺	19060
谈戏曲的舞蹈艺术	19059
谈作家的工作	15204
谈抽烟 吸烟与文化	5599
谈诗	6031
谈诗的技巧	15212
谈话录	4860
谈美	6760
谈美书简	6332
谈美 美绘版	9588
谈美 谈文学	6608
谈神鬼戏	19061
谈维德马尔的《日记片断》	15255
谈最近的短篇小说	6045
谈新诗	6603
谈《蝴蝶杯》里的精华与糟粕	19062
谈麒派艺术	18279
剥肉桂的人	14176
剥削世家	10985
剧本·导演·演员	18329
剧本 戏曲剧本专刊（第一辑）	5731
剧本 戏曲剧本专刊（第二辑）	5737
剧本 现代戏曲专刊	17822
剧本 话剧专刊（第二辑）	5745
剧本 话剧专刊（第三辑）	5752
剧本 话剧剧本专刊	5715
剧本增刊 第一号	17929
剧本增刊 第二号	17930
《剧本》增刊（第三号）	18174
剧本 镇压反革命分子专刊	5723
剧本 翻译专刊（第一辑）	15003
剧本 翻译专刊（第二辑）	15006
剧作法	18344
陵母伏剑	18777
陶渊明诗文选	8204
陶渊明集	8196
陶晶孙选集	8123
陶铸诗词选	3001
陷落的电影江湖	10724
陪你去留学	5367
陪伴	17160
陪嫁 一千名农奴	11388
娥并与桑洛	9787
《娘子谷》及其他	14234
通向慕尼黑的六座坟墓	13076
通灵少女吉尔达	16182
通灵侦探	13068
通往月亮国的路	8511
通往威根码头之路	14606
通往特拉比西亚的桥	16020
通往奥兹国的路	16962
通俗小说"有诗为证"的生成及流变	6832
能干的法贝尔	11578
能不忆蜀葵	1004
难分难舍的会见	12388
难以直说的苦衷——鲁迅《野草》探秘	6672
难兄难弟	17773
难忘的一九一九	14994
难忘的一九二七年	9852
难忘的日子	9845
难忘的书与插图（续编）	10823
难忘的冬天	8367
难忘的岁月	9840
难忘的行程	9835
难忘的春天	2844
难解的算数题	16274
桑戈尔诗选	14391
桑那高地的太阳	349
桑园会	18786
桑园留念 苏童短篇小说编年卷壹（一九八四至一九八九）	1978
桑园寄子	18724
桑德堡诗选	14150
预见	1470
预谋	283
预警	1279
勐铃河边春来早	1687
绣花儿	9506
绣花荷包（歌剧）	5704
绣鞋记	18852

绣襦记	18721	培根随笔集	14428
验收员	1534	职业做做看	17351
绥芬河传	4284	基石	272
继父	857	基列家书	12980
继往开来(曲艺演唱集)	10343	基希报告文学选	14717
继承人	12488	基度山伯爵	15841
继承人	13863	基度山伯爵	16974
		基度山伯爵(1—4)	11049
		基督山伯爵	11293

十 一 画

彗核	9374	勘探者之歌	2900
球形季节	13683	聊将锦瑟记流年 黄仲则诗传	5338
球和守门员	16703	聊斋志异	17714
球星奇遇记	1864	聊斋志异	8652
理发师和一个共产党员的手	3015	聊斋志异详注新评(1—4)	2689
理发的故事	18216	聊斋志异选	2591
理性的黄昏 朱铁志杂文选	5195	聊斋志异选	2602
理查三世	14854	聊斋志异选	2665
理智与情感	11281	聊斋志异鉴赏集	6925
理想丈夫	14978	勒菲弗尔文艺论文选	15168
理想与现实	18288	黄与蓝的交响——中西美学比较论	6314
理想之歌	2940	黄毛丫头	232
理想国	13792	黄月亮	9067
理解九十年代	6298	黄文欢汉文诗抄	14389
琅嬛琐屑 中国古代文房趣尚	10877	黄节注汉魏六朝诗六种	3766
域外传真	4227	黄帅心语	4535
教师	14272	黄鸟	13335
教师办公室	11966	黄色魔术师	16592
教师职业道德	10011	黄花岭	17975
教我灵魂歌唱的大师	5272	黄花集	2781
教育的果实	14919	黄沙	2240
教育诗(修订版)	12622	黄苗子散文精选	4864
教育诗(第一部)	12430	黄雨	12252
教育诗(第二部)	12437	黄金三角	16146
教育诗(第三部)	12476	黄金之乡	9900
教育新篇	17943	黄金书屋之旅	5019
教研室风波	12572	黄金台	18738
教皇的孩子们	14516	黄金在天空舞蹈	14255
教海鸥飞翔的猫	15881	黄金果的土地	12803
教堂的祭司	13469	黄金怪兽	16670
教堂钟声	11274	黄金洞 寻找土地 中士还乡	2081
教唱、指挥和歌咏团的组织训练	17595	黄金豹	16552
硿溪诗话	6795	黄金假面	16748
培养部长的学校	12544	黄昏使者	12614

书名	编号
黄昏酒店	13879
黄河东流去	752
黄河故道人	1393
黄河殇1938·花园口	4541
黄泥冈	2578
黄衫客传奇	2677
黄药眠诗全编	3265
黄庭坚诗选	3831
黄狼皮大衣	12379
黄海红哨	135
黄海散记	3946
黄琉璃	9120
黄雀记	1292
黄棠一家	1314
黄景仁诗选	3768
黄蓓佳非常成长系列	9173
黄蓓佳研究资料	6509
黄蔷薇	14112
黄裳自选集	4633
黄鹤楼	18549
黄鹤楼	18748
黄"朦胧诗"精品	3098
菲菲小姐	11134
萌芽	11076
萝卜先生的信	9008
萝北半月	3909
萝丝·法朗士	11502
菊花小巫婆	8894
菩提司	821
萤王	9172
萤火	7603
萤火与炬火——沈浮传	4478
萤火虫	9451
萤火虫灯	9334
萤窗异草	2642
营房相会	18604
营救距离	13310
营救鹿角兔	17119
乾隆抄本百廿回红楼梦稿（杨本）	2676
乾隆：政治、爱情与性格	5294
乾隆皇帝的十张面孔	4724
乾隆游江南	8671
萧三诗选	3062

书名	编号
萧三诗选	3535
萧军思想批判	6064
萧红	8091
萧红十年集（1932—1942）（上下）	8144
萧红全集（1—3）	8194
萧红作品新编	8164
萧红选集	8054
萧红选集	8137
萧红散文	5200
萧克回忆录	5296
萧何月下追韩信	18806
萧伯纳传	14466
萧伯纳戏剧三种	14966
萧伯纳戏剧选	14956
萧伯纳戏剧集（一）	14958
萧伯纳戏剧集（二）	14959
萧伯纳戏剧集（三）	14960
萧伯纳评传	15229
萧乾	8103
萧乾散文	4609
萧乾散文特写选	5486
萧乾短篇小说选	2374
萧萧落红	4312
萧瑟悉尼	635
萨马拉约会	12881
萨日朗	4518
萨什卡	12600
萨巴尔桑多梭·阿南塔古纳诗集	14378
萨宁	11385
萨尼卡	12613
萨希亚短篇小说集	12642
萨柯和樊塞蒂的受难	12802
萨根的春天	12382
萨特文论选	15178
萨特文集（1—10卷）	15543
萨特文集（1—7卷）	15476
萨特文集（1—8卷）	15501
萨特传	14563
萨特戏剧集（上下）	14974
萨特读本	15646
萨特读本	15688
萨特散文	14514
萨基幽默小说选	11724

书名	页码
萨基短篇小说选	11738
梼杌闲评	2625
梦之痕 甘海斌诗词集	3236
梦中的桥	338
梦书	2060
梦幻与宿命 中国当代文学的精神历程	6548
梦幻岛之旅	16705
梦田	9135
梦回都灵	13705
梦里不知身是客 南唐词	3782
梦的追求——张济民传	4445
梦·泪·梦	267
梦洲——一个青年革命家的浪漫史	405
梦（说梦 寻梦）	5565
梦笔——吕梁赋及其评论	10736
梦家诗集	3565
梦景之眼	12220
梦想号游船	8960
梦想乐园	17355
梦想继承人	12022
梦想照亮世界 2008 北京奥运火炬境内外传递体验之旅	4774
《梦溪笔谈》选注	10908
梦境再现	8587
梵语文学史	7344
梵高	12232
梵高传	14548
梵高自传	14427
梵蒂冈地窖	12286
梧桐树	9639
梅尔尼茨（上下）	11790
梅兰芳文集	17794
梅兰芳戏剧散论	18265
梅兰芳的舞台艺术	18285
梅兰芳演出剧本选	18062
梅兰芳演出剧本选集	17583
梅西 传奇之路	14619
梅尧臣诗选	3673
梅次故事	652
梅妃	18756
梅里美小说选	11055
梅里美中短篇小说全集	11175
梅林山下	18171
梅林论文学	15173
梅雨怪	9494
梅宝	2491
梅特林克戏剧选	14971
梅葛	9780
梅塘夜话	11248
梅溪岸边	16454
梅赛德斯先生	13284
梭罗散文	14538
曹子建诗注	3627
曹文轩文集（7 册函套版）	9215
曹文轩文集 天猫网定制版	9144
曹文轩文集（当当网定制版）	9290
曹文轩文集（珍藏版全 7 册）	9171
曹文轩文集 精装典藏版	9179
曹贞吉集	3826
曹禺戏剧全集（1—5）	5966
曹禺戏剧选	5949
曹禺戏剧选读	10176
曹禺选集	5951
曹禺剧本选（曹禺选集）	5915
曹雪芹	6899
曹植选集 陶渊明选集	8217
曹植集校注	3683
曹集铨评	17742
曹操与献帝	1165
曹操诗文选读	8200
曹操是怎样炼成的	10767
戚继光斩子	18676
戚蓼生序本石头记	17749
戚蓼生序本石头记	2607
戚蓼生序本石头记（1—4）	2667
戚蓼生序本石头记（南图本）	2679
砾痕记	18508
聋儿	13198
龚自珍诗文选	8208
龚自珍诗选	3772
龚自珍研究	6931
龚自珍选集	8226
龚鼎孳全集（1—4）	8262
盛氏家族·邵洵美与我	4447
盛世新声	17722
盛明杂剧（一、二集）	18320

盛夏的翅膀	8733	雪崩	360
雪山五战士	9929	雪融之后	12018
雪山南泥湾 群众演唱选 5(1973)	5802	描花的日子	5268
雪山魔笛	8347	描容上路	18518
雪地三游客	15868	掩不住的光芒	1797
雪地传说 叶兆言短篇小说编年卷一 1988—1993	2025	捷克古老传说	11490
		捷克幽默笑话	17496
雪地里的单车	2126	捷克斯洛伐克文学简史	15330
雪兆集	3025	捷克斯洛伐克的木偶戏	17591
雪花和秘密的扇子	12977	排队谋杀案	11886
雪花的快乐 徐志摩诗集	3582	推手 改变世界的经济学天才	17440
雪花集	4700	推动自己	4480
雪里送炭(舞蹈)	10533	推拿	939
雪英学炊	1646	推理	13857
雪茄盒里的小人	16720	推理要在晚餐后 1	13824
雪虎	12732	推理要在晚餐后 2	13825
雪虎	16458	推理要在晚餐后 3	13826
雪国	13629	接入黑客帝国	10638
雪国	13632	接头	1212
雪国	13664	接老师	18868
雪国梦	410	接近于无限透明	2096
雪国绿	4205	接近于无限透明 叔叔阿姨大舅和我 中篇小说卷(1990—1993)	2184
雪岭苍松	18074		
雪的国	8806	探讨集	6188
雪城(上下)	844	探寻孤独斗室的灵魂 深度访谈世界 文学大师	14562
雪孩子	16001		
雪莱抒情诗选	13967	探亲家	18608
雪莱诗选	14029	探险家沃斯	13931
雪莱诗选	14049	探索月球立体书	17259
雪莱散文	14438	探索者	12432
雪莲花	1414	探索金字塔之谜	17380
雪莲花的歌唱	8734	探索 实践 创新——首都高校共青团 科学化建设研究	10814
雪桥诗话全编(一—四)	6823		
雪原红花	9750	探索星空奥秘的人	8339
雪峰文集(1)	7870	探索集	7365
雪峰文集(2)	7890	探索集(《随想录》第二集)	4060
雪峰文集(3)	7899	探秘天气	17231
雪峰文集(4)	7921	探秘建筑	9692
雪峰的诗	3612	探秘熊猫王国	9028
雪峰寓言	5456	掘墓人的女儿	13160
雪峰寓言(续编)	5488	救世主	10681
雪豹悲歌·少年和山猫	9652	救救我!	11758
雪(雪 雪夜)	5556	虚构的大义——一个关东军士兵的	

日记	13561	野兽的烙印	12125
虚构的可能性及其限度	6429	野葫芦引(南渡记 东藏记 西征记 北归记)	1407
虚构的真迹——书信体小说叙事特征研究	6406	野葫芦引(第四卷)北归记	1406
雀儿山高度——其美多吉的故事	5390	野葡萄	8377
堂吉诃德	11020	野葡萄	8451
堂吉诃德	11045	野葡萄	8885
堂吉诃德	15781	野葡萄	9523
堂吉诃德	15840	野蛮人	18411
堂吉诃德	16977	野蜂出没的山谷	8345
堂吉诃德的长矛	4639	野蔷薇	14005
堂娜芭芭拉	12834	晨光曲	154
常见错别字手册	10273	晨光集	1706
常乐岛	414	晨星集	3599
常德盛	3184	晨钟响彻黄昏	1158
匙河集	14178	晨诵夜读 古诗濡染稚子心	10137
野小子之板凳你好	8541	晨读10分钟·诵读(一年级)(下)	10113
野小鬼	12367	晨读10分钟·诵读(一年级)(上)	10112
野云船	9189	晨读10分钟·诵读(二年级)(下)	10115
野火	13006	晨读10分钟·诵读(二年级)(上)	10114
野火春风斗古城	18093	晨读10分钟·诵读(三年级)(下)	10117
野火春风斗古城	67	晨读10分钟·诵读(三年级)(上)	10116
野芒坡	9140	晨读10分钟·诵读(五年级)(下)	10121
野百合也有春天	9237	晨读10分钟·诵读(五年级)(上)	10120
野兔哈里和海达	16778	晨读10分钟·诵读(六年级)(下)	10123
野狐岭	1187	晨读10分钟·诵读(六年级)(上)	10122
野狗之丘	8812	晨读10分钟·诵读(四年级)(下)	10119
野性的规则	11685	晨读10分钟·诵读(四年级)(上)	10118
野姑娘芭拉	11460	晨雾	387
野草	5502	晨歌 献给母亲的诗	15704
野草 故事新编 赵延年插图本	2505	睁一只眼,闭一只眼	5081
野叟曝言(上中下度)	2656	眼·色彩	17269
野哭 弘光列传	5004	眼的气流	13919
野猪大改造	13657	眼泪河	9756
野猪王	1007	眼珠子在狂奔	8599
野猪林	18048	眼睛后面	14199
野猫	16914	眼镜	16806
野猫终结者	17000	悬崖上的谋杀	11913
野猫终结者1 野猫女王	17056	悬崖山庄奇案	11746
野猫终结者2 火蜥蜴高岭	17057	悬崖的悲剧	416
野猫终结者3 洪水与勇士	17058	喵喵猫和喳喳鸟	8964
野兽国	13060	曼波鱼大夫航海记	13782
野兽的标记	12633	曼哈顿的孤独诊所	13280

书名	编号
曼索朋友	11710
曼斯菲尔德庄园	11280
晚归的女孩	16035
晚号集	3179
晚安	16599
晚安,我的星星	8534
晚安,我的星星	8844
晚安,阿尔菲	17166
晚安玫瑰	1138
晚来香港一百年	4586
晚饭花集	1825
晚明诗歌研究	7004
晚唐五代江浙隐逸诗人研究	7070
晚清二十年	7094
晚清小说史	7240
晚清民国传奇杂剧文献与史实研究	7092
晚清民国传奇杂剧考索	7025
晚清民国时期上海小报研究	
——一种综合的文化、文学考察	6617
晚清戏曲的变革	7031
晚熟的人	2261
晚餐之前	18445
晚霜	524
跃马扬鞭	113
跃进山歌满洞庭	9989
跃进之夜	17782
跃进中的东北	3922
跃进爬山歌选	9939
跃进独幕剧选(一)	17959
跃进独幕剧选(二)	17958
跃进歌声送上天	9927
略讲关于鲁迅的事情	6570
蚯蚓和羽毛	3078
蛇与塔	5625
蛇医游侠传	8407
蛇岛的秘密	13529
蛇神	845
蛇结	11643
蛇腰集 牵肠集(六十年代台湾社会现象4)	4827
鄂巴	13490
鄂奥	13541
唱一唱农村	2732
唱支山歌给党听(琵琶曲三首)	10481
唱西皮二黄的一朵	2224
唱词创作选集	10287
唱得长江水倒流	9990
唱腔选辑(第一辑)	18560
唱腔选辑(第二辑)	18561
唱歌的山羊	9318
唱歌的树	17494
唱歌的星星	8307
患瘟疫的动物们	16871
唯心主义美学批判集	6053
唯愿你在此	12005
啤酒谋杀案	11748
崭新的一代	3998
崔长青诗词赋选集	3250
崔曙海小说集	13504
崩溃	11021
崩溃	14615
崇敬的思念	4511
婴儿围栏里的小猪	15936
铐子	1021
铜魂楚韵	1038
铜锣记	18008
铜墙铁壁	3
铡包勉	18753
铡阁老	18861
铡美案	18465
铡美案	18691
铭心微言	5309
银行行长	1096
银色马	16133
银色的小驴	17075
银色的星	1672
银色的独角兽	16840
银妆刀啊,银妆刀——一臂葬哀史	14399
银苹果之地	13165
银河岸边(小戏集)	5854
银城故事	912
银豹花园	669
银座三明治	14773
银椅	16751
银湖岸边	16453
银幕上的人	17617

银鼠	661	第一次丰收	9941
甜点大赛离奇事件	16876	第一次打击	18388
甜橙树	2027	第一次冲突（第一部）水塔下	11511
甜橙树	9264	第一次冲突（第二部）炮的事件	11512
甜橙树	9397	第一次冲突（第三部）巴黎和我们	
甜橙树（当当版单本）	9405	在一起	11513
梨木香步精选集	13842	第一步	11504
梨花飞	1064	第一位老师	15732
梨花似雪（上下）	792	第一杯苦酒	1788
梨园风流	624	第一届全国戏曲观摩演出大会戏曲	
犁青世界	3245	剧本选集	5703
犁青的诗	3140	第一信号	1403
移山填海的人	1565	第一犁	60
移风易俗讲卫生	18640	第一骑兵队	18360
移居北方的时期	13597	第一颗星	3607
笨花	790	第二十幕（上中下）	588
笨拙的土豆	5100	第二个太阳	356
笨孩子上剑桥 父母教子手记	10675	第二个春天（电影文学剧本）	5834
笨狼和他的爸爸妈妈	8931	第二世界——对文学艺术的哲学解释	6449
笨狼和他的爸爸妈妈 笨狼和他的朋友们	8837	第二份工作	1119
笨狼和他的朋友们	8932	第二次呼吸	11990
笨狼和聪明兔	8975	第二次爱情	14999
笨狼的学校生活	8935	第二次握手（重写本）	811
笨狼的学校生活 笨狼旅行记	8836	第二连	12654
笨狼的故事	9022	第二届中华铁人文学奖获奖作品选	
"笨狼的故事"校园活动版	9014	（上下）	7772
笨狼旅行记	8936	第二届亚非作家会议文件汇编	15335
笛子吹奏法	10540	第二届亚非作家会议发言集	15336
笛卡儿先生的小精灵	16769	第十一届全国新概念作文大赛获奖	
符家源上的新秀才	9897	作品选	4741
笠山农场	1291	第十二夜	14898
笠翁对韵	10263	第十三个圣徒	13049
笠翁对韵	9599	第十三个故事	11806
《笠翁对韵》精解	8623	第十年的情人节	13809
第一与第二	17981	第十届全国新概念作文大赛获奖作品选	4665
第一个风暴（话剧）	5757	第七个十字架	11516
第一个印象	3879	第七个十字架	11647
第一个胜利	1637	第七条猎狗·忠犬宾果	9651
"第一个造酒者"及其他	14923	第九个寡妇	1127
第一个微波	15068	第九夜	3381
第一支军号 现代革命故事选	9804	第三个女郎	11854
第一支歌	2762	第三只眼睛	9435
第一年	25	第三代	12396

第三次高潮——新中国中医药对外交流纪实	4240	船厂追踪	9895
		船儿归	9190
第三军团	9052	船长与大尉(上下)	12479
第三届中华铁人文学奖获奖作品选(上下)	7786	船长与大尉(上下)	12591
		船月	632
第三种尊严	6299	船讯	12972
第五号房	1252	斜烟	421
第六个小夜子	13665	鸽子号(第一期)	9563
第六个小夜子	13923	鸽子号(第二期)	9561
第六病室	11334	鸽子号(第三期)	9564
第六感男生	9252	鸽子号(第四期)	9565
第四十一	12443	鸽子花开	1071
第四十一个	12586	鸽子话	11994
第四名	18432	鸽群中的猫	11749
第四届中华铁人文学奖获奖作品选(上下)	7802	敛与狂	10807
		悉达多	12130
第欧根尼的另类生活	16763	悉昙私记	17502
做个慧心好妈妈	10661	欲是不灭的	433
做在大胡子里的鸟窝	9658	欲望之路	636
做优雅的巴黎女人 时尚,智慧,自信,独立	17472	欲望电影 阿尔莫多瓦谈电影	17420
		欲望有味	5305
做沙箱	18614	欲望的浮世绘——金瓶梅人物写真	7142
做怪坏事的怪坏蛋	8602	欲望的旗帜	1321
做姐妹？没门!	11996	欲望家族	618
做狮子好难	13893	彩色的土地	4080
悠悠岁月	11882	彩虹	18186
偶尔,会绝望	974	彩虹的尽头	15873
偶发空缺	11998	彩虹嘴	9201
偶然与永恒 中国古代文艺理论对文艺美学的建构意义	7230	彩笔昔曾干气象——绝句之旅	5203
		彩楼记(川剧)	5713
偶然天才故事集	12245	彩霞万里	1710
偷玩具的鳄鱼大盗	16910	彩霞果酱	8988
偷星星的贼	16719	领导	13
偷窃 一个爱情故事	13941	脚印	4128
您忠实的舒里克	12603	脚步的声音	3118
偏见	14652	脚的故事	12023
假尼禄	11568	脱轨时代	1153
假如我是海伦	4503	脱靴辨奸	18808
假金牌	18945	脱缰的马	2312
假面王国	8546	象牙戒指	2484
假面的告白	13913	象征论文艺学导论	6273
假期涂色书	17289	象征派诗选	3552
得奖歌曲集	17566	象脚鼓	9227

象棋少年	13075	猛士	215
象棋魔咒	11860	祭日之约	13252
猪八戒的故事	10900	麻木	12723
猪与鸡	1677	麻花小熊	9486
猪的柏拉图 惊奇卷	4547	麻将与跳舞	6543
猪的歌	13437	庵堂认母	18152
猎人	13944	庾信研究	6969
猎人(制造声音)	1959	痕迹 又见瞿秋白	5361
猎人的故事	12413	廊桥遗梦	12885
猎人的故事	9429	康有为诗文选	8197
猎人复仇	13105	康有为选集	8232
猎人笔记	11318	康拉德·华伦洛德	14108
猎人海力布	8867	康定藏族民间故事集	9763
猎枪感冒了	8968	康熙大传	5124
猎虎记	18060	康熙 开创康乾盛世	8758
猎虎记(京剧)	5710	康德的诅咒 纯粹理性杀人事件	11759
猎物	12237	康德教授的梦幻一日	16767
猎狐	9285	康藏人民的声音	9884
猎狐(升级版)	9389	鹿鸣山谷	8408
猎狗	12651	族谱所见文学批评资料整理研究	7117
猎豹出击	665	旋风	236
猎狼	989	旋风少校	12576
猎魂者	14509	旋转飞升的陀螺——百年中国现代	
猎鲨记	14067	诗体流变史论	6407
猫与鸟	16261	旋转木马	9514
猫与鼠 也缠绵	2089	商州	901
猫王	8612	商汤与伊尹	8443
猫王	9275	商界	485
猫王	9360	商界"小超人"李泽楷	10625
猫公馆	13856	商海文心——梁凤仪散文精选	4212
猫斗,马德里,1936 年	12114	商道茫茫	958
猫头鹰开宴会	8858	望乡诗——阿倍仲麻吕与唐代诗人	15081
猫头鹰画家	8730	望夫云	18007
猫和少年魔笛手	16042	望云海	4064
猫和老鼠一起玩	16497	望江南诗草	3395
猫的事务所 宫泽贤治童话精选集		望江亭	18712
(精装插图版)	16394	望舒诗稿	3585
猫城记	2472	望舒草	3567
猫咪躲高高	16236	情人们和朋友们	409
猫(养猫 阿咪)	5582	情天无恨——白蛇新传	1875
猫桌	13194	情妇玛拉	12713
猫峰堡传奇	284	情系蒙特卡洛	11703
猫爱上幸福,鱼怎会知道	997	情系撒哈拉	11840

情殇	1969	清风三叹	5287
情结集	4341	清风亭	18660
情敌	14819	清文选	5667
情绪	16918	清平山堂话本	17708
情绪与感觉——新生代诗选	3094	清史(上下)	10888
情感教育	11207	清代人物生卒年表	10270
情感教育——一个青年人的故事	11068	清代文字狱	4810
情感管理的艺术	17545	清代文论选(上下)	6815
情暖三春——记全国优秀党务工作者		清代文学研究集刊(第一辑)	7062
李淑敏	4371	清代文学研究集刊(第二辑)	7075
情韵流渡	5321	清代文学研究集刊(第三辑)	7083
情满天山	262	清代文学研究集刊(第五辑)	7111
情趣与哲思	9585	清代文学研究集刊(第六辑)	7132
情霸天下	494	清代文学研究集刊(第四辑)	7093
惟一证人	12917	清代北京戏曲演出研究	10682
惊马奔逃	12223	清代扬州徽商与东南地区文学艺术研究	
惊天铁案——世纪大盗张子强伏法		——以"扬州二马"为中心	7068
纪实(上下)	4402	清代杂剧全目	7308
惊涛骇浪	692	清代杜集序跋汇录	7176
惊魂记	12103	清代吴中词派研究	7011
惊雷集——日本人民反美爱国斗争诗集	14361	清代词体学论稿	7050
阎连科	7770	清代唐宋诗之争流变史	7096
阎真小说艺术讲稿	6566	清代韩愈诗文文献研究	7235
阎真文集(1—5)	7583	清代嘉道时期江南寒士诗群与闺阁	
阎寡妇和她的两个女儿	400	诗侣研究	7012
阐释与提升 文艺批评实践及思考	6353	清华园日记	5110
着魔的人	11275	清江壮歌	128
羚羊木雕	8468	清冷枕畔	11834
盖马高原	13514	清初杂剧研究	7016
盖世太保枪口下的中国女人	666	清词史	7288
眷恋土地的人	2323	清词百首	3684
断头王后——玛丽·安托瓦内特传	14604	清词选讲	7217
断头台	12574	清明时节	2293
断后	18531	清明前后	5931
断桥	18516	清忠谱	5984
断想集	5372	清泓	2336
烽火边城 中共抗战与毛泽东崛起	10824	清官海瑞	8674
减法是什么	17322	清诗史(上、下)	7287
减法怎么用	17323	清诗考证	7098
盗子	13646	清诗选	3682
盗御马	18699	清诗流派史	7005
清人诗集叙录(上中下)	7328	清诗精华	3708
清中叶浙江女词人研究	7178	清香战役	13461

清泉曲	285	深圳报告：改革开放40年前沿记录	5340
清音曲词选	10279	深谷幽城	12960
清洁女工之死	11871	深沉的河流	12852
清宫怨	5935	深层海流	13727
清晨起床号	13314	深夜	15070
渚山堂词话 词品	6775	深夜里的玩具店	8926
鸿门宴	18659	深夜的蚕豆声——丝绸之路上的神秘	
淞隐漫录	2624	采访	2146
淑女木乃伊	9245	深厚的感情	14366
淑女木乃伊（升级版）	9355	深秋有如初春 屠岸诗选	3186
混在北京（修订版）	1227	深度对话茅奖作家	5297
混血儿	1113	深宫绝学	508
混血豺王（下）·黄狗乌利	9653	深海奇遇	16800
混血豺王（上）·牛头梗霹雳火	9650	深情似往时	549
混沌	2536	深渊上的黎明	12810
混沌的现代性	6425	深深的忧伤	13724
淮军四十年	5094	婆媳俩	18603
淮河边上的女儿	16	婆媳修书	18993
淮河的警告	4281	婆媳修水库	18600
淮河的警告	4498	梁山古道	4217
淮河营	18812	梁山伯与祝英台	18127
渔人之家	18363	梁山伯与祝英台（越剧）	5690
渔女情	11634	梁山伯与祝英台（越剧）	5708
渔民之子	12471	梁凤仪现象	6267
渔岛怒潮	124	梁光正的光	1349
渔船上的伙伴	1688	梁红玉	18811
渔船上的伙伴	1820	梁启超诗文选注	8206
渔船上的红狐	8570	梁启超选集	8231
渔船上的红狐	9231	梁实秋卷（梁实秋散文）	5534
渔童	9203	梁思成 心灵之旅	5001
渔港之春（上下）	190	梁思成西南建筑图说（手稿本）	10802
淘小子之大腕挺逗	8542	梁遇春卷（梁遇春散文选）	5535
淘气鬼小尼古拉	16209	梁遇春散文	5573
淘气鬼小尼古拉	17094	梁斌文集（1—7）	7566
淘金记	2302	梁衡卷	4266
淘金热	13656	涵泳经典	5261
淬火集	1738	寄小读者	8434
淡灰色的眼珠	2273	寄到汤姆斯河去的诗	8282
淡淡的蓝	9450	寄居蟹成长的奥秘	17126
淀上飞兵	4005	寄语海狸	14488
深入北方的小路	13949	寄情莫力达瓦 回忆我们在兴农插队的	
深切怀念敬爱的周总理（小戏集）	5847	青春岁月	5098
深圳一百张面孔	4193	寄情莫力达瓦 留住我们在兴农插队的	

青春影像	5099	隋史遗文	2640
寂寞英雄	4588	隋唐五代文论选	6800
寂寞很吵,我很安静	4761	隋唐演义	2670
寂静的春天	17458	堕民	577
窑变观音	9735	堕落天使	888
密士失必河上	12739	堕落天使之城	13319
密色协惹 拉萨河谷藏族民歌集	9766	随园诗话(上下)	6776
密林	15017	随海鸟远航	17114
密林	250	随遇而安	13379
密林的历史	14379	随想录(一)	4049
密码	11776	隆多里姐妹	11144
密码破译师	1363	隐身人 时间机器	15870
密茨凯维支评传	15327	隐身衣	1108
密茨凯维支诗选	14103	隐身的王国,阿尔菲	17167
密茨凯维支诗选	14107	隐者	13108
密茨凯维奇传	4569	隐居	13835
密战	985	隐秘的幸福	13328
密室	12251	隐秘的和谐	11832
密室小丑	1469	隐蔽在河流深处	2257
密室中的旅行	13033	隐蔽在河流深处	5218
密室里的怪蛇	15958	隐藏于内心深处的那些黑暗	13287
密斯哈丽特	11136	婚礼——叶夫图申科诗选	14241
谋杀	11788	婚礼的成员	13291
谋杀村	11791	婚变、道德与文学	6978
谋杀,我亲爱的华生	13009	婚姻生活的侧面	602
谋杀启事	11760	续侠义传	2643
谌容	7715	骑士	12509
谎言城堡的秘密	16055	骑士蒂朗(上下)	11152
扈家庄	18485	骑士道	13859
扈家庄	18764	骑飞鱼的人	832
谐铎	2631	骑在拖把上的巫婆	8944
谛听,那声音——郭枫诗选	3127	骑自行车的狐狸	17487
谜亭论处:匠千晓事件簿	13840	骑兵之歌	184
谜屋	16135	骑兵军 插图本	12596
敢为天下先 中国航展二十年	5376	骑着鸽子上学去	9035
屠场	12835	骑鹅旅行记(下)	17020
屠岸诗文集(1—8卷)	7675	骑鹅旅行记(下集)	15794
屠格涅夫中短篇小说选	11339	骑鹅旅行记(上)	17019
屠格涅夫文集(1—6卷)	15477	骑鹅旅行记(上集)	15793
屠格涅夫评传	15270	绯衣梦	18860
屠格涅夫散文	14539	维也纳一家人	11825
屠格涅夫散文诗	14459	维也纳情感	4415
弹吧,莫扎特,弹吧!	16659	维瓦尔第的歌手 露克蕾霞日记	16307

维尔特诗选	13978	绿野仙踪	16960
维尔霍微纳,我们亲爱的故乡	12421	绿野仙踪	17017
维加戏剧选	14882	绿野仙踪(上下)	2634
维多利亚	12248	绿野仙踪(上下)	2664
维多利亚女王 王冠与品德	8786	绿野短笛	2784
维多利亚俱乐部	483	绿眼睛的少女	16157
维农少年	11992	缀网劳蛛	2446
维基解密内幕 我在世界上最危险的 网站度过的日子	17431	十 二 画	
维廉·麦斯特的学习时代	11116	琵琶记	17667
维廉·麦斯特的漫游时代	11115	琵琶记讨论专刊	6849
绵绵土	9440	琵琶记简说	6861
综合·自由创想	17272	琵琶情	300
绿山墙的安妮	12891	琵琶弹奏法	10545
绿山墙的安妮	16989	琴弦上的家园	10815
绿天雪林	4322	琴泉	2898
绿太阳	4188	琢玉记——我和妈妈的"战争"	4307
绿化树	1170	琥珀色琼浆	16122
绿化树	1945	琼花	18188
绿风	8334	"斑龟肺女人"的孙女	13066
绿叶赞	4034	斑点绳子案	16128
绿光	12475	斑斑加油!(合订本)	9084
绿色的山脉	13594	斑斓志	5423
绿色的远方	8295	替身	1124
绿色的塔里木	3004	替身	13716
绿色棘刺	13613	替身 S	13756
绿色魔术师	16598	塔上魔术师	16671
绿衣亨利(下)	11083	塔什干精神万岁——中国作家论亚非 作家会议	6092
绿衣亨利(上)	11057	塔杜施先生	11458
绿里	13251	塔杜施先生	14121
绿青藤神秘"盛开"	9309	塔里木风暴	17849
绿的回旋	4321	塔拉索娃	17575
绿房子	12856	塔拉斯·布尔巴	15762
绿房子	13047	塔荆普尔彗星下的海啸	805
绿荫晨曦	263	塔楼	13041
绿树成荫	9999	塔楼传说	16295
绿度母	3338	越二越单纯	4985
绿原自选诗	3148	越北	14335
绿原红旗	18807	越过云层的晴朗	1157
绿原译文集(1—10)	15701	越过沧桑	4961
绿原说诗	6394	越南民间故事	17505
绿烟琐窗	17705	越南军民打得好	18223
绿野仙踪	16204		

越南,我们和你在一起(朗诵诗)	2924	斯大林与苏联文学问题	15201
越南现代短篇小说集	13513	斯大林论文学与艺术	15276
越南南方短篇小说集	13547	斯大林时代的人	12354
越南短篇小说集	13550	斯贝兰莎	11550
越界与交融:跨区域跨文化的世界华文文学	6484	斯巴达克思	15779
越爱越寂寞	1059	斯巴达克思	15838
越读者	10713	斯巴达克思	16983
越野赛跑	645	斯卡海文城堡	12227
趁爱打劫	4456	斯达尔夫人论文学	15139
超凡想象益智大书(1—3)	17364	斯列普佐夫小说选	11369
超女进行时	8557	斯米尔宁斯基诗文集	15564
超级八卦劲爆班	9314	斯里甘特(一)	13585
超级比拼	17362	斯好文集(1—4)	7601
超越自我	4105	斯坦尼斯拉夫斯基体系问题	18239
超越后现代主义 王宁文化学术批评文选之4	7383	斯坦尼斯拉夫斯基体系讲话	17602
博士的爱情算式	13648	斯坦尼斯拉夫斯基体系讲座	18330
博马舍	14952	斯拉维支小说集	11467
博马舍戏剧二种	14859	斯·茨威格小说选	11567
博命一击	13014	斯·茨威格中短篇小说选	11736
喜马拉雅	576	斯科奇诗集	14254
喜马拉雅之谜——二十世纪人类的一次悲怆挺进	388	斯科塔的太阳	12250
喜欢	5046	斯泰尔斯庄园奇案	11750
喜欢穿破衣服的公主	16925	斯特林堡小说戏剧选	15627
喜事新办(曲艺专辑)	10328	斯特林堡小说戏剧选	15720
喜荣归	18947	斯特林堡文集(1)	15483
喜相逢	18139	斯特林堡文集(1—5卷)	15500
喜闻乐见	6121	斯特林堡传	14467
喜晒战备粮(舞蹈)	10532	斯家侦探档案	13203
喜剧世界	5468	斯诺克小姐的精言妙语	16582
喜筵	1562	斯堪的纳维亚作家短篇小说集	11549
喜筵之后 某少女	2450	斯塔福特疑案	11894
喜筵之后 某少女 女性	2406	斯蒂芬·金的故事贩卖机(迷雾)	13133
喜鹊、苹果和饼干	9403	斯蒂芬·茨威格小说四篇(象棋的故事)	11592
喜鹊登枝	1596	期盼索菲亚——俄罗斯文学中的"永恒女性"崇拜哲学与文化探源	7436
喜歌	2856	欺骗	15572
彭公案(上下)	8669	联合收割机手	12439
彭家煌小说选	2407	联合国演义(上下)	631
彭斯诗选	13971	葫芦岛纪事	4522
彭斯诗选	13994	葫芦信 傣族民间叙事诗	9793
聒噪大嘴的郁闷	8597	散文	10025
		散文	6960

散文十二家	6266	蒋子龙	7711
散文三十篇	5465	蒋子龙文集 10 难得一笑	7622
散文小品选（1956 年）	3898	蒋子龙文集（1—14）	7631
散文·报告文学·儿童文学集	4088	蒋子龙文集 11 恨郎不狼	7625
散文的可能性——关于散文写作的 10 个提问及回答	6408	蒋子龙文集 12 人物传奇	7623
		蒋子龙文集 13 评与论	7628
散文诗 文论	15612	蒋子龙文集 14 人生笔记	7624
散文选集	5470	蒋子龙文集 2 子午流注	7619
散文特写选 1949—1979（一）	4045	蒋子龙文集 3 人气	7620
散文特写选 1949—1979（二）	4052	蒋子龙文集 4 空洞	7621
散文特写选 1949—1979（三）	4066	蒋子龙文集 6 赤橙黄绿青蓝紫	7626
散文特写选（1953.9—1955.12）	3871	蒋子龙文集 7 燕赵悲歌	7627
散文特写选（1957 年）	3920	蒋子龙文集 8 乔厂长上任记	7630
散文特写选（1958 年）	3947	蒋子龙文集 9 灵山的灵感	7629
散文特写选（1959—1961）	3974	蒋子龙散文	5127
散步的母鸡遇见狼	8949	蒋介石其人	4208
散宜生诗	3032	蒋介石其事	4209
散荒	2314	蒋光赤选集	8075
散淡之吟	3158	蒋光慈诗文选集	8046
散漫的天性	5301	蒋勋日历 2021	10886
葬礼之后	11797	蒋路文存（上下）	7565
葛兰西论文学	15129	落日	358
葛洛特·格	11022	落日之战	506
葛麻	18147	落尘	376
董贝父子（上下）	11252	落后的报喜队	19029
董必武诗选	2984	落花生	9626
董必武诗选	3075	落洼物语	13416
董健文集 1 戏剧研究	7669	韩少功	7725
董健文集 2 文学评论	7670	韩少功散文	4621
董健文集 3 文化批评	7671	韩东研究资料	6515
董家山	18489	韩非子的故事	9473
董解元西厢记	5975	韩非子选译	10925
葡萄月令	9441	韩国现代小说选 通过小说阅读韩国	13673
葡萄园	2219	韩国诗话全编校注（1—12）	7120
葡萄烂了（话剧）	5750	韩国道教思想	17516
敬业乐群	10949	韩信 忍小辱成大英雄	8762
敬祝毛主席万寿无疆	10448	韩信拜师	18952
敬隐渔文集	8191	韩营半月	2516
敬隐渔传	5212	韩愈文选	5640
敬德装疯	18792	韩愈诗选	3680
蒂让的地下探险	16864	韩愈选集	8224
蒂拉的天空	17107	朝内 166 号记忆（插图本）	5171
蒂萨诃在燃烧（上下）	12685	朝内 166:我亲历的当代文学	5204

朝东走到西	12719	森林报	16084
朝圣之路	17047	森林报	16644
朝阳	17944	森林报·冬	16575
朝阳花开	3598	森林报·春	16572
朝阳沟	18113	森林报·秋	16574
朝阳沟	18118	森林报·夏	16573
朝阳新歌(小京剧)	5799	森林里的动物	16774
朝花(1)	8366	森林里的秘密	10698
朝花(2)	8369	森林里的游戏	16773
朝花(3)	8379	森林的舞会	8470
朝花(4)	8383	森林笔记	14781
朝花(5)	8389	森林谜案	8855
朝花(6)	8390	森林装扮大赛	9512
朝花(7)	8393	焚香记	18937
朝花(8)	8395	椅子	18435
朝花夕拾	5439	棉花垛	1941
朝晖 知识青年上山下乡短篇小说集	1730	棺材岛	16155
朝野新声太平乐府(上下)	17675	鹁鸪鸟	3528
朝鲜中古文学批评史研究	7486	惠特曼论	15227
朝鲜电影剧本集	15079	惠特曼评传	15262
朝鲜现代短篇小说集	13512	惠特曼评传	15325
朝鲜的歌	14332	惠特曼诗选	14066
朝鲜诗集	14385	惑之年	514
朝鲜战争(修订版)	4714	酥油	1418
朝鲜通讯报告选	3842	厨房里的小猫	15933
朝鲜通讯报告选(二集)	3849	厨娘	18440
朝鲜通讯报告选(三集)	3852	硬骨头六连战旗红(曲艺、戏剧辑)	10345
朝鲜短篇小说集	13559	雁飞塞北	99
朝霞	1258	雁归行	1764
朝霞	15074	雁回岭	2970
朝霞中的城市	18390	雁南飞	270
葵花	1141	雁塞游击队	163
葵花向阳	17970	雁翼诗选	3083
葵花走失在1890	2216	裂枝的嘎鸣——黑塞诗选	14181
棋之谜	13012	裂缝	13699
棋王	2084	雄伟的天安门	10455
棋王 树王 孩子王	2069	雄鹰金闪子	9288
棋盘山	18803	雄鹰金闪子(升级版)	9388
椰子里的内陆湖	3504	插龙牌	9738
椰树的歌	2792	插曲	13524
森林在歌唱	1647	插图本中国文学史	7244
森林百货店	9031	插翅膀的乡事	3166
森林报	15893	搜书院	18106

搜府盘关	18461	最大的一场大火	1055
搜孤救孤	18731	最丑的美男儿	8888
搜神记神话 世说新语故事	8736	最有趣的圣诞故事	16721
搅水女人	11039	最后一个乌兑格人	12510
搅水女人	11202	最后一个故事,就这样啦	13781
暂时之痛	565	最后一个渔佬儿	1829
暂居者	13142	最后一本童话	8422
雅古复仇记	11964	最后一只黑猫(市场版)	17141
雅可布逊的诗学研究	7478	最后一代	18415
雅克团	14816	最后一头战象·温尼伯狼	9648
雅典的少女 拜伦诗歌精粹	14043	最后一曲蓝调	462
雅典的泰门	14864	最后一战	16754
雅舍	9643	最后一幕	17914
雅·哈谢克	7442	最后一滴水	16214
雅科夫的梯子	12636	最后一滴水	17232
雅德根 我的母系我的族	1303	最后记忆	13718
悲壮的颂歌	18399	最后关头	16438
悲怀集——回忆三十位文学家、艺术家	9878	最后的计谋	13768
悲悯大地	816	最后的守护人	12615
悲剧心理学——各种悲剧快感理论的 批判研究	7357	最后的军礼	839
		最后的皇朝 革命前夜的大清王朝	5359
悲剧的春天	4299	最后的狩猎	2107
悲惨世界(1)	11004	最后的夏日	13042
悲惨世界(2)	11025	最后的致意	12175
悲惨世界(3)	11059	最后的避难地上海 索卡尔和杨珍珠的 爱情故事	11911
悲惨世界(4)	11063		
悲惨世界(5)	11089	最后消息	15047
悲惨的开始	16409	最后假期	13339
悲翡达夫人	11031	最好的玫瑰	2773
悲翡达夫人	11169	最好离她远点	8647
紫木槿	13769	最初的抵抗	17609
紫凤钗(上下)	398	最亮的眼睛	8521
紫罗兰	13723	最亮的眼睛	8910
紫钗记	5980	最美的欧洲童话绘本(1—4)	16306
紫雾	2158	最前沿的战士	2862
紫微星的契约《萌芽》美文精选 (2000—2006)·爱	4594	最高权力	11930
		最寂寞的美好	4764
紫塞烟云	337	最寒冷的冬天是旧金山的夏季	828
紫颜色	12871	最精彩的外国童话传说	15802
紫藤花开	3246	喷火器	13254
棠棣之花	5937	喋血之战	17049
晴天	2545	遇见	12189
晴天	820	遇见	9470

遇见闪光的你	9467	赎马记	18234
遇见地下铁女孩	1994	赐我理由再披甲上阵	5168
遇见汤姆猫	17150	赑屃的密码	8560
遇见 岳洪治诗集	3494	黑人的灵魂	14414
遇到我的未来	9238	黑人诗选	14131
遇到我的未来(升级版)	9357	黑木头	9174
遇到爱 用力爱	1161	黑水	13338
遇到熊怎么办？	14782	黑水手·蚂蚁象	9146
遇皇后 打龙袍	18750	黑水江	11509
喊故乡	3211	黑石坡煤窑演义	10
景象的困厄	6493	黑白	868
跖狗	9613	黑白天使	11659
跋涉者	275	黑白记忆——我的青春回忆录	4485
跑,拼命跑	8611	黑鸟水塘的女巫	16021
跛脚小苦鼠·更格卢鼠传奇	9379	黑奴恨	17897
遗失的行李	12072	黑地之绘	13849
遗失的赤裸	14202	黑色的吸血蝙蝠	16169
遗传的奥秘	16213	黑色的鹰觉醒了	14373
遗传的奥秘	17234	黑色契约	8588
遗留在荒原的碑	355	黑色陷阱	17051
蛙	1219	黑衣女人	12020
蛙怎样用眼睛吞咽食物？		黑弄堂 王安忆短篇小说编年卷四	
关于两栖动物的问与答	15983	二零零一——二零零七	2001
蛛网与磐石	13085	黑麦奇案	11915
蛟龙	1463	黑匣子	13703
蛟龙出天山	1454	黑豆里的母亲	9458
喝牛奶的猪	9341	黑松林	1900
喝茶 茶事	5597	黑彼得	16125
喂？我给你接萨特……	14493	黑狗店	11593
喂,你是哪里	17950	黑夜与白昼	12672
啼笑因缘	2487	黑夜天使	13283
喧闹的森林(儿童文学选辑)	8313	黑夜天使	8502
喧闹的骡子——留学与中国现代文化	4795	黑河钓事	12016
喧哗与骚动	13357	黑泽明 VS 好莱坞	17541
喧嚣	16917	黑泽明的罗生门	14643
喀布尔人	13429	黑帮	12441
喀尔巴阡山狂想曲	12699	黑面包干	12504
喀尔巴阡古堡	11270	黑面庆仔	1879
帽子王	9483	黑蚂蚁蓝眼睛	949
帽子公寓里的吊车男孩	16674	黑亮的茄子	707
帽子里的天空	16044	黑美人	11217
赋	6956	黑炸药先生	12595
赋比兴研究史	7182	黑将军	13883

黑洞 弘光纪事	4986	黑魔女学园 5 五年级一班大骚动	16338
黑桃皇后	11398	黑魔女学园 6 秋琵特失踪了！	16339
黑桃皇后	15730	黑魔女学园 7 万圣节前夕	16340
黑钻石	11481	黑魔女学园 8 红线之谜	16341
黑海赞诗	2804	铸炼集	2321
黑骏马	16004	铺花的歧路	1756
黑骏马	16184	铺满苔藓的路	378
黑骏马	16197	锁五龙	18785
黑骏马	16234	锁在保险箱里的怪物	8946
黑骏马	16993	锈损了灵魂的悲剧	6177
黑骏马	2083	短促生命中漫长的一天	12804
黑眼睛	3072	短裤党	2334
黑眼睛	9061	短篇小说的丰收	6083
黑眼睛天使	489	短篇小说选	12708
黑猫	12791	短篇小说选（1953.9—1955.12）	1548
黑猫叫醒我（百千定制版）	9188	短篇小说选（1956 年）	1584
黑旋风李逵	18057	短篇小说选（1957 年）	1610
黑旋风李逵（京剧）	5716	短篇小说选（1958 年）	1652
黑腔	13786	短篇小说选（1977—1978.9）	1745
黑暗之花	13832	短篇小说（第一集）	1701
黑暗之塔	13025	短篇小说（第二集）	1702
黑暗中的人	13056	短篇小说（第三集）	1703
黑暗号角	8580	短篇小说集	12409
黑暗纪	1034	短篇小说集	13533
黑暗时代的爱 从王尔德到阿莫多瓦	14667	短篇小说集	13538
黑暗的心	11195	短篇小说集	1801
黑暗的心	11292	短篇小说集	1859
黑暗的心 吉姆爷	11244	智血	13321
黑暗的另一半	13249	智者也疯狂	11708
黑暗的生活	13483	智取威虎山	17857
黑暗的势力	14920	智取威虎山 革命现代京剧样板戏	5781
黑暗船	11961	智斩鲁斋郎	18713
黑痴白痴·盲羊·跳蚤剧团	9145	智的教育	11247
黑塞之中国	15680	智宠谢天香	18938
黑蜻蜓	2230	智慧七柱	14680
黑熊和白熊	9465	智慧未来	5413
黑箭	8397	智慧的灯	896
黑鲨洋	8748	智慧的海洋	9888
黑鳗	2738	智慧童话	15806
黑魔女学园 1 千代的第一堂魔法课	16334	智激美猴王	18749
黑魔女学园 2 千代飞起来了	16335	犟向绿心	9032
黑魔女学园 3 棋逢对手	16336	嵇康集	17736
黑魔女学园 4 黑魔女的仙履奇缘	16337	嵇康集校注	8199

书名	页码
程千帆古诗讲录	7225
程砚秋文集	17791
程砚秋的舞台艺术	18270
程砚秋演出剧本选集	18031
稀有作家庄重别传	1777
稀奇古怪虫家族	17087
等他	18592
等待一只布谷鸟	5416
等待戈多	14977
等待戈多	18451
等待卡帕	11989
等待地震	677
等待是没有回音的张望	4759
等待舞曲再次响起	12153
等待魔法	17066
等着我们吧	15067
筑路	12357
傲骨	12706
傲慢与偏见	11163
傲慢与偏见	11282
傲慢与偏见	11305
《傲慢与偏见》艺术笔记	17395
傅立特诗选	14160
傅作义（上中下）	1201
傅译精华（1—5卷）	15702
傅斯年讲诗经	7213
傅溪鹏报告文学选集	4243
堡垒在崩溃	18377
堡垒集 圣人集（六十年代台湾社会现象2）	4830
集中火力批邓 坚持文艺革命	6153
集外集	5451
集外集拾遗	5472
集外集拾遗	5473
集外集拾遗补编	5517
集市上的流浪狗	16585
集结号（电影文学剧本）	5886
焦尔金游地府	14235
焦灼的土地——以色列短篇小说	13628
焦点不太准 卡帕二战回忆录	14489
焦裕禄	1431
储福金研究资料	6516
储藏室里的小狗	15935
皖南事变	1093
奥尔皮里的秋天	14408
奥尔拉	11148
奥尔特校园手记	12967
奥尼尔文集（1—6卷）	15503
奥尼尔剧作选	14979
奥尼恰	11931
奥吉·马奇历险记	13229
奥吉和我	13329
奥地利的皇后 茜茜公主的日记	16314
奥列莎河边	14222
奥克诺斯	14570
奥里昂的姑娘	14817
奥利弗·退斯特（雾都孤儿）	11191
奥若什科娃小说选	11485
奥若什科娃短篇小说集	11464
奥凯西戏剧选	14970
奥勃洛莫夫	11410
奥勃洛莫夫	11421
奥勃洛摩夫	11324
奥威尔读本	15677
奥威尔散文	14540
奥兹王国的葛琳达	16949
奥兹王国的魔力	16955
奥兹仙境	16958
奥兹玛公主	16950
奥兹国之失踪的公主	16952
奥兹国之英加王子	16954
奥兹国之铁皮人	16956
奥兹国的碎布姑娘	16951
奥兹国的翡翠城	16961
奥兹国的滴答人	16953
奥兹国的稻草人	16959
奥康纳短篇小说选	11230
奥维奇金特写集	14681
奥斯威辛的爱情	11682
奥蒂莉娅之谜	12711
奥瑟罗	14853
奥德河上的春天	12481
奥德智斗霜巨人	17105
奥德赛	14031
奥德赛	16270
街娃	8415

街道服务站	18157	鲁迅回忆录正误	6654
街道食堂	18570	鲁迅年谱（第一卷）	6595
惩罚	8336	鲁迅年谱（第二卷）	6596
御果园	18778	鲁迅年谱（第三卷）	6598
御果园 白良关 牧虎关 黄一刀 双李逵	18493	鲁迅年谱（第四卷）	6599
御河桥	18851	鲁迅年谱（增订本，1—4）	6616
舒元炜序本红楼梦（1—3）	2706	鲁迅先生与未名社	6648
舒芜口述自传	5043	鲁迅传	4990
舒芜晚年随想录	5018	鲁迅传略	6629
舒克申短篇小说选	12555	鲁迅后期思想研究	6645
舒伯特	14519	鲁迅全集（1）	7810
舒婷	3217	鲁迅全集（1）	7871
舒婷的诗	3128	鲁迅全集（10）	7840
舒群小说选	2390	鲁迅全集（10）	7880
舒翠兰 折翼天使的美丽转身	4730	鲁迅全集（11）	7881
释疑者	7609	鲁迅全集（1—18）	8030
腊玛延那·玛哈帕腊达	14290	鲁迅全集（12）	7882
鲁达基诗选	14284	鲁迅全集（1—20）	7867
鲁达基 海亚姆 萨迪 哈菲兹作品选	14311	鲁迅全集（13）	7883
鲁光文集（1—7）	7687	鲁迅全集（14）	7884
鲁米诗选	14283	鲁迅全集（15）	7885
鲁冰花开	8981	鲁迅全集（16）	7886
鲁迅	6634	鲁迅全集（2）	7811
鲁迅大辞典	10271	鲁迅全集（2）	7872
鲁迅与孔子	6721	鲁迅全集（3）	7812
鲁迅与西方表现主义美术	6761	鲁迅全集（3）	7873
鲁迅与俄国	6738	鲁迅全集（4）	7818
鲁迅小说全编	2469	鲁迅全集（4）	7874
鲁迅小说里的人物	6631	鲁迅全集（5）	7819
鲁迅小说选读	10174	鲁迅全集（5）	7875
鲁迅小说集	2280	鲁迅全集（6）	7826
鲁迅小说集	2433	鲁迅全集（6）	7876
鲁迅小说新论	6653	鲁迅全集（7）	7837
鲁迅日记（1—3）	5547	鲁迅全集（7）	7877
鲁迅日记（上下）	5475	鲁迅全集（8）	7820
鲁迅手稿丛编（1—15）	8187	鲁迅全集（8）	7878
鲁迅书衣百影	10683	鲁迅全集（9）	7842
鲁迅书信（1—4）	5546	鲁迅全集（9）	7879
鲁迅书信集（上下）	5483	鲁迅全集（线装本10函）	8035
鲁迅书简（上下）	5450	鲁迅全集（编年版）（1—10）	8034
鲁迅在厦门	6626	鲁迅杂文全编（1—7卷）	5545
鲁迅早期中国文学史著述辑论	6759	鲁迅杂文选读	10172
鲁迅回忆录	3956	鲁迅杂文选集	5516

鲁迅杂文精选	5541	鲁迅选集(上)	8063
鲁迅名言录	5544	鲁迅科学论著集	8186
鲁迅关于《水浒》的论述	5479	鲁迅前期文本中的"个人"观念	6695
鲁迅论	6644	鲁迅家书(全本)	5575
鲁迅论人生	5584	鲁迅谈文字改革	5466
鲁迅论文学	6573	鲁迅著作单行本26种	8037
鲁迅论文学与艺术(上下)	6586	鲁迅散文诗歌全编	8142
鲁迅论外国文学	7355	鲁迅散文选集	5521
鲁迅批孔反儒文辑	5477	鲁迅散文集	5515
鲁迅批孔作品选读(试编本)	5478	鲁迅——最后的告别	4884
鲁迅作品人物图典	10668	鲁迅零距离	4974
鲁迅作品论集	6646	鲁迅辑录古籍丛编(1—4)	8219
鲁迅作品新编	8160	鲁迅嘉言录	8185
鲁迅言论选辑	5480	鲁迅影集	10852
鲁迅言论选辑(二)	5481	鲁迅影像故事	10760
鲁迅言论选辑(三)	5482	鲁迅箴言	8195
鲁迅言论选辑(四)	5484	鲁男子	2425
鲁迅译文集(一)	15551	鲁拜集	14285
鲁迅译文集(二)	15552	鲁彦	8115
鲁迅译文集(十)	15560	鲁彦周	7713
鲁迅译文集(七)	15557	鲁彦选集	8042
鲁迅译文集(八)	15558	鲁鲁	8717
鲁迅译文集(九)	15559	鲁滨孙漂流记	16464
鲁迅译文集(三)	15553	鲁滨孙飘流记	11027
鲁迅译文集(五)	15555	鲁滨孙飘流记	11253
鲁迅译文集(六)	15556	鲁滨孙飘流记 摩尔·弗兰德斯	11173
鲁迅译文集(四)	15554	鲁滨逊飘流记	15776
鲁迅述林	6652	鲁藜诗选	3051
鲁迅事迹考	6592	鲁藜诗萃120篇	3368
鲁迅的生命哲学	6667	猴鸟的故事	9727
鲁迅的故家	6594	猴婆婆的大苹果	9527
鲁迅的美学思想	6647	飓风啊,咆哮吧	12880
鲁迅卷(鲁迅散文)	5527	亵渎爱情	12902
鲁迅诗集	3573	装台	1432
鲁迅研究	6630	装在口袋里的爸爸	9018
鲁迅研究资料索引(下册)	6587	装饰艺术	17306
鲁迅研究资料索引(上册)	6590	就这样长大	8619
鲁迅研究资料索引续编	6609	就喜欢你看不惯我又干不掉我的样子1 (增订版)	10868
鲁迅选集(1)	8086	就喜欢你看不惯我又干不掉我的样子4	10876
鲁迅选集(2)	8087	就喜欢你看不惯我又干不掉我的样子5	10883
鲁迅选集(3)	8088	敦煌	13638
鲁迅选集(4)	8089	敦煌之恋	540
鲁迅选集(下)	8064		

敦煌文学千年史	7291	普希金文集(2) 抒情诗	15461
敦煌变文集(上下)	5629	普希金文集(3) 长诗	15462
敦煌密教文献论稿	6999	普希金文集(4) 童话 戏剧	15463
痛打美国强盗	18222	普希金文集(5) 叶甫盖尼·奥涅金	15464
痛楚暖洋洋	8489	普希金文集(6) 小说 特写	15465
童年	11446	普希金文集(7) 文学论文 书信 自传性	
童年	11528	散文	15466
童年	11600	普希金抒情诗选(上下)	14088
童年	12390	普希金诗选	14089
童年 少年 青年	11372	普希金诗选	14091
童年 在人间 我的大学	12582	普希金诗选	14092
童年的许诺	11805	普希金诗选	14095
童年的故事	12489	普希金诗选	14096
童年的故事	13934	普希金经典小说选	11442
童年 爸妈盼我长大	5538	普希金经典情诗选	14099
童年河	9202	普希金经典童话集	15901
童话	10023	普希金童话诗 小鸵鸟	15895
童话百宝盒	8423	普林斯顿文学课	14679
童话青格里	5421	普拉东·克列契特	15005
童话的时代	3925	普拉斯童话童谣集(汉英对照)	16490
童话故事选 聂姆佐娃选集	15910	普罗米修斯的"堕落" 俄国文学知识分子	
童话是童话是童话	16056	形象研究	7414
童话寓言选(1949—1979)	8352	普通人狄蒂	11569
愤怒吧,富士 日本斗争诗抄	14334	普通劳动者	1663
愤怒的小鸟(1—2)大电影全新动漫		普鲁斯特的小蛋糕	16870
故事	16427	普鲁斯特美文选	14429
愤怒的火焰	14381	普鲁斯特读本	14556
愤怒的回顾	18428	普鲁斯短篇小说集	11455
愤怒的哇哇	9304	奠边府战役回忆录(第一集)地道战	14735
愤怒的葡萄	12815	奠边府战役回忆录(第二集)最后防线	14741
愤怒的葡萄	13351	尊师重教	10948
善心的急性人	18362	道士下山(癸巳年修订本)	1183
善知识经济——因陀罗网经济学初步	10627	道连·格雷的画像	11206
普尔柯夫子午线	14226	道连·格雷的画像	11267
普列舍伦诗选	14106	道连·葛雷的画像	11071
普列姆昌德短篇小说选	13600	道教与唐代文学	6983
普列姆昌德短篇小说集	13462	道教文化与宋代诗歌	7150
普里什文散文	14707	道教神仙戏曲研究	7048
普希金与我	7375	道德经	10934
普希金小说戏剧选	15613	道德课堂(初中版)	10050
普希金长诗选	14084	道德课堂(高中版)	10049
普希金文集(1—7卷)	15531	道德情操论	17393
普希金文集(1) 抒情诗	15460	曾在天涯	527

曾国藩大传	4883	温暖的龙卷风	17097
曾经沧海	1911	温暖的事物	3444
曾彦修访谈录	5400	温馨童话	15808
曾祖母的来信	17096	渴望	5898
曾野绫子小说选	13590	渴望"萧条"	930
湖上仙子	13067	渴望激情	788
湖上歌声	18628	滑稽传奇	8665
湖边	191	渡口	655
湖边小暗哨	8319	渡江侦察记(电影文学剧本)	5821
湖光山色	1162	渡江战	2731
湖南小戏选	5865	渡阴平	18720
湖南民间故事	9791	游弋在暴风雨中	11993
湖南骡子	1078	游山玩水	8477
湖畔	3562	游子吟	4255
湖畔光影——湖北师院人文讲演录	10020	游乡	18176
湖畔社诗选	3576	游艺琐谈	4938
湖畔诗魂——华兹华斯诗选	14022	游击小英雄(儿童曲艺专辑)	10326
湖畔奏鸣曲	12565	游击队之家	13492
湖畔 春的歌集	3543	游击队长(话剧)	5696
湖海诗词集	3258	游击草	2806
湖湘诗派研究	7057	游戏的终结	13148
湖(游了三个湖 大明湖之春)	5567	游戏、禅宗、后现代 佩列文后现代主义诗学研究	7419
湖蓝色的水晶杯	8569		
湖蓝色的水晶杯	9272	游走双城	4529
湘夫人的情诗	3350	游牧之歌	2766
湘西谣	746	游泳俱乐部	13885
湘行书简	5590	游星(第一、二部)	11380
湘行散记 湘西	5591	游魂归来时	12055
湘江之战	1094	寒风暖鸽	9210
湘绣女	1031	寒冬	17292
湘潭故事	2210	寒竹诗草	3413
渤海渔歌	138	寒夜	2382
湮没的时尚·云想衣裳	10834	寒夜生花	7607
湮没的时尚·花想容	10835	寒柳——柳如是传	372
温城之梦	546	寒鸦之夏	16398
温故一九四二	2002	寒宫残月	330
温顺的女性	11381	寒假的一天	2291
温泉	11079	寒蝉凄切	2108
温亭娜	11102	富人,穷人(一、二)	12839
温柔天才	9241	富人和穷人	12063
温柔天才(升级版)	9359	富尔曼诺夫评传	15248
温柔的小医生	17162	富兰克林·罗斯福 新政先生	8802
温莎的风流娘儿们	14867	富兰克林 美国之父	8783

富贵梦	11608	登临集	2895
富萍	1326	缅甸民间故事	17504
富街	695	缅甸短篇小说选	13581
寓言	10024	缉私先锋	678
寓言	5469	编舟记	13829
寓所谜案	11777	编余丛谈	6118
寓真词选 寓真新诗	3244	编余随笔	4214
窝边草集	9462	编剧猫 Ⅰ	9551
窗口的蜡黄脸孔	16134	编剧猫 Ⅱ	9552
窗子内外忆徽因	4311	编辑大家秦兆阳	5005
遍地开花	18581	编辑生涯忆鲁迅	6635
遍地红花	18577	编辑家秦兆阳研究	4992
遍地枭雄	1424	骗人的把戏,阿尔菲	17199
裤裆巷风流记	1275	骗子	12070
禅与诗学(增订版)	7058	骗局	12965
禅与唐宋诗学	7001	骗局的辉煌落幕	12009
禅外禅	10650	骚动之秋	406
禅师与少女	4653	骚乱	408
禅宗与中国文学	7196	缘	477
禅思集	4343	缘缘堂随笔	5471
谢云新诗	3263	缘缘堂随笔	5600
谢·米哈尔科夫寓言诗	14229	缘缘堂随笔(足本)	5616
谢甫琴科诗集	14122	幾米故事的开始	10732
谢灵运研究	7026	幾米袖珍本 2000—2002	10726
谢觉哉杂文选	4048	幾米袖珍本 2002—2003	10727
谢朓与李白研究	6811		
谢朓与李白管窥	6810	十 三 画	
谢康乐诗注	3634	瑞典文学史	15176
谢谢了,我的家	10858	瑞典幽默笑话	17397
谢谢了,我的家(国礼版)	5339	瑞恩和丹尼尔船长	16102
谢谢你毛毛兔,这个下午真好玩	10717	瑞卿与周俊	18425
谢谢你用一生陪伴我	10820	瑞德·巴特勒	13064
谢榛诗选	3770	魂之歌	1155
谢德林	15238	魂归陶然亭——石评梅	4348
强者	14701	魂曲	336
强项令	18069	魂消玉陨	12909
强盗	12580	魂梦	424
强盗	14821	肆意妖娆	5221
强盗与部长	429	鼓手的秘密信号	15598
强盗出巡记	18217	鼓书艺人	2497
隔着竹帘儿看见她	4999	鼓曲研究	10297
登山车	13855	鼓吹续集	6112
登山挑战者联盟	17375	鼓吹集	6075

靳以文集(下卷)	7924	蒲柳人家	1827
靳以文集(上卷)	7866	蒲家花园的狐狸	8914
蓝鸟	8958	蒲褐山房诗话新编	6824
蓝皮鼠和大脸猫	8954	蒙古王府本石头记	2678
蓝舌头	8927	蒙古现代文学简史	15256
蓝色吉他	12184	蒙古往事	784
蓝色列车之谜	11827	蒙田随笔	14426
蓝色时刻	12981	蒙田随笔全集(第一卷)	14445
蓝色的闪电	12530	蒙田随笔全集(第二卷)	14446
蓝色的青榈林	51	蒙田随笔全集(第三卷)	14447
蓝色的海疆	2933	蒙田随笔(精华版)	14451
蓝色城堡	7594	蒙田意大利游记	14448
蓝色响尾蛇	2427	蒙面之城	1012
蓝衣社碎片	4390	蒙娜丽莎	16423
蓝戒之谜	1069	蒙斋文录	10780
蓝狐狸	8934	献身	12355
蓝狐狸 寻找快乐岛	8835	献砖	18602
蓝狐狸的迷宫	9025	献给女友 献给女性的诗	15607
蓝宝石花	254	献给历史的情歌	3009
蓝星星的网兜	8903	献给艾拉·格雷的歌	16436
蓝钟花	3476	献给北京的颂歌	14145
蓝莓之夜	918	献给妈妈 献给女性的诗	15609
蓝桥会(越剧)	5692	献给妻子 献给女性的诗	15608
蓝翅鸟	9080	献给祖国的花朵(儿童朗诵诗)	8320
蓝笔记本 附:仇敌	12526	献给孩子们——外国名作家为孩子们	
蓝凌江波涛	193	写的作品	15815
蓝眼睛的女人	11403	楚辞全注	3830
蓝盒里的小怪蛇	8955	楚辞图	10896
蓝熊船长的13条半命	15930	楚辞研究论文集	6862
蓝鲨之梦	5182	楚辞选	3636
蓝藻惊奇档案	9069	楚辞选译	3799
墓地的沉默	11814	楚辞集注	3617
幕后凶手	11812	楚辞鉴赏集	6948
幕后英雄——总装备部工程设计研究		想太多	10733
总院援奥纪事	4898	想太多2 幸福一点点	10769
幕后故事	16421	想太多3 悄悄话	10770
蓬蓬熊没兴趣	16828	想太多的猫	16405
蓬蓬熊捡了一个熊弟弟	16616	想见毛主席	18888
蒟草集	3134	想北平	5607
蒺藜集	3010	想北平	9433
蒲公英的舞蹈	9160	想当太阳的小狗	15814
蒲风诗选	3526	想和我一起过生日吗?	16898
蒲松龄评传	6936	想起草原	1243

想做好孩子	16849	雷震子的翅膀	9542
想象与叙述	7074	零年代	981
想象国	13576	零时	11845
想象俄罗斯	7393	零距离的日本	10688
想像的代价	6424	雾	12643
槐花集	6183	雾中的大楼	9402
槐树庄	17911	雾村险斗牛头鬼	16097
槐聚诗存	3311	雾里看花 香港世态百相	10604
楼水谣	4773	雾夜紫灯	2551
楼市	1163	雾城斗	221
楼兰啊,楼兰	10940	雾·鸥·流星 十年创作集(下)	2435
楼适夷同志纪念集	4490	雾重庆	17830
赖医生丛林记 赖医生航海记	16078	雾重庆	521
感动哈佛——成功进入哈佛经典陈述		雾越邸暴雪谜案(上、下)	13799
50篇	17408	摸进人性之洞	5209
感伤之旅	13884	摸得着的数字	16900
感伤的罗曼史	12495	摸彩	13180
感念	5069	搏浪天涯	4743
感性的蝴蝶	5024	摆脱孤独——黑塞小说两篇	11622
感悟与沉思	6285	搬家	18975
感悟岁月	4232	摇啊摇,疍家船	9177
感谢苏联文学对我的帮助	6052	摇落的风情 第一奇书《金瓶梅》绎解	7087
感谢这一刻	14580	摇滚妈妈	13678
感谢苦难——彦涵传	4233	摊牌	12979
感激	4509	虞初新志	17674
碎梦慢养	1144	虞美人草	13848
碰巧的事	15022	鉴赏文存	6217
碰到物体上的光	3477	嗷嗷！班尼	16548
雷达观潮	6544	睡谷的传说	12778
雷声千里	292	睡美人与魔纺锤	16356
雷克斯——我的自闭症盲儿和我们的		睡豚,醒来	1296
音乐	14536	睡商 清醒的头脑来自健康的睡眠	17423
雷抒雁诗文集(1—8)	7618	暖雨	8613
雷雨	17832	暖春	17295
雷雨	5943	暖暖的都是爱	11234
雷雨之前(独幕话剧)	5807	暖暖莲	8896
雷雨 日出	5954	歇马山庄	606
雷神传奇	451	暗示	681
雷格泰姆音乐	12868	暗穴	882
雷曼先生	11677	暗径集	11449
雷锋	1101	暗店街	12142
雷锋	17923	暗夜	2145
雷蒙德·卡佛短篇小说自选集	13038	暗夜无星	13218

暗哨	8351	跟自己的名字赛跑《赛德克·巴莱》	
暗算	815	导演手记	10768
暗潮 射程	13612	跟着丹·布朗去旅行	17419
暗藏杀机	11826	跟着鸟儿一起飞	16786
照片里讲述的西南联大故事	10637	跟着名家读美文 精读写作课古代卷	10129
照相本子	10686	跟着名家读美文 精读写作课现代卷	10130
照澜集	7366	跟随毛主席长征	9822
跨文化传播探讨与研究	6351	蜗居在城市的伤口	4760
跨文化交际俄语教程	10021	蛾摩拉——一位意大利反黑记者的	
跨文化的传播与接受 20世纪中国文学		卧底人生	14533
与外国文学的关系	6458	蜂王飞翔	12935
跨世纪人	4207	蜂巢	11607
跨到新的时代来	3838	蜂巢	11700
跨越	10853	蜕变	5946
跳动的火焰	205	嗅嗅的精言妙语	16576
跳跃的文字 毕昇	9683	置身于苦难与阳光之间	14654
跳跳兔找茬我最棒 1 精灵岛的聚会	16709	罪人	12043
跳跳兔找茬我最棒 2 马戏团大冒险	16710	罪与罚	11361
跳跳兔找茬我最棒 3 魔法师与假兔子	16711	罪与罚	15835
跳跳兔的怪物迷宫 1 河童村的迷宫	16706	罪与罚	16979
跳跳兔的怪物迷宫 2 怪物大王的迷宫	16707	罪恶生涯	12106
跳跳兔的怪物迷宫 3 妖精们的迷宫	16708	错斩崔宁	2614
跳跳兔迷宫大冒险 1 迷宫达人的挑战	16712	错误岛	16290
跳跳兔迷宫大冒险 2 捣蛋鬼误闯迷宫村	16713	错误的教育	13474
跳跳兔迷宫大冒险 3 强盗们的星星迷宫	16714	锡伯渡的秋天	5164
跳跳兔迷宫大冒险 4 淘气鬼的森林迷宫	16715	锤击集	14375
跳跳兔迷宫大冒险 5 玩具王国与美食		锦西卫	1475
王国的迷宫	16716	锦帆桥人家	1271
路	18423	锦瑟无端	984
路上父子	1112	锯大缸	18686
路过蜻蜓	789	锯成两半儿的月亮	8847
路易十四的宫廷 安吉丽科的日记	16310	辞职	13497
路迢迢	305	简宁的诗	3142
路旁之石	13844	简·皮特曼小姐自传	12846
路翎作品新编	8173	简单的菜谱	13259
路遥	7738	简·爱	11132
路遥文集（1—5）	7568	简·爱	11194
路遥传	5086	简·爱	15836
路遥纪念集	4605	简·爱	16978
路遥评论集	6413	简·奥斯丁文集（1—6卷）	15528
路遥的时间 见证路遥最后的日子	5393	简·奥斯丁失落的回忆	13065
路漫的诗	3482	简谱识谱法	17598
跟毛委员上井冈山	9848	毁灭	12343

毁灭	12536	解冻(第一部)	12506
毁灭天使	13197	解冻(第二部)	12513
鼠皮皮的小快乐	8913	解码翡翠	10725
鼠年大吉	10884	解放了的董吉诃德	14998
鼠疫	12294	解放了的普罗密修斯	14840
傻子出国记	12759	解放大军缚苍龙	9970
傻瓜吉姆佩尔	12964	解放区短篇小说选	1742
傻瓜威尔逊	12743	解放台湾诗选	2733
傻乎乎的莉莉 今天我要做什么	16693	解放战争(下)	
傻乎乎的莉莉 春夏秋冬	16692	1948年10月—1950年5月	4757
傻鸭子欧巴儿	8862	解放战争(上)	
像天空一样美丽 鸟的艺术笔记	17469	1945年8月—1948年9月	4750
像世界一样宽广地活	5293	解放战争(第一卷)	5406
像他那样生活	14739	解放战争(第二卷)	5407
像你这样一个女孩儿	9127	解放战争(第三卷)	5408
像剪纸一样美艳明净	4557	解放孩子的潜能 华德福父母指南	17415
像嬉皮那样晃荡行走	2040	解珍解宝	2572
躲在树上的雨	8945	解读博尔赫斯	7378
躲在树上的孩子们	16360	解救	5617
躲进世界的角落	10716	解密	814
微分几何大师 陈省身	9681	解密丹·布朗	7447
微光城市	13209	解密丹·布朗《地狱》	15189
微观国学	5313	遛马女	11655
微雨	3571	痴人说梦	4249
微物之神	13652	痴儿西木传	11090
微神集 月牙集 袁运生插图本	2503	痴心与浊水	13610
微笑的鱼	10699	痴心井	2429
遥远的戈壁	1696	痴汉和他的女人	351
遥远的风铃	9066	痴情女	1783
遥远的金竹寨	176	靖节先生集	17737
遥夜集	5464	靖港,我的家	4954
遥望	13073	新人创作选(第四集)	5779
腹地	12746	新人骏马(淮北花鼓戏)	5797
鹏程万里	2826	新人骏马 群众演唱选2(1973)	5792
詹天佑 铁路巨擘	8776	新人新作选(第一集)	1715
鲍利斯·戈都诺夫	14927	新人新作选(第二集)	1716
鲍狄埃评传	7348	新人新作选(第三集)	3996
鲍狄埃诗选	13977	新人新作选(第五集) 曲艺 故事	10301
鲍狄埃诗选	13985	新儿女英雄传	17568
鲍果留波夫	17574	新儿女英雄传	35
鲍参军诗注	3626	新儿女英雄续传	206
解冻	12617	新山水诗	3321
解冻以后	3895	新小放牛	18939

新艺术	17307	新世纪文学论稿之文学现场	6553
新艺术创作论	6010	新世纪文学论稿之文学思潮	6554
新艺术论集	6007	新世纪文学论稿之作家作品	6555
新木偶奇遇记	15970	新世纪文学的河南映像	6562
新中国北京文艺60年(1949—2009)		新世纪文学研究	6409
2010北京文艺论坛	6470	新世界之旅 五月花号旅客女孩的日记	16431
新中国礼赞	14337	新世界的儿女	13569
新月农庄的艾米丽	16178	新四军的一个连队	41
新月派诗选	3559	新生	13666
新月集	14275	新生代	2325
新月集·飞鸟集	14317	新生代传奇	4204
新月集·飞鸟集——泰戈尔诗选	14321	新生的光辉	1544
新凤霞回忆录	5187	新生活的光辉(兄弟民族作家短篇小说	
新文化运动史料丛编(1—6)	8193	合集)	1686
新文学史纲(第一卷)	6628	新生活—新戏剧	18345
新文学史料 第1辑	6576	新对象	18910
新文学史料 第2辑	6577	新地	877
新文学史料 第3辑	6578	新西游记(上下)	537
新文学史料 第4辑	6579	新同学	8292
新文学史料 第5辑	6580	新华颂	2716
新文学论丛(1979年第1期)	6163	新名字的故事	12129
新文学论丛(1979年第2期)	6170	新齐谐 续新齐谐	2655
新文学论丛(1980年第1期)	6172	新江南 民歌张浦	9811
新文学论丛(1980年第2期)	6175	新阶级与知识分子的未来	17403
新文学论丛(1980年第3期)	6180	新欢	710
新文学论丛(1980年第4期)	6184	新声集	3943
新文学论丛(1981年第1期)	6186	新芽集	3866
新文学论丛(1981年第2期)	6190	新花红似火	3979
新文学论丛(1981年第3期)	6191	新村老人	1634
新文学论丛(1981年第4期)	6195	新来的小石柱	8312
新文学论丛(1982年第1期)	6199	新来的拖布老师	9013
新文学论丛(1982年第2期)	6200	新来的炊事员	18974
新文学论丛(1982年第3期)	6201	新来香港的人	320
新文学论丛(1982年第4期)	6205	新时期文学的主流	6192
新文学论丛(1983年第1期)	6206	新时期作家创作艺术新探	6257
新文学论丛(1983年第2期)	6208	新时期作家谈创作	6209
新文学论丛(1983年第3期)	6210	新兵	13441
新文学论丛(1983年第4期)	6211	新兵之歌	2923
新文学论丛(1984年第1期)	6213	新兵米西	1302
新文学论丛(1984年第2期)	6214	新序 说苑选译	10920
新文学论丛(1984年第3期)	6216	新事新办	1798
新文学论丛(1984年第4期)	6219	新国学研究(第1辑)	7021
新世纪文艺学的前沿反思	6410	新国学研究(第2辑)	7029

新国学研究(第3辑)	7033	新穗集	4009
新国学研究(第4辑)	7037	新疆新面貌	3888
新国学研究(第5辑)	7046	新疆歌谣	9792
新国学研究(第6辑)	7064	意大利古建筑散记	10840
新委员(独幕话剧)	5808	意大利幽默笑话	17398
新的土地	2817	意大利童话	16079
新的女性——革命历史歌曲	10403	意义把我们弄烦了	4442
新的长征	2981	意外的访客	13090
新的任命	12578	意外的奖章	17101
新的家	1630	意识形态与审美话语 伊格尔顿文学批评理论研究	7448
新诗歌的发展问题	6069		
新诗歌的发展问题(二)	6089	雍正 评价两极的皇帝	8754
新诗歌的发展问题(三)	6095	粮草先行	18969
新诗歌的发展问题(四)	6105	粮食的故事	1614
新房客 幻想卷	4548	粮棉堆成太行山	9987
新线路	12641	数字城堡	12946
新型农民的成长	3868	数字魔鬼	16086
新型农村业余剧团组织经验	18258	数的世界 毕达哥拉斯	9668
新城对(柏杨谈话录)	4613	数星星	16618
新战士站起来	12659	数独1	9694
新星	295	数独1(升级版)	9701
新选千家诗	3685	数独1(定制版)	9712
新选元曲三百首	5998	数独2	9695
新选古文观止	5664	数独2(升级版)	9702
新选宋词三百首	3727	数独2(定制版)	9711
新选唐诗三百首	3670	数独3	9696
新科学 附维柯自传	15136	数独3(升级版)	9703
新闻背后	10659	数独3(定制版)	9709
新娘子和一匹马	13534	数独4	9697
新梦 哀中国	3542	数独4(升级版)	9704
新探案	12180	数独4(定制版)	9713
新《婚姻法》实用案例精选	10636	数独5	9698
新婚旅行	11167	数独5(升级版)	9705
新散文百人百篇	4476	数独5(定制版)	9714
新编凤双飞(1—4)	2654	数独6	9699
新编美的曙光	10833	数独6(升级版)	9706
新感觉派小说选	2389	数独6(定制版)	9710
新媳妇下地	17780	数独合集	9700
新歌剧问题讨论集	18243	数独合集(升级版)	9707
新酿的奶酒	2868	数独合集(升级版—当当网)	9708
新鲜的焦渴	3163	数理思维培养书系	17328
新潮女郎与哲学家	13316	煎饼坪	13353
新澜	304	慈悲	1237

书名	编号
慈禧太后	5020
煤	12657
煤乡英烈传	248
煤炭王	12875
酱缸震荡	4649
满大人	12038
满川银雪	9225
满世界	5380
满树榆钱儿	1056
满树榆钱儿(续)	1182
满洲国妖艳——川岛芳子	501
满堂红	18563
满堂红	19042
满愿	13905
溥仪传	4524
溥仪的妻子李淑贤传	5120
源	354
源氏物语(下)	13413
源氏物语(上)	13405
源氏物语(中)	13411
滔滔钢水日夜流	9969
溪山雪	9175
溪流淙淙泛起梦	3308
滚回去,强盗	15549
滚鼓山	18805
溯洄	1471
溯源俗语老典故	10742
溯影追踪 皇陵旧照里的清史	10808
滨河街公寓	12533
滨海红花	4037
塞万提斯全集(1—8卷)	15467
塞壬的沉默	11787
塞西莉亚姑娘	12760
塞纳书窗	4336
塞纳河畔的文学景观	4643
塞拉斯叔叔	12105
塞维勒的理发师	14831
窦娥冤	18709
窦娥冤	5974
窦娥冤 关汉卿选集	6001
裸者	380
裸情恨	481
裸琴	1222
福	13903
福布斯咒语(下)	1052
福布斯咒语(上)	969
福尔摩斯历险记	11693
福尔摩斯四大奇案	11212
福尔摩斯先生	13348
福寿春	879
福玛·高尔杰耶夫	12477
福克纳的创作流变及其在中国的接受和影响	7488
福克纳读本	15692
福学家谋杀案	13212
福建歌谣	9768
福娃之光	8581
福斯特读本	15675
福楼拜小说全集(上中下)	11199
福楼拜文集(1—5卷)	15524
群山之巅	1208
群文阅读·小学生读本 1 年级(下)	10142
群文阅读·小学生读本 1 年级(上)	10097
群文阅读·小学生读本 2 年级(下)	10143
群文阅读·小学生读本 2 年级(上)	10098
群文阅读·小学生读本 3 年级(下)	10144
群文阅读·小学生读本 3 年级(上)	10099
群文阅读·小学生读本 4 年级(下)	10145
群文阅读·小学生读本 4 年级(上)	10100
群文阅读·小学生读本 5 年级(下)	10146
群文阅读·小学生读本 5 年级(上)	10101
群文阅读·小学生读本 6 年级(下)	10147
群文阅读·小学生读本 6 年级(上)	10102
群文阅读·初中生读本 7 年级(下)	10148
群文阅读·初中生读本 7 年级(上)	10103
群文阅读·初中生读本 8 年级(下)	10149
群文阅读·初中生读本 8 年级(上)	10104
群文阅读·初中生读本 9 年级(下)	10150
群文阅读·初中生读本 9 年级(上)	10105
群文阅读新语文读本 1 年级(下册)	10079
群文阅读新语文读本 1 年级(上册)	10073
群文阅读新语文读本 2 年级(下册)	10080
群文阅读新语文读本 2 年级(上册)	10074
群文阅读新语文读本 3 年级(下册)	10081
群文阅读新语文读本 3 年级(上册)	10075
群文阅读新语文读本 4 年级(下册)	10082

群文阅读新语文读本 4 年级（上册）	10076	瑶家歌颂毛主席	10462
群文阅读新语文读本 5 年级（下册）	10083	墙	12231
群文阅读新语文读本 5 年级（上册）	10077	墙基 王安忆短篇小说编年卷一 一九七八——一九八一	1997
群文阅读新语文读本 6 年级（下册）	10084	嘉尔曼	11038
群文阅读新语文读本 6 年级（上册）	10078	嘉尔曼 附：高龙巴	10981
群鸟的集会	16445	嘉庆皇帝	4762
群众演唱选	5816	嘉莉妹妹	12930
群众演唱选（一）1972 年	5789	嘉陵江英雄歌（歌剧）	5749
群众演唱选（一）1974 年	5804	赫达雅特小说集	13520
群众演唱选（二）1972 年	5790	赫克尔贝利·费恩历险记	12766
群英大会	9936	赫克里斯的故事	15563
群英会	18697	赫拉克勒斯之柱	14674
群星	847	赫拉普钦科文学论文集	15323
群星闪耀延河边 延安文艺座谈会参加者	10776	赫罗尼莫，我的小天使	14477
群魔（上下）	11363	赫索格	13225
媳妇儿，一起去卖煎饼果子吧	10798	赫哲人的婚礼	17900
嫁不出去的女儿	13454	赫曼与窦绿苔	13954
嫁不出去的傻丫头	1833	聚焦二十世纪 周大新《第二十幕》评论选	6361
缝不起来的伤痕童年	17429	蔷薇女孩	9303
缤纷羽毛	17073	蔷薇园	14282
		蔷薇园	14286
十 四 画		蔷薇何处开	18372
静人日记	13810	蔷薇集	2760
静志居诗话（上下）	6801	慕尼黑白	4955
静思录 周有光 106 岁自选集（百年因缘 静思录）	4911	蔓草缀珠	4477
静静的艾敏河	5876	蔡文姬	17869
静静的顿河	15832	蔡文姬	18839
静静的顿河（第一部）	12404	蔡其矫诗选	3146
静静的顿河（第二部）	12417	蔡特金文学评论集	15170
静静的顿河（第三部）	12429	蔡家庄	18504
静静的顿河（第四部）	12436	蔺铁头红旗不倒	86
静静的港湾	1594	熙德	14830
静静的群山（第一部）	13457	模仿上帝的小说家	5274
静静的群山（第二部）	13466	模仿者	12607
碧玉簪	18759	槟榔姑娘	14744
碧血红花	9842	槟榔树下的战斗	18104
碧血花	17845	榕树	14303
碧血黄沙	1092	樋口一叶选集	13399
碧鸡漫志校正（修订本）	6830	歌飞大凉山	2965
碧野散文选	4070	歌王	9259
碧绿的秧苗	1734	歌王	9348

歌台何处 李淑君的艺术生涯	4614	摘颗星星下来	8396
歌曲 一九五四年合订本(10—15期)	17594	辕门斩子	18478
歌曲合订本(1—9期 附增刊)	17589	辕门斩子 调寇	18551
歌浓如酒 人淡如菊		辕门射戟	18674
——绿原研究纪念集	4814	裴多菲传	4570
歌颂与诅咒	2796	裴多菲诗选	14104
歌颂列宁的戏剧三部曲	18412	裴多菲诗选	14110
歌颂新中国	14133	裴多菲诗选	14120
歌剧院	13862	裴斐文集(1—6)	7632
歌唱"老三篇"	10564	翡翠地图册	13167
歌唱伟大、光荣、正确的中国共产党	10411	翡翠园	18898
歌唱农业合作化	2755	翡翠的心——琦君散文精选	4183
歌唱技术革命	9915	嘎达梅林	1053
歌唱的沙	11884	嘎达梅林	17992
歌谣选	14109	嘎达梅林传奇	324
歌德	14469	蹀躞	16915
歌德文集(1—10卷)	15473	蹀躞的季节	558
歌德巴赫猜想	4501	蜥蜴的眼睛	13188
歌德自传——诗与真(上下)	14417	蜘蛛网中的女孩	12152
歌德戏剧集	14872	蜘蛛男孩	12985
歌德抒情诗选	13986	罂粟海	13728
歌德诗选	14037	赚书 训子 望儿楼 三进士	18483
歌德叙事诗集	13990	锻炼	1592
歌德绘画	17391	锻炼锻炼	1681
歌德 席勒叙事谣曲选	13982	镀金时代	12736
歌德谈话录	15118	舞台小世界 王安忆短篇小说编年卷二	
酷在雨季	8435	一九八二——一九八九	1998
酷夏	17294	舞台布景绘制方法	18281
酷暑天	12112	舞台生活四十年(第一集)	3893
愿我们可以被原谅(上下)	13299	舞台生活四十年(第二集)	3894
愿望	1538	舞台生涯	17653
愿望	17161	舞台音乐	12278
愿望的实现	15890	舞台美术研究	18235
愿望满天飞	9438	舞台调度	18331
臧克家	3201	舞动红楼梦	7030
臧克家	8119	舞动的自然 威廉·莫里斯的经典纹样	17482
臧克家诗选	3518	舞会以后	15727
臧克家诗选	3525	舞者	943
臧克家诗选	3581	舞姬	13601
撒捺人生王秀春	5352	箧中词	3804
誓鸟	1375	箧存集	2878
摘星集	2786	《箕雅》五百诗人本事辑考(上下)	7124
摘星楼	18054	算计	13907

算粮	18154	精品诵读（三年级下）	10233
管子的故事	9472	精品诵读（三年级上）	10224
管见集	6090	精品诵读（五年级下）	10235
僮仆的一生	13603	精品诵读（五年级上）	10226
僮族民间故事	9740	精品诵读（六年级下）	10236
鼻子	11308	精品诵读（六年级上）	10227
鄱阳湖的风暴	9864	精品诵读（四年级下）	10234
鄱湖水鬼之1998	1116	精品诵读（四年级上）	10225
鲜花	11673	精神病医生	12937
鲜花和	992	精彩伦敦游	16852
疑惑	13846	精湛的史诗艺术	6198
敲响人头鼓	798	粽子娃娃	9516
豪门春秋	12878	熔铁炉	12448
豪门春秋	12893	潇洒道绝 东方之子百名书画大家	
豪门惊梦	441	访谈录	10643
豪夫童话选	15791	漕运码头	686
豪夫童话集	15787	漂二代	1097
腐蚀	2297	漂来的狗儿	9065
瘟疫,人类的影子"非典"溯源	4433	漂泊女人	633
瘦子麦麦德（第一卷）	13580	漂泊者手记	6328
廖燕全集校注（上下）	8267	漂泊者萧红	4694
韶华不为少年留 秦观词	3788	漂亮朋友	11124
端木蕻良	8121	漂亮冤家	13311
端木蕻良作品新编	8166	漂流三部曲	2408
慢小孩	9026	漂流的贝雷帽	16463
慢速生活	17459	漂移的岸——一个现代"行脚"诗人的	
精灵与圣诞的秘密	17200	爱情四季	3147
精灵之约	8767	漫长的冬天	16451
精灵闪现	9078	漫长的遗忘	12138
精灵国来的陌生人	15985	漫长的道路	12401
精灵俏魔镜	8515	漫步遐想录	14419
精明人与吝啬鬼	15860	漫画记事	7782
精明人的苦恼	196	漫画的幽默	10631
精品诵读（一年级下）	10231	漫画情歌	10615
精品诵读（一年级上）	10222	漫画漫画	7779
精品诵读（二年级下）	10232	漫说"三言""二拍"	7013
精品诵读（二年级上）	10223	漫说三国	6973
精品诵读（七年级下）	10237	漫说水浒	6975
精品诵读（七年级上）	10228	漫说西游	6974
精品诵读（八年级下）	10238	漫说红楼	6913
精品诵读（八年级上）	10229	漫说红楼	6979
精品诵读（九年级下）	10239	漫说金瓶梅	7053
精品诵读（九年级上）	10230	漫说聊斋	7015

漫说儒林外史	7014	嫦娥奔月	9742
漫游之诗	15708	熊	13230
漫游学语文	10208	熊秉明美术随笔	4623
漫漫长路	11900	熊的话	16932
漫漫回家路	13937	熊爸爸的超级电话	8963
漳州籍现代著名作家论集	6702	熊猫小弟	8928
漳河水	3591	熊猫宝宝爱整理	9715
滴水集	2887	熊猫都是潘大吼	10781
滴血的皇冠	5109	熊熊炉火照天赤	3451
滴血城市	11952	熊整个冬天都在睡觉吗？	
滴漏	14174	关于熊的问与答	15981
漩涡里 1990—2013 我的文化遗产保护史	5349	翟永明的诗	3303
演讲艺术读本	10180	翠英	1707
演进与代价	6280	骡子的后代	664
演员日记	18108	缪俊杰文集（1—10）	7695
演员自我修养（第一部）	17614	缪塞戏剧选	14871
演员自我修养（第二部）	17615	缪塞诗选	13976
演员创造角色	17625		
演员的技术	18332	十　五　画	
演员的道德	17560	慧眼	319
演剧职业化运动研究	10703	趣味物理 趣味生活	10048
漏洞	11573	趟过男人河的女人	502
赛拉斯·丁伯曼	12806	聪明狗的启蒙世界	17340
赛拉斯·拉帕姆的发迹	12894	聪明误	14931
赛宝	18619	鞋子	16805
赛姆勒先生的行星	13222	鞋匠的儿子	8335
赛查·皮罗多盛衰记	11047	蕙风词话 人间词话	6774
赛查·皮罗多盛衰记 纽沁根银行	11210	蕙的风	3529
赛莱斯蒂娜	14876	蕴婧姆	17851
赛斐丁短篇小说集	13511	横向看的人体秘密	17219
赛福鼎诗选	3164	横向看的动物世界	17218
察沃的食人魔	14597	横向看的希腊神话	17220
蜜月	11613	横越美国	14600
蜜月	12124	樱花点缀的记忆	4636
蜜月旅行	12083	樱花赞 西湖船	5592
蜜蜂公主	16371	樱桃之远	1376
蜜蜂的生活	16362	樱桃时节——巴黎公社诗选	15756
谭记儿	18135	樱桃园	14913
谭诗录 实然非实然之间	6564	樱桃园	14942
褐色鸟群	2147	樊江关	18490
褐衣男子	11816	樊江关	18529
隧道尽头的光明	12163	樊江关	18801
嫦娥下凡	18951	樊希安散文集	5345

橄榄树下无和平	17587	影子森林	16110
橄榄梦	775	影视场	647
飘	15831	影海扬帆 电影批评理论与实践	10654
飘	16976	踮脚张望的时光	922
飘(上下)	12883	踪迹	3570
飘泊	3110	踏上丛林征途	17378
飘泊南洋	8403	踏上地球之巅	4026
飘雪的世界	3154	踏着月光的行板	2234
飘窗	1247	踏着"铁人"脚步走	10437
飘飘公主 太阳和月亮的孩子	16070	踏着晨光前进的人们	1650
飘飘市长	8842	蝶神	1867
醉心贵族的小市民	14820	蝶恋花(京剧)	5864
醉舟	16872	蝴蝶	13947
醉红尘	440	蝴蝶	15002
醉里	2458	蝴蝶与公鸡	15915
醉里挑灯看剑	7615	蝴蝶飞	9416
醉菩提传 麹头陀传	2658	蝴蝶杯	18834
醉(湖畔夜饮 醉)	5563	蝴蝶的名字是怎么来的？ 关于蝴蝶和蛾的问与答	15979
震不倒的红旗	2977	蝴蝶翅膀的弧线 青春卷	4598
震启诗书奥运情	3240	蝙蝠怪"妈妈"	17110
撷芳集校补(1—4册)	3821	蝙蝠怎样在黑夜里看东西？ 关于夜行动物的问与答	15950
撕下强盗的画皮	18206	蝙蝠香	9384
撒旦的情歌	12111	噗噜噗噜蜜	9169
播火记(上下)	109	嘿,小黑狗	17213
播火者	13150	墨子的故事	9471
播谷集	6272	墨水心	11862
撞笼的金雕·信鸽阿诺克斯	9380	墨水死	11946
题·智	17371	墨水血	11898
暴力夺取	13320	墨西哥	17308
暴风	14367	墨西哥之梦	14561
暴风玛丽	11905	墨西哥中短篇小说集	12837
暴风里的雄鹰	17641	墨西哥诗选	14164
暴风雨	14945	墨西哥湾千里徒步行	14596
暴风雨	15024	墨色花小集	4103
暴风雨过后的痕迹	18452	墨海苇航	10660
暴风雨的儿女	12545	墨海笔记	4354
暴风雨夜,暴风雨夜 狄金森诗歌精粹	14039	墨憨斋定本传奇	18322
暴风雨前	2316	骸骨之城	13261
暴风雪	12625	镇与城	13189
暴风雪	18438	稻草人	9021
暴风骤雨(上下)	2520	稻草人	9043
暴雨	12185		
嘶天	620		

书名	页码	书名	页码
稻草人	9620	德国童话	16068
黎巴嫩短篇小说集	13515	德语文学与文学批评（第5卷·2011年）	7456
黎明	12681	德语文学与文学批评（第6卷·2012年）	7462
黎明风景	3602	德语文学与文学批评（第7卷·2013年）	7472
黎明杀手	17052	德语文学与文学批评（第8卷·2014年）	7483
黎明的河边	1607	德语文学与文学批评（第一卷·2007年）	7423
黎明的河边	1748	德语文学与文学批评（第二卷·2008年）	7433
黎明的战士	14144	德语文学与文学批评（第三卷·2009年）	7439
黎明的爱	18370	德语文学与文学批评（第四卷·2010年）	7449
黎明前的夜色	458	德语国家中篇小说选（上下）	11092
黎明前的祈祷	17511	德语国家短篇小说选	11065
黎明前夜	1643	德语课	11559
黎明前说我爱你	12728	德聂伯河上	18433
黎明踏浪号	16750	德莱塞短篇小说选	12858
黎锦明小说选	2386	德富芦花散文	14728
黎·穆特里夫诗选	3608	德龄公主	729
箱庭图书馆	13787	鲤鱼上山	18627
箱根风云录	13471	鲤鱼川随记	4751
箭正离弦《野草》全景观	6762	鲤鱼妈妈	18002
箭杆河边	17928	摩尔·弗兰德斯	11008
箭杆河边	18081	摩诃婆罗多插话选（上下）	14302
德·古里亚诗选	14225	摩根的旅程	13936
德永直选集（第四卷）	13509	憎恨	2560
德·尼罗的游戏	13112	憎恶的委托	13920
德里纳河上的桥	12693	糊涂人	14835
德伯家的苔丝	10997	糊涂天使	9274
德伯家的苔丝	15826	糊粮酒·酒葫芦	9222
德伯家的苔丝	16984	翦拂集	5529
德拉戈·西理奇诗集	14269	翦拂集 大荒集	5506
德国——一个冬天的童话	13950	潜	12047
德国，一个冬天的童话	13979	《潜力》评介	6050
德国，一个冬天的童话	14051	潜水艇	11955
德国人	15044	潜水艇员	12465
德国文学随笔	7367	潜行乌贼	4637
德国文学简史（下卷）	7337	潜流	12799
德国文学简史（上卷）	7336	潮166食色	15717
德国好人	13106	潮汐和船	3981
德国，你如此优雅	5080	潮汐集	2855
德国近代文学史（上下）	15316	潮起潮落 新中国文坛沉思录	5157
德国的文学与艺术	15123	潮骚	13739
德国诗选	14072	澳大利亚短篇小说选	13930
德国幽默笑话	17399	澳门夜曲	12117
德国浪漫主义作品选	11174	潘石屹 包泡 非建筑访谈	4562

潘石屹 永远不做大多数	10647	整本书阅读"学教评"·《乡土中国》	
潘达雷昂上尉与劳军女郎	13051	《红楼梦》(教师用书)	10155
潘多拉的盒子	13845	整本书阅读"学教评"·《乡土中国》	
潘军	7748	(学生用书)	10152
潘虎	9824	整本书阅读"学教评"·《红楼梦》	
潘帕斯的居民们	16317	(学生用书)	10153
潘金莲之前世今生	578	整数26	14177
潘家洵译易卜生戏剧	14910	融融暖意	11784
潘德舆全集(1—5卷)	8264	瓢虫找新家	16291
澜本嫁衣	1178	醒了的山庄	37
澜沧江畔	153	醒世恒言(上下)	2590
额木尔脱险记	9904	醒世姻缘传	17752
额尔古纳河右岸	1041	醒世姻缘传(上下)	2686
劈你的雷正在路上	5247	飙车	11874
《豫报》《河南》与中国现代文化	6739	霓虹灯下的哨兵	17916
		霓虹港湾 香港文化的源与流	10607
十 六 画		霍小玉	18717
擅长装扮的老猫经	16944	霍去病的马	8860
燕子最后飞去了哪里	5234	霍达文选(1—9)	7572
燕双飞	897	霍普特曼小说选	11101
燕岭风云	159	蹉跎岁月	737
燕赵儿女	18899	默尔索案调查	13797
燕宿崖	2542	黔江怒涛	2830
燕雏集	6110	鹦鹉复活的故事	16931
薑斋诗话笺注	6791	赠书记	18842
蕾莉与马杰农	14307	镜子里的房间	9191
薯童谣	13651	镜子里的猫	9133
薛丁山征西	8672	镜中的浮士德	3508
薛仁贵征东	8670	镜花缘	8684
薛刚闹花灯	8675	镜花缘(上下)	2586
薛涛诗笺	3681	镜湖月	893
薄荷心 弗里达·卡罗的秘密笔记	13168	赞《红日》,颂英雄	6074
薄暮猎人	17050	憨园	2413
颠倒巫婆的瞌睡片	8492	穆木天诗选	3553
橱窗迎彩霞	171	穆旦作品新编	8174
樵史通俗演义	2636	穆旦译文集(1—8)	15657
樵歌	17748	穆旦诗文集(1—2)	8141
橙血	2068	穆旦诗选	3550
橘子红了	1904	穆旦诗集	3579
橘子红了(文学剧本)	5872	穆齐尔散文	14511
整个车间一团红	9914	穆青散文选	4089
整本书阅读"学教评"·《乡土中国》		穆柯寨 穆天王	18496
《红楼梦》(学生用书)	10154	穆桂英挂帅	18132

穆桂英挂帅	18519
穆桂英挂帅	18827
穆桂英指路	10295
穆斯林的儿女们	357
穆斯林的葬礼	754
篝火	12547
篝火正旺 工农兵短篇小说选	1725
篱下百花(1957—1966)	2012
篱下的岁月	552
儒尔和吉姆	11917
儒林外史	2581
儒林外史	2612
儒林外史	8676
儒林外史(上下)(影印本)	2610
儒林外史研究论集	6838
儒学嬗变与魏晋文风建构	7138
儒、释、道的生态智慧与艺术诉求	7097
膨胀的宇宙	17242
雕虫纪历(1930—1958)	3537
雕刻时光	17493
雕塑家传奇	4061
鲵鱼之乱	12696
鲸有肚脐眼吗？关于鲸与海豚的问与答	15949
鲸鱼是楼下的海	9185
邂逅相遇 梅娘·芷渊·茵渊书札	4907
凝固的涛声	3070
凝望 一七几几年：曹雪芹康德们的故事	5425
磨刀石农庄(第一、二部)	12369
磨刀石农庄(第三部)	12406
磨刀石农庄(第四部)	12491
磨尖掐尖	867
磨坊之围	11028
瘾——一个真实的故事	11651
瘸老何大显神通	9953
瘸腿小王子 地精布朗尼	16058
瘸腿魔鬼	10996
辩论艺术读本	10181
糖果学院怪事多	9279
燃灯者	14146
燃烧的心	11924
燃烧的地图	13839
燃烧的秋	413
燃烧的桥	18378
燃烧的激情	3418
濒死之眼	13908
濒危动物	17233
濒危动物 用科学行动拯救濒临灭绝的物种	16113
激荡人生	4687
激战无名川	131
激流	1539
激流飞渡	117
激流中	5267
激情	1033
激情三百日	456
激情与责任——中国诗歌评论	6349
激情燃烧的岁月	5897
避雨的豹	8373
避暑	13170
犟小子之作业风波	8543
犟媳妇	18015
缱绻与决绝	536

十 七 画

戴面纱的房客	16141
戴胜鸟日记	8985
戴领结的鹅	8902
戴望舒	8118
戴望舒作品新编	8152
戴望舒诗选	3527
戴望舒诗选	3578
戴望舒选集	8131
藏书室女尸之谜	11761
藏地白日梦	976
藏地白皮书	936
藏家有话	10806
藏剧故事集	18202
藏獒	785
藏獒2	829
藏獒3	909
藏獒 插图本(1—3)	1063
藏獒渡魂	9287
藏獒渡魂(升级版)	9387
檀香留痕	11957
懋斋诗钞	17706

霜叶红	258	黛诺	18072
霜叶红似二月花	2342	魍魉世界 风雪人间——丁玲的回忆	4138
霞楼梦笛——唐湜抒情诗选	3115	徽商	10666
霞满龙湾	8326	徽商与明清文学	7136
瞧,大师的小样儿	4647	爵士乐时代的故事	13309
瞧瞧我的花指头	9497	臆说前辈	4401
瞬间·永远 发行人在汶川大地震中的故事	4706	辫子	12242
瞬间空白	1988	辫子	9487
瞩望星河——近二十年中国长篇小说艺术	6313	糟糕的工厂	16469
曙光	216	塞先艾短篇小说选	2371
曙光(六场话剧)	5862	翼上(上下)	162

十 八 画

曙光(第一部)在清朝的奴役下	13478	藤乡	3423
曙光(第二部)水深火热之中	13479	藤萝花落	601
曙光(第三部)在战斗中成长的祖国	13522	瞿秋白文集(1)	7806
螳螂一号	9156	瞿秋白文集(2)	7808
螺号	2896	瞿秋白文集(3)	7807
螺丝在拧紧	12944	瞿秋白文集(4)	7809
蟋蟀	8360	瞿秋白文集 文学编(1)	7916
蟋蟀及其他	8277	瞿秋白文集 文学编(2)	7928
穗子的动物园	7805	瞿秋白文集 文学编(3)	7961
穗子的动物园	9468	瞿秋白文集 文学编(4)	7930
黏土与瓷器	15007	瞿秋白文集 文学编(5)	7938
魏列萨耶夫中短篇小说选	11360	瞿秋白文集 文学编(6)	7944
魏克拉马沁格短篇小说集	13519	瞿秋白论文学	6574
魏吴游戏机大战	8864	瞿秋白诗文选	8079
魏武帝魏文帝诗注	3631	瞿秋白选集	8060
魏金枝短篇小说选集	2299	蹦蹦跳先生	8551
魏晋文学史	7277	鹭与雪	13715
魏晋南北朝文论选	6814	蟫史	2651
魏晋清谈	6997	翻身记	18213
魏巍卷	4286	翻身记事	169
魏巍散文	4769	翻身道情	10432
魏巍散文选	4167	翻译与二十世纪中国文学研讨会论文集	6469
繁花	1358	翻译的"政治"——现代文坛的翻译论争与文学、文化论争	6743
繁花似锦的五月——雨果诗选	15757		
繁弦集	3904	翻译官	831
繁星 春水	3564	翻译家耿济之	5166
繁星·春水	3577	翻跟头的小木偶	8886
繁星集	2841	鹰泪	9363
繁星满天	1633	鹰窠峰	12697
黛茜·密勒 熊	15766	癫皮鹦鹉	12762

瀑布与虹	3055	魔人响锣	16862
戳穿纸老虎	19022	魔女与罗平	16159
邋遢大王与臭美同桌	8598	魔女的复仇	16168
		魔手	11778

十 九 画

		魔术时刻	2041
孽子	362	魔石心	17142
孽债	1388	魔豆杰克的魔力植物标本集	16486
孽海花	2666	魔听 幻想卷	4596
警世通言	2589	魔表	9049
警戒解除	13340	魔表	9157
警报 附平静的深渊	15033	魔枕(市场版)	17140
警告艾森豪威尔	17784	魔法王子 巫师圆球会议	8485
警察游戏	8454	魔法王子 空中巫师之神	8484
蘑菇七种	2021	魔法王子 海洋历险传奇	8498
蘑菇七种	2239	魔法王子 野猪巨舰传奇	8496
蘑菇圈	2155	魔法王子 猫都市传奇	8497
蘑菇圈 大乔小乔 中篇小说卷		魔法王子 深海迷宫传奇	8499
（2011—2017）	2178	魔法少女	8876
攀登者	1439	魔法书与守护者	16063
蟾	16869	魔法师的外甥	16755
巅峰——中国奥运冠军录 1984—1992	10646	魔法师的帽子	16698
巅峰——中国奥运冠军录 1996—2000	10645	魔法岛	16071
蟹工船	13438	魔法岛	16186
蟹工船	13554	魔法玩偶	16861
蟹工船 漫画版	17517	魔法城堡	16231
蟹语	3185	魔法城堡	16845
麒麟	2203	魔法星星海	8990
麒麟传	898	魔法博士	16860
爆炸现场	5169	魔沼	11161
爆破之前(独幕话剧)	5824	魔鬼	13572
爆笑探险队	17208	魔鬼之足	16138
瀛洲思絮录	2218	魔鬼天鹅	8951
疆界 2-国际文学与文化 A	15183	魔鬼迪米特尔	13123
疆界 2-国际文学与文化 B	15184	魔鬼的金属	12841
疆界 2-国际文学与文化 C	15185	魔鬼的测试	16088
		魔鬼的算术	17081

二 十 画

		魔鬼的颤音	13204
鳞爪集	6086	魔鬼辞典	12971
獾	9329	魔桶	13275
獾主的城堡	17002	魔符	13182
獾主的城堡 1 獾城的玛拉	17070	魔船	16002
獾主的城堡 2 红城的小勇士	17071	魔鹿	9337
獾主的城堡 3 归家者之秋	17072	魔堡	16059

魔窟生涯——一个军统少将的自述	335
魔镜	16003
魔镜魔镜告诉我	16838
灌木年轮	3133

二十一画

蠢动	1617
霸王别姬	18793
霸王别姬	471
露西亚娜·B的缓慢死亡	13094
露西·高特的故事	12002
露沙的路	1203
露沙的路	482
露着衬衫角的小蚂蚁	16087
露着衬衫角的小蚂蚁	16222
霹雳	179
霹雳三年	583
霹雳贝贝	9155
麝鼠杰里奇遇记	17025
赣江以西	5102
爔火集	4044

二十三画

罐头厂街	13337
鼹鼠妈妈讲故事	8850

二十四画

灞桥挑袍	18672

其他

1+1=0	15989
1001夜	16107
100个公主(上下)	15804
100个勇士(上下)	15805
100只兔子闯进了花园	16897
11/22/63(上下)	13366
11字谜案	13897
12.21	13175
1.2.3木头人	10690
1434 一支庞大的中国舰队抵达意大利并点燃文艺复兴之火	17534
1898百年忧患	6745
1901修订版	4900
1903 前夜的涌动	6746
1911	4901
1921 谁主沉浮	6747
1926年的火炬	13536
1928 革命文学	6748
1938 青春与战争同在	4725
1942 走向民间	6750
1948 天地玄黄	6749
1949—1979 儿童文学诗选(上下)	8365
1949—1979 儿童文学科学文艺作品选(上下)	8372
1949—1979 儿童文学剧本选(上下)	8359
1949—1979 儿童文学短篇小说选(上下)	8356
1949—1979 幼儿文学选	8384
1949—1979 短篇小说选(一)	1751
1949—1979 短篇小说选(二)	1752
1949—1979 短篇小说选(七)	1779
1949—1979 短篇小说选(八)	1789
1949—1979 短篇小说选(三)	1755
1949—1979 短篇小说选(五)	1769
1949—1979 短篇小说选(六)	1778
1949—1979 短篇小说选(四)	1765
1949—2009 文论选	6441
1949—2009 报告文学选	4777
1949—2009 剧作选	5890
1950:香港谍战	4924
1956 百花时代	6534
1962 夹缝中的生存	6535
1977—1980年全国优秀报告文学评选获奖作品集(一)	4062
1977—1980年全国优秀报告文学评选获奖作品集(二)	4063
1978 激情岁月	6531
1979—1980 中篇小说选(第1辑)	1770
1979—1980 中篇小说选(第2辑)	1771
1979—1980 中篇小说选(第3辑)	1773
1979—1980 中篇小说选(第4辑)	1774
1980—1984 散文选	4107
1980年短篇小说选	1775
1980的情人	980
1981—1982年全国优秀报告文学评选获奖作品集	4091
1981 中篇小说选(第1辑)	1790

1981 中篇小说选(第 2 辑)	1791	1990—1992 三年诗选	3124
1981 年诗选	3040	1990 中篇小说选(第 1 辑)	1882
1981 年短篇小说选	1787	1990 中篇小说选(第 2 辑)	1883
1982—2011 中国人物传记电视剧的演进	9608	1990 短篇小说选	1881
1982 中篇小说选(第 1 辑)	1794	1991—1993 散文选	4224
1982 中篇小说选(第 2 辑)	1810	1991 中篇小说选(第 1 辑)	1886
1982 年诗选	3046	1991 中篇小说选(第 2 辑)	1887
1982 短篇小说选	1795	1991 短篇小说选	1888
1983 中篇小说选(第 1 辑)	1816	1992 中篇小说选(第 1 辑)	1890
1983 中篇小说选(第 2 辑)	1817	1992 中篇小说选(第 2 辑)	1891
1983 年诗选	3063	1992 短篇小说选	1889
1983 短篇小说选	1811	1993—1994 报告文学选	4225
1984 中篇小说选(第 1 辑)	1821	1993 中篇小说选(第 1 辑)	1892
1984 中篇小说选(第 2 辑)	1830	1993 中篇小说选(第 2 辑)	1893
1984 年诗选	3076	1993 世纪末的喧哗	6533
1984 短篇小说选	1823	1993 短篇小说选	1894
1985—1987 散文选	4133	1994 中篇小说选(第 1 辑)	1895
1985 中篇小说选(第 1 辑)	1838	1994 中篇小说选(第 2 辑)	1896
1985 中篇小说选(第 2 辑)	1839	1994 短篇小说选	1897
1985 年报告文学选	4110	19 年间谋杀小叙	1366
1985 年诗选	3081	2001 中篇小说	1910
1985 延伸与转折	6532	2001 散文	4376
1985 短篇小说选	1837	2001 短篇小说	1909
1986 中篇小说选(第 1 辑)	1845	2002—2006 年度全国出版专业职业资格考试试卷及标准答案	10201
1986 中篇小说选(第 2 辑)	1846	2002 中篇小说	1917
1986 年报告文学选	4114	2002 文学评论	6358
1986 年诗选	3084	2002 年全国出版专业职业资格考试辅导练习和参考答案(中级)	10162
1986 短篇小说选	1848	2002 年全国出版专业职业资格考试辅导练习和参考答案(初级)	10161
1987 中篇小说选(第 1 辑)	1852	2002 年鲁迅研究年鉴	6688
1987 中篇小说选(第 2 辑)	1854	2002 散文	4381
1987 年报告文学选	4135	2002 短篇小说	1918
1987 年诗选	3092	2003 中篇小说	1924
1987 短篇小说选	1856	2003 文学评论	6377
1988—1990 散文选	4176	2003 年全国出版专业职业资格考试辅导练习和参考答案(中级)	10164
1988 中篇小说选(第 1 辑)	1862	2003 年全国出版专业职业资格考试辅导练习和参考答案(初级)	10163
1988 中篇小说选(第 2 辑)	1863	2003 年鲁迅研究年鉴	6693
1988 年报告文学选	4165	2003 散文	4421
1988 年诗选	3102	2003 短篇小说	1922
1988 短篇小说选	1861		
1989 中篇小说选(第 1 辑)	1866		
1989 中篇小说选(第 2 辑)	1870		
1989 年诗选	3107		
1989 短篇小说选	1865		

2004 中篇小说	1928	2008 年版全国出版专业职业资格考试	
2004 文学评论	6379	辅导练习和参考答案（初级）	10205
2004 年全国出版专业职业资格考试		2008 报告文学	4708
辅导练习和参考答案（中级）	10168	2008 散文	4710
2004 年全国出版专业职业资格考试		2008 短篇小说	1995
辅导练习和参考答案（初级）	10169	2009 中国文坛纪事	6453
2004 报告文学	4474	2009 中篇小说	2020
2004 高考志愿填报思路与技巧	10641	2009 报告文学	4793
2004 散文	4471	2009 散文	4779
2004 短篇小说	1929	2009 短篇小说	2019
2005 中篇小说	1955	2010 中国文坛纪事	6463
2005 文学评论	6391	2010 中篇小说	2037
2005 年全国出版专业职业资格考试		2010 年北京高考语文指定背诵默写	
辅导练习和参考答案（中级）	10183	篇目（45篇）	10056
2005 年全国出版专业职业资格考试		2010 报告文学	4880
辅导练习和参考答案（初级）	10182	2010 散文	4848
2005 报告文学	4526	2010 短篇小说	2036
2005 高招动态与填报要点	10649	2011 中国文坛纪事	6472
2005 散文	4523	2011 中篇小说	2043
2005 短篇小说	1956	2011 报告文学	4919
2006 中篇小说	1970	2011 散文	4917
2006 文学评论	6411	2011 短篇小说	2048
2006 年全国出版专业职业资格考试		2012 中国文坛纪事	6473
辅导练习和参考答案（中级）	10191	2012 中篇小说	2066
2006 年全国出版专业职业资格考试		2012 报告文学	4998
辅导练习和参考答案（初级）	10190	2012 青春文学	2064
2006 报告文学	4566	2012,鬼子又来了！	1146
2006 高考满分作文秘诀	10037	2012 散文	4993
2006 散文	4564	2012 短篇小说	2065
2006 短篇小说	1968	2013 中国文坛纪事	6481
2007 中国文坛纪事	6412	2013 中篇小说	2086
2007 中篇小说	1983	2013 报告文学	5056
2007 年版全国出版专业职业资格考试		2013 青春文学	2097
辅导练习和参考答案（中级）	10200	2013 散文	5044
2007 年版全国出版专业职业资格考试		2013 短篇小说	2087
辅导练习和参考答案（初级）	10199	2014 中国文坛纪事	6501
2007 报告文学	4646	2014 中国最佳科幻作品	2129
2007 散文	4634	2014 中篇小说	2133
2007 短篇小说	1984	2014 报告文学	5134
2008 中国文坛纪事	6439	2014 青春文学	2127
2008 中篇小说	1996	2014 散文	5136
2008 年版全国出版专业职业资格考试		2014 短篇小说	2124
辅导练习和参考答案（中级）	10206	2015 中国文坛纪事	6505

2015中国最佳科幻作品	2152	20世纪中国新诗理论史(上下)	6500
2015中篇小说	2151	20世纪文学的东方之旅	6686
2015年人生若只如初见月历	10812	21大厦	1280
2015报告文学	5177	21世纪散文典藏(2000—2010)	4889
2015青春文学	2150	22年的故事讲完了	2199
2015散文	5174	31号纽因客栈迷案	12204
2015短篇小说	2149	365天涂鸦日志	17484
2016中国文坛纪事	6540	69届初中生	1367
2016中国最佳科幻作品	2171	711号园	5068
2016中篇小说	2128	813之谜	16148
2016报告文学	5260	ABC谋杀案	11743
2016青春文学	2167	AMUER·阿木尔·18	9716
2016散文	5263	A.托尔斯泰小说选集(第一册)	12333
2016短篇小说	2186	A.托尔斯泰小说选集(第二册)	12336
2017中国文坛纪事	6560	A到Z路长长	16478
2017中国最佳科幻作品	2198	C.S.路易斯写给孩子们的信	14633
2017中篇小说	2200	E.M.福斯特文集 小说面面观	15506
2017报告文学	5327	E.M.福斯特文集 天使不敢涉足的地方	15509
2017青春文学	2202	E.M.福斯特文集 最漫长的旅程	15507
2017散文	5328	E.M.福斯特文集 福斯特短篇小说集	15508
2017短篇小说	2201	E.M.福斯特文集 霍华德庄园	15510
2018中国最佳科幻作品	2247	funfun马后炮	10784
2018中篇小说	2245	Hi十七岁——和儿子一起逃学	4305
2018报告文学	5378	KKK名片	13039
2018青春文学	2246	M代表魔法	12029
2018散文	5375	OZ国历险记(绿野仙踪)	15919
2018短篇小说	2242	OZ奥兹·小王子	10731
2019中国最佳科幻作品	2262	OZ奥兹·白雪,公主	10751
2019中篇小说	2263	OZ奥兹·狂欢	10715
2019报告文学	5412	OZ奥兹·宝藏	10718
2019青春文学	2255	OZ奥兹·爱丽丝	10755
2019散文	5415	SARS警示录	10635
2019短篇小说	2253	VFD村的秘密	16647
2020短篇小说	2000	X生物	15719
2021吾皇万睡周历	10887	Youpi妙趣小百科	17251

图 书 编 年 目 录

1951 年

二心集	5441
马恩列斯论文艺	15086
中国出了个毛泽东	9717
仅仅是开始	2
从延安到北京	3589
风云初记	4
为了幸福的明天	1483
古小说钩沉（上下）	2568
平原烈火	1
东欧杂记	3841
且介亭杂文	5444
且介亭杂文二集	5445
且介亭杂文末编	5446
列宁斯大林与苏维埃文学	15197
光荣的任务	6003
华沙城的节日	3839
华盖集	5440
坟	5448
花边文学	5447
我是劳动人民的儿子	12339
彷徨	2277
表	12338
幸福	1484
欧行散记	3837
欣慰的纪念	6567
南腔北调集	5442
虹	12337
种谷记	2517
保卫察里津	12335
侵略	14993
活人塘	1482
聂鲁达诗文集	14123
铁流	12334
准风月谈	5443
谁是最可爱的人	3840
难忘的一九一九	14994
铜墙铁壁	3
韩营半月	2516
朝花夕拾	5439
跨到新的时代来	3838
德国——一个冬天的童话	13950
A.托尔斯泰小说选集（第一册）	12333
A.托尔斯泰小说选集（第二册）	12336

1952 年

十月	12342
三闲集	5453
小说旧闻钞	2570
马卡尔·杜勃拉瓦	14995
子夜	2281
王秀鸾（歌剧）	5957
王贵与李香香	3590
开不败的花朵	1485
太阳照在桑干河上	2519
中国人民志愿军诗选	2711
中国小说史略	7238
风雪东线	1490
文艺工作者为什么要思想改造	6005
火光在前	1487
为创造新的英雄典型而努力	6008
水浒	2571
可爱的中国	5452
白毛女（歌剧）	5956
外套	11307
永生的战士	1486

1284

吉洪诺夫诗集	14212	绞刑架下的报告	14714
地覆天翻记	2522	原动力	2524
在顺川发现的一本日记	12341	热风	5454
在零下四十度	2521	高乾大	2525
而已集	5455	唐宋传奇集	2569
列宁与文艺学问题	15198	诺尔曼·白求恩断片	5618
死魂灵	11306	雪峰寓言	5456
光荣归于你们	14324	野草	5502
早晨六点钟	1488	朝鲜通讯报告选	3842
吕梁英雄传	2518	集外集	5451
回忆鲁迅	6625	鲁迅小说集	2280
传麦种	9718	鲁迅书简（上下）	5450
华盖集续编	5458	毁灭	12343
伪自由书	5449	解救	5617
伊萨柯夫斯基诗选	14211	新艺术论集	6007
刘胡兰（歌剧）	5959	鼻子	11308
决斗	1489	暴风骤雨（上下）	2520
军功章	13436		
论文集（第一卷）	6620	**1953 年**	
论生活艺术和真实	6006	一车高粱米	2715
访苏记	3844	一架弹花机	1496
欢呼集	2708	十里盐湾	3592
杜甫传	6837	三千里江山	7
李有才板话	2523	三个穿灰大衣的人	12347
李家庄的变迁	2526	三国演义	2574
两地书	5457	土地	1492
坚决贯彻毛泽东文艺路线	6004	大杂院里的人们	2292
呐喊	2278	大进军	2717
我们访问了苏联	3843	大闹天宫	2576
我们的节日	5	上甘岭	1506
我的短诗选	2709	山民牧唱	11496
我所认识的鲁迅	6568	亡友鲁迅印象记	6621
希克梅特诗集	14325	女神	3516
泛滥	13435	小二黑结婚	2527
败类	15036	王妈妈	1510
和平之路	3515	夫妻之间（话剧）	5694
货郎担（秧歌剧）	5958	不可战胜的力量	3850
夜歌和白天的歌	3514	不疲倦的斗争	6
油船"德宾特"号	12340	中国人民解放军"八一"建军节二十五	
屈原	5912	周年文艺竞赛得奖作品选集	10554
故事新编	2279	中国寓言选	10555
战斗的旗	2710	毛泽东的旗帜迎风飘扬	2713
钢铁是怎样炼成的	12344	长坂坡	2577

父子劳模	15037	远离莫斯科的地方(上中下)	12349
风云初记(二)	8	坏孩子和别的奇闻	11309
文学评论集	6011	贡献	12356
火烧赤壁	2573	苏联文学艺术问题	15199
为了朝鲜,为了人类!	2719	苏联札记	3847
为奴隶的母亲	2290	村仇	1502
为和平而斗争	12346	还乡记	2285
斗争钱文贵	2529	抗美援朝诗选	2721
正月新春	1501	把人民解放军的文艺工作提高一步	6013
艾芜短篇小说集	2288	我们会见了彭德怀司令员	3846
龙须沟(话剧)	5697	我要读书	1511
打击侵略者(话剧)	5700	我感谢党	3853
卡道奇尼科夫	17557	沙汀短篇小说集	2287
北斗星村	12350	沙家店战斗	1494
生活在英雄们的中间	3845	阿细人的歌	9719
白头山	14326	幸福	1509
白求恩大夫	2530	英雄的阵地(话剧)	5699
白蛇传(越剧)	5691	板门店纪事	3848
乐府诗选	3618	矿工们	15038
永远向着前面	1503	卓娅	14327
弗斯特上校服罪了	14951	罗才打虎	1497
边疆的声音	1507	和平歌	14261
考验	12638	和解	12640
老杨同志	2531	爬山歌选(一)	9720
地雷阵	2528	金星英雄(上下)	12351
西苑集	6009	周铁汉	1493
西蒙诺夫	17556	炉	1499
在鞍钢工地上	3851	宝石的红星	2718
百万富翁	12345	屈原赋今译	10895
列宁	14213	屈原集	3616
死不着	3593	参军	2532
光明普照大地	12348	春华秋实(话剧)	5698
华沙、北京、维也纳	2720	春蚕	2282
血缘	1500	赵小兰(话剧)	5689
刘巧团圆(鼓词)	10277	赵巧儿	3594
安巩传	2714	荒野的呼唤	12731
安德列也夫	17555	茨冈	14073
论艺术在社会生活中的地位和作用	15200	故乡	2283
论公式化概念化	6012	柳荫记(川剧)	5693
红花朵朵开	1498	战士创作选	1505
红楼梦	2575	战士快板诗	2712
红旗歌(话剧)	5695	战斗里成长(话剧)	5960
远方的歌声	12639	临津江边	1504

书名	编号
竖琴	12352
星星之火	14997
怎么办？（上下）	11310
科尔沁草原的人们	1495
胜利者	14996
前列	11497
活着的人们	11499
祝福	2289
姚长庚一家人	1512
勇敢的约翰	14102
结婚	1491
夏衍剧作选	5913
倪焕之	2286
射手	1508
高尔基创作选集	12353
海的沉默	11498
家	2284
黄泥冈	2578
雪虎	12732
梁山伯与祝英台（越剧）	5690
斯大林与苏联文学问题	15201
斯大林时代的人	12354
朝鲜通讯报告选（二集）	3849
朝鲜通讯报告选（三集）	3852
筑路	12357
鲁迅著作单行本 26 种	8037
游击队长（话剧）	5696
寒假的一天	2291
蓝桥会（越剧）	5692
献身	12355
楚辞图	10896
楚辞集注	3617
解珍解宝	2572
新艺术创作论	6010
新华颂	2716
漳河水	3591
瞿秋白文集（1）	7806
瞿秋白文集（2）	7808
瞿秋白文集（3）	7807

1954 年

书名	编号
一车高粱米（快板诗）	2722
丁玲短篇小说选集	2298
七月十四日	14796
七月的战争	2724
八月的乡村	2296
人间的春天	3859
人物纪念	5620
人往高处走（话剧）	5706
三年	17571
三姊妹	14914
工作着是美丽的	2535
大雷雨	14912
万尼亚舅舅	14916
山野	2537
飞兵在沂蒙山上	2539
马卡洛娃	17558
马克·吐温短篇小说集	12733
王亚平诗选	3519
开垦	2725
天安门上的红灯	2726
五月的矿山	18
中华人民共和国颂歌	2728
中国民间舞蹈选集	17581
中国俗文学史（上下）	7239
长生殿	5967
月黑夜	2538
丹娘	17570
六十八天（淮海大战记）	1517
文学与电影	17582
火车头	17
为了人民的幸福	15040
水浒全传（上中下）	2579
艾吕雅诗钞	14126
平日的英雄	15039
叶圣陶短篇小说选集	2301
叶甫盖尼·奥涅金	14075
电影艺术在表现形式上的几个特点	17578
四十八天	1516
生之歌	14329
白香山集（一—三册）	17673
白蛇传（越剧）	5707
永远鼓舞我们前进	3854
边区自卫军平汉路工人破坏大队	3520
圣拉萨的丁香	11501
对和平宣誓	3858

书名	编号	书名	编号
吉诃德先生传	10973	幸福的生活	17580
老桑树下的故事	14	英雄与孩子	2723
地上的长虹	1521	英雄司机	17572
西厢记	5968	英雄的十月	5619
西游记(上中下)	2580	板门店前线散记	3857
伟大的起点	17569	雨果诗选	13952
延安集	2534	郁达夫选集	8041
仲夏夜之梦	14803	矿工之歌	12644
向苏军红旗歌舞团学习	6015	欧也妮·葛朗台	10975
关于鲁迅的生活	6569	轭下	11454
冲破黎明前的黑暗(话剧)	5701	到群众中去落户	6014
安东诺夫短篇小说选	12361	非这样生活不可	15000
冰心小说散文选集	8040	卓别林传	17563
论艺术文学的特征	15206	虎皮武士	14074
论电影与戏剧中的冲突	17562	罗汉钱(沪剧)	5709
论新闻纪录电影	17561	和平纪事	14124
农村散记	1520	和平胜利的信号	3856
访战后朝鲜	3860	金色兴安岭	1513
红旗手	2727	采蒲台	1515
红旗呼啦啦飘	2533	诗品	17669
约瑟·安特路传	10974	诗歌初集	3597
纪念契诃夫专刊	10557	孟浩然集	17668
纪念契诃夫画册	10556	经济建设通讯报告选	3855
玛列茨卡娅	17559	契尔诃夫	17576
走向北方	3517	契诃夫	15208
苏联文学中的典型性问题	15203	契诃夫独幕剧集	14917
苏联电影的道路与莫斯科艺术剧院	17564	春天来到了鸭绿江	15
苏联戏剧创作发展的几个问题		春风吹到诺敏河(话剧)	5702
苏联作家协会理事会第十四届全体会议上的几个报告	15207	草原上的人们	17579
		胡也频小说选集	2300
李白诗选	3619	柳荫记(川剧)	5711
吴组缃小说散文集	8038	面向生活	6016
时间呀,前进!	12359	战友之歌	14328
牡丹亭	17672	战友(歌剧)	5705
我的童年	14718	战斗与歌唱	3522
希腊的心	14125	战斗在滹沱河上	9
沙恭达罗	15058	战斗的边疆	1519
宋景诗	17567	哈尔茨山游记	14412
阿里杰的末路(上下)	12363	哈泽穆拉特	11311
阿里斯托芬喜剧集	14804	哈森与加米拉	17573
纳兰词	17671	钦差大臣	14915
青年近卫军	12362	保卫延安	12
青海民歌选	9721	俄国文学史(上)	15205

书名	编号
胜利追赶着时间	1518
蚀	2295
音乐美学问题	17565
前线	15001
洪深剧作选	5916
突破临津江	11
神曲（上中下）	13951
柔石小说选集	2294
柔密欧与幽丽叶	14802
给战斗者	3521
赶车传	3595
莎士比亚戏剧集（一）	14789
莎士比亚戏剧集（二）	14790
莎士比亚戏剧集（十）	14799
莎士比亚戏剧集（十一）	14800
莎士比亚戏剧集（十二）	14801
莎士比亚戏剧集（七）	14795
莎士比亚戏剧集（八）	14797
莎士比亚戏剧集（九）	14798
莎士比亚戏剧集（三）	14791
莎士比亚戏剧集（五）	14793
莎士比亚戏剧集（六）	14794
莎士比亚戏剧集（四）	14792
桃花扇（上下）	17670
夏倍上校	10976
顿巴斯矿工	17577
殷夫诗文选集	8039
爱与歌	3596
爱森的袭击	11500
高尔基论文选集	15202
高老头	10977
旅顺口（上下）	12358
海鸥	14918
浪涛中的人们	1514
被开垦的处女地	12360
谈作家的工作	15204
剧本 翻译专刊（第一辑）	15003
绣花荷包（歌剧）	5704
教育的果实	14919
萨希亚短篇小说集	12642
梅兰芳演出剧本选集	17583
曹禺剧本选（曹禺选集）	5915
略讲关于鲁迅的事情	6570
第一届全国戏曲观摩演出大会戏曲剧本选集	5703
第二次爱情	14999
得奖歌曲集	17566
领导	13
猎虎记（京剧）	5710
清明时节	2293
混沌	2536
淮河边上的女儿	16
淘金记	2302
梁山伯与祝英台（越剧）	5708
密茨凯维支诗选	14103
琵琶记	17667
塔拉索娃	17575
博马舍	14952
朝阳花开	3598
黑石坡煤窑演义	10
鲁迅在厦门	6626
鲁彦选集	8042
雾	12643
虞初新志	17674
鲍果留波夫	17574
解放了的董吉诃德	14998
新儿女英雄传	17568
新月集	14275
新线路	12641
歌曲合订本（1—9 期 附增刊）	17589
臧克家诗选	3518
裴多菲诗选	14104
腐蚀	2297
演员的道德	17560
樱桃园	14913
蝴蝶	15002
儒林外史	2581
魏金枝短篇小说选集	2299
瞿秋白文集（4）	7809

1955 年

书名	编号
一千八百担	2308
一年集	6025
一把泥土	12376
一笑散	17678
二十夜问	13381

丁西林剧作选	5918	贝姨	10979
人间乐园	15046	长生殿	17684
人物志	17713	父与子	11314
三顾茅庐	2584	月夜到黎明	3867
大灰狼（儿童剧）	5741	风波（话剧）	5727
大同江	13442	风雪集	5914
大沙漠	1526	丹妮亚的露营地	12365
大唐三藏取经诗话	17679	凤凰台（话剧）	5732
大唐西域记	17712	六一词	17724
万水千山（话剧）	5717	六十种曲（一）	17688
万首唐人绝句	17726	六十种曲（二）	17689
山中黎明（玉米事件）	1533	六十种曲（十）	17697
山谷里的春天	2540	六十种曲（十一）	17698
山雨	2306	六十种曲（十二）	17699
广岛姑娘	12375	六十种曲（七）	17694
女村长安娜	14954	六十种曲（八）	17695
女婿	12380	六十种曲（九）	17696
小小十年	2313	六十种曲（三）	17690
小苍蝇是怎样变成大象的（儿童剧）	5733	六十种曲（五）	17692
小品文选集	3863	六十种曲（六）	17693
马凡陀的山歌	3604	六十种曲（四）	17691
马尔兹短篇小说选	12798	六朝文絮	17700
乡村女教师	17585	文学与文艺学	15220
乡村里的罗密欧与朱丽叶	10983	文学研究集刊（第一册）	6021
开会忙（话剧）	5722	文学遗产增刊（一辑）	6843
天罗地网	17597	火中钢	2735
无名高地有了名	21	心病者	14815
元白诗笺证稿	17715	巴金散文选	5461
元曲选（一——四）	17681	巴金短篇小说选集	2311
木木	11317	水经注	17680
五月之夜	2544	玉门诗抄	2730
五河县	2585	玉台新詠	17701
不能走那条路	1525	玉簪记（川剧）	5712
区委书记	17610	艾青诗选	3524
尤三姐	2582	古今小说	17716
友与敌	14216	古今谭概	17704
友谊集	2740	平原游击队	17604
少年维特之烦恼	10982	东西两峒口（话剧）	5739
日本劳动者	13439	东周列国志（上下）	2587
日本狂言选	15059	东线	24
中国人民志愿军战士诗	2729	卡门	17607
中国人民解放军战士诗选	2739	卡拉迦列戏剧选集	14943
中国现代文学史略	6627	叶紫创作集	8043

书名	编号
田汉剧作选	5917
史记	17709
史记会注考证	17710
史嘉本的诡计	14814
只不过是爱情	12373
四松堂集 附鹩鹩庵笔麈	17703
生命	12377
生活在城堡里	15010
生活的桥梁	15042
白氏长庆集	17685
白蛇传(京剧)	5962
印度尼西亚民歌选	14331
乐府诗集	17702
饥饿	13443
冯至诗文选集	8047
司机	12381
边寨之夜(话剧)	5725
母亲	12371
邦斯舅舅(上下)	10978
吉檀迦利	14276
考验(话剧)	5720
老水牛爷爷	1543
老羊工	1528
老实人 附:天真汉	10980
地下的战斗	1530
亚洲的新纪元	3862
西厢记诸宫调	17677
西游补	17686
在一个城市里	15009
在时代的列车上(话剧)	5718
在呼伦贝尔草原	1540
在底层	15004
在俄罗斯谁能快乐而自由	14076
在祖国的东方	22
百年大计(话剧)	5735
百喻经	17707
死水微澜	2315
过去的脚印	5463
光明大道(吕剧)	5726
光荣的星云	2734
当芦笙响起的时候	1535
吕氏春秋集释(一、二册)	17682
同业余演员谈演技	17611
朱自清诗文选集	8045
朱桂花的故事	1524
伟大的公民	17612
伟大的安慰者	5621
仲夏	12372
华伦斯坦	14806
华威先生	2310
伪君子	14807
伊凡诺夫	14922
伊凡·楚普罗夫的堕落	12374
伊索寓言	15782
伊索寓言选	15783
后方的前线(话剧)	5730
危险的旅伴	15011
刘胡兰(歌剧)	5724
刘莲英(话剧)	5740
并非虚构的故事	1545
米丘林	17608
米特里亚·珂珂尔	12645
汤姆·索亚历险记	12734
安妮丝之死	11503
安娜·西格斯短篇小说集	11506
安徒生童话选集	15784
论马雅可夫斯基诗作的思想性与技巧	15219
论电影艺术中的家庭道德	17605
论电影剧作的几个问题	17592
论写作	15213
论诗歌源流	15156
论斯坦尼斯拉夫斯基的创作方法	17593
访康藏高原	3864
阴谋和爱情	14808
如兄如弟(话剧)	5742
如愿	14805
妇女代表(话剧)	5734
好!	14214
"红色托尔季查"	12647
红花	3601
红楼梦问题讨论集(一集)	6839
红楼梦问题讨论集(二集)	6841
红楼梦问题讨论集(三集)	6840
红楼梦问题讨论集(四集)	6844
花间集	17717
克拉克顿	12800

苏尔科夫诗选	14215
苏联人民的文学 第二次全苏作家代表大会报告、发言集（下）	15215
苏联人民的文学 第二次全苏作家代表大会报告、发言集（上）	15214
苏联电影艺术的技巧问题	17596
苏联军事文学会议报告、发言集	15221
杜少陵集详注（一——四）	17676
李闯王（五幕话剧）	5961
两匹马	1527
投机商人	15013
把奸细消灭干净	2736
坚持	1531
坚强的人	20
别延安	3603
我们的人	17606
我们的学校	13444
我歌唱人类	14330
狄康卡近乡夜话	11312
辛弃疾传	6842
沉默的村庄	11505
宋江三十六人考实	7294
社会中坚	17600
词林摘艳	17725
阿Q正传	17601
阿Q正传	2309
阿尤喜	13446
阿诗玛	9722
纳吉宾短篇小说选	12370
青春的光辉	1522
英雄三生	1532
英雄沟	2543
茅盾短篇小说选集	2317
林家铺子	2307
罗森堡夫妇	14955
罗森堡夫妇	15041
和平的前哨	2737
金沙江藏族歌谣选	9723
金陵琐事	17718
周信芳演出剧本选集（上下）	17586
法显传	17720
法捷耶夫的创作	15210
泥棚户	12646
诗集传	17687
姑隐其名	15008
姐妹俩（话剧）	5738
绀弩杂文选	5460
经济建设通讯报告选（二集）	3861
春	2304
春大姐	1542
春的喜歌	1546
春柳堂诗稿	17721
春种秋收	1523
春秋经传集解（一——三）	17683
春洪	15012
春暖花开（话剧）	5728
珍贵无比	12378
封神演义（上下）	2588
草叶集选	13953
茶花女	14813
胡风文艺思想批判论文汇集（一集）	6017
胡风文艺思想批判论文汇集（二集）	6018
胡风文艺思想批判论文汇集（三集）	6019
胡风文艺思想批判论文汇集（五集）	6022
胡风文艺思想批判论文汇集（六集）	6023
胡风文艺思想批判论文汇集（四集）	6020
胡风集团反革命"作品"批判	6024
战斗的幸福	1536
显克微支短篇小说集	11457
星	12368
贵族之家	11316
钥匙（话剧）	5721
怎样开展职工业余艺术活动	17588
怎样编写鼓词	17590
秋	2305
保卫和平	15216
俄国文学史（中）	15211
独幕剧选（一集）	5729
狱中	1537
狱中书简	14413
亲戚	15045
恨世者	14812
闻一多诗文选集	8044
类说	17723
前夜	11315
前途似锦	1541

将相和（京剧）	5714	剧本 翻译专刊（第二辑）	15006
活尸	14921	验收员	1534
洛阳名园记 桂海虞衡志	17711	教唱、指挥和歌詠团的组织训练	17595
洋铁桶的故事	2541	聊斋志异	17714
误会	12366	黄狼皮大衣	12379
怒海轻骑	17584	萝丝·法朗士	11502
给诗人	3523	盛世新声	17722
骆驼祥子	2303	捷克斯洛伐克的木偶戏	17591
秦香莲（河北梆子）	5719	野小鬼	12367
赶路记	3600	晨星集	3599
莱蒙托夫	15218	晚清小说史	7240
莫里兹短篇小说集	11456	唱一唱农村	2732
莫斯科访问记	3865	"第一个造酒者"及其他	14923
真正的老师	1529	第一步	11504
桥	11507	彩楼记（川剧）	5713
桦树沟	23	脱缰的马	2312
格里包夫	17603	猪的歌	13437
根深蒂固	14953	猎人笔记	11318
夏天来了（话剧）	5736	清平山堂话本	17708
夏伯阳	17616	绿烟琐窗	17705
原子能	15043	塔杜施先生	11458
热洛夫	17599	斯坦尼斯拉夫斯基体系讲话	17602
顿巴斯	12364	散荒	2314
党生活者	13440	蒋光慈诗文选集	8046
钱达尔短篇小说集	13445	朝野新声太平乐府（上下）	17675
铁水奔流	19	朝鲜的歌	14332
脂砚斋重评石头记	17719	惠特曼评传	15325
高尔基	15217	晴天	2545
高老庄	2583	最初的抵抗	17609
席勒评传	15157	黑水江	11509
唐弢杂文选	5459	黑旋风李逵（京剧）	5716
唐璜	14809	黑暗的势力	14920
悭吝人	14811	黑鳗	2738
烟尘集	5462	奥维奇金特写集	14681
涅克拉索夫	15209	普拉东·克列契特	15005
海鹰	11508	普鲁斯短篇小说集	11455
浮士德（一、二）	14810	渡江战	2731
家庭的戏剧	11313	简谱识谱法	17598
谈诗的技巧	15212	解放台湾诗选	2733
剧本 戏曲剧本专刊（第一辑）	5731	新文学史纲（第一卷）	6628
剧本 戏曲剧本专刊（第二辑）	5737	新生的光辉	1544
剧本 话剧剧本专刊	5715	新芽集	3866
剧本 镇压反革命分子专刊	5723	新兵	13441

新型农民的成长	3868	马鞍山上的暴风雨	1566
嘉尔曼 附:高龙巴	10981	乡下佬	11461
歌曲 一九五四年合订本(10—15期)	17594	丰盛的秋天(话剧)	5753
愿望	1538	王子与贫儿	12735
橄榄树下无和平	17587	天山牧歌	2756
黎明风景	3602	元人杂剧选	5969
德国人	15044	元氏长庆集	17732
潜流	12799	云使	14277
燕宿崖	2542	五年计划颂	3875
镜花缘(上下)	2586	不在地主	13453
儒林外史研究论集	6838	不需要的荣誉	12399
磨刀石农庄(第一、二部)	12369	太阳底下降	13382
激流	1539	车尔尼雪夫斯基	15230
懋斋诗钞	17706	巨人传	10991
黏土与瓷器	15007	日阿阔夫	17631
蟹工船	13438	中国戏曲研究资料初辑	17628
		中国作家协会第二次理事会会议(扩大)报告发言集	6028

1956年

一个普通的战士	17638	中国诗史(上中下)	7241
一仆二主	14818	中国新文学史初稿(上下)	6571
一棵石榴树的国王	9725	长辈吴松明	1556
十五贯(昆曲)	5762	反抗诗集	14127
七个英雄的故事	14729	乌兰诺娃	17627
人民在战斗	29	文明	11515
人民在前进	13456	文学评论集(二集)	6032
儿童文学选(1954.1—1955.2)	8270	文学研究集刊(第二册)	6026
三八线上的凯歌	39	文学研究集刊(第三册)	6030
三曹诗选	3621	文学研究集刊(第四册)	6033
于絮尔·弥罗埃	10990	文学遗产与电影	17659
工人创作选	3874	文学遗产选集(一辑)	6845
大风暴	1559	文学遗产增刊(二辑)	6846
大地的女儿	12805	文学遗产增刊(三辑)	6848
大伟人江奈生·魏尔德传	10984	忆鲁迅	5467
大路	12387	火炬与太阳	3887
上甘岭	17640	为了自由	12650
上海散记	3870	巴甫洛夫	17620
上尉的女儿	11319	双塔记	2745
山城集	2319	水乡的春天	17618
女主人	12397	水向东流	32
小城春秋	40	玉树藏族民歌选	9724
小癞子	10988	世说新语	17734
马尔兹独幕剧选集	14957	古文观止	17735
马兰开花	17632	古剧说汇	6850

石板沙沟一家人	1550	年老的一代	12384
布莱昌短篇小说集	11517	年假	1564
龙喜记	15061	伟大的心	17634
北京—莫斯科	3882	伟大的变化	3886
史记选注	5626	伟大的统帅	15014
白玉的基石	2747	血迹	5920
白兰花	2758	行军纪事	36
永恒的友谊	2742	全心全意	12395
尼门河上的黎明	17633	全相平话五种	17728
皮克斯基尔事件	14464	杀人的喜剧	17623
边防战士	15025	匈捷访问记	3878
台尔曼传	17663	刘胡兰（歌剧）	5748
母亲	12391	关于写诗和读诗	6034
动画电影	17651	关于社会主义现实主义的几个问题	15224
吉尔·布拉斯	10986	关于鞭子的杂感	3877
老舍短篇小说选	2320	米特洛芬和陶尔米道尔斯基	11459
地方戏曲集（第一辑）	17657	江布尔	17624
地方戏曲集（第二辑）	17656	安娜·卡列尼娜（上下）	11323
共产党人（一）	11514	许钦文小说选集	2318
西哈诺	14829	论艺术的技巧	17662
西望长安（话剧）	5746	论电影剧本中的人物	17636
在人间	12392	论生活与创作	6027
在工业战线上	3881	论民间舞蹈	17661
在中等水平上	12394	论《猎人笔记》	15226
在风雪到来之前	1561	论情节的典型化与提炼	15225
在田野上，前进！	27	农业机器站	12653
在轨道上前进	30	农村，在高潮中	2757
在更高的路程上	3884	阴谋	1553
在阿尔泰山	13452	她的朋友们	15020
在前进的道路上	1554	好兵帅克	12649
在祖国需要的岗位上	17643	戏曲人物散论	17655
在桥梁工地上	1563	戏曲改革散论	17613
在勘探的道路上	3873	戏剧集	15027
在康布尔草原上（话剧）	5754	欢笑的金沙江	26
在墓旁	14336	麦子熟了的时候	1547
百花集	6029	麦收	1567
达尼娅	15015	玛申卡	17619
达米伦一家	13448	玛利亚·玛格达莲	14825
列子	17733	志贺直哉小说集	13451
扬子江的暴风雨	17637	志愿军一日（第一编）	9815
当代英雄	11322	志愿军一日（第二编）	9816
岁寒集	5919	志愿军一日（第三编）	9817
回声集	2752	志愿军一日（第四编）	9818

书名	编号
志愿军英雄传（一集）	9812
志愿军英雄传（二集）	9813
志愿军英雄传（三集）	9814
严寒,通红的鼻子	14077
苏妮和麻希瓦里	17649
苏菲娅的春天	12403
苏联文学史（上）	15232
苏联电影中的摄影艺术	17646
苏联戏剧大师论演员艺术	17647
苏联集体农庄中的新事物和文学的任务	15223
杜甫诗选	3622
村居一月	14925
杨春山入社	1551
扶持	1568
投入火热的斗争	2743
把路修上天	2746
肖长华先生谈表演艺术	17658
县委书记	3876
吹风笛的人	14944
财主与长工（四幕剧）	5747
我们来自喀琅施塔得	17650
我们时代的人	12386
我们这时代的人	3880
我们的礼物《译文》儿童文学专刊	15902
我们都是哨兵（独幕剧）	5761
我的大学	12393
我的兄弟们	14130
邻居	12400
库兹明娜	17629
沙恭达罗	15060
沙漠	12385
沙漠里的战斗	17635
汽车在叫唤	1560
汽笛	2749
沃土	38
没有太阳的街	17630
沉默的防御工事	12652
宋老大进城	1555
穷人	11321
初恋	12405
阿妈妮	14333
阿拉贡诗文钞	14129
陀思妥耶夫斯基	15231
青年近卫军	15016
幸福和友谊	2759
幸福（话剧）	5743
矿区	13447
欧阳予倩剧作选	5921
欧游札记	3869
拉齐斯短篇小说选	12407
到远方去	2751
明天是我们的	12801
明朗的天（话剧）	5764
易卜生论	15228
易卜生戏剧选	14823
易卜生戏剧集（一）	14824
易卜生戏剧集（二）	14827
帕德玛河上的船夫	13450
和平之歌	2754
侦察员	12383
征服者贝莱（第一卷）	11510
爬山歌选（二）	9726
舍甫琴柯	17644
贫非罪	14924
朋友和敌人（话剧）	5758
沫若译诗集	13956
法朗士短篇小说集	10987
波罗的海代表	17626
波特夫诗集	14105
诗论	6622
诗经选	3620
诗经选译（增补本）	10897
诗选（1953.9—1955.12）	2741
建设的歌	2750
孤儿院的孩子	11462
契诃夫小说选（上册）	11320
春天	2748
春到淮北	17639
春香传	13383
政府委员	17622
政治委员	1558
草原之歌（歌剧）	5751
茹尔宾一家人	12408
柯涅楚克选集（下）	15028
柯涅楚克选集（上）	15026

查第格	10989	唐五代词	17730
柳鲍芙·雅洛娃娅	15023	唐宋传奇集	17729
威廉·退尔	14822	唐诗三百首	17731
战士在故乡（话剧）	5760	站在最前列	31
战争、和平、进步	2753	海防万里（话剧）	5759
战争故事	12648	海鸥导演计划	17652
战线南移（五幕剧）	5755	海涅诗选	13955
思想杂谈选集	3883	浮士德博士的悲剧	14826
思想战线上的电影	17648	家和日子旺	1549
哈姆雷特	14828	被侮辱与被损害的	11325
钟义和小白龙	17642	谁能无过,谁能免祸	14926
拜达尔大门	12398	谈文学	15222
科尔沁旗草原	2322	谈诗	6031
科学普及电影的技巧问题	17645	剥削世家	10985
保卫和平（话剧）	5763	剧本 话剧专刊（第二辑）	5745
俄罗斯民间舞蹈	17654	剧本 话剧专刊（第三辑）	5752
俄罗斯的童话 意大利童话	12389	陶渊明集	8196
俗讲、说话与白话小说	6847	难分难舍的会见	12388
皇甫村的三年	3885	聊斋志异选	2591
追查到底	3872	黄金果的土地	12803
逃婚调	9728	萧伯纳戏剧选	14956
胜利路上（话剧）	5756	萧伯纳戏剧集（一）	14958
独幕剧选（1954.1—1955.12）	5744	萧伯纳戏剧集（二）	14959
美丽的姑娘们	15019	萧伯纳戏剧集（三）	14960
前进的回声	3606	萧伯纳评传	15229
将军的马	3605	萨柯和樊塞蒂的受难	12802
活下去	13449	萨根的春天	12382
洛尔伽诗钞	14128	野姑娘芭拉	11460
祖国的儿子黄继光	34	银幕上的人	17617
祝你成功	15021	移山填海的人	1565
给同志们	2744	第一个风暴（话剧）	5757
绝妙好词笺	17738	第一个印象	3879
真正的人	12402	第一个微波	15068
真正的人	15018	第一年	25
真空地带	13455	第一次冲突（第一部）水塔下	11511
桥	1557	第一次冲突（第二部）炮的事件	11512
铁伞记	33	第一次冲突（第三部）巴黎和我们	
爱社的人	1552	在一起	11513
留别兹诺夫	17621	第七个十字架	11516
高山大峒	28	第三代	12396
高尔基和电影	17660	猎狗	12651
高尔德诗文选	15545	情敌	14819
高兰墅集	17727	密林	15017

书名	编号
琵琶记讨论专刊	6849
越北	14335
喜剧世界	5468
喜筵	1562
散文三十篇	5465
散文特写选（1953.9—1955.12）	3871
葡萄烂了（话剧）	5750
惠特曼论	15227
雅克团	14816
最后消息	15047
铸炼集	2321
短促生命中漫长的一天	12804
短篇小说选（1953.9—1955.12）	1548
短篇小说集	12409
嵇康集	17736
等着我们吧	15067
奥里昂的姑娘	14817
奥勃洛摩夫	11324
鲁迅全集（1）	7810
鲁迅全集（2）	7811
鲁迅全集（3）	7812
鲁迅谈文字改革	5466
猴鸟的故事	9727
童年	12390
愤怒吧，富士 日本斗争诗抄	14334
寓言	5469
强盗	14821
碰巧的事	15022
遥夜集	5464
鲍利斯·戈都诺夫	14927
靖节先生集	17737
新儿女英雄传	35
塞维勒的理发师	14831
嫁不出去的女儿	13454
静静的顿河（第一部）	12404
静静的群山（第一部）	13457
嘉陵江英雄歌（歌剧）	5749
赫曼与窦绿苔	13954
熙德	14830
歌唱农业合作化	2755
臧克家诗选	3525
舞台生涯	17653
漫长的道路	12401
演员自我修养（第一部）	17614
演员自我修养（第二部）	17615
演员创造角色	17625
醉心贵族的小市民	14820
暴风里的雄鹰	17641
暴风雨	15024
暴风雨前	2316
醒了的山庄	37
醒世恒言（上下）	2590
磨刀石农庄（第三部）	12406
警世通言	2589

1957 年

书名	编号
一千零一夜（一）	13386
一千零一夜（二）	13385
一亿五千万	14217
一个不知名的姑娘	12423
一个角色的创造	18238
一匹布	18683
一仆二主	18354
一同成长	1571
一箭和	18677
十五贯戏曲资料汇编	7296
七月的长江	1572
儿童文学选（1956）	8271
九三年	10994
三大王和老北风	17996
三不愿意	18673
三击掌	18661
三打祝家庄	18020
三关排宴 四郎探母	18663
三里湾	18090
三国演义研究论文集	6857
三座山	18021
三娘教子	18645
土地	13467
大欢乐的日子	3890
大别山老根据地歌谣选	9730
大唐秦王词话	17740
万水千山	17841
上海屋檐下	17831
山东快书创作选集	10280
山东快书武松传	10281

山村的早晨	1569	中国歌谣	6867
个人事件	18350	牛皋扯旨	18105
女店主	18355	升官图	17838
小二姐做梦	18929	长乐老	18685
小二黑结婚	17991	长虹	2779
小白桦树	2780	从延河到天山	3891
小约翰	10992	今古奇观（上下）	2594
小花牛	18361	风雪夜归人	17828
小放牛	18932	风筝误	18853
小泥车	15062	乌龙院	18668
小说与人民	15160	乌克兰、白俄罗斯民间舞蹈	17666
马	17947	凤还巢	18665
马雅可夫斯基选集（第一卷）	15546	六十年的变迁（一）	43
乡村的夜	3530	文艺理论译丛（第一期）	15087
王国维戏曲论文集	18303	文艺理论译丛（第二期）	15088
王宝钏	18662	文学研究集刊（第五册）	6037
王统照短篇小说选集	2329	文学遗产选集（二辑）	6858
夫妻识字	17995	文学遗产增刊（五辑）	6868
天方诗经	14280	文学遗产增刊（四辑）	6854
无名英雄	17840	文昭关	18648
无辜的罪人	14928	巴乌斯托夫斯基选集（上下）	12425
元人杂剧概况	18326	巴甫连科短篇小说集	12428
元代杂剧全目	7297	巴勃罗·聂鲁达传	15234
元明清戏曲研究论文集	6864	巴音敖拉之歌	17836
云层笼罩着塔拉	12658	巴黎公社诗选	13957
云罗山	18680	双婚记	17829
艺术论	15147	书帽选集	10282
木兰从军	18650	水牛	13458
不平坦的道路	17823	水浒传的演变	6856
不连续的故事	1573	水浒志传评林	17741
不是单靠面包	12426	水浒研究论文集	6865
太平洋上的乐园	18366	玉君	2326
历史	13464	玉堂春	18670
尤若夫诗选	14263	击鼓骂曹 当锏卖马	18652
友情	3892	古诗十九首探索	6860
日出	17842	古诗源	17744
中国中古文学史讲义	7242	可笑的女才子	14836
中国文学史简编（修订本）	7243	布谷鸟又叫了	17846
中国文学研究（上下）	6870	布莱克诗选	13960
中国传统戏曲剧本选集（一）	17797	布雪和她的妹妹们	12411
中国传统戏曲剧本选集（二）	17798	打灶王	18681
中国戏曲研究资料初辑	18236	打金枝	18934
中国通俗小说书目	7295	打金姑	18921

打砂锅	18682	在北方	2775
打督邮	18642	在动作中分析剧本和角色	18325
东行两月	3889	在茫茫的草原上(上)	44
东游记	18240	在哈萨克牧场	3900
卡·恰彼克戏剧选集	15048	在竞赛中	17946
田裁缝相亲	18927	在激流中	1586
史记选	5627	百里奚认妻	18935
兄妹开荒	17993	列车长	1581
生死恨	18666	列车在前进	17949
生活与美学	15148	列宁	14682
生活的牧歌	6038	列洛	12415
白居易评传	6869	成兆才评剧剧本选集	18091
白香词谱笺	17739	托马诗选	14264
白蛇传	18678	扫松下书	18653
丛林曲	2546	过去的年代(上下)	45
外祖母	11466	过关	1576
包戈廷戏剧集	18365	当暴风雨袭来的时候	1588
乐园集	2774	早晨	2778
乐府诗研究论文集	6859	同甘共苦	17837
饥饿的道路	12807	同志间	17847
宁可拴着磨石	18359	同样是敌人	17824
永远不死的人	18351	先知	14278
司马茅告状	18917	先秦散文选	5628
尼克索评传	15241	伟大的一天	18353
民间创作	15233	休丁香	18920
弗拉胡查短篇小说集	11468	延边之歌	2783
边界上	1577	自己人——好算帐	14929
对花枪	18933	伊戈尔远征记	14079
母女会	18664	名优之死	17948
母亲	12416	名利场(上下)	10995
考验的道路	12419	庆功宴	3899
老残游记	2593	刘云打母	18850
老管家耶尔奈	11463	米基达·布拉图斯	12418
老橡树	18358	论文学与现实的关系	6040
地下的春天	17827	论文选集	6041
地方戏曲集(第三辑)	17795	论西欧文学	15149
地方戏曲集(第四辑)	17796	论匠艺	18328
共产党人(二)	11524	论导演构思	18327
共产党人(三)	11523	论契诃夫的戏剧创作	15242
西北的故事	13468	论莫里哀的喜剧	15240
西厢记简说	6863	阮步兵詠怀诗注	3624
西游记研究论文集	6855	阳翰笙剧作选	5922
在一个村子里	12655	好来宝选集	10283

书名	编号
戏剧的现实主义问题	18241
红丹山	3896
红石口	1585
红楼二尤	18654
红楼梦评论集	6851
红旗勋章	13463
约翰·克利斯朵夫(1—4)	10993
纨绔少年	14930
远方集	2772
走向社会主义现实主义	15158
赤泥岭	2764
苇塘纪事	1582
芦花计	18916
芦花放白的时候	1589
克里姆林宫的钟声	18367
克鲁日里哈	12412
苏轼诗选	3630
苏联文学史(下)	15243
苏联文学思想斗争史	15239
苏联民间舞蹈基本训练	17665
苏联舞蹈家瓦冈诺娃	17664
杜布罗夫斯基	11329
杜卡莱先生	14841
杜牧诗选	3629
李白诗论丛	6866
李逵探母	18644
李煜词讨论集	6852
来自穷乡僻壤的人们	12431
批判集	6035
把眼光放远一点	17826
别人的孩子	18369
别母归宋	18936
别林斯基	15237
告别火星	2763
私访记	1580
我的同时代人的故事(第一卷)	11328
近代美术史潮论	15334
亨利四世	14834
应修人潘漠华选集	8048
这是成熟的季节啊	2771
这样的时代	15049
汪笑侬戏曲集	18023
沙逊的大卫	14078
没有寄出的信	12427
沉船	13387
沈从文小说选集	2327
宋村纪事	2548
良心	15029
评书创作选集	10284
初春时节	1570
张二嫂看戏	18926
张文秀	18925
陆游诗选	3623
阿巴斯短篇小说集	13460
阿尔达莫诺夫家的事业	12410
阿富汗诗歌选	14279
武松	18656
青年女教师	18348
苦难的历程(第一部)	12434
苦难的历程(第二部)	12435
苗儿青青	11520
英雄的父亲	1574
茅山歌	9729
林中路	1587
林冲夜奔	18923
林海雪原	47
枫叶集	2769
枣窗闲笔	17746
欧里庇得斯悲剧集(一)	14832
欧里庇得斯悲剧集(二)	14842
欧洲纪事	18352
抽梁换柱	17994
拉季谢夫	15236
拉郎配	18919
虎符	17843
果戈理	15235
明朗的天	17835
昂朵马格	14837
咖啡店政客	14839
罗亭	11330
牧歌	13958
和平战士约翰	18349
岳家庄	18669
征服者贝莱(第二卷)	11519
彼得堡故事	11327
金玉奴	18649

书名	页码	书名	页码
金瓶梅词话(1—21)	17747	战斗	5923
鱼肠剑	18667	战斗的乡村	3609
鱼藻宫	18643	战线	2547
狗油锥子	18928	临江驿	18655
夜上海	17833	哈依瓦撒之歌	13959
废名小说选	2328	炭窑	2549
闹瓜园	18931	复活	11326
沫若文集(1)	7813	复活	17825
沫若文集(2)	7814	胜利者	11518
沫若文集(3)	7815	胜利的红军	2761
沫若文集(4)	7816	独幕剧选(1956)	5765
沫若文集(5)	7817	恰巴耶夫	12433
法门寺	18647	美丽、神奇、丰富	2765
定计化缘	18679	美国,我对你说	14262
定军山	18657	美学问题讨论集(一)	6036
审头刺汤	18651	美学问题讨论集(二)	6039
审潘洪	18658	美学论文选	15150
官场现形记(上下)	2592	前哨	11465
诗选(1956年)	2767	总有一天	42
话剧创始期回忆录	18237	洪深文集(一)	17789
录鬼簿新校注	17743	洪深文集(二)	17790
屈原	17839	洞箫横吹	17834
屈原赋校注	3625	祖国抒情诗	2776
迦丽亚	12424	费加罗的婚姻	14833
孟子文选	5630	珠帘寨	18671
经进东坡文集事略	17745	埃及古代故事	13384
春到草原	1579	埃及短篇小说集	13465
春茶	46	莫阿比特狱中诗钞	14218
春啊,春啊,播种的时候	2770	荷珠配	18684
城郊一少年	12422	恶魔的遗产	13459
赵云拒婚	18924	桃花扇	17844
荆棘路	1583	索弗洛诺夫剧作集	18364
带枪的人	18368	哥尔多尼戏剧集	14838
草明短篇小说集	2324	原子站	11521
草原之夜	1578	捉放曹	18646
荒山泪	18022	换来儿——瘸腿威廉	11522
荣誉	12414	致青年公民	2782
南唐二主词校订	3628	罢宴	18675
南斯拉夫短篇小说集	12656	铁骑兵	1575
相声传统作品选	10285	特写选(1956年)	3897
相声创作选集	10278	特罗耶波尔斯基短篇小说选	12420
耐冬花	18918	秧歌剧选集	5963
拴娃娃	18930	爱佐与爱莎	2768

狼	15069	最好的玫瑰	2773
高谅纪事	13470	喂,你是哪里	17950
唐知县审诰命	18922	黑人诗选	14131
涅瓦河畔	18357	短篇小说选(1956年)	1584
海上花园	17951	等他	18592
海岬上	2777	奥若什科娃短篇小说集	11464
海涅评传	15159	御河桥	18851
浪花	5622	鲁迅小说里的人物	6631
家事	18347	鲁迅传略	6629
读诗三札记	6853	鲁迅全集(4)	7818
扇子	18356	鲁迅全集(5)	7819
剧本·导演·演员	18329	鲁迅全集(8)	7820
绣鞋记	18852	鲁迅的故家	6594
教育诗(第一部)	12430	鲁迅研究	6630
教育诗(第二部)	12437	敦煌变文集(上下)	5629
教堂的祭司	13469	善心的急性人	18362
黄花集	2781	普列舍伦诗选	14106
曹子建诗注	3627	普列姆昌德短篇小说集	13462
曹集铨评	17742	游牧之歌	2766
戚继光斩子	18676	谢德林	15238
探索者	12432	缅甸民间故事	17504
第一支歌	2762	缘缘堂随笔	5471
第一骑兵队	18360	蒲风诗选	3526
第一颗星	3607	楚辞研究论文集	6862
第二连	12654	雷雨	17832
猎人的故事	12413	雾重庆	17830
眷恋土地的人	2323	锯大缸	18686
清风亭	18660	鲍参军诗注	3626
清香战役	13461	解冻以后	3895
清音曲词选	10279	解放了的普罗密修斯	14840
鸿门宴	18659	新四军的一个连队	41
渔人之家	18363	新生代	2325
维尔霍微纳,我们亲爱的故乡	12421	新战士站起来	12659
绿野短笛	2784	新疆新面貌	3888
琵琶记简说	6861	煤	12657
斯坦尼斯拉夫斯基体系问题	18239	静静的顿河(第二部)	12417
斯坦尼斯拉夫斯基体系讲座	18330	静静的顿河(第三部)	12429
斯拉维支小说集	11467	静静的顿河(第四部)	12436
散文小品选(1956年)	3898	静静的群山(第二部)	13466
散文选集	5470	碧血花	17845
鹁鸪鸟	3528	蔷薇集	2760
插图本中国文学史	7244	辕门射戟	18674
搜书院	18106	嘎达梅林	17992

镀金时代	12736	二进宫	18694
舞台生活四十年(第一集)	3893	十二寡妇征西	18956
舞台生活四十年(第二集)	3894	十九世纪文学主潮(第一卷)	15090
舞台美术研究	18235	十九世纪外国文学史(第一卷)	15261
舞台调度	18331	十三陵水库的黎明	19028
演员的技术	18332	十三陵水库歌谣	9935
赛拉斯·丁伯曼	12806	十大吉祥	19041
蕙的风	3529	十月的歌	3610
暴风雨	14945	十字路口的人们	12665
黎明的爱	18370	七个铜板	11473
黎·穆特里夫诗选	3608	八大锤	18692
德伯家的苔丝	10997	人心向高炉	18573
糊涂人	14835	人民公社一枝花	9968
瘸腿魔鬼	10996	人民公社好	19030
戴望舒诗选	3527	人民公社好	9940
灞桥挑袍	18672	人民公社幸福路	9942
		人民公社是乐园	18566

1958 年

		人民的江山万万年	17768
一人能守半边天	9971	人民需要明朗的朝霞 缅甸诗人诗集	14341
一九二八年三月十五日	13482	人间天堂	17770
一九二五年的风暴	9889	人的颂赞	9887
一千零一夜(三)	13390	儿童文学选(1957)	8273
一个人的名字 苏联作家短篇小说选		刀劈三关	18707
（1951—1954）	12450	力争上游	17758
一个人的道路	12660	力争上游	19016
一个平常的女人	1613	三千翻	17779
一个非洲庄园的故事	13388	三个瓦工	1618
一个温暖的雪夜	9901	三个瓜	18618
一天等于二十年	18575	三门峡的传说	9747
一日千里	18942	三月麦子满垯黄	9920
一本打开的书(第一部)	12456	三月雪	1598
一本打开的书(第二部)	12467	三年早知道	1606
一只金镯	18968	三里湾	18958
一场火警	9955	三里湾	53
一百三十五个世界著名的文学家	7332	三峡民间故事	9745
一把小麦	13481	三换肩	18109
一把炒面一把雪	2798	三座楼	17753
一周间	12447	三跃进	17788
一定要解放台湾	9961	三摆渡	18114
一面小白旗的风波	1626	干劲及其他	9907
一盏红灯	19015	于伶剧作选	5925
一颗新星	2789	工矿大跃进歌谣选	9885
二闯文化关	9948	工潮	2333

下驴上马	17771	马丁诺夫中篇小说集	12666
大卫·科波菲尔（上下）	11001	马克·吐温评传	15246
大老爷查荒	9736	马克思恩格斯论浪漫主义	15094
大臣夫人	18371	马克思、恩格斯收集的民歌	13969
大戏剧家关汉卿杰作集	18318	马没有罪过	11353
大劫狱	1623	马郎	9746
大规模地收集全国民歌	6046	马前泼水	18689
大苗山情歌集	9744	马特维·克日米亚金的一生	12445
大果园 巴什基里亚作家短篇小说选	12466	马蒂诗选	13970
大波（第一部）	52	马雅可夫斯基诗选	14227
大胆革新	17781	马雅可夫斯基选集（第四卷）	15550
大胖和小胖	1632	乡下姑娘	2552
大破保守迷魂阵	17756	乡村骑士	11010
大凉山之歌	2791	丰收图	18960
大家欢唱总路线	18596	王大成翻身记	61
大雪纷飞	2794	王秀鸾	17997
大跃进曲艺选	10292	王统照诗选	3533
大跃进战歌	9911	王瑶《中国新文学史稿》批判	6056
大祸临头	18382	井冈山诗抄	2813
丈夫学堂	14847	井台会	18871
万年长青	18572	井岗山上的故事	9825
万能拖拉机诞生	9890	夫妻双戴花	18858
上车如到家	17774	夫妻红	18961
上任	2332	夫妻参观展览会	18607
上海人	9908	夫妻逛街	18949
上海的早晨（一）	56	天上有星星	18379
山乡巨变（上）	58	天鹅仙女	9737
山区人民唱山歌	9913	无边的土地	12808
山水献宝	9925	无底洞	18700
山城	65	元明杂剧	18319
千锤百炼红又专	9917	元明南戏考略	6873
女送货员	17755	元明清三代禁毁小说戏曲史料	7303
女婿	18383	元宵谜	18722
小过年	18872	元遗山诗集笺注	3641
小两口逛庙会	18116	韦庄集	3632
小林多喜二选集（第二卷）	13476	云雀	13966
小矿工	1615	艺术论	15151
小泥炉变成炼铁厂	9937	艺术的理解	6042
小姑贤	18875	五千一	18212
小蚱牛	8272	五月之夜	11333
小说戏曲论集	6872	五侯宴	18714
小酒店	11015	五侯宴	18855
小清河上的风云	66	支援"钢帅"一片心	9978

不屈的人们	12442
不是梦	18562
不能走那条路	1625
不能容忍	18870
不做文盲	18611
不断革命的人	9896
太阳门	11526
历代笑话选	5634
友谊之歌	2808
车迟国	2599
戈丹	13475
比比看	18115
日厂办起满天星	9924
日本东京所见小说书目	7300
日夜守在山顶上	9923
中山狼	10902
中国文学史	7250
中国文学史纲(上册)	7248
中国民间文学史(初稿)	7251
中国民间故事选(一)	9732
中国地方戏曲集成(湖北省卷)	17801
中国传统戏曲剧本选集(三)	17799
中国传统戏曲剧本选集(四)	17800
中国戏剧史讲座	18244
中国近世戏曲史	7246
中国和亚非各国人民的友谊	3924
中国话剧运动五十年史料集(第一集)	18242
中秋之夜	1619
贝壳集	3901
贝希尔诗选	14132
贝朗瑞歌曲选	13963
毛主席在我们中间	9905
毛主席来了	18940
毛主席指示我们过草地	9898
毛泽东论文学与艺术	6065
长生殿	5971
长江行	3902
长诗三首	2816
反侵略的烈火——反对美英侵略阿拉伯的诗文画集(第三集)	10560
从山冈上跑下来的小女孩	8274
从小要爱护名誉	12438

父女一心	18943
父女争先	18962
今昔天桥	19046
公开的秘密	9956
公审苍蝇	19018
月光曲	5924
风雨共伞	18601
风雨夜路	19044
风浪	9945
风雪儿女	49
丹娜	12667
凤凰飞上摩天岭	17960
文艺作品选 第一辑(八册)	9962
文艺作品选 第二辑(八册)	9963
文艺作品选 第三辑(八册)	9964
文艺作品选 第四辑(八册)	9965
文艺学概论	15266
文艺战线上的一场大辩论	6043
文艺辩论集	6059
文化关	19033
文心雕龙注(上下)	6765
文学艺术要同人民生活保持密切的关系	15254
文学杂评	6058
文学研究与批判专刊(第一辑)	6880
文学研究与批判专刊(第二辑)	6881
文学研究与批判专刊(第三辑)	6882
文学研究与批判专刊(第四辑)	6883
文学遗产增刊(六辑)	6874
火把节	9754
火线	11535
为了革命的后代	63
为了钢	18110
为长寿而斗争	9893
为面包而斗争	13484
巴金文集(1)	7822
巴金文集(2)	7823
巴金文集(3)	7825
巴金文集(4)	7829
巴金文集(5)	7834
巴金文集(6)	7838
巴金创作评论	6632
办年货	18616

书名	编号	书名	编号
办喜事	18612	叶圣陶文集（1）	7827
劝导员	18959	叶圣陶文集（2）	7830
双生子	19024	叶圣陶文集（3）	7841
双喜	18965	田大妈也要学文化	18567
孔雀东南飞	18688	兄弟团结是一家	9918
孔雀姑娘	9739	兄妹问答	18599
水往低处流	17859	四十年的愿望（话剧）	5767
水泥	12446	四十条纲要放光芒	9910
玉门诗抄（二集）	2812	四进士	18693
玉仙园	9734	四姊妹夸夫	18609
未了的旅程	2550	四姊妹夸夫	18877
未婚夫妻修水库	18953	四季花	18617
甘露寺	18708	生死存亡的时代	11534
世界文学中的现实主义问题	15265	生产学习两积极	19037
艾克发疯	9957	生活的火花	9906
古今小说（上下）	2596	失乐园	13964
古典小说戏曲丛考	7301	白毛女	18030
古典文学研究中的错误倾向	6878	白奴的故事	11471
古斯泰·贝林的故事	11006	白庙村农民诗选	9946
石川啄木小说集	13391	白屋说诗	6871
布封文钞	15092	白痴（上下）	11331
布莱德尔小说选集	11531	斥叛徒法斯特	7330
龙王爷低头	18716	印度诗稿	2790
龙王辞职	18211	包法利夫人	11017
龙虎斗	18954	半夜鸡叫	1604
打开山区金银窝	9974	汉文学史纲要	7247
打开文化百宝箱	9916	汉魏六朝诗选	3640
打击侵略者怒涛	6062	汉魏乐府风笺	3635
打龙袍	18702	让化肥	19043
打花鼓	18696	永远不落的太阳	12463
打面缸	18695	民间文学工作者必读	15251
打破陈规	17772	民歌与诗风	6066
打狼狈	18950	加香论巴尔扎克	15162
打雪	18967	召树屯 附嘎龙	9733
打断侵略者的脊骨——反对美英侵略		皮包政府	17787
阿拉伯的诗文画集（第一集）	10558	老长工	9894
打渔杀家	18690	老麦梅尔到底胜利了	12472
打跑美国狼	17783	老社员的故事	9938
打擂台	18615	老孟泰来到了上海	9892
东风食堂	18574	老将出马	9952
东方巨龙腾空起	9967	老将军让车	19048
卡里来和笛木乃	14719	老魏俊与芳芳	1609
归来以后	3907	地雷阵	2553

共产党人（四）	11529	自由先驱	12444
共产党光辉万年红	9909	自掘坟墓	9959
共和国的歌	2803	伊则吉尔老婆子	12460
亚非人民要独立	17786	伊克巴尔诗选	14346
亚非民间故事集	17506	伊利亚特	13962
亚洲的声音	14223	伊朗人民的呼声	14349
朴八阳诗选	14344	向月宫报喜	9954
再批判	6044	向民歌学习	6047
西利西亚的纺织工人	13968	后代	1620
西苑诗草	2793	全民俱兵，保卫祖国	19036
西郊集	2787	全家动员除四害	19034
西藏短诗集	2801	会亲家	17776
在丛林中	12452	创造奇迹的时代	3923
在亚瑟王朝廷里的康涅狄克州美国人	12737	杂谈《空城计》	19045
在两条道路上	1622	杂剧三集	18321
在昂美纳部落里	48	多面手	9947
在和平的日子里	1629	刘大白诗选	3531
在革命的烈火中	3905	刘介梅	18112
在荒地	12464	刘介梅	18117
在南极的边缘	3906	刘巧儿	18869
在钢铁战线上	17962	刘巧儿参加人民公社	19026
百合花	1605	刘半农诗选	3532
百炼成钢	54	刘老汉卖报	18597
《百炼成钢》评介	6051	羊脂球	11009
列宁论文学	15257	关不住的姑娘	18941
列宁和阿里	14219	关汉卿	17852
成吉思汗	12459	关汉卿戏曲选	5972
扫文盲	17761	关汉卿戏曲集	18317
扫荡五气	17760	关汉卿戏剧图片	18323
扬子江边颂英雄	9934	关汉卿画像	18324
光明在我们的前面	2335	关汉卿研究（第一辑）	18247
光荣的标兵	9930	灯光	9944
早霞短笛	2788	灯塔颂	17757
曲艺选（1957年）	10290	宇宙锋	18732
屹立的群峰	57	决心	18606
岁朝渡口	18966	安吉堡的磨工	10998
回忆高尔基	14684	安徒生童话选	15785
回声续集	2785	安诺德文学评论选集	15091
先行官	9949	许地山选集（下卷）	8052
伏尔泰评传	15250	许地山选集（上卷）	8051
伐木者，醒来吧！	14136	论文学、艺术与科学	15326
华莱斯诗选	14134	论文学艺术的特性	6877
伙食房大跃进	19039	论艾米莉·勃朗特的《呼啸山庄》	7333

书名	编号
论伏尼契的《牛虻》	7334
论戏曲反映伟大群众时代问题（一）	18249
论戏曲表现现代生活	18250
论红楼梦	6879
论苏联文学（下）	15264
论苏联文学（上）	15245
论社会主义现实主义	15161
论革命的现实主义和革命的浪漫主义相结合	6061
论哈代的《苔丝》《还乡》和《无名的裘德》	7338
论俄罗斯古典作家	15318
论夏绿蒂·勃朗特的《简爱》	7339
论斯丹达尔的《红与黑》	7335
论新歌剧	18245
论演员的自我感觉	18334
农民个个成专家	9972
农村大跃进歌谣选	9883
农村业余剧团怎样化妆和制作服装道具	18254
农村业余剧团怎样组织演出	18255
农村业余剧团怎样排戏	18256
农村业余剧团怎样搭台和建筑剧场	18253
农村跃进之歌（第一辑）	3911
农村跃进之歌（第二辑）	3914
农村跃进之歌（第三辑）	3915
寻家记	9933
如今瑶山大不同	9975
妇人学堂	14848
戏曲选（一）	17803
戏曲剧本丛刊（第一辑）	17802
欢呼中苏会谈公报	2799
买牛记	1602
红日	68
红布条	18593
红光照耀着克拉德诺	12664
红光满天	9977
红色山歌万万千	9943
红色卫星闹天宫	18710
红色风暴	17858
红河南北	3908
红娘	18687
红楼梦八十回校本（1—4）	2595
红旗插在人心里	9919
红霞	17998
孙悟空的故事	10901
孙悟空夜游十三陵	19038
麦琪的礼物	12740
玛申卡	18375
贡劳格英雄传说	11011
花园会	18874
花间集校	3638
克什米尔之歌	12454
克里昂加选集	11469
苏联文学中的共产党人形象	15247
苏联民间文学论文集	15252
杜十娘	2597
村仇	1603
杨二舍化缘	18876
杨排风	18742
李太白年谱	7298
李白诗文系年	7302
李始美灭白蚁	18715
李璟李煜词	3633
两个女伴	12473
两朵跃进花	17765
还乡	11003
还我自由	11470
来信	12470
连升店	18729
连环计	18728
把一切献给党	17860
把一切献给党	9823
把心交给党	17956
步步跟着毛主席	9966
坚决支前	18879
肖长华演出剧本选	18024
时间呀，前进！	12468
时间就是钢	18569
时候就要到了	12809
围攻老虎庄	9819
邮局，红夹竹桃	18373
邮递员	19023
串龙珠	18719
别林斯基选集（第一卷）	15153
我不能死	13495

1309

书名	编号	书名	编号
我们一定要解放台湾	19035	张羽煮海	10899
我们心中的魔鬼	13472	陆士衡诗注	3637
我们自己当龙王	9912	阿Q正传	17848
我们和阿拉伯人民	2797	阿里斯托芬评传	15249
我们是日本人	14345	阿秀王	9755
我们是神仙	17777	阿拉贡文艺论文选集	15164
我的一家	9826	阿拉伯人民的呼声——阿拉伯各国诗人反帝国主义及殖民主义诗集	14338
我的师傅	1608		
我的苏联兄弟	11538	阿拉伯短篇小说集	13473
我的青年朋友们	12461	阿拜故事诗	14080
我敲门	11536	武家坡	18701
你是土地生养和哺育起来的	11527	青松翠竹	2814
佘塘关	18944	青春之歌	17856
希望的旗帜——亚美尼亚作家短篇小说选	12458	青春之歌	50
		《青春之歌》评介	6049
希腊罗马神话与传说中的恋爱故事	15547	现代阿拉伯小说集	13485
希腊神话与英雄传说	15548	现代阿拉伯诗集	14343
角色的创造	18333	现代非洲诗集	14342
迎春	1601	现实主义艺术论	6057
饭店之花	18380	幸福	15052
亨利·艾斯芒德的历史	11014	幸福不是从天降	15050
亨利第五	14843	幸福花儿遍地开	18964
这几篇小说的问题在哪里？——评《除夕》、《棱角》、《红豆》	6068	幸福花儿遍地开	9976
		取南郡	18718
		苦难的历程（第三部）	12451
快板创作选集	10288	苦菜花	18878
汪容甫文笺	5633	苗山走寨歌	9748
没有太阳的街	13480	英雄炮兵	18741
没有批评就不能前进	6054	茅盾文集（1）	7821
没有演完的戏	18564	茅盾文集（2）	7824
没羽集	3921	茅盾文集（3）	7828
宋之的剧作选	5926	茅盾文集（4）	7832
宋诗选注	3639	茅盾文集（5）	7833
牢狱的破灭——印度巴基斯坦现代乌尔都语诗集	14348	茅盾文集（6）	7836
		林庚文艺思想批判	6887
评书传统作品选	10286	林海雪原	18736
评剧大观（一）	18864	《林海雪原》评介	6048
评剧大观（二）	18865	卖国贼的下场	17785
评剧大观（三）	18866	卖酒女	9899
评剧大观（四）	18867	欧阳修词选译	10898
评弹创作选集	10293	欧里庇得斯悲剧二种	14846
社会主义好	18209	欧·亨利小说选（上册）	12738
社会主义快快来	9926	拔掉白旗插红旗	17766
张老汉游公社	9950		

转战南北	9820	京剧丛刊（36）	18029
哎呀呀，美国小月亮	17952	京剧丛刊（第1—32合订本）	18025
明人杂剧选	5973	京剧锣鼓谱简编	19053
明天的世界	14339	夜归	1593
明代杂剧全目	7299	夜赶模型	17778
明白了	18723	盲音乐家	11335
明清笑话四种	5632	卷席筒	18946
易卜生戏剧四种	14850	单刀会	18711
易卜生戏剧集（三）	14844	单弦牌子曲创作选集	10291
典型报告	1628	学习漫谈	9902
典型报告	9891	学天桥	18595
罗曼·罗兰革命剧选	14845	沫若文集（6）	7831
凯尔巴巴耶夫诗选	14224	沫若文集（7）	7835
败坏了赫德莱堡的人	12741	沫若文集（8）	7839
牧鸭会	18111	法兰克福的来信	12440
和平公报飞满天	9960	法国文学简史	15244
和平的风 黎巴嫩诗人诗集	14340	法国进步作家论社会主义现实主义	15163
和平的保证	12455	波罗地海天空	12457
和鲁迅相处的日子	3918	波斯人的婚礼	10999
岳母刺字	18698	波斯短篇小说集	13477
货郎担	18854	泽玛姬	9749
货郎哥	18565	宝山参军	18594
征服者贝莱（第三卷）	11530	定命论者雅克和他的主人	11012
往事随笔	14683	空中飞船	17759
往前看	17769	空城计	18730
爬山歌选（三）	9731	诗二十一首	2819
金龙河水浪滔天	17961	诗风录	2795
金头花	13486	诗论集	6060
金钱	11007	诗品注	6764
金黄稻浪接九霄	9973	诗选（1957年）	2815
受战争迫害的人们	12661	诗集	14281
变形记	11005	话剧创作散论	18251
京剧大观（一）	18703	建设十三陵水库的人们（第一集）	3910
京剧大观（二）	18704	建设十三陵水库的人们（第二集）	3912
京剧大观（三）	18705	建设十三陵水库的人们（第三集）	3913
京剧大观（五）	18725	建设十三陵水库的人们（第五集）	3919
京剧大观（六）	18726	建设十三陵水库的人们（第四集）	3917
京剧大观（四）	18706	弥尔顿诗选	13965
京剧艺术讲座（一）	19054	姑娘闹海	19040
京剧艺术讲座（二）	19055	姑嫂比赛	18955
京剧丛刊（33）	18026	参观展览会	17775
京剧丛刊（34）	18027	孤本元明杂剧（1—4集）	18316
京剧丛刊（35）	18028	契诃夫小说选（下册）	11332

契诃夫论文学	15152	虹	13493
春	12469	虹霓集	2810
春之循环	18374	蚂蚁搬泰山	18571
春天的太阳照耀着乌珠穆沁草原	1611	哈达献给毛主席	9751
春到工地	1599	哈迈 大苗山苗族民歌集	9743
春城集	2811	钟敬文文艺思想批判	6067
春草国	14220	钢水红似火	9921
春蚕	2330	钢花	11537
春雷	1595	钢花怒放	18576
赵树理选集	8049	钢铁元帅传将令	19027
赵盼儿	18859	怎样认识《约翰·克利斯朵夫》	7331
赵基天诗集	14347	怎样培养农村业余戏剧骨干	18257
革命的里程碑	6055	怎样辅导农村戏剧活动	18259
革新台上看高低	17762	怎样做好巡回演出工作	18252
茶瓶计	18873	保卫社会主义现实主义(第一辑)	15253
茶馆	17855	保卫社会主义现实主义(第二辑)	15260
荀子选	5631	俄罗斯古典作家论(下)	15259
茫茫风雪夜	1621	俄罗斯古典作家论(上)	15258
故乡	2805	侵略者的下场	18605
柯诺普尼茨卡短篇小说集	11472	侵略者的哲学	9958
查理第九时代轶事	11002	泉	1600
相声垫话选	10294	追匪记	1624
相思树	18856	独幕剧选(1957)	5766
相亲记	17954	亲骨肉	18376
柳叶儿青青	18610	美丽的北京	2807
要吃鱼虾下海洋	9928	美英强盗滚出去——反对美英侵略阿拉伯的诗文画集(第二集)	10559
威克菲牧师传	11013	美国人,滚回去!拉丁美洲诗选	14135
厚古薄今批判集(第一辑)	6875	美国自套绞索	19019
厚古薄今批判集(第二辑)	6876	美国奇谭	17955
厚古薄今批判集(第三辑)	6884	美国狼,滚出台湾去!	19020
厚古薄今批判集(第四辑)	6885	美学批判论文集	6063
挂红灯	18963	美学原理	15089
拾玉镯	18727	美学(第一卷)	15093
挣断锁链的奴隶	1590	美帝现形记	19025
战士在故乡	18107	迷路记	18210
战斗里成长	17850	总路线红旗遮满天	17754
战斗到明天(第一部)	62	总路线,进兵营	9922
战斗的洗礼	15053	总路线是指路灯	17763
战争	11533	炮弹是怎样造成的	17853
战争与和平(1—4)	11336	将军在理发室里	9931
显应桥	18948	举国欢腾庆凯旋	2809
星火燎原(一)	9821	洱海夜渡	1591
昨天和明天	12663		

洪古尔	9741	捉水鬼	18739
洛桑拣宝	9752	党的好女儿	19047
济慈诗选	13961	党费	1631
洋河大渠	9903	鸭绿江边	14350
宫本百合子选集(第一卷)	13494	铁水钢花	18613
穿白衣服的人	17957	铁水钢花冲天翻	9951
穿红背心的小伙子	18568	铁甲车	12449
祖国,光辉的十月	2818	铁道游击队	64
祖国屏障	55	特里尼	11532
祖国站起来了	13489	特洛亚妇女	14849
说书史话	7245	造春集	1616
说东道西集	3903	借衣 哭窑 打柴·训弟 打周仁	
说唱创作选集	10289	激友回店	18553
除三害	18734	徐兰沅操琴生活(第一集)	18246
娃娃店	18740	徐策跑城	18735
怒火万丈(解放台湾诗文画集)	10561	殷夫选集	8053
贺兰香	18863	爱情——土库曼作家短篇小说选	12462
勇敢的打拖	9753	狼	13488
柔石选集	8050	高玉宝	59
骆驼祥子	17854	高尔基选集 文学论文选	15263
孩儿塔	3534	高利贷者	11016
秦岭低头	17764	高举红旗反侵略	2800
秦香莲	18737	高原牛的家	11525
秦香莲	18862	高等垃圾	17953
泰戈尔剧作集(三)	18381	离骚今译	10903
泰国现代短篇小说选	13487	唐戏弄	7249
蚕姑	1597	唐克诗选	14221
赶上英国	18598	粉碎美蒋战争挑衅	19021
袁天成革命	18857	粉墨春秋(一)	18248
埃及现代短篇小说集	13491	烧五气	17767
莫斯科抒情及其它	3916	烟	12662
真假李逵	18733	烟斗	12453
桃花峪	1612	烟囱下的短歌	2802
桃花扇	5970	浦江清文录	6886
格莱葛瑞夫人独幕剧选	14961	海外奇遇	2598
哥拉·布勒尼翁	11000	海员朱宝庭	1627
夏日骤雨	15051	海底苦战	9932
夏目漱石选集(第二卷)	13389	浮世澡堂	13396
破戒	13392	诺尔曼·白求恩断片	5623
破洪州	18957	谈维德马尔的《日记片断》	15255
破除迷信	19017	谈最近的短篇小说	6045
破除迷信	9886	难兄难弟	17773
烈火红心	17861	桑园寄子	18724

绣襦记	18721	婆媳修水库	18600
黄金之乡	9900	窑变观音	9735
黄金台	18738	密士失必河上	12739
萝北半月	3909	密茨凯维支诗选	14107
营房相会	18604	绯衣梦	18860
萧军思想批判	6064	塔里木风暴	17849
萧红选集	8054	越南民间故事	17505
盛明杂剧(一、二集)	18320	喜荣归	18947
雪山五战士	9929	喜鹊登枝	1596
雪莱抒情诗选	13967	联合收割机手	12439
雪原红花	9750	散文特写选(1957年)	3920
接老师	18868	落后的报喜队	19029
探亲家	18608	韩信拜师	18952
野火春风斗古城	67	朝阳沟	18113
跃进之夜	17782	朝阳沟	18118
跃进中的东北	3922	椰树的歌	2792
跃进爬山歌选	9939	焚香记	18937
跃进独幕剧选(一)	17959	惠特曼评传	15262
跃进独幕剧选(二)	17958	插龙牌	9738
跃进歌声送上天	9927	搜孤救孤	18731
鄂巴	13490	悲惨世界(1)	11004
唱词创作选集	10287	黑帮	12441
唱歌的树	17494	黑海赞诗	2804
唯心主义美学批判集	6053	黑暗的生活	13483
铡阁老	18861	短裤党	2334
铡美案	18691	短篇小说选(1957年)	1610
符家源上的新秀才	9897	智取威虎山	17857
第一次丰收	9941	智斩鲁斋郎	18713
第一犁	60	智宠谢天香	18938
第六病室	11334	智慧的海洋	9888
第四十一	12443	程砚秋演出剧本选集	18031
做沙箱	18614	堡垒在崩溃	18377
假金牌	18945	奥列莎河边	14222
船厂追踪	9895	街道食堂	18570
猪八戒的故事	10900	鲁达基诗选	14284
康有为诗文选	8197	鲁米诗选	14283
康拉德·华伦洛德	14108	鲁迅全集(10)	7840
康藏人民的声音	9884	鲁迅全集(6)	7826
望江亭	18712	鲁迅全集(7)	7837
盗御马	18699	鲁迅全集(9)	7842
渔民之子	12471	鲁迅译文集(一)	15551
深渊上的黎明	12810	鲁迅译文集(二)	15552
婆媳俩	18603	鲁迅译文集(十)	15560

鲁迅译文集（七）	15557	蔷薇园	14282
鲁迅译文集（八）	15558	蔷薇何处开	18372
鲁迅译文集（九）	15559	歌颂与诅咒	2796
鲁迅译文集（三）	15553	歌颂新中国	14133
鲁迅译文集（五）	15555	歌唱技术革命	9915
鲁迅译文集（六）	15556	歌谣选	14109
鲁迅译文集（四）	15554	摘星集	2786
鲁拜集	14285	锻炼	1592
童年	11528	僮族民间故事	9740
童话的时代	3925	熔铁炉	12448
普尔柯夫子午线	14226	演员日记	18108
渡阴平	18720	赛宝	18619
游击队之家	13492	嫦娥下凡	18951
游击草	2806	嫦娥奔月	9742
富尔曼诺夫评传	15248	蕴婧姆	17851
遍地红花	18577	黎明的河边	1607
谢康乐诗注	3634	箱根风云录	13471
蓝色的青檀林	51	德·古里亚诗选	14225
蒙古现代文学简史	15256	德国文学简史（下卷）	7337
献砖	18602	德国文学简史（上卷）	7336
楚辞选	3636	摩尔·弗兰德斯	11008
感谢苏联文学对我的帮助	6052	《潜力》评介	6050
雾夜紫灯	2551	潜水艇员	12465
跟随毛主席长征	9822	潘虎	9824
错误的教育	13474	额木尔脱险记	9904
解放大军缚苍龙	9970	樵歌	17748
新小放牛	18939	整个车间一团红	9914
新中国礼赞	14337	霍小玉	18717
新的土地	2817	穆桂英指路	10295
新的家	1630	瘸老何大显神通	9953
新型农村业余剧团组织经验	18258	燃烧的桥	18378
新媳妇下地	17780	曙光（第一部）在清朝的奴役下	13478
新歌剧问题讨论集	18243	曙光（第二部）水深火热之中	13479
粮草先行	18969	魏武帝魏文帝诗注	3631
粮食的故事	1614	繁弦集	3904
满堂红	18563	繁星满天	1633
满堂红	19042	翻身记	18213
滔滔钢水日夜流	9969	戳穿纸老虎	19022
滚回去,强盗	15549	警告艾森豪威尔	17784
窦娥冤	18709	蠢动	1617
群英大会	9936		
群英会	18697	**1959 年**	
静静的港湾	1594	一个城市的历史	11337

条目	编号	条目	编号
一支红色游击队的成长	9830	飞筐	1673
一匹瘦红马	1674	小女婿	18094
一以当十	6091	小麦与玫瑰	13503
一对喜猪	18620	小林多喜二选集（第一卷）	13496
二十年目睹之怪现状（上下）	2604	小林多喜二选集（第三卷）	13500
二奶奶成了土专家	9985	小神风和小平安	8276
二进宫	18843	小黑马的故事	8279
二郎捉太阳	9762	小溪流的歌	8281
十八勇士大渡河	18770	小翻车	18635
十三妹	18804	马大友过关	18623
十五贯	18131	马尔达	11475
十年诗抄	2848	马克思恩格斯论艺术与共产主义	15095
"八一"的枪声	9829	马克思恩格斯论艺术（第一册）	15097
八十大寿	18630	马雅可夫斯基选集（第二卷）	15566
人间好	18988	马雅可夫斯基选集（第三卷）	15562
人望幸福树望春	81	丰收的季节	18980
九江口	18056	王少安赶船	18890
九级风暴	1659	王汉喜借年	18984
三个饲养员	18626	王婆骂鸡	18880
三打祝家庄	18051	王维诗选	3649
三角帽	11023	井冈山故事	9844
三弦战士	2853	井岗山上的故事	9832
三座山	18397	夫妻互助学文化	18624
三清贤	18977	天仙配	18129
土专家	17862	无名的裘德	11018
大同江	13501	元好问诗选	3645
大红袍	18787	元明清戏曲研究论文集（二集）	6890
大青山上	9860	韦拔群烈士的故事	9854
大战孟良崮	1668	木兰从军	18743
大保国	18797	木匠迎亲	18000
大胆的妈妈和她的孩子们	18403	五月端阳	2833
大家跟着唱	18973	五卷书	14721
万里长江	9998	五姑娘	18120
万炮震金门	3926	五封信	12678
上天台	18810	五奎桥	17865
山村女儿	18902	五彩路	8278
山谷中	1661	不死鸟	14352
山歌传（诗剧）	5772	不敢露面的队长	1676
川剧旦角表演艺术	18267	太平广记（1—5）	2603
广东歌谣	9774	太阳老爷	12816
广州好	2864	太阳初升的时候	1658
广播戏曲唱词	18979	友谊集	3942
亡蜀鉴	18760	车轮的辙印	1655

戈拉	13395	反五关	18976
戈雅	11546	介存斋论词杂著 复堂词话蒿庵词话	6771
戈壁滩上的探矿队	3932	从九都山到井岗山	9838
少数民族大跃进歌谣选	9986	从市集上来	11354
日丹诺夫论文学与艺术	15272	从昆仑到喜马拉雅	9859
日出	5928	从闽西到浙西	9862
中国中古文学史 论文杂记	6768	从前有个奴隶	12811
中国文学史（1—4）	7253	月下集	2840
中国古典文学理论批评史（上）	7254	月牙儿	2339
中国古典戏曲论著集成（一）	18304	月照东墙	18138
中国古典戏曲论著集成（二）	18305	风雪之夜	1660
中国古典戏曲论著集成（七）	18311	风雪之夜	9981
中国古典戏曲论著集成（三）	18306	丹贝拉	13502
中国古典戏曲论著集成（五）	18309	乌云密布	11548
中国古典戏曲论著集成（六）	18310	乌克兰民间故事	17491
中国古典戏曲论著集成（四）	18307	六十年的变迁	18903
中国古典散文研究论文集	6893	文艺作品选 第七辑（八册）	9994
中国民间故事集	9757	文艺作品选 第五辑（八册）	9991
中国地方戏曲集成（上海市卷）	17813	文艺作品选 第六辑（八册）	9993
中国地方戏曲集成（山西省卷）	17812	文学书籍评论丛刊（一）	6076
中国地方戏曲集成		文学书籍评论丛刊（二）	6079
（内蒙古自治区卷）	17811	文学书籍评论丛刊（三）	6080
中国地方戏曲集成（北京市卷）	17814	文学书籍评论丛刊（五）	6082
中国地方戏曲集成（江苏省卷）	17816	文学书籍评论丛刊（六）	6084
中国地方戏曲集成（安徽省卷）	17810	文学书籍评论丛刊（四）	6081
中国地方戏曲集成（河北省卷）	17804	文学问题漫论	6094
中国地方戏曲集成（浙江省卷）	17806	方志敏的故事	9843
中国近代文论选（上下）	6769	认识了齐什科夫	12474
中国京剧院演出剧本选（第一集）	18053	巴甫里克·莫洛卓夫	14228
中国话剧运动五十年史料集		巴努斯诗选	14265
（第二辑）	18263	巴金文集（7）	7847
中国铁木儿	8284	巴金文集（8）	7848
中国歌谣资料（第一集、第二集上下）	7306	巴金文集（9）	7852
牛郎织女笑开颜（诗剧）	5770	巴金选集	8065
牛皋招亲	18745	巴骆和	18817
牛皋砸御酒	18813	巴黎公社诗选	13972
毛一罕好来宝选集	9764	双合印	18746
毛主席万岁	18580	双阳公主	18059
毛主席诗词十九首	2852	双喜临门	73
毛主席颂歌	9770	孔雀东南飞	18848
毛委员在连队建党	9828	书信	5474
长白山下	2854	水仙花	11541
什么是口头文学	15268	水淹下邳 白门楼	18776

书名	编号
玉簪记	18140
玉簪记	18765
世道	12814
艾芜选集（艾芜短篇小说选）	8059
左撇子	11340
石匠	1645
石爱妮的命运	69
布莱希特选集	14965
平江的火焰	9853
平原枪声	77
打豆腐	18989
打侄上坟	18755
打金枝	18137
打金枝	18767
打樱桃	18986
东风怒吼	19031
东风歌	2823
卡里来和笛木乃	14720
卡斯特罗·阿尔维斯诗选	14138
北间岛	14351
卢贡家族的家运	11024
归国	18972
叶圣陶选集	8072
叶笛集	3929
叶紫选集	8058
田汉选集	8071
田间诗抄	2839
史记选	5635
史诗时代	3948
兄弟擂台	18214
四川歌谣	9773
生旦净末丑表演艺术	18262
生死牌	18058
生死牌	18128
生活的真实和戏曲表演艺术的真实	19063
生活的赞歌	17963
生活的赞歌	2843
白石诗词集	3642
白石溪炮楼的毁灭	9839
白良关	18762
白雨斋词话	6767
白族民间故事传说集	9767
白族民歌集	9760
他们不是孤立的	12677
冬战	14963
包公三勘蝴蝶梦	18889
包公的故事	10905
包氏父子	2338
乐观的悲剧	18392
汉魏六朝民歌选	3647
写春联	18634
永恒的源泉	18384
尼伯龙根之歌	13974
民主德国作家短篇小说集	11547
奴隶解放之歌	2838
加兰短篇小说选	12742
对唱河西大丰收	2825
辽宁歌谣	9772
动荡的一九〇五年	12670
吉亚泰诗选	14267
吉姆爷	11019
考新郎	18982
老工人的心	9980
老当益壮	18584
老舍剧作选	5776
共产党人（五）	11539
共产党人（六）	11540
西非神话故事	15561
西厢记	18045
西藏歌谣	9769
在毛主席教导下	9856
在岗位上	3936
在其香居茶馆里	2340
在蒲雅诺夫卡	12478
在新事物的面前（话剧）	5769
在福建前线	3930
百鸟衣	2827
灰姑娘	18886
死结	12482
托尔斯泰评传	15271
过社日	18621
过渡	1639
当红军的哥哥回来了	2837
早晨的太阳	3938
曲艺选（1958年）	10296
曲海总目提要（上中下）	7304

曲海总目提要补编	7305	论聂米罗维奇-丹钦柯导演方法	18336
吃汤团	18991	论剧作家劳动	18335
吃新集	1665	访苏散记	3927
回忆录选	14685	异母兄弟	18389
回忆鲁迅房族和社会环境35年间（1902—1936）的演变	6572	阴暗的河流	12813
		好阿姨	19049
回家	1669	戏曲表演的四功五法	19057
年青人	18582	戏曲选（二）	17807
朱痕记	18769	戏曲选（三）	17808
乔老爷奇遇	18130	戏曲选（五）	17815
伟大的会师	9831	戏曲选（四）	17809
伐东吴	18800	戏曲剧本丛刊（第二辑）	17805
伐齐东	18768	欢呼集	2845
华容道	18799	红大院（话剧）	5771
自我演戏以来	18264	红色风暴（话剧）	5774
自豪的西班牙	11544	红色交通线	72
伊索	18396	红色的苦菜花	1671
血的审判	18401	红色的种子	18122
向中国致敬	14354	红色海疆	2863
全家福（话剧）	5773	红色歌谣	9759
会亲家	18971	红色赣粤边	9858
企克瓦尼诗选	14230	红军巧计灭白匪	9849
危地马拉的周末	12812	红军到了我的家	9847
争宝	18633	红松林	18125
庆丰收	18625	红拂传	18761
刘介梅	18881	红岸	2834
刘海砍樵	18146	红楼梦论稿	6888
关于文学艺术问题的讲话	15273	红楼梦研究论文集	6892
关汉卿研究（第二辑）	18260	红路	80
米吉安尼诗文集	15565	红旗处处飘	17864
灯笼	14946	红旗出山林	9758
冲破黑暗	1679	红旗谱	76
汗和鞭子	14137	纪廉诗选	14139
汤怀自刎	18774	麦田人民公社史	9997
宇宙锋	18145	远行集	3945
决裂	18405	走向新岸	12480
决裂集	3928	走娘家	18981
安源大罢工	18119	赤叶河（歌剧）	5964
安徽歌谣	9771	赤桑镇	18754
论文偶记 初月楼古文绪论 春觉斋论文	6770	赤壁之战	18050
		芙奴传	18136
论戏曲反映伟大群众时代问题（二）	18266	花木兰	18133
论诗与民歌	6088	严复诗文选	8198

克列钦斯基的婚事	14934	言菊朋的舞台艺术	18269
克鲁奇科夫斯基戏剧集	15054	这滩鲜血是不会干的	13499
苏轼词选	3646	辛伯达航海历险记	13394
苏联文学艺术问题	15269	汪顺仙	18121
杜尔太太的道德	18385	沙汀选集	8056
杜诗百首	3650	汽笛	2821
杨乃武与小白菜	18905	沃尔夫戏剧集（上下）	14964
杨三姐告状	18883	汾河湾	18757
杨梅酒	18631	汾河湾	18846
李二嫂改嫁	18144	没有弦的炸弹	1678
李大钊	2832	沈清传	18398
李大钊诗文选集	8061	评《山乡巨变》	6070
李秀成之死	17866	评剧大观（七）	18891
李贺诗集	3643	评剧大观（八）	18892
李陵碑	18845	评剧大观（九）	18893
李笠翁曲话	18308	评剧大观（五）	18884
李毓昌放粮	18978	评剧大观（六）	18885
更红集	3933	初鸣集	6093
两个女红军	17999	社里的人物	2820
两亩地	14287	灵泉洞（上）	71
两亩试验田	18578	张三赶脚	18996
丽人行	17867	张弛集	3944
还乡路上	18636	阿凡提的故事	9765
来得容易去得快	14935	阿尔贝蒂诗选	14140
抢伞	18997	阿哇尔和美拉	18402
投枪集	3940	陈三两爬堂	18134
抗争	2337	纳西族的歌	9761
抗金兵	18802	纸老虎现形记（话剧）	5768
县长拾粪	1651	玩火	12668
吵家招亲	18818	青龙涧	18579
我们的街	11542	青春之歌	18790
我们播种爱情	82	青春的伙伴	18586
我迎着阳光	2859	青海湖水闪银光	9988
我的心呀，在高原	13975	青梅煮酒论英雄	18766
我的同时代人的故事（第二卷）	11338	青霜剑	18751
我的第一个上级	1657	现实主义还是修正主义	6077
我怎样学会了演京戏	19058	幸福的日子	3939
我跟父亲当红军	9833	幸福歌	2824
希腊的神话和传说	11026	取洛阳	18747
岛	18391	苦菜花	74
迎春橘颂	2846	苹果要熟了	1654
迎接朝霞	1638	英国文学史纲	15274
饮冰室诗话	6766	英雄杨春增	18771

书名	编号	书名	编号
英雄战歌	2831	周立波选集	8055
英雄格斯尔可汗	9775	变天记	70
英雄颂	2829	京剧艺术讲座(三)	19056
英雄赞	9992	京剧丛刊(37)	18033
范成大诗选	3644	京剧丛刊(38)	18034
茅盾文集(7)	7843	京剧丛刊(39)	18035
茅盾文集(8)	7849	京剧丛刊(40)	18036
茅盾选集	8068	京剧丛刊(41)	18037
林则徐	18809	京剧丛刊(42)	18038
松竹长青	18001	京剧丛刊(43)	18039
枪的故事	9855	京剧丛刊(44)	18040
雨	1640	京剧丛刊(45)	18041
卖艺访友	18791	京剧丛刊(46)	18042
郁达夫选集	8067	京剧丛刊(47)	18043
奔流集	3941	京剧丛刊(48)	18044
奇袭虎狼窝	1670	京剧丛刊(49)	18046
欧文短篇小说选	12744	京剧丛刊(50)	18047
欧阳予倩选集	8066	京剧常识讲话	18261
欧里庇得斯悲剧集(三)	14851	夜走骆驼岭	1664
斩颜良	18763	放声歌唱	2828
果林公社跃进歌	9982	闹齐庭	18987
国际友谊号	1648	闹严府	18895
国语选	5636	郑振铎文集(1)	7851
明代传奇全目	7307	炉火熊熊	9995
明清小说研究论文集	6889	沫若文集(10)	7844
易卜生戏剧集(四)	14852	沫若文集(11)	7845
罗汉钱	18141	沫若文集(12)	7846
罗汉钱	18887	沫若文集(9)	7850
罗成叫关	18796	沫若选集(1)	8062
罗昌秀	17863	沫若选集(2)	8073
钓金龟	18815	沫若选集(4)	8069
和平的最强音	2842	法场换子	18773
岳飞出世	18814	法西斯细菌	5927
侬卡	12671	法捷耶夫评传	15275
征服者贝莱(第四卷)	11543	河西走廊行	2836
金马车	18394	沸腾的九十年代	13929
金云翘传	14288	宝葫芦的秘密	8275
金田伏击战	9850	审土地	18995
金沙江畔	18092	试论《陈三五娘》的两种形象处理	19064
金沙洲	79	诗的艺术	15096
金鹰	18123	诗经研究论文集	6894
金鹰	5777	诗经选译	10904
周仁献嫂	18794	诗选(1958年)	2847

话本选（上下）	2601	星星为什么微笑	18393
降龙伏虎	17868	昨天	18215
姑娘们	18970	昭君出塞	18142
姑娘的秘密	1656	贵妃醉酒	18795
姑娘的秘密	19032	界牌关	18783
姑嫂上县城	18622	响马传	18049
姑嫂看鱼	18983	哈克贝利·费恩历险记	12745
妮摩拉	13505	哈利利和哈依丽亚	15055
参加红军的第一天	9851	哈谢克短篇小说集	12669
艰难的岁月	9857	钢铁之花	18637
孟东野诗集	3648	钢铁开花	9983
春天漫笔	3935	怎样编写工厂史	6078
春风集	2822	秋江	18148
春花曲	18894	秋收起义在醴陵	9834
春林妈下乡	1636	科尔沁草原的人们	1644
春姑娘和雪爷爷	8283	科学诗	2851
春香传	18896	复仇的火焰（第一部 动荡的年代）	2861
春秋配	18782	叙利亚短篇小说集	13507
春闺梦	18758	胜利属于阿尔及利亚	14355
春莺颂	2849	急子回国	18998
城乡路上	18992	亲人	1642
赵云截江	18789	恰奇诗选	14266
赵氏孤儿	18052	养女	14932
革命英雄的谱系	6073	养猪能手魏振强	18638
草明选集	8057	美学书怀	6087
草原上的战斗	1675	美学问题讨论集（三）	6071
草原烽火	78	美学问题讨论集（四）	6072
故乡和亲人	3934	送套鞋	18994
荔枝满山一片红	9984	前线的颂歌	3937
南阳关	18781	将相和	18788
南海花园	2835	举鼎观鱼	18775
柏拉图文艺对话集	15098	洪家关聚义	9837
柳亚子诗词选	2858	洪深文集（三）	17792
柳荫记	18780	洪深文集（四）	17793
柳树井	18990	洞庭湖畔四十天	9841
拾玉镯	18143	洗兵马	1635
拾棉花	18985	宫本百合子选集（第二卷）	13508
挑滑车	18844	宫本百合子选集（第三卷）	13510
战士还乡	18900	宫本百合子选集（第四卷）	13498
战斗集（话剧）	5775	姚期	18849
临江会	18816	贺后骂殿	18744
星火燎原（三）	9863	给孩子们	8280
星星之火	9846	骆驼祥子	18901

骆驼集（十年来的诗歌选）	2860	高尔兹镇	11545
绞索套着脖子时的报告	14715	高尔基的《母亲》与社会主义现实主义	
《秦香莲》的人民性	19065	问题	15267
泰戈尔剧作集（四）	18395	高尔基剧作集（一）	18386
珠江风暴	9836	高尔基剧作集（二）	18387
赶车传（上）	2850	高尔基剧作集（三）	18400
起义	12675	高亮赶水	18772
壶井荣小说集	13506	高原怒吼	18629
莱蒙特短篇小说集	11474	唐代诗歌	7252
莲花湾探亲	18632	唐宋传奇选	2600
莫里哀喜剧选（上中下）	14855	唐诗研究论文集	6891
莫罗米特一家	12674	旅长	14933
荷花淀	1649	旅客之家	18585
桃花村	18779	烟草（一）	12676
桃花扇	18032	凌红蝶	9979
桃花庵	18882	海淀集	6085
格林童话全集	15786	海燕	12673
栗志恒	18126	流亡诗集	14353
夏目漱石选集（第一卷）	13393	流沙河之歌	2857
夏衍选集（上下）	8070	朗弗罗诗选	13973
捉放曹的人物创造		被出卖的摇篮曲	14962
——郝寿臣表演艺术之一	18268	谈如何学艺	19060
热碧亚—赛丁	2865	谈戏曲的舞蹈艺术	19059
柴达木手记	3931	谈神鬼戏	19061
逍遥津	18752	谈《蝴蝶杯》里的精华与糟粕	19062
党岭山上	9861	陵母伏剑	18777
党和生命	1641	难忘的一九二七年	9852
党重给了我光明	18124	难忘的日子	9845
蚌、蛎、螺、蚬	18404	难忘的岁月	9840
哭秦庭	18784	难忘的行程	9835
恩与仇	18897	难忘的春天	2844
铁门里	1667	桑园会	18786
铁弓缘	18798	理发的故事	18216
铁连环	18583	理查三世	14854
特殊性格的人	1662	教育诗（第三部）	12476
乘风破浪	75	聊斋志异选	2602
秘鲁传说	14415	黄海散记	3946
倩女离魂	18055	黄鹤楼	18748
倔强的红小鬼	9827	萧何月下追韩信	18806
徐母骂曹	18847	梅兰芳戏剧散论	18265
爱甩辫子的姑娘	18904	梅妃	18756
爱情	1666	雪英学炊	1646
胶东纪事	1653	堂吉诃德	11020

野火春风斗古城	18093	森林在歌唱	1647
野猪林	18048	悲壮的颂歌	18399
眼泪河	9756	悲惨世界（2）	11025
跃进山歌满洞庭	9989	最前沿的战士	2862
唱得长江水倒流	9990	遇皇后 打龙袍	18750
崔曙海小说集	13504	黑人的灵魂	14414
崩溃	11021	黑夜与白昼	12672
铡包勉	18753	黑旋风李逵	18057
银色的星	1672	锁五龙	18785
第一个胜利	1637	短篇小说的丰收	6083
第一次打击	18388	短篇小说选（1958年）	1652
船长与大尉（上下）	12479	智激美猴王	18749
脱靴辨奸	18808	程砚秋文集	17791
猪与鸡	1677	程砚秋的舞台艺术	18270
康定藏族民间故事集	9763	集外集拾遗	5472
清泓	2336	奥瑟罗	14853
淮河营	18812	奥德河上的春天	12481
婆媳修书	18993	御果园	18778
梁山伯与祝英台	18127	鲁迅日记（上下）	5475
梁红玉	18811	鲁迅论文学	6573
寄到汤姆斯河去的诗	8282	鲁迅选集（下）	8064
密色协惹 拉萨河谷藏族民歌集	9766	鲁迅选集（上）	8063
密茨凯维支评传	15327	鲁滨孙飘流记	11027
扈家庄	18764	愤怒的葡萄	12815
屠格涅夫中短篇小说选	11339	普通劳动者	1663
屠格涅夫评传	15270	湖上歌声	18628
绿光	12475	遍地开花	18581
绿树成荫	9999	谢·米哈尔科夫寓言诗	14229
绿原红旗	18807	鼓曲研究	10297
塔什干精神万岁		鼓吹集	6075
——中国作家论亚非作家会议	6092	想见毛主席	18888
喜相逢	18139	搬家	18975
喜歌	2856	跟毛委员上井冈山	9848
彭斯诗选	13971	辞职	13497
斯大林论文学与艺术	15276	傻瓜威尔逊	12743
斯米尔宁斯基诗文集	15564	腹地	12746
斯堪的纳维亚作家短篇小说集	11549	鹏程万里	2826
散文特写选（1958年）	3947	新声集	3943
葛洛特·格	11022	新村老人	1634
葛麻	18147	新来的炊事员	18974
敬德装疯	18792	新诗歌的发展问题	6069
朝霞中的城市	18390	新诗歌的发展问题（二）	6089
棋盘山	18803	新诗歌的发展问题（三）	6095

粮棉堆成太行山	9987	三千里江山	17871
滚鼓山	18805	三个傣族歌手唱北京	2869
窦娥冤	5974	三拉房	19014
福玛·高尔杰耶夫	12477	三姐妹	18408
福建歌谣	9768	三峡灯火	2872
碧玉簪	18759	三看御妹	18909
碧血红花	9842	三复集	6098
赫克里斯的故事	15563	三家巷	83
蔷薇园	14286	三盗令	18840
蔡文姬	17869	大报仇	19004
摘星楼	18054	大波（第二部）	89
裴多菲诗选	14110	大路集	3955
翡翠园	18898	大旗（杨朔短篇小说选）	1684
管见集	6090	万尼亚舅舅	18406
谭记儿	18135	万炮齐发轰瘟神	17966
聪明误	14931	万家春	17967
樊江关	18801	山上运河 甘肃引洮工程史 第一集	10000
踏着晨光前进的人们	1650	山乡巨变（下）	87
黎明前夜	1643	山溪和海岛	3953
德永直选集（第四卷）	13509	千瓣莲花	18194
鲤鱼上山	18627	小市民	18410
潮汐集	2855	小胖和小松	8286
燕赵儿女	18899	"小迷糊"阿姨	8289
黔江怒涛	2830	小桔灯	8288
赞《红日》，颂英雄	6074	马克·吐温中短篇小说选	12748
穆桂英挂帅	18132	马雅可夫斯基论美国	14231
蟋蟀及其他	8277	井台会	18837
繁星集	2841	开门红	18589
瞿秋白论文学	6574	夫妻竞赛	18192
瞿秋白选集	8060	天亮报捷	18588
鳞爪集	6086	天越来越亮	14358
霸王别姬	18793	无双传	18908
		无名岛	17876
1960 年		云南歌谣	9795
一只马蜂及其他	17964	五月	14113
一场欢喜一场空	11355	五月花	2876
一件妙事	18409	不死鸟	18424
一定办好民校	19051	太阳刚刚出山	1685
一得余抄	6096	扎波里叶村的玛莎	12483
十一郎	18831	比昂逊戏剧集	14856
十月的阳光	84	比翼齐飞	17873
八一风暴	17872	瓦萨·日列兹诺娃	18421
三人	12487	《瓦萨·日列兹诺娃》的剧本分析和	

条目	编号
角色创造	18340
中山狼	18159
中国小说史稿	7256
中国文学艺术工作者第三次代表大会文件	6101
中国古典戏曲论著集成（十）	18314
中国古典戏曲论著集成（八）	18312
中国古典戏曲论著集成（九）	18313
中国地方戏曲集成（山东省卷）	17817
中国戏曲论集	18289
中国戏剧史长编	7255
中国现代文学史（初稿）	6633
中国神话	8285
内蒙古歌谣	9790
化妆常识	18284
反映社会主义跃进的时代，推动社会主义时代的跃进	6102
反翻把斗争	17883
从遵义到大渡河	9865
公社花开幸福来	18095
风暴颂（反对美帝斗争诗歌画集）	10562
乌龙院	18066
文艺作品选 第八辑（八册）	9996
文则 文章精义	6773
文学十年	6099
方四姐	19000
为了六十一个阶级弟兄	17874
为了六十一个阶级弟兄	18155
为了六十一个阶级弟兄	19050
双狮洞	19007
双推磨	18153
玉门儿女出征记	2875
甘肃歌谣	9778
艾森豪威尔的独白	18219
艾森豪威尔的烦恼	18096
艾森豪威尔独白	17968
石佛口	19009
龙凤艺术	3952
打严嵩	18832
东京风暴	18205
北方的红星	10001
田间短诗选	2873
失子惊疯	18826
白手起家搞工厂	18156
白蛇传	18064
包公铡国舅	19010
包公铡赵王	18999
半夜羊叫	18199
汉魏六朝百三家集题辞注	6772
写戏常识	18282
礼花集	2867
记贺龙	3950
民兵英雄会北京	18641
民兵英雄谱	18220
民歌作者谈民歌创作	6097
对菱花 慰问袋	18193
吉林民间故事	9781
亚瑟王之死（上下）	11029
在和平的日子里	17877
在教养院里	12484
列宁论文学与艺术（一、二）	15279
扬着灰尘的路上	1682
当河水汇流的时候	12490
曲艺音乐研究	10298
同志，你走错了路	17878
回春记	18824
先晋胡子	1680
多尔第	14111
争取社会主义文学的更大繁荣	6103
刘三妹	2871
刘文学	18204
灯	19008
壮志难移	18913
冲霄集	3951
江湖集	2866
安徽民间故事	9782
访白袍	19003
导演学基础	18339
妇女服务站	17965
戏曲艺术讲座（第七集）	19072
戏曲艺术讲座（第五集）	19067
戏曲艺术讲座（第六集）	19071
戏曲艺术讲座（第四集）	19066
戏曲切末与舞台装置	18276
戏曲表演的十要技巧	18290
戏曲唱工讲话	18277

戏曲演员语文课本（初中第一册）	18454	张士珍	18097
戏曲演员语文课本（初中第二册）	18455	张飞闯辕门	19011
戏曲演员语文课本（初中第三册）	18457	张羽煮海	18912
戏曲演员语文课本（初中第四册）	18456	张翠莲	19005
戏曲演员语文课本（高中一册）	18458	阿细的先基	9789
戏曲演员语文课本（高中三册）	18459	陀斯契加耶夫和别的人	18414
戏剧理论译文集（八）	18338	玩会跳船	19012
红光满天	17969	青青的林子	2879
红色的安源	10002	青海歌谣	9777
红色的果实	88	表演经验（第一辑）	18286
红娘（附曲谱和表演说明）	18823	表演经验（第二辑）	18287
红铜鼓	18196	幸福桥	17880
红旗歌谣（普及本）	9788	耶戈尔布雷乔夫和别的人	18422
远征 圣保罗的秘密	12817	英雄人物数今朝	17875
赤道环游记	12749	英雄万岁	17879
花开遍地万户香	17882	英雄列车	18915
花雨集	18280	矿山锣鼓	2880
苏东坡诗词选	3651	奇双会	18838
苏联作家论社会主义现实主义		斩黄袍	18833
（第一次苏联作家代表大会前后的		卓文君	18830
有关言论）	15278	昆仑垦荒队	2874
苏联游记	14686	罗文应的故事	8290
杜朝选	18190	牧虎关	18836
杨门女将	18841	和大姐	18416
杨金花夺帅印	19002	金玉奴	18828
杨宗保问路	19001	周信芳戏剧散论	18278
杨·胡斯	18419	周信芳演出剧本选	18061
杨娥传	18819	周信芳演出剧本新编	18065
两个支书	18639	京剧化妆常识	18275
还魂草	2341	京剧曲牌简编	18272
技术革新双跃进	18063	京剧杂谈	19068
把帽子传一传	13927	京剧的行当	19069
吟香钗会	18829	京剧的角色分行及其艺术特点	18274
别皇后 祭江	18825	京剧锣鼓	18273
我国社会主义文学艺术的道路	6100	夜宿花亭	18911
我握着毛主席的手（兄弟民族作家		底层	18420
诗歌合集）	2870	沫若选集（3）	8074
狂欢之歌	2877	河北歌谣	9779
快书、快板研究	10299	宝葫芦	18191
没用人的一生	12486	陕西歌谣	9776
评剧大观（十）	18906	降龙伏虎	18914
评雪辨踪	18151	妹妹入学	8291
补课	12485	契诃夫与艺术剧院	18337

契诃夫传	15277	烟草（二）	12682
契诃夫戏剧集	14936	浙江歌谣	9794
春天的歌声	18590	海丰农民运动	9866
城市公社红旗飘	19052	海市	3949
赵美蓉观灯	19013	海军军官	18407
草原集	2881	宽边帽子	18418
荀慧生的舞台艺术	18271	家	18907
荀灌娘	18822	谈麒派艺术	18279
查尔卡小说选	12680	娥并与桑洛	9787
柳荫记	18150	勐铃河边春来早	1687
挡不住的洪流	10003	继承人	12488
挑战的手套	18417	理想与现实	18288
战太平	18835	黄蔷薇	14112
哈迈	18198	萧三诗选	3535
钢铁的人	1683	梅兰芳的舞台艺术	18285
看戏散笔	19070	梅兰芳演出剧本选	18062
"狱中日记"诗抄	14356	梅葛	9780
养猪场的喜事	18591	野蛮人	18411
美丽的南方	85	移风易俗讲卫生	18640
美帝的穷途末路	18207	猎虎记	18060
郎莎	18197	庵堂认母	18152
祖国的光复	12679	盖马高原	13514
神火	8287	渚山堂词话 词品	6775
怒火腾空	18218	渔船上的伙伴	1688
怒涛	17881	随园诗话（上下）	6776
结婚进行曲	17870	越南现代短篇小说集	13513
珠郎娘美	18195	葫芦信 傣族民间叙事诗	9793
素友诗集	14357	蒋光赤选集	8075
聂格鲁吉小说选	11476	朝鲜现代短篇小说集	13512
恭喜恭喜	18587	最后一代	18415
格斯尔传	9783	街道服务站	18157
哥儿	13398	童年的故事	12489
速写集	3954	湖南民间故事	9791
烈火红心	5778	强盗出巡记	18217
热爱生命	12747	瑞卿与周俊	18425
敌人	18413	路	18423
借罗衣	18158	新生活的光辉（兄弟民族作家短篇小说合集）	1686
借髢髢	18149		
借靴	18820	新对象	18910
徐兰沅操琴生活（第二集）	18283	新酿的奶酒	2868
鸳鸯被	19006	新疆歌谣	9792
郭子仪单骑见回纥	18821	蔡文姬	18839
唐诗选	3652	蔺铁头红旗不倒	86

书名	编号	书名	编号
歌颂列宁的戏剧三部曲	18412	甲午海战	17885
锻炼锻炼	1681	叶尔绍夫兄弟	12494
舞台布景绘制方法	18281	四溟诗话 薑斋诗话	6778
箧存集	2878	边疆风貌	3957
算粮	18154	达木丁苏伦诗文集	15567
鄱阳湖的风暴	9864	光明之路	13517
赛斐丁短篇小说集	13511	早年的欢乐	12492
蕙风词话 人间词话	6774	刘三姐	18003
撕下强盗的画皮	18206	关于《山外青山天外天》	15284
蝴蝶杯	18834	关于《被开垦的处女地》（二）	15282
墨憨斋定本传奇	18322	关于《感伤的罗曼史》	15283
黎明	12681	论现实主义问题	6104
鲤鱼妈妈	18002	农村纪事	1693
赠书记	18842	红光普照大地	1694
穆桂英挂帅	18827	红旗歌谣（工农文艺读物）	9796
磨刀石农庄（第四部）	12491	约旦的风暴	14359
磨坊之围	11028	孙安动本	18160
		花城	3958

1961 年

书名	编号	书名	编号
		村风	2886
人血不是水	12500	村歌	1691
大后方	12496	李大海	1692
大江东去	2883	李双双小传	1689
山外青山天外天	14232	李白诗选	3653
山西歌谣	9784	两代人	18005
夕鹤	18427	利约短篇小说集	12818
马雅可夫斯基选集（第五卷）	15568	迎风	12499
木偶戏技术	18342	沙比诗集	14360
不平凡的夏天（上下）	12493	沧浪诗话校释	6777
不怕鬼的故事	2605	阿尔巴尼亚短篇小说集	12684
日子	14730	现代文艺理论译丛（一）	15280
中国人民的戏剧	18341	现代文艺理论译丛（二）	15281
中国民间故事选（二）	9797	英雄事业的赞歌	14141
中锋在黎明前死去	18426	茅盾文集（10）	7858
六十年的变迁（二）	90	茅盾文集（9）	7853
文成公主	17884	板车之歌	13518
火炬	3959	欧·亨利小说选（下）	12750
巴金文集（10）	7855	拉德夫斯基诗选	14268
巴金文集（11）	7856	周信芳舞台艺术	18291
巴金文集（12）	7859	放歌集	2885
巴金文集（13）	7860	沫若文集（13）	7854
古典文艺理论译丛（一）	15107	沫若文集（15）	7857
古典文艺理论译丛（二）	15108	沸腾的车间	12498
东风第一枝	3961	屈赋通笺	6895

1329

春天集	3960	元代杂剧	6898
城市姑娘	11030	云南各族民间故事选	9798
星火燎原(六)	9868	五人义	18469
星火燎原(四)	9867	不怕鬼的故事(译写本)	10906
昭昧詹言	6779	不惑集	3965
将军三部曲	2888	太行风云	98
洪湖赤卫队	18004	少数民族戏剧选(一)	18200
祖国,我可爱的人民	13516	中国文学史(1—3)	7262
泰戈尔作品集(1—10)	15345	中国文学史大纲	7257
赶车传(下)	2882	中国地方戏曲集成(广东省卷)	17818
埃斯库罗斯悲剧二种	14857	中国地方戏曲集成(江西省卷)	17819
索福克勒斯悲剧二种	14858	中国戏曲	6114
铁灯	12683	贝尔蒂雄166	12821
海誓	2884	从小毡房走向全世界	2889
海燕	1690	今朝儿女	17895
被开垦的处女地(二)	12497	风暴中的庄园	12819
斯贝兰莎	11550	六一诗话 白石诗说 渖南诗话	6780
悲翡达夫人	11031	文学书简(上)	15287
鲁迅回忆录	3956	文学常识	6115
感伤的罗曼史	12495	文昭关	18466
滴水集	2887	文章辨体序说 文体明辨序说	6782
缪塞诗选	13976	斗争在杨赣红区与白区	9870
黎巴嫩短篇小说集	13515	巴尔扎克年谱	15289
霜叶红似二月花	2342	巴金文集(14)	7861
魏克拉马沁格短篇小说集	13519	甘蔗田	18429
		古今集	6111

1962 年

		古巴文学简史	15167
二月	2344	古典文艺理论译丛(三)	15109
二叶亭四迷小说集	13400	古典文艺理论译丛(四)	15110
七兄弟	11036	石川啄木诗歌集	14289
人,岁月,生活(第一部)	14688	石秀探庄	18462
三人行	17889	布登勃洛克一家(上下)	11040
于立鹤	2892	生者与死者	12503
大地新游	3967	生命的礼花	2893
大波(第三部)	94	生命线	10005
寸心集	6107	白居易诗选	3656
上海的早晨(二)	97	冬天记的夏天印象	14452
上海歌谣	9785	记忆犹新	17890
川剧喜剧集(上下)	18161	弗拉舍里诗选	14114
凡尔登的教训	11554	加里宁论文学和艺术	15306
丰收	2343	吉尔约岭上的一家	11035
王亚凡诗抄	2891	西古德逊短篇小说集	11552
天山战歌	10004	西域行	17891

书名	编号
在大海那边	3968
在路上	12820
早来的春天	93
回忆录	14454
回忆契诃夫	14687
朱尔菲亚诗选	14238
优哩婆湿	15063
创世纪（纳西族史诗）	9800
创作漫谈	6116
羊泉村	14860
关于历史和历史剧——从《卧薪尝胆》的许多不同剧本说起	6113
关于文学和艺术问题（增订本）	15285
米耶达诗选	14115
米凯亚诗选	14362
州委书记（上下）	12502
论汤显祖剧作四种	18292
论叙事诗	6117
戏曲演唱论著辑释	18315
戏的念词与诗的朗诵	18293
红色宣传员	18436
红玛瑙集	3963
赤胆红心	17886
花	3964
花的草原	1695
克里姆·萨姆金的一生（第一部）	12505
苏三起解	18463
苏拉巴蒂	13521
杜诗百首	3655
李白研究	6896
抓壮丁	17896
我们的一伙儿和他	13401
我们的土地	18431
狄尔戏剧集	14948
这一代人	95
汾水长流	92
没有地址的信 艺术与社会生活	15154
陆游诗选	3654
阿拉亚	13523
武则天	17892
武钢建设史话	10006
现代文艺理论译丛（三）	15286
现代文艺理论译丛（四）	15288
现代美英资产阶级文艺论文选（下编）	15166
现代美英资产阶级文艺论文选（上编）	15165
苦斗	96
苦果	11551
苗族民间故事选	9799
苕溪渔隐丛话（前集后集）	6781
茅屋	11033
欧·亨利短篇小说集	12751
拉法格文学论文选	15099
凯旋	2890
钓龟	18464
货郎	14081
往上爬	11553
彼得·史勒密奇遇记	11034
金沙滩	18467
沫若文集（16）	7862
诗学 诗艺	15100
诗歌欣赏	6109
郝寿臣脸谱集	18460
柏林之围	11037
残照录	3966
按头人	18434
星火燎原	17893
星火燎原（二）	9869
星火燎原（七）	9871
钟哥与金黛	14947
钟离剑	18098
钢铁运输兵	17887
香稻米	5929
复仇的火焰（第二部）	2894
胆剑篇	17894
美学问题讨论集（五）	6106
美洲的圣胡安娜	18430
神亭岭	18468
艳阳楼	18470
珠江岸边	3962
壶井繁治诗钞	14363
荷珠配	17888
格列佛游记	11032
逐鹿中原	91
秧歌剧选	18006

读随园诗话札记	6897	儿童文学选	8293
被开垦的处女地(一)	12501	儿童团	17904
谈小说创作	6108	九歌	3657
梅兰芳文集	17794	三不愿意	18492
铡美案	18465	三击掌	18507
第四名	18432	三击掌	18536
惊雷集——日本人民反美爱国斗争诗集	14361	下乡集	1698
		大波(第四部)	105
博马舍戏剧二种	14859	上天台 封官	18538
董解元西厢记	5975	山乡风云录	104
蒂萨河在燃烧(上下)	12685	山区收购站	1700
椅子	18435	山水阳光	3970
雁飞塞北	99	山泉集	2899
搜府盘关	18461	山野新歌	17972
搅水女人	11039	义和团故事	9786
黑奴恨	17897	小林多喜二传	15337
黑面包干	12504	小姑贤	18517
嵇康集校注	8199	小铁脑壳遇险记	17908
腊玛延那·玛哈帕腊达	14290	马克思恩格斯论艺术(第二册)	15102
鲁迅	6634	马克思恩格斯论艺术(第三册)	15103
愤怒的回顾	18428	马连良演出剧本选集(第一集)	18067
编余丛谈	6118	丰产记	1704
鼓吹续集	6112	王二小接闺女	18010
遥远的戈壁	1696	王二姐思夫	18514
新同学	8292	王少安赶船	18521
新诗歌的发展问题(四)	6105	开渠	18013
嘉尔曼	11038	夫妻桥	18167
赫达雅特小说集	13520	天平之甍	13526
樋口一叶选集	13399	艺术哲学	15101
德聂伯河上	18433	不断集	2906
燕雏集	6110	友谊船	18012
曙光(第三部)在战斗中成长的祖国	13522	戈尔丹大叔	17971
		少数民族戏剧研究	18298
		少数民族戏剧选(二)	18201

1963 年

一生	11041	中国文学史(一)	7258
二进宫	18474	中国文学史(二)	7259
二堂舍子	18545	中国地方戏曲集成(辽宁省吉林省黑龙江省卷)	17820
二路电车	13527		
十三妹	18495	中国话剧运动五十年史料集(第三辑)	18297
十年来的新中国文学	6123		
七月流火	17899	毛主席诗词	2907
人,岁月,生活(第二部)	14689	长长的流水	1699
人,岁月,生活(第三部)	14690	长坂坡	18506

长夜行（歌剧）	5965	刘巧儿	18100
风云初记	100	问樵闹府 打棍出箱	18477
风云初记（三）	102	关汉卿杂剧选	5977
风云雷电谱雄歌	6125	汲水	18537
风帆	3972	决胜千里外	17902
凤鸣关	18533	安达瑞的故事	17507
文学短论	6124	安哥拉诗集	14370
火种	108	安静的森林	13532
火焰驹	18527	阳光与土壤	14368
玉泉喷绿（上）	107	妇女的道路	12511
击鼓骂曹	18475	戏曲选（六）	17821
甘蔗林—青纱帐	2903	戏剧理论译文集（九）	18343
古为今用及其他	18294	红柳集	2902
古事记	13397	红逼宫	18534
古典文艺理论译丛（五）	15111	红缨歌	17905
古典文艺理论译丛（六）	15112	麦田里的守望者	12822
龙女牧羊	18068	形体训练"基本功"教材	18559
打金枝	18550	远方青年	17909
打狗劝夫	18520	花园会	18523
打孟良 打焦赞	18481	花环	2904
东风集	2905	克里姆·萨姆金的一生（第二部）	12508
东方红（上下）	106	苏联文学与人道主义	15291
北极星	3969	苏联文学中的正面人物、写战争问题	
生与死的搏斗	12686	（现代文艺理论译丛增刊）	15293
白门楼	18503	苏联青年作家及其创作问题	
白云缭绕的大地	13528	（现代文艺理论译丛增刊）	15292
白水滩 通天犀	18482	杜十娘 三上轿	18540
白杨颂	2897	杜鹃山	17903
白旗	18442	杏花二月	18009
民间文学论集	6120	杨二舍化缘	18513
民间故事剧	15071	杨桂香	18221
西方美学史（上）	7341	李双双	18101
西托尔·西杜莫朗诗集	14364	李信子姑娘	3975
压迫	5930	李陵碑	18535
夺印	18099	两兄弟	18166
曲艺选（1959—1961年）	10300	两块六	18011
年青的鹰	17907	两亲家	18165
朱德诗选集	2901	找姑鸟	9801
伏虎	17973	连升店	18488
伊凡·杰尼索维奇的一天	12507	里柯克小品选	14416
伊尔库茨克故事	18437	困兽记	2348
杀寺	18528	牡丹亭	5976
杀庙	18547	秀才外传	18163

兵临城下	17906	草原	11341
作文 教学	18541	草船借箭	18542
近代诗选	3658	故乡	2349
沂蒙故事集	1697	南行记	2350
词源注 乐府指迷笺释	6784	拾玉镯	18544
张彦赶船	18515	挑滑车	18480
阿陆哥	13531	挖蔓菁	18526
阿雷·托康巴耶夫诗集	14233	挥手之间	3973
玩偶之家	14861	战马超	18505
武松打店	18484	战斗之歌	14369
取洛阳 通天犀	18548	战濮阳	18502
林冲夜奔	18479	星火燎原（十）	9872
柜中缘 铁弓缘	18554	星火燎原（九）	9873
卧虎镇	17898	思凡 双下山	18487
瓯北诗话	6783	哈拉哈普·班达哈罗诗集	14365
拉丁美洲文学	7340	钨矿	12823
斩单通 牧虎关	18539	选元戎	18501
斩黄袍	18491	香飘四季	101
斩雄信	18473	秋色赋	3971
果戈理小说戏剧选	15569	重逢调	9802
罗成叫关	18486	保护活着的儿子	18441
罗成叫关	18530	俄国文学史（下）	15290
凯勒中篇小说集	11042	鬼无鬼岛	13525
牧羊山	18532	祖国	13530
岳母刺字	18499	神拳	17901
岳家庄	18494	垦荒曲（第一部）	110
使徒	14116	垦荒曲（第二部）	111
金山寺	18168	姚期	18500
金雁桥 收关胜	18552	贺后骂殿	18472
京剧剧目初探（增订本）	18296	绑子上殿	18471
闹房	18162	给契诃夫的信	14453
郑振铎文集(2)	7865	秦香莲	18522
沫若文集(14)	7864	都尔的本堂神甫 比哀兰德	11043
沫若文集(17)	7863	速写三篇	2347
试论独创性作品	15104	捉放曹	18476
诗与遗产	6119	捉放曹	18546
诗品集解 续诗品注	6785	捡柴	18543
春回地暖（上下）	103	借赵云	18497
春草闯堂	18164	徐兰沅操琴生活（第三集）	18295
春桃	2346	徐母骂曹	18498
革命生涯	9874	爱与美之岛	18439
带经堂诗话（上下）	6786	离婚	2345
带星星的火车票	12512	烙印	3536

海洋	18443
读书杂记	6122
《娘子谷》及其他	14234
勘探者之歌	2900
黄鹤楼	18549
萧伯纳戏剧三种	14966
描容上路	18518
蛇岛的秘密	13529
唱腔选辑（第一辑）	18560
唱腔选辑（第二辑）	18561
铜锣记	18008
第二届亚非作家会议文件汇编	15335
第二届亚非作家会议发言集	15336
望夫云	18007
断后	18531
断桥	18516
清明前后	5931
深夜	15070
深厚的感情	14366
扈家庄	18485
骑士	12509
琴泉	2898
喜闻乐见	6121
散文特写选（1959—1961）	3974
董家山	18489
葵花向阳	17970
厨娘	18440
插曲	13524
最后一个乌兑格人	12510
短篇小说（第一集）	1701
短篇小说（第二集）	1702
短篇小说（第三集）	1703
御果园 白良关 牧虎关 黄一刀 双李逵	18493
强项令	18069
登临集	2895
解冻（第一部）	12506
解冻（第二部）	12513
赫哲人的婚礼	17900
蔡家庄	18504
辕门斩子	18478
辕门斩子 调寇	18551
赚书 训子 望儿楼 三进士	18483

豪夫童话集	15787
樊江关	18490
樊江关	18529
播火记（上下）	109
暴风	14367
暴风雪	18438
穆柯寨 穆天王	18496
穆桂英挂帅	18519
藏剧故事集	18202
螺号	2896

1964 年

人	14236
人，岁月，生活（第四部）	14691
大风歌	112
大量的矿石	12517
山门	18556
千万不要忘记	17913
小丫扛大旗 报告文学（第二集）	3984
小足球队	17924
井台会	18525
瓦解	13535
中国人民的手	14143
中国历代诗歌选上编（一）	3659
中国历代诗歌选上编（二）	3660
中国少数民族戏剧	6127
中国文学史（三）	7260
中国文学史（四）	7261
仇恨的火花	3977
风雨桐江	115
文艺学习	6130
文学艺术的春天	6129
文学研究集刊（第一册）	6900
忆陈冬尧	9875
为了这样的自由	14142
为诗辩护	15105
巧媳妇	18075
古典文艺理论译丛（七）	15113
古典文艺理论译丛（八）	15114
古典文艺理论译丛（九）	15115
节振国	18073
石炭歌	2916
龙马精神	17925

东进序曲	17920	迎春花	17919
北大荒人	17910	这位是巴鲁耶夫	12518
北加里曼丹万岁	14374	社长的女儿	18170
北京的星星	14733	阿尔巴尼亚现代短篇小说集	12688
四月的哈瓦那	2910	青纱集	2914
生人妻	2351	青梅	17974
生命泉	3983	现代文艺理论译丛（五）	15297
白云鄂博交响诗	2913	现代文艺理论译丛（六）	15294
写状	18555	幸运之轮	12824
写给少先队员的诗	8294	苦难与光明	14371
出口成章——论文学语言及其他	6126	柜台	17979
母子会	17980	奇袭白虎团	18079
西方美学史（下）	7343	欧洲文学史（上）	7342
西非日记	3978	拉扎尔·西理奇诗集	14271
毕革飞快板诗选	2912	非洲游记	2908
回声	15072	贤良桥畔	3982
年青的一代	17926	牧羊歌	18169
传说的继续	12516	岳云	17918
伏枥集	2909	金锁阵	18510
伐木声声	2915	狗洞	18557
向阳商店	18102	夜宿花亭	18524
会计姑娘	18103	审椅子	18014
好榜样	17977	审潘洪	18509
红岩	17917	话剧剧本专刊	17912
红管家	18077	春满天涯	2911
约斯蒂娜	18449	革命自有后来人	18076
志愿女教师	12825	草原小姐妹	18078
花荡	18558	南山的灯	1709
芦花荡	18511	南方来信（第一集）	14731
芦荡火种	18070	南方来信（第二集）	14732
克里姆·萨姆金的一生（第三部）	12514	南行记续篇	1708
苏联一些批评家、作家论艺术革新与"自我表现"问题（现代文艺理论译丛增刊）	15296	南柳春光 报告文学（第三集）	3985
		南海长城	17921
		拾穗小札	3980
苏联文学与党性、时代精神及其他问题（现代文艺理论译丛增刊）	15295	战斗的南越	14372
		战争的回声	12515
杏林春暖	1705	是这样开始的（战时札记）	14692
杨柳春风	17978	恰佑比诗选	14270
李双双	17915	美学问题讨论集（六）	6128
两个打秋千的人	18447	美洛斯来的瘟疫	18448
报告文学（第一集）	3976	前驱（上下）	114
岗旗	17976	洪湖赤卫队	18071
我的同时代人的故事（第三、四卷）	11342	祖国颂	14376

神的儿女	13537
费鲁米娜·马尔土拉诺	18444
娜嘉	12687
勇敢的年代	14377
艳阳天(一)	116
赶花轿	18172
索尔仁尼津短篇小说集	12519
换房	18016
豹子湾战斗	17922
病房	18446
唐宋传奇选	2606
请医	18512
剧本 现代戏曲专刊	17822
剧作法	18344
黄花岭	17975
萨巴尔桑多梭·阿南塔古纳诗集	14378
梵语文学史	7344
梅林山下	18171
曹雪芹	6899
砾痕记	18508
雪岭苍松	18074
晨光集	1706
晚餐之前	18445
跃马扬鞭	113
第一与第二	17981
绿色的远方	8295
最后一幕	17914
黑色的鹰觉醒了	14373
短篇小说集	13533
短篇小说集	13538
焦尔金游地府	14235
靳以文集(上卷)	7866
槐树庄	17911
雷锋	17923
锤击集	14375
新生活—新戏剧	18345
新花红似火	3979
新娘子和一匹马	13534
翠英	1707
黎明的战士	14144
德拉戈·西理奇诗集	14269
潮汐和船	3981
霓虹灯下的哨兵	17916

犟媳妇	18015
黛诺	18072
1926年的火炬	13536

1965 年

一对红的故事 战士业余演出独幕剧集	17984
一张工票 揭露资产阶级罪恶录	3987
一袋麦种	18179
一颗红心	18173
人道主义与现代文学(上下)(现代文艺理论译丛增刊)	15298
九颗红心向祖国	3991
三少年	18086
三朵小红花	18182
大江风雷(上下)	125
大寨英雄贾进才	18226
万里送牛 报告文学(第四集)	3992
山花烂漫	18187
山村花正红	17936
山村新人	120
千里马时代的史诗	14740
女八路夺枪 现代革命故事选	9805
女飞行员	17933
小林多喜二小说选	13539
小铃铛	12523
马亨德拉诗抄	14380
丰收之后	17927
王杰之歌	18018
天亮之前	1717
木偶净瑠璃	13540
支援越南,打倒美帝	18208
不爱红装爱武装	3988
日本人民的英雄气概——日本报告文学集	14745
日本的黑雾	13542
反美斗争的最前哨	3990
反美铜墙(朗诵诗)	2926
公社的人们	1712
公社铺云我下雨 农民歌手诗抄	2922
乌兰牧骑——红色文化工作队	18299
六号门	18084
文明地狱	1713

1337

文学书简(下)	15299	我们生活在这儿	12522
火炬	14382	我们和越南人民的战斗友谊	3993
为革命而打球	3995	我们的青春	3986
为革命学习的人们	3989	辛酸	13543
斗书场	18185	沙家浜	18085
巴拉干	12689	补锅	18178
双教子	18184	青松岭	17934
玉泉喷绿(下)	122	青春的舞台	15075
巧妙的游击战 越南南方游击战故事集	14743	坦克奔驰	2925
		苗岭风雷	18080
艾伊特玛托夫小说集	12520	昆仑行	2917
古典文艺理论译丛(十)	15116	忠诚	18450
古城春色	123	呼啸的山风	119
石油诗 第一集	2919	京剧《红灯记》评论集	18300
石油诗 第二集	2920	京剧《沙家浜》评论集	18301
打铜锣	18175	沸腾的群山	126
扒瓜园	18180	胡桃坡	2921
电闪雷鸣	17940	南方来信	17931
代代红	17939	南方来信选(农村版)	14742
民间文学增刊 一九六五年第一期	9806	南方汽笛	17937
边疆晓歌	118	药老虎发家史	3994
老妇还乡	18453	战斗的越南南方青年	14734
灰烬的沉默	13544	战斗的越南南方青年(第二集)	14736
刚果风雷	17938	战洪图	17935
自由人	12524	胜利在望	17985
血染三条石	1714	亲身经历的故事	12525
全国少数民族群众业余艺术观摩演出 曲艺戏剧选	18203	送粮	18183
		祖国铜墙	14737
全国少数民族群众业余艺术观摩演出 新民歌选	9803	说唱王杰(一)	18224
		破晓记	121
全国报刊文学论文索引 1960年	10264	借牛	18177
全国报刊文学论文索引 1961年	10265	爱国者	15073
刘胡兰	17941	烘房飘香	18181
关不住的小老虎	17983	消息树	17986
江姐	18017	海鸥	17982
戏剧冲突与英雄人物	18346	朗诵诗选	2918
红灯记	18083	剧本增刊 第一号	17929
红嫂	18082	剧本增刊 第二号	17930
赤道战鼓	17932	《剧本》增刊(第三号)	18174
劳模嫁女	1711	勒菲弗尔文艺论文选	15168
苏联青年作家小说集(上下)	12521	鄂奥	13541
把仇恨集中在枪口上	14738	第一支军号 现代革命故事选	9804
时刻准备着	18225	彩虹	18186

彩霞万里	1710	乒乓运动的春天	4002
渔岛怒潮	124	好帮手	17990
密林的历史	14379	红松店	18019
琼花	18188	两个理发员	17989
越南军民打得好	18223	穷棒子社的故事（上下）河北遵化	
越南，我们和你在一起（朗诵诗）	2924	建明公社纪事	10007
朝霞	15074	阿霞	18189
等待戈多	18451	英雄工兵	17945
痛打美国强盗	18222	刺刀见红	17988
愤怒的火焰	14381	欧阳海之歌	129
奠边府战役回忆录（第一集）地道战	14735	和战斗英雄麦贤得在一起	4000
奠边府战役回忆录（第二集）		学大寨	18233
最后防线	14741	战斗的越南南方青年（第三集）	14746
游乡	18176	选队长	17987
献给北京的颂歌	14145	说唱王杰（二）	18227
像他那样生活	14739	说唱麦贤得	18229
新人创作选（第四集）	5779	说唱焦裕禄（第一集）	18228
新人新作选（第一集）	1715	说唱焦裕禄（第二集）	18232
新人新作选（第二集）	1716	艳阳天（二）	127
新人新作选（第三集）	3996	荷塘——今日南泥湾	4003
新人新作选（第五集）曲艺 故事	10301	高举毛泽东思想红旗	
新兵之歌	2923	做又会劳动又会创作的文艺战士	6131
槟榔姑娘	14744	海岛女民兵	1718
槟榔树下的战斗	18104	教师	14272
暴风雨过后的痕迹	18452	教育新篇	17943
箭杆河边	17928	崭新的一代	3998
箭杆河边	18081	清江壮歌	128
激流飞渡	117	朝阳	17944
		赎马记	18234
		蓝笔记本 附：仇敌	12526

1966 年

一千〇一天	17942
一路平安	18089
上任	18088
女队长	18231
马克思恩格斯论艺术（第四册）	15106
王杰	3997
仇恨的火焰	18230
古典文艺理论译丛（十一）	15117
让马	18087
在革命化道路上前进的好剧团	
（第一集）	18302
光辉的榜样——焦裕禄	4001
伟大的战士——焦裕禄	3999

1967 年

在延安文艺座谈会上的讲话	6575
红灯记 革命现代京剧样板戏	5780
沙家浜 革命现代京剧样板戏	5783
奇袭白虎团 革命现代京剧样板戏	5782
智取威虎山 革命现代京剧样板戏	5781

1968 年

海港 革命现代京剧样板戏	5784

1969 年

"九大"凯歌震天下	10576

工人阶级必须领导一切	10575	大海航行靠舵手	10424
万众欢腾庆"九大"	10573	万岁！毛主席	10412
毛主席的建党路线放光辉（组歌）	10572	山丹丹开花红艳艳	10431
毛主席的革命路线胜利万岁	10567	小提琴演奏法	10543
毛主席是我们心中的红太阳	10563	少年儿童歌曲选（第一集）	10365
毛主席语录再版前言	10571	少年儿童歌曲选（第二集）	10372
毛泽东同志是当代最伟大的马克思列宁主义者	10569	毛主席走遍祖国大地	10418
		手风琴伴奏歌曲选（一）	10363
公报字字放光芒	10565	手风琴伴奏歌曲选（二）	10364
军民团结如一人	10566	手风琴伴奏歌曲选（三）	10373
欢庆党的第九次全国代表大会	10574	手风琴演奏法	10542
我们的党是一个伟大的党，光荣的党，正确的党	10568	风展红旗 工农兵诗选	2930
		文艺宣传资料（一）	5785
要认真总结经验 要了解运动的全过程	10570	龙江颂（主旋律）	10578
		东方红	10416
歌唱"老三篇"	10564	号声嘹亮 工农兵短篇小说选	1723
		闪闪的红星	1719

1971 年

工农一家人——革命历史歌曲	10405	老挝短篇小说集	13548
工农革命歌——革命历史歌曲	10402	团结胜利的凯歌（报告文学选集）	4004
大刀进行曲——革命历史歌曲	10409	团结起来，争取更大的胜利	10420
大路歌——革命历史歌曲	10404	伟大的社会主义祖国在前进	10413
天人五衰	13546	延边人民热爱毛主席	10414
毕业歌——革命历史歌曲	10406	全世界人民一定胜利	10428
全世界人民团结起来，打败美国侵略者及其一切走狗！	10400	冲锋在前	1720
		军民大生产	10430
李白与杜甫	6901	阳光灿烂照征途——工农兵诗选	2927
抗日战歌——革命历史歌曲	10407	红石山中	1722
忧国	13545	红色娘子军（主旋律）	10580
到敌人后方去——革命历史歌曲	10408	红松村的故事 工农兵短篇小说选	1724
国际歌	10357	坚持毛主席革命路线就是胜利	6132
国际歌 三大纪律八项注意	10360	我们的朋友遍天下	10429
革命歌曲选（一）	10358	我是一朵向阳花	8296
革命歌曲选（二）	10359	我爱北京天安门	10423
革命歌曲选（三）	10361	雨涤松青	1721
战斗进行曲——革命历史歌曲	10410	国际歌	10421
前进歌——革命历史歌曲	10401	金光大道（一）	132
艳阳天（三）	130	放歌长城岭	2928
新的女性——革命历史歌曲	10403	学习鲁迅深入批修（一）	6133
		定叫山河换新装	10415
		革命青年进行曲	10427

1972 年

三大纪律八项注意	10422	革命现代京剧 龙江颂	5786
工农齐武装	10426	革命现代京剧 红色娘子军	5788
		革命现代京剧 海港	5787

革命歌曲选（一）1972年	10362
革命歌曲选（二）1972年	10366
革命歌曲选（三）1972年	10369
革命歌曲选（四）1972年	10371
革命歌曲选汇编（第一集）	10368
草原上的红卫兵见到了毛主席	10419
柬埔寨通讯集	14747
战地新歌	10367
咱们的领袖毛泽东	10425
钢琴协奏曲《黄河》（总谱）	10581
钢琴伴唱《红灯记》	10582
怎样识简谱	10541
独唱歌曲选（第一集）	10370
活页器乐曲［二胡-1］	
北京有个金太阳	10497
活页器乐曲［二胡-2］	
五指山上红旗飘	10495
活页器乐曲［二胡-3］	
山村变了样	10498
活页器乐曲［小提琴-1］	
唱支山歌给党听	10496
活页器乐曲［唢呐-1］	
送粮路上唱丰收	10493
活页器乐曲［笛子-1］	
我是一个兵	10491
活页器乐曲［笛子-2］	
公社社员运粮忙	10492
活页器乐曲［笙-1］海南春晓	10494
祝福毛主席万寿无疆	10417
晓寺	13549
颂歌声声飞北京——少数民族诗歌选	2929
海港（主旋律乐谱）	10577
海螺渡（儿童文学选辑）	8297
笛子吹奏法	10540
越南南方短篇小说集	13547
群众演唱选（一）1972年	5789
群众演唱选（二）1972年	5790
歌唱伟大、光荣、正确的中国共产党	10411
篝火正旺　工农兵短篇小说选	1725
激战无名川	131
翻身道情	10432

1973年

二胡演奏法	10548
人民的儿子	2935
人勤春来早	
（二胡独奏曲，民族乐队伴奏）	10469
大地飞彩虹——铁道兵诗选	2934
大清河畔话当年（板胡独奏曲，	
混合管弦乐队伴奏）	10471
大寨红花遍地开（民族管弦乐曲）	10472
大寨红花遍地开	
（笙独奏曲，民族乐队伴奏）	10476
广阔天地炼红心（笛子曲选第一集）	10477
小提琴演奏初步教程	10547
子弟兵和老百姓（民族管弦乐曲，	
民族乐队合奏曲）	10468
丰收锣鼓（民族器乐合奏曲）	10470
无影灯下的战斗（报告文学集）	4007
少年儿童歌曲选（第三集）	10378
手风琴伴奏歌曲选（五）	10382
手风琴伴奏歌曲选（四）	10375
公社春来早（板胡独奏曲，	
民族乐队伴奏）	10466
月琴弹奏法	10546
文艺节目（第一辑）	
首都游园活动文艺节目选	10591
文艺节目（第二辑）	
少年儿童文艺专辑（上）	10592
文艺节目（第三辑）庆祝一九七三年	
"五一"国际劳动节首都游园活动	
文艺节目选	10593
文艺节目（第四辑）　小戏专辑	5795
火海擒敌（群众演唱6,1973年，	
知识青年上山下乡曲艺专辑）	10303
心向北京唱丰收（二胡曲选第一集）	10478
平原作战（主旋律乐谱）	10585
东风浩荡	134
四部古典小说评论	6902
处处有亲人　群众演唱选1(1973)	5791
母亲	12527
在外地主	13553
向阳院的故事	8300
合唱歌曲选（第一集）	10374
多余的话	5476
军垦新曲	2932

条目	编号
红花满山	2931
红雨	8298
红楼梦研究	6903
红楼梦研究参考资料选辑(第一辑)	6905
红楼梦研究参考资料选辑(第二辑)	6906
红楼梦辩	6904
园丁之歌 群众演唱选3(1973)	5793
我们是革命新一代(儿童诗歌选)	8302
迎着太阳做早操(儿童小歌舞)	10537
沙家浜(总谱)	10579
阿尔巴尼亚短篇小说集	12690
纺织女工(舞蹈)	10535
青春战歌(歌曲选集)	10383
幸福渠(柳琴独奏曲,弦乐伴奏)	10473
板胡演奏法	10544
奔马	13552
奇袭白虎团(主旋律乐谱)	10583
牧民新歌(笛子独奏曲,民族乐队伴奏)	10467
鱼水情(小舞剧)	10536
单簧管演奏法	10549
沸腾的群山(二)	133
沼尾村	13551
练兵场上(板胡独奏曲,民族乐队伴奏)	10475
珍珠赋(散文选)	4006
革命现代京剧主要唱段选	10584
革命现代京剧 奇袭白虎团	5794
革命歌曲选(一)1973年	10376
革命歌曲选(二)1973年	10379
革命歌曲选(三)1973年	10381
革命歌曲选(四)1973年	10385
革命歌曲选汇编(第二集)1972年	10380
带班 短篇小说集	1729
草原上的红卫兵见到了毛主席(民族管弦乐曲)	10474
草原女民兵(舞蹈)	10534
南疆木棉红 工农兵短篇小说集	1727
战地红缨	8299
战地新歌续集	10377
独唱歌曲选(第二集)	10384
活页器乐曲[二胡-4]人勤春来早	10504
活页器乐曲[二胡-5]金珠玛米赞	10505
活页器乐曲[二胡-6]豫北叙事曲	10506
活页器乐曲[二胡-7]骑马挎枪走天下	10507
活页器乐曲[二胡-8]机轮飞转歌声扬	10510
活页器乐曲[小号-1]我为祖国守边疆	10500
活页器乐曲[小提琴-2]山丹丹开花红艳艳	10508
活页器乐曲[小提琴-3]延边人民热爱毛主席(小提琴齐奏曲)	10516
活页器乐曲[板胡-1]喜送战备粮	10499
活页器乐曲[板胡-2]公社春来早	10509
活页器乐曲[单簧管-1]红太阳照亮了草原	10501
活页器乐曲[柳琴-1]幸福渠(柳琴独奏曲)	10514
活页器乐曲[笛子-3]油田的早晨	10502
活页器乐曲[笛子-4]丰收曲	10503
活页器乐曲[笛子-5]野营路上(笛子二重奏)	10511
活页器乐曲[笛子-6]陕北好	10512
活页器乐曲[笛子-7]牧民新歌	10513
活页器乐曲[笛子-8]扬鞭催马运粮忙(笛子独奏曲)	10517
活页器乐曲[笙-2]大寨红花遍地开(笙独奏曲)	10515
索道隆隆 矿山短篇小说集	1726
哨所的早晨 短篇小说集	1728
颂雷锋学雷锋(群众演唱选4,1973年,曲艺专辑)	10302
海的女儿(儿童文学选辑)	8301
黄海红哨	135
雪里送炭(舞蹈)	10533
淀上飞兵	4005
琵琶弹奏法	10545
越南短篇小说集	13550
喜晒战备粮(舞蹈)	10532
鲁迅全集(1—20)	7867
鲁迅批孔反儒文辑	5477
蓝色的海疆	2933
鲍狄埃诗选	13977
新人骏马 群众演唱选2(1973)	5792

蟹工船	13554

1974 年

三大纪律八项注意	10433
三国志通俗演义(影印本)	2609
大庆战歌 大庆工人诗选	2938
大庆道路宽又广	10436
大寨人心向红太阳	10439
大寨红花遍地开	10440
万岁！伟大的中国共产党	10447
山村夜诊(快书、快板专辑)	10308
山村战鼓(唱词专辑)	10306
山鹰(相声专辑)	10315
千年的铁树开了花	10444
千年的铁树开了花(小提琴独奏曲，钢琴伴奏)	10482
千重浪	137
女队长(演唱专辑)	10309
小向导(儿童曲艺专辑)	8308
井冈山上太阳红	10457
扎根农村(唱词专辑)	10307
少年儿童歌曲选(第五集)	10391
少年儿童歌曲选(第四集)	10388
中华人民共和国国歌(管乐总谱)	10526
中华人民共和国国歌(管弦乐总谱)	10525
中国人民不可侮——批判安东尼奥尼的反华影片《中国》文辑	6134
牛栏春暖(小戏曲)	5798
毛主席的军事路线永放光芒(活页歌曲)	10464
手风琴曲选(1)	10480
手风琴曲选(2)	10483
手风琴伴奏歌曲选(六)	10387
凤凰林	2942
文艺节目(第二辑)少年儿童文艺专辑(下)	10594
文艺节目(第七辑)器乐曲专辑	10479
文艺节目(第五辑)	10595
文艺节目(第六辑)曲艺专辑	10304
文艺评论集	6136
火车向着韶山跑	10456
引路的红旗	4008
孔孟在文艺方面的反动言论辑录(试编本)	10907
石头后面(评书、评弹专辑)	10310
北京颂歌	10454
他们特别能战斗(报告文学集)	4010
"半边天"(小吕剧)	5796
半篮花生(革命现代越剧)	5805
边疆少年之歌	8303
台湾同胞我的骨肉兄弟	10446
西沙之战(诗报告)	2939
伟大的北京	10453
伐木工人歌	10438
延安儿女心向毛主席	10450
行军路上(舞蹈)	10538
壮族人民歌唱毛主席	10449
冲上批林批孔的战场(批林批孔曲艺专辑)	10311
阶级斗争的形象历史——评《红楼梦》	6907
妇女能顶半边天(活页歌曲)	10465
红小兵越战越坚强(活页歌曲3)	10463
巡诊的路	2941
远航	10461
苍山歌声永不落	10459
杜鹃山(主旋律乐谱)	10586
两张发票(淮北梆子戏)	5800
批判晋剧《三上桃峰》	6137
批林批孔民歌选	2936
批林批孔战歌	2943
批林批孔战旗红	10435
连队生活歌曲六首(手风琴伴奏)	10393
把批林批孔的斗争进行到底	10434
我为伟大祖国站岗	10441
我心中的歌献给解放军	10442
我们都是小闯将——批林批孔儿歌专辑	8304
我写儿歌来参战	8306
我是公社小社员	10460
我是延安人	2937
我爱这蓝色的海洋	10445
迎着朝阳	1731
阿佤人民唱新歌	10458
阿果里诗选	14273
青春献给伟大的党	10452
昔阳新歌谣	2945

1343

林中响箭(儿童文学选辑)	8305
斩栾平(学习革命样板戏曲艺专辑)	10316
金光大道(二)	136
京胡演奏法	10550
春雪	13555
赵金辉捉"贼"(曲艺专辑)	10317
革命现代京剧 平原作战	5803
革命现代京剧《平原作战》评论集	6135
革命现代京剧《杜鹃山》评论集	6138
革命现代京剧短小唱段选段选集	10589
革命歌曲选(1974年第二集)	10394
革命歌曲选(一)1974年	10392
革命歌曲选(五)1973年	10386
革命歌曲选(六)1973年	10390
革命歌曲选汇编(第三集)	
(1973年《革命歌曲选》合订本)	10395
草原雏鹰	8309
战地新歌(第三集)	10389
战犹酣(工农兵诗选)	2944
钢琴协奏曲《黄河》(两架钢琴谱)	10587
怎样练习歌唱	10551
保卫西沙(相声专辑)	10313
送货路上(湖南花鼓戏)	5806
送粮路上(舞蹈)	10539
前进在社会主义大道上	
——欢庆第四届全国人民代表大会	
胜利召开(歌曲专辑)	10397
活页器乐曲[二胡-10]	
快乐的山区邮递员	10523
活页器乐曲[二胡-11]	
庆丰会上话今昔	10527
活页器乐曲[二胡-12]	
支农货担进山来	10530
活页器乐曲[二胡-13]草原新牧民	10528
活页器乐曲[二胡-14]	
延边人民热爱毛主席	10531
活页器乐曲[二胡-9]赞大寨	10522
活页器乐曲 二胡练习曲五首	10524
活页器乐曲[小提琴-4]	
千年的铁树开了花	10521
活页器乐曲[唢呐-2]	
山村来了售货员	10529
活页器乐曲[笛子-10]	

你追我赶争上游	10518
活页器乐曲[笛子-11]	
广阔天地炼红心	10520
活页器乐曲[笛子-9]	
革命青年运肥忙	10519
浏阳河(筝独奏曲三首)	10484
祖国盛开大寨花(歌曲选集)	10396
都愿意(小吕剧)	5801
党的阳光照耀着祖国	10451
峻岭青松(曲艺专辑)	10312
脂砚斋重评石头记	2608
海上女民兵	10443
海屏(评弹专辑)	10314
《海港》(总谱)	10588
海燕(相声专辑)	10305
理想之歌	2940
雪山南泥湾 群众演唱选5(1973)	5802
唱支山歌给党听(琵琶曲三首)	10481
唱歌的星星	8307
敬祝毛主席万寿无疆	10448
朝阳新歌(小京剧)	5799
朝晖 知识青年上山下乡短篇小说集	1730
雄伟的天安门	10455
鲁迅批孔作品选读(试编本)	5478
雷雨之前(独幕话剧)	5807
新人骏马(淮北花鼓戏)	5797
新委员(独幕话剧)	5808
新穗集	4009
群众演唱选(一)1974年	5804
瑶家歌颂毛主席	10462
踏着"铁人"脚步走	10437
儒林外史(上下)(影印本)	2610

1975年

人间	12528
《三国志·武帝纪》注译	5638
大刀记(第一卷)	141
大刀记(第二卷)	143
大刀记(第三卷)	144
大庆儿歌	8318
大庆红花遍地开	
("工业学大庆"曲艺专辑)	10322
大庆红旗飘万代(歌曲选集)	10398

大寨步步高	
（"农业学大寨"曲艺专辑）	10323
万岁！毛主席（民族管弦乐曲）	10485
万年青	146
山村新人（六场话剧）	5823
广阔的路	4012
小戏创作谈	6145
王安石诗文选读	8201
天山进行曲	2951
历史上劳动人民反孔批儒	
诗歌二十七首	2958
友谊的彩虹——坦赞铁路工地诗歌选	2947
少年儿童歌曲选	10399
少数民族诗歌选	2957
日本沉没	13558
日本改造法案	15076
手风琴曲选（3）	10488
反华电影剧本《德尔苏·乌扎拉》	15030
公社添新花（革命儿歌选）	8314
风雪边防线	1733
文艺节目（第八辑）	10596
文镜秘府论	6787
火红的山丹	8315
火红的年代（电影文学剧本）	5810
火焰	12691
斗天图	2950
巴勒斯坦战斗诗集	14383
水浒传（上中下）	2611
打虎上山（学习改编革命样板戏	
曲艺专辑）	10324
东北军民敢决战	
（批林批孔曲艺专辑）	10320
北疆红似火	2948
电影艺术的灿烂新花	
——《闪闪的红星》评论集	6141
生活的道路	13557
代表团万岁	15077
主课（独幕话剧）	5809
闪闪的红星（电影文学剧本）	5813
半边天（吕剧）	5822
讨孔风云（故事新编）	4015
边城风雪	142
地方戏移植革命样板戏好（第一辑）	6146
毕业新歌（独幕话剧）	5819
全国人民齐欢庆	
（庆祝四届人大曲艺专辑）	10319
会说话的路	8317
争夺（曲艺专辑）	10327
闯滩（曲艺专辑）	10325
灯岛	4013
红石口	147
红军路上	4018
红星新歌	2949
红缨枪	8310
克孜勒山下	145
李贽文选读	5637
批判孔老二的反动音乐思想	
（论文集）	10552
批判坏戏文章选辑	6147
批判坏戏文辑	6144
乱云飞（民族管弦乐曲，根据革命现代	
京剧《杜鹃山》同名唱段改编）	10486
我为祖国造铁牛	2946
我是公社一棵苗	8311
我爱北京天安门	10489
迎着朝阳（独幕话剧）	5820
沂蒙山高	1732
青松岭（电影文学剧本）	5811
昔阳新故事	4016
矿山小歌手——革命儿歌集	8316
拥军秧歌（民族管弦乐曲）	10487
明天的天气——以对话、书信、电报	
与其它文件等形式表达的现场	
报导剧	15031
金翅鸟（散文选）	4011
宝塔山下新一代	10490
春满车间	2952
革命电影阔步前进——彩色影片	
《艳阳天》《火红的山丹》《青松岭》	
评论集	6139
革命现代京剧《龙江颂》评论集	6148
革命现代京剧主要唱段选段选集	10590
革命现代京剧 杜鹃山	5812
革命现代京剧《奇袭白虎团》评论集	6140
革命现代京剧《海港》评论集	6143
革命现代京剧 海港（综合本）	5814

革命要钢我们炼	2959	山雨欲来风满楼	2967
革命样板戏论文集(第一辑)(试编本)	6142	山寨号角	1735
革命样板戏剧本汇编(一)	5815	小店春早(黄梅戏)	5827
南征北战(电影文学剧本)	5818	开滦歌谣	2968
南京部队曲艺作品选	10318	云燕	157
柳宗元论文选读	5639	木戈比 附精力旺盛的人们	12532
挑山担海跟党走	2955	支农晨曲(吕剧)	5835
战争风云(一)	12827	毛主席诗词	2960
战争风云(二)	12828	反修哨兵(相声专辑)	10333
战争风云(三)	12829	文化大革命颂	2964
点燃朝霞的人们	12826	火凤	2963
怎样识五线谱	10553	孔雀高飞	156
恍惚的人	13556	四滴水	15032
养猪阿奶(曲艺专辑)	10321	弗兰茨·冯·济金根	14862
洪流集(工农兵诗选)	2954	台胞的心声	2969
除"虱"篇(批林批孔杂文集)	4014	地方戏移植革命样板戏好(第二辑)	6151
艳阳天(电影文学剧本)	5817	列车行	2961
莫桑比克战斗诗集	14384	先人祭	14949
校园春光(教育革命故事集)	4017	伐木人传(上下)	149
钻天峰	140	延河在召唤	152
钻塔上的青春	2953	创业(电影文学剧本)	5836
铁旋风(一)	139	关汉卿戏剧集	5978
高歌向太阳——广西各族新民歌选	2956	灯光明亮(故事会)	4019
曹操诗文选读	8200	江鹰	4022
戚蓼生序本石头记	2607	决裂(电影文学剧本)	5831
喜事新办(曲艺专辑)	10328	红电波	8325
朝鲜短篇小说集	13559	红楼梦研究参考资料选辑(第三辑)	6910
喧闹的森林(儿童文学选辑)	8313	红楼梦新证(上下)	6909
鲁迅关于《水浒》的论述	5479	红霞万朵(黄梅戏)	5837
渤海渔歌	138	进军集	2966
渡江侦察记(电影文学剧本)	5821	运哪家货(独幕话剧)	5833
游击小英雄(儿童曲艺专辑)	10326	苍山红梅(白剧)	5843
新来的小石柱	8312	两张图纸(湖南花鼓戏)	5841
群众演唱选	5816	还原舞台 高于舞台——革命样板戏影片评论集(第一辑)	6152

1976年

十二级台风刮不倒(小靳庄诗歌选)	2962	来自坦赞铁路的报告	4023
丁秀芹审椅子(曲艺专辑)	10330	来参观的人(独幕话剧)	5842
三定桩(莱芜梆子)	5828	抗震凯歌(曲艺、戏剧辑)	10331
工地春光(独幕话剧)	5838	坚持文艺革命 反击右倾翻案风	6150
大地的翅膀	4020	园丁之歌(湘剧高腔)	5839
大江飞虹(话剧)	5829	呐喊(注释本)	2353
万山红遍(上)	151	我爱大寨花(革命儿歌)	8323
		我爱边疆(革命儿童选)	8321

书名	编号
彷徨（注释本）	2354
阿Q正传（注释本）	2352
阿穆尔河的里程	12529
鸡鸣山下	8324
青铜的种族	12830
昔阳散记	4021
昔阳新儿歌	8322
昔阳新曲艺	10329
枫树湾（八场话剧）	5832
雨后青山	150
昆仑春色	1736
油断	13562
泡沫	15034
沸腾的群山（三）	155
试看天地翻覆——学习毛主席词二首	6149
春苗（电影文学剧本）	5830
柳宗元诗文选	8202
研究文艺史上儒法斗争的几个问题	6908
砂器 望乡	15078
钢铁是怎样炼成的	12531
追报表（楚剧）	5840
胜利的十月（诗歌朗诵演唱会）	2971
帝国主义必败	13560
前夕	148
宣战（六场话剧）	5826
绘新图（曲艺辑）	10332
高山尖兵（六场话剧）	5825
《梦溪笔谈》选注	10908
虚构的大义——一个关东军士兵的日记	13561
晨光曲	154
第二个春天（电影文学剧本）	5834
朝鲜诗集	14385
雁回岭	2970
集中火力批邓 坚持文艺革命	6153
鲁迅书信集（上下）	5483
鲁迅言论选辑	5480
鲁迅言论选辑（二）	5481
鲁迅言论选辑（三）	5482
湖边小暗哨	8319
蓝色的闪电	12530
献给祖国的花朵（儿童朗诵诗）	8320
碧绿的秧苗	1734
歌飞大凉山	2965
澜沧江畔	153
霞满龙湾	8326
警报 附平静的深渊	15033
爆破之前（独幕话剧）	5824

1977年

书名	编号
三访大寨（曲艺集）	10341
大浪淘沙（电影文学剧本）	5852
万山红遍（下）	165
山谷里的火光	4030
山燕	8328
义和拳（上下）	168
广大的战线	164
井上靖小说选	13565
不许犯我	13403
"中山狼"的本性及其它 批判"四人帮"反党集团杂文集	4028
毛主席开掘幸福泉（曲艺、戏剧集）	10338
毛主席永远活在我们心中	2976
反革命狂想曲的幻灭——"四人帮"利用电影反党的铁证	10597
从序幕开始 附转椅	13563
火把 长征短篇小说集	1739
双牵牛 河北遵化农业机械化故事集	4029
世世代代怀念周总理（曲艺集）	10339
古玛河春晓	167
石油大哥（长篇说唱诗）	2974
打着"写走资派"的旗号 为复辟资本主义开路	6154
老将上阵（小戏集）	5850
在新标准面前（独幕话剧）	5846
有吉佐和子小说选	13566
列宁	14237
光辉的里程	1740
回忆毛主席	9876
先锋战士（六场话剧）	5851
华主席在湘阴的故事	8332
华主席挥手我前进（曲艺演唱集）	10336
华主席穿上绿军装（革命儿歌专辑）	8331
伊克巴尔诗选	14386
壮志凌云（曲艺辑）	10335
阳光洒满五·七路	

——五·七干校诗选	2983	淬火集	1738
红太阳颂	2979	深切怀念敬爱的周总理(小戏集)	5847
红心永向华主席(曲艺、演唱辑)	10334	维尔特诗选	13978
红雨(电影文学剧本)	5844	绿风	8334
杜牧传	6911	董必武诗选	2984
李双双小传	1741	朝鲜电影剧本集	15079
迎春花开(曲艺集)	10342	硬骨头六连战旗红(曲艺、戏剧辑)	10345
怀念敬爱的周总理	4025	雁塞游击队	163
沈阳部队曲艺作品选	10344	雅典的泰门	14864
评注聊斋志异选	2613	鲁迅言论选辑(四)	5484
初升的太阳(六场话剧)	5853	新的长征	2981
阿力玛斯之歌	160	震不倒的红旗	2977
陈毅诗词选集	2973	踏上地球之巅	4026
劲芽(儿童文学选辑)	8327	燕岭风云	159
丧失了名誉的卡塔琳娜·勃罗姆	11555	儒林外史	2612
金色太阳永不落	8330	翼上(上下)	162
金色的运动场	2982		
金鱼	12831	**1978年**	
周总理永远和我们在一起	2975	于无声处(话剧)	5863
学大寨民歌选	2972	工程兵曲艺作品选	10348
沫若诗词选	2978	大河奔流(电影新作集)	5857
官僚们的夏天	13564	大河春秋(六场话剧)	5859
革命现代京剧 沙家浜(综合本)	5848	大寨文艺节目选	10598
草原的早晨	161	大寨精神颂	10347
草原集	1737	小桔灯	8338
草原新歌	8333	天安门诗抄	2995
挑战	8329	云崖初暖	172
昨天的战争(第一部上下)	158	五万年以前的客人	8341
哈姆莱特	14863	不能走那条路	1747
骨肉情深(曲艺辑)	10337	车轮滚滚(电影文学剧本)	5861
胜利之歌——歌颂华主席、		日本文学史——日本文学的传统	
批判四人帮诗集	2980	和创造	15338
除"四害"(相声集)	10340	中国小说史	7263
起义者	13402	毛泽东之歌	2991
起跑线上(独幕话剧)	5845	长征路上	2994
秧歌剧选	5856	长河浪花集	4036
颂歌献给华主席	4027	片石集	2987
郭小川诗选	2985	幻灭	11044
疾风落叶	166	未完成的画	4038
唐山来的报告	4024	正午的暮色(一、二)	12539
海霞(电影文学剧本)	5849	艾凡赫	11046
继往开来(曲艺演唱集)	10343	龙虎风云记	173
银河岸边(小戏集)	5854	东方(上中下)	175

书名	编号
白比姆黑耳朵	12535
白头山	14387
白求恩的赞歌	8342
印度现代短篇小说集	13567
处女地	11343
包身工	5485
写电影剧本的几个问题	6155
台木尔短篇小说集	13568
百合花	1746
列宁在十月 列宁在一九一八年	15035
光明与黑暗	174
刘白羽散文选	4033
交城晨曦	8340
羊脂球	11048
江海儿女	170
安徒生童话选	15789
论文学	15301
"阴谋文艺"批判	6156
羽蛇	12833
红军不怕远征难	2988
红棉花开（广西叙事民歌选）	2986
红楼梦研究参考资料选辑（第四辑）	6912
芦笙战歌	2989
劳森短篇小说集	13928
杜甫戏为六绝句集解 元好问论诗三十首小笺	6788
杨朔散文选	4031
李尔王	14868
李贺诗选	3662
李润杰快板书选集	10346
李商隐诗选	3663
呓语	12692
你们知道我是谁——高士其作品选	8337
亨利四世	14865
青枫坡	1744
昔阳大地（报告文学集）	4035
英雄的画像	2993
林家铺子	2331
枫叶红了的时候（五场讽刺喜剧）	5858
卖花姑娘	15080
奔腾的雅鲁藏布江	178
拉丁美洲文学简史	15169
拉丁美洲现代独幕剧选	14967
国木田独步选集	13404
岸	12534
金色的花环	2992
勃列日涅夫集团关于文艺问题的决议和言论选编	15300
柬埔寨革命故事	14748
威尼斯商人	14866
美国短篇小说集	12752
前车之鉴——爱德华·贾森的总统生涯	12832
总工程师和他的女儿	177
洪湖赤卫队	5855
勇锁关山（七场话剧）	5860
绝望	12538
莎士比亚全集（1）	15346
莎士比亚全集（10）	15355
莎士比亚全集（11）	15356
莎士比亚全集（2）	15347
莎士比亚全集（3）	15348
莎士比亚全集（4）	15349
莎士比亚全集（5）	15350
莎士比亚全集（6）	15351
莎士比亚全集（7）	15352
莎士比亚全集（8）	15353
莎士比亚全集（9）	15354
格林童话选	15788
哥德巴赫猜想	4032
热瓦甫琴歌	2990
高尔基早期作品选	12537
唐诗选（上下）	3661
海军曲艺作品选	10349
海涅诗选	13980
浪里行	1743
基度山伯爵（1—4）	11049
探索星空奥秘的人	8339
堂吉诃德	11045
绿叶赞	4034
短篇小说选（1977—1978.9）	1745
惩罚	8336
温莎的风流娘儿们	14867
毁灭	12536
遥远的金竹寨	176
解放区短篇小说选	1742

书名	页码
新文学史料 第1辑	6576
新世界的儿女	13569
滨河街公寓	12533
滨海红花	4037
蔡特金文学评论集	15170
漫说红楼	6913
赛查·皮罗多盛衰记	11047
鞋匠的儿子	8335
德国，一个冬天的童话	13979
橱窗迎彩霞	171
曙光（六场话剧）	5862
翻身记事	169

1979年

书名	页码
一封拾到的信	1757
一镐渠	15916
丁香	8358
人生的开端 卡迪央王妃的秘密	11051
人，岁月，生活（第五部）	14693
三家村札记	4042
飞向人马座	8349
飞虎队与野猪队	8361
小风雨	15855
小星星	8355
乡村检察官手记	13573
历史人物	6581
巨手	8357
日本电影剧本选	15082
日本民间故事	17508
中国小说史简编	7264
中国历代诗歌选下编（一）	3668
中国历代诗歌选下编（二）	3669
中国现代文学史（一）	6582
中国现代文学史（二）	6583
中国神话选	8346
长长的流水	8343
文天祥诗选	3665
文艺论集	6585
文艺论集续集	6584
文艺界拨乱反正的一次盛会——中国文学艺术界联合会第三届全国委员会第三次扩大会议文件·发言集	6159
文学概论	6165
方纪散文集	4041
火花	186
为党生活的人	13571
巴尔扎克中短篇小说选	11050
邓拓诗词选	3002
双筒猎枪	8350
孔雀胆	5933
世界最高峰的奇迹	8348
艾青诗选	3538
古事记	13406
古神话选释	10910
石头赶车（陕西故事集）	4039
东欧短篇小说选	11477
生活的路	187
白围裙和白山羊	15917
外国文学评论（第一辑）	7350
冬	1753
台湾小说选	1758
台湾散文选	4047
考什布克诗选	14117
在非洲密林中	181
死不着	2997
过渡集	1754
《当代》（1）	7696
《当代》（2）	7697
《当代》（3）	7698
早春	2999
回忆贺龙同志	9880
伊斯拉姆诗选	14388
创作经验漫谈	6162
刘白羽小说选	1750
关于电影的特殊表现手段	6161
论文学	15302
论文学 续集	15303
论浪漫派	15120
论剧作	6168
论短篇小说创作	6160
农民起义	11479
戏剧艺术论丛（1979年第一辑）	6169
戏剧新作《剧本》月刊增刊1	5866
远望集	3000
杜甫诗选注	3664

书名	编号
李清照集校注	3666
求索——青少年时代的毛泽东同志	8362
吴晗杂文选	4043
呐喊	2356
我的第一个上级	1749
彷徨	2358
余党末日	4040
怀安诗选	3611
张天翼小说选集	2359
阿塔·特罗尔 一个仲夏夜的梦	13981
青春万岁	182
表 附文件	15903
苦牛	8353
茅盾评论文集(上下)	6158
松柏长青	9877
奇特的一生	12540
欧洲文学史(下)	7345
拉奥孔	15119
果戈理小说选	11345
罗摩衍那初探	7349
周恩来论文艺	6157
周恩来青年时代诗选	2996
法国文学史(上册)	7347
话剧表演知识讲座	6166
契诃夫小说选	11344
春天并不遥远	8364
春风吹来的童话	8344
珂赛特	15790
故事新编	2357
南冠草	5934
昨天的战争(第二部上下)	183
钟声	13570
俄洛天刚亮	185
侯金镜文艺评论选集	6164
闻捷诗选	2998
美国文学简史(上册)	7346
前夜 父与子	11346
绞刑架下的报告	14716
秦川儿女(一)	188
秦川儿女(二)	189
秦川儿女(三)	192
真假皇帝	8354
桥隆飙	180
贾雅·普拉纳之歌	14291
夏洛的网	15851
原诗 一瓢诗话 说诗晬语	6789
笑面人(上下)	11052
高加索的俘虏	15894
高渐离	5932
唐宋词选释	3667
竞选州长	12753
涅曼河畔	11478
海山论集	6167
海的梦	2355
陶铸诗词选	3001
雪山魔笛	8347
雪峰的诗	3612
堂娜芭芭拉	12834
野蜂出没的山谷	8345
望乡诗——阿倍仲麻吕与唐代诗人	15081
渔港之春(上下)	190
屠场	12835
骑兵之歌	184
斯蒂芬·茨威格小说四篇(象棋的故事)	11592
悲怀集——回忆三十位文学家、艺术家	9878
铺花的歧路	1756
童话寓言选(1949—1979)	8352
湖边	191
湖南小戏选	5865
蓝凌江波涛	193
暗哨	8351
鲍狄埃评传	7348
新文学史料 第2辑	6577
新文学史料 第3辑	6578
新文学史料 第4辑	6579
新文学史料 第5辑	6580
新文学论丛(1979年第1期)	6163
新文学论丛(1979年第2期)	6170
歌德谈话录	15118
豪夫童话选	15791
蝶恋花(京剧)	5864
蝴蝶与公鸡	15915
黎明的河边	1748
德里纳河上的桥	12693

雕虫纪历（1930—1958）	3537
蟋蟀	8360
魔鬼	13572
霹雳	179
燔火集	4044
1949—1979 儿童文学诗选（上下）	8365
1949—1979 儿童文学剧本选（上下）	8359
1949—1979 儿童文学短篇小说选（上下）	8356
1949—1979 短篇小说选（一）	1751
1949—1979 短篇小说选（二）	1752
1949—1979 短篇小说选（三）	1755

1980 年

一九七八年全国优秀短篇小说评选作品集	1759
一个女囚的自述	199
一个世纪儿的忏悔	11058
一岁的小鹿	15856
十九世纪文学主流（第一分册）流亡文学	15122
十九世纪波兰浪漫主义文学	15121
丁玲散文集	4054
人，岁月，生活（第六部）	14694
人参的故事	9807
土地	13575
大学时代	210
上海的早晨（三）	198
上海的早晨（四）	220
小说创作谈	6176
马克思主义与文学批评	15172
马克思 恩格斯 列宁 斯大林论文艺	15125
马雅可夫斯基儿童诗选	15905
木下顺二戏剧集	15083
木偶奇遇记	15795
不许收获的秋天	197
不尽长江滚滚来	211
历史（上下）	11563
比克多尔堡	15796
日本狂言选	15064
中国历代文选（上下）	5642
中国当代文学史初稿（上册）	6178
中国现代文学史（三）	6588

中国现代短篇小说选 1918—1949（第一卷）	2362
中国现代短篇小说选 1918—1949（第二卷）	2363
中国现代短篇小说选 1918—1949（第三卷）	2365
中国现代短篇小说选 1918—1949（第四卷）	2366
贝科夫小说选	12541
长跑者之歌	3013
什特凡大公	12694
风云急	203
文心雕龙简论	6914
文学：回忆与思考 1949—1979	6179
火漫银滩	208
巴金选集（上下）	8076
巴基斯坦纪行	8368
孔雀石箱	15904
水	12695
正红旗下	1766
艾莉丝或真正的生活	11556
艾特玛托夫小说集（上）	12543
古代印度文艺理论文选	15331
布莱希特戏剧选（上下）	14968
失去的金铃子	213
代价	218
外国文学评论（第二辑）	7351
冬布拉之歌	1762
冬雨	1767
永远是春天	1768
台湾诗选	3005
母与子（上）	11560
母亲	2369
老舍文集（1）	7868
地下的星星	13577
亚洲民间故事	17509
在一个夏令营里	8378
百喻经故事	5489
有人敲门	214
列宁与无产阶级文化协会	15305
死水	3539
伍光健翻译遗稿	15570
伏尔泰小说选	11053

书名	编号	书名	编号
自以为聪明的八哥	8363	罗摩衍那（一）童年篇	14292
自由	217	知春集	6174
伞（上下）	207	金珠和银豆	8375
多余的人	209	命运	4051
忏悔录（第一部）	11062	冼星海传	4046
问题的核心	11558	诗选（一）1949—1979	3008
论文学	15304	春鸟集	3012
论生活、艺术和真实	6171	春种秋收	1760
异乡奇遇	219	城山三郎小说选	13578
她有多少孩子	4050	茶花女	11056
形象思维资料汇编	6173	荒原上的牛蒡	15912
花蜜和蜂刺	4053	荒煤短篇小说选	2361
严辰诗选	3003	胡安·鲁尔弗中短篇小说集	12843
芦芒诗选	3006	柳宗元诗文选	8203
苏联当代小说选	12549	峡谷烽烟	8374
杜甫诗选	3671	侯宝林相声选	10350
杜牧年谱	7310	总统先生	12836
杨布拉德一家（上下）	12838	将军吟（上下）	204
李季诗选	3007	洛东江	13574
两重奏	202	浏河十八湾	194
吴承恩年谱	7309	神秘的松布尔	200
围城	2373	骆宾基短篇小说选	1763
男婚女嫁	195	袁鹰儿童诗选	8371
伯尔中短篇小说选	11557	埃林·彼林选集	11480
辛格短篇小说集	12840	莱辛寓言	15792
怀念毛泽东同志	9879	恶之花	13984
宋文选（上下）	5641	格桑梅朵	212
宋老大进城	1761	翅膀	8376
改邪归正的梅莫特 不可思议的杰作	11060	破壁记	201
阿列霞	11347	铃兰花	15911
阿拉伯文学简史	15171	高元钧山东快书选	10351
阿拉伯埃及近代文学史	15339	高尔基短篇小说选	12542
陈亮龙川词笺注	3672	离离原上草	3011
英国文学论文集	7352	唐璜（上下）	13983
英国短篇小说选	11061	浮生六记	2615
茅盾散文速写集（上下）	5487	被欺凌与被侮辱的	11348
茅盾短篇小说选集（上下）	2360	难忘的冬天	8367
画山绣水（游记选）	4056	培养部长的学校	12544
奇境	12842	黄文欢汉文诗抄	14389
欧也妮·葛朗台 高老头	11054	萧乾散文特写选	5486
非洲现代文学（上）北非和西非	15307	梅尧臣诗选	3673
虎符	5936	梅里美小说选	11055
明天就要决赛	8370	野葡萄	8377

猛士	215
清宫怨	5935
随想录(一)	4049
骑鹅旅行记(下集)	15794
骑鹅旅行记(上集)	15793
绿色的塔里木	3004
绿衣亨利(上)	11057
散文特写选 1949—1979(一)	4045
散文特写选 1949—1979(二)	4052
韩愈文选	5640
朝花(1)	8366
朝花(2)	8369
雁归行	1764
悲惨世界(3)	11059
悲惨世界(4)	11063
棠棣之花	5937
黑钻石	11481
锈损了灵魂的悲剧	6177
鲁迅论文学与艺术(上下)	6586
鲁迅研究资料索引(下册)	6587
富人,穷人(一、二)	12839
谢觉哉杂文选	4048
鼓书艺人	2497
蒺藜集	3010
献给历史的情歌	3009
想象国	13576
跳动的火焰	205
错斩崔宁	2614
新儿女英雄续传	206
新文学论丛(1980年第1期)	6172
新文学论丛(1980年第2期)	6175
新文学论丛(1980年第3期)	6180
新选唐诗三百首	3670
源氏物语(上)	13405
歌德 席勒叙事谣曲选	13982
精明人的苦恼	196
墨西哥中短篇小说集	12837
德语课	11559
避雨的豹	8373
曙光	216
魔鬼的金属	12841
1949—1979 儿童文学科学文艺作品选(上下)	8372
1949—1979 短篇小说选(五)	1769
1949—1979 短篇小说选(四)	1765

1981 年

一次战地采访	1784
十九世纪文学主流(第二分册) 德国的浪漫派	15124
丁玲短篇小说选(上下)	1772
土壤	251
大毛和小快腿	8391
大传送带	12548
大学春秋(上下)	237
大洋深处	1780
飞龙全传	2617
小黑鳗游大海	8382
天鹅的女儿	8380
天蓝诗选	3017
少年维特的烦恼	11070
日本当代小说选(上下)	13584
日本短篇小说	13579
中国文学理论批评史(上下)	7265
中国古代寓言	5643
中国当代文学史初稿(下册)	6187
中国现代短篇小说选 1918—1949(第七卷)	2372
中国现代短篇小说选 1918—1949(第五卷)	2367
中国现代短篇小说选 1918—1949(第六卷)	2368
中洛辛郡的心脏	11066
中短篇小说选	11350
长夜	2364
从文自传	4120
月亮和六便士	11565
丹东之死	14869
凤尾竹的梦	3018
文心雕龙注释	6794
忆念鲁迅先生	6593
忆秋白	9881
水滴石穿	222
艾特玛托夫小说集(下)	12546
布宁中短篇小说选	11352
卡拉马佐夫兄弟(上下)	11356

书名	编号
卡勒瓦拉(上下)	13988
北京书简	6182
只有四个人	8387
生死场	2370
生活之帆	1782
生活·创作·修养	6181
白色花 二十人集	3020
白杨林风情	3022
印度现代文学	15340
外国文学季刊(1981年第1期)	15573
冬天里的春天(上下)	228
冬蕾	227
冯雪峰论文集(下)	6639
冯雪峰论文集(上)	6637
冯雪峰论文集(中)	6638
尼科列金纳轶事	12698
老舍文集(2)	7869
在底层的人们	12847
在法国的日子里	4059
列宁与高尔基通信集	14695
死屋手记	11357
伊索寓言	15798
米河流向远方	226
决斗	11349
安图的后代	224
许杰短篇小说选集	2375
论"文学是人学"	6193
论儒林外史	6916
戏剧选	14870
红杏集	3014
红房间	11064
红烛	3540
坎坷人生	11561
芙蓉镇	233
芥川龙之介小说选	13407
苏联现实主义问题讨论集	15310
杜甫叙论	6915
杜宣散文选	4058
还我河山(上下)	225
岑参边塞诗选	3676
岑桑散文选	4065
我走过的道路(上)	4118
何典	2616
你是普通的花	4055
沙漠骑士昂泰拉	13583
沃罗夫斯基论文学	15311
沉重的翅膀	239
陆游年谱	7311
《阿Q正传》在国外	6636
努埃曼短篇小说选	13586
邵荃麟评论选集(上下)	6185
纳·赛音朝克图诗选	3021
现代四作家论	6189
幸存的人	223
英国文学论集	7353
杰克·伦敦短篇小说选	12754
刺绣者的花	229
奇特的战斗	8386
拉丁美洲短篇小说选	12844
非洲民间故事	17510
非洲现代文学(下) 东非和南非	15308
迪伦马特喜剧选	14969
呦呦鹿鸣	8388
罗马尼亚戏剧选(上下)	15056
罗摩衍那(二)阿逾陀篇	14293
金人	11482
周文选集	8077
夜航	11562
卷耳集 屈原赋今译	10911
法国文学史(中册)	7354
法国当代短篇小说选	11564
法国近代名家诗选	13987
法国童话选	15797
波缅洛夫斯基小说选	11358
诗选(二) 1949—1979	3016
诗选(三) 1949—1979	3019
绀弩散文	5509
城市与狗	12849
"革命文学"论争资料选编(上下)	6589
荡寇志(上下)	2618
南柯梦记	5979
柯岩儿童诗选	8385
柳暗花明	235
战争与回忆(1—4)	12848
哈菲兹抒情诗选	14294
修墓的老人	11067

俄国短篇小说选	11351	鲁迅全集(11)	7881
追求	231	鲁迅全集(12)	7882
狱中书简	14465	鲁迅全集(13)	7883
恰巴耶夫	12550	鲁迅全集(14)	7884
神灯前传	242	鲁迅全集(15)	7885
神笔马良	8381	鲁迅全集(16)	7886
勇士	13582	鲁迅全集(2)	7872
泰国文学简史	15309	鲁迅全集(3)	7873
莫泊桑中短篇小说选	11069	鲁迅全集(4)	7874
桥	1776	鲁迅全集(5)	7875
热海欢歌	230	鲁迅全集(6)	7876
柴达木手记	4057	鲁迅全集(7)	7877
爱与仇	234	鲁迅全集(8)	7878
爱的复活	238	鲁迅全集(9)	7879
恋歌 爱情诗选	3024	鲁迅事迹考	6592
高尔基文集(第一卷)	15363	缅甸短篇小说选	13581
高尔基文集(第二卷)	15364	编辑生涯忆鲁迅	6635
高晓声一九八〇年小说集	1781	槐花集	6183
唐人绝句精华	3675	雾城斗	221
唐文选注	5644	简·皮特曼小姐自传	12846
唐宋词选	3674	鲍狄埃诗选	13985
唐诗鉴赏集	6917	痴情女	1783
旅广手记	4119	新文学论丛(1980年第4期)	6184
烛光行动	12845	新文学论丛(1981年第1期)	6186
谈龙录 石洲诗话	6790	新文学论丛(1981年第2期)	6190
陶渊明诗文选	8204	新时期文学的主流	6192
理发师和一个共产党员的手	3015	歌德抒情诗选	13986
黄毛丫头	232	瘦子麦麦德(第一卷)	13580
雪峰文集(1)	7870	暴风雨的儿女	12545
雪峰寓言(续编)	5488	德国的文学与艺术	15123
探讨集	6188	德语国家短篇小说选	11065
探索集(《随想录》第二集)	4060	董斋诗话笺注	6791
旋风	236	篝火	12547
情感教育——一个青年人的故事	11068	雕塑家传奇	4061
清代杂剧全目	7308	鲵鱼之乱	12696
斯里甘特(一)	13585	燃灯者	14146
朝花(3)	8379	塞先艾短篇小说选	2371
朝花(4)	8383	鹰窠峰	12697
朝花(5)	8389	1949—1979幼儿文学选	8384
稀有作家庄重别传	1777	1949—1979短篇小说选(七)	1779
鲁迅年谱(第一卷)	6595	1949—1979短篇小说选(六)	1778
鲁迅全集(1)	7871	1977—1980年全国优秀报告文学	
鲁迅全集(10)	7880	评选获奖作品集(一)	4062

1977—1980年全国优秀报告文学评选获奖作品集(二)	4063	田汉诗选	3541
		生活的歌	3028
1979—1980中篇小说选(第1辑)	1770	白衣女人	11072
1979—1980中篇小说选(第2辑)	1771	白桦的诗	3035
1979—1980中篇小说选(第3辑)	1773	外国文学季刊(1981年第2期)	15574
1979—1980中篇小说选(第4辑)	1774	外国文学季刊(1982年第1期)	15575
1980年短篇小说选	1775	外国文学季刊(1982年第2期)	15576
		外国文学季刊(1982年第3期)	15577

1982年

		外国文学季刊(1982年第4期)	15578
一千零一夜(1)	13409	饥饿的狗	12853
一千零一夜(2)	13410	写作生涯回忆	4125
一个孩子的诗园	15799	记事珠	4121
二神父	11483	永恒的规律 附:白旗	12554
十九世纪文学主流(第五分册) 法国的浪漫派	15127	台湾诗选(二)	3033
		考验	244
人间问题	13588	老舍文集(3)	7887
三故事	11073	老舍生活与创作自述	4122
山东快书艺术浅论	10352	在人海里——道德见闻录	252
山地花环	14950	吕剑诗集	3026
山洪	2377	伐致呵利三百咏	14295
女仆的儿子	11080	自由或死亡	11570
小草恋山	8394	伊坦·弗洛美	12850
马克思恩格斯论文学与艺术(一)	15126	创作回忆录	4123
		忏悔录(第二部)	11075
乡村集	4068	论文学、艺术和文化	15328
王西彦小说选	2376	访古学诗万里行	6919
井伏鳟二小说选	13587	她志在凌云	4071
中国现代散文选 1918—1949(第一卷)	5490	戏剧选	15057
中国现代散文选 1918—1949(第二卷)	5491	红楼梦(上中下)	2619
中国现代散文选 1918—1949(第三卷)	5492	赤夜(上下)	253
中国现代散文选 1918—1949(第四卷)	5493	花月痕	2621
中短篇小说选(上下)	11359	花园与春天	13412
什罗姆斯基小说选	11484	严文井童话寓言集	8392
从生活出发	6194	"两个口号"论争资料选编(上下)	6591
从彼得堡到莫斯科旅行记	14455	何其芳文集(1)	7891
六十年的变迁(三)	240	何其芳文集(2)	7892
《文心雕龙》的风格学	6920	伽倻琴集	3030
巴黎圣母院	11078	近代诗百首	3677
孔厥短篇小说选	1786	沈从文小说选(第一集)	2378
水上勉选集	13589	沈从文小说选(第二集)	2379
世界神话传说选	15571	迟开的素馨花	3027
布谷鸟与紫丁香	3023	驴皮记	11074
打鹿将	12756	青春常在	12551
电话里的故事	15857		

书名	页码
现代诗人及流派琐谈	6640
茅盾的创作历程	6641
欧阳修文选	5645
拉封丹寓言诗	13993
拉斯普京小说选	12553
肯纳尔沃思堡	11077
罗摩衍那（三）森林篇	14296
罗摩衍那（四）猴国篇	14297
帕里黛与帕里夏	257
鱼游春水	4067
诗卷长留天地间——论郭小川的诗	6202
诗选	14118
屈原论稿	6918
带血的金达莱	241
荒乱年代	12552
相声溯源	6197
柳宗元传论	6930
残夜	247
挂红灯	245
战争与人民	249
秋瑾诗文选	8205
炼狱中的圣火	4069
洪灵菲选集	8078
穿破裤子的慈善家（上下）	11566
秦时月	243
破戒	13408
破晓的山野	246
铁依甫江诗选	3029
倒影集	1785
徐雉的诗和小说	8080
徐懋庸回忆录	4124
爱伦·坡短篇小说集	12755
爱的变奏曲	3031
高尔基文集（第三卷）	15365
高尔基文集（第四卷）	15366
高晓声一九八一年小说集	1792
郭沫若全集 文学编（1）	7888
郭沫若全集 文学编（2）	7889
烦恼的冬天	12851
海上花列传	2620
浮云	255
谈生活、创作和艺术规律	6196
萌芽	11076
萧乾短篇小说选	2374
梅林论文学	15173
雪兆集	3025
第一杯苦酒	1788
假尼禄	11568
望云海	4064
深沉的河流	12852
密林	250
斯·茨威格小说选	11567
散文特写选1949—1979（三）	4066
散宜生诗	3032
朝花（6）	8390
朝花（7）	8393
朝花（8）	8395
紫钗记	5980
喀尔巴阡山狂想曲	12699
奥凯西戏剧选	14970
鲁迅论外国文学	7355
鲁迅研究资料索引（上册）	6590
普通人狄蒂	11569
道连·葛雷的画像	11071
曾野绫子小说选	13590
蓝宝石花	254
罪与罚	11361
新文学论丛（1981年第3期）	6191
新文学论丛（1981年第4期）	6195
新文学论丛（1982年第1期）	6199
新文学论丛（1982年第2期）	6200
新文学论丛（1982年第3期）	6201
新文学论丛（1982年第4期）	6205
煤乡英烈传	248
源氏物语（中）	13411
碧野散文选	4070
摘颗星星下来	8396
精湛的史诗艺术	6198
澳大利亚短篇小说选	13930
魏列萨耶夫中短篇小说选	11360
瞿秋白诗文选	8079
1949—1979短篇小说选（八）	1789
1981中篇小说选（第1辑）	1790
1981中篇小说选（第2辑）	1791
1981年短篇小说选	1787

1983 年

书名	编号
一二·一诗选	3036
一千零一夜（3）	13414
一千零一夜（4）	13415
一个青年艺术家的画像	11579
一个神秘世界的见闻	4077
一桩神秘案件	11081
一幅画	12556
十三人故事	11087
丁玲集外文选	5496
人之诗	3041
儿女英雄传（上下）	2626
几度元宵	1802
千古之谜	256
小林多喜二小说选（上下）	13596
小说散文选	15585
小猴儿皮皮	8398
马尔林斯基小说选	11370
马克思论艺术和社会理想	15312
马克思恩格斯论文学与艺术（二）	15128
马克思 恩格斯美学思想论集	7356
乡村与城市	3049
丰臣家的人们	13592
王文显剧作选	5938
天问论笺	6923
无定河	260
元杂剧鉴赏集	6926
太子村的秘密	1807
巨人传	11085
中国现代散文选 1918—1949（第七卷）	5499
中国现代散文选 1918—1949（第五卷）	5497
中国现代散文选 1918—1949（第六卷）	5498
中国国民党革命委员会爱国老人诗词选	3044
中短篇小说选	11486
中短篇小说选（一）	12854
毛姆短篇小说集	11575
公务员 附：浪荡王孙	11084
风雨年华	4084
丹凤街	2385
巴人小说选	2381
巴·布林贝赫诗选	3042
巴黎公社诗选	13989
玉娇梨	2623
艾青	8084
平山冷燕	2622
北江诗话	6792
卢森堡论文学	15174
叶剑英诗词选集	3037
电影·戏剧文学集	5867
田间诗选	3034
印度短篇小说选	13591
外国文学季刊（1983 年第 1 期）	15579
外国文学季刊（1983 年第 2 期）	15580
外国文学季刊（1983 年第 3 期）	15581
外国文学季刊（1983 年第 4 期）	15583
外国诗 1	15582
圣地	271
台湾小说选（二）	1808
台湾中篇小说选	1812
台湾游记选	4078
辽恩卡流浪记	15906
老干部别传	1793
老舍文集（4）	7894
老舍文集（5）	7895
西里西亚之歌	14274
西伯利亚文学简述	7358
西线无战事	11572
列宁论文学与艺术	15313
死魂灵	11366
扬帆（上下）	12702
吃石头的鳄鱼	8399
先秦寓言选	5646
行动队	8400
江格尔 蒙古族民间史诗	3047
冰心评传	6642
冰心散文选	4074
冰岛渔夫	11086
许地山	8085
论艺术的特性	6207
好兵帅克历险记（上下）	12700
红线	11571
红鼻子雪大王	14082
纪念鲁迅诞生一百周年文献资料集 1881—1981	6597
孙犁文论集	6204

志摩的诗	3544	孟浩然诗选	3679
苏金伞诗选	3039	赵明熙诗文集	14390
李瑛抒情诗选	3043	草原之夜	1800
李箕永短篇小说集	13595	荒诞派戏剧选	14973
吴伯箫散文选	4079	荒煤散文选	4076
时刻	12701	柯丘宾斯基小说选	11364
别了,蕻藜	1809	柯灵散文选	4081
牡丹园记	4085	柳林前传	264
我与我的世界	4126	挣不断的红丝线	1805
我有一个好爸爸	8402	背影	5495
何其芳文集(3)	7893	虹	2380
何其芳文集(4)	7897	适夷诗存	3050
何其芳文集(5)	7896	秋林红果	4073
近代英国诗钞	14147	复活的海	3038
序幕	11368	美学原理 美学纲要	15137
辛笛诗稿	3045	说剧	6921
怀念集	4075	起步	269
沈从文散文选	5494	聂姆佐娃 克里昂格童话选	15909
灵感的流云	6203	莫应丰中篇小说集	1803
改革者	266	莫拉维亚短篇小说选	11577
张闻天早年文学作品选	8082	荷花淀派作品选	2554
阿尔特米奥·克罗斯之死	12855	真话集(《随想录》第三集)	4072
阿达拉 勒内	11082	原乡人——钟理和中短篇小说选	1806
阿赛河那边	265	逝去的年华	261
英国文学史 1870—1955(上下)	15314	啊,拓荒者!我的安东尼亚	12857
茅盾	8081	铁石心肠的儿女	11487
画魂——张玉良传	273	徐志摩选集	8083
雨雪霏霏	259	高尔基文集(第十七卷)	15373
轮下	11574	高尔基文集(第十八卷)	15377
非洲当代中短篇小说选	13593	高尔基文集(第七卷)	15369
非洲戏剧选	15084	高尔基文集(第五卷)	15367
果戈理选集(第一卷)	11362	高尔基文集(第六卷)	15368
罗摩衍那(五) 美妙篇	14298	高晓声小说选	1804
爬满青藤的木屋	1796	郭沫若全集 文学编(3)	7900
金元明清词选(上下)	3678	唐传奇鉴赏集	6922
金色兴安岭	1799	唐宋词鉴赏集	6924
金波儿童诗选	8401	烟	11365
变	11576	海涅选集	15130
夜谭十记	268	能干的法贝尔	11578
郑振铎文集(3)	7898	桑戈尔诗选	14391
卷葹	2383	聊斋志异鉴赏集	6925
诗歌集	3048	萧伯纳传	14466
迦尔洵小说集	11367	梼杌闲评	2625

书名	编号
梦·泪·梦	267
梅特林克戏剧选	14971
雪峰文集(2)	7890
雪峰文集(3)	7899
掩不住的光芒	1797
移居北方的时期	13597
彩色的土地	4080
情满天山	262
淞隐漫录	2624
绿色的山脉	13594
绿衣亨利(下)	11083
绿房子	12856
绿荫晨曦	263
斯列普佐夫小说选	11369
斯特林堡传	14467
欺骗	15572
葛兰西论文学	15129
悲剧心理学——各种悲剧快感理论的批判研究	7357
黑箭	8397
短篇小说集	1801
傲骨	12706
奥若什科娃小说选	11485
舒克申短篇小说选	12555
鲁迅年谱(第二卷)	6596
鲁迅选集(1)	8086
鲁迅选集(2)	8087
鲁迅选集(3)	8088
鲁迅选集(4)	8089
鲁藜诗选	3051
湖畔 春的歌集	3543
温泉	11079
寒夜	2382
新文学论丛(1983年第1期)	6206
新文学论丛(1983年第2期)	6208
新文学论丛(1983年第3期)	6210
新文学论丛(1983年第4期)	6211
新时期作家谈创作	6209
新事新办	1798
新梦 哀中国	3542
源氏物语(下)	13413
群魔(上下)	11363
歌德自传——诗与真(上下)	14417
歌德叙事诗集	13990
漏洞	11573
缪塞戏剧选	14871
飘泊南洋	8403
黎锦明小说选	2386
薛涛诗笺	3681
霜叶红	258
1981年诗选	3040
1982中篇小说选(第1辑)	1794
1982中篇小说选(第2辑)	1810
1982年诗选	3046
1982短篇小说选	1795

1984年

书名	编号
一千零一夜(5)	13419
一千零一夜(6)	13420
一本打开的书(第三部)	12558
一生 漂亮朋友	11088
一位女士的画像	12757
一粒麦种	13598
十九世纪文学主流(第四分册) 英国的自然主义	15132
十九世纪英国诗人论诗	15131
人子	12862
大地	280
大堂神父	11371
山月恨	279
山药蛋派作品选	2555
山魂(上下)	278
千世峰小说集	13599
川岛选集	8092
尸骨还乡	11580
小银和我	14468
马雅可夫斯基选集(第一卷)	15590
马雅可夫斯基选集(第二卷)	15591
乡土	1819
五大名剧论(上下)	6929
戈拉	13417
中国古典文学论丛(第一辑)	6928
中国现代文学史简编	6600
中国现代文学思潮流派讨论集	6606
中国现代独幕话剧选 1919—1949(第一卷)	5939

书名	页码
中国现代独幕话剧选 1919—1949（第二卷）	5940
中短篇小说选	11488
中短篇小说选（二）	12859
中篇小说选	12707
中篇小说集	1814
长歌行	3054
父母之河	3052
文坛徜徉录（上下）	6212
文学探路集	6215
方殷诗选	3056
心中的画	4086
巴人文艺论集	6605
巴尔扎克全集（第一卷）	15376
艾希广播剧选	14972
艾特玛托夫小说选	12557
艾黎诗选	14392
古本平话小说集（上下）	2628
平家物语	13418
生命的欢乐	3053
白朴戏曲集校注	5981
外国文学季刊（1984年第1、2期）	15587
外国文学季刊（1984年第3期）	15588
外国文学季刊（1984年第4期）	15589
外国诗 2	15584
鸟岛历险记	8404
汉魏六朝乐府文学史	7266
皮蓝德娄戏剧二种	14874
老舍文集（6）	7904
老舍文集（7）	7905
地之子 建塔者	2384
西方现代派文学问题论争集（上下）	7360
有一个美丽的地方	1818
过去的足迹	4090
当代青年三部曲	282
回音壁	3059
血牡丹	8410
匈牙利现代小说选	12705
刘勰的文学史论	7267
关汉卿戏剧人物论	6932
安德列耶夫小说戏剧选	15586
军人的美和美的军事文学	6218
孙犁散文选	4082
远去的云	8414
苏联当代诗选	14239
杨刚文集	7909
李广田	8090
李健吾创作评论选集	8093
豆棚闲话	2630
我在每一个早晨诞生	3058
我走过的道路（中）	4127
何其芳文集（6）	7906
何其芳译诗稿	13992
作家论	6604
狄德罗美学论文选	15133
这里有一条爱河	4092
庐隐	8094
弃儿汤姆·琼斯的历史（上下）	11091
沧桑人生	287
宋金元文论选	6793
张天翼文学评论集	6643
阿古汉纳	15858
幸运儿	276
英国文学史 1789—1832	15315
英国文学简史	15175
英雄格斯尔可汗（二）蒙古族民间史诗	9808
茅盾全集（1）小说一集	7901
茅盾全集（2）小说二集	7902
茅盾全集（3）小说三集	7903
茅盾全集（4）小说四集	7907
茅盾全集（5）小说五集	7908
茅盾全集（6）小说六集	7912
茅盾全集（7）小说七集	7913
虎皮武士	14083
果戈理选集（第二卷）	11373
罗小波的遭遇	8411
罗摩衍那（七）后篇	14299
罗摩衍那（六）战斗篇（上下）	14300
金剃刀	8412
怂恿 喜讯	2387
周扬文集（第一卷）	7507
诗与真·诗与真二集	7359
契佛短篇小说选	12861
春归雁	4087
春草集	3057
草莽集	3545

书名	编号
故土	281
故乡集	4083
胡风评论集（上）	6601
胡风评论集（中）	6602
尝试集	3547
哈拉马河	11581
哈谢克小说小品选	12703
钮可谟一家（上下）	11093
看不见的人	12863
科尔顿中短篇小说选	12860
追花人	1815
洪秀全演义	2627
神秘的小岛	8405
勇敢的草原	8409
孩儿塔	3546
孩子，你别哭	13602
埃涅阿斯纪	14418
耿耿难眠	1813
莽秀才造反记	274
夏洛的网 校舍上的车轮	15859
哦，十五岁的哈丽黛哟……	277
爱听童话的仙鹤	8406
爱的花瓣	3060
高山仰止	5500
高尔基文集（第十二卷）	15375
高尔基文集（第十九卷）	15374
高尔基文集（第十卷）	15372
高尔基文集（第八卷）	15370
高尔基文集（第九卷）	15371
郭沫若全集 文学编（4）	7910
郭沫若全集 文学编（5）	7911
席勒诗选	13991
病中集（《随想录》第四集）	4093
唐三藏西游释厄传 西游记传	2629
唐宋诗文鉴赏举隅	6927
海杜克复仇记	12704
谈新诗	6603
预谋	283
基石	272
基希报告文学选	14717
萧红	8091
曹植集校注	3683
龚自珍研究	6931
捷克斯洛伐克文学简史	15330
蛇医游侠传	8407
猫峰堡传奇	284
鹿鸣山谷	8408
清词百首	3684
清诗选	3682
清泉曲	285
渔船上的伙伴	1820
散文·报告文学·儿童文学集	4088
落洼物语	13416
韩愈诗选	3680
雁南飞	270
悲惨世界（5）	11089
跋涉者	275
短篇小说选	12708
鲁迅年谱（第三卷）	6598
鲁迅年谱（第四卷）	6599
鲁迅先生与未名社	6648
鲁迅后期思想研究	6645
鲁迅论	6644
鲁迅作品论集	6646
鲁迅的美学思想	6647
童年 少年 青年	11372
童话故事选 聂姆佐娃选集	15910
普列姆昌德短篇小说选	13600
普希金长诗选	14084
普希金童话诗 小鸵鸟	15895
鉴赏文存	6217
痴儿西木传	11090
新文学论丛（1984年第1期）	6213
新文学论丛（1984年第2期）	6214
新文学论丛（1984年第3期）	6216
新选千家诗	3685
歌德戏剧集	14872
德国近代文学史（上下）	15316
德语国家中篇小说选（上下）	11092
德莱塞短篇小说选	12858
穆青散文选	4089
瀑布与虹	3055
1981—1982年全国优秀报告文学评选获奖作品集	4091
1983中篇小说选（第1辑）	1816
1983中篇小说选（第2辑）	1817

1983 短篇小说选	1811	白夜 舅舅的梦	11378
		冬天的童话	4102

1985 年

		立头等功的孩子	8418
十幅自画像	307	汉魏六朝诗歌鉴赏集	6934
丁玲散文选	4097	冯文炳选集	8097
七十年代苏联青年作家小说选	12559	加拿大短篇小说选	12866
人杰	12864	加缪中短篇小说集	11583
人都是要死的	11582	母与子(中)	11587
又一个早晨	289	动摇	290
三个女人的遭遇	306	吉德里兄弟(上下)	12709
三门李轶闻	4094	老舍文集(8)	7918
万年春	302	地质春秋	286
川端康成小说选	13604	在青山那边	298
广漠的世界	12865	列斯科夫中短篇小说集	11374
女人的名字是弱者吗？	1822	同窗	311
女活佛	299	朱自清	8099
井中男孩	11586	朱湘	8096
元曲纪事	7312	众生之路	11095
戈洛夫廖夫老爷们	11376	创作是一种燃烧	6221
瓦西里·焦尔金	14240	危险的脑疝	1824
少年	11375	刘宾雁论文学与生活	6222
日本古诗一百首	14301	冰心	8095
日本谣曲狂言选	15065	阮章竞诗选	3064
中古文学系年(上下)	7313	红尘	310
中国古典文学论丛(第二辑)	6935	玛丽亚	12758
中国古典文学论丛(第三辑)	6937	走向地平线	1831
中国戏曲选(上中下)	5982	严文井散文选	4099
中国新诗萃 50年代——80年代	3069	严秀杂文选	4096
毛泽东文艺思想讨论会文集	6220	杨逵作品选集	7699
文学回忆录	14456	李商隐诗集疏注(上下)	3687
尹世霖儿童朗诵诗选	8413	围攻别斯捷尔采城	
巴人杂文选	5501	（一个古怪人的故事）	11489
水牛牯	8416	财主底儿女们(上下)	2388
古星图之谜	294	我的包着红头巾的小白杨	12560
龙须沟 茶馆	5868	你的朝霞	12561
龙潭记	293	佛本生故事	17497
东方女性——伦理道德小说集	1826	沙堡	11585
卡夫卡短篇小说选	11584	沧海赋	4100
北海道之旅	4095	没有太阳的街	13607
叶圣陶	8100	沈祖棻创作选集	8098
叶甫盖尼·奥涅金	14085	君子兰开花——杨啸儿童小说选	8417
田涛小说选	2392	青春梦幻曲	301
丘特切夫诗选	14086	现代青年	2391

书名	编号
茅盾全集（8）小说八集	7914
茅盾全集（9）小说九集	7915
林庚诗选	3549
林徽因诗集	3548
奔腾的大海	291
欧洲文论简史 古希腊罗马至十九世纪末	7361
拔河	297
拉封丹寓言诗选	13995
金瓶梅词话（上中下）	2632
周扬文集（第二卷）	7508
京城内外	1832
郑振铎文集（4）	7917
泪瀑 南方风土故事诗集	3067
诗经选译	10912
驿路折花	1828
春天的雾	296
项链	11097
草岚风雨	309
茶花赋	4101
胡风评论集（下）	6607
鸦片与大棒	13606
钟鼓楼	308
便衣警察	303
俄国作家童话选	15896
音乐岛	3065
美国现代诗选（上下）	14149
美国歌谣选	14148
迷茫的大地	288
娜娜	11094
袁水拍诗歌选	3066
紧急状态	13605
笔下千骑——绘画大师徐悲鸿	4098
高龙巴	11096
高尔基文集（第二十卷）	15382
高尔基文集（第十一卷）	15381
高尔基文集（第十三卷）	15383
高尔基文集（第十五卷）	15379
高尔基文集（第十六卷）	15380
高尔基文集（第十四卷）	15378
高适传论	6933
高适岑参诗选	3686
郭小川诗选（上下）	3061
郭沫若史剧论	6649
郭沫若全集 文学编（10）	7920
郭沫若全集 文学编（9）	7919
海涅选集 诗歌卷	13996
海滨故人 归雁	2393
浪荡女人	11377
朗诵诗	3068
萧三诗选	3062
萨特戏剧集（上下）	14974
雪峰文集（4）	7921
捷克古老传说	11490
晚饭花集	1825
谐铎	2631
琵琶情	300
彭斯诗选	13994
最后一个渔佬儿	1829
街娃	8415
舒群小说选	2390
瑞典文学史	15176
蒲柳人家	1827
雷声千里	292
路迢迢	305
傻子出国记	12759
新文学论丛（1984年第4期）	6219
新星	295
新感觉派小说选	2389
新澜	304
嫁不出去的傻丫头	1833
舞姬	13601
僮仆的一生	13603
霍普特曼小说选	11101
凝固的涛声	3070
瞿秋白文集 文学编（1）	7916
1983年诗选	3063
1984中篇小说选（第1辑）	1821
1984中篇小说选（第2辑）	1830
1984短篇小说选	1823

1986年

书名	编号
十二楼	2633
十九世纪文学主流（第三分册）法国的反动	15135
十九世纪文学主流（第六分册）	

条目	页码
青年德意志	15138
十九世纪英国文论选	15134
《七月》《希望》作品选(上下)	8104
人鬼之间	12870
人造人的故事	11098
大河两岸	13609
马雅可夫斯基选集(第三卷)	15592
无题集(《随想录》第五集)	4112
五彩梦	3071
中国古典文学论丛(第四辑)	
中青年专号	6940
中国现代小说史(第一卷)	6657
中国现代散文选萃	5504
贝法利亚城	11596
毛泽东诗词选	3080
风雨五十年	4130
文艺信息学	6225
文学作品是怎样写成的	6223
文学的反思	6226
巴尔扎克全集(第二卷)	15384
巴尔扎克全集(第七卷)	15397
巴尔扎克全集(第三卷)	15385
巴尔扎克全集(第五卷)	15395
巴尔扎克全集(第六卷)	15396
巴尔扎克全集(第四卷)	15394
巴金全集(1)	7934
巴金全集(2)	7935
巴金全集(3)	7936
巴金论稿	6651
书信选	14457
水上	14420
艾芜	8102
艾特玛托夫小说集(中)	12566
古代白话短篇小说鉴赏集	6938
古代作家写作技巧漫谈	6943
古城春色(第二部)	326
左拉中短篇小说选	11099
卢卡契文学论文选(第一卷)	
论德语文学	15329
卢贡大人	11103
叶山嘉树 黑岛传治小说选	13608
外国诗 3	15594
外国诗 4	15595
外国诗 5	15597
立体交叉桥	1836
台湾学者中国文学批评论文选	6939
老张的哲学 赵子曰	2398
老舍文集(10)	7929
老舍文集(9)	7925
亚细亚的孤儿	2397
亚细亚瀑布	323
达夫尼斯和赫洛亚 真实的故事	11100
列夫·托尔斯泰文集(第二卷)	
中短篇小说 1852—1856	15387
列夫·托尔斯泰文集(第三卷)	
中短篇小说 1857—1863	15388
列夫·托尔斯泰文集(第五卷)	
战争与和平(一)	15391
列夫·托尔斯泰文集(第六卷)	
战争与和平(二)	15392
列夫·托尔斯泰文集(第四卷)	
中短篇小说 1885—1910	15389
毕希纳文集	15386
当代长篇小说(人民文学出版社	
建社卅五周年纪念专刊)	315
先秦音乐美学思想论稿	10909
传奇	2394
伊甸之东	12869
名望与光荣(上中下)	12710
多欲之年	322
刘半农文选	8106
"羊群"的领头狮	316
论曹禺的戏剧创作	6650
寻求金羊毛的人	11491
阳光·土地·人	3077
戏剧集	14937
麦琪的礼物及其它故事	12763
远村	1835
花之寺 女人 小哥儿俩	2396
花束集	14119
苍海茫茫	11597
李何林文论选	6224
我与小城告别	312
我乡间的妻子	3079
狂人堡	11598
沙汀	8101

诉讼	11589	结合	8105
青春岁月——当代青年小报告文学选	4104	骈文史论	7268
青铜与白石 雕塑大师刘开渠传	4106	埃梅短篇小说选	11594
现代派诗选	3551	恶之花	13998
苦儿流浪记	15801	烈火里的爱情	3074
苦恋与墓碑	3091	热曼妮·拉瑟顿	11105
苦海	313	啊,昆仑山!	317
英国文学史 1832—1870	15317	铁马冰河入梦来	325
苔蕾丝·德斯盖鲁	11595	爱之诗	3073
茅盾全集(10) 剧本 童话神话 诗词	7922	爱在人间	4108
茅盾全集(11) 散文一集	7923	爱情的考验	11599
茅盾全集(12) 散文二集	7926	豹	11591
茅盾全集(13) 散文三集	7927	郭沫若全集 文学编(6)	7931
雨果戏剧选	14873	郭沫若全集 文学编(7)	7932
雨果诗抄	13999	家庭纪事	11379
雨果诗选	13997	碧溪诗话	6795
欧·亨利短篇小说选	12761	萧乾	8103
易卜生全集(第一卷)	15390	探索集	7365
彼得大帝(上下)	12567	蚯蚓和羽毛	3078
金瓶梅论集	6942	脚印	4128
采石集	7364	象征派诗选	3552
夜与昼(上下)	318	超越自我	4105
夜深沉	314	斯达尔夫人论文学	15139
单恋	12564	董必武诗选	3075
诗经鉴赏集	6941	紫颜色	12871
春醪集 泪与笑	5503	黑狗店	11593
草原,悲欢离合	1841	黑眼睛	3072
荒凉河谷	328	鲁迅小说新论	6653
胡风译文集	15596	鲁迅回忆录正误	6654
南洋淘金记	2395	鲁迅述林	6652
面向未来	12562	鲁迅研究资料索引续编	6609
战歌与情歌——朱子奇译诗集	15599	童年	11600
钦文自传	4129	湖畔奏鸣曲	12565
秋天的愤怒	1840	温顺的女性	11381
庭长夫人(上下)	11104	温亭娜	11102
恰同学少年	1834	游星(第一、二部)	11380
闻一多书信选	5505	鼓手的秘密信号	15598
美女	12563	靳以文集(下卷)	7924
美国文学简史(下册)	7363	蒲松龄评传	6936
美国的悲剧(上下)	12867	雷格泰姆音乐	12868
美是自由的象征	6227	照澜集	7366
迷惘	11590	新来香港的人	320
洪水过后	15593	新科学 附维柯自传	15136

塞西莉亚姑娘	12760
歌德	14469
嘎达梅林传奇	324
漫步遐想录	14419
慧眼	319
墨色花小集	4103
德国文学随笔	7367
穆旦诗选	3550
瞿秋白文集 文学编(2)	7928
瞿秋白文集 文学编(4)	7930
癞皮鹦鹉	12762
1980—1984 散文选	4107
1984 年诗选	3076
1985 中篇小说选(第1辑)	1838
1985 中篇小说选(第2辑)	1839
1985 年报告文学选	4110
1985 年诗选	3081
1985 短篇小说选	1837

1987 年

一个女人和一个半男人的故事	1843
一个女人的遭遇	13422
一个女剧员的生活 边城	2405
一个中国人在美国	15726
丁玲	8107
人生舞台	12571
儿子与情人	11603
三个从家庭出走的妇女	
——比较文学论文集	7369
三月潮	344
三怪客	15729
大师和玛格丽特	12568
大熊猫传奇	348
上诉理由	12570
山林风情	329
马格斯·哈弗拉尔	11106
马雅可夫斯基选集(第四卷)	15604
无所不知先生	15737
无神论者望弥撒	15724
艺术现象的符号——文化学阐释	6231
太阳和他的反光	3082
友情	15741
日瓦戈医生	12569

中国古典文学论丛(第五辑)	6946
中国古典文学论丛(第六辑)	
中青年专号	6947
中国当代文学思潮史	6230
长诗	14087
从秋水蒹葭到春蚕腊炬	6951
月牙儿	2400
月亮湖的姑娘	1842
月落乌啼霜满天	334
文艺心理学概论	6235
文学:观念的变革	6229
巴尔扎克全集(第十卷)	15402
巴尔扎克全集(第八卷)	15401
巴尔扎克全集(第九卷)	15400
巴金全集(4)	7941
巴哈尔诗选	14393
巴塞尔的钟声	11606
孔雀翎毛	15738
世界上最幸福的人	15735
古船	350
东方故事集	11609
卡门	15723
生死场 后花园 小城三月	2402
生命之歌	14394
白海参	341
他人的血	11602
他们何其相似 附:荡秋千的男孩	12573
他的妹妹——日本现代戏剧选	15085
印度印地语言学史	7368
外国文学季刊(1987 年第 1 期)	15605
外国诗 6	15601
永不掉队	15733
永别了,苏珊	11610
出卖影子的人	15725
加兰短篇小说集	12764
圣安东尼的诱惑	11109
圣诞树和婚礼	15728
台湾小说选(三)	1844
母与子(下)	11588
老人与海	15734
老舍文集(11)	7937
老舍文集(12)	7942
亚·奥斯特洛夫斯基戏剧选	14938

书名	编号
西西里柠檬	15731
在森林的海洋里——战士、孩子和军犬	8419
在漩涡中	11382
有情人难成眷属	364
列夫·托尔斯泰文集（第一卷）童年 少年 青年	15393
列夫·托尔斯泰文集（第七卷）战争与和平（三）	15399
当代长篇小说（中国人民解放军建军六十周年专刊）	339
回忆陀思妥耶夫斯基	14458
先知	14304
自由颂	14008
多角关系	2410
羊脂球	15722
米德尔马契（上下）	11110
冰灯虹影	4113
冰点	13614
阴沉沉的天——美国黑人短篇小说选	12873
苏珊·希尔短篇小说选	11601
杨振声选集	8108
丽莎的哀怨	2403
里昂的婚礼	15740
我在梦里梦见	14007
近松门左卫门	15066
邻笛集 现代诗选	14010
沙河坝风情	332
汾城轶闻——一个系统工程学家的遭遇	327
宋词纵谈	6944
初恋	11384
张养浩作品选	8207
阿尔盖齐诗文选	15602
陀思妥耶夫斯基传	14696
纸醉金迷	2401
青春的烦恼	14006
现实主义和现代主义	6228
苦难国——讽刺小说选	11492
茅盾全集（14）散文四集	7939
茅盾全集（15）散文五集	7940
非梦非烟	352
昆廷·杜沃德	11111
易卜生全集（第二卷）	15398
牧童情话	15600
所罗门之歌	12872
变形记	15739
京本通俗小说（一函二册）	17750
夜听海涛	14001
波德利普人——纤夫曲	11383
波德莱尔美学论文选	15140
诗与颂歌	14009
诗话总龟（前集后集）	6796
诗经国风今译	10914
诗美的积淀与选择	6233
诗情与哲理——杜鹏程小说新论	6232
诗源辩体	6797
姑娘跑向罗马	345
珍妮姑娘	12874
城下（上下）	363
草叶集（上下）	14000
南方与北方	11108
南北极 公墓	2399
南京血祭	2412
南京的陷落	340
相思一片	4111
威尼斯的冬天	11611
威弗莱或六十年的事	11107
省委第一书记	347
盼到黎明	11604
品花宝鉴	17751
保护网下	11605
俄国民粹派小说特写选（上下）	15603
美仙湾	342
活动变人形	321
神秘的115	331
秦牧散文选	4109
泰国当代短篇小说选	13611
匪患世界（上下）	353
恶之花选	14002
莎菲女士的日记	2411
桃源梦	333
格林童话百篇	15800
索德格朗诗选	14151
热爱生命	15736
眩惑	346
徐玉诺诗文选	8109

爱的哲学	14003
爱情与自由	14004
郭沫若全集 文学编（8）	7933
郭沫若评传	6655
离骚 九歌	3688
唐文选（上下）	5647
唐诗今译集	10913
唐诗综论	6945
部长女儿的婚事	
二十一部当代长篇小说选粹	7700
海市奇观	343
家庭与世界	13421
桑那高地的太阳	349
桑德堡诗选	14150
教研室风波	12572
梦中的桥	338
野蔷薇	14005
第一位老师	15732
第二个太阳	356
断头台	12574
梁启超诗文选注	8206
屠格涅夫散文诗	14459
绿色棘刺	13613
绿野仙踪（上下）	2634
喜筵之后 某少女 女性	2406
彭家煌小说选	2407
落日	358
紫塞烟云	337
遗留在荒原的碑	355
黑桃皇后	15730
奥蒂莉娅之谜	12711
寒宫残月	330
富贵梦	11608
魂曲	336
暗潮 射程	13612
蜂巢	11607
痴心与浊水	13610
痴汉和他的女人	351
源	354
榕树	14303
舞会以后	15727
漂流三部曲	2408
摩诃婆罗多插话选（上下）	14302

穆木天诗选	3553
瞿秋白文集 文学编（5）	7938
魔窟生涯——一个军统少将的自述	335

1988 年

二十世纪中国文学三人谈	6241
人	14697
人比月光更美丽	3085
人生的太阳——作家艺术家致青少年	8420
人民公仆	13615
人间·慈母·爱	4117
于少保萃忠全传	2635
大撤退	377
马亚一家（上下）	11118
王维诗选	3702
天方夜谭	15746
天涯明月刀	370
无情剑（1—3）	395
元明清散曲选	3689
日本古代随笔选	14723
中国民间故事选（三）	9809
中国现代小说史（第二卷）	6658
中国新诗萃 20 世纪初叶—40 年代	3555
长江还在奔腾	373
仇与情	11117
分类白话诗选	3556
文化冲突与审美选择	6242
文字生涯	14470
文学的当代性	6240
巴尔扎克全集（第十一卷）	15403
巴尔扎克全集（第十二卷）	15405
巴尔扎克全集（第十三卷）	15406
巴金	8110
巴金全集（5）	7943
巴金全集（6）	7951
巴金全集（7）	7945
水之北	12876
未名诗选	3089
甘纽大叔	11493
世界大串连——中国出国潮纪实	4132
古宅	1847
古希腊抒情诗选	14011
古译佛经寓言选	10915

古塔上的风铃	359
卡里来和笛木乃	15745
旧地重游	11614
归来的啼鹃	4116
囚徒与白鸽	3087
白金的女体塑像 圣处女的感情	2420
饥饿的郭素娥 蜗牛在荆棘上	2415
主体性·创新·艺术规律	6239
冯雪峰与中国现代文学	6656
民主——一部关于美国的小说	12765
台湾中国古代文学研究文选	6949
老舍文集（13）	7946
地球的红飘带	367
朴素·真诚·美——丁玲创作论	6236
西方人看中国戏剧	6238
夸奇莫多 蒙塔莱 翁加雷蒂诗选	14152
列夫·托尔斯泰文集（第八卷）	
战争与和平（四）	15404
列那狐的故事	15742
当今十大奇案	1855
回忆录 附我的童年	14722
任性的卡琴	11114
自己的园地 雨天的书	5508
伊索寓言选	15748
名作家写的童话故事	15751
关于男人	4115
冲积期化石 飞絮 苔莉	2421
安徒生童话选	15749
欢乐颂——歌德、席勒、海涅抒情诗选	15753
红与黑	11119
红牡丹	2416
红房子	1849
远方有个女儿国	366
克雷洛夫 谢德林寓言选	15750
村姑小姐	11387
李清照诗词选	3701
来自地狱的报告——纪实小说	375
时代姑娘 未完的忏悔录	2404
我多么爱你	12712
我走过的道路（下）	4131
我听见亚美利加在歌唱——美国诗选	15758
我的太阳	3088
近代爱国诗选	3704
辛弃疾词选	3690
沉沦 迷羊	2414
社会之外	14471
社会毒瘤	13616
词苑丛谈校笺	6798
现代现实主义的艺术追求	
——柯云路谈《新星》、《夜与昼》	6234
现实主义的历史命运	
——创作方法探讨	15319
苦闷的象征 出了象牙之塔	15341
茅盾全集（16）散文六集	7950
拉封丹寓言诗选	15744
非洲童话集	15914
虎胆英雄传	381
罗摩功行之湖	14306
变戏法	11615
郑振铎文集（5）	7947
郑振铎文集（6）	7948
郑振铎文集（7）	7949
法国中篇小说选（下）	11113
法国中篇小说选（上）	11112
法国童话选	15743
诗与美	6237
陌生朋友	11612
孟子选译	10916
孟加拉母亲——印度诗选	15759
春桃	2422
郝莉小姐在旅行中	
九十分钟以外的地方	12879
草台竹地	1851
茫茫的草原（下部）	371
南园风情录	365
南国情天	361
南渡记	374
残酷的爱	399
挑战	2418
思家饭店的晚餐	12877
骨肉情——苏联当代中短篇小说选	12577
疯狂的石榴树——现代外国抒情诗选	15761
美的结构	6243
洛阳豪客	2423
《语丝》作品选	5507
都市的女儿	368

书名	编号
荷塘月色	5511
莎士比亚抒情诗选	15754
莎士比亚悲剧四种	14875
格林童话选	15747
逝去的岁月	2409
爱的灵感	3554
爱的变奏	3086
爱的故事	12575
爱眉小札	5510
爱情的三部曲 雾·雨·电	2417
爱情试验	1850
衰与荣	379
涟漪	369
流浪者之歌——东欧三诗人集	15760
浪漫的与古典的 文学的纪律	6610
谈美 谈文学	6608
萨宁	11385
戚蓼生序本石头记	17749
雪崩	360
情妇玛拉	12713
阎寡妇和她的两个女儿	400
维廉·麦斯特的学习时代	11116
维廉·麦斯特的漫游时代	11115
落尘	376
雁翼诗选	3083
紫凤钗(上下)	398
铺满苔藓的路	378
寒柳——柳如是传	372
楚辞鉴赏集	6948
煤炭王	12875
裸者	380
豪门春秋	12878
精明人与吝啬鬼	15860
蜜月	11613
蔼拂集 大荒集	5506
蕾莉与马杰农	14307
醒世姻缘传	17752
憩园	2413
穆斯林的儿女们	357
繁花似锦的五月——雨果诗选	15757
瞿秋白文集 文学编(6)	7944
孽子	362
1986 中篇小说选(第1辑)	1845
1986 中篇小说选(第2辑)	1846
1986 年报告文学选	4114
1986 年诗选	3084
1986 短篇小说选	1848

1989 年

书名	编号
一个外币女郎的自述	12579
一分钟小说	12714
人生咨询录	10599
下世纪的公民们	8421
大气功师	392
上尉的女儿	15763
山在虚无缥缈间	393
山盟(上下) 献给建国四十周年长篇诗体小说	3093
女皇武则天	2428
飞花逐月(上下)	396
天涯何处无芳草	4134
无为集	4139
无声戏	2639
元明散曲鉴赏集	6950
艺术生产原理	6245
艺术家的美学	6244
艺术符号与解释	6252
艺术感觉论——对于作家感觉世界的考察	6253
五代诗话	6799
不如归 黑潮	13617
友谊诗	3698
少女日记	14474
少夫人达琳	385
少年维特的烦恼	15769
日本面面观	4140
日晕	394
中国古典文学论丛(第七辑)	6952
中国当代小说史稿——人物形象系统论	6251
中国当代文学作品选(下)	7703
中国当代文学作品选(上)	7701
中国当代文学作品选(中)	7702
中国当代婚恋性爱备忘录(第一集)	4147
中国当代婚恋性爱备忘录(第二集)	4148
中国当代散文精华	4145

中国现代小说流派史	6659
中国留日学生心态录	4150
中短篇小说选	11128
中篇小说集	1858
从军诗	3694
今夜没有雨	402
公务员	11125
风雨不了情	390
巴尔扎克全集(第二十卷)	15409
巴尔扎克全集(第十七卷)	15408
巴尔扎克全集(第十五卷)	15411
巴尔扎克全集(第十六卷)	15407
巴尔扎克全集(第十四卷)	15410
巴金全集(10)	7957
巴金全集(11)	7958
巴金全集(8)	7952
巴金全集(9)	7953
邓小平论文艺	6247
未完的梦	384
节令诗	3691
左传选译	10918
灭亡 新生	2424
东欧儿童故事选	15913
白轮船——故事外的故事	15765
白痴(上下)	11386
用微笑迎接风暴	382
外国哲理诗	15610
包法利夫人	11123
乐土 浩然的自传体小说	383
饥饿 维多丽娅	11130
主之音 附疯人	14724
汉武帝和太史公	14975
写给男人的情诗——当代青年女诗人爱情诗选	3096
礼拜六的蝴蝶梦——论鸳鸯蝴蝶派	6660
圣经文学十二讲——圣经、次经、伪经、死海古卷	7370
台湾现代诗四十家	3090
台湾新诗发展史	6246
老舍文集(14)	7954
再生	3097
西方影响与民族风格	6249
西湖二集	2637
列夫·托尔斯泰文集(第十一卷) 复活	15412
列夫·托尔斯泰文集(第十二卷) 故事	15413
列夫·托尔斯泰文集(第十三卷) 戏剧	15414
列夫·托尔斯泰文集(第十五卷) 政论	15415
托尔斯泰儿童故事选	15897
当代社会万花筒 报告文学选	4151
当我们眼光相遇的时候	14305
当我再也感受不到太阳	14015
华族与龙	4149
全本新注 聊斋志异(上中下)	2638
安全部特派员	1853
农民	11127
纪游诗	3700
折不断的翅膀	4142
肖像集	14698
我们走出浓荫之后	14018
我坐在这里,等待,等待	14016
我的爱情诗	3095
我的恋人	3558
我看到开满了花的小径	14019
我看美国佬	4153
我爱过而又失去的女人	14021
我曾经爱过你	14013
我歌唱带电的肉体	14017
我愿意是急流	14020
你为什么沉默不语	14014
这里的黎明静悄悄……	15764
怀亲诗	3696
社会问题沉思录 报告文学选	4152
阿尔奈先生的钱	11129
武林三凤(上中下)	397
茅盾全集(17) 散文七集	7955
茅盾全集(18) 中国文论一集	7956
雨——现代法国诗抄	14154
雨果传(下)	14472
雨果传(上)	14473
欧也妮·葛朗台 古物陈列室	11126
轮下	15771
咏史诗	3692

咏物诗	3697	黄 "朦胧诗"精品	3098
佩斯卡拉的故事	11121	雪国梦	410
金发女郎	11616	晨雾	387
金色的足迹	4172	旋风少校	12576
夜总会——十七个著名的外国惊险		情人们和朋友们	409
故事	15606	情绪与感觉——新生代诗选	3094
夜航	15770	隋史遗文	2640
怪客 杨羽仪散文选	4137	塔拉斯·布尔巴	15762
法国当代五人诗选	14153	喜马拉雅之谜——二十世纪人类的	
法国短篇小说选(上下)	11120	一次悲怆挺进	388
审美形态的立体观照	6248	最精彩的外国童话传说	15802
诗歌集	3101	短篇小说集	1859
弥尔顿十四行诗集	14012	鲁男子	2425
艰难的历程——无锡市企业、企业家		普希金抒情诗选(上下)	14088
报告文学集	4141	蓝色响尾蛇	2427
孟浩然集校注	3703	献给女友 献给女性的诗	15607
春风回梦记	2426	献给妈妈 献给女性的诗	15609
胡适诗存	3557	献给妻子 献给女性的诗	15608
鸦片王国浮沉记	401	新月派诗选	3559
战争与和平(1—4)	11389	新的任命	12578
品艺诗	3693	赫克尔贝利·费恩历险记	12766
香港当代诗选	3099	漂亮朋友	11124
俄国文学史	7362	樱桃时节——巴黎公社诗选	15756
独白下的传统	4136	樵史通俗演义	2636
亲王之子	386	黛茜·密勒 熊	15766
迷人的春光——英国抒情诗选	15755	魍魉世界 风雪人间——丁玲的回忆	4138
逆流与暗流	391	瞿秋白文集 文学编(3)	7961
诱惑	2419	1985—1987 散文选	4133
袁枚文选译	10917	1987 中篇小说选(第 1 辑)	1852
哥儿	15768	1987 中篇小说选(第 2 辑)	1854
致大海——俄国五大诗人诗选	15752	1987 年报告文学选	4135
恩犬	4170	1987 年诗选	3092
啊,拓荒者!	15767	1987 短篇小说选	1856
圆之外	389	1988 中篇小说选(第 1 辑)	1862
爱的谎言	1857	1988 中篇小说选(第 2 辑)	1863
恋情诗	3699	1988 短篇小说选	1861
郭沫若全集 文学编(16)	7959		
郭沫若全集 文学编(17)	7960	**1990 年**	
海底隧道	11617	人生是梦	14877
浮世澡堂 浮世理发馆	13423	山匪	403
家常事	11122	女性年龄	3106
宴饮诗	3695	小人国和大人国	15775
陪嫁 一千名农奴	11388	小仙女	15803

王统照	8111	阿拉伯文学史	15342
艺术文化论——对人类艺术活动的多维审视	6254	茅盾全集(20) 中国文论三集	7964
		画家,少妇,少女	11620
日本近代五人俳句选	14396	雨月物语	13424
父父子子	4156	欧也妮·葛朗台	15773
今天狭路相逢	4143	罗亭	11390
风流佛	13620	罗亭	15778
文心雕龙研究论文集	6954	周扬文集(第三卷)	7509
巴尔扎克全集(第二十一卷)	15418	京派小说选	2432
巴尔扎克全集(第二十二卷)	15419	空山灵雨	3103
巴尔扎克全集(第二十三卷)	15420	诗就是诗	6250
巴尔扎克全集(第十八卷)	15417	孟夫子秘闻	1860
巴尔扎克全集(第十九卷)	15416	哑歌人的自白——屠岸诗选	3105
巴金全集(12)	7962	贵宾	2436
巴金全集(13)	7963	钦差大臣	14939
巴金全集(14)	7965	鬼眼——作案现场	11619
巴金全集(15)	7967	美国的悲剧	15777
巴基斯坦短篇小说选	13621	穿方格大衣的女人	12715
世故人情	4157	神曲 地狱篇	14023
本案拒绝旁听	411	聂绀弩还活着	4171
北极星下(第一部)	11621	捉猫故事集	15861
半新女儿家	2431	紧锁的房子	11618
老舍文集(15)	7968	爱之树 1970—1985 民主德国抒情诗选	14155
西游记漫话	6953		
在严寒的日子里	404	爱国的"叛国者"——马思聪传	4144
尘梦	412	高野圣僧——泉镜花小说选	13619
光未然歌诗选	3100	郭沫若全集 文学编(15)	7966
行吟集	14395	唐祈诗选	3104
全元戏曲(第一卷)	5983	海涅选集 游记卷	14421
全元戏曲(第二卷)	5985	家在何方	407
多情客游记	11131	球星奇遇记	1864
刘公案(车王府曲本)	2641	萤窗异草	2642
安多纳德	15772	梦洲——一个青年革命家的浪漫史	405
她是一个弱女子	2430	堂吉诃德	15781
好兵帅克历险记	15780	清忠谱	5984
戏曲小说书录解题	7314	隋唐五代文论选	6800
李敖自传与回忆	4146	斯巴达克思	15779
两宫之间	13618	鲁迅小说集	2433
男男女女	4155	鲁滨逊飘流记	15776
岑参评传	6955	飓风啊,咆哮吧	12880
佛佛道道	4159	湖畔诗魂——华兹华斯诗选	14022
伽弗洛什	15774	骚动之秋	406
闲情乐事	4158	骚乱	408

摆脱孤独——黑塞小说两篇	11622	风流父子	418
简·爱	11132	勾栏女艾丽莎	11632
痴心井	2429	文学价值论	6255
静志居诗话(上下)	6801	文学批评学	6262
赛莱斯蒂娜	14876	文学研究会小说选(上下)	2437
飘(上下)	12883	文学理论教程	6256
蝶神	1867	火	2438
燃烧的秋	413	心象	3108
100个公主(上下)	15804	丑八怪	15907
100个勇士(上下)	15805	巴尔扎克全集(第二十四卷)	15422
1988年诗选	3102	巴金书信集	5512
		巴金全集(16)	7969
		巴金全集(17)	7973

1991年

一切始于爱情——罗日杰斯特文斯基诗选	14243	巴朗先生	11141
		正义童话	15811
二十世纪独白——沃兹涅先斯基诗选	14247	正常人	419
十七岁,十七岁,十七岁	415	甘露街	13624
人——梅热拉伊蒂斯抒情诗集	14244	古代文人自传精华	5649
大上海沉没	423	古代文言小说精华	2646
大国之魂	426	古代白话短篇小说精华	2645
万首论诗绝句(一——四)	6802	古罗马戏剧选	14878
万家忧乐	4166	石秀之恋 十年创作集(上)	2434
山鹬的故事	11135	东方奇人传	4163
小说神髓	15343	东西南北集 外国诗与诗论	15611
马人	12884	卡夫卡和现代主义	15320
子民们	425	卡塔兰现代诗选	14156
王蒙	7706	卢奇安对话集	14422
天砚	420	旧梦难温	1868
元代文学史	7272	叶剑英诗词选集	3112
太平洋的拂晓	427	生活——我的姐妹	
比恩庄(又名玩偶厅)	11624	——帕斯捷尔纳克诗选	14246
中外著名文学家木刻肖像选	10600	白天和黑夜的故事	11143
中西比较诗学体系(上下)	6260	白天鹅	3111
中国现代小说史(第三卷)	6661	白发狂夫	417
中国现代独幕话剧选 1919—1949		白玫瑰——施托姆抒情诗选	14024
(第三卷)	5941	白桦——叶赛宁诗选	14248
中国的亿万富翁		汉文精华	5648
——李延国报告文学选	4169	冯骥才	7709
中国新文学发展史	6662	训谕童话	15807
贝壳——曼德尔施塔姆诗选	14245	记忆门	430
月光	11137	加布罗沃笑话与传闻	17495
风子	2439	台湾青年诗选	3109
风格散记	6258	老舍文集(16)	7971

列王纪选	14308		战争与爱情（上下）	428
列夫·托尔斯泰文集			星期六晚上和星期日早晨	11625
（第十七卷）日记	15421		贵族之家	11391
当今世界——古米廖夫诗选	14250		幽默童话	15809
当代文学的社会—历史批评	6259		亲和力	11140
延安轶事	9882		美国，一个秋天的旅行	4175
伊薇特	11145		美国文学思想背景	15177
向往宫	13622		美国幽默笑话	17396
齐眉集	3113		神圣祭坛	1869
关于二十世纪文学的论争	15321		神韵论	6803
关于生与死的报告	4161		咫尺天涯	12882
守顽地	4174		勇敢童话	15810
冰上怪兽	11133		泰利埃公馆	11138
寻梦者的足印——文学生涯回忆录	4168		袁鹰散文六十篇	4164
红字	12767		莫里亚克小说选	11628
赤脚汉达里耶	12716		恶之花 巴黎的忧郁	14025
苏联流行笑话与幽默	17492		热门话题集	4154
李国文	7704		致一百年以后的你	
丽人安魂曲	11626		——茨维塔耶娃诗选	14242
里普卡的两次恋爱			钻石广场	11623
——斯洛伐克短篇小说选	12718		特利斯当与伊瑟	11139
张炜	7705		笔迹的秘密	12717
张洁的小说世界	6261		爱——阿赫马托娃诗选	14249
陆文夫	7707		鸳鸯蝴蝶——《礼拜六》派作品选	
青春的橄榄树——写给少男少女们	4162		（上下）	2440
耶稣重上十字架	11629		唐宋词精华	3705
英国浪漫主义诗歌史	7374		阅微草堂笔记选译	10919
茅盾全集（19）中国文论二集	7970		凄楚的微笑	13623
茅盾全集（21）中国文论四集	7972		海上繁华梦	4173
奇谭	11627		家庭问题纪实	4160
拍案惊奇（上下）	2644		菲菲小姐	11134
非花非雾集	7373		萨马拉约会	12881
图瓦	11142		萨特文论选	15178
金瓶梅词话（一至二十一）	2648		龚自珍诗文选	8208
周扬文集（第四卷）	7510		捷克幽默笑话	17496
法国文学史（下册）	7371		探险家沃斯	13931
宗璞	7708		常乐岛	414
空军飞行员	11631		悬崖的悲剧	416
诗人之恋 苏联三大诗人的爱情悲剧	7372		斜烟	421
姑娘·女人·影子			密斯哈丽特	11136
——瑞士短篇小说选	11630		隆多里姐妹	11144
春尽	422		婚礼——叶夫图申科诗选	14241
南北朝文学史	7273		续侠义传	2643

条目	页码
最后一本童话	8422
智慧童话	15806
童话百宝盒	8423
温馨童话	15808
强盗	12580
强盗与部长	429
瑞典幽默笑话	17397
魂梦	424
雾·鸥·流星 十年创作集（下）	2435
新时期作家创作艺术新探	6257
新序 说苑选译	10920
飘泊	3110
魏巍散文选	4167
1988年报告文学选	4165
1989中篇小说选（第1辑）	1866
1989中篇小说选（第2辑）	1870
1989年诗选	3107
1989短篇小说选	1865

1992年

条目	页码
一个吧女和七个水手	444
八角塔下	1876
九叶派诗选	3560
九重恩怨	454
大律师现实录	1884
千古文人侠客梦 　　——武侠小说类型研究	6263
千堆雪	448
马烽	7710
乡风市声	4177
元明散曲精华	3709
日本啊，日本	446
中国现代诗歌艺术	6611
中短篇小说集（下）	11394
中短篇小说集（上）	11392
中短篇小说集（中）	11393
今晨无泪	450
勿忘草	3114
风云变	447
文艺学的沉思	6264
文艺新学科导论	6265
文学与革命	15322
玉米田之死	1877
世纪风铃——文化人素描	4187
古代小品文精华	5653
古代文人书信精华	5655
古代抒情赋精华	5657
古代骈文精华	5654
古代游记精华	5652
古代寓言精华	5651
古剧精华	5986
东北作家群小说选	2441
北京法源寺	445
田间	8114
生生死死	4181
汉魏六朝诗精华	3706
台北人	1871
台港澳及海外华文作家词典	10272
列夫·托尔斯泰文集（第十六卷） 　　书信	15426
列夫·托尔斯泰文集（第十四卷） 　　文论	15423
列夫·托尔斯泰文集（第十卷） 　　安娜·卡列宁娜（下）	15425
列夫·托尔斯泰文集（第九卷） 　　安娜·卡列宁娜（上）	15424
师长在向士兵敬礼	443
先秦诗歌精华	3707
先秦散文精华	5656
合欢	1872
江那边的国土	4182
阴阳际会	436
那一剑的风情	452
她是美丽的	432
红房子的秘密	15863
花帜	453
花魁劫	442
克雷洛夫寓言一百篇	15898
我是你爸爸	435
坐牢家爸爸给女儿的八十封信	4184
犹太幽默笑话	17401
快心编	2650
汪曾祺	7714
宋诗精华	3711
英国幽默笑话	17400
林徽因	8112

枫叶荻花秋瑟瑟	431
欧洲文学背景——西方文明巨著	
背后的政治、社会、思想潮流	15179
郑振铎	8116
话中外古今	4185
屈原论稿	6804
孤绝	1878
封神榜（上中下）（车王府曲本）	2647
挑灯集——郑子瑜散文选	4186
昨天——中英鸦片战争纪实	439
香艳丛书（1—5）	2649
香港小说精选	1885
信是有缘	449
追踪金的黎明	434
俞平伯	8113
疯狂的月亮	437
送狗上学堂——欧洲童话故事精选	15862
将军族	1873
神神鬼鬼	4178
神秘诗！怪诞诗！	
——柯尔律治的三篇代表作	14026
说东道西	4180
险境千里	438
秦兆阳	7712
钱的故事	1880
郭沫若全集 文学编（11）	7977
郭沫若全集 文学编（12）	7978
郭沫若全集 文学编（13）	7979
郭沫若全集 文学编（14）	7980
郭沫若全集 文学编（18）	7974
郭沫若全集 文学编（19）	7975
郭沫若全集 文学编（20）	7976
唐宋文精华	5650
唐诗精华	3710
家变	1874
读书读书	4179
欲是不灭的	433
情天无恨——白蛇新传	1875
清诗精华	3708
散文十二家	6266
蒋子龙	7711
黑面庆仔	1879
鲁彦	8115
鲁彦周	7713
雷神传奇	451
意大利幽默笑话	17398
翡翠的心——琦君散文精选	4183
豪门惊梦	441
醉红尘	440
德国幽默笑话	17399
蝉史	2651
1988—1990 散文选	4176
1990 中篇小说选（第 1 辑）	1882
1990 中篇小说选（第 2 辑）	1883
1990 短篇小说选	1881
1991 中篇小说选（第 1 辑）	1886
1991 中篇小说选（第 2 辑）	1887
1991 短篇小说选	1888

1993 年

一份缘	4190
十个女人的命运	457
于松太太的贞洁少男	11149
丸之岬	461
女巫	460
小萝克	11147
王愿坚	7722
艺术价值论	6271
历史的使命	4200
友谊与爱情（原名《机组》）	11636
中国当代新诗史	6274
中国现代散文精华	5513
中国知青梦	459
毛主席听我说相声	10353
毛泽东与中国文艺	6270
长篇小说《长城万里图》纵横谈	6308
月出的风景	3116
方方	7717
心灵的焦灼	11633
巴尔扎克传——普罗米修斯或	
巴尔扎克的一生	14475
巴尔扎克全集（第二十五卷）	15427
巴金全集（18）	7984
巴金全集（19）	7985
巴金全集（20）	7981
巴金全集（21）	7982

1379

巴金全集(22)	7983	胡风回忆录	4192
巴金全集(23)	7996	胡适	8117
巴金全集(25)	7987	战地莺花录(上下)	2652
双城记	11153	战争和人(一、二、三)	468
书信选	14461	昨夜长风	455
玉观音	464	秋与死之忆	3123
左手	11151	美学新论	6268
生死桥	473	活泉	466
白鹿原	465	都市之梦	4191
外国动物童话世界	15812	胭脂扣	490
圣诞节故事集锦	17388	恋爱的季节	463
老舍	8120	唐代文学演变史	7269
在宽阔的土地上	3120	烟花女荣辱记	11146
在新时期面前	6269	海犬的故事——外国短篇小说选	15813
有梦不觉夜长	475	海浪	11637
伏尔泰论文艺	15141	脚步的声音	3118
名剑明珠	488	象征论文艺学导论	6273
关于女人和男人	4189	深圳一百张面孔	4193
江南游龙	474	梁凤仪现象	6267
冰屋奇婚	11395	谌容	7715
阴影的河流	3119	谛听,那声音——郭枫诗选	3127
红尘无泪	469	骑士蒂朗(上下)	11152
纪实和虚构——创造世界方法之一种	467	绿太阳	4188
花间集评注	3712	散文诗 文论	15612
杜牧研究丛稿	6805	最后一曲蓝调	462
吾乡印象	3122	黑眼睛天使	489
吴正诗选	3117	傲慢与偏见	11163
我心换你心	470	集外集拾遗	5473
张洁	7719	集外集拾遗补编	5517
陈世旭	7716	奥尔拉	11148
陈国凯	7720	鲁迅杂文选集	5516
玫瑰玫瑰我爱你	472	鲁迅散文集	5515
耶路撒冷的解放	14027	想当太阳的小狗	15814
茅盾全集(22) 中国文论五集	7988	新生代传奇	4204
茅盾全集(28) 中外神话研究	7986	黎明前的夜色	458
奇婚记	11494	激情三百日	456
明代文论选	6806	戴望舒	8118
往事与随想(上中下)	14460	霞楼梦笛——唐湜抒情诗选	3115
周末童话	15864	霸王别姬	471
周邦彦词选	3713	1992 中篇小说选(第 1 辑)	1890
周克芹	7721	1992 中篇小说选(第 2 辑)	1891
周作人的是非功过	6612	1992 短篇小说选	1889
空有玉貌	11150		

1994年

书名	编号
《一千零一夜》故事选	13425
一块烫石头	11396
十日谈	11168
人间喜剧(1)	15442
人间喜剧(10)	15451
人间喜剧(11)	15452
人间喜剧(12)	15453
人间喜剧(13)	15454
人间喜剧(14)	15455
人间喜剧(15)	15456
人间喜剧(16)	15457
人间喜剧(17)	15458
人间喜剧(18)	15459
人间喜剧(19)	15436
人间喜剧(2)	15443
人间喜剧(20)	15437
人间喜剧(21)	15438
人间喜剧(22)	15439
人间喜剧(23)	15440
人间喜剧(24)	15441
人间喜剧(3)	15444
人间喜剧(4)	15445
人间喜剧(5)	15446
人间喜剧(6)	15447
人间喜剧(7)	15448
人间喜剧(8)	15449
人间喜剧(9)	15450
大收藏家	486
大家族	478
大混沌	479
小说	6962
马万祺诗词选	3126
天涯梦	4198
无梦谷	493
历史的使命(第二集)	4201
历史的使命(第三集)	4202
历史的使命(第四集)	4203
尤利西斯(上)	11635
少年侦探	13626
日出	5945
中国山村教师	4199
心涛	505
巴金全集(24)	7989
巴金全集(26)	7990
巴黎一市民的星期日	11164
世纪末的挽钟	492
世纪末的童话	491
龙凤剑情樱花泪	487
卡夫卡小说选	11638
卡斯特罗修道院女院长	11160
北京人	5942
生命呼啸	484
失态的季节	498
半个世纪的脚印——袁可嘉诗文选	3125
民意党人劫狱记	11397
加拿大文学史	15180
母亲 短篇作品选	12581
吉布赛的诱惑	2442
老舍散文精编	5514
伊利亚特	14028
血的婚礼	14157
米隆老爹	11155
米斯蒂	11156
论衡选译	10923
戏曲	6957
玛丽亚蓝眼睛	12768
玛侬·列斯戈	11158
走向新世纪——第六届世界华文文学国际研讨会论文集	6279
花季	476
克莱芙王妃	11162
苏镇舞会	11154
我是一片云	3121
何时入梦	4195
词	6959
张贤亮	7724
阿道尔夫	11159
板桥家书译注	10922
《罗摩衍那》选	14310
周扬文集(第五卷)	7511
法兰西漫游	4197
审美鉴赏系统模型	6278
诗	6961
陌生的十字路口	3131
艰难与辉煌	4196

茶馆 龙须沟	5869	普希金小说戏剧选	15613
战国策选译	10921	缘	477
适夷散文选	5518	雷雨	5943
科学的艺术与艺术的科学	6275	雾重庆	521
保尔与维吉妮	11157	跨世纪人	4207
洒金笺	480	蜕变	5946
骆驼祥子 离婚	2443	裸情恨	481
骈文	6958	臧克家	8119
秦牧全集（第一卷）	7515	播谷集	6272
秦牧全集（第二卷）	7516	魔沼	11161
秦牧全集（第十卷）	7521	露沙的路	482
秦牧全集（第七卷）	7520	1990—1992 三年诗选	3124
秦牧全集（第八卷）	7513	1993 中篇小说选（第 1 辑）	1892
秦牧全集（第九卷）	7514	1993 中篇小说选（第 2 辑）	1893
秦牧全集（第三卷）	7517	1993 短篇小说选	1894
秦牧全集（第五卷）	7512		
秦牧全集（第六卷）	7519	**1995 年**	
秦牧全集（第四卷）	7518	"人"与"鬼"的纠葛——鲁迅小说论析	6663
莎士比亚全集(1)	15357	又见深秋	497
莎士比亚全集(2)	15358	三剑客	11171
莎士比亚全集(3)	15359	上海人	522
莎士比亚全集(4)	15360	飞越沧桑	495
莎士比亚全集(5)	15361	王安忆	7731
莎士比亚全集(6)	15362	韦君宜	7728
原野	5944	不是忏悔	503
晏子春秋选译	10928	历史的使命（第八集）	4213
峻青	7718	历史的使命（第五集）	4210
爱情与幻想	4194	历史的使命（第六集）	4206
高晓声	7723	少年维特的烦恼 亲和力	11165
浮士德	14879	中国女杰刘志华	4223
雪国绿	4205	中国现代杂文史论	6613
廊桥遗梦	12885	从艺术到人生	6281
商界	485	今天将会过去	6293
渔女情	11634	公刘短诗精读	3135
维多利亚俱乐部	483	月牙泉	510
散文	6960	卞之琳	8122
蒋介石其人	4208	文心雕龙研究	6807
蒋介石其事	4209	文体的自觉与抉择	6289
落日之战	506	文林察辨	6288
韩少功	7725	文学的理性和良知	6291
赋	6956	文学活着	6284
舒婷的诗	3128	文学理论要略	6294
童年 在人间 我的大学	12582	白夜	11405

他从天边来	3130	孟郊诗集校注	3715
冯骥才卷（冯骥才散文）	4220	孟浩然年谱	7315
圣火	13625	城市白皮书	513
老子本原	6809	南窗乱弹	6287
在历史的边缘	6283	点燃灵魂的一簇圣火	6276
当代小说见闻录	6290	施普瑞传奇	4219
当时已惘然	496	炼魂	504
论语派作品选	2444	举起这杯热酒——秦兆阳散文选	4226
如花似玉的原野	516	诱僧	500
她有罪过吗？	11401	费家有女	534
红叶丛书	7727	莉卡	11407
红楼艺术	6963	贾平凹卷（贾平凹散文）	4234
纪弦精品	3132	鸭绿江告诉你	4211
远行人独语	4218	爱情	11404
走出地球村	4222	疼痛与抚摸	509
赤彤丹朱	507	唐代文学史（下）	7271
严文井	7729	唐代文学史（上）	7270
克莱采奏鸣曲	11399	海子的诗	3129
呜咽的澜沧江	518	海边草	6292
我对年轻人说	4215	陶晶孙选集	8123
我要活下去	512	商海文心——梁凤仪散文精选	4212
但求无愧无悔	6277	情霸天下	494
余秋雨卷（余秋雨散文）	4236	深宫绝学	508
宋代词学审美理想	6808	梁山古道	4217
初恋	11402	黑桃皇后	11398
灵度——少林武僧日记	4216	普希金文集（1）抒情诗	15460
迟开的花朵	11406	普希金文集（2）抒情诗	15461
阿列霞	11400	普希金文集（3）长诗	15462
青蛇	499	普希金文集（4）童话 戏剧	15463
易卜生文集（第一卷）	15428	普希金文集（5）叶甫盖尼·奥涅金	15464
易卜生文集（第二卷）	15429	普希金文集（6）小说 特写	15465
易卜生文集（第七卷）	15434	普希金文集（7）文学论文 书信	
易卜生文集（第八卷）	15435	自传性散文	15466
易卜生文集（第三卷）	15430	谢朓与李白研究	6811
易卜生文集（第五卷）	15432	谢朓与李白管窥	6810
易卜生文集（第六卷）	15433	编余随笔	4214
易卜生文集（第四卷）	15431	蓝眼睛的女人	11403
侠的踪迹——中国武侠小说史论	6614	蒭草集	3134
周涛卷（周涛散文）	4221	感悟与沉思	6285
泣血乡恋	11166	新婚旅行	11167
波斯古代诗选	14309	满洲国妖艳——川岛芳子	501
审美之窗	6282	端木蕻良	8121
审美的感悟与追求	6286	演进与代价	6280

趟过男人河的女人	502	花落春不在	523
灌木年轮	3133	李白选集	3716
1991—1993 散文选	4224	李佩甫	7733
1993—1994 报告文学选	4225	里尔克诗选	14158
1994 短篇小说选	1897	我的母亲	4231
		沙鸥诗选	3136

1996 年

《一代风流》的典型性格	6300	宋代文学史（下）	7275
二刻拍案惊奇（上下）	2653	宋代文学史（上）	7274
人、自然与文化——中西环保哲学比较研究	10606	张宇	7726
		张默精品	3139
人间正道	539	驴皮记 绝对之探求	11172
三仲马传	14476	茅盾全集（23）中国文论六集	7991
万里心航	525	茅盾全集（24）中国文论七集	7992
女士及众生相	11640	茅盾全集（25）中国文论八集	7993
女企业家	529	茅盾全集（26）中国文论九集	7994
女强人	526	茅盾全集（27）中国文论十集	7995
马丁·伊登	12886	果戈理小说选	11409
马识途讽刺小说集	1898	罗亭 贵族之家	11408
王禹偁诗文选	8209	屈大均全集（1—8）	8210
无声的黄昏	6296	屈原与他的时代	6813
尤利西斯（下）	11639	胡适传论（上下）	6664
中国十四行体诗选	3561	美丽的龙	15865
中国历代小说序跋集（上中下）	7316	逆旅	4230
中国新文学图志（上下）	6665	都柏林人 青年艺术家的画像	11641
今天没有空难	3137	栖凤楼	532
月亮背面	517	格子网	515
风雪夜归人 闯江湖	5947	贾谊集校注	5658
文天祥	520	夏猎	543
邓友梅	7730	席勒戏剧诗歌选	14880
玉烟天下	4229	涛声入梦	511
叫喊的城市	6297	海外华文文学现状	6301
生命不止一次	4274	理解九十年代	6298
生命是劳动与仁慈	528	域外传真	4227
司马相如集校注	3714	雪莱诗选	14029
吕剑诗存	3138	晚霜	524
回首当年	4228	犁青的诗	3140
先秦两汉文论选	6812	第三种尊严	6299
众神的肖像	6295	惑之年	514
刘心武	7732	悲翡达夫人	11169
刘邦演义	519	敦煌之恋	540
羊角号	531	普希金诗选	14089
约婚夫妇	11170	曾在天涯	527
		新齐谐 续新齐谐	2655

书名	编号
新编凤双飞(1—4)	2654
塞万提斯全集(1—8卷)	15467
裴多菲诗选	14120
缱绻与决绝	536
魏晋南北朝文论选	6814
1994 中篇小说选(第 1 辑)	1895
1994 中篇小说选(第 2 辑)	1896

1997 年

书名	编号
一样的天空	541
二十五世纪的人(上下)	556
人生彼岸	4275
大都会	553
山鬼故家	3144
天下财富	569
艺术的第二次诞生——翟墨当代艺术手记	6305
日落紫禁城	548
中外比较文学的里程碑	6304
中华民族文学关系史(南方卷)	6311
牛汉卷	4241
从维熙	7734
丹青引	554
文学解读学导论	6302
文景之治演义	557
火凤凰	542
巴金译文全集(1)	15615
巴金译文全集(10)	15624
巴金译文全集(2)	15616
巴金译文全集(3)	15617
巴金译文全集(4)	15618
巴金译文全集(5)	15619
巴金译文全集(6)	15620
巴金译文全集(7)	15621
巴金译文全集(8)	15622
巴金译文全集(9)	15623
水焚	533
世纪风云中跋涉	4244
世纪沧桑 香港一百五十六年风雨录	10605
古兰经故事	17499
东方的故事	544
北方城郭	545
叶文玲	7736

书名	编号
田汉在日本	6615
史铁生	7737
冯维辛 格里鲍耶陀夫 果戈理 苏霍沃-柯贝林戏剧选	14940
圣经故事	17389
西川诗选	3145
西风逐晚霞	551
西班牙流浪汉小说选	11176
达洛维太太 到灯塔去 海浪	11642
托尔斯泰中短篇小说选	11411
当代文学新潮	6306
当代报告文学流变论	6303
吃的自由	4239
自由港之谜 香港经济奇迹探析	10603
向阳情结——文化名人与咸宁(上)	4245
向阳湖文化人采风(上)	4246
冲上九重天	547
论语通译	10924
尽意潇洒——陈伯坚散文选	4242
村妇	538
李兆麟——烽火辽东	555
我是太阳	530
我是猫	13427
佛经故事	17498
邹荻帆诗选	3149
辛弃疾选集	3717
沧波万里风	550
沉浮	13627
穷官——献给老少边穷地区无私奉献的干部们	4235
张承志卷(张承志散文)	4248
陆游选集	3718
苦难历程(上下)	12583
英雄莫问出处 香港的移民与出入境	10601
茅盾全集(34) 回忆录一集	7997
茅盾全集(35) 回忆录二集	7998
茅盾全集(36) 书信一集	7999
茅盾全集(37) 书信二集	8000
茅盾全集(38) 书信三集	8001
茅盾选集(1—3)	8125
易卜生戏剧选	14881
屈原 蔡文姬	5948
赵尚志(上下)	535

战争往事——抗日战争胜利半世纪祭	1899
济慈诗选	14032
神圣的承诺 香港基法的诞生	10602
神曲 炼狱篇	14030
贺敬之诗选	3143
莱蒙托夫诗选 当代英雄	15614
桃花盛开的地方——奉化风情录	4237
破戒 家	13426
原狱	559
圆了彩虹——吴冠中传	4238
秘鲁传说	12887
郭沫若诗歌戏剧选	8124
郭沫若选集（1—4）	8126
旅中吟	3141
浩然	7735
海峡两岸著名学者师友录	4247
梅里美中短篇小说全集	11175
曹禺戏剧选	5949
曹植选集 陶渊明选集	8217
野叟曝言（上中下）	2656
第三次高潮——新中国中医药对外交流纪实	4240
深情似往时	549
奥勃洛莫夫	11410
奥德赛	14031
鲁滨孙飘流记 摩尔·弗兰德斯	11173
温城之梦	546
献给孩子们——外国名作家为孩子们写的作品	15815
感悟岁月	4232
感谢苦难——彦涵传	4233
雾里看花 香港世态百相	10604
简宁的诗	3142
痴人说梦	4249
新西游记（上下）	537
赫拉普钦科文学论文集	15323
蔡其矫诗选	3146
蹉踏的季节	558
漂移的岸——一个现代"行脚"诗人的爱情四季	3147
德国浪漫主义作品选	11174
霓虹港湾 香港文化的源与流	10607
篱下的岁月	552

1998 年

二马	2454
人的境遇	11650
大水	564
万叶集选	14312
马特洛索夫（普通一兵）	12584
马雅可夫斯基诗选	14252
王安石文选译	10926
王蒙卷	4265
天方夜谭	13428
天囚——小叶秀子诗歌集	3153
五色的山水天地 北国吟 黑龙江的传说	4257
戈洛夫廖夫老爷们 童话集	15625
少年飘泊者	2447
中国有个雅戈尔	4250
中国神话传说（上下）	10927
牛汉诗选	3150
风从八方来——中国引智大观	4277
风尘侠士情（上下）	567
为诗辩护 试论独创性作品	15142
心灵的乡村	3152
世界著名寓言	15816
古希腊戏剧选	14883
古诗撷英	6964
石头记脂本研究	6965
东京有个绿太阳	571
北极星下（第二部）	11645
四世同堂（上下）	2445
包法利夫人 三故事	11183
吉姆爷 水仙花号上的黑水手 黑暗深处	11182
地力	573
亚·奥斯特洛夫斯基 契诃夫戏剧选	14941
在黑暗中	2452
百年心声——现代希伯来诗选	14397
百年学科沉思录——二十世纪中国古代文学研究回顾与前瞻	6971
扬州历代诗词	3721
尘埃落定	562
当代工人——王涛	4259
岁月如歌	561
先秦文学史	7276

书名	编号
竹园夜雨	4261
自己的园地	5519
刘罗锅断案故事	574
刘绍棠	7739
刘俊卿与双轮奇迹	4258
闯进灵异世界——戴小华散文选	4253
关汉卿选集	5987
汤姆叔叔的小屋	12771
汤姆·索亚历险记	12769
汤姆·索亚历险记 哈克贝利·费恩历险记	12770
寻梦者的塑像——秦牧作品评论集	6309
红烛 死水	3563
孙犁卷(孙犁散文)	4269
走向圣殿	4262
花之寺	2451
杜甫选集(杜甫诗选)	3723
杜鹏程	7742
杨朔卷(杨朔散文)	4270
两个新嫁娘	11179
我的安东妮亚	12889
希腊神话	15817
汪曾祺卷(汪曾祺散文)	4268
沉沦	2448
张抗抗	7741
陈国凯选集(1—3)	568
邵燕祥卷	4263
纵横集 王玮学术文选	6310
奈何岁月	572
昌耀的诗	3155
金色之门——尤今散文选	4251
金色回响	4256
金融大风暴	589
审美价值系统	6307
空山灵雨	5520
空谷	560
屈原选集	3720
弥尔顿诗选	14033
城堡	11644
胡适文集(1—7)	8002
柯灵卷	4264
相逢犹如在梦中——梦莉散文选	4254
柚子	2453
柳宗元选集	8218
勃洛克 叶赛宁诗选	14251
昭明文选研究	6966
突出重围	570
秦牧卷(秦牧散文)	4267
莫应丰	7740
莫黛斯特·米尼翁 婚约	11180
格林童话	15818
贾平凹	7743
夏娃的女儿	11181
顾城的诗	3151
啊,拓荒者!	12888
圆梦	566
爱丽斯漫游奇境	11177
爱的教育	11178
逢魔时间——李碧华散文选	4252
唐诗三百首简注	3719
消失的场景	563
海滨故人	2449
谁在俄罗斯能过好日子	11412
雪国	13629
蛇结	11643
第二十幕(上中下)	588
梁衡卷	4266
堕民	577
维加戏剧选	14882
绿原自选诗	3148
缀网劳蛛	2446
塔杜施先生	14121
喜马拉雅	576
喜筵之后 某少女	2450
韩非子选译	10925
暂时之痛	565
傅溪鹏报告文学选集	4243
焦灼的土地——以色列短篇小说选	13628
鲁达基 海亚姆 萨迪 哈菲兹作品选	14311
鲁迅散文选集	5521
湖畔	3562
游子吟	4255
路遥	7738
赫罗尼莫,我的小天使	14477
繁星 春水	3564

1999 年

条目	页码
一个天使的沉沦	587
人在旅途——周作人的思想和文体	6669
人的大地	11649
大地与梦想	3157
万里云月寻旧梦	4279
千家诗评注	3722
川端康成小说经典(一、二、三)	13631
天子娇客	591
天台山笔记——与远年灵魂的对话	4276
"无"的意义——朴心玄览中的道体论形而上学	10612
五旗颂	10609
不怕鬼的故事	10929
不信神的故事	10930
中华散文百年精华	4273
中国近百年文学体式流变史(上下)	6318
中国新诗流变论	6670
风雪多瑙河	580
风暴潮	596
文化昆仑 钱钟书其人其文	6315
巴尔扎克全集(第二十七卷)	15469
巴尔扎克全集(第二十八卷)	15470
巴尔扎克全集(第二十九卷)	15471
巴尔扎克全集(第二十六卷)	15468
巴尔扎克全集(第三十卷)	15472
幻化(三部曲)	598
石瀑布	590
北大之父蔡元培	4280
生的执著——存在主义与中国现代文学	6668
白轮船	13635
饥饿荒原	592
永别了,古利萨雷!	13634
老舍全集(1)	8003
老舍全集(10)	8012
老舍全集(11)	8013
老舍全集(12)	8014
老舍全集(13)	8015
老舍全集(14)	8016
老舍全集(15)	8017
老舍全集(16)	8018
老舍全集(17)	8019
老舍全集(18)	8020
老舍全集(19)	8021
老舍全集(2)	8004
老舍全集(3)	8005
老舍全集(4)	8006
老舍全集(5)	8007
老舍全集(6)	8008
老舍全集(7)	8009
老舍全集(8)	8010
老舍全集(9)	8011
"西北王"的败落	582
西部神话	4272
在水一方——名人笔下的同里	4379
百年百种优秀中国文学图书	10610
早来的鹤(白轮船)	13633
回眸红岩	3160
回眸"学衡派"——文化保守主义的现代命运	6666
全元戏曲(第十一卷)	5996
全元戏曲(第十二卷)	5997
全元戏曲(第十卷)	5995
全元戏曲(第七卷)	5992
全元戏曲(第八卷)	5993
全元戏曲(第九卷)	5994
全元戏曲(第三卷)	5988
全元戏曲(第五卷)	5990
全元戏曲(第六卷)	5991
全元戏曲(第四卷)	5989
合庆山庄夜话	4260
多彩的乡村	594
刘长卿集编年校注	3725
刘醒龙	7744
如歌的诱惑	593
红与黑	11184
红字 七个尖角顶的宅第	12895
纪伯伦诗文选	15626
远去的风景	4359
芽与根的和弦	3156
别处的雨声	3161
告别马焦拉	12585
我的包着红头巾的小白杨	13636
快乐王子集	15866
君子梦	581

张俊以儿童诗选	8424	鲁迅辑录古籍丛编（1—4）	8219
画外话 冯骥才卷	10611	普希金与我	7375
画外话 吴冠中卷	10608	歌德文集（1—10卷）	15473
虎步流亡——金九在中国	597	豪门春秋	12893
国画	586	赛拉斯·拉帕姆的发迹	12894
呼啸山庄	11185	赛福鼎诗选	3164
罗生门	13630	飘雪的世界	3154
京味儿夜话	4271	醉菩提传 麴头陀传	2658
诗经全注	3724	潘金莲之前世今生	578
诗爱者的自白——屠岸的散文和散文诗	4320	瘾——一个真实的故事	11651
南征北战奇观	4278	瞩望星河——近二十年中国长篇小说艺术	6313
牵手	584	魏晋文学史	7277
香港文学史	6312	霹雳三年	583

2000年

重读大师 一种谎言的真诚说法（外国卷）	6316
重读大师 激情的归途（中国卷）	6317
洛夫精品	3174
语言：形式的命名 中国诗歌评论	6319
祖国,我对你许诺——建国50周年政治抒情诗选	3159
屏风后的女人	1901
勇敢的船长	11646
秦俑	579
莫吐儿	12890
哥尔多尼戏剧集	14884
夏夜情思	4282
晓庄钟声——陶行知办学演义	585
铁魂曲	575
秘密花园	12892
益智录（烟雨楼续聊斋志异）	2657
海蒂	11648
家园笔记	595
黄与蓝的交响——中西美学比较论	6314
第七个十字架	11647
船月	632
清代文论选（上下）	6815
淮河的警告	4281
绿山墙的安妮	12891
斯特林堡小说戏剧选	15627
散淡之吟	3158
黑松林	1900
鲁迅的生命哲学	6667

二十世纪西方文学比较研究 王宁文化学术批评文选之2	7377
人有病天知否 一九四九年后中国文坛纪实	4298
干燥花	615
于坚的诗	3171
大卫·科波菲尔（上下）	11188
大明宫词（电视剧本）	5870
大堰河	3572
小人国和大人国	15821
小王子	15869
小天堂的毁灭	609
小坡的生日	8433
小城风波	2460
小说旁证	6980
马克思主义与现代美学问题	7381
马赫图姆库里诗集	14398
乡谣	621
王小鹰	7751
王子与贫儿	15819
王尔德作品集	14976
王学与中晚明士人心态	6976
木头宝座	11652
木桶的故事 格列佛游记	11187
五代作家的人格与诗格	6968
历史的天空	610
比较文学与当代文化批评 王宁文化	

学术批评文选之1	7376	民族心灵的幻象 中国小说审美理想	6322
中国古代诗词名篇	3728	边城	2456
中国古代散文名篇	5659	老舍研究论文集	6618
中国制造	611	地之子	2459
中国诗歌 九十年代备忘录	6324	协商建国 1948—1949 年中国党派政治日志	4283
中学生课外文学名著导读	10160	西滢闲话	5530
见证	4303	在时间的前方	3168
牛津简明英国文学史(上下)	15181	死火重温	6320
长生塔	8431	尘世的火烛 吕大明散文选	4297
从最小的可能性开始 中国诗歌评论	6331	光荣之旅	626
风尘交易人——一个美国汽车商的经历	612	朱子家礼与韩国之礼学	10616
风雪夜归人	5950	朱生豪"小言"集	5537
丹青风骨	623	朱自清卷(朱自清散文)	5528
乌泥湖年谱 1957—1966	622	先秦诗文精华	8220
文艺的绿色之思 文艺生态学引论	6327	伤心万柳杀	607
文学之路——中德语言文学文化研究(第一卷 2000 年)	7379	伊格尔远征记	14090
文学原理新释	6321	行囊空空	614
心中永存的珍珠	4296	刘白羽卷	4287
巴黎的鳞爪	5531	刘恒	7756
以色列百年风云(上下)	4304	刘震云	7754
水孩子	15820	池莉	7747
未完成的追踪	616	冰心卷(冰心散文)	4292
世纪良知——巴金	4314	冰心选集(上下)	8127
世界华文文学概要	6326	红鸟国秘史	608
古希腊散文选	14423	红学与二十世纪学术思想	6967
东方神韵——意境论	6325	红楼梦(上下)	2663
东瀛我辈	613	纪伯伦全集(1—5 卷)	15474
卡尔卢什卡的戏法	15908	严文井卷	4291
北欧缤纷 池元莲散文选	4293	严文井童话	8425
《申报》有关韩国独立运动暨中韩关系史料选编(1910—1949)	10618	苏童	7755
		杜运燮六十年诗选	3162
叶圣陶童话(稻草人)	8432	杏林风骚	625
叶兆言	7753	李瑛近作选(1979—1999)	3167
叶底红莲 赵淑敏散文选	4294	肖洛霍夫文集(1—8 卷)	15475
田园三部曲	11189	吴梅村诗选(吴伟业诗选)	3726
史记与诗经	6972	男孩彭罗德的烦恼	15867
史铁生卷(史铁生散文选)	4288	吹牛大王历险记	15822
《白鹿原》评论集	6323	我和童话有个约会——BCTV2"华夏书苑"栏目有奖征文	8436
乐府诗选	3731	兵家纪事	619
汉魏六朝诗文精华	8222	你往何处去	11495
永远的质疑	6330	希望工程 苦涩的辉煌	4300

狂欢的季节	605		哈利·波特与密室	11658
迟子建	7746		哈利·波特与魔法石	11656
张天翼童话 一	8428		食指的诗	3170
张天翼童话 二	8429		独白与手势·白	604
阿纳泰的贝壳	11654		独白与手势·蓝	603
陈伯吹童话	8430		施托姆小说选	11190
纸现场	6329		差等生	8437
范小青	7750		格非	7752
林语堂卷（林语堂散文）	5526		铁凝	7749
画外话 张仃卷	10614		爱如烟花只开一瞬	
画外话 范曾卷	10613		"人民文学·贝塔斯曼"杯文学新秀	
画梦录	5523		征文奖获奖作品集	1902
雨天的书	5532		高士其科普童话	8427
雨果诗选	14034		唐五代词选	3729
郁达夫卷	5525		唐传奇笺证	6970
欧也妮·葛朗台	11186		唐宋词史论	6989
软弱	600		唐宋诗文精华	8221
国宝灵光	4326		唐诗名译	10932
明清社会性爱风气	6977		烙印 罪恶的黑手	3566
罗兰之歌 特利斯当与伊瑟 列那狐的			流浪金三角	4285
故事	15628		读词偶得 清真词释	3730
季羡林卷（季羡林散文选）	4289		袖珍诗韵	10931
彼岸	4302		难以直说的苦衷——鲁迅《野草》探秘	6672
金近童话	8426		绥芬河传	4284
金瓶梅词话（上下）	2659		萨特文集（1—7卷）	15476
金陵永生——魏特琳女士传	4295		梦家诗集	3565
受难地的女人	11660		雪地三游客	15868
周作人卷（周作人散文）	5524		梨园风流	624
鱼目集	3568		第四十一个	12586
郑振铎前期文学思想	6671		欲望家族	618
郑敏诗集（1979—1999）	3169		庾信研究	6969
宗璞卷	4290		望舒草	3567
春醪集	5522		寄小读者	8434
城南旧事	617		隐身人 时间机器	15870
南方的爱	599		婚变、道德与文学	6978
南北极	2455		婚姻生活的侧面	602
南北朝文学编年史	7278		绿的回旋	4321
南行记	2457		插翅膀的乡事	3166
枯草上的盐	3165		悲剧的春天	4299
残雪	7745		黑白天使	11659
背叛	4301		鲁迅年谱（增订本，1—4）	6616
昨日之歌	3569		鲁迅卷（鲁迅散文）	5527
哈利·波特与阿兹卡班的囚徒	11657		渡口	655

歇马山庄	606
微雨	3571
解读博尔赫斯	7378
遛马女	11655
新选宋词三百首	3727
新鲜的焦渴	3163
酷在雨季	8435
漂泊女人	633
漂泊者手记	6328
漫画情歌	10615
漫说三国	6973
漫说水浒	6975
漫说西游	6974
漫说红楼	6979
醉里	2458
嘶天	620
踪迹	3570
黎明前的祈祷	17511
蕲拂集	5529
潘军	7748
魏巍卷	4286
藤萝花落	601

2001 年

一个人的遭遇	12588
二十一世纪 鲁迅和我们	6673
二十世纪外国文学回顾	
——《环球时报》国际文化备忘录	4325
人性闲话	4333
九三年	15828
三大师	14480
大卫的母亲	11661
大卫·科波菲尔	15824
大宅门(上下)(电视剧本)	5871
大禹治水	8442
大清药王	646
千古绝唱	3735
女子监狱	654
小小好淘气	8440
小说	10028
小说创作十戒	6333
马克·吐温中短篇小说选	12772
乡风与市风 灵山歌	8128

王贵与李香香 漳河水	3613
王家新的诗	3176
王渔洋事迹征略	7318
开天辟地	8439
天门听风	4327
天网的坠落	12927
五代十国文学编年	7279
少年凯歌	4328
少林武鼠和皇家老鼠	8449
少林铁头鼠	8438
日出东方	637
中华百年游记精华	4329
中国古代文学论集	6994
中国古代诗学原理	6990
中国现代主义诗学	6337
中国诗性文论与批评	6988
中国品牌·精品荟萃	10267
中国新诗萃 台港澳卷	3172
长篇小说《幻化》评论集	6335
公证人	1906
风中玫瑰	638
六眼看世界——儿子你自己拿主意	4306
文学与生活 密云期风习小记	6623
文学之路——中德语言文学文化研究(第二卷 2001 年)	7380
文学书事——作家给编辑的信	4334
文学原理——创作论	6341
文学编辑四十年	4318
方舟故事(一)	15871
方舟故事(二)	15872
为女儿感动——从一串葡萄说起	4331
心泊千岛湖	4380
引爆地球	8441
巴人先生纪念集	4335
巴金卷	5533
水灾	641
古文观止新注	5660
古诗	10022
东藏记	630
北宋新旧党争与文学	6986
北美汉学家辞典	10266
归宿	649
生人妻	2557

书名	编号
生死西行	627
白鲸	12773
外国散文百年精华	15633
让历史记住三线学兵	4323
永不言败——裘服大王张葆祥传	4315
永不放弃(电视文学剧本)	5874
永远的祈祷——两个从死亡边缘上生还的日军老兵的真诚告白	17512
动物们的圣诞节	15874
动物们的复活节	15875
"百事"一代	12587
有狼的风景——读八十年代中国文学	6334
成语故事	10026
扛着女儿过大江——最初的感动	4338
当关	651
同一片蓝天——于果和他的大学	4340
回归本源——加西亚·马尔克斯传	14478
网络鲁迅	4352
华兹华斯 柯尔律治诗选	14036
伊利亚特	15827
血玲珑	634
向阳情结——文化名人与咸宁(下)	4317
向阳湖文化人采风(下)	4316
后汽车时代的城市	17404
全球资本主义的终结 新的历史蓝图	17405
多元语境中的精神图景——九十年代文学评论集	6340
庄子选集	5661
关露啊,关露	4313
安娜·卡列宁娜	15830
寻访林徽因	4339
好兵帅克	15829
观园诗词选	3182
红色诗歌集	3175
红晕	639
红楼梦研究稀见资料汇编(上下)	7317
孙文波的诗	3177
孙毓霜诗词选	3180
芦花荡 荷花淀	2563
李六乙纯粹戏剧	5873
李有才板话	2561
李嘉诚如是说	10617
来来往往	14159
吹着口哨走过来——雕刻时光	4332
别了,莎菲	4309
我与人民文学出版社	4324
我不是坏小孩 1	8446
我不是坏小孩 2	8447
我不是坏小孩 3	8448
我这一辈子 月牙儿	2461
我爱你,罗尼——罗纳德·里根致南希·里根的信	14479
我家的时尚女孩——害怕长大	4308
余华	7758
谷	2559
狄德罗小说选	11192
吝啬鬼·泼妇·一夫多妻者——十八世纪中国小说中的性与男女关系	6982
沧浪之水	650
沉默的另一面	15344
宋词三百首简注(宋词三百首)	3732
宋词文化与文学新视野	6985
初唐四杰诗选	3733
张之洞(上中下)	653
阿来文集 大地的阶梯	4330
阿来文集 中短篇小说卷	1903
阿来文集 诗文卷	7757
阿拉伯古代诗选	14313
纯情年代——飞翔在童心世界	4337
武王伐纣	8444
现代艺术札记·文学大师卷	15631
现代艺术札记·美术大师卷	15632
现代艺术札记·演艺大师卷	15630
现代俄国文学史	15182
英雄时代	629
茅盾全集(29) 外国文论一集	8022
茅盾全集(30) 外国文论二集	8023
茅盾全集(31) 外国文论三集	8024
茅盾全集(32) 外国文论四集	8025
茅盾全集(33) 外国文论五集	8026
茅盾全集(39) 日记一集	8027
茅盾全集(40) 日记二集	8028
茅盾全集(41) 附集	8029
画廊集	5624
雨点集	3181

书名	页码
郁达夫选集（上下）	8129
欧洲寓言选	15629
拥抱生命	644
拉丁美洲被切开的血管	17406
国人暴动	8445
忠烈侠义传 三侠五义	2660
忠烈侠义传 小五义	2661
忠烈侠义传 续小五义	2662
咀华集	6624
呼兰河传	2558
罗门精品	3173
"罗萌国粹系列长篇小说"评论集	6336
彼得大帝	15833
金元明清诗文精华	8223
《金瓶梅》与封建文化	6984
夜翼	12928
诗人 文体 批评——中古文学新语	6987
城市片断	656
赵树理选集	2565
带条纹的地狱囚服	11663
荧屏背后的生活	643
故园	1905
故事海选	17500
药王孙思邈传奇	642
威尼斯商人	15825
哈利·波特与火焰杯	11662
科学小品	10027
独白与手势·红	648
差半车麦秸	2564
美女如云	628
美女作家	657
神曲 天国篇	14035
神奇动物在哪里	15876
神奇的魁地奇球	15877
神话传说	10029
盈盈集	3614
秦观集编年校注（上下）	3734
莫里哀喜剧选	14885
莎士比亚历史剧选	14886
莎士比亚喜剧选	14887
莎士比亚悲剧选	14888
桂公塘	2556
栗子	2562
贾岛集校注	3736
破毁铁屋子的希望——《呐喊》《彷徨》新论	6675
徐志摩卷	5536
爱的答案	3178
狼毒	12926
高乃依 拉辛戏剧选	14889
唐诗 在变革中走向辉煌	6981
海隅印记	4319
海滨故人庐隐	4310
浪 一个"叛国者"的人生传奇	640
谈美书简	6332
萧萧落红	4312
萧瑟悉尼	635
梅次故事	652
晚号集	3179
蛇与塔	5625
银妆刀啊，银妆刀——一臂葬哀史	14399
欲望之路	636
彩虹的尽头	15873
商汤与伊尹	8443
情结集	4341
梁实秋卷（梁实秋散文）	5534
梁遇春卷（梁遇春散文选）	5535
屠格涅夫文集（1—6卷）	15477
绿天雪林	4322
琢玉记——我和妈妈的"战争"	4307
越野赛跑	645
联合国演义（上下）	631
散文	10025
韩愈选集	8224
奥利弗·退斯特（雾都孤儿）	11191
鲁迅诗集	3573
童话	10023
道教与唐代文学	6983
寓言	10024
窗子内外忆徽因	4311
新阶级与知识分子的未来	17403
塞纳书窗	4336
静静的顿河	15832
歌德诗选	14037
飘	15831
影视场	647

德伯家的苔丝	15826
憎恨	2560
橘子红了	1904
橘子红了（文学剧本）	5872
Hi 十七岁——和儿子一起逃学	4305

2002 年

一片冰心	4346
二十世纪外国短篇小说编年 英国卷（上下）	11669
二十世纪外国短篇小说编年 法国卷（上下）	11671
二十世纪外国短篇小说编年 俄苏卷（上下）	12590
二十世纪外国短篇小说编年 美国卷（上下）	12901
二十世纪外国短篇小说编年 德语卷（上下）	11670
入住望京的女人们	676
九大行星	15946
又见梅娘	4349
三峡建设者风采	4368
三峡拾韵	4367
土拨鼠的传奇	8456
大全若缺——全息观纵览与沉思	10624
大明奇才解缙（电视文学剧本）	5879
大学 中庸 笠翁对韵	8463
大校的女儿	659
大脚马皇后（文学剧本）	5875
大赢家	675
山里的猴子	15934
山河的回旋	4382
门外探美	6343
门廊里的小马	15937
女兵谢冰莹	4350
飞回的孔雀——袁昌英	4347
小小职员	11676
小学生必背古诗70篇	10030
小说山庄 外国最新短篇小说选	15635
小苋丝在水下	15926
小苋丝在地下	15925
小苋丝和颠倒屋	15924
马克·吐温短篇小说选	12775
王火作品自选集	7765
王旭烽	7767
王维诗选	3742
王蒙代表作	1907
天空的皮肤	12924
无痕永恒	1915
无望的逃离	12598
艺术与审美的当代形式	6352
匹克威克外传（上下）	11200
比较文学与二十世纪中国文学	6359
中华文学评论百年精华	6346
中华诗歌百年精华	3187
中国文人的非正常死亡	4355
中国文化的守夜人——鲁迅	6674
中国古代文学作品选（一）	8211
中国古代文学作品选（二）	8212
中国古代文学作品选（三）	8213
中国古代文学作品选（四）	8214
中国古代文学选读	10010
中国现代文学传统	6678
中国现代文学的性别意识	6679
中国现代文学选读	10009
中国的"敦刻尔克大撤退"	680
中国的源头	4377
中国狐文化	6993
中国诗学（第七辑）	6995
中国新时期小说主潮（上下）	6345
内部威胁	12918
仇敌	12910
分门纂类唐宋时贤千家诗选 校证（上下）	3743
风中之树——对一个杰出作家的探访	4370
风尘逸士——吴稚晖别传	4362
丹青十字架——韩美林传	4342
勾魂拐——悬念小说集	1908
文学与精神分析学 王宁文化学术 批评文选之3	7382
文学之路——中德语言文学文化 研究（第三卷 2002 年）	7384
文学肖像	14699
文学概论	6342
文赋集释	6816
火山爆发为什么会掀掉山顶？	

关于火山和地震的问与答	15947	名利场	11196
心有灵犀	4356	关西儒魂——于右任别传	4363
巴比特	12898	决裂	12912
孔子	13640	安徒生童话	15823
玉环风采	4366	冰小鸭的春天	8455
世变缘常——四十年代小说论	6676	论语	8465
龙年档案	685	如梦如烟恭王府	4386
北京人艺剧照插图本 茶馆	5877	红豆——女性情爱文学的文化心理	
北京人民艺术剧院 1952—2002	10633	透视	6350
叶蔚林	7764	约翰·克利斯朵夫	15839
史记 墨子 吕氏春秋	8467	纪德文集(1—3卷)	15484
生——瓦尔拉莫夫小说集	12592	远嫁	674
失行孤雁——王国维别传	4361	花腔	663
白居易选集	3741	苍狼	13639
用生命拥抱文化——中华 20 世纪		苏轼选集	3740
学者散文的文化精神	6348	杨争光	7766
外国诗歌百年精华	15634	杨澜访谈录(第一辑)	
记忆之战	12903	——李敖、龙应台、余光中	10619
皮皮鬼的恶作剧	15959	杨澜访谈录(第二辑)	
发现青年	4353	——周小燕、谭盾、田浩江	10620
圣女桑塔	12899	杨澜访谈录(第三辑)——杰克·韦尔奇、	
老子 庄子	8460	杨雪兰、史蒂夫·福布斯	10621
老妇还乡	11668	杨澜访谈录(第五辑)	
地下人,或当代英雄	12589	——王蒙、胡舒立、唐师曾	10623
在太空中你能听到喊叫声吗?		杨澜访谈录(第四辑)	
关于太空探险的问与答	15951	——王光美、徐匡迪、程安东	10622
在少女们身旁	11666	李嘉诚父子传奇	10628
在生命的光环上跳舞	4389	来自矮人国的小兄妹	15943
百慕大三角	12593	把绵羊和山羊分开	671
托诺一邦盖	11664	报仇雪恨	12916
邪恶的实验	12906	报应之日	12914
吸血鬼的助手	15927	抒情的光线	3183
网络王小波	4388	里德尔的日记	15960
网络张爱玲	4387	吴敬梓诗文集	8225
网络金庸	4373	时代与文学的肖像	4358
传统美育与当代人格	6339	时雨记	13642
伦敦浪了起来	4369	听一听,读一读,画一画	
伊坦·弗洛美	12896	——幽默儿歌(上下)	8459
伊拉塞玛	12923	听来的故事	1912
血道	15928	身影离开大地	11675
创造之秘——文学创作发生论	6338	狂士怪杰——辜鸿铭别传	4364
危险援救	12907	饭店世界	11679
杂花生树	4351	间谍	11667

弟子规 三字经 千字文 孝经	8462	诗经 礼记 黄帝内经	8461
沧海(上下)	4372	孟子(上下)	8464
宋代散文研究	6996	孤独前驱——郭嵩焘别传	4365
宋词百首	3739	经典关系	668
初中生必背古诗文50篇	10031	契诃夫短篇小说选	11413
词论史论稿	6992	春花秋叶——中国五四女作家	6677
张光年文集(1—5)	7762	春梦随云散	4357
阿甘正传	12939	赵延年木刻插图本 狂人日记	2464
陈忠实	7760	赵延年木刻插图本 阿Q正传	2463
青春前期	8450	赵德发	7763
青烟或白雾	696	要短句,亲爱的	11678
现代诗的情感与形式	6347	战争与和平	15834
现在开始,什么时候结束	1913	战争目光	672
玫瑰山庄	660	星星有尖角吗?关于星星的问与答	15948
苦丁斋思絮(上下)	4374	星球大战前传Ⅰ·幽灵的威胁	12920
雨果文集(1—12卷)	15478	星球大战前传Ⅱ·克隆人的进攻	12919
雨果绘画	17390	昨夜风雨	682
郁达夫小说集	2462	思潮与文体——20世纪末小说观察	6344
奔跑的青春——全美中学生领袖 范紫光	4360	哈利·波特与密室——多比的警告	15931
欧·亨利短篇小说选	12774	哈利·波特与密室——曼德拉草的 哭声	15932
欧·亨利短篇小说选	12776	哈利·波特与魔法石 $9\frac{3}{4}$ 站台	15940
欧美文学论丛第一辑 经典作家作品研究	7385	哈利·波特与魔法石 ——poster book 1	15964
欧美文学论丛第二辑 欧美文学与宗教	7386	哈利·波特与魔法石 ——poster book 2	15965
明词史	7280	哈利·波特与魔法石 厄里斯魔镜	15941
易经(上下)	8466	哈利·波特与魔法石 古灵阁	15939
呼啸山庄	15837	哈利·波特与魔法石——神奇历险	15922
凯恩河	12925	哈利·波特与魔法石——神奇动物	15921
凯撒和克莉奥佩特拉	14892	哈利·波特与魔法石——神奇魔法	15923
图书市场营销——出版社市场营销 优秀论文集锦	10629	哈利·波特与魔法石 神秘的对角巷	15942
垂直的舞蹈	662	哈利·波特(礼品书)	11672
侦探迷的聪明手册	15944	哈利·波特的魔法世界	15920
金锁沉香张爱玲	4345	哈姆莱特	14890
命运曲奇	673	哈姆莱特	15843
周大新	7759	俄语语言文学研究·文学卷	7395
周梅森	7761	皇冠上的标记	12911
京城杂吃	4344	鬼怪迷的勇敢手册	15945
怪物马戏团	15929	剑胆诗魂——辛弃疾	679
学校里的松鼠	15938	独粒钻石	12900
诗学	15143	亮了一下	1914

前途未卜	12913	唐诗百首	3738
神曲	14038	唐诗选读	10008
神州问茶	10630	唐浩明文集·杨度(上中下)	689
神笔马良	8469	唐浩明文集·张之洞(上中下)	688
神殿危机	12921	唐浩明文集·曾国藩(上中下)	683
绝顶	670	阅读普希金	7388
泰戈尔诗选	14314	烟雨霏霏的黎明	14700
恐龙在你家的后院生活过吗?		消逝的黑纽扣	8457
关于恐龙的问与答	15952	海上劳工	11197
莫泊桑短篇小说选	11198	海姑娘洛丽	8453
莉莉大闹校园 莉莉与马戏团	15955	海涅文集 小说戏剧杂文卷	15480
莉莉在狂野的西部		海涅文集 批评卷	15479
莉莉去印第安探险	15956	海涅文集 诗歌卷	15481
莉莉侦破木乃伊之谜		海涅文集 游记卷	15482
莉莉造访沉没的世界	15953	浮士德	15842
莉莉迷上了足球 莉莉与中世纪魔剑	15954	涌动的神力	12922
莉莉登上了海盗船		请你这样教育我 清华北大人大十省	
莉莉过了把侦探瘾	15957	高考状元向家长老师呼吁	10626
莎乐美——一位征服天才的女性		诺尔玛或无尽的流亡	11665
(征服天才的莎乐美)	4375	理想丈夫	14978
真理之战	12904	基度山伯爵	15841
真情到永远	658	曹禺选集	5951
桃李	667	雪国	13632
破碎的和平	12915	堂吉诃德	15840
致命追杀	12905	常德盛	3184
哦,我的坏女孩	8452	野葡萄	8451
啊,拓荒者!	12897	晚明诗歌研究	7004
铁血柔情	12908	婴儿围栏里的小猪	15936
铁栅栏上的眼睛	11674	银豹花园	669
铁道员	13643	银鼠	661
透光的树	13641	船长与大尉(上下)	12591
徐志摩选集(上下)	8130	猎豹出击	665
爱人同志	684	商界"小超人"李泽楷	10625
爱德华三世 两位贵亲戚		情暖三春——记全国优秀党务	
新被裁定的两部莎士比亚疑剧	14891	工作者李淑敏	4371
高中语文新教材文言文译注·		惟一证人	12917
一年级	10032	惊天铁案——世纪大盗张子强	
高中语文新教材文言文译注·		伏法纪实(上下)	4402
二年级	10033	阐释与提升 文艺批评实践与思考	6353
高老头	11193	羚羊木雕	8468
疲软的小号	8458	盖世太保枪口下的中国女人	666
唐人律诗精华	3737	密室里的怪蛇	15958
唐五代小说的文化阐释	6991	绿野仙踪(上下)	2664

超越后现代主义 王宁文化学术	
批评文选之4	7383
斯巴达克思	15838
斯特林堡文集（1）	15483
厨房里的小猫	15933
黑暗的心	11195
等待戈多	14977
等待地震	677
储藏室里的小狗	15935
亵渎爱情	12902
敦煌	13638
善知识经济——因陀罗网经济学初步	10627
曾经沧海	1911
禅思集	4343
缉私先锋	678
魂归陶然亭——石评梅	4348
魂消玉陨	12909
蓝熊船长的13条半命	15930
雷曼先生	11677
暗示	681
跨文化传播探讨与研究	6351
罪与罚	15835
简·爱	11194
简·爱	15836
福楼拜小说全集（上中下）	11199
静静的艾敏河	5876
鲜花	11673
漫画的幽默	10631
骡子的后代	664
蝙蝠怎样在黑夜里看东西？	
关于夜行动物的问与答	15950
墨海笔记	4354
鲸有肚脐眼吗？关于鲸与海豚的	
问与答	15949
激情与责任——中国诗歌评论	6349
戴望舒选集	8131
魏晋清谈	6997
警察游戏	8454
蟹语	3185
2001 中篇小说	1910
2001 散文	4376
2001 短篇小说	1909
2002 年全国出版专业职业资格考试	
辅导练习和参考答案（中级）	10162
2002 年全国出版专业职业资格考试	
辅导练习和参考答案（初级）	10161
OZ 国历险记（绿野仙踪）	15919

2003 年

人间 希望伴我前行	5540
人类的音乐	17402
下雨的童话	8475
大宅门（第二部）	712
与地球重新签约 哥本哈根社会发展	
论坛文选之一	17407
万物花开	705
山林中的春天	8473
马克思主义文艺审美论	7391
王蒙文存（10）中篇小说 2	7532
王蒙文存（11）短篇小说 1	7533
王蒙文存（1—23）	7546
王蒙文存（12）短篇小说 2	7534
王蒙文存（13）短篇小说 3	7535
王蒙文存（14）散文随笔杂文 1	7536
王蒙文存（15）散文随笔杂文 2	7537
王蒙文存（16）诗歌	7538
王蒙文存（17）专栏文章	7539
王蒙文存（18）论《红楼梦》论李商隐	7540
王蒙文存（19）讲演录	7541
王蒙文存（1）青春万岁	7523
王蒙文存（20）访谈录 对话录	7542
王蒙文存（21）创作谈 文艺杂谈	7543
王蒙文存（22）作家作品评论 序	7544
王蒙文存（23）综论 代言 附录	7545
王蒙文存（2）活动变人形	7524
王蒙文存（3）暗杀 3322	7525
王蒙文存（4）恋爱的季节	7526
王蒙文存（5）失态的季节	7527
王蒙文存（6）踌躇的季节	7528
王蒙文存（7）狂欢的季节	7529
王蒙文存（8）在伊犁 新大陆人	7530
王蒙文存（9）中篇小说 1	7531
王蒙自述 我的人生哲学	4422
天下第一丑	703
天圆地方	4383
元诗史	7282

书名	页码
韦君宜纪念集	4428
不一样的妈咪	8471
不可一世论文学	6372
不恰当的关系	1921
扎根	711
少年维特的烦恼 赫尔曼和多罗泰	11201
中华杂文百年精华	4404
中国古代戏剧选	5999
中国古代寓言故事	10165
中国当代散文史	6354
中国当代微型小说精华	1919
中国知青终结	4405
中国诗学（第八辑）	6998
中国短篇小说百年精华（上下）	1916
毛泽东与著名作家	4413
毛泽东与著名学者	4414
毛泽东的随行摄影记者	10639
从十九到二十六	698
从两个蛋开始	706
风雨长征号	4399
文艺美学	6376
文学台湾——台湾知识者的文学叙事与理论想像	6355
巴尔扎克中短篇小说选	11203
巴尔扎克论文艺	15144
巴特先生的返老还童药	15968
幻鲸	690
末日军团	11681
世上温州人	4394
艾青诗全编（上中下）	3189
古典的原野	4392
古堡里的月亮公主	15963
可怕的陷阱	8474
可爱的魔鬼先生	15966
左手爱情右手你	704
卡夫卡小说全集(1—3)	11683
卡夫卡中短篇小说选	11680
旧途新旅	4409
生于1999	15973
白豆	699
外国中篇小说百年精华（上下）	15640
外国诗歌经典100篇	15638
外国散文经典100篇	15637
外国短篇小说百年精华（上下）	15641
外国短篇小说经典100篇	15636
外国童话经典100篇	15639
乐神的摇篮——萨尔茨堡手记	4412
闪光的青春 中央国家机关优秀青年事迹汇编	4384
冯雪峰纪念集	4395
冯雪峰评传	6680
冯雪峰选集 创作编	8133
冯雪峰选集 论文编	8132
边城 湘行散记	8134
圣经与文学阐释	7390
幼儿能力自我测试 机灵小不点	8480
幼儿能力自我测试 快乐小不点	8483
幼儿能力自我测试 酷仔小不点	8481
幼儿能力自我测试 聪明小不点	8482
动力之魂——中国玉柴机器董事长王建明真传	4417
老谋深算	12936
西藏的女儿	7768
百年巴金 生平及文学活动事略	4411
尘世的爱神	11687
吸血侠 达伦·山传奇Ⅰ 初变吸血鬼 吸血鬼的助手 吸血魔	15961
吸血侠 达伦·山传奇Ⅱ 吸血鬼圣堡 死亡测试 吸血鬼王子	15962
吸血侠 达伦·山传奇Ⅲ 吸血鬼杀手 黑色陷阱 吸血魔王	15972
网络文学论纲	6356
朱自清散文精选	5542
朱向前文学理论批评选	6362
伊索寓言	15977
伊索寓言精选	15846
血玲珑（文学剧本）	5880
名人传	11204
多重对话——中国新文学的发生	6681
庄子选译	5662
充盈的虚无——俄罗斯文学中的宗教意识	7394
江山	700
安徒生童话	15975
安徒生童话精选	15844
寻找另一种声音——我读外国文学	4406

书名	编号
异国风情	10634
妈妈的红绿灯	8472
运动王子 魔法棒球手	8486
走近大家	4396
克雷洛夫寓言全集	15900
克雷洛夫寓言精选	15899
苏苏的幸福开始	4416
求学 寻找我的天地	5539
吴尔夫文集 一间自己的房间	15492
吴尔夫文集 达洛维太太	15486
吴尔夫文集 岁月	15493
吴尔夫文集 远航	15489
吴尔夫文集 到灯塔去	15494
吴尔夫文集 夜与日	15487
吴尔夫文集 海浪	15495
吴尔夫文集 雅各的房间 闹鬼的屋子及其他	15485
吴尔夫文集 奥兰多	15488
吴尔夫文集 普通读者Ⅰ	15490
吴尔夫文集 普通读者Ⅱ	15491
吴尔夫文集 幕间	15496
时代 命运 个人	14749
围城（汉英对照）	2466
足茧千山 克玉诗选	3188
我为你辩护	10632
我们养过三只小鸭鸭	8479
我在纽约18年	4391
我有一个梦想	4407
我和哈利·波特的真实故事	14482
我是克隆人	15974
我看见风了	8478
间谍	11688
冻僵的王子	15971
没有名字的身体	713
完全李敖（李敖大传）	4403
宋词选	3744
张俊彪研究文集（上下）	6360
陈子昂	693
陈忠实论——从文化角度考察	6357
纽约丽人	5881
幸福得如同上帝在法国	11686
杰克·伦敦小说选	12929
欧阳修学术研究	7000
欧·亨利小说全集（1—4卷）	15497
欧美文学论丛第三辑 欧美文论研究	7387
非鸟	708
非常男生卜卜的开心辞典	8476
明诗选	3745
所谓作家	697
周作人和他的苦雨斋	4400
放下武器	701
泪珠儿	691
宗璞文学创作评论集	6375
审美形态学	6363
诗式校注	6817
弦裂 柏林爱乐乐团首席小提琴家斯特恩回忆录	14481
孟子选注	5663
孟伟哉小说选	1920
经典与传统 先秦两汉诗赋考论	7007
经略赣西南——曾山与苏维埃	4410
赵延年木刻插图本 故事新编	2465
赵延年木刻插图本 野草	5543
茶馆	5878
南社研究	7002
挥笔写人生——郭梅尼人物通讯选	4398
拯救乳房	702
战役	11653
点亮心灯	4385
省委书记和他的秘书们	687
哈利·波特与凤凰社	11684
幽灵大婶罗莎·里德尔	15969
秋风和萧萧叶的歌	3574
俄语语言文学研究·文学卷（第二辑）	7396
美国文学简史（修订本）	7389
首届中华铁人文学奖获奖作品选（上）	7769
都市情缘	709
格林童话	15976
格林童话精选	15845
捆绑上天堂	694
逝去的裕河	4393
热点追踪——20世纪俄罗斯文学研究	7392
倾听俄罗斯	4378
翁倩玉爱的奉献	4397
脑袋里的小矮人	15967

1401

书名	页码
高中生必背古诗文40篇	10034
高鹗	728
唐代小说史	7281
唐诗选	3746
唐湜诗卷（上下）	3190
海疆英魂——记甲午海战中的邓世昌和致远舰	4408
浮生如梦 玛丽莲·梦露文学写真（上下）	14483
浮生琐忆	4420
课外文学名著导读（小学、初中版）	10167
课外文学名著导读（高中版）	10166
接入黑客帝国	10638
惊涛骇浪	692
深秋有如初春 屠岸诗选	3186
维也纳情感	4415
森林的舞会	8470
搅水女人	11202
黑亮的茄子	707
黑炸药先生	12595
奥斯威辛的爱情	11682
鲁迅杂文精选	5541
敦煌密教文献论稿	6999
童年 爸妈盼我长大	5538
普希金诗选	14091
普希金诗选	14092
游山玩水	8477
富街	695
禅与唐宋诗学	7001
强者	14701
蓝衣社碎片	4390
想象俄罗斯	7393
感动哈佛——成功进入哈佛经典陈述50篇	17408
照片里讲述的西南联大故事	10637
蜂王飞翔	12935
新木偶奇遇记	15970
新欢	710
新选元曲三百首	5998
新《婚姻法》实用案例精选	10636
嘉莉妹妹	12930
聚焦二十世纪 周大新《第二十幕》评论选	6361
瘟疫，人类的影子"非典"溯源	4433
漕运码头	686
雕刻时光	17493
臆说前辈	4401
疆界2-国际文学与文化 A	15183
魔法王子 巫师圆球会议	8485
魔法王子 空中巫师之神	8484
2002中篇小说	1917
2002文学评论	6358
2002散文	4381
2002短篇小说	1918
2003年全国出版专业职业资格考试辅导练习和参考答案（中级）	10164
2003年全国出版专业职业资格考试辅导练习和参考答案（初级）	10163
SARS警示录	10635

2004年

书名	页码
一个人的安顺	4435
一生做个好人	15999
十二把椅子	11415
十七岁	12932
七个人的背叛 冲击传统散文的声音	4455
人在职场	4425
人间愉快	4461
了不起的盖茨比	12940
三只小猪	16009
士气文心 苏轼文化人格与文艺思想	7003
大力神星球，或曰红色星球	12934
大地笔记	4429
大江健三郎的文学世界	7399
与苏格拉底散步——大思想家和生活中的小事	14485
上了炸药的狗	13933
上海巨商黄楚九	4439
上塘书	740
山西首富 孔子第七十五代孙孔庸之传奇	4430
千古风流	3747
女人现在时	4426
飞行的杀手	733
飞来飞去的鼻子	8494
小公主	16005

书名	编号
小妇人	12777
小妇人	12779
小说山庄 外国最新短篇小说选·2003	15642
小象巴贝尔的故事	16013
马桥词典	723
天下无贼 赵本夫小说力作	1927
天城恋歌	13644
无悔的狂澜——张澜传	4434
元稹诗文选	8233
木偶奇遇记 快乐的故事	15847
五色廊	716
历代词选	3749
瓦尔登湖	14425
日本文学翻译论文集	7397
日出南天山	4459
中年——浪漫之旅	12931
中华中篇小说百年精华(上中下)	1923
中华散文百人百篇	4437
中国文人的活法	4432
中国古代文学作品选简编(上下)	8215
中国古代戏曲文学辞典	10268
中国外国文学学会论文集第七届 2002 武汉	7400
中国西部现代文学史	6690
中国当代文学发展史	6366
中国现代长篇小说名著版本校评	6685
中国现代文化指掌图	6684
中国现代社团文学史	6682
中国现代诗歌理论批评史	6689
中国诗学(第九辑)	7009
中国姑娘	4458
牛顿的苹果——物理学的灿烂星座	17410
手提箱孩子	15987
长恨歌	724
从夏天开始的故事	719
风雨红颜	12933
风高放火与振翅洒水	6370
文自成选集	7563
文体与形式	6369
文学史的视野	6368
文学鉴赏导读	6364
心动	732
巴贝尔和他的孩子们	16014
水与火的缠绵	736
水乳大地	731
幻象——拉斯普京新作选	12594
玉女神驹	16024
玉观音	727
末代太监孙耀庭传	4453
末代皇弟浦杰传	4452
末代皇帝立嗣纪实	4454
末代皇帝的后半生	4451
正误交织陈独秀——思想的诠释与文化的评判	10644
世界语境中的《源氏物语》	7398
本杰明·富兰克林自传	14424
本和我	16015
左传国策研究	7010
石头汤	16010
石遗室诗话	6818
布尔乔亚之痒	4444
布宁短篇小说选	11414
平凡的世界(1—3)	720
东汉士风与文学	7006
卡斯特桥市长	11208
叶甫盖尼·奥涅金	14093
生命美学的诉说	4418
白门柳 夕阳芳草 秋露危城 鸡鸣风雨	722
丛林故事	11689
丛林故事	16006
半个魔法	16016
让我们富起来	17514
弗兰肯斯坦	11215
圣诞赞歌	11216
台州存照	4462
吉卜林短篇小说选	11692
吉姆爷	11211
老舍幽默诗文集	8135
地海传奇Ⅰ	15992
地海传奇Ⅱ	15993
地海传奇Ⅲ	15994
地海巫师	16019
再尝一粒酸葡萄	8491
有希望,没有音乐也能跳舞	14400
达尔文的猴子——生物学的灿烂星座	17411

死刑报告	739	严复选集	8229
执着的龙	16007	杨柳风(柳林风声)	15996
光的落尘	3191	杨绛文集(1—8)	7550
当代中国人文观察	6371	杨绛作品精选 小说戏剧	7547
当代性与文学传统的重建	6374	杨绛作品精选 散文Ⅰ	7548
当叔本华滑倒的时候		杨绛作品精选 散文Ⅱ	7549
——大思想家的小故事	14484	李太白别传	4436
同桌时代	4424	两代书	7771
朱自清选集(上下)	8138	批评家之死	11694
伪满洲国(上下)	721	抉择	734
全世界孩子都喜欢的100个童话·		肖开愚的诗	3192
红卷	15990	县城	757
全世界孩子都喜欢的100个童话·		男人备忘录	4427
蓝卷	15991	我负丹青——吴冠中自传	4438
企鹅会被冻伤吗？关于极地动物的		我的生活质量	715
问与答	15982	我的安东妮亚	12942
杂拌通	17513	我是一条鱼	8490
关于我父母的一切	4423	我是跑马场老板	16023
米香	750	我亲历的文坛往事·忆大事	4450
许三观卖血记	725	我亲历的文坛往事·忆心路	4448
许茂和他的女儿们	735	我亲历的文坛往事·忆名师	4449
戏剧与时代	6367	我能行	15998
羽蛇	730	我能跳过水洼	16000
红色狂飙——左联实录	4446	我喜欢有些感觉不说	8487
红色的英勇标志	12945	作家笔下的路桥 记者笔下的路桥	
红楼说梦(插图本)	7008	路桥历史名人故事	4460
孙犁全集(1)	7552	你知道我在等你吗	718
孙犁全集(10)	7561	没有孩子是差生	10642
孙犁全集(11)	7562	宋诗选	3748
孙犁全集(1—11)	7551	灵犬莱茜	12941
孙犁全集(2)	7553	青狐	717
孙犁全集(3)	7554	现代性视野中的曹禺	6687
孙犁全集(4)	7555	英格力士	749
孙犁全集(5)	7556	林则徐选集	8228
孙犁全集(6)	7557	轮椅上的梦	747
孙犁全集(7)	7558	非常妈妈	15995
孙犁全集(8)	7559	明天战争	741
孙犁全集(9)	7560	忠诚的代价 美国前财长保罗·奥尼尔	
远大前程	11219	眼中的布什和白宫	17412
运动王子 梦幻足球	8500	岭南药侠——王老吉传奇	748
坏女孩	15988	凯利帮真史	13932
坎特伯雷故事	11205	佩罗童话	16008
严文井选集(上下)	7564	彼德·潘	15997

书名	页码
金银岛	11218
金银岛 化身博士	11213
受不了的幸福	4441
兔子彼得的故事	16012
法老的诅咒	15986
法斯宾德论电影 幻想的无政府主义	
电影解放心智	17409
河流如血	743
沿着爱的方向	3193
诗论·文论·剧论 屠岸文艺评论集	6365
诗篇中的诗人	15643
终极实验	12938
带上她的眼睛	1926
草原和群山的故事	13637
荒诞书	15878
荒野的呼唤	12943
胡萝卜种子	16011
南方有嘉木 不夜之侯 筑草为城	
（茶人三部曲）	742
南渡记 东藏记	726
查特莱夫人的情人	11690
思想与文学之间	6373
蚂蚁	744
哈代文集（1—8卷）	15498
幽灵船	15984
钢琴师——二战期间华沙幸存记	14486
秋瑾选集（秋瑾诗文选注）	8227
重回"五四"起跑线	6683
俄罗斯侨民文学史	15324
追梦——文哲散文选	4457
洗澡	714
穿靴子的马	8495
语若轻鸿	4431
神圣之路	12947
贺敬之谈诗	6378
勇敢的心	16017
给火车开门	8493
秦牧全集·补遗卷	7522
都兰趣话	11209
埃梅短篇小说选	11691
莎士比亚戏剧故事集	14487
莎菲女士的日记 丁玲文选	8136
哲学家的狗	13935
热带雨林里总是下雨吗？	
关于热带雨林的问与答	15980
铁路的孩子	16018
铁凝日记——汉城的事	4419
爱钱的请举手	4440
翁同龢选集	8230
恋爱中的宝贝	10640
恋爱中的宝贝（电影文学剧本）	5882
站冰——刘心武小说新作集	1925
海底两万里	11214
海洋为什么是蓝色的？	
关于海洋的问与答	15978
浮华城市	738
家有九凤	745
被迫过着花天酒地的生活	4443
被催眠的美丽	8488
通往特拉比西亚的桥	16020
萧红选集	8137
梦的追求——张济民传	4445
龚自珍选集	8226
盛氏家族·邵洵美与我	4447
雪孩子	16001
常见错别字手册	10273
野性的规则	11685
康有为选集	8232
情感教育	11207
阎连科	7770
清代吴中词派研究	7011
清代嘉道时期江南寒士诗群与	
闺阁诗侣研究	7012
清诗流派史	7005
梁启超选集	8231
骑兵军 插图本	12596
趁爱打劫	4456
蒋路文存（上下）	7565
蛙怎样用眼睛吞咽食物？	
关于两栖动物的问与答	15983
黑鸟水塘的女巫	16021
黑美人	11217
黑骏马	16004
傅立特诗选	14160
鲁迅名言录	5544
痛楚暖洋洋	8489

童年的故事	13934
道连·格雷的画像	11206
湘西谣	746
睡谷的传说	12778
意义把我们弄烦了	4442
数字城堡	12946
福尔摩斯历险记	11693
福尔摩斯四大奇案	11212
歌德绘画	17391
精灵国来的陌生人	15985
精神病医生	12937
潇洒道绝 东方之子百名书画大家访谈录	10643
赛查·皮罗多盛衰记 纽沁根银行	11210
熊整个冬天都在睡觉吗？ 关于熊的问与答	15981
蝴蝶的名字是怎么来的？ 关于蝴蝶和蛾的问与答	15979
德龄公主	729
潘石屹 永远不做大多数	10647
颠倒巫婆的瞌睡片	8492
蹉跎岁月	737
螺丝在拧紧	12944
巅峰——中国奥运冠军录 1984—1992	10646
巅峰——中国奥运冠军录 1996—2000	10645
魔法王子 海洋历险传奇	8498
魔法王子 野猪巨舰传奇	8496
魔法王子 猫都市传奇	8497
魔法王子 深海迷宫传奇	8499
魔船	16002
魔镜	16003
1+1=0	15989
2002年鲁迅研究年鉴	6688
2003 中篇小说	1924
2003 文学评论	6377
2003 散文	4421
2003 短篇小说	1922
2004年全国出版专业职业资格考试 辅导练习和参考答案（中级）	10168
2004年全国出版专业职业资格考试 辅导练习和参考答案（初级）	10169
2004高考志愿填报思路与技巧	10641
20世纪文学的东方之旅	6686

2005 年

一寸土	12601
一个人的遭遇	12599
一只黑猫的自闭症	777
一半是黑色，一半是白色	769
十年九夏	819
丁玲选集	8140
八十天环游地球	11225
九月寓言	770
三家巷 苦斗（《一代风流》第一卷、第二卷）	762
大长今	13647
大众媒介与中国现当代文学	6388
大战血蚂蚁	8501
大雁情	4497
门外谈禅	10663
飞出地球去	764
飞向人马座	765
飞翔的鸟拒绝忧伤	11702
小说山庄 外国最新短篇小说选·2004	15653
马家军调查	4493
王大绩精讲作文高分一招鲜	10036
王大绩精讲满分作文个性样式	10035
王蒙 不成样子的怀念	4502
天池怪兽	8508
天坑迷雾	8509
天使与魔鬼	12949
天使的诡计	774
天使的掌印	14492
天堂之岛	8507
韦庄研究	7017
不合常规的飞翔 新世纪《世界文学》短篇小说精华	15645
太湖魂	782
比如女人	787
比利时文学选集·法语作家卷	11704
少年天子	753
日日夜夜	12602
日本古典文学大辞典	10269

日本古典俳句选	14315
中西文艺理论融合的尝试兼及中国	
古代文论的现代转换研究	7020
中华戏剧百年精华(上下)	5952
中国二十世纪中短篇小说选读	10175
中国二十世纪戏剧选读	10179
中国二十世纪散文选读	
(二十世纪中国散文精选)	10177
中国文学理论现代性问题研究	6381
中国古代小说研究(第一辑)	7023
中国古代小说总目提要	7319
中国动脉	4463
中国百年油矿	4519
中国当代文学史新稿	6382
中国曲艺通史	10355
中国曲艺概论	10354
中国知青梦	4499
中国的眸子	4494
中国诗学研究(第四辑)新诗研究专辑	6383
中国诗学(第十辑)	7028
中国经典童话	8506
中国神话选	5665
中国新诗选读(二十世纪中国诗歌	
精选)	10178
贝姨	11222
手提箱	12950
长篇小说与艺术问题	6386
化雨集	4472
从小桥流水说起	4483
父亲嫌疑人	779
今年,我们毕业	4466
公主魔咒	16041
月亮生病了	8505
风雷(上下)	763
文人集团与中国现当代文学	6389
文化诗学 理论与实践	6385
文化经济学思维——物质与文化均衡	
发展分析	6387
文学翻译与文学批评	6392
文德斯论电影 情感电影 影像的逻辑	17413
火炬在山乡燃烧	4515
为了欣赏为了爱	4482
巴尔扎克 一个伟大的寻梦者	7401

巴别尔马背日记 1920.7—9(插图本)	14704
巴拉圭消息	12955
巴金的两个哥哥	4486
巴金选集(上中下)	8139
以人民的名义	4496
去印度的多多	13649
甘苦人生	4488
古今短诗 300 首·中国	10170
古今短诗 300 首·外国	10171
本杰明·富兰克林自传	14491
左琴科小说艺术研究	7402
布拉格一瞥 新世纪《世界文学》	
散文精华	15644
东亚女性的起源 从女性主义角度	
解析《列女传》	17515
北宋临川王氏家族及文学考论	
——以王安石为中心	7024
旧京,旧京	766
归去来兮	794
囚魂的苏醒——日本战犯在中国	
收容所的六年轨迹	14751
生命通道	1931
失踪叔叔的来信	16029
白夜 同一本书·爱情经典	15654
白居易诗(白居易诗选)	3756
外公的 13 号古宅	16040
外国二十世纪短篇小说选读	15647
外国中篇小说经典 10 篇	15650
外国长诗经典 10 篇	15651
外国戏剧百年精华(上下)	15648
外国戏剧经典 10 篇	15652
外国寓言经典 100 篇	15649
包公遗骨记	4487
立雪集	7019
半世纪的相逢——两岸和平之旅	4516
汉字艺术	10662
汉画像的象征世界	10933
汉魏晋南北朝诔碑文研究	7018
永远的公主与王子	16025
出版业调查报告 第四届"未来编辑杯"	
获奖文集	10655
圣天门口(上中下)	768
圣诞节红雀	12958

书名	编号
台伯河边的爱情	11712
老舍与二十世纪中国文学和文化	6692
老舍作品选读	10173
亚瑟王之死 ⅠⅡ	11220
在乌苏里的莽林中 ——乌苏里山区历险记	14702
在乌苏里的莽林中 ——德尔苏·乌扎拉	14703
在地下	4508
灰姑娘逃婚	16026
成功的两翼	4481
扬眉鞭剑出鞘	4491
岁月风情	4506
伤心碧	2467
伊万的女儿，伊万的母亲	12597
后悔录	783
创业史（第一部、第二部）	760
名门闺秀	2468
江南文化与唐代文学研究	7027
汤姆的午夜花园	16032
守望灯塔	11711
安徒生文集（1—4卷）	15499
安徒生童话故事集	15848
冰海魔踪	8504
讲好了不说爱	773
军官病房	11705
寻找灵魂的归宿——史铁生创作的 　终极关怀精神	6380
异邦人 辻井乔诗歌选	14401
她爬上河岸	778
花香的尘世	10658
劳拉的秘密	16031
苏轼词（苏轼词选）	3751
杜甫诗（杜甫诗选）	3759
李白诗（李白诗选）	3755
李自成（1—10）	751
李林译文集（1—2）	15656
李国文散文	4489
李贺诗	3758
李商隐诗	3760
李清照词（李清照词选）	3754
两个人的城市 龙城幽梦	758
我，卫子夫	780
我们的七日战争 我们的天使游戏	16045
我们的大冒险 我们的圣战	16046
我们的打工作战 我们的C计划	16047
我们的修学旅行 我们的秘密校园祭	16048
我们的秘岛探险队 我们的最终战争	16049
我们的爱情	776
我的东方	756
我的经营观	10653
我带你去那儿	12953
我愿意是急流 同一首诗·爱情经典	15655
辛弃疾词（辛弃疾词选）	3753
怀念上帝之家	11706
怀念那棵树	4470
汪曾祺小说经典	1933
沃特希普荒原	16022
沉沦的国土	4495
完美罪行之友	11697
宋词三百首笺注	3761
词悬浮	3195
灵魂之湾	12948
张文台将军诗三百首	3237
纯棉女友	4467
纯棉爱情	4468
纯棉婚姻	4469
玩意儿	10656
现实主义的当代中国命运	6384
英伦女谍	11699
林斤澜小说经典	1934
林辰纪念集	4475
林肯传	14490
奇异的书简	4500
欧美文学论丛第四辑 传记文学研究	7403
国殇	1930
明日酒醒何处	4517
彼岸的巴士	12959
所谓先生	786
金元诗选	3762
夜半撞车	11695
夜屋	12957
夜幕	11696
波伏瓦——一位追求自由的女性 　（追求自由的波伏瓦）	4464
空山 机村传说1	767

书名	编号
诗人	14750
玻璃鞋（上下）	772
项美丽在上海	4473
赵延年木刻鲁迅作品图鉴	10651
赵树理文集（1—4）	7569
胡适新诗理论批评	6691
胡萝卜须	11716
柯蓝朗诵散文诗选	4514
柳永词	3750
柳青文集（1—4）	7567
砖巷	11698
拽着太阳飞 中美素质教育启示录	4465
战斗的青春	759
星际战争	11707
星星秘笈Ⅰ 魔法大师歌德哈尔	16037
星星秘笈Ⅱ 沙长老	16038
星星秘笈Ⅲ 魔影	16039
哈利·波特与"混血王子"	11709
秋天的男人 王刚中短篇小说选	1932
秋风怀故人 冯至百年诞辰纪念集	4505
复杂的善意	12954
俄罗斯美术随笔	10652
追寻已远——晚清民国人物素描	4504
律诗百首颂嘉诚	3209
剑指江淮——抗战时期的张爱萍	4513
疯人辩护词	11701
音乐与爱情	3194
帝国瀑布	12952
美国佬	11713
姜夔词	3752
叛逆的小精灵	16043
迷失男女	12956
迷魂谷	12951
洪深文抄	4507
穿越夜空的疯狂旅行	16027
给孩子们的礼物	15879
给寂寞的人们	4479
都市风流	755
都市文化与中国现当代文学	6390
都是妖蛾子	4510
莫里森研究	7404
荻岛静夫日记 一个侵华日军的战地实录	10657
莎士比亚戏剧选读	14893
桃幻记 辻井乔小说选	13645
桃花劫	771
格拉齐耶拉	11714
根本利益	4492
敌后武工队	761
笋瓜自传	11715
健介的王国	16028
爱玛	11221
爱是赔本的生意	10648
爱情与荣誉	12976
爱情句号	781
留住你的春天	4484
恋爱的女孩	16033
高三啦涨分啦 高考黑马自述 我为什么高三能涨200分	10184
席勒文集（1—6卷）	15502
唐宋士风与词风研究——以白居易、苏轼为中心	7022
唐诗三百首	3757
烦恼的女孩	16034
海底来客	16030
流泪的女孩	16036
谁发出的火焰令	8503
教师职业道德	10011
黄河东流去	752
萤火与炬火——沈浮传	4478
萨什卡	12600
萨特文集（1—8卷）	15501
萨特读本	15646
梵高自传	14427
曹禺戏剧选读	10176
推动自己	4480
曼索朋友	11710
晚归的女孩	16035
晚清民国传奇杂剧考索	7025
晚清民国时期上海小报研究——一种综合的文化、文学考察	6617
崇敬的思念	4511
梨花似雪（上下）	792
第二届中华铁人文学奖获奖作品选（上）	7772
做个慧心好妈妈	10661

您忠实的舒里克	12603
假如我是海伦	4503
猫和少年魔笛手	16042
情系蒙特卡洛	11703
盗子	13646
清代人物生卒年表	10270
清初杂剧研究	7016
淮河的警告	4498
深谷幽城	12960
梁斌文集(1—7)	7566
寄语海狸	14488
博士的爱情算式	13648
斯特林堡文集(1—5卷)	15500
葫芦岛纪事	4522
韩国道教思想	17516
晴天	820
喂？我给你接萨特……	14493
帽子里的天空	16044
黑白记忆——我的青春回忆录	4485
黑夜天使	8502
智者也疯狂	11708
焦点不太准 卡帕二战回忆录	14489
鲁迅小说选读	10174
鲁迅全集(1—18)	8030
鲁迅杂文选读	10172
渴望激情	788
禅外禅	10650
谢灵运研究	7026
蒙古往事	784
蒙田随笔	14426
楼适夷同志纪念集	4490
感激	4509
路过蜻蜓	789
路遥文集(1—5)	7568
蜂巢	11700
新国学研究(第1辑)	7021
新国学研究(第2辑)	7029
新选古文观止	5664
新闻背后	10659
新散文百人百篇	4476
蔓草缀珠	4477
歌德巴赫猜想	4501
舞动红楼梦	7030
漫说"三言""二拍"	7013
漫说聊斋	7015
漫说儒林外史	7014
漫漫回家路	13937
演讲艺术读本	10180
橄榄梦	775
影海扬帆 电影批评理论与实践	10654
墨海苇航	10660
摩根的旅程	13936
穆旦译文集(1—8)	15657
穆斯林的葬礼	754
辩论艺术读本	10181
藏獒	785
疆界 2-国际文学与文化 B	15184
2003年鲁迅研究年鉴	6693
2004 中篇小说	1928
2004 文学评论	6379
2004 报告文学	4474
2004 散文	4471
2004 短篇小说	1929
2005年全国出版专业职业资格考试辅导练习和参考答案(中级)	10183
2005年全国出版专业职业资格考试辅导练习和参考答案(初级)	10182
2005 高招动态与填报要点	10649

2006 年

一个"参与创造历史"的华人——司徒眉生传奇	4528
一代军师(第一部)	807
一代军师(第二部)	808
一代军师(第三部)	826
一代军师(第四部)	827
一地鸡毛	1942
一针见血	801
一起沉默 2000—2005年《萌芽》小说精选	1957
一望无极	4537
一粒珍珠的故事	4525
二十世纪外国散文精选	15659
十八高僧传	4532
人·历史·家园 文化批评三调	6403
人生	1936

人物·书话·纪事	4542	中国经典民间传奇·星星卷	8518
人狗情	15658	中国散文诗创作概论	6395
人性记录	11731	贝多芬	11726
三四十年代苏俄汉译文学论	6700	午后悬崖	1964
三生石	1950	长征	4540
三张牌	12966	公主与船长	16051
大庆词源	3214	公刘诗草	3213
大浴女	837	风之影	11752
与狼为伴 不一样的童年	14497	风景名胜	10018
上帝是谁 辛格创作及其对中国文坛的影响	7409	文化的重量：解读当代华裔美国文学	7413
		文本阅读之旅——从语文课堂开始	10041
千江有水千江月	806	文物	10012
千奇屋	16050	文学	10013
门背后的天堂	796	忆丽尼	4543
小城故事 中国现代文学中的小城小说	6703	为了诗意的栖居——现代主义经典文本解析	6396
小说山庄 外国最新短篇小说选·2005	15660	巴赫曼作品集	15662
马克·吐温幽默作品选	12783	书画	10016
马里奥和魔术师	11721	水边的摇篮	13655
乡愁以外 北美华人写作中的故国想像	6393	水浒传源流考论	7035
王世贞史学研究	7034	巧克力手印	1966
王维论稿	7044	正红旗下 中日文对照注释	2470
天下乐无双	8516	去尕楞的路上	1963
天使的救赎 情感卷	4546	世界上所有的夜晚	1947
无极	793	世界上最疼我的那个人去了	4551
无雨之城	836	艾青	3208
云中命案	11744	古典爱情	1940
艺术家韩起祥（天狗）	1958	古罗马文学史	7410
五星饭店	818	古堡（鸡窝洼的人家）	1960
太白山手记（火纸）	1961	古墓之谜	11751
太行飞虹	4553	古籍序跋集	5549
历史的星空	4521	节日习俗	10019
历史学家	12969	《左传》《国语》方术研究	7036
少女寻父	13939	东方快车谋杀案	11732
中国文化前沿	6399	北方的河	1937
中国古代小说研究（第二辑）	7065	北极光	1944
中国古典文学研究	7040	田间	3200
中国现代三大文学思潮新论	6701	四大发明	10015
中国现代小说史论	6698	白海豹	11720
中国现代文学论集（上下）	6694	白银时代俄国文学思潮和流派	7405
中国诗学（第十一辑）	7042	他仍在路上——严文井纪念集	4555
中国诗学（增订版）	7038	犯罪嫌疑人	800
中国经典民间传奇·月亮卷	8519	鸟与诗人	14499

市场经济与文艺 2005 北京文艺论坛	6397
立场	6400
写给我天堂里的妹妹	16052
写给所有"4岁至75岁孩子"的 50篇童话	16062
永远有多远	1965
永别了,外企 一个被炒鱿鱼的外企"首代"的自白	4520
司马迁	804
尼罗河上的惨案	11729
民族认同和语言表达	6402
边地梦寻——一种边缘文学经验与文化记忆的探勘	6404
圣经的故事	17414
对女巫低语	16053
对话场景中的中国现代小说理论话语	6704
丝绸之路	10014
动物凶猛	1946
共和国不会忘记——大庆人的故事	3212
在这里 张爱玲城市地图	10679
有客来兮	1967
死亡约会	11733
扬州评话探讨	10356
过龙兵	795
当代以色列作家研究	7408
当代俄国中短篇小说选	12606
当代俄罗斯诗选	14253
吸血侠传奇(4) 亡灵之湖幽灵之王 命运之子	16064
岁月、命运、人——李广田传	4512
仰望	3215
自由地学习 华德福早期教育	17416
伊坦·弗洛美	12962
伊索寓言精选100篇(彩图注音版)	16054
行为艺术	1951
会走路的梦	4558
杂色	1952
关于詹牧师的报告文学	1948
冰岛渔夫 菊子夫人	11224
阳光下的罪恶	11734
那个叫苹果的女孩	8513
那两方神奇的土地	4544
那些事,那些人 2000—2005年	

《萌芽》散文精选	4527
如戏人生	4536
观我(五魁)	1962
红楼梦语言艺术研究	7043
纪德小说选	11223
吞吐大荒——徐悲鸿寻踪	4554
走近名家《读书》主持人周晓丽采访手记	10664
芙蓉旧事	4538
苤苴集	4552
花儿精灵的舞会	8520
花非花 紫砂艺人蒋蓉传	4550
劳伦斯中短篇小说选	11723
苏丹港	11747
杜拉斯 一位不可模仿的女性	4560
杨璐诗词集(1—3)	3216
李文朝将军诗词选集	3238
李季	3207
李柯克谐趣作品集	15661
李瑛	3203
还是妖蛾子	4539
肖申克的救赎	12974
肖洛姆-阿莱赫姆幽默小说选	11417
园会	11737
园青坊老宅	878
困豹	813
私语词典	14752
我们这个时代肝肠寸断的表情	4534
我在另一个世界等你	12973
我画俄罗斯	10678
我的丁一之旅	791
我的课桌在哪里 农民工子女教育调查	4531
你好,忧愁	11740
你喜欢勃拉姆斯吗……	11741
近代中国的西式建筑	10671
近代中国的新式交通	10672
近代中国的新式码头	10674
近代中国的新式婚丧	10673
近距离 怀俄明故事(断背山)	12978
余光中	3205
希特勒时代的孩子们	11717
宋词诠释学论稿	7039
初中语文助读课本 7年级(上)	10038

书名	编号
初中语文助读课本 8 年级（上）	10039
初中语文助读课本 9 年级（上）	10040
译文序跋集	5548
张居正（1—4 卷）	817
张居正大传	4545
阿兰·德龙的秘密	14494
陈占元晚年文集	7773
青衣	1935
现代文学经典：症候式分析	6699
现代性：批判的批判	
——中国现代文学研究的核心问题	6696
玫瑰门	835
幸福	1971
苹果树	11719
英国童话	16065
茅盾全集 补遗（上下）	8031
茅盾 姚雪垠谈艺书简	6398
林斤澜说	6405
枪侠	12968
奇迹之年	13938
欧洲教育	11735
拘留	802
到庐山看老别墅	4533
叔叔的故事	1953
明文选	5666
明代小说丛稿	7045
明清上海稀见文献五种	10935
易卜生戏剧集（1—3）	14894
罗杰疑案	11730
罗亭 贵族之家	11416
侠盗亚森·罗平	11727
爸爸爸	1949
京剧	10017
单人房	13659
单行道	14496
学校是一段旅程 华德福教师手记	17417
法兰西组曲	11728
法国童话	16061
波兰民族的良心	
——斯·热罗姆斯基小说研究	7407
波希米亚女郎	12961
宗奇散文	4530
空谷幽魂	11745
话说儒家	10676
驼峰飞虎（电视文学剧本）	5884
赵恺两卷集 木笛（散文卷）	7775
赵恺两卷集 诗雕公园（诗歌卷）	7774
草珠项链	8517
荒原	12975
故园	12604
相逢行	803
柳成荫装帧艺术	10667
威尔斯科幻经典	11718
背道而驰	823
哈代诗歌研究	7415
哈尼娅	11722
看上去很美	812
怎样选择第一志愿	10665
香水	799
香草糖的眼泪 青春卷	4549
香格里拉（电视文学剧本）	5883
重建新文学史秩序 1950—1957 年现代	
作家选集的出版研究	6697
重叠的水	3210
俄国当代小说集	12605
俄罗斯文化评论（第一辑）	7416
俄罗斯生态文学论	7406
皇后之死	10669
追寻逝去的时光	11739
食指	3197
帝王之死	10670
恍惚	11742
闻捷	3204
美食家	1938
美第奇七首	12982
迷人草	822
前世今生的樱花	825
洗冤	797
神圣的火花	8510
神勇酷班头	8514
诱拐	11226
说艺扶桑 日本的设计与艺术	10677
诵读中国（大学卷）现当代部分	10189
诵读中国（小学卷）现当代部分	10188
诵读中国（幼儿卷）现当代部分	10187
诵读中国（初中卷）现当代部分	10185

诵读中国（高中卷）现当代部分	10186
贺敬之	3206
骆驼祥子画传 老舍名著的形象解读	10750
绝望中诞生	1943
莫扎特	11725
恶魔奏鸣曲	824
格林童话	15849
哥儿	13650
夏日漫步山间	14498
夏夜的秘密	12970
顾城	3199
捕捉心跳	1954
秘密线人——水门"深喉"的故事	14495
爱情生活	13653
脂砚斋重评石头记（庚辰本）	2668
脑袋里的小矮人 可爱的魔鬼先生	16060
郭小川	3202
郭沫若	3198
座右无铭	4556
离婚指南	1939
唐代歌行论	7041
唐宋诗宏观结构论	7032
唐诗类选	3763
烧荒	810
海子	3196
海狼	12963
海豚爱上猫	809
家庭电影	13654
容易被搅浑的是我们的心	6401
读书疗法 女性生活各阶段的　　读书指南	17418
谁寄给你紫色的信	8512
通往月亮国的路	8511
培根随笔集	14428
聊斋志异选	2665
黄帅心语	4535
黄河殇 1938·花园口	4541
菩提司	821
萨日朗	4518
萨基幽默小说选	11724
萨基短篇小说选	11738
梦之痕 甘海斌诗词集	3236
戚蓼生序本石头记（1—4）	2667
雪花和秘密的扇子	12977
虚构的真迹——书信体小说叙事　　特征研究	6406
野猪大改造	13657
悬崖山庄奇案	11746
晚清戏曲的变革	7031
啤酒谋杀案	11748
笨花	790
笨孩子上剑桥 父母教子手记	10675
第二次握手（重写本）	811
船讯	12972
鸽群中的猫	11749
猪的柏拉图 惊奇卷	4547
猎人（制造声音）	1959
旋转飞升的陀螺——百年中国现代　　诗体流变史论	6407
清文选	5667
淘金热	13656
密茨凯维奇传	4569
谎言城堡的秘密	16055
绿化树	1945
绿原说诗	6394
塔荆普尔彗星下的海啸	805
斯·茨威格中短篇小说选	11736
斯泰尔斯庄园奇案	11750
散文的可能性——关于散文写作的　　10 个提问及回答	6408
棉花垛	1941
悲悯大地	816
最后的军礼	839
最亮的眼睛	8521
最寒冷的冬天是旧金山的夏季	828
喊故乡	3211
喀布尔人	13429
奥尔特校园手记	12967
奥尼尔文集（1—6 卷）	15503
鲁迅小说全编	2469
鲁迅日记（1—3）	5547
鲁迅书信（1—4）	5546
鲁迅杂文全编（1—7 卷）	5545
鲁迅作品人物图典	10668
鲁迅前期文本中的"个人"观念	6695
鲁迅散文诗歌全编	8142

童话是童话是童话	16056
普罗米修斯的"堕落" 俄国文学知识分子形象研究	7414
普鲁斯特美文选	14429
道德经	10934
游戏、禅宗、后现代 佩列文后现代主义诗学研究	7419
游走双城	4529
骗局	12965
摊牌	12979
暗算	815
跟着丹·布朗去旅行	17419
傻瓜吉姆佩尔	12964
像剪纸一样美艳明净	4557
微物之神	13652
解放孩子的潜能 华德福父母指南	17415
解密	814
新国学研究（第3辑）	7033
新国学研究（第4辑）	7037
新国学研究（第5辑）	7046
新房客 幻想卷	4548
溥仪传	4524
臧克家	3201
裴多菲传	4570
敲响人头鼓	798
精灵俏魔镜	8515
漳州籍现代著名作家论集	6702
薯童谣	13651
穆旦诗文集（1—2）	8141
瘸腿小王子 地精布朗尼	16058
徽商	10666
翻译官	831
孽海花	2666
魔法书与守护者	16063
魔鬼辞典	12971
魔堡	16059
2005中篇小说	1955
2005文学评论	6391
2005报告文学	4526
2005散文	4523
2005短篇小说	1956
2006年全国出版专业职业资格考试辅导练习和参考答案（中级）	10191
2006年全国出版专业职业资格考试辅导练习和参考答案（初级）	10190
2006高考满分作文秘诀	10037
ABC谋杀案	11743

2007年

一见钟情	3223
一束微暗的灯光	3222
一厘米微蓝《萌芽》美文精选（2000—2006）·情	4591
一根水做的绳子	881
一棵树站着	3218
二十世纪元代戏剧研究	7049
十月的孩子	11774
十年一觉电影梦 李安传	4606
人鱼部落	8545
人啊，人	846
九故事	12993
又寂寞又美好	10696
三分之一的加菲猫	4561
三眼皮美容剂	8528
大头鱼在雨天和晴天	8532
大进军	12997
大明王朝1566	840
大学之大	10695
大便事件	8522
大海与撒丁岛《世界文学》地理散文集粹	15664
大森林里的小木屋	16085
与青春有关的日子（电视文学剧本）	5885
与特雷莎共度的最后几个下午	11780
上海屋檐下 法西斯细菌	5953
女检察官	4580
飞鸟集 新月集	14725
飞过沧桑的蝴蝶	3221
飞向冥王星的人	8556
小伯爵	16074
小岛	11765
小灵通漫游未来	8555
小姐集	2471
"小溜溜"溜了	8550
马列文论研究	7418
马奇	12991

王大绩讲高考 历年作文同一题	10042
王仰晨编辑人生	4607
王充闾散文	4578
开始	10697
天长地久	870
天使洞穴	8548
天赐之年	11786
云的南方 惊奇卷	4599
"五四"文学论集	6713
历史的叙述与叙述的历史 拜厄特《占有》之历史性的多维研究	7425
中国申奥亲历记 两次申奥背后的故事	4587
中国先锋诗歌论	6414
中国现代文学主潮论	6706
中国现代文学的文化阐释	6705
中国现当代作家作品研究	6415
中国虎	858
牛皮城堡	8547
午后四点	11768
长腿娃娃夏天的奇遇	8538
父与子	17421
今年我们毕业 2 北大清华学生求职故事	4581
凶手(凶手 挣扎)	1972
月亮是夜晚的一点明白	871
月(荷塘月色 海上生明月)	5557
风(风 这是风刮的)	5554
乌鸦的诡计	8562
凤凰与魔毯	16080
文学部唯野教授	13663
文学 理解与还原	6418
文学缘 近半个世纪我所接触的作家	4583
方文年谱	7320
认同与疏离 美国华裔流散文学批评的东方主义视野	6427
巴金散文	5551
水边的记忆	8535
世纪之初读老舍 2006 国际老舍学术研讨会论集	6707
世间女子	4584
世界上最迷人的 100 个童话	16081
世界华文文学整体观	6423
世道	872
艾略特与《荒原》	7417
古代的人	14430
石鹰颂 防化指挥工程学院校园文化集萃	3225
布瓜的世界	10691
龙飞三下江南 一只绣花鞋续篇	885
东南亚华文新文学史	6419
卡拉之狼	12994
旧址	842
田原诗选	3224
史铁生散文	4579
四法则	12983
生(生命的路 谈生命)	5564
失窃的孩子	12989
白麦	887
冬(冬天 江南的冬景)	5561
鸟的礼物	13661
务虚笔记	841
乐府文学文献研究	7051
半是儒家半释家——周作人思想研究	6708
弗兰妮与祖伊	12995
出了象牙之塔	15332
发条钟	11757
圣经文学研究(第一辑)	7424
对话的难度——当代教育与鲁迅接受研究	6709
台海上空的鸟战	8561
吉狄马加的诗与文	7571
老戏的前世今生	4592
地下铁	10685
亚瑟与乔治	11754
再见了,马拉卡纳《世界文学》地理小说集粹	15663
在高黎贡在	4604
在朝内 166 号与前辈魂灵相遇	4559
达·芬奇寓言故事	16072
死(我的祖母之死 死后)	5562
至爱极边	4602
师友风谊 文林廿八宿	4567
当今俄罗斯文坛扫描	7411
当代文学的文化透视	6416
当代俄罗斯文学纪事(1992—2001)	7421
当时已惘然	866

书名	编号
因为女人	916
岁月如箫	4589
年年夏日那片海	11781
伟大的维多利亚时期收藏品	12992
传媒与文艺 2006 北京文艺论坛	6420
传媒时代的文学	6417
优雅地低于爱情	4603
仰望苍穹	4571
自杀俱乐部	11779
自游人	863
血色浪漫	876
向左走·向右走	10687
行同陌路	11766
杀人不难	11793
多罗泰娅之歌	11785
刘亚洲将军经典文录	7776
羊在想马在做猪收获	8536
江杰生将军诗词选	3235
守日人	12611
守夜人	12610
寻找贔屃	8558
阳光岁月 张世军诗集	3219
那个男孩的家	13662
如意碎片	8559
红线	13940
红高粱家族	849
红楼梦古画录	10936
红鞋子	8530
红嘴巴小鸟	8537
远山	915
远去的驿站	851
赤脚医生万泉和	869
花（养花 看花）	5555
花堡	864
严文井散文	4576
巫师与玻璃球	12986
杨家将演义	2669
李栋恒将军诗词书法作品集	3232
时光倒影 情感卷	4597
时间旅行者的妻子	12998
旷野	889
男人的一半是女人	935
男人的风格	852
男女生交往秘诀大全	8527
我与兰登书屋 贝内特·瑟夫回忆录	14501
我心中每天开出一朵花	10684
我只能为你画一张小卡片	10693
我们一家人	12987
我自己走过的路	5553
我的左眼不相信右眼	4582
我的自传	14462
我的歌剧世界	14500
我家的月光电影院	8533
我被枪毙三个月	8526
你们我们他们	10692
庐山旧事	4612
辛亥遗事	883
沉睡的声音	11782
沉睡的谋杀案	11772
沈从文散文	5552
启蒙时代	861
陆文夫散文	4574
陆游传	4565
阿垅诗文集	7570
阿拉伯童话	16069
陈子龙及其时代	4568
陈丹青 艾未未 非艺术访谈	4563
妖魔的狂笑	11753
环湖崩溃	830
青春飞翔 中华校园诗歌节获奖作品选	3231
现代戏剧与现代性	6714
现代诗名著名篇解读	10198
幸运儿	10694
苦闷的象征	15333
苦豸制度	8539
英国童话	16075
林斤澜散文	4575
刺猬歌	838
枣花传奇	886
雨人	8531
奔跑的布袋猫《萌芽》美文精选（2000—2006）·乐	4593
奇怪的病号	8552
欧·亨利幽默小说选	12781
欧美文学论丛第五辑 圣经、神话传说与文学	7420

拂尘	880	秋老虎	873
转角遇到爱	865	秋（秋夜 故都的秋）	5560
明代小说史	7283	复仇女神	11794
咀华集 咀华二集	6619	俄罗斯童话	16077
罗马凶杀案	11764	俗人散文	4600
帕尔马幽默作品选	12988	剑鸟	8544
帕斯捷尔纳克创作研究	7426	食人鱼事件	859
季羡林散文	4573	亮剑	875
侠盗罗宾汉	16076	恨望古今	4572
侦探与小偷	8554	美人鱼公主	16082
所以	855	美国华裔文学之文化研究	7422
所罗门王的宝藏	16073	洗澡（汉英对照）	899
金石记	884	穿旗袍的姨妈	862
金牧场	848	神秘的Y符号	16067
命案目睹记	11771	说岳全传	2671
变声期	8525	诵读（七年级）	10196
夜色温柔	12780	诵读（八年级）	10197
夜晚的远足	13658	诵读（三年级）	10192
底牌	11769	诵读（五年级）	10194
废名选集	8143	诵读（六年级）	10195
怪屋	11801	诵读（四年级）	10193
单筒望远镜	834	院长	11767
法国文学史（1—3卷）	7412	珠峰上的雪崩	8563
波伏瓦姐妹	14503	敖德萨故事	12608
宗璞散文	4577	埃德加的诅咒	14502
空山2	853	莫班小姐	11228
空盼	11783	莎罗冷	1974
诚行天下	4585	桂花雨	3220
契诃夫幽默讽刺小说选	11418	贾岛研究	7052
春（我们把春天吵醒了 春意挂上了树梢）	5558	贾奈达之城	833
		夏（扬州的夏日 夏）	5559
城与年	12612	夏屋，以后	11763
荒原无故事	4666	破镜谋杀案	11773
荣誉	10680	捣蛋鬼日记	16083
南方的寡妇	12984	捣蛋鬼学校	8523
柯灵散文	4610	致女儿书	4601
柳永词选注	3764	致我的青蛙王子	12996
省委书记 K省纪事	850	晓光《三十六计》心得	7047
冒犯书	854	哭鼻子大王	8549
思想·山水·人物	14726	圆圆和方方	8553
品味收藏	4590	秘密（怒航 秘密）	1973
哈利·波特与死亡圣器	11775	借镜杀人	11762
幽魂岛 欧美灵异小说名家名作选	11770	倒数第二梦	12990

臭小子之乾隆告状	8540	隋唐演义	2670
徐志摩散文	5550	堕落天使	888
爱伦·坡幽默小说选	12782	骑飞鱼的人	832
爱的怯懦	11756	超女进行时	8557
爱的教育	11227	葬礼之后	11797
爱神草	12609	森林报	16084
爱情有毒	860	森林里的秘密	10698
爱斯基摩王子	13660	紫微星的契约《萌芽》美文精选	
狼狈的冒险	8524	（2000—2006）·爱	4594
狼烟北平	874	颞颥的密码	8560
郭沫若散文	4611	黑白	868
病中抒怀 张文台将军诗词书法作品集	3229	集结号（电影文学剧本）	5886
唐五代北宋词学思想史论	7054	奥尼尔剧作选	14979
唐诗选注	3765	舒婷	3217
站在世界屋脊的将军	4595	鲁迅书衣百影	10683
浮躁	843	道教神仙戏曲研究	7048
请客	856	湖畔光影——湖北师院人文讲演录	10020
诸葛亮的N种死法	8529	寓所谜案	11777
被偷去记忆的博物馆	16066	蓝色时刻	12981
继父	857	蓝莓之夜	918
基列家书	12980	想像的代价	6424
萧乾散文	4609	赖医生丛林记 赖医生航海记	16078
梦（说梦 寻梦）	5565	零距离的日本	10688
雪城（上下）	844	暗穴	882
雪（雪 雪夜）	5556	照相本子	10686
救世主	10681	路遥纪念集	4605
救救我！	11758	路遥评论集	6413
虚构的可能性及其限度	6429	微笑的鱼	10699
野小子之板凳你好	8541	新世纪文艺学的前沿反思	6410
晚安，我的星星	8534	新世纪文学研究	6409
晚来香港一百年	4586	新地	877
蛇神	845	新城对（柏杨谈话录）	4613
假面王国	8546	意大利童话	16079
欲望电影 阿尔莫多瓦谈电影	17420	塞壬的沉默	11787
康德的诅咒 纯粹理性杀人事件	11759	福寿春	879
情殇	1969	模仿者	12607
清代北京戏曲演出研究	10682	歌台何处 李淑君的艺术生涯	4614
清代词体学论稿	7050	蜘蛛男孩	12985
混沌的现代性	6425	漫说金瓶梅	7053
淘小子之大腕挺逗	8542	演剧职业化运动研究	10703
寂寞英雄	4588	飘飘公主 太阳和月亮的孩子	16070
密码	11776	醉（湖畔夜饮 醉）	5563
谋杀启事	11760	蝴蝶翅膀的弧线 青春卷	4598

德国童话	16068
德语文学与文学批评(第一卷· 2007 年)	7423
潘石屹 包泡 非建筑访谈	4562
融融暖意	11784
磨尖掐尖	867
犟小子之作业风波	8543
藏书室女尸之谜	11761
藏獒 2	829
蹦蹦跳先生	8551
麒麟传	898
魔手	11778
魔听 幻想卷	4596
魔法岛	16071
1.2.3 木头人	10690
2002—2006 年度全国出版专业 职业资格考试试卷及标准答案	10201
2006 中篇小说	1970
2006 文学评论	6411
2006 报告文学	4566
2006 散文	4564
2006 短篇小说	1968
2007 年版全国出版专业职业资格考试 辅导练习和参考答案(中级)	10200
2007 年版全国出版专业职业资格考试 辅导练习和参考答案(初级)	10199

2008 年

一人之城 幻想卷	4678
一触即发	13017
十八相送 苏童短篇小说编年卷叁 (一九九五至一九九六)	1980
七色桥	894
人生路上不逍遥	4635
人在江湖	4660
人争一口气	4699
入土不安 欧美惊悚小说精选集	11232
儿童经典古诗诵读(拼音绘图版)	8567
儿童经典成语故事诵读(拼音绘图版)	8565
儿童经典格言诵读(拼音绘图版)	8568
儿童经典寓言诵读(拼音绘图版)	8566
又见炊烟	4608
土门	905

大卫·格德尔 舞会	11809
大师	11844
大美女温老师	8585
大题小作	4658
万千气象 中国著名文学家访谈录	4697
万叶集(上下)	14316
万里无云 行走的群山	911
山村新人	932
山南水北	4657
山(翡冷翠山居闲话 五峰游记)	5569
千寺钟	921
《女神》及佚诗	3575
小女生的秘密行动	8596
小王子写给妈妈的信	14512
小兵张嘎	8593
小玻奇	11836
小说山庄 外国最新短篇小说选· 2006	15665
小猴哈里流浪记	8574
马赛克镶嵌壁画案	11804
丰子恺散文	5572
王小波散文	4619
王安忆散文	4632
王蒙·革命·文学	6422
王蒙散文	4620
天下一碗	919
天空之上 第十届新概念获奖作文簿	4652
无人生还	11800
无土时代	917
无风之树 行走的群山	910
无尽长夜	11799
无辜的坟墓	13020
木吉有事	8572
五十大话	4626
五十米爱琴海	4748
五环旗下的中国	4667
不圆的珍珠	4644
不拿男生当回事儿	8594
友情是一棵月亮树	8575
比安基动物小说	11420
牙医谋杀案	11810
日子就是江山	3226
日本足利学校藏宋刊明州本六臣	

书名	页码
注文选	8234
中国历史故事精选	8591
中国文学跨世纪发展研究	6421
中国古代小说研究(第三辑)	7066
中国民间故事精选	9810
中国现代文学史研究的视阈	6712
中国诗学(第十二辑)	7055
中国诗学(第十三辑)	7063
中国短篇童话精选	8592
中罗文学关系史探	7429
贝克街谋杀案	13015
牛津迷案	13003
从空间追寻时间	4688
从清华园到深圳湾	4656
今昔物语集(上下)	17501
月色繁星 外国短篇爱情小说选评	15666
月夜变身	11792
风萧萧	2473
乌拉尼亚	11789
文化中国·文艺卷	10704
文化中国·军事卷	10705
文化中国·科技卷	10707
文化中国·哲学卷	10706
文化研究视野中的英美文学	7428
方式即意义 自《黑暗之心》到《现代启示录》改编的中国古典美学观照	7427
方成讲幽默	7777
为人鱼姑娘当翻译	8576
心/飞扬 新概念十年风云人物	4709
丑石	4627
丑陋的中国人	4650
巴赛特的最后纪事	11229
水自无言	8573
水波无痕	8577
水蓝色的眼泪	1993
世纪大提速	937
世纪之痛 中国农村留守儿童调查	4655
古希腊戏剧选	14895
古物陈列室 巴尔扎克小说选	11233
本土语境与西方资源——现代中西诗学关系研究	6710
左翼文学运动的兴起与上海新书业(1928—1930)	6711
布宁散文	14705
布拉格,那蓝雨中的石子路	4645
布鲁克林的荒唐事	13008
扔在八月的路上	13667
归去来	1985
叶维廉诗选	3227
四魔头	11818
生命的乐章	891
生活世界的喧嚣 新生代小说研究	6426
生活里的文学和艺术	6431
白沙 苏童短篇小说编年卷肆(一九九七至一九九九)	1981
白沙码头	929
白夜	906
犯罪团伙	11811
外国历史故事精选	16092
外国民间故事精选	16093
外国短篇童话精选	16094
乐在其中	7781
闪开,让我歌唱八十年代	4654
冯沅君传	4671
写在水上的诺贝尔	4638
写画六十年	7778
永恒的父亲	11807
尼采散文	14435
出版人 汤姆·麦奇勒回忆录	14510
边疆晓歌	934
圣经文学研究(第二辑)	7432
圣骨传奇	13032
母亲和我们	1975
老妈是个大坏蛋?	8601
老舍散文	5571
老滩	941
地狱之旅	11820
地魂鼠侦探	8582
西顿动物小说	12784
在后台的后台	4659
有爱相伴 致2008·汶川	3230
达·芬奇密码 插图版电影剧本	14980
死人的殿堂	11819
死亡之舞	13005
扣子的颜色是天空的颜色	8571

毕希纳全集	15504	花不流泪	3233
光荣与梦想——人民文学出版社	4692	花落花开	895
当代抒情短诗千首	3228	花满人间	4675
当代希腊戏剧选	14981	劳伦斯散文	14507
同志时代	1986	苏珊娜之歌	13004
回归	11828	来生我们一起走	1989
乔厂长上任记 改革小说选（上下）	1992	拒绝合唱	4630
传说之死	1976	批评与文艺 2007 北京文艺论坛	6435
伏牛山的儿子 曹靖华传	4670	报告政府	1987
伤花落地	931	里尔克散文	14436
自由颂 普希金诗歌精粹	14094	时光之书 七枚硬币	11813
伊凡·杰尼索维奇的一天	11419	时光之书 石雕	11796
伊索寓言	15850	园圃之乐	14504
后来……	11803	旷野无人 一个抑郁症患者的精神档案	4661
行人寥落的小径	4641	男班主任的鲜事儿	8595
全国第一次文代会与新中国文学体制的建构	6434	别说再见 波切利自传	14506
		别样的风景	4640
全球化语境中的文化选择	10689	我与地坛	4673
杀手短信	13010	我们要活得有尊严	4648
杀戮之地	13013	我所见到的法兰西文学大师	4642
多元·融合·跨越——英国现当代诗歌及其研究	7431	我是妈妈的小棉袄	8583
		我是保姆	927
多田便利屋	13669	我爱人像红红的玫瑰花 彭斯诗歌精粹	14040
色彩的语像空间	6430		
刘白羽散文	4622	你会在那儿吗？	11808
交响情人梦	13672	你好,忧愁	11829
关于美	11822	你身体的印痕	11833
灯塔	11815	你的一句话	11831
污血之玷	11843	近百年中国文学史论	6432
冰符国的哭泣	16095	希望之路 孙梿文报告文学选	4690
军队的女儿	923	希腊激情	13000
许愿树上的迷你屋	8605	狂奔 苏童短篇小说编年卷贰（一九九零至一九九四）	1979
农民帝国	942		
寻找"希望的言语"	6436	怀念狼	900
寻找遗失在树下的脚印	8604	汾水长流	914
那时花开 惊奇卷	4679	沉默的证人	11798
那些才女们……	4691	补天裂（修订版）	926
红茶坊	4684	迟子建散文	4617
约克郡人骨之谜	13019	迟开的玫瑰（眉户调）	5887
玛尔戈王后	11231	张中行散文	4616
进山东	4628	张炜散文	4615
走过硝烟的大学 浙江大学西迁纪事	4682	陆氏《异林》之钟繇与女鬼相合事考论	7061
花开的童话	4680	陈从周园林随笔	4624

纯爱之殇 青春卷	4676	树下的我和树上的你	8603
奉命谋杀	11824	厚土	1977
青春的烦恼 海涅诗歌精粹	14044	战后二十年中国文学研究	6433
幸福与痛苦的人生	4689	星尘	11821
直觉	13011	思想·手迹·足迹	7783
卧读偶拾	4693	"思想事件"的修辞	6428
雨果散文	14434	哈利·波特(珍藏版 1—7)	11835
郁达夫散文	5570	幽灵之行	11848
欧文散文	14437	看不见的城市	11795
拙笔留情	7780	香格里拉的追寻	4668
转身	4683	秋之蝇 库里洛夫事件	11823
转型期报告文学论纲	6438	皇帝的孩子	12999
叔本华散文	14433	追忆似水年华之前 普鲁斯特之夏	14431
具象传播论——形名学之形学	10702	食梦者的玻璃书	13002
国运 南方记事	4664	亮相	924
国际传播与国家形象	10701	亲爱的安德烈	4698
国宝档案	10700	帝王谷中的背叛 达·芬奇笔记 被窃疑案	16090
昌耀评传	4662	美利坚,一个中国女人的战争	908
明天的诗篇	3234	美拯救世界 俄罗斯文学中的 圣徒式女性形象	7430
明月几时圆	892	洪水之后	11802
明清江苏文人年表	7321	济慈评传	4625
帕乌斯托夫斯基散文	14706	神秘访客	13016
岭南三大家研究	7059	神秘谷Ⅰ 树屋的秘密	8589
图画圣经	17392	神秘谷Ⅱ 断崖的骑士	8590
垂杨柳 苏童短篇小说编年卷伍 (二零零零至二零零六)	1982	祝福青青的小树林	8578
和风	890	诵读(一年级)	10202
和我们的女儿谈话	913	诵读(二年级)	10203
侦探一家	13007	诵读(九年级)	10204
金克木散文	4631	勇闯骷髅岛	8564
金瓶梅汉英对照(1—5)	2672	秦腔	907
命若琴弦	1990	泰戈尔散文	14727
周国平散文	4618	珠江,东方的觉醒	4674
夜莺与古瓮 济慈诗歌精粹	14042	班长有啥了不起	8584
河(桨声灯影里的秦淮河)	5568	莲花微光里的梦 林徽因的一生	4669
泥太阳	938	荼蘼	920
诗翁彼豆故事集	16096	晋阳秋	928
春之声 散文家笔下的改革开放	4685	恶之花 波德莱尔诗歌精粹	14041
茨威格散文	14508	校外追梦	8586
南方小蜜蜂俱乐部	8606	贾平凹散文精选	4663
南方的海	11830	原来老妈有魔法	8600
柏杨妙语	4651	原罪·宿命	1991
柏拉图之恋	925		

热带雨林绑架案 达尔文和恐龙岛的秘密	16091	银城故事	912
造物主的地图	11837	第十三个故事	11806
爱的哲学 雪莱诗歌精粹	14046	第十届全国新概念作文大赛获奖作品选	4665
恋爱时代(下)	13671	第六个小夜子	13665
恋爱时代(上)	13668	做怪坏事的怪坏蛋	8602
高尔夫球场命案	11817	偷窃 一个爱情故事	13941
高老庄	903	猎魂者	14509
高兴	902	猫城记	2472
病相报告	904	商州	901
病隙碎笔	4672	清代文学研究集刊(第一辑)	7062
病魔	13001	清代扬州徽商与东南地区文学艺术研究——以"扬州二马"为中心	7068
唐宋八大家骈文研究	7056	清冷枕畔	11834
唐宋时期馆驿制度及其与文学之关系研究	7060	渔船上的红狐	8570
浦之上 一个王朝的碎片	940	密室中的旅行	13033
海外望神州 外国人眼中的中国改革开放	4686	谋杀	11788
海涅散文	14432	谋杀村	11791
海(海上的日出 海上的月亮)	5566	谋杀,我亲爱的华生	13009
海路	4681	隐秘的和谐	11832
流年光景 情感卷	4677	维也纳一家人	11825
浪游者夜歌 歌德诗歌精粹	14045	博命一击	13014
家有猫狗	14505	聒噪大嘴的郁闷	8597
被克隆的眼睛	4629	韩少功散文	4621
谁没来吃晚餐 爱因斯坦小提琴失窃案	16089	棋之谜	13012
谁是真英雄	8579	雅典的少女 拜伦诗歌精粹	14043
桑园留念 苏童短篇小说编年卷壹(一九八四至一九八九)	1978	最后的守护人	12615
黄节注汉魏六朝诗六种	3766	遇见地下铁女孩	1994
黄昏使者	12614	黑色契约	8588
黄裳自选集	4633	黑暗号角	8580
萨尼卡	12613	智慧的灯	896
梦境再现	8587	奥勃洛莫夫	11421
梅尔尼茨(上下)	11790	奥康纳短篇小说选	11230
雪花集	4700	童年的许诺	11805
雪国	13664	普里什文散文	14707
雪莱散文	14438	湖湘诗派研究	7057
推拿	939	湖(游了三个湖 大明湖之春)	5567
堂吉诃德的长矛	4639	湖蓝色的水晶杯	8569
野火	13006	渴望"萧条"	930
眼珠子在狂奔	8599	禅与诗学(增订版)	7058
		禅师与少女	4653
		蓝色列车之谜	11827
		墓地的沉默	11814

书名	编号
幕后凶手	11812
零时	11845
暗藏杀机	11826
新生	13666
新国学研究(第6辑)	7064
数字魔鬼	16086
酱缸震荡	4649
塞纳河畔的文学景观	4643
福娃之光	8581
舞者	943
漫画记事	7782
漫画漫画	7779
褐衣男子	11816
熊秉明美术随笔	4623
樱花点缀的记忆	4636
震启诗书奥运情	3240
暴风雨夜,暴风雨夜 狄金森诗歌精粹	14039
踮脚张望的时光	922
德语文学与文学批评(第二卷·2008年)	7433
德富芦花散文	14728
潜行乌贼	4637
燕双飞	897
镜湖月	893
穆齐尔散文	14511
激荡人生	4687
藏地白皮书	936
藏獒 3	909
瞧,大师的小样儿	4647
瞬间空白	1988
邂逅大王与臭美同桌	8598
疆界 2-国际文学与文化 C	15185
魔鬼的测试	16088
露着衬衫角的小蚂蚁	16087
2007 中国文坛纪事	6412
2007 中篇小说	1983
2007 报告文学	4646
2007 散文	4634
2007 短篇小说	1984
2008 年版全国出版专业职业资格考试辅导练习和参考答案(中级)	10206
2008 年版全国出版专业职业资格考试辅导练习和参考答案(初级)	10205

2009 年

书名	编号
一个女人的悲剧	2480
一个医生的救赎	4695
一小窝弄学人 2005 年度英国短篇小说精选	11864
一片幽情冷处浓 纳兰词	3779
一腔废话	951
一蓑烟雨任平生 东坡词赏读	3777
乙方	990
二月	2481
十年	946
十面埋伏	961
丁丁与我 埃尔热访谈录	17422
七个淘气包	16104
人们都叫我动物	11875
人类文字浅说	10722
三人行 路	2493
《三字经》全解	8622
三幕悲剧	11861
下雪了,天晴了	8617
大地飞虹	3242
大师之死	11838
大庄园	967
大爱镇江	4778
大象的证词	11867
大鼻子情圣	14896
与希罗多德一起旅行	14517
万火归一	13031
万圣节前夜的谋杀案	11877
山外青山(2000—2008)	2016
《千字文》全解	8621
川端康成 三岛由纪夫往来书简	14753
凡人	13030
也该穷人发财了!	10714
女孩的游戏书	15880
小小步伐	13027
小鸟快飞	8616
小老虎历险记 恐龙的朋友	8838
小城花开	9228
小说山庄 外国最新短篇小说选·2007	15667
小蜂的故事	16103
马未都说·车上篇	4711

马未都说·枕上篇	4703	戏剧研究	6445
马未都说·厕上篇	4723	父辈的信念	14520
马未都说（厕上篇、枕上篇、车上篇）	4728	凶犯	2003
马贼	971	月牙儿 阳光 我这一辈子	2485
丰盈的激情（上下）(1976—1984)	2011	月亮上的小王子	8610
王士禛诗选	3769	月亮花	8834
王安忆小说选	2009	卞之琳作品新编	8153
王鲁彦文集（1—5卷）	8032	忆昔花间初识面 花间词	3778
王蒙小说选	2006	邓友梅小说选	2007
王瑶文论选	6718	未来的科技 从机器人到机动独轮车	16111
天一言	11869	未穿的红嫁衣 沉浮	975
天仙配 王安忆短篇小说编年卷三		古之旅红色吕梁灵奇的画卷	
一九九七——二零零零	1999	大碛口酒都杏花村	4746
天地月亮地	950	古诗今读	10051
天网	962	古城堡智胜女幽灵	16100
天行者	970	古精蓝城堡	972
天空之上	4733	左轮三五七 叶兆言短篇小说编年卷二	
不想告别的夏天	10710	1994—1996	2026
太阳花	8618	东正教精神与俄罗斯文学	7435
太阳来的十秒钟	11839	北京的红尘旧梦	4704
历史风涛中的文人们	4707	旧时月色中的文人们	4702
少年的人际交往与网络交往	10043	归去来兮（上下）(1985—1989)	2015
中山路——追寻近代中国的		史铁生小说选	2008
现代化脚印	4739	只有一个人生	4734
中考作文常见主题一点通（初中）	10054	四库全书荟要总目提要	7323
中国20世纪文学理论批评		生死场 呼兰河传	2483
价值取向研究	6437	生死线	996
中国小说戏曲的发现	7071	生物史话	10047
中国古代文学史（上中下）	7284	生活中的数学	10046
中国现代话剧史论	6716	失物之书	11852
中国经典民间传奇·红樱桃卷	8633	白宫岁月 克林顿夫妇传	14521
中国经典民间传奇·黄柠檬卷	8632	印象凤城河	4713
中国经典民间传奇·紫葡萄卷	8631	外星男孩 小巫婆真美丽	8833
中国经典民间传奇·蓝草莓卷	8630	乐透彩	13034
中国经典童话完全手绘本·百合卷	8628	饥饿间奏曲	11872
中国经典童话完全手绘本·茉莉卷	8629	市民与妓女 近代初期阿姆斯特丹的	
中国语文的时代演进	10721	不道德职业	17426
贝克街的幽灵	13037	闪光的氰化物	11887
牛汉散文	4768	汉字和文化问题	10723
午间女人	11842	汉姆生文集（1—4卷）	15505
毛泽东和他的诗词	10045	冯至作品新编	8154
手机	953	永久的悔	4716
从传统到现代：多维视野中的中国		奶2003年度英国短篇小说精选	11866

发烧	982	冲积期化石	2474
圣诞奇案	11846	决不投降 阎继哲传	4719
圣经文学研究(第三辑)	7438	决战南京	983
母豹出山	8615	安妮日记	14513
《幼学琼林》精解(上下)	8625	安妮卡的宝石	16101
共和国交响"中国改革开放优秀报告文学奖"获奖作品集	4726	冰心作品新编	8147
芒克的诗	3241	字母的故事	10720
再见,哥伦布	13029	讲演与口才	10044
西征记	966	寻找巴金的黛莉	4785
《在延安文艺座谈会上的讲话》研究	6720	寻宝小子	13023
在多重空间运思——当代文学研究三十年论文选	6440	她是一个弱女子 迷羊	2479
在难中 深度访谈北川乡镇书记	4729	好色的哈姆莱特	4712
《百家姓》精解	8624	戏迷自传	2492
夺位	991	观音(晓来谁染霜林醉)	10708
达·芬奇密码	13026	红尘	973
成名	4788	红雪	963
毕淑敏散文	4753	走过落雨时分	8614
此情无计可消除 漱玉词·断肠词	3780	走向南亚	4749
此情可待	11853	志愿人生 2004 至 2007 年度北京十大志愿者	4745
曲终人散	13018	芳草园·学语文	10207
岁月与性情 我的心灵自传	4718	芳菲遍野(1990—1995)	2010
朱东润自传	4701	杜马岛	13043
朱光潜作品新编	8149	极端天气 全球变暖与气候转变	16112
朱自清作品新编	8156	杨绛文集 小说卷	7576
先秦诗选	3776	杨绛文集 文论戏剧卷	7573
传统与文艺 2008 北京文艺论坛	6444	杨绛文集 散文卷(下)	7575
优美的安娜贝尔·李寒彻颤栗早逝去	13670	杨绛文集 散文卷(上)	7574
向往温暖	3251	杨绛散文选	4770
行走的中国	4732	李有才板话	2566
全世界孩子都喜欢的 100 个童话 大师绘本·红卷	16108	李国文小说选	2022
		李梦阳诗选	3767
		李锐散文	4752
全世界孩子都喜欢的 100 个童话 大师绘本·蓝卷	16109	李準小说选	2005
		李攀龙诗选	3774
全评新注 世说新语	2673	两天	944
杀手的眼泪	16114	吴冠中画语录	4755
众树歌唱——欧美现代诗 100 首	14161	县委书记	1000
名厨之死	11878	男人与男孩	11849
多特和袋鼠	16106	男人与妻子	11850
争锋 世界顶级外企沉浮录	986	听雨楼随笔·抚剑堂诗抄	7784
庄子思想的现代价值	7073	别了,那道风景	13942
问苍茫	948	别样的江湖	987

书名	页码
我叫刘跃进	954
我们去找一盏灯 叶兆言短篇小说编年 卷三 1997—2009	2023
我们的遗憾来自于相爱时间的错过	2017
我的德国笔记	4720
我脸上的秘密	11841
我醒来之前	13024
何景明诗选	3771
你好,休斯敦	4738
怀麓堂诗话校释	6819
《弟子规》全解	8620
沉静的风景(1996—1999)	2014
完美的已婚女人	11858
宋庆龄的后半生	4776
灾难物理学奇事	13028
启功说唐诗	7072
灵魂只能独行	4737
张中行别传	4705
张光年文论选	6442
张抗抗散文	4766
陆机陆云年谱	7322
阿Q正传	2478
阿加莎·克里斯蒂侦探推理 "波洛"系列	11876
阿丽思中国游记	8609
阿狗的生活日新月异	2038
陈涌文论选	6717
妖怪记事簿	979
妖蛾子 纪念版	4721
妞妞 一个父亲的札记	4717
邵燕祥散文	4756
现代叙事与文学想象	6715
幸福,不见不散	999
苦闷的园丁——"现代性"体验与俄罗斯文学中的知识分子形象	7437
苦涩的结合 17世纪荷兰东印度公司的一出离婚戏剧	17427
英美国家人文风情	10055
林徽因作品新编	8151
奇趣学语文	10210
抵抗的全球化(上下)	17424
拉斯普京创作研究	7434
抬高房梁,木匠们 西摩:小传	13021
昆曲之路	4731
国殇	4742
国家干部(上下)	960
国家特别行动 新安江大移民	4696
明清文人话本研究	7067
呼兰儿女	995
彼得·卡恩的第三个妻子 2006年度英国短篇小说精选	11865
所有的乡愁	957
金粉世家(上下)	2475
爸爸的秘密生活 2007年度英国短篇小说精选	11863
周扬文论选	6443
狐兔入井	8607
庞贝	11855
夜深沉	2489
夜魂	11870
废名作品新编	8146
怪钟	11868
学语文主题公园	10209
学语文·新起点	10211
河岸	965
宝葫芦的秘密	8608
空山3	947
空山(三部曲)	968
诗水流年	3239
诗品笺注	6820
孤儿泪	4715
契诃夫的一生	14515
赵晓岚说李煜 林花谢了春红	10712
草色遥看	4754
故乡天下黄花	952
故乡相处流传	959
故乡面和花朵(1—4)	955
胡丘陵长诗选	3248
胡利娅姨妈与作家	13040
胡适作品新编	8148
柏棺	11851
柳哑子	9230
战争史笔记(上古—秦汉)	10711
眨眼睛比尔	16105
星河 第一辑	3243
星河 第二辑	3249

书名	页码
蚁山之珠 美国土著的沉沦与拯救	14518
思想·文本·史实 鲁迅研究三维	6724
思想的星空	4736
品说扬州·人物篇	10052
哈利·波特与凤凰社	11857
哈利·波特与阿兹卡班囚徒	11856
幽灵别墅追冰鬼	16098
看不见的大陆	14522
香水之旅 畅游聚斯金德的气味世界	17425
秋海棠	2486
重返爱情	978
追逃	993
度行天下	4740
施蛰存作品新编	8150
亲历五月	4727
闻一多作品新编	8145
阁楼精灵 男孩木里外传	8839
美国走着瞧	4744
美猴王·小石猴篇1·石猴出世	8813
美猴王·小石猴篇2·灵芝仙草	8814
美猴王·小石猴篇3·树叶耳朵	8815
美猴王·小石猴篇4·水帘仙洞	8816
美猴王·小石猴篇5·猴王之争	8817
首席记者	945
洪承畴传	4722
语文闲谈(精编本)	10719
神巫之爱 边城	2477
神秘谷Ⅲ 白巫的梦呓	8626
神秘谷Ⅳ 黑石的暗语	8627
姨妈的后现代生活	994
骆驼祥子 手稿本	2488
绝响	9229
秦皇父子(影视剧本)	5889
秦淮世家	2490
袁枚诗选	3773
恐怖分子	13022
莫友芝诗文集(上下)	8235
莫道往事如山 杨继仁散文精选	4747
莎菲女士的日记 韦护	2476
校花	977
破茧	956
致命遗产	11873
钱谦益诗选	3775
钻石广场	11879
铁人(电影文学剧本)	5888
铁凝小说选	2004
铁凝散文	4767
秘密	11847
俯拾诗歌集	3247
徐志摩作品新编	8155
徐祯卿全集编年校注	8216
爱与孤独	4735
爱的历史	13036
爱的左边	13675
爱情,欠了我们一分钟	998
高考作文常见主题一点通(高中)	10053
离开只为让你想念	4758
离家出走	11859
唐弢文论选	6719
唐璜秘志	13035
站起来的声音(1949—1956)	2013
凌濛初研究	7069
酒楼	964
海的梦 憩园	2482
海滨饭店战火鬼	16099
海濡之士 北仑名家1	10709
流血的职场	988
被规训的历史想像:论长篇历史小说《李自成》	6451
谁道人间秋已尽 人间词·人间词话	3781
陷落的电影江湖	10724
教皇的孩子们	14516
黄景仁诗选	3768
乾隆皇帝的十张面孔	4724
萧红十年集(1932—1942)(上下)	8144
萨特散文	14514
梦笔——吕梁赋及其评论	10736
梦想照亮世界 2008北京奥运火炬境内外传递体验之旅	4774
梅宝	2491
龚自珍诗选	3772
雪地传说 叶兆言短篇小说编年卷一 1988—1993	2025
晚唐五代江浙隐逸诗人研究	7070
崔长青诗词赋选集	3250
犁青世界	3245

书名	页码
笨狼和他的爸爸妈妈 笨狼和他的朋友们	8837
笨狼的学校生活 笨狼旅行记	8836
《笠翁对韵》精解	8623
第十一届全国新概念作文大赛获奖作品选	4741
第三个女郎	11854
偶尔,会绝望	974
象牙戒指	2484
象棋魔咒	11860
猎狼	989
猫王	8612
猫爱上幸福,鱼怎会知道	997
商道茫茫	958
情系撒哈拉	11840
清代文学研究集刊(第二辑)	7075
清洁女工之死	11871
寂寞很吵,我很安静	4761
密战	985
绿房子	13047
塔楼	13041
越读者	10713
期盼索菲亚——俄罗斯文学中的"永恒女性"崇拜哲学与文化探源	7436
韩国现代小说选 通过小说阅读韩国	13673
朝鲜战争(修订版)	4714
紫藤花开	3246
最后的夏日	13042
跑,拼命跑	8611
啼笑因缘	2487
黑弄堂 王安忆短篇小说编年卷四 二零零一——二零零七	2001
黑蚂蚁蓝眼睛	949
黑暗之塔	13025
等待是没有回音的张望	4759
舒伯特	14519
舒翠兰 折翼天使的美丽转身	4730
鲁迅大辞典	10271
就这样长大	8619
道德课堂(初中版)	10050
道德课堂(高中版)	10049
温故一九四二	2002
寓真词选 寓真新诗	3244
谢谢你毛毛兔,这个下午真好玩	10717
谢榛诗选	3770
幾米袖珍本 2000—2002	10726
幾米袖珍本 2002—2003	10727
瑞恩和丹尼尔船长	16102
蓝狐狸 寻找快乐岛	8835
想象与叙述	7074
楼水谣	4773
雷蒙德·卡佛短篇小说自选集	13038
零年代	981
雾村险斗牛头鬼	16097
搏浪天涯	4743
睡商 清醒的头脑来自健康的睡眠	17423
暖雨	8613
暖暖的都是爱	11234
蜗居在城市的伤口	4760
锦瑟无端	984
躲进世界的角落	10716
解码翡翠	10725
解放战争(下) 1948年10月—1950年5月	4757
解放战争(上) 1945年8月—1948年9月	4750
福布斯咒语(上)	969
墙基 王安忆短篇小说编年卷一 一九七八——一九八一	1997
嘉庆皇帝	4762
舞台小世界 王安忆短篇小说编年卷二 一九八二——一九八九	1998
鲜花和	992
漂泊者萧红	4694
漫游学语文	10208
趣味物理 趣味生活	10048
影子森林	16110
墨水心	11862
德语文学与文学批评(第三卷·2009年)	7439
鲤鱼川随记	4751
潘达雷昂上尉与劳军女郎	13051
飙车	11874
霍达文选(1—9)	7572
篱下百花(1957—1966)	2012
濒危动物 用科学行动拯救	

濒临灭绝的物种	16113	一瞬化作风(3)	13684
戴望舒作品新编	8152	二十世纪末中国文学现象研究	6450
藏地白日梦	976	二十世纪台湾诗歌史	6446
瞬间·永远 发行人在汶川		二班女生有点闹	8649
大地震中的故事	4706	十七岁向谁宣战	1009
魏巍散文	4769	十七年蝉	1025
蟹工船 漫画版	17517	十五岁的船长	11238
1001 夜	16107	丁玲作品新编	8162
1938 青春与战争同在	4725	七个小淘气	8859
1949—2009 文论选	6441	七月轮舞	1024
1949—2009 报告文学选	4777	人人都能成为简·奥斯丁	
1949—2009 剧作选	5890	——女性小说畅销秘笈	15186
1980 的情人	980	人文文本 建筑、阅读、音乐与记忆	4839
2008 中国文坛纪事	6439	人生感言	4771
2008 中篇小说	1996	人间信息 范小青短篇小说精选集	
2008 报告文学	4708	(1991 年—1997 年)	2031
2008 散文	4710	人间鲁迅	4840
2008 短篇小说	1995	人类的大脑	16212
2010 年北京高考语文指定背诵默写		儿童圣经故事	16117
篇目(45 篇)	10056	九故事(英汉双语版)	13059
E. M. 福斯特文集 小说面面观	15506	三只小狼和一只大坏猪	16120
E. M. 福斯特文集 天使不敢涉足的		三角地	2028
地方	15509	大风传(上下)	1032
E. M. 福斯特文集 最漫长的旅程	15507	大头鱼在雨天和晴天	8846
E. M. 福斯特文集 福斯特短篇		大地三部曲	13055
小说集	15508	大地芬芳	1061
E. M. 福斯特文集 霍华德庄园	15510	大男人沙文主义 踩了他的尾巴	
KKK 名片	13039	(八十年代台湾社会现象2)	4836
OZ 奥兹·狂欢	10715	大学潜规则	1008
OZ 奥兹·宝藏	10718	大美陕北	4822
		大象树	9420

2010 年

		上学的烦恼	11892
一个美国女孩在中国	4816	上帝的左手	11933
一生太长了	2024	上海绅士	1027
一百万堵墙	11891	上海摩登——一种新都市文化在中国	
一先令蜡烛	11883	(1930—1945)	6725
一根燃烧尽了的绳子	4794	山外是大海	1043
一期一会好时光	10738	山羊不吃天堂草	8638
一棵开花的树	9609	山雨欲来	13079
一颗清亮的大星——胡适传	4796	千里同风	14404
一滴泪的天长地久	4856	亡者俱乐部	13089
一瞬化作风(1)	13680	小木偶	9412
一瞬化作风(2)	13681	小公主	16119

小心，猫房间	9050	长恨此身非我有 豪放词	3785
小尼古拉的礼物	16208	化圆为方 俄罗斯处女作奖小说集	12619
小河流水哗啦啦 蚂蚁的本领别小瞧	8646	从地球到月球	11236
小说山庄 外国最新短篇小说选· 2008—2009	15669	公无渡河	13691
		风之画员	13676
小说门	6447	文艺美学的学科定位和发展趋势研究	6457
小蜗牛请客	9419	文化转型与当代审美	6456
马上天下	1002	文坛风云续录	4825
乡村捕钓散记	4837	文学少女（1）渴望死亡的小丑	13687
丰子恺作品新编	8165	文学少女（2）渴求真爱的幽灵	13689
王大绩讲高考 语文优化备考方案	10057	文学少女（3）沉陷过往的愚者	13692
天扰	13045	文学少女（4）背负污名的天使	13693
天空之上 第十二届新概念获奖者作文簿	4802	文学经典化问题研究	7440
		火烈鸟的家	13688
天根	11899	心灵的密码 日本现代诗精选集	14402
天瓢	1014	丑行或浪漫	1003
无暇告别	13201	水手比利·巴德	13054
云妹妹	9414	水边的记忆	9232
太阳升起	1045	水泥座女人 职场公关进阶实录	1020
巨人	11908	玉台新咏（明小宛堂覆宋本）	3783
中文系	1040	玉楼明月长相忆 婉约词	3786
中央党校日记	4804	玉雕集 怪马集 凤凰集（六十年代台湾社会现象1）	4829
中国八十年代文学现象研究	6448		
中国古代小说与戏曲关系史	7086	艾青年谱长编	6452
中国老兵器说谜	10741	艾青作品新编	8161
中国老游艺说趣	10740	古代小说与民间宗教及帮会之关系研究	7078
中国当代文学的艺术探索	6459		
中国诗学（第十四辑）	7076	布克村信札	1029
中国诗歌 2010年民刊诗选	3264	布封散文	14440
中国诗歌 2010年网络诗选	3261	布莱泽	13057
中国诗歌 天上的青海	3299	布鲁克林	11901
中国诗歌 毛笔信	3262	龙纹身的女孩	11896
中国诗歌 走进词的院子	3282	东汉开国	10746
中国诗歌 诗生活	3301	卡尔腾堡	11927
中国诗歌 爱的抒情诗	3255	北极公主	8861
中国诗歌 高不可攀的蝴蝶	3300	北极风情画 塔里的女人	2494
中国诗歌 悲欣集	3257	《史记》精解	8644
中国诗歌 温暖的时间	3254	只有你听到我的沉默	4854
中国诗歌 醉里挑灯看花	3281	四六丛话	6821
中国新诗总系（10卷）	8157	四只等着喂食的狗	8634
牛汉诗文集	7579	生死吟	4801
毛泽东最后七年风雨路	4808	失物	11895
手风琴罪案	13058	失落的大陆 拿单·扎赫诗选	14403

书名	编号
失落的秘符	13046
失踪的王子	16118
失踪的名画——卡拉瓦乔与《逮捕耶稣》之谜	14528
白老虎	13679
白城恶魔	13062
白垩纪	4820
白雪乌鸦	1039
印度走着瞧	4798
外国中短篇小说藏本 马克·吐温	12786
外国中短篇小说藏本 卡夫卡	11903
外国中短篇小说藏本 杰克·伦敦	12787
外国中短篇小说藏本 欧·亨利	12785
外国中短篇小说藏本 契诃夫	11422
外国中短篇小说藏本 茨威格	11904
外国中短篇小说藏本 莫泊桑	11243
外国中短篇小说藏本 爱伦·坡	12788
外国中短篇小说藏本 梅里美	11242
外国中短篇小说藏本 普希金	11423
外省书 远河远山	1006
乐府诗集(1—4)(傅增湘藏宋本)	3784
兰姆散文	14439
汉代文学思想史	7286
它是谁	9418
写给所有少男少女的美丽的爱情故事	15668
奶奶过生日	9417
加斯东·伽利玛 半个世纪的法国出版史	14526
皮普先生	13943
圣经文学研究(第四辑)	7446
邦斯舅舅	11241
动物之神	13052
吉吉	11929
老实赢天下 赵章光评传	4783
地产魅影	1037
西行 西行 中国作家西班牙纪行	4803
西昆体研究	7080
西夏	1011
西游记 汉法对照(1—6)	2680
西潮的彼岸	4791
在蒙哥马利的日子	4852
百代风流餐韵食趣红事白事节日抒怀天理良心	4859
有双小脏手	9413
有我,你别怕	14529
达拉斯夜未眠	13082
成功作文的奥秘	10060
至诚六种	4862
因为我爱你	11918
网络空间的文学风景	6455
年华是漫长的期许	4855
先秦文论全编要诠(上下)	7077
乔伊斯长篇小说人物塑造	7450
伏藏	1035
华南虎日志	4782
自由与局限 中国当代新生代小说家论	6454
向疾病要快乐	4805
企业家的黑天鹅	4799
创新作文的玄机	10059
负笈集 霜凝随笔之一	4807
多少往事烟雨中	4781
多棱镜下	6723
《庄子》精解	8642
交响情人梦 1	17518
交响情人梦 10	17527
交响情人梦 11	17528
交响情人梦 12	17529
交响情人梦 13	17530
交响情人梦 14	17531
交响情人梦 15	17532
交响情人梦 16	17533
交响情人梦 17	17534
交响情人梦 18	17535
交响情人梦 19	17536
交响情人梦 2	17519
交响情人梦 20	17537
交响情人梦 3	17520
交响情人梦 4	17521
交响情人梦 5	17522
交响情人梦 6	17523
交响情人梦 7	17524
交响情人梦 8	17525
交响情人梦 9	17526
妄想电影	7785
并不遥远的往事	4787

条目	页码
关于爱你,这件微不足道的小事（悠嘻恋爱星球第一季）	10747
米·布尔加科夫	7444
决胜21点	13074
冰小鸭的春天	8845
冰公主	11922
冰心书信全集	4821
《论语》全解	8645
论寄	7081
寻找失散的姐妹 范小青短篇小说精选集(1998年—2005年)	2032
寻找母亲	13682
寻找美人鱼	8857
异教王后	13083
那个骑轮箱来的蜜儿	8853
如果我留下	13061
如歌的岁月	3252
红瓦	1013
红奶羊	9234
红袖集 立正集 剥皮集(六十年代台湾社会现象3)	4831
红鞋子	8843
红嘴巴小鸟	9236
纪伯伦散文	14754
孙之俊漫画(1—5)	10749
《孙子兵法》全解	8643
坏女孩的恶作剧	13078
走进獐子岛 中国作家獐子岛行	4786
志外吟——胡抗美诗词集	3253
芬兰现代小说集	11910
苍凉与世故	4790
苏菲的选择	13048
极端天气	16215
李国文千字文	4811
李贽与晚明文学思想	7084
两片灵芝	4780
两只小羊	9415
两代官	1036
两宋望族与文学	7085
来日方长	11909
扶轮问路	4784
吴尔夫散文	14531
吴冠中散文精选	4841
时光之书 金杯	11888
时间的女儿	11885
足球门	1001
男人是加法,女人是减法	4763
男孩日记	11919
我飞了	9058
我在哪里丢失了你 范小青短篇小说精选集(2006年—2009年)	2033
我这把生锈大刀	1015
我的父亲顾颉刚	4792
我的观影自传	4806
我的姐姐	12618
我的哈佛岁月	4789
我的恐怖同桌	8648
我亲爱的甜橙树	17092
我等不到了	4800
我额头青枝绿叶 灰娃自述	4813
何其芳作品新编	8163
你越过那片沼泽 范小青短篇小说精选集(1980年—1990年)	2030
近代词史	7285
汪琬全集笺校	8236
沙漠	11897
沧桑足音——张国祚诗选	3256
沧桑旅顺口(上下)	4819
没有凶手的杀人夜	13686
没有尾巴的狼	8854
沉睡的女儿	1023
沈从文家书	5574
宋词与禅	7079
宋琬年谱考证	7324
词话丛编续编(一——五)	6822
译学新论 从翻译的间性到海德格尔的翻译思想	7441
灵魂草场	9235
尾巴	1046
尾巴	4826
张枣的诗	3260
阿尔班·米歇尔 一个出版人的传奇	14532
阿·托尔斯泰	7443
妖怪记事簿(二)	1018
鸡蛋里的悄悄话	8852
玩火的女孩	11912

书名	编号
青春咖啡馆	11902
青铜葵花	8636
现代性的追求	6726
现实与文艺 2009 北京文艺论坛	6461
表意主义戏剧——中国戏曲本质论	10743
幸福的料理箱	10730
茅盾作品新编	8158
板凳歪歪	9410
雨人	8840
卖梦人	13044
奇妙动物世界	16211
奇怪的纸牌	8863
奇迹年代	11921
奇耻外号"窥探狂"	8651
转吧,这伟大的世界	13080
昆虫记	16115
易解人生 田园破解伏羲易	10728
典型文案	6460
罗山条约	5061
罗杰行动	11893
图书管理员	12616
牧师	11923
和老爸在一起的日子	
——女心理师手记	14524
季节(上下)	1010
金戈铁马辛弃疾	10739
命	9610
爸爸,我们去哪儿	11938
爸爸变成肉包子	8865
夜访良辰镇	13081
夜思与独语	4775
夜航西飞	14535
怪人们	13685
法国童话	16116
河之南	10735
定势作文的突破	10058
《诗经》精解	8641
妮娜·西蒙娜停止歌唱的那一天	13690
承载	4815
细米	8640
《孟子》精解	8635
春天的百草宴	4823
春香传	13430

书名	编号
毒	14534
城南少年游	4824
赵铁林 我的"老三届"岁月	4817
草房子	8637
南瓜头与姜糖人	10744
南渡记 东藏记 西征记	1030
柏辽兹	14523
柏杨曰(上下)	10748
柏杨全集(1—25)	7578
柏慧	1005
威廉·福克纳	7445
牵牛花	9411
战争史笔记(三国—隋唐)	10729
是你,制造了天气 气候变化的	
历史与未来	17428
星河 第三辑	3259
星河 第四辑	3380
星空下的咖啡馆	2034
蚂蚁唱歌	9233
哈佛读本	14527
幽灵女孩	13050
幽港谋杀案	11920
看着我的眼睛	
——我和阿斯伯格综合征	14530
香在无寻处	1016
香河	1028
重返1976 我所经历的"总理遗言"案	4772
皇甫宠物馆	8866
鬼话连篇集 死不认错集	
(六十年代台湾社会现象7)	4835
鬼魂奏鸣曲	13069
追寻逝去的时光(第1卷)	
去斯万家那边	11906
追寻逝去的时光(第2卷)	
在少女花影下	11907
独乳兰夏	1042
疯狂的兔子	9048
亲爱的笨笨猪	8848
音乐札记	4797
美在这方 中国作家泰州行	4838
美国夫人	13063
美猴王·齐天大圣篇1·齐天大圣	8828
美猴王·齐天大圣篇2·大闹天宫	8829

美猴王·齐天大圣篇3·丹炉修炼	8830
美猴王·齐天大圣篇4·真假猴王	8831
美猴王·齐天大圣篇5·火眼金睛	8832
美猴王·孙悟空篇1·出海寻师	8818
美猴王·孙悟空篇2·仙山受阻	8819
美猴王·孙悟空篇3·石猴得名	8820
美猴王·孙悟空篇4·祖师授艺	8821
美猴王·孙悟空篇5·王者归来	8822
美猴王·金甲猴王篇1·初显神威	8823
美猴王·金甲猴王篇2·如意金箍棒	8824
美猴王·金甲猴王篇3·大闹阎罗殿	8825
美猴王·金甲猴王篇4·计退天兵	8826
美猴王·金甲猴王篇5·天庭授命	8827
前仰后合集 大愚若智集 越帮越忙集（六十年代台湾社会现象8）	4833
逆风	11928
将才铁军 抗日名将朱程	4849
活该他喝酪浆 按牌理出牌 早起的虫儿（八十年代台湾社会现象1）	4828
宣传部长	1022
穿心莲	1017
客地——黄晢暎中短篇小说选	13674
语言变革与现代文学的发生	6722
神秘岛	11237
神秘的女老师	8849
神魂颠倒集 心血来潮集（六十年代台湾社会现象6）	4834
说爱,说不爱	4765
骄傲的风筝	8841
骆驼爸爸讲故事	8851
骆寒超诗学文集(1—12)	7577
绝色演员的温暖面具	1026
孩子,你能成功——15位奥运冠军的成长故事	10737
班里来了个冷美女	8650
顽皮的小尼古拉	16210
都德小说选	11240
恭亲王奕忻	4809
莫泊桑小说精选	11235
莎士比亚全集(1—8卷)	15511
格兰特船长的女儿	11239
根鸟	8639
夏天里的苹果梦	9409
夏目漱石小说选	13677
原野 北京人	5955
捕鼠器	11914
贼城	13077
造市者	11925
造船厂	13071
秘密手稿	11880
秘密情报点	13070
徐志摩传	4818
爱的背面	13053
爱情想太多	10734
脂砚斋重评石头记(己卯本)	2675
脂砚斋重评石头记(甲戌本)	2674
恋人	11926
恋爱中的男人	11881
高山滚鼓集 道貌岸然集 闻过则怒集（六十年代台湾社会现象5）	4832
高门巨族的兰花 凌叔华的一生	4844
郭沫若作品新编	8159
席勒传	14525
唐宋词简释	3787
粉川	1019
烟囱宅之谜	11916
海上大教堂	11889
海边的雪	2018
海陵诗话	7082
浮生六记(新增补)	5668
流浪的星星	11890
流浪狗和流浪猫	8856
家在云之南 忆双亲,记往事	4812
家园	13072
被风吹乱的空城	4857
通向慕尼黑的六座坟墓	13076
通灵侦探	13068
能不忆蜀葵	1004
球形季节	13683
黄衫客传奇	2677
黄药眠诗全编	3265
乾隆抄本百廿回红楼梦稿(杨本)	2676
萧红作品新编	8164
梦里不知身是客 南唐词	3782
排队谋杀案	11886
野百合也有春天	9237

野猪王	1007	湖上仙子	13067
野兽国	13060	湖海诗词集	3258
悬崖上的谋杀	11913	湘绣女	1031
晚安,我的星星	8844	谢云新诗	3263
蛇腰集 牵肠集		幾米故事的开始	10732
（六十年代台湾社会现象4）	4827	瑞德·巴特勒	13064
铐子	1021	蒙古王府本石头记	2678
铜魂楚韵	1038	蒙面之城	1012
甜橙树	2027	想太多	10733
第二世界——对文学艺术的哲学解释	6449	雷雨 日出	5954
第十三个圣徒	13049	摇滚妈妈	13678
第三届中华铁人文学奖获奖作品选		跨文化的传播与接受 20世纪中国文学	
（上下）	7786	与外国文学的关系	6458
悠悠岁月	11882	蛾摩拉——一位意大利反黑记者的	
象棋少年	13075	卧底人生	14533
猫头鹰开宴会	8858	锯成两半儿的月亮	8847
清代文字狱	4810	简·奥斯丁失落的回忆	13065
清代文学研究集刊（第三辑）	7083	傻鸭子欧巴儿	8862
渔船上的红狐	9231	遥望	13073
淘气鬼小尼古拉	16209	解冻	12617
梁遇春散文	5573	解密丹·布朗	7447
"斑龟肺女人"的孙女	13066	意识形态与审美话语 伊格尔顿文学	
斯塔福特疑案	11894	批评理论研究	7448
朝东走到西	12719	溯源俗语老典故	10742
森林谜案	8855	缝不起来的伤痕童年	17429
雅·哈谢克	7442	歌浓如酒 人淡如菊	
最后一滴水	16214	——绿原研究纪念集	4814
最后的避难地上海 索卡尔和		歌唱的沙	11884
杨珍珠的爱情故事	11911	韶华不为少年留 秦观词	3788
最好离她远点	8647	漫漫长路	11900
最高权力	11930	飘飘市长	8842
最寂寞的美好	4764	暴风玛丽	11905
遗传的奥秘	16213	蝴蝶飞	9416
喧闹的骡子——留学与中国现代文化	4795	墨水血	11898
黑麦奇案	11915	德·尼罗的游戏	13112
黑暗中的人	13056	德语文学与文学批评	
黑暗纪	1034	（第四卷·2010年）	7449
堡垒集 圣人集		额尔古纳河右岸	1041
（六十年代台湾社会现象2）	4830	霍去病的马	8860
奥尼恰	11931	儒尔和吉姆	11917
鲁迅与孔子	6721	燃烧的心	11924
鲁迅作品新编	8160	激情	1033
鲁迅家书（全本）	5575	魏吴游戏机大战	8864

书名	页码
蘑菇七种	2021
魔表	9049
鼹鼠妈妈讲故事	8850
2009 中国文坛纪事	6453
2009 中篇小说	2020
2009 报告文学	4793
2009 散文	4779
2009 短篇小说	2019
OZ 奥兹·小王子	10731
OZ 奥兹·白雪,公主	10751

2011 年

书名	页码
一个人	11942
一个女人一生中的二十四小时	11948
一切破碎,一切成灰	13126
一半儿的奥秘	17326
一条想念春天的鱼	9426
一部法国小说	11963
一路走来终不悔	7787
丁玲办《中国》	6462
人生若只如初见	4893
人民文学出版社六十年图书总目 1951—2011	10274
人类的大脑	17237
三角地	9265
大卫·科波菲尔	16975
大风起兮——袁瑞良赋体文学论	9607
大地与脚印	3280
大鱼之恋	9248
大树杜鹃	9430
大都会	13115
大彩图本世界经典童话 红玫瑰卷	17011
大彩图本世界经典童话 蓝宝石卷	17010
与狼人共舞	13095
山林童话	8883
山狸猫金爪	9261
义和拳那些事儿	1051
广箧中词	3796
女兵事	4865
女孩四季	9427
小马倌阿里	9260
小尼古拉和红胡子	17095
小尼古拉的圣诞节	17093
小兔彼得	17038
小狗巴罗和米拉	8874
小城畸人	13118
小船,小船	9246
小猪鲁滨孙	17040
小猫汤姆	17039
小猴哈里流浪记	8878
王笠耘纪念集	4877
开明国文讲义(上下)	10062
开明新编国文读本(上下)	10061
开罗国际	12621
开洋——国门十三行	1075
天天天蓝	9425
天使之城或弗洛伊德博士的外套	11971
天使,望故乡——被埋葬的生活的故事	13086
天香	1066
天眼红尘	2035
无可奈何花落去 二晏词	3789
无字(1—3)	1085
云中谁寄锦书来	4871
云心水心玉簪记 琴曲书画昆曲新美学	10771
不去吃会死	4915
不归之旅	17045
不光彩的小事	11941
太阳大厦	1089
太阳与雨——托马斯·沃尔夫中短篇小说选	13087
太阳社小说选	2496
友(怀鲁迅 我所见的叶圣陶)	5576
友情是一棵月亮树	9257
中国人史纲(上下)	4914
中国女博士	1050
中国古代小说研究(第四辑)	7089
中国古代文艺学	7090
中国西行放歌	3279
中国诗学(第十五辑)	7088
中国诗歌 2011 年民刊诗选	3297
中国诗歌 2011 年网络诗选	3286
中国诗歌 2011 新发现	3295
中国诗歌 大地挥起风来	3285
中国诗歌 中国 90 后诗选	3284

书名	编号	书名	编号
中国诗歌 心灵的风	3288	可不可以不要NG	10757
中国诗歌 行踪	3296	可不可以不要铁饭碗	10754
中国诗歌 经年无痕	3287	石人	11936
中国诗歌 临河而居	3293	石林诗话校注	6825
中国诗歌 爱的花絮	3294	石像怪兽	13099
中国诗歌 踩着风拾级而上	3292	布宁文集(1—4卷)	15512
中国帝王皇后亲王公主世系录（上下）	10275	龙鸟迷踪	9068
中国新生代农民工	4890	平安夜	9059
气味	1083	打工词典	1088
手机爱情酸曲	9611	东方的太阳	3272
手·造型	17270	东屋掌灯西屋亮	1074
长腿娃娃夏天的奇遇	9053	东篱诗探	3267
什么是什么	13091	卡夫卡散文	14537
从内罗毕到深圳 一个美国人的东方罗曼史	13098	卡迪巴	11970
从集市上来	11424	北极公主	8870
父后七日	4875	旧京书影 北平图书馆善本书目（一九三三年）	7325
父(我们现在怎样做父亲 背影)	5577	目光	9549
今天我是升旗手	9056	叶圣陶作品新编	8175
月光下的蝈蝈	9432	田园鼠蒂米	17041
月亮花园	9424	史铁生作品系列(1—7)	7580
月亮船	8877	兄(我的三个弟弟 做大哥的人)	5579
六六年	1047	生死场中的跋涉者——萧红女性文学研究	6729
文学少女(5)绝望恸哭的信徒	13694	丘吉尔传	14544
文学少女(6)怀抱花月的水妖	13695	白马山庄杀人事件	13696
文学少女(7)迈向神境的作家(上)	13717	白色旅馆	11937
文学少女(8)迈向神境的作家(下)	13710	白棉花	9064
火的女儿	11245	外国诗歌百篇必读	15670
为了皇帝	13701	外国散文百篇必读	15672
心灵的家园	3271	外国短篇小说百篇必读	15671
巴金作品新编	8176	冬之旅	11956
巴斯卡医生	11246	鸟孩儿	8884
书迷	1090	乐斋词 纪宝成词集	3312
水浒传 汉法对照(1—6)	2681	半夜的星星会说话	8880
末世之城	13117	汉姆生传	14546
未名社作品选	8183	汉魏六朝文选	5670
未来科技	17235	宁静海	12720
世界末日之战	13109	司空曙诗集校注	3791
艾克拜尔·米吉提短篇小说精选	2042	弗洛伊德传	14550
古老的歌	9550	奶奶现在不一样了	17156
古炉	1049	加法是什么	17320
古泉酒馆	11972	加法怎么用	17321

书名	页码
加勒比海之谜	11934
圣经文学研究(第五辑)	7453
对面的撒旦	11943
母与子	11962
母亲的金手表	4878
母亲的故事是一盏灯	9431
动物寓言集	13102
老子春秋(上中下)	1048
老师的秘密	17099
老舍作品新编	8178
地下时光	11967
地之国	11932
共和国的部长们	4886
共济会的秘密	17430
权谋之业	11969
再见,出租屋	10752
西南联大文学作品选	8180
在大地上行走	3269
百年沧桑"永绩"号 从北洋水师到人民海军	4851
百战归来认此身 曾志回忆录	4872
有趣的数与量	17327
死亡草	11959
死亡测试	17048
扣子的颜色是天空的颜色	9255
毕业	1079
过站不停	1080
师陀作品新编	8167
师(藤野先生 沈从文先生在西南联大)	5578
当代诗歌话语形态研究	6464
当代美国诗选	14162
当安娜准备去睡觉	17155
当时只道是寻常	4892
岁月名章	3278
岁月深处	3275
回忆,扑克牌	13708
朱光潜人生九论	4903
伤心的试验	9422
自然放大镜	17230
全面启动	13120
会飞的小鹿	8881
会唱歌的画像	8889
创造社作品选(上下)	8181
旭阳岭疑云	11935
名家笔下的榆林	4868
多情自古伤离别 柳永词	3790
刘海粟散文精选	4850
交易场	13110
交响情人梦 21	17538
交响情人梦 22	17539
交响情人梦 23	17540
忏悔无门(修订版)	5059
米兰小游星	8875
江河日月	4899
汤姆猫	17151
汤姆猫在海边	17152
汤姆猫的派对	17154
汤姆猫游火星	17153
安娜·卡列宁娜	16981
安徒生自传	14441
冰与火的对话——娄德平诗选	3266
许子东讲稿第 1 卷 重读"文革"	7788
许子东讲稿第 2 卷 张爱玲·郁达夫·香港文学	7789
许子东讲稿第 3 卷 越界言论	7790
农民家书	4888
阳台农场	9251
如花谢般美丽——文学艺术探微	4881
好兵帅克	16980
红学:1954	4853
约翰·克里斯朵夫	16982
孙犁作品新编	8172
麦山的黄昏	9239
玛利亚·斯图亚特传	14542
进过天堂的孩子	8882
远游与阐释	7461
走在蓝色的田野上	11951
攻其不备	13111
芽芽搬新家	9656
芥川龙之介读本	15683
劳拉的原型	13093
村落	13107
极端天气	17236
杨柳的形象:物质的交流与中日古代文学	7091
李瑛七十年诗精选(上)	3274

两次暗杀之间	13709		最后时日的故事	13101
丽丽的蛋糕屋	8871		邹容集	8251
还乡之谜	13092		辛亥光焰	1067
还能再爱吗	1058		怀抱猫咪,与象共泳	13698
扶轮问路	4885		怀念集	4870
找死高峰会	13104		沈从文作品新编	8171
肖洛霍夫传	14547		沈德潜诗文集(一——四卷)	8237
里尔克读本	15679		宋庆龄往事	4909
吴尔夫读本	15676		初恋总是诀恋	13706
时间与河流——青年渴望的传奇故事	13084		灵蛇咒语	16123
围墙里的小柯	9076		局外人 鼠疫	11949
男孩的街	9244		陆客台湾	4846
我飞了	9047		阿尔特米奥·克罗斯之死	13119
我不升职记 1 soho 篇	10756		阿加莎·克里斯蒂 秘密笔记	15145
我只是个传说	9250		阿姨你住过的地方	9421
我们为什么不快乐	4847		陈子龙全集(上中下)	8258
我们是怎样爱上婚姻的	2039		陈桥驿梦 赵匡胤传	4902
我的罗陀斯 上海七十年代	4897		陀思妥耶夫斯基传	14708
我要做好孩子	9063		妖怪们的比赛	17157
我爱动物 1	17273		努尔哈赤	4845
我爱动物 2	17274		纽约兄弟	13122
我爱旅行 1	17277		武昌城	1068
我爱旅行 2	17278		青瓜瓶	9240
我爱假日 1	17275		青春一九六九	1084
我爱假日 2	17276		青春电影事件	9051
我最爱的妻	11954		青铜葵花	9071
每一天,每一小时	12721		玫瑰迷宫	11965
兵日志	4867		幸运明星	8887
兵生活	4866		其实你蒙蔽世人	4887
但使相思莫相负	4861		直捣蜂窝的女孩	11945
作业痒痒病	9249		林语堂作品新编	8177
伯特伦旅馆	11950		枫叶女孩	8879
你不能再回家	13088		雨雨的桃花源	8890
你在谁身边,都是我心底的缺	1099		郁风散文精选	4863
你好,新疆	4842		郁达夫作品新编	8169
你是我兄弟	1057		欧文读本	15673
你是我的宝贝	9057		欧美文学论丛第七辑 西班牙语国家文学研究	7455
你就是影帝	9254		欧美文学论丛第六辑 法国文学与宗教	7452
住在橘里里的仙女	8869		欧洲 GO 了没	10764
希特勒传	14549		昆虫小语	4882
含羞草	8868		国朝闺秀诗柳絮集校补(一——四)	3792
狂野之夜 关于爱伦·坡、狄金森、马克·吐温、詹姆斯和海明威			明天树上长橘子	8891

明日	2495	显克维奇选集（1—8卷）	15513
呼啸山庄	16973	冒烟的书包	9258
物之物语	4895	星河 麦田	3315
物理属于相爱的人	11953	星河 第五辑 我的灵魂	3270
岳家的鸡毛蒜皮	1073	星河 第六辑 河姆渡	3277
征婚启事	1070	星空探索家	17229
命犯桃花	4905	星星索	9055
爸爸失踪了	17100	星座神话	10758
贫富天平	1054	星球拯救者	12620
周氏兄弟与日本	6728	星期天	11958
周作人作品新编	8168	昨夜星辰昨夜风 八十自述	4891
鱼王与斯芬克斯	16121	思无邪	4906
鱼肠剑	1091	哈姆莱特	17043
狐仙妮妮	8872	哈德逊之谜	1081
狐狸洞话语	4858	咬人的夏天	9242
废墟居民	9077	哪里传来找我的电话铃声	13707
性别诉求的多重表达		骨折学习法	9247
——中国当代文学的女性话语研究	6465	复活的艺术	13124
学词入门第一书 白香词谱	3793	饼干武士	9054
浅草—沉钟社作品选	8182	弯家有娘初长成	10753
泡泡家族	9075	哀悼人	13704
泥巴男生	9262	施尼茨勒读本	15678
波洛探案集	11960	施淑仪集	8259
定西笔记	4894	亲亲我的妈妈	9062
空影之书	13114	闻所未闻	11944
视觉幻象1	17344	美国鸟人	13100
视觉幻象2	17345	送你一个长安	3273
艰难的父爱 陈社散文自选集	4876	迷失故事的墓穴《世界文学》五年	
孤独的池塘	11968	小说精选	15674
城堡 变形记	11947	逆行的鱼	9243
赵树理作品新编	8179	炽焰燃烧	13121
草房子	9072	将·军	1087
草镯子	9060	活着·张艺谋	4908
南社诗选	3615	神秘追踪	17046
柯灵作品新编	8170	神谕之夜	13113
柏杨回忆录 插图本	4869	神童	13702
树大根深	13697	祝福青青的小树林	9428
挂在月亮上的秋千	8892	屎壳郎先生波比拉	8873
战争与和平	16985	姚雪垠文集（1—20）	7582
战争史笔记（元—明）	10761	姚奠中（上下）	4874
战争史笔记（五代—宋辽金夏）	10745	姚燧集	8257
战争史笔记（全五卷）	10763	勇气与卓识 马寅初的一生	4904
战争史笔记（清）	10762	给个萝卜吃吃	9423

骆一禾的诗	3268		海迪自选集(1—6)	7581
泰戈尔传	14755		涂色书 1 小猫格朗将军	17279
恶夜追击令	13097		涂色书 2 小绅士科吉	17280
莎拉公主多功能相框拼图 1	17346		涂色书 3 双胞胎姐妹	17281
莎拉公主多功能相框拼图 2	17347		涂色书 4 小厨师莎拉	17282
莎拉公主多功能相框拼图 3	17348		浴场谋杀案	11939
莎拉公主多功能相框拼图 4	17349		浮士德	17042
校园功夫之王	9253		流行天王 迈克尔·杰克逊	14541
核电员工最后遗言			浪花群英传	9612
福岛事故十五年前的灾难预告	14756		浪漫主义回忆	15187
根鸟	9070		家人们	1072
哥伦布传	14543		诸葛亮的 N 种死法	9256
夏日的海滩	9263		读爱情故事的老人	13130
夏济安日记	4896		谁是小偷	17098
烈火金刚	1086		谈话录	4860
致命诱惑	17044		教师办公室	11966
铁血共和 图说辛亥革命	10759		教育诗(修订版)	12622
铁血首义路	1077		教海鸥飞翔的猫	15881
铁屋中的呐喊	6727		基度山伯爵	16974
乘法是什么	17324		黄月亮	9067
乘法怎么用	17325		黄苗子散文精选	4864
租界	1065		菊花小巫婆	8894
爱因斯坦传	14545		梦回都灵	13705
爱伦·坡研究	7454		梵高传	14548
爱的学堂	13116		梅塘夜话	11248
爱,始于冬季	11940		梭罗散文	14538
脑力游戏 1	17342		戚蓼生序本石头记(南图本)	2679
脑力游戏 2	17343		雪桥诗话全编(一——四)	6823
脑残	12623		探秘天气	17231
脑·想象力	17271		堂吉诃德	16977
恋爱时代	13711		野葡萄	8885
恋恋浮城	4843		眼·色彩	17269
衰神附身记	13700		晚清二十年	7094
高尔基读本	15681		晚清民国传奇杂剧文献与史实研究	7092
高官的良心 中国足球打黑第一斗士	4873		甜橙树	9264
高路入云端	4879		梨花飞	1064
唐文选	5669		第三军团	9052
唐前志怪小说史	7289		第六感男生	9252
烟斗里的星星	8893		鸽子花开	1071
酒吧长谈	13096		猎人的故事	9429
消失	13103		猎人复仇	13105
浩舸诗词选	3276		猎人海力布	8867
海上的桃树	1076		阎真文集(1—5)	7583

减法是什么	17322	蓝戒之谜	1069
减法怎么用	17323	蓝藻惊奇档案	9069
清代文学研究集刊（第四辑）	7093	幕后英雄——总装备部工程设计	
清词史	7288	研究总院援奥纪事	4898
清诗史（上、下）	7287	蒲褐山房诗话新编	6824
淑女木乃伊	9245	雷克斯——我的自闭症盲儿和	
淘气鬼小尼古拉	17094	我们的音乐	14536
屠格涅夫散文	14539	摇落的风情 第一奇书《金瓶梅》绎解	7087
隐者	13108	路翎作品新编	8173
综合·自由创想	17272	罪与罚	16979
琥珀色琼浆	16122	简·爱	16978
越爱越寂寞	1059	像嬉皮那样晃荡行走	2040
斯巴达克思	16983	遥远的风铃	9066
朝圣之路	17047	新中国北京文艺 60 年（1949—2009）	2010
裂缝	13699	北京文艺论坛	6470
雅古复仇记	11964	意外的访客	13090
最大的一场大火	1055	意外的奖章	17101
最丑的美男儿	8888	数独 1	9694
最后一滴水	17232	数独 2	9695
喋血之战	17049	数独 3	9696
遇见汤姆猫	17150	数独 4	9697
遇到我的未来	9238	数独 5	9698
遗传的奥秘	17234	数独 6	9699
蛛网与磐石	13085	数理思维培养书系	17328
黑匣子	13703	满树榆钱儿	1056
黑眼睛	9061	福布斯咒语（下）	1052
黑暗的心 吉姆爷	11244	福斯特读本	15675
黑暗船	11961	歌王	9259
黑塞之中国	15680	嘎达梅林	1053
智的教育	11247	端木蕻良作品新编	8166
奥威尔读本	15677	精灵闪现	9078
奥威尔散文	14540	漂来的狗儿	9065
鲁迅——最后的告别	4884	滴血城市	11952
鲁迅影像故事	10760	飘	16976
道德情操论	17393	墨水死	11946
曾国藩大传	4883	德伯家的苔丝	16984
曾祖母的来信	17096	德国好人	13106
湖南骡子	1078	德语文学与文学批评	
湖畔社诗选	3576	（第 5 卷·2011 年）	7456
温柔天才	9241	潜水艇	11955
温暖的龙卷风	17097	穆旦作品新编	8174
编剧猫 Ⅰ	9551	邂逅相遇 梅娘·芷渊·茵渊书札	4907
编剧猫 Ⅱ	9552	濒危动物	17233

书名	编号
藏獒 插图本（1—3）	1063
檀香留痕	11957
翻跟头的小木偶	8886
魔术时刻	2041
魔法少女	8876
魔鬼迪米特尔	13123
露西亚娜·B 的缓慢死亡	13094
1901 修订版	4900
1911	4901
2010 中国文坛纪事	6463
2010 中篇小说	2037
2010 报告文学	4880
2010 散文	4848
2010 短篇小说	2036
21 世纪散文典藏（2000—2010）	4889
OZ 奥兹·爱丽丝	10755

2012 年

书名	编号
一九八四	11975
一个人的湘西辞典	4935
一个女中学生的日记	9079
一个陌生女人的来信	11986
一个孩子的战争——家庭拯救纪实	5060
一个编书匠的审读思辨	6730
一片树叶变呀变	8908
一坛猪油 迟子建短篇小说编年 卷四（2004—2010）	2047
一粒麦种	13721
一路两个人	14560
一群美丽的妖怪	8915
二马 牛天赐传 丁聪插图本	2502
十四个美梦	9436
十年——从改变电视的语态开始（修订版）	10775
十面包袱	4960
七侠五义	8661
八大奇案	16145
人类的曙光 德国表现主义经典诗集	14163
人类星光灿烂时	14559
儿女英雄传	8681
儿童诗歌精选	10066
三国演义（上下）	8680
三国演义 汉法对照（1—6）	2682
土著的毒箭	16139
大西洋帝国：一座城池的兴与衰	17439
大明英烈传	8679
大河之妻	13134
大战蒙面狐 1 凶神蒙面狐	17062
大战蒙面狐 2 铁喙将军	17063
大战蒙面狐 3 毁灭地下王国	17064
大海与玫瑰	9434
大清王朝的英籍公务员 赫德传	4928
与友人谈里尔克	7459
与维奥兰特一起的特殊夏日	16176
山大王和小小鸟	8904
山羊不吃天堂草	9073
千年悖论 读史与论人	4925
千钧一发	16172
"千禧年"系列 斯蒂格和我	12008
尸骨袋	13169
女孩范贝西	8697
飞渡油菜花	9439
小人国和大人国	17021
小王子	17016
小五义（上下）	8658
小公主	16994
小鸟快飞	8912
小妇人	16992
小学优秀古诗背诵指定篇目（75 篇）	10064
小学、初中新课标文学名著助读	10068
小鬼头历险记	16181
小说山庄 外国最新短篇小说选·2010—2011	15695
小路字典	8917
小懒猪买鸡蛋	8899
习经笔记	3337
马尔代夫之月——旅人七日谈	1111
王大绩精讲 高考语文备考教程	10070
王尔德读本	15686
王昭君	8673
王冠宝石案	16124
天上馅饼店	8694
天方夜谭	17018
天堂	3326
无名的能量	6471
云朵棉花糖	8907

书名	页码
木吉有事	9273
木偶奇遇记	17015
不会变形的金刚	9276
太阳从背后升起	2050
太阳照常升起	13146
戈麦的诗	3302
比我年轻的婆婆	4969
切·格瓦拉传	14555
日本鬼子来了 叶兆言中篇小说 卷二	2055
中国历史年表(上下)	10276
中国古代剧场史	7116
中国古典诗学与新诗名家	7113
中国戏曲声腔源流史	7115
中国戏剧图史	7114
中国现代寓言故事	10067
中国诗学(第十六辑)	7099
中国诗歌 2012年民刊诗选	3330
中国诗歌 2012年网络诗选	3313
中国诗歌 一个人的舞蹈	3325
中国诗歌 与神为邻	3305
中国诗歌 天空的放牧者	3309
中国诗歌 在文字的背面	3314
中国诗歌 树林之诗	3328
中国诗歌 高山流水	3291
中国诗歌通史 少数民族卷	7110
中国诗歌通史 汉代卷	7109
中国诗歌通史 辽金元卷	7104
中国诗歌通史 当代卷	7107
中国诗歌通史 先秦卷	7100
中国诗歌通史 宋代卷	7103
中国诗歌通史 现代卷	7108
中国诗歌通史 明代卷	7105
中国诗歌通史 唐五代卷	7102
中国诗歌通史 清代卷	7106
中国诗歌通史 魏晋南北朝卷	7101
中国诗歌 黄土高天	3290
中国诗歌 铜奔马	3322
中国诗歌 蓝或紫	3298
中国神话	8655
中国童谣精选	10065
中短篇小说卷	2029
贝壳鸟	8905
牛虻	12000
毛泽东重整旧河山(1949—1961)	4967
父亲的一九四二	4951
父亲的眼泪	13137
今古奇观	8657
公主劳伦蒂娜	16177
月亮生病了	8909
月唐演义(上下)	8664
凤凰吟	9553
六十楼的土土土	8897
六(六)班真给力	9278
六便士之家——迷失在书镇	14552
文学:向着无尽的可能	6468
文学观察与史性阐述	6467
火凤燎原 1	10785
火凤燎原 10	10794
火凤燎原 2	10786
火凤燎原 3	10787
火凤燎原 4	10788
火凤燎原 5	10789
火凤燎原 6	10790
火凤燎原 7	10791
火凤燎原 8	10792
火凤燎原 9	10793
为了告别的聚会	9083
认知书 1 快乐的一天	17329
认知书 2 美丽的颜色	17330
认知书 3 可爱的朋友们	17331
认知书 4 漂亮的衣服	17332
认知书 5 勤劳的小女孩	17333
心远——一个教育世家的百年沧桑	4953
心语 老鹤诗词选集	3324
巴西来的男孩	13172
巴斯克维尔的猎犬	16143
巴黎评论·作家访谈 1	14554
双面人	16173
书中藏有花生酱	9082
水自无言	9267
水波无痕	9268
水浒之旅	10773
水浒传	8667
水晶瓶塞的秘密	16147
幻影杀手	16162
末世之家	13205

末代国舅润麒	4964	纪事	4982
末代皇叔载涛	4945	必需品专卖店	13140
末代皇妹韫龢	4946	永无归归之路	2049
末代皇帝的非常人生	4930	加缪读本	14557
未知归处	11985	皮肤变白的军人	16126
艾米丽的追求	16180	发现与涂色 1	17283
艾米丽的攀登	16179	发现与涂色 2	17284
艾青诗选	3310	发现与涂色 3	17285
古堡惊魂	16167	发现与涂色 4	17286
可不可以天天出去玩	10783	发现与涂色 5	17287
可怕的孩子	11976	发现与涂色 6	17288
石泉城	13135	圣诞涂色书	17291
布鲁斯—帕廷顿计划	16136	圣经文学研究（第六辑）	7457
平乡诗文集	8238	母亲的菩提树	4977
平原	1103	动物农庄	11973
东不成西不就	4936	老人与海	13129
东区挽歌	13733	老人与海	13145
东周列国演义（上下）	8683	老人与海	13155
卡门	11250	老张的哲学 猫城记 高荣生插图本	2499
卡瓦利与克雷的神奇冒险	13144	老爸的秘密	8692
卡彭塔利亚湾	13945	老树精婆婆的七彩头发	8898
北国一片苍茫 迟子建短篇小说编年卷一（1985—1991）	2044	老藤椅慢慢摇——周有光和他的时代	4975
		地中海的王子	16160
电影女孩	13149	地矿手记	4944
只有一个太阳	1105	地图与疆域	11979
另一半中国史（插图版）	10782	共和国震撼瞬间	4947
囚界无边	1062	亚森·罗平的秘密	16156
四签名	16129	亚森·罗平探案全集 少儿版（1—30）	16207
生存境遇的追问:张洁论	6474	亚森·罗平智斗福尔摩斯	16151
白夜	11427	西女巫之死	13714
白雪少年	4957	西西弗神话	11974
白蛇传	8662	西游记	8653
白鹿原（手稿本 壹——肆）	1120	西藏的战争	1095
丛林故事	16995	在乌鲁布铁	2052
匆匆	9636	百万英镑	12789
处处莲花开	4965	而河马被煮死在水槽里	13128
冬天的早班飞机	3307	死于威尼斯	11983
冬天的恶魔	13153	光之帝国	13734
鸟少年	10774	光·影·移动 我的电影人生	14551
鸟（鸟的天堂 一只小鸟）	5583	早期新诗的合法性研究	6731
闪光暗号	16131	虫（夏三虫 夏天的昆虫）	5580
冯友兰论人生	4941	岁月情怀	3289
让百姓做主——琴坛村罢免村主任		回首大决战 及关于战争与和平的	

条目	页码	条目	页码
其他新作	15690	麦克白	14901
回鹿山	4916	麦琪的礼物	12790
朱增泉现代战争散文	4927	坏男孩彭罗德	16986
仲夏夜之梦	14900	走火事件	9269
血字的研究	16132	走向共和	1082
向时间走去——绿原短诗新编	3320	走钢丝的少女	16164
众里寻他千百度 辛弃疾词	3795	走错教室上错课	9081
爷爷电影院	9437	孝庄皇后	4963
杂牌军	1114	花木兰	8668
名门后代	9266	花瓣饭 迟子建短篇小说编年 卷三 (1997—2003)	2046
名侦探罗平	16165		
多多的诗	3304	苍穹之谜	12624
色	12722	克里奥佩特拉的女儿	13161
羊脂球	11249	杨家将	8654
关于厕所 叶兆言中篇小说 卷四	2054	李国文文集 10 随笔一 红楼非梦	7592
守望的天空	1121	李国文文集 11 随笔二 闲话三国	7593
军训季	4948	李国文文集 14 随笔五 说唐	7596
许地山作品新编	8184	李国文文集 15 随笔六 说宋	7597
农民账本	4972	李国文文集 16 随笔七 大雅村言	7598
农民家史(上下)	4971	李国文文集 17 随笔八 天下文人	7599
寻找大别山	4943	李国文文集 2 长篇小说二 花园街五号	7584
阳光下的日子	12004	李国文文集 3 系列小说一 危楼记事 寓言新编	7585
阳光裹着记忆	4922		
收获的季节	17159	李国文文集 4 系列小说二 涅槃 没意思的故事	7586
如果我忘记你,巴格达	13719		
她去哪儿了	13157	李国文文集 5 中短篇小说一 第一杯苦酒	7587
好人难做	1109		
好想养只小宠物	8685	李国文文集 6 中短篇小说二 电梯谋杀案	7588
妈妈肚子里的宝	17103		
红豆相思鸟	9555	李国文文集 7 中短篇小说三 世态种种	7589
红房子酒店 叶兆言中篇小说 卷三	2056		
红城勇士 1 恶魔来袭	17059	李国文文集 8 散文一 江上数峰青	7590
红城勇士 2 夺剑之路	17060	李国文文集 9 散文二 淡之美	7591
红城勇士 3 勇士归来	17061	李真	13722
红昼	1102	否定句	10779
红船	1123	把日子过成段子	4959
红楼梦(上下)	8659	吴宓评注顾亭林诗集	3794
红楼梦 汉法对照(1—8)	2683	吴栋材和一个村庄的传奇	4968
约翰·列侬传	14558	吴梅村传	4920
纪伯伦读本	15684	时时刻刻	13125
纪德读本	15685	男孩阿不	8696
孙犁十四章	4939	告密者	13143
麦克风女王就是我	9277	我不升职记 2 公司篇	10766

我不升职记 3 职场篇	10777
我们	4937
我们都爱桃伯特	10765
我住宝岛一村	4933
我这一辈子 正红旗下 高荣生插图本	2498
我和艾青	4950
我的大英百科狂想曲	17433
我的名字叫爱情	3318
我的朋友 X	11984
我的妹妹,我的爱	
史盖乐·蓝派克秘史	13132
我要我们在一起	
(悠嘻恋爱星球第二季)	10778
我要做小伴娘	17102
我是一根筋?	8687
我亲爱的甜橙树(漫画版)	16226
我家的月光电影院	9270
我想要的只是一个拥抱而已	1104
体味写诗	4956
"体育王子"与"奥地利公主"	8688
何香凝传	4932
住院的病人	16137
希腊神话	17022
这完美的一天	13141
沙盘	2058
沙滩上的小脚印	12007
没有鼻子的小狗	8921
沉默博物馆	13712
宋代田园诗研究	7121
启功 诗书继世	4942
初中优秀古诗文背诵指定篇目	
(61篇)	10063
初恋	11426
灵魂之湖	17053
灵魂是用来流浪的	1106
张枣随笔选	4923
张洁文集(1—11)	7600
张洁文集 散文随笔卷	4926
陈国凯文集(1—10)	7602
陈独秀江津晚歌——一个人和一家人	4934
纯真年代	13131
青鸟	13731
青花瓷碗	2051
青春的备忘 知青往事追怀(修订版)	3306
青春痣	1117
玫瑰海岸	4958
耶稣之子	13162
苦乐留痕	4966
英国病人	13159
刺客传奇	8666
雨后	12003
奇岩城	16154
奇怪的赖医生	16988
奇官罗崇敏	4913
抵押出去的心	15687
转个弯,怎样都幸福	10795
到莫斯科找答案	13138
非洲人	11980
虎牙	16153
国王米达长着驴耳朵	16175
国王蛇	8925
国风 王勇超与关中民俗艺术博物馆	4949
明清传奇史	7290
易卜生书信演讲集	14553
罗平与杀人魔王	16174
罗平的大失败	16163
罗平的大冒险	16161
罗密欧与朱丽叶	14899
钓太阳	8900
知在	1107
知知大叫的桃树	8918
知道吗,你应当快乐	13158
迭戈和弗里达	11978
依偎	1115
往生书	13166
彼得·潘	17013
金圣叹传(增订版)	4921
金色小提琴	8911
金字塔的秘密	16150
命运之子	17055
命运城堡	8690
周海婴纪念集	4970
狗	5581
变色人	8693
变色龙	11425
变形记	11987

夜	13151
夜泊秦淮 叶兆言中篇小说 卷一	2053
放河灯	9637
盲点	13174
性别、语境与书写的政治	6466
怪老头儿与"怪人国"	8924
怪老头儿的"豹子"	8923
怪雨伞	8906
怪屋	16158
郑和下西洋	8663
单人旅行	2059
学生托乐思的迷惘	11991
法国新小说发生学	7451
空荡荡的家	12001
试验年代	13127
房间	11977
绅士怪盗	16152
细米	9074
驼背人	16127
春天在哪里	8916
春天的丑闻	13152
玻璃天	13726
封神传	8656
城市之光	13720
城市守望者	1110
赵子曰 离婚 韩羽插图本	2501
某种活法	12015
革命烈士诗歌选读	10069
带我走 90后的抗日纪念碑	4940
茶馆 叶浅予插图本	5891
荒野	13713
茨威格中短篇小说叙事研究	7458
茨威格在巴西	11999
茨威格读本	15689
故乡岁月	4973
南瓜头与姜糖人2	10772
南宋刊单疏本《毛诗正义》	6826
南京的恶魔	11982
查尔斯街	1098
柳叶船	9554
柳林风声	17014
是我必然遇到你	4931
星河 石榴	3323
星河 远方	3317
星河 雨水	3316
星河 感怀	3327
星球的晨风	9271
思行录	4976
哈利·波特的书架	15188
幽灵之王	17054
选择与失落:中俄文学关系的文化观照	7463
秋千上的怪物	8919
秋天的童话	13154
秋夜	9634
重见阳光的日子 叶兆言中篇小说 卷五	2057
俄耳甫斯诞生	13163
俄罗斯命运的回声	7464
鬼火	13171
泉·最美 父亲心中的胡海泉	4912
亭亭的童话	8922
疯狂的头发	8691
施公案(上下)	8677
亲亲土豆 迟子建短篇小说编年 卷二(1992—1996)	2045
亲亲我的小花	17158
彦涵:苦难风流	4918
帝国之王	12006
美的五次沉思	7460
迷路的云	4962
前汉演义(上下)	8682
济公传(上下)	8660
冠村随笔	13729
祖父陆宗达及其师友	4910
祖国	11995
神之病历1	13725
神之病历2	13732
神奇的大钟	8920
神秘人像	16140
神秘白牡丹	16171
神秘的许愿瓶	9280
眉轩香影陆小曼	4952
姥姥躲在牙齿里	8895
骆英诗集 知青日记及后记 水·魅	3319
耕堂劫后十种:晚华集 秀露集 澹定集 尺泽集 远道集 老荒集 陋巷集 无为集	

如云集 曲终集	4929	浴血罗霄	1100
班主任是个大美女	8686	浮城	1130
恐龙涂色书	17290	读了又读的童话 中国卷	8689
恐怖谷	16130	读了又读的童话（外国卷）	16144
莫雷尔的发明	13136	谁动了我的老鼠	17432
恶之花	14048	陪伴	17160
恶魔诅咒的红圈	16166	聊斋志异	8652
恶魔钻石	16170	黄金三角	16146
莎士比亚四大悲剧	14897	乾隆游江南	8671
"格洛里亚斯科特"号三桅帆船	16142	萨特读本	15688
索尔仁尼琴读本	15682	梦书	2060
栗子狗来了	8901	曹操是怎样炼成的	10767
夏日单车之恋	13179	雪莱诗选	14049
夏洛蒂·勃朗特的秘密日记	13139	掘墓人的女儿	13160
捕蜂器	11988	野猫终结者 1 野猫女王	17056
热爱生命	13156	野猫终结者 2 火蜥蜴高岭	17057
哦嘘 哦嘘	1122	野猫终结者 3 洪水与勇士	17058
特别响，非常近	13147	唯愿你在此	12005
秘密花园	16987	银行行长	1096
爱心晚餐	17163	银色马	16133
爱在长生不老时	13173	第二份工作	1119
爱在伊斯坦布尔	13730	第二次呼吸	11990
爱米莉·古怪小姐 1		第十二夜	14898
迷失，黑暗与无聊	17435	第三只眼睛	9435
爱米莉·古怪小姐 2		做姐妹？没门！	11996
摇滚，死亡，虚假，复仇和孤独	17436	偶发空缺	11998
爱米莉·古怪小姐 3 逢魔时刻	17437	假期涂色书	17289
爱米莉·古怪小姐（全三册）	17438	鸽子话	11994
爱丽丝漫游奇境 爱丽丝镜中游	17012	猎人	13944
爱的教育	16996	猫王	9275
爱情与夏天	11997	猫（养猫 阿咪）	5582
爱情半夜餐	11981	族谱所见文学批评资料整理研究	7117
爱情是个冷笑话	1118	清代文学研究集刊（第五辑）	7111
唐人传奇	8678	清代唐宋诗之争流变史	7096
唐代小说文化意蕴探微	7095	清官海瑞	8674
唐诗接受史	7112	清诗考证	7098
消失的宝冠	16149	混血儿	1113
海底两万里（下）	16991	深层海流	13727
海底两万里（上）	16990	深夜里的玩具店	8926
海底两万里（上下）	11251	深深的忧伤	13724
海泉的诗	3283	谜屋	16135
海涅诗选	14047	隐身衣	1108
海滩上种花	9635	骑鹅旅行记（下）	17020

骑鹅旅行记（上）	17019	蓝翅鸟	9080
维农少年	11992	蒲家花园的狐狸	8914
维基解密内幕 我在世界上最危险的		蒙斋文录	10780
网站度过的日子	17431	想太多2 幸福一点点	10769
绿山墙的安妮	16989	想太多3 悄悄话	10770
绿野仙踪	17017	想北平	9433
绿眼睛的少女	16157	槐聚诗存	3311
斑点绳子案	16128	雷锋	1101
替身	1124	暖暖莲	8896
替身	13716	路上父子	1112
越过沧桑	4961	跟自己的名字赛跑《赛德克·巴莱》	
彭公案（上下）	8669	导演手记	10768
斯妤文集（1—4）	7601	鼠皮皮的小快乐	8913
斯科奇诗集	14254	微神集 月牙集 袁运生插图本	2503
斯蒂芬·金的故事贩卖机（迷雾）	13133	靖港，我的家	4954
董贝父子（上下）	11252	新山水诗	3321
韩国诗话全编校注（1—12）	7120	新月农庄的艾米丽	16178
棺材岛	16155	新月集·飞鸟集	14317
暂居者	13142	溪流淙淙泛起梦	3308
紫罗兰	13723	群星闪耀延河边	
最后记忆	13718	延安文艺座谈会参加者	10776
最亮的眼睛	8910	静思录 周有光106岁自选集	
黑色的吸血蝙蝠	16169	（百年因缘 静思录）	4911
黑色陷阱	17051	碧血黄沙	1092
黑彼得	16125	慕尼黑白	4955
黑泽明VS好莱坞	17541	愿望	17161
黑骏马	16993	愿望满天飞	9438
黑猫	12791	翡翠地图册	13167
等待卡帕	11989	罂粟海	13728
皖南事变	1093	鄱湖水鬼之1998	1116
鲁迅零距离	4974	漂二代	1097
普希金诗选	14095	熊猫小弟	8928
普鲁斯特读本	14556	熊猫都是潘大吼	10781
湖蓝色的水晶杯	9272	翟永明的诗	3303
湘江之战	1094	播火者	13150
温柔的小医生	17162	暴风雪	12625
滑稽传奇	8665	墨西哥之梦	14561
游弋在暴风雨中	11993	墨西哥诗选	14164
游艺琐谈	4938	黎明杀手	17052
游戏的终结	13148	德语文学与文学批评	
窗口的蜡黄脸孔	16134	（第6卷·2012年）	7462
蓝舌头	8927	糊涂天使	9274
蓝星星的网兜	8903	薛丁山征西	8672

书名	页码
薛仁贵征东	8670
薛刚闹花灯	8675
薄荷心 弗里达·卡罗的秘密笔记	13168
薄暮猎人	17050
镜花缘	8684
儒林外史	8676
儒、释、道的生态智慧与艺术诉求	7097
糖果学院怪事多	9279
避暑	13170
戴面纱的房客	16141
戴领结的鹅	8902
鹭与雪	13715
翻译与二十世纪中国文学研讨会论文集	6469
獾主的城堡 1 獾城的玛拉	17070
獾主的城堡 2 红城的小勇士	17071
獾主的城堡 3 归家者之秋	17072
魔女与罗平	16159
魔女的复仇	16168
魔鬼之足	16138
露西·高特的故事	12002
12.21	13175
1434 一支庞大的中国舰队抵达意大利并点燃文艺复兴之火	17434
1950:香港谍战	4924
1982—2011 中国人物传记电视剧的演进	9608
2011 中国文坛纪事	6472
2011 中篇小说	2043
2011 报告文学	4919
2011 散文	4917
2011 短篇小说	2048
813 之谜	16148
funfun 马后炮	10784

2013 年

书名	页码
一千零一夜(少年版全集 上下)	15918
一只想飞的猫	9618
一半的力量	13183
丁丁的一次奇怪旅行	8941
八大时间	7613
人间天堂	12792
人间正道是沧桑	5892
人类的动物园	7606
几何学的奠基人 欧几里德	9669
刀背藏身 徐皓峰武侠短篇集	2067
工人阶级的最后时光	12019
士兵突击	5893
土拨鼠约翰尼奇遇记	17026
大地苍茫	6475
大树还小	7616
大鼻子的故事	9623
大熊猫传奇(下)恶魔岭	9090
大熊猫传奇(上)食铁怪兽	9088
大熊猫传奇(中)强盗大胡子	9089
上学去,阿尔菲	17164
上面很安静	12010
上海,远在何方?	12027
千鸟谷追踪(下)猴面鹰发起攻击	9087
千鸟谷追踪(上)大战野人岭	9085
千鸟谷追踪(中)猎雕	9086
广厦万象	1152
女儿,爸爸要救你——一个白血病患者求医的生死实录	4983
女权、启蒙与民族国家话语	6732
小人国和大人国	16187
小公主萨拉	16183
小石头	8950
小老虎历险记	8939
小巫婆真美丽	8940
小坡的生日	9621
小莽苍苍斋藏清代学者书札(上中下)	5672
小桔灯	9624
小超访谈录	4987
小嘲鸫莫克尔奇遇记	17027
子午山孩——郑珍:人与诗	5002
乡村的罗密欧与朱丽叶	12024
乡里旧闻	4996
开心度假	17354
天与地的问答 张衡	9670
天火	2076
天空的囚徒	12013
天堂十记	2061
天鹅贼	13199
无愁河的浪荡汉子 朱雀城(上中下)	1149
元代文人心态	7118

韦君宜文集(1—5)	7617	长脖子熊的故事	8942
云海探奇(下)月下白獾	9096	长颈龙的完美一天	13743
云海探奇(上)密林角斗	9094	长颈鹿的脖子——教育小说	12030
云海探奇(中)鹰飞猴叫	9095	月亮花	8933
木偶奇遇记	16191	风味绝佳	13738
不一样的王子(拼音读本)	16194	风暴勇士 1 海上来的姑娘	17067
不一样的公主(拼音读本)	16195	风暴勇士 2 冒险小分队	17068
不安	13946	风暴勇士 3 决战伽波尔	17069
不靠谱的演员都爱说如果	5017	乌篷船	9640
太阳城	1142	文化视域中的翻译理论研究	7467
太阳溪农场的丽贝卡	17078	文镜秘府论研究(上下)	7128
巨魔海	13164	火箭小子	17076
瓦特	8703	心如钢铁地追求幸福	5030
日瓦戈医生	12626	巴尔扎克选集(1—12 卷)	15521
日本遁世文学的研究——中世知识人的思想与文章表现	7465	巴斯克维尔的猎犬	17445
		书衣文录(增订版)	5016
日落之后	13178	水之嬉戏	13736
中国乡土小说的世纪转型研究	6476	《玉台新咏》编纂研究	7123
中国六大古典小说识要	7129	玉米	1135
中国古代戏曲目录研究	7127	艾特玛托夫读本	13742
中国现代文学的历史经验	6735	古代人的百科全书 亚里士多德	9671
中国现代知性诗学研究	6734	可爱的拼音	17263
中国诗学(第十七辑)	7126	左传疑义新证	7119
中国诗歌 2013 年民刊诗选	3355	布尔加科夫魔幻叙事传统探析	7471
中国诗歌 2013 年网络诗选	3341	龙床 明六帝纪(修订版)	4984
中国诗歌 大地不言	3335	平凹四书	1151
中国诗歌史通论	7122	旧时天气旧时衣	4978
中国诗歌 生命的礼物	3347	田鼠丹尼奇遇记	17029
中国诗歌 白睡莲	3332	叹息桥	13190
中国诗歌 那一夜的美	3334	四世同堂 围城	5896
中国诗歌 我的辽阔	3331	四签名	17443
中国诗歌 净水无痕	3344	生死十日谈	1134
中国诗歌 春夜辞	3348	白象家族	9286
中国诗歌 音乐之生	3340	丛林故事	16190
中国诗歌 疼痛与光芒	3345	外国中短篇小说藏本·太宰治	13745
中国诗歌 浮雕的歌声	3343	外国中短篇小说藏本·陀思妥耶夫斯基	11430
中国诗歌 菩提树之诗	3352		
中国新诗编年史(上下)	6733	外国中短篇小说藏本·果戈理	11429
贝茜成长的奥秘	17079	外国中短篇小说藏本·泰戈尔	13431
内奸凤敌	12627	外国中短篇小说藏本·都德	11254
牛顿	8700	外国中短篇小说藏本·高尔基	12629
毛泽东正值神州有事时	5006	外国中短篇小说藏本·海明威	13193
长生塔	9619	外国中短篇小说藏本·屠格涅夫	11428

外国中短篇小说藏本·福克纳	13195	伦理嬗变与文学表达	
外星巡游	17296	——文学伦理之维	6477
外星男孩	8937	血字的研究	17444
玄学与魏晋南朝诗学研究	7125	向右看齐	7608
让我们温暖太阳	16227	负鼠比利大叔奇遇记	17030
记忆与沉思	5040	刘大观年谱考略	7326
记忆银行	17065	交响情人梦 24	17542
记者亲历南水北调大移民	5003	交响情人梦 25	17543
弗吉尼亚·伍尔夫:性别差异与女性		产科医生	1154
写作研究	7468	闯关东	5894
出北口走草地	1143	决定中国命运的密码 毛泽东电报解析	5034
边缘	12034	寻找快乐岛	8929
圣经文学研究(第七辑)	7466	寻金者	12017
对不起,南极	5010	阳光点燃心灯	5007
对面	2070	如果说爱	3366
母亲不会死	5013	她的镜像幽灵	13185
母亲和我们七兄妹	4988	好爸爸童谣	9442
老舍全集(1—19)(修订版)	8033	红狐	7595
老梁观世界	4997	麦田物语	7614
地上有草	7605	形影不离	12033
地狱	13196	运动超级棒	17352
亚丁湾的午后时光	2077	赤朽叶家的传说	13735
权力 48 法则	17387	杨贵妃撒娇	4991
西洲曲	1145	李卫文选	9605
有趣的数字	17261	李吉庆装帧艺术	10797
达尔文	8698	更多的怪兽,阿尔菲	17165
列夫·托尔斯泰文集(1—17 卷)	15519	抛锚	12021
死水恶波	13187	肖复兴音乐散文	5012
托洛茨基自传	14709	吴尔夫文集 普通读者	15520
光明世纪	13181	时间悄悄的嘴脸	1150
当代北京与文艺:城市精神的艺术		时空旅行	17361
呈现 2012 北京文艺论坛	6478	男生严小段的花头经	9282
当代西方后经典叙事学研究	7481	呐喊 彷徨 故事新编 丁聪插图本	2504
当烧饼遇上油条	9283	吟踪寄笺	3354
曲波全集(1—6)	7634	我与地坛	2072
岁月如流 我这八十年	4989	我不升职记 4 终极狂想曲	10796
岁月履痕	5015	我不做痴缠小箭猪	9281
朱颜长好	2062	我们是姐妹	12032
朱熹文学思想研究	7131	我们游向北京	1148
竹公主	9622	我因思爱成病——狗医生周乐乐和	
乔伊斯读本	15691	病人李兰妮	1129
优雅的字母	17264	我那风姿绰约的夜晚	7610
任由摆布	12628	我的中国梦·小学低年级版	9559

我的中国梦·小学高年级版	9556	呦呦鹿鸣(下)鸟岛水怪	9093
我的中国梦·初中版	9557	呦呦鹿鸣(上)花鹿失踪	9091
我的中国梦·高中版	9558	呦呦鹿鸣(中)长在树上的鹿角	9092
我的中尉	12630	罗隐集系年校笺(上下)	8253
我的父亲丰子恺	5014	知更鸟	16193
我的生存质量	1136	牧羊豹	9289
我是一只小小鸟	9284	和风景的对话	14757
我很怕,但我还有勇气!	5008	使者	13744
我亲爱的甜橙树(三部曲)	16228	彼得兔奇遇记	17023
我亲爱的童年	9291	彼得·潘	16185
我梦中的小翠鸟	9638	金秋	17293
我想要的只是你	13737	金阁寺	13741
伽利略	8706	命运之人(上下)	13746
坐在树杈上的月亮	8947	贫嘴张大民的幸福生活	5895
快乐动手	17359	狐狸雷迪奇遇记	17024
闲情偶寄(插图珍藏版)	5671	夜仙子	17104
灿若桃花	1140	夜幕降临	13191
冷香 戴小栋的诗	3342	庙魂	1133
宋元之际士人阶层分化与诗学思想研究	7130	底色	4995
		放飞心情	3336
社交礼仪守则	13184	法拉第	8707
灵魂之舞	7612	法国童话	16189
灵魂的粮食	3349	沿途探秘	17360
张爱玲传	4994	波莉安娜	16997
阿兰·罗伯-格里耶新小说中的时间	7470	宝葫芦的秘密	9617
武士会	1126	空中城堡	12011
青蛙爷爷弗洛格奇遇记	17028	诗经选	9606
幸福基本靠抢	1137	诗蕴	3351
苦苓与瓦幸的魔法森林	8709	居里夫人	8699
苦苓的森林秘语	8710	玻璃城堡	13177
苹果王子	8930	带灯	1128
英子的乡恋	5000	草原上的小木屋	17077
林中人	13192	荒原狼	12026
杯子的故事	9654	故乡	9625
奇妙水世界	17353	胡适自传	5585
奇妙世界	17356	枯湖	1172
奇妙梳妆	17297	相性	14758
瓯北诗话校注	6827	点面之间——一个数学老师的追梦人生	5011
欧美文学论丛第八辑 文学与艺术	7469		
昆虫记	16188	星河 午夜	3333
国际经典游戏大全集	17350	星河 寻找	3339
易卜生戏剧选	14982	星河 思念	3346
易碎品	12014	星河 秋天	3356

思痛录(增订纪念版)	4979	唐朝的天空	7611
品咂时光的声音	7604	旅行盒子	17298
哈尔的移动城堡	12012	烟与镜	12045
看人	2073	海明威文集 太阳照常升起	15517
秋水伊人	1125	海明威文集 永别了武器	15515
秋灯忆语——"张家大弟"张宗和的战时绝恋	5009	海明威文集 老人与海	15516
		海明威文集 丧钟为谁而鸣	15514
复仇	2075	海明威文集 非洲的青山	15518
俗世奇人	2074	海底	1147
皇朝落日	10800	海盗宝藏	17299
侯方域全集校笺(上中下)	8252	诺贝尔	8705
狮子饭店的毛驴厨师	8943	被隐藏的孩子	12041
狮子窗外的白云	8948	被窝是青春的坟墓	2063
亲近自然	17357	谁杀了岳飞	10799
阁楼精灵	8938	通灵少女吉尔达	16182
美丽中国·人文卷	4981	职业做做看	17351
美丽中国·自然卷	4980	黄金书屋之旅	5019
美丽风景	17363	萤火	7603
美丽的汉字	17262	萨特传	14563
美,始于怀念	12028	梦想乐园	17355
迷冬	1132	梦想继承人	12022
迷宫之屋	13176	梧桐树	9639
活力运动	17358	曹文轩文集(当当网定制版)	9290
穿越夜空的疯狂旅行(黑夜狂旅)	16192	聋儿	13198
祖母绿	2071	雪融之后	12018
神秘的圆周率 祖冲之	9667	推手 改变世界的经济学天才	17440
说诗晬语笺注	6828	探寻孤独斗室的灵魂 深度访谈世界文学大师	14562
赶象人	17074		
恐怖谷	17442	野哭 弘光列传	5004
真狡猾,阿尔菲	17168	晚安,阿尔菲	17166
桂冠 诺贝尔文学奖作家肖像和传略	10801	晚安玫瑰	1138
桥	12025	银色的小驴	17075
索尔仁尼琴传(上下)	14710	银苹果之地	13165
哥白尼	8702	笨狼和他的爸爸妈妈	8931
顾维钧在"九一八"	1131	笨狼和他的朋友们	8932
倦倚碧罗裙 明清女性词选	3797	笨狼的学校生活	8935
徐柏坚诗选	3329	笨狼旅行记	8936
爱因斯坦	8704	第九个寡妇	1127
爱迪生	8701	脚的故事	12023
爱的饥渴	13740	猎狐	9285
高原上的探戈	13186	猫桌	13194
唐宋词一百首	3798	清代文学研究集刊(第六辑)	7132
唐顿庄园	17441	梁思成 心灵之旅	5001

条目	页码
隐身的王国,阿尔菲	17167
骑在拖把上的巫婆	8944
绵绵土	9440
绿度母	3338
斑斑加油!(合订本)	9084
越二越单纯	4985
超级比拼	17362
散步的母鸡遇见狼	8949
葡萄月令	9441
蒋子龙文集 10 难得一笑	7622
蒋子龙文集(1—14)	7631
蒋子龙文集 11 恨郎不狼	7625
蒋子龙文集 12 人物传奇	7623
蒋子龙文集 13 评与论	7628
蒋子龙文集 14 人生笔记	7624
蒋子龙文集 2 子午流注	7619
蒋子龙文集 3 人气	7620
蒋子龙文集 4 空洞	7621
蒋子龙文集 6 赤橙黄绿青蓝紫	7626
蒋子龙文集 7 燕赵悲歌	7627
蒋子龙文集 8 乔厂长上任记	7630
蒋子龙文集 9 灵山的灵感	7629
葵花	1141
棋王 树王 孩子王	2069
雄鹰金闪子	9288
最后一只黑猫(市场版)	17141
跕狗	9613
黑衣女人	12020
黑河钓事	12016
黑洞 弘光纪事	4986
黑骏马	16184
锁在保险箱里的怪物	8946
等待魔法	17066
舒芜晚年随想录	5018
释疑者	7609
鲁迅传	4990
鲁迅论人生	5584
鲁迅嘉言录	8185
鲁滨孙飘流记	11253
敦煌文学千年史	7291
湘夫人的情诗	3350
渴望	5898
寒冬	17292
寒夜生花	7607
隔着竹帘儿看见她	4999
编辑大家秦兆阳	5005
编辑家秦兆阳研究	4992
骗局的辉煌落幕	12009
魂之歌	1155
蓝色城堡	7594
蓝狐狸	8934
碎梦慢养	1144
雷抒雁诗文集(1—8)	7618
摸彩	13180
暖春	17295
罪人	12043
躲在树上的雨	8945
新江南 民歌张浦	9811
数的世界 毕达哥拉斯	9668
慈禧太后	5020
媳妇儿,一起去卖煎饼果子吧	10798
缤纷羽毛	17073
酷夏	17294
裴斐文集(1—6)	7632
蜥蜴的眼睛	13188
《箕雅》五百诗人本事辑考(上下)	7124
醉里挑灯看剑	7615
蝴蝶	13947
镇与城	13189
稻草人	9620
德语文学与文学批评 (第 7 卷·2013 年)	7472
潮骚	13739
橙血	2068
激情燃烧的岁月	5897
藏獒渡魂	9287
魔石心	17142
魔枕(市场版)	17140
魔法岛	16186
魔符	13182
麝鼠杰里奇遇记	17025
2012 中国文坛纪事	6473
2012 中篇小说	2066
2012 报告文学	4998
2012 青春文学	2064
2012,鬼子又来了!	1146

2012 散文	4993
2012 短篇小说	2065
AMUER·阿木尔·18	9716
M 代表魔法	12029

2014 年

一亿六	1167
二十世纪八、九十年代俄罗斯中短篇	
小说研究	7473
二年级日记狂	8972
八十天环游地球	11261
人工智能	17239
人类的基因	17240
人脑是如何工作的	17238
三只小狼和一头大坏猪	16206
三生石	2091
三斧头	9299
工农兵大学生	1191
大门牙姑娘有美梦	9110
大巴扎	12048
大地之灯	1179
大地的脚踝	3362
大学之道	17446
大凉山往事	1175
大森林里的小木屋	16203
与大师一起艺术创想·线条创意篇	17304
与沙漠巨猫相遇	17143
千古长城义乌兵	5053
千秋师表	9614
女人都不说,男人都不问	10811
女心理师	1160
女性与战争——马斯特雷塔作品中的	
墨西哥革命重塑	7480
小王子归来	15882
小生物语	14761
小兔子	7792
小学生作文三级跳(1—3)	10072
小河弯弯	9300
小美人鱼	12042
小蝌蚪吞了一块天	8961
小糊涂神儿	8953
习惯死亡	1169
马拉松哭泣	8970

王文治诗文集	8240
王昙诗文集	8241
王蒙文集(1—45)	7633
王蒙文集 不奴隶,毋宁死?	
谈"红"说事	7647
王蒙文集 中国天机	7636
王蒙文集 中篇小说(上中下)	7637
王蒙文集 代言 建言 附录	7645
王蒙文集 半生多事 大块文章	
九命七羊	7648
王蒙文集 老子十八讲	7646
王蒙文集 老子的帮助	7654
王蒙文集 庄子的快活	7653
王蒙文集 庄子的奔腾 与庄共舞	7641
王蒙文集 庄子的享受	7652
王蒙文集 讲说《红楼梦》	7639
王蒙文集 论文学与创作(上中下)	7651
王蒙文集 红楼启示录	7638
王蒙文集 我的人生哲学	7656
王蒙文集 评点《红楼梦》(上中下)	7640
王蒙文集 诗歌 译诗 论李商隐	7649
王蒙文集 谈话录(上下)	7644
王蒙文集 欲读书结	7655
王蒙文集 散文随笔(上中下)	7643
王蒙文集 短篇小说(上下)	7650
王蒙文集 微型小说 翻译小说	7642
王蒙文集 演讲录(上中下)	7635
王蒙讲说《庄子》系列(1—6 册)	7140
王蒙讲说《道德经》系列(1—4 册)	7141
王蒙评点《红楼梦》(1—8 册)	7139
开埠	1200
天天读经典·世界儿童文学名著	
精读本(当当版)	17035
天边有一颗星星	5031
天使	1195
天性——如梦八十秋	1202
天宫图 平平淡淡 瑶沟的日头	2082
艺术的真谛	7791
五个孩子和沙地精	16198
五月的鲜花	2111
五颜六色的一天	8962
不回信你会变丑的	9104
不是我天生脾气坏	9107

条目	页码	条目	页码
太阳系历险记	11257	文学史与知识分子价值观	6483
友谊是一场信任游戏	9293	文学视阈与戏剧电影	6485
日头	933	文学俄国(第一辑)	7475
日落碗窑	2103	文·堺雅人健康的日子	14759
中世纪	17305	文·堺雅人憧憬的日子	14760
中国古代文学观念发生史	7135	方成世纪人生	5047
中国当代文学传媒研究	6489	心灵与阳光同行	5058
中国近代小说编年史(1—6)	7133	心灵的回归	3365
中国担保.1	10959	心的丝路	5022
中国担保.2	10960	心海的消息	5025
中国担保.3	10961	巴尔扎克传	14566
中国诗学多元解释思想研究	7143	巴金全传(修订版 上下)	5052
中国诗学(第十八辑)	7147	孔子的故事	9474
中国诗歌 2014年民刊诗选	3385	水边的文字屋	9560
中国诗歌 2014年网络诗选	3373	水在时间之下	1173
中国诗歌 与谁人书	3376	水流过,星月留下 王鼎钧纽约日记	
中国诗歌 山川变形记	3378	(1996年4月—1997年11月)	5082
中国诗歌 行走的人	3377	正在变暖的地球	17243
中国诗歌 我踩在新泥上	3360	世界上所有的夜晚	2105
中国诗歌 往开阔处去	3363	古今通俗文学演变论集	7145
中国诗歌 星空下	3369	古文观止详注	5675
中国诗歌 途径	3357	古代中国	17309
中国诗歌 桑柘木	3359	古希腊悲剧经典	14902
中国诗歌 慢抒情	3400	古埃及	17310
中国诗歌 黎明的窗	3374	可怕的病毒计划	9097
中学生文学名著助读	10221	布谷鸟的呼唤	12036
内港	12039	布基兰小站的腊八夜	2106
牛铃叮当	5075	平台	1139
牛棚杂忆	5077	北极村童话	2101
毛毛虫的超级历险	8967	北京人在纽约	1044
毛泽东文艺生涯(上下)	5036	北京中考语文古诗文背诵与阅读	10071
毛泽民夫人朱旦华访谈录	5038	旧旧的时光	9443
气球上的五星期	11259	叶子是小鸟的书	9445
长裙子短袜子	9307	另一种文明	5032
从未说过一句话	1177	四十九日·祭(上下)(电视文学剧本)	5899
从仪式到狂欢——20世纪少儿文学		四条汉子	2093
作家作品研究(上下)	6479	四牌楼	1185
分裂的村庄	2098	生命	12037
公猫阿漆的奏鸣曲	8959	失业之旅	5073
风过耳	1186	失约之城	12040
乌兰斯匹格传奇	12035	白山黑水画人生	5074
六年级(甲)班同学录	9313	白马叙事	5071
文体与图像	6486	白狐迪拉与月亮石	8713

书名	编号
白胡子	9301
丛林故事	16202
印度贵妇的五亿法郎	11256
外国中短篇小说藏本·吉卜林	12031
永远的菲利普	13202
民国大学的文脉	6736
皮特儿·独眼猫·笨鸭鸭	8957
发现小说	6490
圣经文学研究(第八辑)	7476
圣经文学研究(第九辑)	7482
台湾电影与大陆电影关系史	10810
动物王国	17301
动物日记	3367
老子的故事	9475
老生	1198
地心游记	11260
地毯的那一端	5027
再见梅娘	5045
再谈人生	5076
西长城——新疆兵团一甲子	5065
在语言之内航行:论新诗韵律及其他	6488
在高中与鲁迅相遇	9578
在敦煌	5078
有个丫头叫草环	9308
有瓦的日子	5089
有嫌疑的女人	12044
灰灰的瘦马	9320
"灰常棒"的灰姑娘	9103
达观	5049
达利自传	14567
列岫云川	5051
成长,请带上这封信:他们致孩子	5054
托马斯·曼散文	14565
贞子的救赎	13747
尖子班奇闻	9315
光明行 家族的历史	13948
当代美国戏剧60年(1950—2010)	7485
回家	13210
网络上的"幸福小猪"	9295
年月日 朝着东南走 横活	2079
先知	13207
华生探案记	13200
自然侦探	17300
伊索寓言	17033
向着白夜旅行	2099
会玩,才有翅膀	9101
会说话的铃铛	9319
创意世界	17303
庄子的故事	9476
刘心武续红楼梦(修订版)	1184
齐孙子的故事	9477
亦德的冬天	9117
忙碌的校园侦探社	9311
问故乡	5033
问泉	5041
江山多娇	3372
安全的食物	17241
安徒生童话	17031
安德鲁·卡内基自传	14564
论东西文化的幽默	9642
寻找大熊猫	9446
寻找丢失的星	9294
寻觅旧京	10809
那五	2094
妈阁是座城	1164
红处方	1159
红纱灯	9119
红绸	1196
红楼梦 汉日对照(1—8)	2685
约翰尼·派尼克与梦经	15693
远方与故乡	5021
远东来信	1180
远航	14569
声音的意味 20世纪新诗格律探索	6480
花儿是心上的油	1199
花河	1194
劳伦斯文集(1—10卷)	15527
杜甫全集校注(1—12)	8260
杨芳灿集	8239
杨绛全集(1—9)	7657
李渔戏曲叙事观念研究	7134
两万五千英里的爱情	14568
来自星星的弟弟	9111
折叠岁月 中华新韵诗词集	3371
步下红毯之后	5029
吴孙子的故事	9480

书名	页码
吴越后裔	1174
我与父辈	5070
我不是个胆小鬼	9113
我不是地球女孩	9108
我不想做一只小老鼠	9481
我们的故事之乱世佳人 1949—1959年香港故事	1189
我在云上爱你	1176
我把自己弄丢了	9112
我和你,有着最深的情谊	5084
我的菩提树	1168
我所生长的地方	9641
我疼	2085
我家来了外星人	8971
我最怕做选择题	9102
我遇到另一个我	9109
兵样	5050
你在高原(1—10卷)	1166
你还没有爱过	5028
你来自蔷薇星辰	9292
狂奔的鸭群	9302
狄金森诗选	14050
应知天命集	6491
怀念乔木	5066
"沙皮狗男生"李多多	9297
沉浮庄则栋	5042
沉默的火焰	12631
宋文选	5676
宋濂全集(1—5)	8261
穷人树	5062
启蒙、文学与戏剧	6487
改革开放的践行人——记平朔开创者陈日新	5064
张志民诗百首	3353
阿Q正传 赵延年插图本	2506
妙手空空	8952
纳尼亚传奇 凯斯宾王子	16199
纳尼亚传奇 狮子、女巫和魔衣柜	16205
纽约人在北京	1060
玩火的女孩(珍藏版)	12046
环境·动物·女性·殖民地——欧美生态文学的他者形象	7479
武人琴音	10804
青瓦大街	9317
青春的荒草地	9116
青草的骨头	9118
玫瑰鹅	8966
幸福糖果邮局	9298
林徽因集 小说·戏剧·翻译·书信	8188
林徽因集 诗歌·散文	8189
林徽因集 建筑·美术(上、下)	8190
卖白果	9644
奇迹花园	8974
转型中的社会:奈保尔作品研究	7484
转校生的愿望	9312
昆仑殇	2092
国际获奖画家插画本	17034
明洪武至正德中朝诗歌交流系年	7137
易代之悲 钱澄之及其诗	7144
彼得·潘	16196
金火山	11258
金茅草	9306
命运变奏曲 我的个人当代史	5048
爸爸去哪儿了?	17106
受戒	2078
受保企业行业评审要点与担保业务操作模式及典型案例	10958
狐小小、狐悠悠、狐涂涂	8956
夜来香开花的时候	5067
放逐(上下)	1192
放歌集(1—5卷)	7793
怪怪班级的怪人	9296
闹鬼的房子	3370
闹鬼的旅馆	9099
郑文焯批校汲古阁初刻梦窗词	3801
沿着塞纳河到翡冷翠	5063
诗与春秋 苏恒纪念集	5079
诗经选	3800
织席记	9444
孟子的故事	9479
孟子详解	5673
孟伟哉文集 10 人在沧海风涛间	7665
孟伟哉文集 1 一座雕像的诞生	7658
孟伟哉文集 2 访问失踪者	7659
孟伟哉文集 3 黎明潮	7660
孟伟哉文集 4—6 昨天的战争	7661

书名	编号
孟伟哉文集 7 你没有停止呼吸	7662
孟伟哉文集 8 作家的头脑怎样工作	7663
孟伟哉文集 9《当代》档案拾遗	7664
契诃夫	11431
毒窟探秘	9098
城市和鱼	2109
荀子的故事	9478
南方	1204
南南的绿楼房	8965
南海第一井	5055
树下	1156
战无不胜小女神	9106
哑牛	9305
星火	13208
星巴的梦	8978
星河 长夜	3358
星河 月光	3364
星河 田野	3375
星河 黄土	3379
思维的乐趣	5072
思想者的知情意——读忆舒芜	5037
思想的天鹅	5023
香港新诗发展史	6482
俄罗斯圣彼得堡藏石头记(1—6)	2684
疯狂奔放的夏天	9310
美国生态女性主义文学批评研究	7477
美食家	2090
"叛徒与隐士":周作人	5039
炸弹蚂蚁和爱晕倒的羊	8973
洗澡之后	1193
神秘星空	3361
诵读（1年级）	10212
诵读（2年级）	10213
诵读（3年级）	10214
诵读（4年级）	10215
诵读（5年级）	10216
诵读（6年级）	10217
诵读（7年级）	10218
诵读（8年级）	10219
诵读（9年级）	10220
给猴王照相	9447
耙楼天歌 大校 乡村死亡报告	2080
恐龙山的幽灵	9100
恭贺新禧	2088
莫泊桑文集（1—4卷）	15522
莎士比亚全集 纪念版（1—11卷）	15523
格列佛游记	11255
格林童话	17032
索罗金小说的后现代叙事模式研究	7474
夏（上下）	1190
逝去的武林	10805
鸭如花	2102
鸭宝河	9316
钻石	13206
铁皮狗	9114
铁腕柔情——撒切尔夫人传	5057
秧歌	2104
秘密会不会爆炸	9105
爱上你几乎就幸福了	1188
爱丽丝梦游仙境	16200
爱丽丝镜中游	16201
爱别离	1171
爱·旅行	5087
爱跳舞的小龙	8969
狼獾河	8712
鸳鸯香炉	5026
高术莫用	10803
唐诗三百首详析	3802
旅行奇遇	17302
烟囱下的孩子	9115
凌汛 朝内大街166号	5035
酒鬼的鱼鹰	2100
流水三十章	1181
浪漫主义者和病退	2095
家风	1197
黄金洞 寻找土地 中士还乡	2081
黄琉璃	9120
梦想号游船	8960
曹禺戏剧全集（1—5）	5966
曹操与献帝	1165
龚鼎孳全集（1—4）	8262
接近于无限透明	2096
野狐岭	1187
野草 故事新编 赵延年插图本	2505
晨钟响彻黄昏	1158
睁一只眼,闭一只眼	5081

书名	页码
喵喵猫和喳喳鸟	8964
唱歌的山羊	9318
笨狼和聪明兔	8975
第九夜	3381
敛与狂	10807
欲望的浮世绘——金瓶梅人物写真	7142
脱轨时代	1153
猎枪感冒了	8968
猫与鼠 也缠绵	2089
梁思成西南建筑图说（手稿本）	10802
绿化树	1170
绿青藤神秘"盛开"	9309
绿野仙踪	16204
越过云层的晴朗	1157
越界与交融：跨区域跨文化的世界华文文学	6484
超凡想象益智大书(1—3)	17364
超级八卦劲爆班	9314
喜欢	5046
斯家侦探档案	13203
韩非子的故事	9473
棋王	2084
雅可布逊的诗学研究	7478
雅舍	9643
最后的狩猎	2107
遇见	9470
遇到爱 用力爱	1161
黑骏马	16197
黑骏马	2083
奥德智斗霜巨人	17105
舒芜口述自传	5043
鲁迅手稿丛编(1—15)	8187
鲁迅全集(线装本 10 函)	8035
鲁迅全集(编年版)(1—10)	8034
鲁迅科学论著集	8186
鲁藜诗萃 120 篇	3368
装饰艺术	17306
愤怒的哇哇	9304
道士下山(癸巳年修订本)	1183
湖光山色	1162
寒蝉凄切	2108
蓝鸟	8958
蓝皮鼠和大脸猫	8954
蓝盒里的小怪蛇	8955
楚辞选译	3799
楼市	1163
感念	5069
感性的蝴蝶	5024
毁灭天使	13197
微光城市	13209
解密丹·布朗《地狱》	15189
新艺术	17307
满大人	12038
满树榆钱儿（续）	1182
溯影追踪 皇陵旧照里的清史	10808
福克纳读本	15692
福楼拜文集(1—5 卷)	15524
群文阅读新语文读本 1 年级（下册）	10079
群文阅读新语文读本 1 年级（上册）	10073
群文阅读新语文读本 2 年级（下册）	10080
群文阅读新语文读本 2 年级（上册）	10074
群文阅读新语文读本 3 年级（下册）	10081
群文阅读新语文读本 3 年级（上册）	10075
群文阅读新语文读本 4 年级（下册）	10082
群文阅读新语文读本 4 年级（上册）	10076
群文阅读新语文读本 5 年级（下册）	10083
群文阅读新语文读本 5 年级（上册）	10077
群文阅读新语文读本 6 年级（下册）	10084
群文阅读新语文读本 6 年级（上册）	10078
蔷薇女孩	9303
管子的故事	9472
熊爸爸的超级电话	8963
墨子的故事	9471
墨西哥	17308
德国，你如此优雅	5080
德语文学与文学批评（第 8 卷·2014 年）	7483
潜	12047
澜本嫁衣	1178
儒学嬗变与魏晋文风建构	7138
膨胀的宇宙	17242
藏家有话	10806
徽商与明清文学	7136
魔鬼天鹅	8951
魔鬼的颤音	13204
露沙的路	1203

2013 中国文坛纪事	6481	山在山的深处	5126
2013 中篇小说	2086	山羊坡	9323
2013 报告文学	5056	也是亚当,也是夏娃	2137
2013 青春文学	2097	飞行的瓦片	9333
2013 散文	5044	飞鱼座女孩	9134
2013 短篇小说	2087	飞翔的小樱桃	8980
2015 年人生若只如初见月历	10812	小雨后	9492
711 号园	5068	小狐狸买手套	16219

2015 年

		小说山庄 外国最新短篇小说选·2012—2013	15698
一千零一夜	13434	小哥俩	9629
一个人的西部	5141	小野父子去哪儿了?	9488
一个和八个	3394	小绿人罗博	16998
一生里的某一刻	5088	丰饶之海(第一卷)春雪	13752
一度青春	12050	丰饶之海(第二卷)奔马	13753
一座营盘	1217	丰饶之海(第三卷)晓寺	13754
八月桂花遍地开	1221	丰饶之海(第四卷)天人五衰	13755
八哥	9321	王又曾集	8243
人二雄路线之好旅馆	5159	王尔德童话	16218
人民警察(第一部)	1209	王金发考	2141
人民警察(第二部)	1210	开启神奇的电能宝库 法拉第	9684
人民警察(第三部)	1211	天天最励志小说馆	17080
人类从何而来 达尔文	9678	天衣无缝针	9493
九州缥缈录 1 蛮荒(修订版)	1230	无关巴黎的雪	5121
九州缥缈录 2 苍云古齿	1231	五颜六色的一天	9499
九州缥缈录 3 天下名将	1232	不坏那么多,只坏一点点	2143
九州缥缈录 4 辰月之征	1233	不要温顺地走进那个良宵——狄兰·托马斯诗选	14169
九州缥缈录 5 一生之盟	1234	不准带机器人上学	8714
九州缥缈录 6 豹魂	1235	不掷骰子的上帝 爱因斯坦	9674
九州缥缈录 套装(1—6 卷)	1229	太平洋探戈	2138
三个火枪手(上、下)	11265	牙齿是检验真理的第二标准	
三月里的幸福饼	2125	(小说生活 毕飞宇、张莉对话录)	5090
大自然文学研究(第二卷)	9448	中国末代皇后郭布罗·婉容传	5117
大庄园(续)	1225	中国末代皇妃额尔德特·文绣传	5116
大雨伞下的克莱芒斯	16240	中国古代小说演变史	7156
大草原上的小木屋	16223	中国戏曲艺术思想史	10937
大战蒙面狐	17091	中国担保.37	10962
大森林里的小木屋	16224	中国担保.38	10963
万顷纵我一苇如——陈东有博文八十一篇	5158	中国担保.39	10972
万物枯荣——看这个翻过百倍的股民	1205	中国担保.40	10964
万箭穿心	2117	中国审美文化焦点问题研究	7151
上海往事	1215	中国诗学(第十九辑)	7158

条目	页码	条目	页码
中国诗歌 2015年民刊诗选	3408	打开民国老课本	10086
中国诗歌 2015年网络诗选	3396	东方百科全书 宋应星	9673
中国诗歌 一个人出走	3388	东亚汉字文化圈古代文学论集	7157
中国诗歌 水边的月亮	3402	东国十八日记	5143
中国诗歌 白露为霜	3407	卡夫卡中短篇小说全集	12054
中国诗歌 尘世记	3404	北京市初中开放性科学实践活动项目	
中国诗歌 自然的母语	3399	手册(初中一年级使用)	10085
中国诗歌 多年以后	3427	北京市初中开放性科学实践活动项目	
中国诗歌 松脂	3391	手册(初中二年级使用)	10087
中国诗歌 奏鸣曲	3387	卢獭拉的珍珠	17090
中国诗歌 很慢的春天	3389	另一半中国史	10819
中国诗歌 遥远的地方	3401	四库全书初次进呈存目	7327
中国数学之神 华罗庚	9685	白天不懂夜的黑	2110
内心的命令	5104	白求恩援华抗战的674个日夜	5147
见字如晤	5105	白蛇	2134
从同适斋到不舍斋	7148	外公突然变成猫	17109
父亲变成星星的日子	9131	乐府学概论	6829
分离的幻象	12057	头号书迷	13219
月光下的秘密	9324	头发	2116
月亮茶馆里的童年	9123	汉水的襄阳"人文汉水·襄阳笔会"	
风吹到乌镇时累了	9496	文集	5140
风雨无悔——对话王光美	5129	汉译与谢芜村俳句集	14405
风景	2118	冯志与《敌后武工队》	6502
风暴勇士	17003	写满字的空间	5131
凤鸽儿	9326	永远的里程碑 居里夫人	9672
文人陈独秀	5154	奶奶现在不一样了	17228
文坛风云录	5133	圣经文学研究(第十一辑)	7490
文学批评的向度	6492	圣经文学研究(第十辑·2015春)	7487
文学俄国(第二辑)	7491	对不起,她不在了	14581
文学漫笔	5111	驭风飞翔的旅程 莱特兄弟	9677
火印	9129	母兔	9330
巴西当代戏剧选	14983	母亲的大碗:铁扬散文集	5112
邓子龙传	5149	吉姆的狮子	17132
末代皇族的新生	5085	吉檀迦利 先知	15699
未终结的故事——福尔克·布劳恩		共和国沧桑回顾——我亲历的往事	5135
作品集	15700	共和国青春年代	5161
世界发明大王 爱迪生	9676	再被狐狸骗一次·春田狐	9646
艾烟	9331	西游记 汉俄对照(1—8)	2687
古希腊戏剧	14909	在多重转型中兴起、全盛及分化	
《古炉》评论集	6496	新时期以来北京作家群研究	6495
本草神医 李时珍	9682	在我的开始是我的结束	2119
左宗棠	5137	在岸边	12049
平凡的母亲	5125	在感性与理性之间	6494

书名	页码
有爱无爱都铭心刻骨	2122
灰舞鞋	2136
毕沅诗集（上下）	3803
此地是他乡	2140
此身未忍负流光——默缘堂甘年吟草	3393
曲终人在	1216
回忆 第三帝国废墟上我的青春	17448
回到潘日鲁德	12632
乔布斯的厨师	14762
传统的幻象：跨文化语境中的王国维诗学	7149
传统故事与异域传说 文学母题的比较文化研究	7489
仰恩之子	5142
伪满洲国"明贤贵妃"谭玉龄传	5118
伪满洲国"福贵人"李玉琴传	5119
伊索寓言	16220
会讲故事的兔子	9562
杂交水稻之父 袁隆平	9675
刘心武谈《红楼梦》	5096
忙碌的一生——安哥拉国父阿戈斯蒂纽·内图传记	14579
米兰公寓	9128
江南未雪 1990年代一个南方乡镇的日常生活	5106
汤姆·索亚历险记 哈克贝利·费恩历险记	12797
安安	9125
安妮日记	14577
安妮日记（精编彩绘本）	14578
安娜害怕去睡觉	17227
安徒生童话	11262
论经典	7152
寻找小狗贝斯	17006
阳光女生成长站	8708
阳光抚摸的高地	10818
阳光男生成长站	8695
那个夏季那个秋天	1214
如果你想过1%的生活	5150
她们笔下的她们	15696
红城勇士	17004
红葫芦	9322
红鼻子国王	16242
红鞋子（拼音版）	9339
远方	9484
走钢丝的人	16239
芽芽搬新家	9482
花开天地中	3392
劳伦斯读本	15694
克非谈《红楼梦》	5122
杨克的诗	3383
李国文谈《红楼梦》	5095
李商隐	7161
李清照	7159
两千年前的微笑	10817
两行写在泥土地上的字	5093
扶桑	1228
抗日战争（一）	5130
抗日战争（二）	5139
抗日战争（三）	5146
把爱刻在心上	10816
听见 陈燕的调律人生	5115
我们怎么做编辑——中国出版集团优秀编辑经验谈	10845
我们都会错过一些事情	9495
我似猫	13750
我的世纪（彩图版）	17447
我的家	5153
我是写作高手	17265
我是漫画大师	17266
我亲爱的甜橙树	16229
你是一束年轻的光	3386
你配得起更好	5083
余步伟遇到马兰	2142
坐天下 张宏杰解读中国帝王	10813
坐看重围 电影《师父》武打设计	5132
狄更斯的圣诞故事（中英双语版1—5）	11268
言说与现场——中国当代文学的一种读法	6497
这都不叫事儿	5138
这辈子活得热气腾腾	5123
快乐基因	13211
闲云散记	5114
没有火柴的小女孩	16237
沈从文思想研究	6737

书名	页码
启程的理由	14763
张枣译诗	15697
陈国凯精品集	7667
陈忠实文集(1—10)	7674
陈骏涛口述历史	5144
妖怪们的比赛	17169
玩出专注力	17366
玩出记忆力	17368
玩出创造力	17367
玩出思维力	17369
玩着,春天来了	9136
环城大道	12051
青衣	2115
青苔街往事	8711
青春期女孩完美攻略	17244
青春期动物——德国老爸笔下的 火星女儿	12056
青春期男孩完美攻略	17245
青铜葵花(当当版)	9121
青蛙梦想家	9490
英国脑力阶梯训练	17365
英国脑力阶梯训练:故事版·第1辑	17373
范小青散文	5156
茅台论道	5148
林斤澜文集(1—10)	7672
画阴影的人	16241
画语诗心	3398
刺猬灯	9485
卖海豚的女孩	1226
欧·亨利小说	12794
欧·亨利短篇小说选	12793
拐角书店	9498
轮子上的麦小麦	9126
果壳里的宇宙 霍金	9686
昆虫记	16233
明天遥遥无期	2112
明代福建文学结聚与文化研究(上下)	7162
迪克西的爱心赛车	17144
迪克西智擒珠宝大盗	17036
呼兰河传	9628
呼和诺尔野猫	9328
罗生门	13749
罗伯斯庇尔传	14571
和乌鸦做邻居·乌鸦银斑点	9647
和我玩吧	9491
金圣叹史实研究	7153
金银岛	16235
爸爸爸	2130
兔子彼得的故事	16216
夜巡	12052
夜莺与玫瑰	15852
放眼观宇宙 伽利略	9680
法式善诗文集(上下)	8242
泥孩子	9332
穹顶之下(上下)	13216
实践学习 收获成长 ——"四个一"实践学习任务单	10090
诗话丛林校注	6831
诗流双汇集	9655
屈原	7160
孟子 汉俄对照	2688
契诃夫短篇小说	11432
春水船	9645
城南旧事	2131
赵丽宏散文	5128
赵剑平文集(1—6)	7666
带你去故乡	5101
草房子(当当版)	9122
草根闯央企	1207
茧屋	8977
茶味行役	5108
荒漠的旅程	1213
茫茫黑夜漫游	12058
故宫三部曲 变局 承载 守望	5152
相爱的日子	2113
柏拉图文艺对话集 歌德谈话录	15146
树屋三邻居	8979
残月	1206
盼兮集	3382
星形广场	12053
星河 阳光	3384
星河 红豆	3397
星河 季节	3390
星河 窗口	3403
星星伞	8976
昨日世界 一个欧洲人的回忆	14575

哈利·波特与魔法石（全彩绘本）	12067
咪子的家	9489
钟声扬诗文集（1—6）	7668
看看这世界	5113
怎样写作文	9580
怎样学语文	9579
怎样爱科学	9582
怎样做数学游戏	9581
秋天的女人不离婚	1218
重返哥廷根	5092
复堂师友手札菁华（上中下）	5674
狮子，女巫和魔衣柜	16217
弯弯的辛夷花	9132
亭长小武（上下）	1224
恽寿平全集（上中下）	8263
将军胡同	9130
洗澡之后（汉英对照）	1220
穿越时空的悲恋	13213
祖父在父亲心中	2120
神奇的一年	16999
神象奇缘	17005
神像的启示	5103
既没圆缺	9449
眉清目秀的日子 一个女人的咖啡时光	5145
勇士马丁	17001
绘·智	17372
给我的孩子们	9627
孩子，该回家了	9325
泰戈尔诗选	14318
蚕	11755
埋伏	2121
荷花淀	2132
莎士比亚戏剧（上下）	14908
莎乐美	14903
桐城派编年（上下）	7155
桃夭	1223
格林童话	16225
夏日终焉	13748
致无尽岁月	2139
致亲爱的母亲	14574
哺乳期的女人	2114
《晏子春秋》研究史	7146
哭泣精灵	9124
特立独行的企鹅	14582
秘密花园	16230
倒带人生	14572
拿破仑传	14573
爱尔兰经典童话	16232
爱的教育	16221
脆弱	16238
狼王梦·狼王洛波	9649
留德十年	5091
高尔基文集（1—20卷）	15525
高老头 欧也妮·葛朗台	11266
唐的赎金	17108
站在巨人的肩上 牛顿	9679
旅行故事：空间经验与文学表达	7154
凌云健笔话书情——人民文学出版社图书评论集（2000—2014）	5151
海与毒药	13751
海明威读本	14576
涂自强的个人悲伤	2123
涂·智	17370
浮尘漂流记	5097
家国梦萦——母亲廖梦醒和她的时代	5107
请收藏我的声音	9327
被照亮的世界——《故事新编》诗学研究（增订本）	6740
谁家有女初长成	2135
通俗小说"有诗为证"的生成及流变	6832
萤火虫灯	9334
梅雨怪	9494
雪地里的单车	2126
雪豹悲歌·少年和山猫	9652
接头	1212
探索 实践 创新——首都高校共青团科学化建设研究	10814
野猫终结者	17000
野兽的标记	12633
笨拙的土豆	5100
第七条猎狗·忠犬宾果	9651
鸽子号（第一期）	9563
鸽子号（第二期）	9561
鸽子号（第三期）	9564
麻木	12723
麻花小熊	9486

康熙大传	5124
望江南诗草	3395
清华园日记	5110
混在北京（修订版）	1227
混血豺王（下）·黄狗乌利	9653
混血豺王（上）·牛头梗霹雳火	9650
淮军四十年	5094
寄情莫力达瓦 回忆我们在兴农插队的青春岁月	5098
寄情莫力达瓦 留住我们在兴农插队的青春影像	5099
琴弦上的家园	10815
替身 S	13756
董健文集 1 戏剧研究	7669
董健文集 2 文学评论	7670
董健文集 3 文化批评	7671
蒂拉的天空	17107
蒋子龙散文	5127
落花生	9626
朝鲜中古文学批评史研究	7486
最后一头战象·温尼伯狼	9648
景象的困厄	6493
蛙	1219
帽子王	9483
黑骏马	16234
傅作义（上中下）	1201
奥克诺斯	14570
鲁冰花开	8981
鲁迅与俄国	6738
普希金诗选	14096
道连·格雷的画像	11267
道教文化与宋代诗歌	7150
游魂归来时	12055
谢谢你用一生陪伴我	10820
感谢这一刻	14580
暗夜无星	13218
跳跃的文字 毕昇	9683
路遥传	5086
像你这样一个女孩儿	9127
微分几何大师 陈省身	9681
数独合集	9700
溥仪的妻子李淑贤传	5120
裸琴	1222
福克纳的创作流变及其在中国的接受和影响	7488
福学家谋杀案	13212
群山之巅	1208
碧鸡漫志校正（修订本）	6830
箧中词	3804
精品诵读（一年级上）	10222
精品诵读（二年级上）	10223
精品诵读（七年级上）	10228
精品诵读（八年级上）	10229
精品诵读（九年级上）	10230
精品诵读（三年级上）	10224
精品诵读（五年级上）	10226
精品诵读（六年级上）	10227
精品诵读（四年级上）	10225
滴血的皇冠	5109
题·智	17371
德国，一个冬天的童话	14051
潮起潮落 新中国文坛沉思录	5157
潘家洵译易卜生戏剧	14910
《豫报》《河南》与中国现代文化	6739
醒世姻缘传（上下）	2686
镜子里的猫	9133
瞧瞧我的花指头	9497
辫子	9487
獾	9329
獾主的城堡	17002
魔法城堡	16231
露着衬衫角的小蚂蚁	16222
赣江以西	5102
2014 中国文坛纪事	6501
2014 中国最佳科幻作品	2129
2014 中篇小说	2133
2014 报告文学	5134
2014 青春文学	2127
2014 散文	5136
2014 短篇小说	2124
20 世纪中国新诗理论史（上下）	6500
Youpi 妙趣小百科	17251

2016 年

一个天朝人的磨难	11272
一日一生	13233

一只小狗的故事	16401	大学三部曲(桃李 桃花 桃夭)	1240
一只狗的典型一天	16400	大学语文	10089
一只捣蛋狗的回忆	16403	大学语文教育学	10088
一只流浪狗的自述	16402	大河之城	5178
一起去小镇	16343	大房子里的小夫人	13240
一起去地下	16347	大秦之道	5232
一起去冰雪森林	16344	与大师一起艺术创想·中国传统文化	9589
一起去原野	16345	万圣节奇遇	17113
一起去海底	16346	上升的一切必将汇合	13245
一起去森林	16342	上半场	5175
二十亿光年的孤独	14407	上学记(增订版)	5170
二知道人集	8244	上帝微服出巡时	12091
二流小说家	13221	《上海文学》与当代文学体制的	
十图桥	9143	五种形态	6499
丁玲传	5210	上尉的女儿	11433
七号的复仇	13265	山中的糖果	5184
人马座纪事	1286	山那边还是山·草根街	9147
人生的战斗	11278	山旅书札	14590
人生啊,欢迎"迷路"	10830	千川独行 赵恺传	5179
人,岁月,生活(上下)	14712	千字文	9593
三只虫草	2154	千河镇	9141
三尖树时代	12094	乞力马扎罗山上的雪	13231
三国演义 汉俄对照(1—6)	2693	个体部落纪事	1274
三怪客泛舟记	12077	女人百年	1285
三怪客骑行记	12074	女同志	1265
于老师的恋爱时代	1278	飞鸟	5900
工艺美术	17317	飞鸟对老树说 邓家荣散文集	5206
土里长了什么?	17312	飞灰	12174
大风歌	1251	飞越大西洋	12079
大写西域(上下)	10822	小人物日记	12075
大师名画贴纸游戏		小小的死亡之歌	14171
亚历山大·考尔德	16296	小王子	15883
大师名画贴纸游戏 达利	16300	小毛麻的火星历险记	16355
大师名画贴纸游戏 毕加索	16302	小公主的生日	16292
大师名画贴纸游戏 米罗	16298	小心儿怦怦跳	16386
大师名画贴纸游戏 克里姆特	16297	小书房	16255
大师名画贴纸游戏 亨利·马蒂斯	16301	小北野武	14764
大师名画贴纸游戏 阿尔钦博托	16299	小老鼠丽丽	16279
大师名画贴纸游戏 保罗·克利	16304	小青蛙希罗尼穆斯的故事	16316
大师名画贴纸游戏 康定斯基	16303	小英国,大伦敦	5211
大师杰作的秘密·第一辑(1—4)	16305	小雨蛙哪儿去了	16331
大自然是什么?	17313	小狗栗丹	16269
大金块	16385	小淑女米莉·茉莉·曼迪和她的	

白色小茅屋	16358
小淑女米莉·茉莉·曼迪和她的朋友们	16357
小镇艳阳录	13234
马戏团的秘密	2258
马戏团的秘密	5219
马克·吐温文集（1—12卷）	15539
马烽与《吕梁英雄传》	6525
天长夜短	2153
天竺葵	13244
天使·玫瑰之城	9453
天砚	1269
天津报刊与中国现代文学	6742
天堂与地狱	13214
天眼	16257
无人作证	1277
无路可逃 1966—1976 自我口述史	5194
无愁河的浪荡汉子 八年（上卷）	1241
无愁河的浪荡汉子 八年（中卷）	1261
元曲三百首	8265
云上之行	16330
云间王子Ⅰ 蓝莓村	16244
云间王子Ⅱ 三个太阳	16245
云间王子Ⅲ 天风怒	16246
木偶奇遇记	16369
五号的陨落	13266
五台吟	3428
五百年来一大千	5191
不一样的森林小剧场	16388
太阳神	3424
历史·现实·想象——英国文学论集	7497
历代赋论汇编（上下）	7329
历代赋论汇编（上下）	8254
戈培尔传	14585
切梦刀	8987
瓦朗坦飞起来啦	16260
瓦解	2159
少年侦探团	16349
日升之处	14592
中年期	1254
中国少数民族文学史（小说卷）	6530
中国少数民族文学史（文学批评卷）	6526
中国少数民族文学史（戏剧卷）	6529
中国少数民族文学史（诗歌卷）	6527
中国少数民族文学史（散文卷）	6528
中国古典诗法举要	7167
中国纪录电影——览一诗话：审美选择	10827
中国担保.41	10965
中国担保.42	10967
中国担保.43	10966
中国诗学（第二十一辑）	7166
中国诗学（第二十二辑）	7169
中国诗学（第二十辑）	7163
中国诗歌 2016 年民刊诗选	3460
中国诗歌 2016 年网络诗选	3421
中国诗歌 十支朱红	3420
中国诗歌 另一个秘密	3416
中国诗歌 守望岛	3462
中国诗歌 我是谁	3461
中国诗歌 词语里的人	3463
中国诗歌 夏夜	3465
中国诗歌 雪线	3409
中国诗歌 惊春	3415
中国诗歌 最新的词	3464
中国诗歌 薄雪	3410
见证 中国乡村红色群落传奇	5190
毛泽东三兄弟	5226
毛姆文集 人性的枷锁（上下）	15537
毛姆文集 刀锋	15538
毛姆文集 毛姆短篇小说选（Ⅰ）	15533
毛姆文集 毛姆短篇小说选（Ⅱ）	15534
毛姆文集 月亮与六便士	15535
毛姆文集 彩色面纱	15536
毛承志书画集	10832
手机	13217
长在中原十八年	5207
长眠医生	13238
从消逝的村庄走来	5216
月光手帕	9662
风中烛	12062
乌尔逊河边的狼	9342
乌托小国	9139
乌龟也上网	9154
凤鸽儿 A Very Special Pigeon 汉英对照	9346

六指雪貂	17133	白鹅的孩子	8986
文心选编	9584	令人烦恼的茶壶	16359
文学与快乐	5198	印度	17318
文学社群与文学关系论	7170	冬天的小鸟	16332
"文学"概念史	6751	冬日一杯茶	16351
文章辨体序题疏证	6834	冬日笔记	14587
方方散文	5172	冬眠的动物	16251
火之编年史	16378	鸟儿们的旅行	16253
火车出发了	17377	鸟小姐在巴黎	12090
火线剧社女兵日记	5181	乐园	13237
火桂花 The Cassia Tree 汉英对照	9343	玄幻故事集	12104
巴中友谊颂	14406	闪灵	13215
巴萨关键词	17454	头脑风暴教授	16393
水浒传 汉俄对照(1—5)	2692	汉藏民间叙事传统比较研究	6498
幻象集	14053	它被谁吃了?	17253
幻影	16361	冯雪峰全集(1—12)	8036
未走之路——弗罗斯特诗选	14165	写在雪地上的书	9661
去雅典的鞋子	2148	写作这回事 创作生涯回忆录	13248
世界上最奇怪的动物	16389	写给女儿的故事	16272
世界是什么?	17314	写给孩子们的故事	16273
古文物专家的鬼故事	12102	让我陪在你身边	17111
古罗马	17316	永不凋谢	5228
古怪城镇的一天	17381	永恒的孩子	12068
古怪故事集	16368	边陲鬼屋	12101
古登堡的学徒 小印刷师马丁的日记	16312	发怒的火山	16250
石中剑	12059	圣诞夜奇遇记	17374
打油小说集	13263	圣诞颂歌	11276
卡蹦豆超市的小怪人儿	16321	圣经文学研究(第十二辑)	7494
北鸢	1260	圣经文学研究(第十三辑)	7496
北京是个好地方	17225	台北女孩看大陆	5173
叶兆言研究资料	6519	台湾街角小旅行	5183
四一班的神奇教室(1—8)	16456	动物园	13766
四一班的神奇教室 1 打喷嚏神秘事件	16322	动物的菜谱	16254
四一班的神奇教室 2 重来一次的心愿	16323	老卫队的探戈	12088
四一班的神奇教室 3 我的名字真讨厌	16324	老奶奶的狼	9340
四一班的神奇教室 4 都是谎言惹的祸	16325	老岸	1267
四一班的神奇教室 5 长大后想做什么	16326	地方法院	12078
四一班的神奇教室 6 偶尔也会闹别扭	16327	共命鸟	7795
四一班的神奇教室 7 这也许就是恋爱	16328	芒果的滋味	16379
四一班的神奇教室 8 我们还能再见吧	16329	亚特兰蒂斯之心	13247
白马部落	5186	再进獐子岛 中国作家獐子岛行	5165
白马雪儿 Looking for Snowy 汉英对照	9344	西方历史上的"诗与哲学之争"	7501
白海豹	16363	西汉列车	1257

1473

书名	编号
西顿动物故事	16366
在人群中消失的日子	5199
在上帝的眼皮底下	2256
在上帝的眼皮底下	5217
在山泉诗话校笺	6833
在印象派画家身旁 波丽娜日记	16309
在爱情与欲望之间	17451
百日阳光	1264
百分之百无所畏惧	17123
百分之百独立完成	17122
百年战争记事 让娜的日记	16313
百步街	9142
百草园·社戏·三味书屋	9630
百家姓	9595
有20头大象的餐厅	17117
灰娃的高地 Huiwa's Stand 汉英对照	9345
灰烬之城	13258
列那狐的故事	16664
成为小镇神探	17145
托马斯·伯恩哈德自传小说五部曲	12089
划桨入海	17121
毕飞宇研究资料	6513
邪屋	13268
当天使坠落人间	16256
同声四调	5197
因为有你,世界在变	17450
回家的路	13243
年糕树	9660
朱苏进研究资料	6511
朱雀	1259
朱鹮	13767
传薪者——上海古籍往事	5202
自言自语	5220
向上的台阶	2160
全校会注集评聊斋志异 修订本(1—4)	2695
会咬人的香肠	17009
杀人回忆	13262
创意作文进阶训练	17267
名利场 杨绛点烦本(上下)	11273
多彩果蔬园	17256
刘亮程散文	5201
关于人生的哲学课	17170
关于世界的哲学课	17171
米米朵拉	1249
江南北国诗痕	3430
汤团王	7796
安尼尔的鬼魂	13235
安魂	1239
冰上怪兽	11269
冰鲸	17115
许愿树	16282
寻找乌托邦——现代美学的危机与重建	7495
寻找海盗宝藏	17147
那里的印度河正年轻	14594
如何赞美一只乌鸦	9567
如果生活欺骗了你	14097
如梦初醒	16284
好人难寻	13246
好痒啊	16275
欢乐农场派对日	17379
红尘匹马长安道 中国商人往事	10826
红花草原	8983
红星照耀中国	14442
红蚂蚱 绿蚂蚱	8715
红袖添香夜读书 北宋文人往事	10825
红楼艺术	7164
红楼梦 汉俄对照(1—7)	2691
红鞋子(精装版)	8982
红襟鸟	16289
孙应鳌集	8245
孙绳武诗文集	7673
玛丽和糖果人	16294
进退	1256
远河远山	9138
远程巡逻队	17083
走出肯尼亚 一个人和一个家族的奋斗	14584
走出盆地	1281
走进帕米尔高原——穿越柴达木盆地	5193
走到世界尽头	17146
花瓣饭	8718
克苏鲁的呼唤	13269
苏轼和陶诗编年校注	3805
苏童研究资料	6517
极北直驱	14765

极花	1250	我家来了个怪外婆	17112
极限幻觉	9152	我想跟自己谈谈金钱哲学	17452
杨绛——永远的女先生	5223	每一个的影子	16352
李子树上的男孩	12131	每一天都快乐	16387
李英儒与《野火春风斗古城》	6503	何洁往事	5185
李晓明与《平原枪声》	6524	作业大冒险	17007
更多的人死于心碎	13227	低到尘埃里 张爱玲情事	5213
丽丽的风筝	16278	你们无法得到我的恨	14588
丽丽的水果	16277	你冬眠吗？	17254
丽丽的菜园	16276	你所不知道的溥仪	5189
丽赛的故事	13256	你能拒绝诱惑	5208
还有,宝莱特……	12064	身体日记	12095
来自海洋的邀请	17376	谷源涌散文集	5180
来自遗忘的最深处	12081	这是不是个人	14583
抓住时机	13224	这是谁的脚印？	9501
抗日战争（1—3）	5162	这样你就不会迷路	12082
抗战呐喊 民国珍稀史料中的		闲人再思录	14589
抗日战争	10821	闲人痴想录	12076
吴宓和民国文人	5227	弟子规	9594
时雨谷案	13771	汪曾祺小说全编（上中下）	7794
旷野迷踪	16258	沙皇的信使	11271
吟余拾存 行骥老人诗词创作七十年	3426	沙漠的眼睛	8984
吹魔笛的雅蒂微嘉	16259	沧海撷英 丹桂飘香 风情物语	
告诉我,什么是天和地？	16391	灵秀河山 诗韵有声	10829
我不过无比正确的生活	5163	没有办法一直努力的人生	5224
我们一起坐看云端	17449	没有男人的夏天	13257
我们的朋友狗狗	16370	没有我,世界会不会不一样？	16390
我会被当成老笨蛋	14586	沉睡森林的丑公主	16280
我,玛格丽特公主	16333	完美的一天	16354
我和草原动物朋友	9566	宋元小说家话本集（上下）	2694
我的小狗	16281	局外人	12066
我的专注力训练书1	16263	张弦研究资料	6508
我的专注力训练书2	16264	陆文夫研究资料	6510
我的文档	13242	阿来散文	5205
我的孔子	3414	阿奇与阿七	16404
我的包着红头巾的小白杨	13915	阿拉伯南方之门	14591
我的名字叫王村	1272	阿猫和阿狗	16406
我的探险生涯Ⅰ	17455	陈白尘研究资料	6521
我的探险生涯Ⅱ	17456	妖怪博士	16384
我的第一本童话故事书	16266	纯洁的领域	13761
我的第一本睡前故事书	16265	玩偶死去的夏天	12085
我是我的神（上下）	1244	玩着,等待花开	9151
我亲爱的小玫瑰	16243	青铜魔人	16380

坦白	1245	夜晚的秘密	16271
幸存者游戏	13267	怪梦探秘	17120
苹果	16373	怪盗二十面相	16381
苹果树	12065	炉边蟋蟀	11277
范小青研究资料	6512	学会观察和倾听自己的情绪	17457
林间空地	14166	法国文学的理性批判精神（增订本）	7498
画画旅行	17544	河上柏影	2156
画家王福历险记	16267	泣血长城	5155
卧龙湖往事	1248	泳池夏日屋	12087
事实如此	3412	宠物公墓	13250
雨王亨德森	13228	空暗女王	12060
雨从哪里来？	17257	诗美学（修订版）	6507
奇幻森林	16364	孤独者的秋天	14168
欧美文学论丛第十辑 成长小说研究	7492	贯通与驾驭：宋代文体学述论	7165
欧美文学论丛第九辑 俄罗斯文学研究	7493	契诃夫小说全集（1—10卷）	15526
拉维尔斯坦	13226	春风秋雨 中国当代文学五编辑散文选	5176
到来的时刻	16353	春花的葬礼	14167
到爱情为止	1246	玻璃之城	13260
非法智慧	9153	城与海——朗费罗诗选	14172
非洲	17315	城市之光	1266
国王的全息图	13236	城市片断	1270
明代文学思潮史	7292	城市民谣	1263
明宫女	2162	城市表情	1268
帕斯捷尔纳克传（上下）	14711	赵本夫研究资料	6523
凯尔特	17319	草虫的村落	9659
购买上帝的男孩	9663	草房子	9148
彼得兔经典故事全集	16283	茧	1255
所有爱的开始	12071	荒原——艾略特诗选	14173
金色的麦田	2157	故宫三部曲	9615
金翅雀	13220	胡石言研究资料	6518
金瓶梅 汉西对照（1—9）	2690	胡厥文诗词集	3405
金瓶梅 汉德对照（1—8）	2696	柏杨序事	5167
采莲浜苦情录	1273	柳青年谱	6504
周大新文集（1—18）	7685	柳青传 附·柳青和女儿的谈话	5160
周大新精选集（1—4）	7676	树国之旅	16285
周易（汉俄对照）	10938	树结钟	8989
周梅森研究资料	6514	咸阳宫	1238
饲养	13757	威尼斯商人	14906
变幻的天气	16248	面包和汤和猫咪好天气	13774
变色猫与月亮冰激凌	17116	残缺骑士	12061
庞瑞垠研究资料	6522	拾婴记	8716
夜之色	16320	轻松玩写作	17268
夜莺之歌	16288	战争传说	1282

临朐冯氏年谱	10828	洪堡的礼物	13223
星河 日月	3455	洛塔的日记 1 小兔满屋	16374
星河 雨后	3411	洛塔的日记 2 野兔子帮	16375
星河 流水	3419	洛塔的日记 3 小虫魔曲	16376
星河 黑陶	3431	洛塔的日记 4 野兔行动	16377
星河 暗香	3417	突然，响起一阵敲门声	13770
星空下的凯莉亚	16319	穿过锁孔的风	13271
星座号	12069	神之病历 3	13760
品悟人生随笔	9664	神奈川海边的大浪	16318
哈克贝利·费恩历险记	12795	神奇故事集	16367
哈利·波特与被诅咒的孩子	14984	神秘大森林	17252
哈利·波特与密室（全彩绘本）	12296	神秘的星球	16247
选择有灵魂的工作	17453	误入歧途	1276
香火	1262	"娜拉现象"的中国言说	6744
香魂女	2161	贺兴安文集（1—3）	7686
种树的人	16268	勇斗忍者蛙	17008
科学实验玩起来	17246	勇闯精灵国	17118
重生	12093	勇猛的牧羊犬	9150
重返基利贝格斯	12092	勇敢的泪珠儿	16293
复仇新娘	13253	绕路而行	12080
俄国革命前夜 柳芭日记	16308	给我留下华尔兹	13264
俗世奇人（足本）	2144	给孩子一个好身体	17247
追时间的女人	13232	骆驼祥子 二马	2507
追踪雪豹	9335	泰戈尔经典诗集	16365
食物从哪儿来？	17311	珠峰史诗	14593
逃走的小水滴	16249	班尼狗的故事	16311
盆栽	13241	匿名	1236
胜者即是正义 1	13789	耆年集 陆林文史杂稿三编	7168
胜者即是正义 2	13765	恐龙	16372
胜者即是正义 特别篇	13764	荷尔德林诗集	14052
独自呢喃的树	5229	恶潮扩张	13762
独药师	1253	莎士比亚喜剧五种	14905
弯月河	9149	莎士比亚悲剧五种	14904
亲爱的敌人	1242	真想变成大大的荷叶	9454
美丽的西沙群岛	5192	格拉长大	8719
美丽的年轻女子	12073	校园秘史	13239
美丽的植物	16252	夏天的早晨	16350
美然与四季骑士	16262	原来如此的故事	16286
迷情	12086	捕梦网	13255
前往阿姆河之乡	14595	热鸟	9137
前路缤纷	3406	晓英·赝说·鹿鸣馆	13758
首相 A	13759	哭泣的小猫	8720
炼狱·天堂 韩美林口述史	5231	铁血红韵	3422

透明怪人	16348	猫与鸟	16261
倾听花开的声音	5196	猫的事务所 宫泽贤治童话精选集	
爱尔兰的凯尔特文学与文化研究	7502	（精装插图版）	16394
爱尔兰童话故事	16287	祭日之约	13252
爱在山野	9336	惊魂记	12103
高晓声研究资料	6520	着魔的人	11275
郭麐诗集（上中下）	3806	烽火边城 中共抗战与毛泽东崛起	10824
疼痛	3425	清人诗集叙录（上中下）	7328
阅读与写作	9583	淡淡的蓝	9450
烟河	13763	深夜的蚕豆声	
海钓	9338	——丝绸之路上的神秘采访	2146
海洋真奇妙	17255	屠岸诗文集（1—8卷）	7675
海浪 达洛维太太	12107	随海鸟远航	17114
浪游者	14054	隐蔽在河流深处	2257
浪漫的中国：性别视角下激进主义思潮		隐蔽在河流深处	5218
与文学（1890—1940）	6741	维瓦尔第的歌手 露克蕾霞日记	16307
家谱	12084	绿里	13251
请你记住——缪塞诗选	14170	塔楼传说	16295
读悟天下 薛保勤诗歌选	5188	敬隐渔文集	8191
读读 看看 写写（上下）	6506	敬隐渔传	5212
被占领的巴黎 伊莲娜·皮图日记	16315	韩东研究资料	6515
冥想之诗	15707	朝内166号记忆（插图本）	5171
难忘的书与插图（续编）	10823	朝内166：我亲历的当代文学	5204
难解的算数题	16274	朝霞	1258
预警	1279	紫雾	2158
理性的黄昏 朱铁志杂文选	5195	最后的计谋	13768
教堂钟声	11274	最美的欧洲童话绘本（1-4）	16306
聊斋志异详注新评（1—4）	2689	喷火器	13254
黄金在天空舞蹈	14255	遗失的行李	12072
黄蓓佳研究资料	6509	喝牛奶的猪	9341
萤火虫	9451	喀尔巴阡古堡	11270
营救鹿角兔	17119	赐我理由再披甲上阵	5168
萧红散文	5200	黑水手·蚂蚁象	9146
梦田	9135	黑暗的另一半	13249
曹文轩文集 天猫网定制版	9144	黑痴白痴·盲羊·跳蚤剧团	9145
探索金字塔之谜	17380	黑魔女学园 1 千代的第一堂魔法课	16334
野芒坡	9140	黑魔女学园 2 千代飞起来了	16335
第五号房	1252	黑魔女学园 3 棋逢对手	16336
做在大胡子里的鸟窝	9658	黑魔女学园 4 黑魔女的仙履奇缘	16337
鸽子号（第四期）	9565	黑魔女学园 5 五年级一班大骚动	16338
悉达多	12130	黑魔女学园 6 秋琵特失踪了！	16339
彩笔昔曾干气象——绝句之旅	5203	黑魔女学园 7 万圣节前夕	16340
彩霞果酱	8988	黑魔女学园 8 红线之谜	16341

智血	13321	蜜月旅行	12083
储福金研究资料	6516	蜜蜂公主	16371
奥吉·马奇历险记	13229	蜜蜂的生活	16362
奥地利的皇后 茜茜公主的日记	16314	褐色鸟群	2147
奥德赛	16270	熊	13230
鲁鲁	8717	飘窗	1247
寒竹诗草	3413	踏上丛林征途	17378
富人和穷人	12063	蝙蝠怪"妈妈"	17110
裤裆巷风流记	1275	墨西哥湾千里徒步行	14596
登山挑战者联盟	17375	骸骨之城	13261
骗子	12070	箱庭图书馆	13787
肆意妖娆	5221	潘帕斯的居民们	16317
蓝鲨之梦	5182	潘德舆全集（1—5卷）	8264
想太多的猫	16405	瓢虫找新家	16291
想起草原	1243	燃烧的激情	3418
摸进人性之洞	5209	戴胜鸟日记	8985
睡美人与魔纺锤	16356	螳螂一号	9156
暗夜	2145	藤乡	3423
路易十四的宫廷 安吉丽科的日记	16310	翻译的"政治"——现代文坛的翻译论争与文学、文化论争	6743
罪恶生涯	12106	翻译家耿济之	5166
错误岛	16290	蘑菇圈	2155
锡伯渡的秋天	5164	爆炸现场	5169
锦帆桥人家	1271	魔表	9157
简单的菜谱	13259	魔法星星海	8990
躲在树上的孩子们	16360	魔鬼的算术	17081
新凤霞回忆录	5187	魔鹿	9337
新编美的曙光	10833	霹雳贝贝	9155
慈悲	1237	11/22/63（上下）	13366
塞拉斯叔叔	12105	2015 中国文坛纪事	6505
赫索格	13225	2015 中国最佳科幻作品	2152
慢速生活	17459	2015 中篇小说	2151
精品诵读（一年级下）	10231	2015 报告文学	5177
精品诵读（二年级下）	10232	2015 青春文学	2150
精品诵读（七年级下）	10237	2015 散文	5174
精品诵读（八年级下）	10238	2015 短篇小说	2149
精品诵读（九年级下）	10239	21 大厦	1280
精品诵读（三年级下）	10233		
精品诵读（五年级下）	10235		
精品诵读（六年级下）	10236	**2017 年**	
精品诵读（四年级下）	10234	一九三七年的爱情	1319
漫游之诗	15708	一个人的夜晚	9510
赛姆勒先生的行星	13222	一个人的诗歌史	6539
察沃的食人魔	14597	一个人的绿龟岛	9167

条目	页码
一个传奇的本事	5589
一个演员的生活笔记	5266
一个演员的库藏记忆	5265
一片叶子下生活	5246
一只打开坚果的狼	16493
一只眼睛睡了 一只眼睛醒着	3437
一只想做强盗的猫	9007
一对白天鹅·温迪古尔灰雁	9382
一纸情深	5306
一群与众不同的鸟	16396
二十世纪女孩 弗洛拉·邦宁顿的日记	16428
二马 牛天赐传	2511
二年级日记狂（升级版）	9570
十号的命运	13282
丁玲散文	5237
七个来自远方的故事	12150
八月的星期天	12099
人生散叶	5239
人间天堂	13313
人到中年 方舟 中篇小说卷（1979—1982）	2175
人性的弱点 80周年纪念版	17465
了不起的盖茨比	13306
三寸金莲	1323
三个音乐家	16419
三个彩色故事	13296
三只鸟的故事	16596
三只喵厨师	8729
三字经	9600
三沙,蔚蓝的绽放	7797
三国演义 汉日对照（1—6）	2701
大饥荒 爱尔兰女孩菲利斯的日记	16429
大头鱼在雨天和晴天	8991
大地的孩子	16556
大红狗大救星	16513
大红狗去上学	16500
大红狗去远足	16525
大红狗去医院	16506
大红狗去体检	16543
大红狗去旅行	16507
大红狗加入棒球队	16542
大红狗在马戏团	16504
大红狗在成长	16515
大红狗当消防员	16511
大红狗忙碌的一周	16531
大红狗克里弗	16509
大红狗克里弗礼盒套装（1—40）	16549
大红狗克里弗（第1辑 1—10）	16537
大红狗克里弗（第2辑 1—10）	16538
大红狗克里弗（第3辑 1—10）	16539
大红狗克里弗（第4辑 1—10）	16540
大红狗还小的时候	16502
大红狗找工作	16512
大红狗,我们爱你	16527
大红狗和小猫咪	16524
大红狗和爸爸	16518
大红狗和恐龙	16541
大红狗和爱抱怨的邻居	16520
大红狗和暴风雨	16523
大红狗的万圣节	16528
大红狗的生日会	16514
大红狗的圣诞节	16529
大红狗的伙伴们	16521
大红狗的快乐冒险	16516
大红狗的春季大扫除	16522
大红狗的复活节	16536
大红狗的美国游	16535
大红狗的夏天	16503
大红狗的第一个秋天	16505
大红狗的第一个雪天	16526
大红狗参加大巡游	16534
大红狗参加运动会	16533
大红狗是明星	16530
大红狗是冠军	16508
大红狗爱助人	16510
大红狗第一次去学校	16519
大红狗第一次在外面过夜	16532
大红狗最好的朋友	16517
大红狗懂礼貌	16501
大狗传	2168
大狗喀啦克拉的公寓	9378
大学	9597
大波	1325
大爱无言	13798
大家都是好朋友	17176

大象	12724	小朋友和大朋友	17177
大森林的小木屋	16448	小鬼鲁智胜	9162
大瘟疫 伦敦女孩爱丽丝的日记	16432	小美的精言妙语	16581
与众不同的男老师	17173	小说是灵魂的逆光	5271
万历书坛——邢侗个案研究	7173	小说课	5233
上古追缉	9372	小孩子的权利	16417
上海老城厢、龙华与徐家汇寻旧	10836	小蜗牛慢慢来	16544
山居闲话 胡同文化	5593	乡村医生	12122
千代的即刻救援	16621	王城如海	1288
千家诗	9598	开心点,阿尔菲	17192
凡尔赛公主 玛丽·安托瓦内特的日记	16430	天才少年T.S.的漫游历险记	13270
		天上的船	9161
门在楼梯口	13285	天地奇旅	9375
已经忘却的日子 不合时宜 人生访谈卷	5280	天有二日？禅让时期的大清朝政	10837
		天真的预言——布莱克诗选	14058
女子的服饰 第二件红毛衣	5595	天狼星的阴影	14179
女生贾梅；十六岁的少女	9165	天漏邑	1289
女性的权利	14766	无形的武器	13791
飞向太空港	5285	无意的时针	3442
飞行酿酒师	2170	元素周期表	12126
飞越风暴	17139	元剧考论	7171
飞鼠萨米历险记	17198	云南看云集	5587
小人精丁宝	9377	云雀谣	9168
小丫头奥尔加 去度假	16481	艺术三昧 音乐会	5596
小丫头奥尔加 过生日	16482	五百万汉字	2173
小丫头奥尔加 变魔法	16484	不必然的对等——文学改编电影	5269
小丫头奥尔加 做怪事	16483	不争吵,阿尔菲	17181
小丫林晓梅	9164	不如归	13796
小小烧炭工	16455	不哭	12140
小木屋系列（经典插图版1—9）	16460	不想吃饭,阿尔菲	17189
小毛毛不想长大	16614	历史选择了法家	8726
小毛毛想飞起来	16613	历代律诗选评	3812
小鸟生物钟	9508	友情是一棵月亮树	9361
小尼克的大探险	16480	厄尔尼诺诅咒	9369
小朵朵和大魔法师	8997	比萨镇奇遇	9012
小朵朵和半个巫婆	8998	《瓦尔登湖》艺术笔记	17394
小朵朵和超级保姆	8996	瓦尔登湖（全注疏本）	14443
小米、小马和小墨	16545	少年曹操	1313
小妇人	16459	日照清东陵	1348
小红帽的野花标本集	16488	中国近代文学发展史（修订本）（上中下）	7293
小芬的蝈蝈	9005		
小拇指的树叶标本集	16485	中国担保.44	10969
小明和小明	9601	中国担保.45	10968

书名	页码
中国担保.47	10971
中国诗词日历·2018	10847
中国诗学(第二十三辑)	7179
中国诗学(第二十四辑)	7181
中国诗歌 2017 年民刊诗选	3473
中国诗歌 2017 年网络诗选	3438
中国诗歌 2017 年新发现诗选	3432
中国诗歌 半个冬日	3459
中国诗歌 如鸟飞翔	3458
中国诗歌 芦花放	3453
中国诗歌 我的天涯	3457
中国诗歌 变异的故乡	3439
中国诗歌 指点江山	3440
中国诗歌 秋兴九章	3433
中国诗歌 浮生记	3456
中国诗歌 遥望	3452
中国话剧百年典藏·作品卷 10（1990 年代）	5910
中国话剧百年典藏·作品卷 1（早期新剧）	5901
中国话剧百年典藏·作品卷 2（五四时代）	5902
中国话剧百年典藏·作品卷 3（1930—1937）	5903
中国话剧百年典藏·作品卷 4（1937—1940）	5904
中国话剧百年典藏·作品卷 5（1940 年代）	5905
中国话剧百年典藏·作品卷 6（1950—1960 年代）	5906
中国话剧百年典藏·作品卷 7（1970 年代）	5907
中国话剧百年典藏·作品卷 8（1980 年代Ⅰ）	5908
中国话剧百年典藏·作品卷 9（1980 年代Ⅱ）	5909
中国话剧百年典藏·理论卷一（1906—1929）	6752
中国话剧百年典藏·理论卷二（1929—1949）	6753
中国话剧百年典藏·理论卷三（1949—1977）	6538
中国话剧百年典藏·理论卷五（百年话剧记忆）	6536
中国话剧百年典藏·理论卷四（1978—2000）	6537
中秋节快乐	9503
中庸	9596
贝尔曼与黑衣人	12143
毛泽东诗词全编鉴赏(增订本)	3469
从百草园到三味书屋 公园	5598
从神话走向文明	8721
从热烈到温煦	5273
从尊敬一事无成的自己开始	5222
从新德里到布罗斯 骑行万里，追寻真爱	14608
父与子 处女地	11434
父子的远方	9365
父亲岛	12119
今天我想慢吞吞	17137
分类放，阿尔菲	17178
公羊的节日	13305
月光下的蝈蝈(升级版)	9457
月色撩人 鬼魅丹青 中篇小说卷（2008—2011）	2177
月球闭合线	9373
风哥哥	9509
风烟望故国	3443
乌塔耶书	14059
文学少年	5257
忆语三种	5679
火花	13788
火星人百科全书	16383
斗牛士之名	13274
心动周期	9367
心是孤独的猎手	13293
心航集 柳斌诗词	3434
巴山夜雨	2512
劝导	11284
书生戎马	3448
书店的戴安娜	13802
水浒猎人	1320
玉带桥(上中下)	1294
末日愚者	13775
末代大亨	13312
末代皇帝:溥仪影像全析	5290

未完成的肖像	12108	礼崩乐坏的春秋	8723
世上也有小巨人	16612	记丁玲 记丁玲续集	5588
世纪之约	9376	永不满足	16595
世界尽头的世界	13289	永远的哨兵	9362
世界美术名作二十讲	10839	永恒之王四部曲(1-4)	12144
《世说新语》美学研究	7174	尼贝龙根之歌	14055
古诗十九首释 经典常谈	7180	尼尔斯骑鹅历险记	16555
本来我们应该跳舞	12120	尼罗河的女儿 克利奥帕特拉七世的	
可怕的爬虫屋	16408	日记	16433
布封 鸟的世界(第一册)	17460	加莱义民	16425
布封 鸟的世界(第二册)	17461	加薪秘诀	12133
布封 鸟的世界(第三册)	17462	边城 湘行散记 插图典藏	8192
布封鸟的世界(第五册)	17464	边缘故事集	13277
布封 鸟的世界(第四册)	17463	圣诞夜	16424
龙抬头	12118	圣经中的故事	16466
电气人	16551	母亲的女儿	12116
电话大串线	9000	幼儿园,我来了(8册)	9511
田园的忧郁	13794	丝绸之路	3429
史铁生作品全编(1—10)	7684	动物商店	16593
叩问生命的留白	3436	吉吉的帽子丢了	16597
四大名著珍藏版	2703	老大 第一季	13800
《四库全书总目》的官学约束与学术		老大 第二季	13801
缺失	7172	老马威尼·溜蹄的野马	9381
生日礼物	16600	老师是位船长	17172
生日快乐,爸爸	17188	老张的哲学 猫城记	2509
生命册	1310	地衣:李村寻人启事	5317
生命是怎么回事	16411	地狱之门	12128
仙缘与尘缘	5252	地粮	14602
他乡的天空 摩尔宫殿的秘密		耳朵上的绿星	8999
散文卷(2001—2005)	5277	机器人启示录	13290
他和他的人	13776	再见,不勇敢的我	17082
印象与风景	14603	西乡钞	13783
处男葛不垒	2164	西游记 汉日对照(1—8)	2702
外星人来啦	16426	在旧时光里徜徉	
乐府歌辞述论	7177	——民国文人的欧洲游	5586
饥饿	17467	在他乡	8727
立新街甲一号与昆仑奴 摸鱼儿		有怪兽吗,阿尔菲?	17197
短篇小说卷(1991—2004)	2180	存在	13308
半驯之马	13295	灰姑娘的花草标本集	16487
半轮黄日	13804	灰舞鞋 密码 中篇小说卷	
汉晋女德建构	7184	(2003—2007)	2176
汉诺有一只小龙宝宝	16617	达·芬奇密码(精华版)	13276
让爱一起飞	3445	死亡是怎么回事	16410

书名	页码
毕加索的云彩	12127
尖叫	9500
当代寓言集	14598
当时实在年纪小	5259
吃鲷鱼让我打嗝	13279
吸吸的精言妙语	16577
朱增泉创作杂谈	5248
朱增泉散文与随笔·人物卷	5243
朱增泉散文与随笔·历史卷	5245
朱增泉散文与随笔·战争卷	5244
朱增泉散文与随笔·游记卷	5242
先到先得	13301
廷达里郊游	12145
伟大的旅程 叶卡捷琳娜的皇家日记	16434
伤心咖啡馆之歌	13292
华丽人生	13811
自由的画面 黑奴女孩克洛蒂的日记	16435
自行车之歌	5249
伊索寓言	16382
向历史诉说——我的父亲冯友兰	5262
向日葵的秘密	9159
向岁月致意	3435
全本详注金瓶梅词话(1—6)	2704
会飞的小溪	9002
会飞的软木塞	16462
会唱歌的火炉	5255
众声	5230
众声喧哗	2189
爷孙俩	10848
匈奴的子孙	5253
名字游戏 请勿谈论庄天海 短篇小说卷(2011—2016)	2182
多拉·布吕代	12097
刘志丹画传	10849
齐桓晋文的霸业	8724
问银河(升级版)	9568
米拉与阿尔菲	17196
米佳的爱情	11435
壮心未与年俱老 陆游诗词	3807
池塘	17250
安妮日记	16465
安娜之死	1295
安魂曲	12155
安德烈·托尔斯泰	14607
冰小鸭的春天	9004
冰封火焰之谜	13288
农庄男孩	16446
阳光大姐的故事	5286
那只打呼噜的狮子	9502
如果要去探险	16495
好好说再见	5241
欢乐的聚会,阿尔菲	17185
红奶羊	9347
红帆船	1290
红宅谜案	12134
红豆生南国	2166
红拇指印	12136
驯象学校大作战	9572
麦山的黄昏(升级版)	9353
麦秸垛 妻妾成群 中篇小说卷(1986—1989)	2185
玛法达的世界1	16471
玛法达的世界(1—5)	16470
玛法达的世界2	16472
玛法达的世界3	16473
玛法达的世界4	16474
玛法达的世界5	16475
玛德琳的故事全集	16439
远古的人类	16561
远航的白船	16422
走钢丝的人	16437
花村	1283
苍河白日梦	1322
芳华	1301
严格的寒假补习	16619
严酷的学校	16468
劳燕	1309
苏东坡突围 草木春秋 散文卷(1993—2000)	5281
苏北少年"堂吉诃德"	5258
苏轼诗词选	3809
村上海盗的女儿(下)	13777
村上海盗的女儿(上)	13778
杨度与梁启超 我们的祖父和外祖父	5236
李白诗选	3808
李国文评注酉阳杂俎	2697

李健吾传	5238
还有一位老船长	9349
吴三桂全传	5225
时间之间	9569
男人的一半是女人	1324
男生贾里;孤女俱乐部	9163
男孩的街(升级版)	9354
别乱动,阿尔菲	17182
告别天堂	1317
利图马在安第斯山	13303
我们一起聊大便	16415
我们见过吗 宋毓建悬念小说精选集	2169
我们为啥长毛发	16414
我们去找一盏灯 阿弟,你慢慢跑	
短篇小说卷(2005—2010)	2181
我们终将改变潮水的方向	5235
我们怎样远离暴力	16416
我们怎样接受不同	16412
我们班的淘气包	17175
我们就这样走向迷途	
卡夫卡文学箴言与绘画	17468
我在你身旁	9366
我这一辈子 老舍中短篇小说选	2508
我没有自己的名字	2163
我的天才女友	12113
我的名字叫米娜	16559
我的轮椅 舞台旋转 散文卷	
(2005—2016)	5278
我的叔叔	16492
我的家很大很大很大	9507
我是米拉儿(升级版)	9383
我是谁	8728
我保佑不了你	3450
我亲爱的玛德莲	12132
我亲爱的童年(升级版)	9350
我家来了外星人(升级版)	9573
我想和你在一起	8731
体育馆之谜	13823
你好,沉默	9368
你好,请问几点打烊	5251
你的生活就这样了?	5275
你的夏天还好吗?	13773
你是黄昏的牧人——萨福诗选	14057
你怎么弱得心安理得	5282
近似无止境的徒步	2187
坐在你身边看云	14060
狄更斯的圣诞故事	11285
系绳结,阿尔菲	17184
这个夏天	16558
这无穷尽的平原的沉寂	
——魏尔伦诗选	14056
这本书能救你的命	13273
忘却斜阳上土堆 周作人传	5240
怀念声名狼藉的日子 龙凤呈祥中篇	
小说卷(1998—2003)	2183
怀念狼	1318
怀念鲁迅先生 遥寄张爱玲	
散文卷(1957—1992)	5279
快一点,阿尔菲	17179
快乐的金色年华	16447
快乐星期八	8994
沙与沫——纪伯伦诗选	14320
没有地图的旅行	14605
没有她,我就无法成为自己	
马克龙夫妇的浪漫爱情	14611
没有指针的钟	13294
沉吟	12137
词学十讲	7183
阿尔菲与战士"爸爸"	17187
阿尔菲在思考	17186
阿尔菲有力量袋?	17195
阿尔菲,别笑得太早	17191
阿尔菲的秘密朋友	17180
阿曼佐的约定	16450
阿赫玛托娃诗全集(1904—1920)	14256
阿赫玛托娃诗全集(1921—1957)	14257
阿赫玛托娃诗全集(1958—1965)	14258
陈忠实纪念集	5283
陈绎曾集辑校	8255
纸上乾坤	5291
玩具国奇妙夜	17136
青瓜瓶(升级版)	9352
青鸟	16553
青鸟(续篇)	16554
青泥莲花记	5677
玫瑰与紫杉	12110

表演开始啦	16420	金词风貌研究	7175
幸存者	1346	金钱与抗日战争	10831
幸运的小金鼠	8993	金瓶梅 汉日对照(1—8)	2700
幸福假面	12109	金瓶梅 汉法对照(1—5)	2699
英国经典思维冒险游戏书	17382	金瓶梅 汉俄对照(1—6)	2698
英国脑力思维训练书	17383	金斯堡诗全集(上中下)	14175
林家铺子 茅盾小经典	2513	命	2172
板桥杂记·续板桥杂记	5678	命运	1311
事实证明,人民永远是最可爱的	5215	爸爸	12151
刺客	2165	肮脏的书桌	13772
奔月	1316	兔面人传奇	9001
奇奇怪太空游侠	9371	变法争鸣的战国	8725
奇怪的团子	9504	夜色温柔	13307
奇面城的秘密	16629	夜的草	12096
奇迹男孩	13322	郊游去!	17174
欧美文学论丛第十一辑 欧美戏剧文学 与文化	7500	放大的时间	5256
		放松点,爸爸	17193
欧洲针织印花和壁纸纹样	17471	盲孩子和他的影子(升级版)	8992
欧洲新艺术植物纹样	17470	怪才的荒诞与忧伤	13302
择天记(第一卷)恰同学少年	1297	怪物比利·迪恩的真实故事	16491
择天记(第二卷)数寒星	1298	怪盗四十面相	16557
择天记(第七卷)西风烈	1305	单身社会	17466
择天记(第八卷)敢叫日月换新天	1307	法蒂玛之手	12147
择天记(第三卷)莫道君行早	1299	宝船	9616
择天记(第五卷)东方欲晓	1306	诗韵人生 李黎诗选	3446
择天记(第六卷)战地黄花	1304	诗意的超越 谢莹莹文选	7799
择天记(第四卷)起风雷	1300	房客	12135
拇指男孩的秘密日记	16489	姆咪在冬天做的傻事	16442
到大地尽头	13805	姆咪妈妈的精言妙语	16578
非比寻常 中文系 2	1284	姆咪谷的俱乐部	16441
非常之洲 非洲见闻录	5276	姆咪谷的彗星	16440
卓别林 我的环球之旅	14609	姆咪和盗贼	16443
迪克西的热气球之旅	17148	姆咪的海上探险	16444
咚咚,谁在敲门	16594	姆咪的精言妙语	16580
罗盘	12141	姆咪爸爸的精言妙语	16579
凯尔特人之梦	13298	细民盛宴	1287
牧童	9505	驿路	13785
卑微的英雄	13297	春困	1315
迫害	12100	春宴	1308
彼得兔的世界 波特小姐书信手稿集	14444	春琴抄	13793
所有悲伤的年轻人	13315	封建制度的诞生	8722
金代诗论辑存校注(上)	6835	城市与狗	13304
金色眼睛的映像	12139	城堡里的骑士	17125

赵子曰 离婚	2510	追寻罗马缔造者的足迹	16569
某《小仓日记》传	13784	追寻海盗的足迹	16571
带上你的画笔	16494	追寻联盟	16461
带上铅笔去旅行	16498	追寻儒略·恺撒的足迹	16570
草间弥生:爱丽丝奇境历险记	16477	追蝴蝶的人	16479
草原上的小木屋	16449	叙事 玛卓的爱情 中篇小说卷	
草原上的小镇	16452	（1994—1997）	2248
茶馆 上海的早晨	7798	食梦少年	9370
荒野	17249	逃离	13812
故去者之国	13780	狮子的梦	9003
树叶	16496	施尼茨勒作品集(1—3卷)	15540
树叶	8732	恸哭	13790
是误会吗,阿尔菲?	17183	美好的七年	14767
哑舍(一)	1342	美丽的愿望	9452
哑舍(二)	1343	迷思雨	3449
哑舍(三)	1344	逆行的鱼(升级版)	9356
哑舍(五)	1347	济南的冬天	9456
哑舍 古董小传	1312	穿堂风	9364
哑舍(四)	1345	祖列依哈睁开了眼睛	12634
哑舍(零)	1341	神奇动物在哪里(原创电影剧本)	14985
星河 大地	3470	诱变 黄跃华中短篇小说集	2188
星河 日暮	3454	勇敢点,阿尔菲	17194
星河 港湾	3441	结婚 没有意思的故事 短篇小说卷	
星星去哪儿了?	9513	（1979—1990）	2179
哈利·波特与阿兹卡班囚徒		给青年小说家的信	14612
（全彩绘本）	12297	给孩子们的诗园 古诗卷	9455
咬人的夏天(升级版)	9351	给孩子们的诗园·外国童诗卷	17138
看那灰色的马	13806	绝无仅有的小学	16622
看看你身边	16499	班尼和奶嘴	16546
怎样上好群文阅读课(3—4年级)	10093	班尼受够了!	16547
怎样上好群文阅读课(5—6年级)	10092	都柏林人	12121
选本编纂与八十年代文学生产	6541	莱文沃思案	13286
重写未来	12148	莫恩先生的悲剧	14986
重新派遣	13278	莫称之为夜晚	13808
俄罗斯文学中彼得堡的现代神话意蕴	7503	恶意之山	13807
俄罗斯后现代主义文学研究		莎士比亚戏剧故事集	16457
——理论分析与文本解读	7499	真正的朋友	16395
《俗世奇人》(足本)评论集	6542	真有其事	12149
鬼魅的大窗子	16407	桂香街	1293
侯家路	5254	校长是文具盒	9010
追寻马可·波罗的足迹	16567	核桃鼠和他的伙伴们	9006
追寻达·芬奇的足迹	16566	根鸟(当当版)	9166
追寻希腊众神的足迹	16568	哥儿	13795

书名	页码
破门	13779
破烂的电梯	16467
原来如此的故事(全译插图本)	16399
逐云而居	14599
致艾尔薇拉——拉马丁诗选	14061
致薇拉	14601
眠空	5250
晓风杨柳岸	3447
啊呜啊呜好吃的节日多	9571
圆环	13272
铅笔上学了	9011
秘密的心	16560
航海的历史	16562
爱写诗的小螃蟹	8995
爱因斯坦:我的宇宙	5264
爱行天下	5289
爱玛	11279
爱丽丝梦游奇境(150周年纪念版)	16476
爱丽丝镜中奇遇记	16397
爱的重量	12115
爱是怎么回事	16413
恋爱与打扮大作战	16620
离开的,留下的	12146
离别时刻	13281
唐五代词选注	3813
唐宋名家词选	3810
唐诗三百首详析	3811
站在金字塔尖上的人物	5270
烟壶 美食家 中篇小说卷(1983—1986)	2174
凄凉别墅	12098
涛声人面	5214
海底历险记	16583
海底隧道	9158
海底魔术师	16550
海滩	17248
浮生六记	5680
家长和孩子一起玩的小实验1	16563
家长和孩子一起玩的小实验2	16564
家守绮谭	13803
请收藏我的声音(升级版)	9358
朗读者1	10841
朗读者(1—6)	10846
朗读者2	10842
朗读者2018日历	10850
朗读者3	10843
朗读者手账	10851
朗读者(青少版)	10844
诺桑觉寺	11283
被束缚的人	12123
被遗弃的小狐狸	16615
被遗忘的公主	16418
谁来救阿尔菲?	17190
谁偷了假牙?	17124
谈艺录及其他	10838
谈吃 上海的吃及其他	5594
谈抽烟 吸烟与文化	5599
剥肉桂的人	14176
通往威根码头之路	14606
绣花儿	9506
彗核	9374
理智与情感	11281
理想国	13792
教我灵魂歌唱的大师	5272
黄色魔术师	16592
黄金豹	16552
黄雀记	1292
黄棠一家	1314
萝卜先生的信	9008
梅溪岸边	16454
梅赛德斯先生	13284
盛夏的翅膀	8733
雪虎	16458
雪莲花的歌唱	8734
描花的日子	5268
推理要在晚餐后1	13824
推理要在晚餐后2	13825
推理要在晚餐后3	13826
接近于无限透明 叔叔阿姨大舅和我 中篇小说卷(1990—1993)	2184
匙河集	14178
野兽的烙印	12125
曼波鱼大夫航海记	13782
曼哈顿的孤独诊所	13280
曼斯菲尔德庄园	11280
晚安	16599

崩溃	14615	黑夜天使	13283
铭心微言	5309	黑腔	13786
银湖岸边	16453	傲慢与偏见	11282
笠山农场	1291	《傲慢与偏见》艺术笔记	17395
笠翁对韵	9599	傅译精华(1—5卷)	15702
第十年的情人节	13809	奥尔皮里的秋天	14408
做优雅的巴黎女人		鲁滨孙漂流记	16464
时尚,智慧,自信,独立	17472	愤怒的小鸟(1—2)大电影	
欲望的旗帜	1321	全新动漫故事	16427
猫王	9360	普拉斯童话童谣集(汉英对照)	16490
猫斗,马德里,1936年	12114	湘行书简	5590
猫头鹰画家	8730	湘行散记 湘西	5591
猫和老鼠一起玩	16497	湮没的时尚·云想衣裳	10834
旋转木马	9514	湮没的时尚·花想容	10835
情感管理的艺术	17545	温柔天才(升级版)	9359
断头王后——玛丽·安托瓦内特传	14604	温暖的事物	3444
清中叶浙江女词人研究	7178	寒鸦之夏	16398
清代杜集序跋汇录	7176	富萍	1326
清晨起床号	13314	幕后故事	16421
淑女木乃伊(升级版)	9355	蓬蓬熊没兴趣	16828
深入北方的小路	13949	蓬蓬熊捡了一个熊弟弟	16616
梁光正的光	1349	蒲公英的舞蹈	9160
涵泳经典	5261	蒙娜丽莎	16423
隐藏于内心深处的那些黑暗	13287	献给艾拉·格雷的歌	16436
婚礼的成员	13291	雾越邸暴雪谜案(上、下)	13799
绿色魔术师	16598	嗷嗷!班尼	16548
绿原译文集(1—10)	15701	睡豚,醒来	1296
斯诺克小姐的精言妙语	16582	暗店街	12142
森林报·冬	16575	嗅嗅的精言妙语	16576
森林报·春	16572	简·奥斯丁文集(1—6卷)	15528
森林报·秋	16574	像天空一样美丽 鸟的艺术笔记	17469
森林报·夏	16573	新月集·飞鸟集——泰戈尔诗选	14321
森林装扮大赛	9512	新世界之旅 五月花号旅客女孩的	
雅德根 我的母系我的族	1303	日记	16431
悲惨的开始	16409	新名字的故事	12129
紫木槿	13769	新来的拖布老师	9013
最后一个故事,就这样啦	13781	新兵米西	1302
最后关头	16438	新潮女郎与哲学家	13316
遇到我的未来(升级版)	9357	意大利古建筑散记	10840
跛脚小苦鼠·更格卢鼠传奇	9379	数独1(升级版)	9701
喝茶 茶事	5597	数独2(升级版)	9702
赋比兴研究史	7182	数独3(升级版)	9703
黑豆里的母亲	9458	数独4(升级版)	9704

书名	编号
数独 5（升级版）	9705
数独 6（升级版）	9706
数独合集（升级版）	9707
群鸟的集会	16445
静人日记	13810
模仿上帝的小说家	5274
歌王	9348
酷暑天	12112
愿我们可以被原谅（上下）	13299
漂亮冤家	13311
漂流的贝雷帽	16463
漫长的冬天	16451
漫长的遗忘	12138
滴漏	14174
蜜月	12124
熊熊炉火照天赤	3451
横越美国	14600
樱花赞 西湖船	5592
撒旦的情歌	12111
撞笼的金雕·信鸽阿诺克斯	9380
暴力夺取	13320
蝙蝠香	9384
噗噜噗噜蜜	9169
澳门夜曲	12117
劈你的雷正在路上	5247
燕子最后飞去了哪里	5234
整数 26	14177
默尔索案调查	13797
激流中	5267
爵士乐时代的故事	13309
糟糕的工厂	16469
鹰泪	9363
蘑菇圈 大乔小乔 中篇小说卷（2011—2017）	2178
魔豆杰克的魔力植物标本集	16486
魔桶	13275
1898 百年忧患	6745
1903 前夜的涌动	6746
1921 谁主沉浮	6747
1928 革命文学	6748
1942 走向民间	6750
1948 天地玄黄	6749
1956 百花时代	6534
1962 夹缝中的生存	6535
1978 激情岁月	6531
1985 延伸与转折	6532
1993 世纪末的喧哗	6533
2016 中国文坛纪事	6540
2016 中国最佳科幻作品	2171
2016 中篇小说	2128
2016 报告文学	5260
2016 青春文学	2167
2016 散文	5263
2016 短篇小说	2186
A 到 Z 路长长	16478

2018 年

书名	编号
一千零一夜	13432
一个编审的视界 鲁迅·国际友人·现代文学	6754
一匹马走进酒吧	13828
一声犬吠	16591
一抔尘土	12166
一粒种子的旅行	16649
二十一个故事	12200
二十面相的谜题	16757
十一月的姆咪谷	16700
十二背后	3475
十七岁的轻骑兵	1354
十八岁给我一个姑娘（英文）	1402
十米真相	13820
十字军骑士	12726
十爱	2215
丁聪古趣漫画	10861
人生的修行	5605
人间词话	6836
人的大地	12208
人鼠之间	13317
九州飘零书 商博良	1385
刀马人	9184
刀尖 1 阳面	1391
刀尖 2 阴面	1392
刀兵过	1383
又见小不点魔法师	16679
又是烟雨迷蒙时	5355
又怎样	13821

书名	编号
《三角地》(当当版单本)	9390
三国史话	5351
工匠精功	5330
士兵突击	1336
下乡吃牛排	14772
下雨天的大气球	16683
大白鲨	13323
大鸟科科骑士	16639
大军师司马懿之军师联盟	1328
大红狗手绘原稿故事集（50周年纪念精装版）	16601
大唐悬疑录 最后的狄仁杰	1394
大唐悬疑录 最后的狄仁杰2	1395
大唐悬疑录 最后的狄仁杰3	1396
大唐悬疑录 最后的狄仁杰4	1397
大唐悬疑录 最后的狄仁杰5	1398
大象	16660
大象和我	14774
大猫费迪南的旅行	17201
万物天缘:球迷罗西自传	5343
上古神话与史话	8743
上海英租界寻旧	10856
上海美法租界寻旧	10864
山本	1357
山那面人家	7804
千奇百怪的菌	16605
千夜之夜	13864
门诺斯岛奇幻之光	12161
门诺斯岛重生之路	12162
女大厨 一个女厨师的故事	12187
女巫的魔法	16628
飞鸟集·园丁集	14322
飞行员与小王子	16655
飞花令 给孩子玩的古诗词(1)	3816
飞花令 给孩子玩的古诗词(2)	3817
飞花令 给孩子玩的古诗词(3)	3818
飞花令 给孩子玩的古诗词(4)	3819
小女孩与幻梦者	12188
小小国	12171
小王子	15885
小不点魔法师	16678
小手指奇境历险记	17086
小水滴的快乐旅行	16653
小布头奇遇记	9016
小号	16663
小老鼠麦斯的成长故事	17205
小老鼠准备好了	16690
小狐狸买手套——日本经典童话集	17149
小说创作新论	6558
小说课堂	5346
小船长全集	16648
小猫的圣诞日	16590
小猫摩西	16589
小零蛋流浪记	16675
马来群岛自然考察记Ⅰ	14626
马来群岛自然考察记Ⅱ	14627
马科斯与猫科动物	13324
乡下的葬礼	12191
王士菁纪念集	5357
开学第一课（下册）	10241
开学第一课（上下）	10242
开学第一课（上册）	10240
开学第一课·中华文化（九年级）	10250
开学第一课·生命（三年级）	10245
开学第一课·幸福（六年级）	10248
开学第一课·英雄（八年级）	10244
开学第一课·美（七年级）	10249
开学第一课·爱（四年级）	10246
开学第一课·梦想（五年级）	10247
天人合一	10946
天开海岳:走近港珠澳大桥	5331
天地正气	10944
天堂圣火之城	12173
天黑得很慢	1333
无梦之境	1353
云中人	1355
五个街角	13334
不可理喻的亚洲之旅	14769
不再有爱	12195
不在犯罪现场	13333
不寻常的河流旅行家	17127
不听话的小男孩	17203
不装	5334
车夫，挥鞭！	12218
比利不怕强盗	16637
比利的生日晚会	16636

书名	页码
瓦尔登湖	14449
日子疯长	5332
日"历"万机	10862
日本江户时代织物纹样	17546
日本明治时代设计图谱(上下)	17548
日本浮世绘纹样	17547
日记的鲁迅	6757
中外历史故事精选	10106
中外民间故事精选	10096
中外神话传说	10095
中华成语故事	8744
中非湖区探险记Ⅰ	14624
中非湖区探险记Ⅱ	14625
中国人史纲(青少年版)	5312
中国人史纲(青少年普及版)	5318
中国人的修养	5606
中国古代戏曲选	6002
中国当代文艺学学术史(1949—1976)	6547
中国当代文学史论	6550
中国传统家训选	8746
中国戏曲剧种研究	10942
中国近代小说史论	7188
中国现代传记文学史论	6756
中国现代诗歌选	3580
中国现当代儿童诗选	3466
中国担保.48	10970
中国诗学(第二十五辑)	7195
中国诗学(第二十六辑)	7200
中国诗歌 2018 年度民刊诗选	3489
中国诗歌 2018 年度网络诗选	3492
中国诗歌 2018 年度诗人作品选	3493
中国诗歌 2018 年度诗歌精选	3488
中国诗歌 2018 新发现诗人作品选	3479
中国经典童话天天读(套装)	9024
中国寓言故事精选	10094
内心的报告	14622
牛仔比利	16634
什么是文学?	15193
从前的女孩	12229
月光下的银匠	2222
月亮上的一头长颈鹿	16623
月亮上的绿奶酪	16624
风一样的萝拉	16676
风雨历程——晚年刘少奇	5344
风格练习	15190
风筝	1331
乌丢丢的奇遇	9015
文天祥 正气永存	8764
文学上的失误	13336
火与冰的故事集	12230
火星孤儿	1410
为孩子解读《西游记》	9602
巴塞罗那 1888	12172
巴黎评论·作家访谈 2	14613
巴黎评论·作家访谈 3	14614
孔子 至圣先师	8755
孔子的故事(增订本)	10243
水中鱼 略萨回忆录	14638
水仙已乘鲤鱼去	1374
水浒猎人 2	1390
水族馆之谜	13822
正阳门下	9180
去可可西里吃大餐	2217
世界中心的情与怨 厄瓜多尔当代短篇小说选	13330
世说新语选	2705
艾贝尔的飞行电梯	16677
艾约堡秘史(插图版)	1389
艾玛上学记	16819
艾玛不想睡觉	16817
艾玛在爸爸的办公室	16814
艾玛和老师的小宝宝	16822
艾玛和她的小伙伴	16820
艾玛的另一种爱	16818
艾玛的圣诞节	16815
艾玛的香蕉浴	16824
艾玛的秘密小本子	16823
艾玛的新发型	16816
艾玛学跳舞	16821
艾玛爱打扮	16825
古文观止	5682
《古船》手稿	1386
本尼和佩妮 只是假装的	16687
本尼和佩妮 灯关了	16686
本尼和佩妮 玩具破坏者	16685
本尼和佩妮 绝对不行的事	16684

本尼和佩妮 帽子不见了	16688	汉武帝 开疆辟土	8769
本源	13326	宁静乐园 一个人的音乐课	5323
左传故事	8737	冯骥才语文课	10091
东西方戏剧流派	10941	记忆的艺术	17476
东西谣曲——吉卜林诗选	14180	永远的《白鹿原》	6556
东坡乐府笺	3823	尼克代表我	9170
北山小集	5685	民间信仰与20世纪中国文学的	
北方的白桦树——布宁诗选	14100	叙事演变	6545
北宋词境浅说	7194	奶牛打喷嚏	16682
归来记	12176	奴儿	8747
叶圣陶散文	5602	加拿大	12157
叶芝家书	14618	皮卡的金矿	9521
电厂之夜	13325	发现昆虫	9687
电话安装奇事	12168	发现童年 三十年儿童文学评论选	9459
田汉的一生	5298	圣诞节的袋鼠	16680
田园交响曲	12211	对星星的诺言——米斯特拉尔诗选	14191
史记故事	8741	对倒	1359
史记选	5681	母亲叙事	5307
另一个爱人	12205	动物农场	12216
四大名著插图品鉴	10943	动物的智慧	16604
四月三日事件	2197	寺内	2195
四世同堂(足本)(1—3)	2500	吉狄马加的诗	3472
四合院里的小时候	9518	老子讲读	5683
四君子图	5300	老牛布罗瑟姆回家了	16587
四季流光	2235	老戏台 冯俊科中篇小说选	2191
四签名	12183	老店铺传奇	2207
生如夏花 泰戈尔经典诗选		老鼠应该有个好收成	9666
（双语有声彩绘版）	14319	地底魔术王	16756
生命之树:达尔文的一生	16718	地球省	1327
失落灵魂之城	13318	西方战线上的五个孩子	16668
失落的南方	14616	西班牙战场 内战见闻实录	17473
失踪的小羊羔	16584	西游戏曲集(上下)	6000
失踪的孩子	12198	在水边	14768
仙山玉屑 崆峒历代诗词选	8250	在西伯利亚森林中	14636
白城堡 蓝雪花	9023	在南极,独自一人	14629
白象家族(升级版)	9386	在海的尽头遇见你	12193
他人的脸	13834	百鸟朝凤	2190
他的城	12196	百喻经寓言	8739
令人反感的幸福	13327	有心论	14771
匆匆忙忙小故事	16672	有趣的海洋学	16603
外苏河之战	1369	存在的艺术	17481
乐府诗选	3822	死无葬身之地	14987
汉书故事	8735	死水	1361

书名	页码
夷门书家	2208
当代文艺评论视域中的鲁迅传统	6546
当代文学:终结与起点	
八十、九十年代的文学与文化	6552
当爱情上了年纪	5335
吕氏春秋寓言 晏子春秋寓言	8738
吃火的人	16630
回忆录	12182
回家之路	13341
年事梦中休,花空烟水流 梦窗词	3815
朱生豪书信全编	5603
传媒与文化领导权	6551
伍子胥 弃小义,雪大耻	8763
优雅的人生整理 让你和家人告别	
混乱的生活	17477
华兹华斯叙事诗选	14062
自行车	16662
自然纪事	14631
伊莎贝尔	12236
血与水	13358
血字的研究	12179
后宫 如懿传(修订版 1—6)	1371
后宫·如懿传(修订版 第一卷)	1377
后宫·如懿传(修订版 第二卷)	1378
后宫·如懿传(修订版 第三卷)	1379
后宫·如懿传(修订版 第五卷)	1381
后宫·如懿传(修订版 第六卷)	1382
后宫·如懿传(修订版 第四卷)	1380
后羿	1339
会说话的马与男孩	16753
众神狂欢 世纪之交的中国文化现象	6549
名人传	11286
名人传	11288
多多	16643
多多和美美的小房子	16641
多多和倒霉的小金鱼	16642
庄子选译	5684
庄子寓言 列子寓言	8742
刘以鬯经典(酒徒 对倒 寺内)	7800
刘锡庆纪念集	5348
闯入者	13833
关于艺术家	5299
米芾研究	7186
米蒸糕和龙风筝	9524
安徒生童话精选	15853
冰冻未来	15711
字造	2204
寻觅旧京(续编)	10857
寻觅兽类	9690
导盲犬珍妮	5284
如果末日无期	1370
如果是真的,就太奇怪了	12202
好困好困的新年	9515
好家伙	5911
妈妈,快拉我一把	5337
戏剧社	13860
观察一只黑鹂的十三种方式	14190
观察植物	9688
观潮与聚焦:中国文学新生态	6557
红项圈	12156
红楼十二钗评传(增订本)	7198
孙膑 坐轮椅的军师	8750
玛多娜生意	2223
玛德琳卡	16658
玛德琳卡的狗	16656
形式主义的花园	3467
远古的恐龙	16602
远离尘嚣	11289
违背道德的人	12213
坏种子	13331
走进夜晚	1340
走到世界尽头	14635
花脸	5303
花斑猫与燕子西尼娅	16704
花街往事	1365
花煞	1362
花影	1329
苍茫天地一醉翁	1338
克里姆·萨姆金的一生(1—4)	12635
苏三不要哭	9176
苏武 十九年的孤独背影	16758
苏珊的微笑	1332
杜甫诗选评	3824
杏花雨	2196
极目新教育	10859
极地探险	17128

书名	编号
李二的奔走	2214
李敖自传	5292
吾栖之肤	12228
护秋之夜	2213
把东京厨房搬回家 日本女人吃不胖	17549
把东京厨房搬回家 日本孩子真健康	17550
时光匆匆老去	12199
时光收藏人	9009
时光陡峭	3471
时间	13831
足球明星玛德琳卡	16657
别人的爱情	1330
别列津纳河	14630
我与我的对话	7803
我与戛纳 戛纳电影节掌门人 福茂日记	14628
我本傲娇	10863
我们人生开始时	14988
我们飞	12201
我们的心多么顽固	1373
我们能谈点开心的事吗	17474
我 谷川俊太郎诗集	14411
我,或者"我"	5311
我和小鸟和铃铛 金子美玲诗歌精选集	14410
我的团长我的团(上下)	1335
我的收藏	16640
我的帝王生涯	1384
我的原始森林笔记	9576
我是少年酒坛子	2228
我说出了风的形状	5320
我爱诗歌	8749
我想变得与众不同	16665
何道生集	3827
佐渡流人行	13851
作家和出版人	14634
你好,中秋节(拼音版)	9520
你好,科学!(1)万万没想到	10108
你好,科学!(2)惊奇大发现	10109
你好,科学!(3)一看吓一跳	10110
你好,科学!(4)探秘真好玩	10111
你的脚下,我的脚下	9178
你是谁?	2225
近三百年名家词选	3814
狂想曲	13854
狄奥提玛——荷尔德林诗选	14063
角落里的老人	12154
条约中的近代中国	10860
应物兄(上下)	1404
这是谁的书?	17222
汪曾祺小说散文精选	7801
汪曾祺全集(1—12卷)	7688
沐恩奇遇记	9187
没人要的小熊	16626
没有玻璃的花房	1350
沉睡的记忆	12234
词曲概论	7185
词学通论	7199
灵动的设计 威廉·莫里斯的经典设计纹样	17483
迟来的旅行者	14101
张仪 舌灿莲花定天下	8765
阿笨猫与外星小贩	9019
陇头鸿踪:平凉历代游记选	5315
陈忠实传	5314
陈恭尹集	8246
陀思妥耶夫斯基文集(1—20卷)	15532
纸人	9186
纸上王国	5326
玩偶之家	8768
青衣	2192
耶路撒冷,一个女人	13837
苹果酒	16625
英国幼儿多元智能开发游戏书	17384
英国超凡想象力激发大书	17385
枉费心机	11291
林中小屋	5353
林则徐 禁烟先锋	8751
松鼠艾尔顿和艾吉斯	16775
杰克与盒子	16689
丧失了名誉的卡塔琳娜·勃罗姆	12224
雨街的猫	9017
奇迹男孩(绘本版)	16783
奇境	15710
欧美文学论丛第十二辑 18世纪文学研究	7505

拉封丹寓言	15854	夜航	12209
虎啸龙吟	1337	废墟上的白鸽	9391
果戈理文集(1—7卷)	15529	盲歌女阿凛	13843
迪伦马特侦探小说集	12215	刻骨铭心	1356
呼兰河传	2567	怪物克雷	16667
咏春六十年	5333	怪诞故事集	15709
罗德里格斯岛之旅	14617	单筒望远镜	1401
凯斯宾王子	16752	注视一只黑鸟的十三种方式	
垂帘听政 慈禧真相	5319	——史蒂文斯诗选	14183
知书达礼	10947	波尼的大日子	16588
牧羊豹(升级版)	9385	泾渭流韵 平凉历代诗词选	8249
牧神的午后	13841	宝葫芦的秘密	9020
和古典音乐在一起的时光	5411	空中有苍鹰	12225
和老鼠一起去世界底部旅行	16691	空军飞行员	12207
岳飞 鹏举的忠魂	8761	诗人继续沉默	13838
往者难追 我的阅读与记忆	5350	诗外文章——文学、历史、哲学的对话	
爬上月亮的兔子	16717	(1—3)	5336
爬出窗外并消失的百岁老人	12160	诗词指要	7190
彼得·潘	16631	诗的位置	14187
所有我亲爱的人	14184	诗经名物图解	10939
金手指	12170	诗境浅说	7191
金石萃珍——平凉历代碑刻金文选	10854	居里夫人自传	14620
金丝猴跟踪	9395	弥补	12167
金兆燕集	3828	姆咪谷的冬天	16702
金雨滴	9392	姆咪谷的伙伴们	16694
命运之轮	8789	姆咪谷的夏天	16701
命运零点1	13813	姆咪谷的彗星	16699
命运零点2	13814	姆咪和大洪水	16695
命运零点3	13815	姆咪爸爸回忆录	16697
命运零点4	13816	姆咪爸爸海上探险记	16696
命运零点5	13817	孟子寓言 韩非子寓言	8740
命运零点6	13818	孤独之酒	12226
斧柄集	14185	孤独麋鹿王	9182
念头	1409	经典咏流传·娃娃读诗	8745
兔子的林间奇遇	17204	春与阿修罗 宫泽贤治童话诗精选集	14409
狐狸拉克尔和雷莎	16776	春去春又来	16650
忽必烈 纵马驰中原	8760	春秋逸谭——平凉历史掌故选	
狗与狼	12238	(上下)	10855
狍子鲁特和洛基	16777	玻璃门内	13847
变革	12194	毒蘑菇的秘密	16651
夜光人	16669	封神之兽	8766
夜里老鼠们要睡觉	12217	《封神演义》考论	7187
夜间故事(上下)	2237	项羽 悲剧英雄	8756

赵丽宏语文课	5324	怎样读书	5601
郝经集编年校笺（上下）	8256	种花去——自然观察笔记	5310
郝经集编年校笺（上下）	8266	秋之白华 杨之华珍藏的瞿秋白	5354
带你看故宫	9517	秋天的思索	2220
草房子	9181	科里尼案件	12214
草原上的小木屋（新版）	17085	科妮上小学了	16734
草原之鹰	9183	科妮上幼儿园	16733
草原 草原	9460	科妮去体检	16736
茱莉亚的海边白日梦	17202	科妮去理发	16737
荒野里的牧羊人	12192	科妮去野营	16735
故园风雨后	12165	科妮在农场	16724
故宫的古物之美	5316	科妮过圣诞节	16742
胡萝卜须	16829	科妮走丢了	16722
南山东篱	5329	科妮住院了	16723
南乡三十六村	5302	科妮和小宝宝	16740
南方邮航	12206	科妮和复活节兔子	16741
南宋词境浅说	7192	科妮的山区徒步	16745
药都人物	2206	科妮的生日会	16744
查无此人	1364	科妮的"睡觉节"	16746
柳林风声	16633	科妮的鳄鱼	16747
要塞	12210	科妮学芭蕾	16731
威尼斯是一条鱼	14637	科妮学音乐	16727
厚土	2229	科妮学做比萨饼	16725
砌石与寒山诗	14186	科妮学骑马	16729
砂女	13836	科妮学骑车	16728
牵风记	1408	科妮学滑雪	16730
挪威森林猫	9464	科妮学游泳	16726
背向世界	12221	科妮看牙医	16738
战马蜂	9466	科妮捡了一只小猫	16739
战后日本文学史	7504	科妮第一次乘飞机	16743
冒险史	12177	科妮踢足球	16732
冒牌屋	13861	重返伊甸园——劳伦斯诗选	14182
星际信使 伽利略·伽利雷	16654	重拨时光	13300
星河 灯	3478	复社与文学研究	7197
星河 南风	3474	便携式文学简史	12235
星河 雪花	3481	修己以敬	10945
星河 橡树	3483	修配工	13342
哈代中短篇小说选	11290	保加利亚中短篇小说集（上下）	12727
哈姆莱特 莎士比亚戏剧选	14907	俄罗斯之爱	12158
哪年夏天在海边	2226	俗世奇人（足本）	2211
幽灵犬	12181	皇家赌场	12169
钟匠约瑟	17084	追寻文艺复兴大师的足迹	16608
怎不让人心疼	5288	追寻达尔文的足迹	16606

追寻埃及众神的足迹	16610	盐河旧事	2209
追寻哥伦布的足迹	16609	恐怖谷	12178
追寻拿破仑的足迹	16607	莫里	9393
追寻黑人奴隶的足迹	16611	荷花淀	2194
追声少年	1334	真假医生	16645
追踪	13858	桃花	1368
追踪鸟类	9689	桃潭钓月	3499
很久以来	1372	贾平凹散文精选	5325
食戒	12203	贾曼的花园	14621
逃避自由	17479	原罪·宿命	2221
狮口脱险	16646	致我们单纯的小美好	9575
狮子,女巫和魔衣橱	16749	致纯真的你:十五个成长故事	9574
独家新闻	12164	监视	13850
急欲轻生的鲸群	14770	哨位日历 2019	10866
疯马吉恩	16638	透明的捡屑人	16681
恢复力	17475	借命而生	1352
美人鱼的眼神	5295	倾诉	12197
美国佬	13819	候鸟的勇敢	2193
美国深南之旅	14623	健全的社会	17478
美食中国	10865	爱小虫	9519
姜宸英集(上下)	3829	爱犬的天堂	9394
首领们	13332	爱丽丝梦游仙境	11287
举起你的爪子!	16635	爱丽丝梦游奇境	16632
活成自己就好了	5304	爱岛的男人	12219
穿透烟雾的记忆	13830	爱的艺术	17480
穿睡衣的作家	14610	爱的配方	13827
语文杂谈	6755	爱捣蛋的小邋遢	16673
语文新读本	9665	爱热闹的小猫奥斯卡	16586
神木	2232	爱做梦的雷梦	16652
神圣的夜晚	13865	爱情一叶	12222
神奇动物在哪里(插图版)	15884	恋爱学分	12190
神奇动物 格林德沃之罪 　（原创电影剧本）	14989	高中生古诗文推荐背诵 95 篇	10107
		郭小川诗选	3468
神镜	2205	郭曾炘集	3825
费尔迪杜凯	12725	离婚指南	2231
绑架风云	13343	离婚指南	2236
给青年作家的信	15191	唐五代两宋词简析	3820
给青年的十二封信	5341	唐五代词境浅说	7193
给孩子们的诗园·中国童诗卷	9463	唐太宗 最能接受批评的皇帝	8752
艳歌	2233	唐宋词格律	7189
秦始皇 一统中国	8753	唐诗课	6559
珠穆朗玛的眸子	5342	唐祈诗全编	3480
盐味	1351	旅行的印象	5347

书名	页码
旅行箱	16661
粉红小猪数数书	16627
烟斗上小人儿的话	5322
凋零城的花园	16666
酒徒	1360
消失的艺术	12233
消失的岛屿 希尼自选诗集（1966—1987）	14188
消失的岛屿 希尼自选诗集（1988—2013）	14189
海	12186
海风 海风	9461
海涅诗选	14065
流动的房间	2227
浪漫主义的夕阳——波德莱尔诗选	14064
窄门	12212
容忍与自由	5604
请挽救艺术家	2212
诸葛亮 草庐中的智谋家	8759
诺博士	12159
继承人	13863
球和守门员	16703
基督山伯爵	11293
聊将锦瑟记流年 黄仲则诗传	5338
黄鸟	13335
黄金怪兽	16670
黄金假面	16748
黄河故道人	1393
黄蓓佳非常成长系列	9173
萤王	9172
营救距离	13310
乾隆:政治、爱情与性格	5294
萧克回忆录	5296
梦幻与宿命 中国当代文学的精神历程	6548
梦幻岛之旅	16705
梦景之眼	12220
梵高	12232
梅西 传奇之路	14619
曹文轩文集（珍藏版全7册）	9171
曹文轩文集 精装典藏版	9179
曹贞吉集	3826
雪茄盒里的小人	16720
推理	13857
野兔哈里和海达	16778
野葡萄	9523
晨读10分钟·诵读（一年级）（下）	10113
晨读10分钟·诵读（一年级）（上）	10112
晨读10分钟·诵读（二年级）（下）	10115
晨读10分钟·诵读（二年级）（上）	10114
晨读10分钟·诵读（三年级）（下）	10117
晨读10分钟·诵读（三年级）（上）	10116
晨读10分钟·诵读（五年级）（下）	10121
晨读10分钟·诵读（五年级）（上）	10120
晨读10分钟·诵读（六年级）（下）	10123
晨读10分钟·诵读（六年级）（上）	10122
晨读10分钟·诵读（四年级）（下）	10119
晨读10分钟·诵读（四年级）（上）	10118
唱西皮二黄的一朵	2224
银座三明治	14773
银椅	16751
梨木香步精选集	13842
笨狼的故事	9022
"笨狼的故事"校园活动版	9014
第一信号	1403
第四届中华铁人文学奖获奖作品选（上下）	7802
偷星星的贼	16719
欲望有味	5305
猎物	12237
猎狐(升级版)	9389
猎鲨记	14067
猫公馆	13856
麻将与跳舞	6543
康熙 开创康乾盛世	8758
情韵流渡	5321
惊马奔逃	12223
清风三叹	5287
深圳报告:改革开放40年前沿记录	5340
深度对话茅奖作家	5297
寄居蟹成长的奥秘	17126
密码破译师	1363
谜亭论处:匠千晓事件簿	13840
弹吧,莫扎特,弹吧!	16659
堕落天使之城	13319
隐居	13835
隐秘的幸福	13328

书名	页码
骑士道	13859
塔上魔术师	16671
斯卡海文城堡	12227
散漫的天性	5301
葡萄园	2219
敬业乐群	10949
韩信 忍小辱成大英雄	8762
葵花走失在1890	2216
森林报	16644
森林里的动物	16774
森林里的游戏	16773
惠特曼诗选	14066
裂枝的嘎鸣——黑塞诗选	14181
雄鹰金闪子（升级版）	9388
搜神记神话 世说新语故事	8736
雅科夫的梯子	12636
最有趣的圣诞故事	16721
最后一战	16754
最后的致意	12175
最后假期	13339
遇见	12189
帽子公寓里的吊车男孩	16674
黑木头	9174
黑水	13338
黑地之绘	13849
黑暗之花	13832
黑暗的心	11292
黑蜻蜓	2230
黑熊和白熊	9465
黑鲨洋	8748
稀奇古怪虫家族	17087
等待舞曲再次响起	12153
集市上的流浪狗	16585
奥吉和我	13329
鲁光文集（1—7）	7687
鲁迅影集	10852
装在口袋里的爸爸	9018
普希金文集（1—7卷）	15531
尊师重教	10948
湘潭故事	2210
窝边草集	9462
禅宗与中国文学	7196
谢谢了,我的家	10858
谢谢了,我的家（国礼版）	5339
登山车	13855
编舟记	13829
骗人的把戏,阿尔菲	17199
缘缘堂随笔	5600
蓝色吉他	12184
蓝狐狸的迷宫	9025
蓝钟花	3476
蒙田随笔全集（第一卷）	14445
蒙田随笔全集（第二卷）	14446
蒙田随笔全集（第三卷）	14447
蒙田意大利游记	14448
楼兰啊,楼兰	10940
碰到物体上的光	3477
雷达观潮	6544
摇啊摇,疍家船	9177
虞美人草	13848
跨越	10853
跳跳兔找茬我最棒1 精灵岛的聚会	16709
跳跳兔找茬我最棒2 马戏团大冒险	16710
跳跳兔找茬我最棒3 魔法师与假兔子	16711
跳跳兔的怪物迷宫1 河童村的迷宫	16706
跳跳兔的怪物迷宫2 怪物大王的迷宫	16707
跳跳兔的怪物迷宫3 妖精们的迷宫	16708
跳跳兔迷宫大冒险1 迷宫达人的挑战	16712
跳跳兔迷宫大冒险2 捣蛋鬼误闯迷宫村	16713
跳跳兔迷宫大冒险3 强盗们的星星迷宫	16714
跳跳兔迷宫大冒险4 淘气鬼的森林迷宫	16715
跳跳兔迷宫大冒险5 玩具王国与美食王国的迷宫	16716
路旁之石	13844
路漫的诗	3482
傻乎乎的莉莉 今天我要做什么	16693
傻乎乎的莉莉 春夏秋冬	16692
像世界一样宽广地活	5293
微观国学	5313
新世纪文学论稿之文学现场	6553
新世纪文学论稿之文学思潮	6554

新世纪文学论稿之作家作品	6555
新探案	12180
雍正 评价两极的皇帝	8754
数星星	16618
数独1(定制版)	9712
数独2(定制版)	9711
数独3(定制版)	9709
数独4(定制版)	9713
数独5(定制版)	9714
数独6(定制版)	9710
数独合集(升级版—当当网)	9708
溪山雪	9175
窦娥冤 关汉卿选集	6001
群文阅读·小学生读本1年级(上)	10097
群文阅读·小学生读本2年级(上)	10098
群文阅读·小学生读本3年级(上)	10099
群文阅读·小学生读本4年级(上)	10100
群文阅读·小学生读本5年级(上)	10101
群文阅读·小学生读本6年级(上)	10102
群文阅读·初中生读本7年级(上)	10103
群文阅读·初中生读本8年级(上)	10104
群文阅读·初中生读本9年级(上)	10105
墙	12231
歌剧院	13862
臧克家诗选	3581
撤捺人生王秀春	5352
誓鸟	1375
蜘蛛网中的女孩	12152
舞动的自然 威廉·莫里斯的经典纹样	17482
疑惑	13846
廖燕全集校注(上下)	8267
精灵与圣诞的秘密	17200
精灵之约	8767
粽子娃娃	9516
漩涡里 1990—2013我的文化遗产保护史	5349
隧道尽头的光明	12163
樱桃之远	1376
樱桃园	14942
樊希安散文集	5345
暴雨	12185
踏着月光的行板	2234

稻草人	9021
黎明踏浪号	16750
潘多拉的盒子	13845
鲸鱼是楼下的海	9185
燃烧的地图	13839
戴望舒诗选	3578
藏獒渡魂(升级版)	9387
繁花	1358
繁星·春水	3577
孽债	1388
警戒解除	13340
麒麟	2203
瀛洲思絮录	2218
魔法师的外甥	16755
魔法师的帽子	16698
罐头厂街	13337
19年间谋杀小叙	1366
2017中国文坛纪事	6560
2017中国最佳科幻作品	2198
2017中篇小说	2200
2017报告文学	5327
2017青春文学	2202
2017散文	5328
2017短篇小说	2201
22年的故事讲完了	2199
31号纽因客栈迷案	12204
69届初中生	1367
C.S.路易斯写给孩子们的信	14633
VFD村的秘密	16647

2019年

一个人的西部 致青春	5379
一个军的传奇	5383
一个陌生女人的来信	12253
一个鲍米涅人	12258
一匹会表演的小马	16794
一月后,一年后	12275
一只想飞的猫	10132
一生 伪币制造者	11300
一年四季	16792
十字架上的魔鬼	13852
七个会议	13895
七步镇	1387

八十一梦 五子登科	2514	小学群文阅读古诗词读本（5 年级）	10127
八山	12255	小学群文阅读古诗词读本（6 年级）	10128
人文之宝 2020 古物之美		小说教室	14777
故宫 600 年纪念手账	10880	小鲤鱼跳龙门	10133
人极	2243	马克·吐温 文坛顽童	8800
人类学历史本体论（上中下）	10954	马克思的誓言	16770
儿子的反差	9199	乡土中国	5389
三里湾 小二黑结婚 李有才板话	1430	开小差的狗	14655
三角地	9398	开学第一天	9404
三城记	1405	开学第一课·我爱你，中国	10253
三彩马的旅行	9532	夫妻的房间	12270
土豆先生,弹琴了	5381	天下兴亡 匹夫有责	10951
下一次将是烈火	14657	天上掉下一头鲸	9535
大西瓜	9537	天国之痒	5363
大块	14642	天竺诗文	14323
大河两岸	13870	天使之耳:交通警察之夜	13869
大结局	16802	天使坠落在哪里	1425
大猩猩萨利·琼斯历险记	12241	天空之镜	9212
大熊的水上野餐	16797	天空岛奇遇	9027
大熊的冬天小屋	16798	天津当代诗五家论	6561
与达洛维夫人共舞 文学名著背后的		天象祭司	15715
灵感故事	14648	无人爱我	14650
与众不同男老师	17214	无人能解之谜	16759
万山红遍（上下）	1433	无花果落地的声响	1428
万花筒	16807	无病集	5369
上种红菱下种藕	1419	无愁河的浪荡汉子 八年（下卷）	1412
山冈	12257	无愁河的浪荡汉子 八年（上中下）	1416
山羊不吃天堂草	9195	云三彩	9198
山羊不吃天堂草（当当版单本）	9213	云雾森林	14669
山骇谷深	12254	艺伎回忆录	13346
山巅之险	14195	五大颂歌	14200
已无人为我哭泣	13365	不同的职业	17338
女性五人诗	3484	不听话的小男孩儿	17217
小友记	12269	不做情绪的奴隶	10873
小皮卡成长图画书（四册）	9526	太阳和鱼	14651
小羊碧翠斯和温妮莎	16784	太空遇险记	16857
小红马	13354	历史诗学	15155
小狐狸的旅行	9536	扎尕那草图 古马、阿信、娜夜、人邻、	
小狗的小房子	10134	阳飏诗选	3498
小学群文阅读古诗词读本		瓦特 伟大的工程师	8770
（1—2 年级）	10124	少年	11445
小学群文阅读古诗词读本（3 年级）	10125	少年巴比伦	1427
小学群文阅读古诗词读本（4 年级）	10126	少年水手和他的母猫	16865

书名	页码
少年如风两相望	1422
日夜书	1421
中国儿童文学获奖作家书系 典藏版	9211
中国书画浅说	10955
中国现代散文史（1917—1949）	6758
中国诗学（第二十七辑）	7209
中国诗学（第二十八辑）	7211
中国诗歌 2019 年度网络诗选	3497
中国诗歌 2019 年度诗人作品选	3505
中国诗歌 2019 新发现诗人作品选	3496
中国原创绘本获奖系列	9534
中国通史	10953
贝尔 听见了吗？	8773
贝茜成长的奥秘（新版）	17134
见习生的毕业	13872
见习生的伤心	13873
见习生的初恋	13874
气球的颜色	16855
从地中海出发	5394
父亲的军装	5385
今天我是升旗手	9209
今昔物语集 天竺震旦部	17503
分享美食	16851
月亮下去了	13352
月亮与六便士	12239
月圆之夜的秘密	16867
月落荒寺	1435
风之丘五十元硬币之谜	13871
风过留痕	5365
乌鸦女孩	12272
凤凰与魔毯	16844
六个和七个	16785
火印	9193
为这场雪我要感谢你 献给女友的诗	15706
为孩子解读《三国演义》	9631
为孩子解读《水浒传》	9632
心	13867
心中海岸	13880
心有戚戚	12281
巴尔扎克全集（1—30）	15542
巴斯德 微生物先知	8777
巴黎评论·作家访谈 4	14646
巴黎评论·诗人访谈	14665
巴黎评论·短篇小说课堂	13359
巴黎的忧郁	14197
邓汉仪集校笺（上中下）	8269
双胞胎	13889
孔雀王子的回家路	9030
水岸之间	9633
去来集	5371
世代相传	14649
世间生活 冯骥才生活散文精选	5382
世界上最懒的鸭子	16791
世界名著背后的故事（1—2）	7506
世界的尽头	16762
世界真奇妙	17339
艾略特文学论文集	15194
左拉的大象	17210
石库门里的新家	9401
龙牙齿不见了	9525
平静的风暴	12277
东浙读书记（上下）	7205
卡米朗，大胃王	16808
北京 1980	1411
占卜师的预言	14660
卢梭的歌剧	16765
四舍五入	13888
生命的秘密 从草履虫到达尔文	16782
失乐园	14068
失眠公主与梦魇色的夜魔（全彩绘本）	16859
丘吉尔 英国传奇首相	8788
代课老师是恐龙	9038
白居易 乐天诗雄	8787
外面是夏天	13877
鸟儿如何建造家？	17258
冯博集笺注	3832
弗罗斯特作品集（1—3）	14196
出走的人 作家与家人	14664
加斯东，孩子也能懂的哲学课（1—4）	17207
皮卡和蜻蜓	9530
对杰克·奥克尼的考验	12266
幼儿园，我准备好了	9522
动物小说大王沈石溪西顿金品共读系列	9396
吉姆的狮子	17212

老人与海	13344	交通工具	17335
老巴塔哥尼亚快车	14659	闯祸的快乐少年	16848
地矿手记 II	5362	关于陀思妥耶夫斯基的六次讲座	14641
亚历山大大帝 叱咤欧亚非三大陆	8785	米尼	1420
再生草	12256	灯泡	16804
协和大院	5405	冲绳岛幸福长寿秘诀	14647
在大理石悬崖上	12264	次元壁	15718
在风吹到的所有方向里		汤岛之恋	13868
献给妻子的诗	15705	安息日	13886
在平原	2249	安徒生 神秘花园中的精灵	8793
在冬日光线里	14198	安徒生童话	15887
在理发师的剃刀下	14656	安提戈涅	14991
有问集	5370	冰瀑	16878
有趣的购物	16854	论无边的现实主义	15195
灰色笔记	14658	寻找长江女神	9029
达尔文 进化论的奠基人	8775	寻找帕依提提	13364
列夫·托尔斯泰中短篇小说选	11443	寻宝少年历险记	16846
列夫·托尔斯泰 暴风中的孤帆	8795	寻梦环游大自然	17206
列那狐的故事	15888	收获好情绪	16856
此时此地	14776	那么现在该干什么了呢	14450
当下集	14193	好运和我都"鼠"于你	10881
当代英雄	11441	红鞋子童话 拼音版	9037
吊车	16803	红鞋子（精装图画书）	9540
竹林中	13894	约瑟夫·富歇	
乒乓猫大冒险	16887	一个政治性人物的肖像	14644
乒乓猫上报纸	16885	孙原湘集（上中下）	8248
乒乓猫飞起来	16884	玛侬·列斯戈	11294
乒乓猫过生日	16882	远处的青山 外国经典散文青春版	15713
乒乓猫玩音乐	16883	远路去中国 西方人与中国皇宫的	
华特·迪士尼 从米老鼠到梦幻王国	8790	历史纠缠	5360
华盛顿 美国第一人	8801	运动身体棒	17334
伙伴	9200	坏事开头	12268
伪装者之谜	16874	劫后余生	13363
自我	13361	苍鹭小姐与灰鹤先生	16796
自指引擎	13878	克莱芙王妃	11298
伊戈尔远征记 涅克拉索夫诗选	14098	克雷洛夫寓言全集	14463
伊壁鸠鲁的笑	16771	苏轼 千古风流人物	8784
危险的旅程 姆咪谷的故事	16891	苏轼传	7202
名誉	13350	极简:丢掉不必要的物品,开始极简主义	
多项选择	13360	生活	17552
多面 AI	15716	李白传	7204
庄一拂《古典戏曲存目汇考》补正	7207	李白 欲上青天揽明月	8797
庆余年（修订版第一卷）远来是客	1440	两地	5392

1504

扶墙集	3486	沉睡的人	12240
抑郁生花	5386	宋庆龄往事续编	5368
护身符的故事	16847	宋应星 百工科技的集成者	8780
里山简单生活	13896	良心反抗暴力 卡斯台利奥加尔文	14645
吴组缃小说课	7201	启与魅 卡森·麦卡勒斯自传	14640
时光匣,拾光侠	10867	初恋	11436
时间是怎么回事	16780	初探总部	16799
我飞了	9206	灵魂之伤	12280
我们五个	16790	阿什贝利自选诗集(1—3)汉英对照	14192
我们的时代 第1部	1436	阿尔芒丝	11295
我们的时代 第2部	1437	阿达拉	11296
我们的时代 第3部	1438	阿波罗之杯	14778
我们怎样讲故事	16781	阿瑟·戈登·皮姆历险记	12796
我们都是好朋友	16850	阿霞	11437
我知道你们都没睡觉	9528	陈东东的诗	3490
我的丝绸之路 西域的诗	3501	奉公守法	10950
我的前半生	5391	青年	11444
我的爱如此麻辣	1429	青草绿了又枯了:寻找战火中的父辈	5388
我要做好孩子	9205	青铜葵花	9196
我是一个幸运的小孩儿	9538	幸运的露西	17130
我是猫	13433	耶稣的学生时代	13876
我给记忆命名	5387	耶稣的童年	13875
我爱比尔	2244	英国环岛之旅	14662
我爱劳劳	13853	林中的陌生人 最后一位隐士	14663
我辈中人 写给中年人的情书	5374	林肯 解放黑奴的美国总统	8799
你只能年轻两回	16789	或许在别处	13891
你好!本林同志	2238	奇幻国成长记	9034
你好,忧愁	12283	欧阳修传	7203
你的爱怎么了	5358	拔蒲歌	5356
你是我的宝贝	9208	国脉 谁寄锦书来	1415
你喜欢勃拉姆斯吗……	12274	明末清初西湖小说研究	7208
近影	2241	迪伦马特戏剧集(上下)	14990
狂乱	12276	罗比洛的舞蹈	16787
狄金森诗抄(上下)	14069	罗曼·罗兰文集(1—10卷)	15530
这边风景(上下)	1413	图书馆之谜	13866
辛格自选集	13356	牧师的女儿们	12247
弃儿汤姆·琼斯史(上下)	11299	和大人一起读(1—4)	10136
冷水中的一点阳光	12279	彼得兔奇遇记	17037
汪!汪!汪!	9533	彼得兔的故事	17215
汪曾祺书信全编	5377	爸爸有你就够了	14775
汪曾祺散文全编(1—6卷)	5364	受害者	13368
沟底有人家	5373	狐狸的朋友	9531
没有男人的公寓	12267	狐狸的森林魔法	17221

变色猫与月亮冰激凌	17211	胡狼嗥叫的地方	13890
法布尔 寻找昆虫学家之旅	16827	南丁格尔 提灯天使	8794
法尼娜·法尼尼 外国经典短篇小说 青春版	15714	南方之星	12249
		南极精灵 科学家考察手记	9194
法老要回家	9539	相见恨早	1399
法拉第 电学之父	8774	"歪脑袋"木头桩	10135
沿着季风的方向 从印度到东南亚的 旅程	5384	挑战	14780
		轻抚水，轻抚风	13892
泥孩子	9400	战争与和平	13882
波莉再斗大笨狼	16779	是猪就能飞	9192
波莉安娜（新版）	17135	星辰时刻	13362
波莉和大饿狼的故事	16760	星河 风起	3502
波莉和大笨狼最后的故事	16761	星河 白描	3487
宝宝好习惯·睡前故事	17209	星河 画蝉	3495
宠物鹦鹉在哪里	16853	星河 绿茶	3491
空之境界（下）	13901	星星离我们有多远	10879
空之境界（上）	13899	思考的技术	17551
空之境界（中）	13900	咿咿和呀呀的故事 一只笑不停的狼	16812
空之境界：未来福音	13902	咿咿和呀呀的故事 小精灵派对	16809
居里夫人 科学界的明珠	8778	咿咿和呀呀的故事 肚子里的小眼睛	16811
屈原 汨罗江畔的悲吟	8796	咿咿和呀呀的故事 阁楼上的音乐	16813
姆咪、美宝和小美的故事	16889	咿咿和呀呀的故事 淘气的风	16810
姆咪家来了个小坏蛋	16888	哈利·波特与火焰杯（全彩绘本）	16879
细米	9220	哈利·波特与火焰杯（英汉对照版） （上下）	12261
细米（当当版单本）	9214		
细读·第一辑	7210	哈利·波特与阿兹卡班囚徒 （英汉对照版）	12246
孟德尔 迟来的掌声	8779		
孤独的小螃蟹	10131	哈利·波特与密室Ⅰ	12262
经典名著这样读	9592	哈利·波特与密室Ⅱ	12263
经典咏流传	10874	哈利·波特与密室（英汉对照版）	13345
经典咏流传·我为诗狂	8247	哈利·波特与魔法石Ⅰ	12260
经典咏流传 学生背诵版	10251	哈利·波特与魔法石Ⅱ	12259
春明外史（上、下）	2515	哈利·波特与魔法石（英汉对照版）	12243
春潮	11438	哈利·波特 格兰芬多学院笔记	17490
春潮	11439	哈利·波特 斯莱特林学院笔记	17489
某种微笑	12282	哈利·波特 魔法史之旅	16858
草房子	9197	哞哞	17129
草原上的小木屋（云南新华版）	17088	幽暗之地	13904
草鞋湾	9204	科学真好玩	17336
茉莉亚的海边白日梦	17216	修复生者	12273
茨威格小说全集（1—4卷）	15541	保尔与维吉妮	11297
荣国府的经济账	7206	信天翁	16873
故宫的古物之美·绘画风雅1	5366	追随她的旅程	1426

书名	编号
弯曲的船板	14194
疯狂的洗衣女工	16788
疯狂爱书人	17089
施韦泽 人类爱的典范	8798
亲亲大自然	17337
亲亲我的妈妈	9207
亲爱的安吉维拉	14779
美术馆盗窃案	16875
美好的生活 失败与想象力不可或缺	14639
美学或艺术和语言哲学	15196
首都	12271
首席女高音	13887
将军胡同	9216
活在你手机里的我	12637
神圣的苏格拉底之死	16768
神奇的胡子	9529
神奇的敲鼓男孩	16866
神秘香水配方	16877
说吧,叙利亚	14661
诵读(学前卷)	10252
勇战大怪兽的小姑娘	16868
孩子都是哲学家	17226
莱布尼茨的美好世界	16766
莱拉	13367
莱特兄弟 让梦想飞上天	8782
莫里哀戏剧 莫泊桑短篇小说	15703
莎士比亚 吟诗的剧神	8792
莎士比亚植物志	14632
真情	13369
桃之夭夭	1423
格林童话	15886
根鸟	9399
夏天最后一朵玫瑰 外国经典诗歌 青春版	15712
原谅了你等于原谅了我蒋一谈爱情诗集	3485
捕鼠记	16795
晃来晃去的人	13370
恩泽尔与克蕾特 一个查莫宁的童话	16863
铁猫咔咔咔	9036
铁路边的孩子们	16843
倒数第二次危机	16801
息壤	1400
徐霞客游记	5686
拿破仑 科西嘉战神	8803
爱上动手的科学书	17386
爱上读书的小树精	9033
爱有余生	1434
爱因斯坦:天真可爱的物理天才	8781
爱因斯坦的灵感	16764
爱迪生 发明大王	8772
爱的历史	13349
爱界	12244
爱情与自由	14070
高斯 观天测地的数学天才	8757
离家出走	13881
唐人小说	2707
粉笔人	12265
烦恼的冬天	13355
凌乱的床	12284
瓷月亮 严阵诗选	3500
浙学读本	10952
海风中失落的血色馈赠	13347
海伦·凯勒 我要光明	16826
海明威 爱冒险的酷文豪	8791
海德格尔的墓地之旅	16772
流动的盛宴	14653
家里来客人啦	16886
朗读者Ⅱ·1	10870
朗读者Ⅱ·2	10871
朗读者Ⅱ·3	10872
朗读者Ⅱ(全3册)	10869
朗读者Ⅱ(全6册)	10878
朗读者Ⅱ(学生版)	10875
诺贝尔 和平之友	8771
诺得先生的方舟	16793
谁之罪?	11440
谁来安慰托夫勒 又一个姆咪谷的故事	16890
陪你去留学	5367
琅嬛琐屑 中国古代文房趣尚	10877
黄沙	2240
黄雨	12252
黄昏酒店	13879
萨特文集(1—10卷)	15543
曹文轩文集(7册函套版)	9215

雪莲花	1414	喧哗与骚动	13357
探索月球立体书	17259	黑泽明的罗生门	14643
探秘熊猫王国	9028	黑将军	13883
雀儿山高度——其美多吉的故事	5390	黑猫叫醒我（百千定制版）	9188
野云船	9189	犇向绿心	9032
野葫芦引（南渡记 东藏记 西征记 北归记）	1407	焦裕禄	1431
		舒元炜序本红楼梦（1—3）	2706
野葫芦引（第四卷）北归记	1406	鲁迅早期中国文学史著述辑论	6759
晨诵夜读 古诗濡染稚子心	10137	猴婆婆的大苹果	9527
晨歌 献给母亲的诗	15704	装台	1432
眼睛后面	14199	就喜欢你看不惯我又干不掉我的样子1（增订版）	10868
眼镜	16806		
患瘟疫的动物们	16871	就喜欢你看不惯我又干不掉我的样子4	10876
甜点大赛离奇事件	16876		
甜橙树	9397	童年	11446
甜橙树（当当版单本）	9405	童年河	9202
笛卡儿先生的小精灵	16769	愤怒的葡萄	13351
第欧根尼的另类生活	16763	普希金经典小说选	11442
做狮子好难	13893	普希金经典情诗选	14099
偶然天才故事集	12245	普希金经典童话集	15901
偏见	14652	普鲁斯特的小蛋糕	16870
船儿归	9190	游泳俱乐部	13885
悉昙私记	17502	寒风暖鸽	9210
彩虹嘴	9201	富兰克林·罗斯福 新政先生	8802
痕迹 又见瞿秋白	5361	富兰克林 美国之父	8783
康德教授的梦幻一日	16767	遍地枭雄	1424
断想集	5372	楚辞全注	3830
渔童	9203	想北平	5607
深海奇遇	16800	想做好孩子	16849
密室	12251	感伤之旅	13884
敢为天下先 中国航展二十年	5376	雾中的大楼	9402
骑着鸽子上学去	9035	跨文化交际俄语教程	10021
维多利亚	12248	路遥的时间 见证路遥最后的日子	5393
维多利亚女王 王冠与品德	8786	跟着鸟儿一起飞	16786
喜鹊、苹果和饼干	9403	跟着名家读美文 精读写作课古代卷	10129
斯科塔的太阳	12250	跟着名家读美文 精读写作课现代卷	10130
蒂让的地下探险	16864	置身于苦难与阳光之间	14654
森林百货店	9031	鼠年大吉	10884
森林笔记	14781	詹天佑 铁路巨擘	8776
酥油	1418	新文化运动史料丛编（1—6）	8193
最后的皇朝 革命前夜的大清王朝	5359	新世纪文学的河南映像	6562
遇见闪光的你	9467	煎饼坪	13353
遇见 岳洪治诗集	3494	满世界	5380

福	13903
福尔摩斯先生	13348
群文阅读·小学生读本1年级（下）	10142
群文阅读·小学生读本2年级（下）	10143
群文阅读·小学生读本3年级（下）	10144
群文阅读·小学生读本4年级（下）	10145
群文阅读·小学生读本5年级（下）	10146
群文阅读·小学生读本6年级（下）	10147
群文阅读·初中生读本7年级（下）	10148
群文阅读·初中生读本8年级（下）	10149
群文阅读·初中生读本9年级（下）	10150
群星	847
舞台音乐	12278
慢小孩	9026
精彩伦敦游	16852
鞋子	16805
横向看的人体秘密	17219
横向看的动物世界	17218
横向看的希腊神话	17220
醉舟	16872
撷芳集校补（1—4册）	3821
嘿,小黑狗	17213
黎明前说我爱你	12728
潮166 食色	15717
镜子里的房间	9191
穆旦诗集	3579
穗子的动物园	7805
辫子	12242
蘑菇七种	2239
攀登者	1439
蟾	16869
爆笑探险队	17208
魔人响锣	16862
魔法玩偶	16861
魔法城堡	16845
魔法博士	16860
2018中国最佳科幻作品	2247
2018中篇小说	2245
2018报告文学	5378
2018青春文学	2246
2018散文	5375
2018短篇小说	2242
365天涂鸦日志	17484

2020年

一个博物学家的死亡 希尼诗100首	14206
一匹马两个人	2265
一切随缘	14788
一生的麦地	5426
一位绅士的画像	12325
一身孤注掷温柔Ⅰ	1457
一身孤注掷温柔Ⅱ	1458
一身孤注掷温柔Ⅲ	1459
一身孤注掷温柔Ⅳ	1460
一棵行走的树	8804
十万个为什么	16963
十侠	2276
七色花	15892
七国银河 镐京魅影	1478
人生的枷锁	12314
人间五味（插图本）	5420
人间草木（插图本）	5419
入世之初	11304
入戏	13371
九月公主与夜莺	16919
刀锋	12313
三大师	14666
三字经	10259
三角龙是我哥们	9046
土地婆婆变变变	9039
大师们的写作课 好文笔是读出来的	5433
大自然观察笔记	16896
大自然里的STEAM	17341
大学	10258
大摇小晃的地震	16934
大熊猫的春天	5398
山芽儿	9224
山神的箭堆	5402
山海经	10158
千字文	10261
千家诗	10262
女神（初版本）	3588
女孩与弃狗	16831
女教师的故事	12292
小鸟的朋友	16926
小红鸟和鹿爷爷	9044
小巫女去旅行	16904

书名	页码
小巫女过生日	16908
小巫女过圣诞	16907
小英雄雨来	10151
小狗达西卡	12730
小宝宝的伟大诞生	16903
小冒险家的旅行日志	16842
小猫尤什卡	11450
小塘主	9223
小糊涂蛋和小糊涂神	9045
马克西姆欢闹合唱团	16967
马克西姆拯救芭蕾舞团	16965
马克西姆误闯音乐学校	16966
马克西姆爱上交响乐团	16964
马的家族	16938
乡土中国	9590
王充闾语文课	5404
王蒙文集（1—50）	7680
王蒙文集 天下归仁 说《论语》	7679
王蒙文集 闷与狂	7678
王蒙文集 得民心得天下 说《孟子》	7677
天空	9603
天堂的影子	14204
元古宙	16971
艺术家们	1466
木工小史	11264
不可思议的鲸豚	16936
不能都由你说了算！	16836
不管狗和茶炊怎么闹腾	5399
太平，太平	2260
匹诺曹	16924
车轮转动的奥秘	17260
日本的树木	14787
中外民间故事	10159
中国八大诗人	7236
中国文化史	7214
中国古代叙事文法理论研究	7234
中国古代寓言故事	10139
中国当代名家大奖书系 拼音版（定制套装全5册）	9040
中国名诗三百首	8268
中国近代思想史论	10957
中国诗学（第二十九辑）	7231
中国诗歌 2020 新发现诗人作品选	3512
中国诗歌研究史 少数民族卷	7220
中国诗歌研究史 汉代卷	7229
中国诗歌研究史 先秦卷	7222
中国诗歌研究史 宋代卷	7223
中国诗歌研究史 明代卷	7228
中国诗歌研究史 金元卷	7221
中国诗歌研究史 唐代卷	7227
中国诗歌研究史 清代卷	7224
中国诗歌研究史 魏晋南北朝卷	7226
中庸	10260
长长的锚链	14203
长生塔	9042
什么都要可以吗？	16837
分类唐诗三百首	3833
公主小姐不想吃饭	16833
公主和船长	16565
月光下的音乐会	16923
月亮	16922
月亮和六便士	12312
月圆月缺	13912
风月同天 日本人眼中最美中国古诗100首	10254
风鸟皮诺查	8810
风雨谈	5609
风物与意象	9586
文豪日历 2021 外国文学史上的今天	10885
火车大巴扎	14672
为了你，我愿意热爱整个世界	1462
为孩子解读《红楼梦》	9604
心事	2264
巴黎评论·作家访谈 5	14678
书之船	9546
水浒一百零八将	17554
水浒猎人 3	1448
水浒猎人 4	1449
世界上最美丽的妈妈	16839
艾凡赫	11263
艾吕雅诗选	14210
古史六案	10889
古代中国文化讲义	10956
布兰尼肯夫人	11303
布宁中短篇小说选	11447
布宁诗文选	15721

书名	页码
布宁短篇小说选	11448
龙族Ⅰ 火之晨曦(修订版)	1467
龙族Ⅱ 悼亡者之瞳(修订版)	1468
打工族买屋记	13926
北极精灵——科学家考察手记	9577
电的环形跑道	16937
四个苹果	12293
四季之花	14783
白云无事常来往 丰子恺画语	10882
他们的乐园	16881
瓜豆集	5613
丛林里的脚印	12321
外婆家	5308
鸟飞到了时间上面	5424
它来到我们中间寻找骑手	7692
写字桌的1971年	2275
写字楼的奇想日志	1472
写作中的大作家	15192
记忆的声音 阿赫玛托娃诗选	14260
永远的信天翁	8809
永别了,古利萨雷!	13916
出逃	13372
奶牛的秘密生活	14677
奶奶的星星	8808
发现身边的科学(1—4)	17224
丝绸之路——从蓬莱到罗马	5396
动物的大便	16940
动物的错觉	14786
老人和猫	12295
老古玩店	11302
老负鼠的猫经(英汉对照插图本)	14209
老熊和老鼠	16912
共犯	13921
机灵的小巫女	16905
西尔克王国传奇	16841
在水陆之间,在现代边缘	7693
在西线的列车上	7690
在《红楼梦》里读懂中国	7212
在故宫寻找苏东坡	5418
在路上	13375
百花三国志	17553
百家姓	10257
有一种爱情叫见字如面	5417
成千上万的新生儿	16942
团队	16920
岁月静好 蒋勋日常功课	5438
回忆托尔斯泰	14713
先秦文选	5687
迁徙 默温自选诗集(1—2)	14201
仿佛或恰恰相反	3507
伪币犯	12285
伊卡狛格	16921
伊索寓言	15889
血朝廷	1443
会说话的自行车	17131
爷爷回来了吗?	16899
肌理	8807
名作家和他们的衣橱	14673
多萝西与大法师	16957
多瑙河传奇	17486
庆余年(修订版第二卷) 人在京都	1441
庆余年(修订版第三卷) 北海有雾	1442
庆余年(修订版第五卷) 悬空之刺	1455
庆余年(修订版第四卷) 龙椅在上	1447
江河旋律 王鼎钧自选集	7681
汤显祖与晚明戏曲的嬗变(增订版)	7232
宇宙牙齿	9217
守藏(上下)	1451
安乐的巢穴	16939
安娜·卡列尼娜(上下)	11453
安得盛世真风流	5410
冰河·凌汛·激流·漩涡 冯骥才记述文化五十年国际学术研讨会论文集	6563
寻欢作乐	12311
寻找一只鸟	9407
寻找鱼王	10255
寻找宝藏	9691
阳光下的葡萄干	14992
阪急电车	13925
如果我的胆子没那么小	16911
好吃的香肠	16927
好奇的小巫女	16906
好诗共欣赏 陶渊明、杜甫、李商隐三家诗讲录	7218
欢迎来到实力至上主义的教室1	13909

欢迎来到实力至上主义的教室2	13910	汪曾祺回忆录	5431
欢迎来到实力至上主义的教室3	13911	汪曾祺诗歌全编	3510
欢迎来到实力至上主义的教室4	13922	沙漠生物圈	9469
欢迎来到实力至上主义的教室5	13917	沧海月明 李汉荣心灵散文	5432
欢迎来到实力至上主义的教室6	13918	完美伴侣	12327
买星星的人	9221	灵魂兄弟	12291
麦子	2274	局外人	13377
走在幽暗的小径上	14668	阿鲁巴农家的怪事	16928
志摩的诗 猛虎集	3586	姊妹行	2267
声音集	14205	纸上看展	9693
苍老的爱情	7682	驴小弟进城	9548
克雷洛夫寓言	16909	环山的雪光	2269
苏辛词说	3836	"垃圾分类"我最棒	9545
杜甫游踪考察记	7237	苦竹杂记	5614
极地的动物	16941	苦茶随笔	5610
李商隐诗选评	3835	英国特工	12323
吾皇喊你解数独	10893	英雄山Ⅰ 穿插	1452
扮演者游戏	2270	英雄山Ⅱ 伏击	1453
邮轮碎片	1456	或许你看到过日出	7691
听罢溪声数落梅	5435	雨	12326
我才是真的公主!	16835	雨天的书 泽泻集	5615
我不只是小马	16895	雨巷 戴望舒诗集	3584
我不只是小仓鼠	16893	奇梦集	13376
我不只是小狗	16892	拉封丹寓言	15891
我不只是小猫	16894	到十九号房间去	12315
我不要一个人上学	16834	国际安徒生奖·曹文轩文集	9219
我和你的大城小镇	1477	忠诚	12332
我的二本学生	5427	呼兰河传	9218
我的原野盛宴	5397	秉烛后谈	5611
我的童年丢了	5414	秉烛谈	5608
我的遥远的清平湾	2268	的里雅斯特与一位女性	14208
我就是我	9657	金波语文课 一起长大的玩具	10140
每日一禅 一禅语录轻手账	10891	金鹅	16930
何以捡君还?	14785	贪食忘忧果的人	12322
低姿匍匐	5437	京味浮沉与北京文学的发展 北京文学研究资料汇编	6565
你的好心看起来像个坏主意	9041		
你往何处去	12729	夜读抄	5612
你所不知道的溥仪Ⅱ 伪满秘事	5428	夜晚的远足	13924
你是人间四月天 林徽因诗集	3583	夜晚的消息	14207
狂欢	16916	夜谭续记	1450
忘却的魅力	7689	诗人鲁迅 鲁迅诗全考	6763
快一点!	9541	妹妹脸上的巴掌印	8805
弟子规	10256	迦陵谈诗	7215

1512

书名	编号
迦陵谈诗二集	7216
线索	1446
细读·第二辑	7219
细读·第三辑	7233
终极恐龙	9226
经典咏流传·小学生必背古诗词	10156
经典咏流传·中学生必背古诗词	10157
经典朗诵诗选	3503
经典散文诗选	5395
契诃夫文集(1—16卷)	15544
春天的来客 陈布文文集	7694
城南旧事	9406
带伤疤的男人	12320
带你去远方	5429
荒凉山庄(上下)	11301
茨维塔耶娃诗选	14259
故宫之美:寻宝·探秘·看展实用手账	9591
故宫六百年	5409
故宫的古物之美 3	5401
故宫的隐秘角落	5422
南方快车	14675
相助	13373
相识	16913
柏杨版资治通鉴(1—36册)	5688
柳林传	1476
树民	13374
面纱	12310
战斗的植物	14784
战争与和平(上中下)	11451
尝试集	3587
是朋友,不是野味	9547
显生宙·古生代 1	16968
显生宙·古生代 2	16969
显生宙·古生代 3	16970
星河 立春·夏至	3511
星河 约定	3506
昨日毛虫今日蝶	16935
昭和六十四年绑架案	13914
哈利·波特与凤凰社 I	12316
哈利·波特与凤凰社 II	12317
哈利·波特与凤凰社 III	12318
哈利·波特与凤凰社 IV	12319
哈利·波特与凤凰社(英汉对照版)(上下)	12290
哈利·波特与火焰杯 I	12287
哈利·波特与火焰杯 II	12288
哈利·波特与火焰杯 III	12289
哈利·波特与阿兹卡班囚徒:拉文克劳	12308
哈利·波特与阿兹卡班囚徒:格兰芬多	12309
哈利·波特与阿兹卡班囚徒:斯莱特林	12307
哈利·波特与阿兹卡班囚徒:赫奇帕奇	12306
哈利·波特与"混血王子" I	12328
哈利·波特与"混血王子" II	12329
哈利·波特与"混血王子" III	12330
哈利·波特与"混血王子"(英汉对照版 上下)	12331
哈利·波特与密室:拉文克劳	12305
哈利·波特与密室:格兰芬多	12304
哈利·波特与密室:斯莱特林	12302
哈利·波特与密室:赫奇帕奇	12303
哈利·波特与魔法石:拉文克劳	12301
哈利·波特与魔法石:格兰芬多	12299
哈利·波特与魔法石:斯莱特林	12298
哈利·波特与魔法石:赫奇帕奇	12300
哈利·波特电影角色书 阿不思·邓布利多(英汉对照版)	16948
哈利·波特电影角色书 罗恩·韦斯莱(英汉对照版)	16946
哈利·波特电影角色书 哈利·波特(英汉对照版)	16947
哈利·波特电影角色书 赫敏·格兰杰(英汉对照版)	16945
哈利·波特 霍格沃茨圣诞立体书	17488
哈利·波特 霍格沃茨学年手册	16392
看看世界有多大	16902
复活	11452
俗世奇人全本	2250
食为天	5403
狮子的外衣	12324
独来独往的猫	16943
亲爱的迭戈,齐耶拉拥抱你	13378
阁楼	2271

书名	页码
美顺与长生	1444
姜子牙钓鱼	9543
叛逆者	2259
神奇的嗅觉	17223
神笔马良	10141
说不出口怎么办？	16832
绑架游戏	13898
给一颗星的颂歌	16933
给青年的十二封信 美绘版	9587
孩子们的那些事儿	16880
盐色	1464
盐味 盐道 盐色	1465
莱茵河传奇	17485
恶土	13380
莎士比亚十四行诗	14071
莎士比亚喜剧五种	14911
夏天的森林	9408
捉鱼去	9544
致我们亲爱的故乡	10894
柴堆旁的男孩	16057
哦,香雪	2272
钱锺书选唐诗(上下)	3834
钻玉米地	2266
铁血信鸽	2254
俺爹俺娘	5436
徐霞客山河异志	1445
徐霞客山河异志 2	1473
爱尔兰人	14670
爱吃意大利面的新娘	16929
爱说教的男人	14676
狼的眼睛	16830
郭影秋诗词集	3509
座头鲸赫连么么	8811
离我们很近	7683
羔羊的盛宴	13906
烟火漫卷	1461
凉州词	1417
酒虫儿	1474
流浪地球 刘慈欣作品精选	2252
涧溪春晓	5430
家族试验	2251
读读童谣和儿歌(1—4)	10138
袒露在金陵	5434
被搞丢的人生 废料箱里的 148 本日记	14671
被颜色闯入的梦境	16901
冥古宙·太古宙	16972
谈美	6760
谈美 美绘版	9588
通往奥兹国的路	16962
预见	1470
黄庭坚诗选	3831
萧红全集(1—3)	8194
梵蒂冈地窖	12286
雪花的快乐 徐志摩诗集	3582
雪的国	8806
探秘建筑	9692
野狗之丘	8812
野猫	16914
眼的气流	13919
晚熟的人	2261
银色的独角兽	16840
笠翁对韵	10263
第六个小夜子	13923
偶然与永恒 中国古代文艺理论对文艺美学的建构意义	7230
偷玩具的鳄鱼大盗	16910
假面的告白	13913
象脚鼓	9227
猫咪躲高高	16236
望舒诗稿	3585
情绪	16918
情趣与哲思	9585
阎真小说艺术讲稿	6566
清史(上下)	10888
清代韩愈诗文文献研究	7235
清词选讲	7217
淡灰色的眼珠	2273
寂静的春天	17458
密室小丑	1469
随遇而安	13379
骑自行车的狐狸	17487
绿野仙踪	16960
斑斓志	5423
喜欢穿破衣服的公主	16925
斯特林堡小说戏剧选	15720

书名	编号
蒋勋日历 2021	10886
椰子里的内陆湖	3504
森林报	15893
遇到熊怎么办？	14782
遗失的赤裸	14202
蛟龙	1463
蛟龙出天山	1454
喧嚣	16917
黑暗时代的爱 从王尔德到阿莫多瓦	14667
智慧七柱	14680
智慧未来	5413
程千帆古诗讲录	7225
等待一只布谷鸟	5416
傲慢与偏见	11305
傅斯年讲诗经	7213
奥兹王国的葛琳达	16949
奥兹王国的魔力	16955
奥兹仙境	16958
奥兹玛公主	16950
奥兹国之失踪的公主	16952
奥兹国之英加王子	16954
奥兹国之铁皮人	16956
奥兹国的碎布姑娘	16951
奥兹国的翡翠城	16961
奥兹国的滴答人	16953
奥兹国的稻草人	16959
鲁迅与西方表现主义美术	6761
鲁迅箴言	8195
就喜欢你看不惯我又干不掉我的样子 5	10883
童话青格里	5421
普林斯顿文学课	14679
曾彦修访谈录	5400
谢甫琴科诗集	14122
缘缘堂随笔（足本）	5616
蒙田随笔（精华版）	14451
想和我一起过生日吗？	16898
雷震子的翅膀	9542
摸得着的数字	16900
暗径集	11449
鼠疫	12294
解放战争（第一卷）	5406
解放战争（第二卷）	5407
解放战争（第三卷）	5408
满川银雪	9225
满愿	13905
溯洄	1471
赫拉克勒斯之柱	14674
愿望的实现	15890
踌躇	16915
算计	13907
谭诗录 实然非实然之间	6564
熊的话	16932
熊猫宝宝爱整理	9715
缪俊杰文集（1—10）	7695
聪明狗的启蒙世界	17340
稻草人	9043
箭正离弦《野草》全景观	6762
德国诗选	14072
憎恶的委托	13920
糊粮酒·酒葫芦	9222
擅长装扮的老猫经	16944
整本书阅读"学教评"·《乡土中国》《红楼梦》（学生用书）	10154
整本书阅读"学教评"·《乡土中国》《红楼梦》（教师用书）	10155
整本书阅读"学教评"·《乡土中国》（学生用书）	10152
整本书阅读"学教评"·《红楼梦》（学生用书）	10153
鹦鹉复活的故事	16931
镜中的浮士德	3508
凝望 一七几几年：曹雪芹康德们的故事	5425
濒死之眼	13908
穗子的动物园	9468
魔镜魔镜告诉我	16838
100 只兔子闯进了花园	16897
11 字谜案	13897
2019 中国最佳科幻作品	2262
2019 中篇小说	2263
2019 报告文学	5412
2019 青春文学	2255
2019 散文	5415
2019 短篇小说	2253
2021 吾皇万睡周历	10887

X生物	15719	西决	1479
		关于上班这件事	10892

2021年

		南音	1481
中国诗歌 2020 年度网络诗选	3513	锦西卫	1475
什么事都在发生	10890	2020 短篇小说	2000
东霓	1480		

丛 书 目 录

二十世纪外国文学丛书

书名	编号
一个青年艺术家的画像	11579
人的大地	11649
人的境遇	11650
儿子与情人	11603
大师和玛格丽特	12568
广漠的世界	12865
马人	12884
巴比特	12898
甘露街	13624
艾特玛托夫小说选	12557
古斯泰·贝林的故事	11006
旧地重游	11614
圣女桑塔	12899
母与子（上）	11560
老妇还乡	11668
西线无战事	11572
在少女们身旁	11666
夸奇莫多 蒙塔莱 翁加雷蒂诗选	14152
托诺—邦盖	11664
自由或死亡	11570
血的婚礼	14157
向往宫	13622
名望与光荣（上中下）	12710
好兵帅克历险记（上下）	12700
两宫之间	13618
告别马焦拉	12585
我的安东妮亚	12889
间谍	11667
沉船	13387
阿尔特米奥·克罗斯之死	12855
岸	12534
罗生门	13630
彼得大帝（上下）	12567
变	11576
空军飞行员	11631
珍妮姑娘	12874
城堡	11644
哈拉马河	11581
钢铁是怎样炼成的	12344
看不见的人	12863
独粒钻石	12900
恰巴耶夫	12550
穿破裤子的慈善家（上下）	11566
起义	12675
莫里亚克小说选	11628
莫拉维亚短篇小说选	11577
啊,拓荒者！我的安东尼亚	12857
烟雨霏霏的黎明	14700
海浪	11637
诺尔玛或无尽的流亡	11665
基希报告文学选	14717
梅特林克戏剧选	14971
雪国	13629
探险家沃斯	13931
蛇结	11643
第七个十字架	11647
船长与大尉（上下）	12591
斯·茨威格小说选	11567
喀尔巴阡山狂想曲	12699
愤怒的葡萄	12815
普通人狄蒂	11569
豪门春秋	12878
豪门春秋	12893

1517

赛拉斯·拉帕姆的发迹	12894	母亲和我们七兄妹	4988
鲵鱼之乱	12696	岁月如流 我这八十年	4989
		红学:1954	4853
		吴梅村传	4920

二十世纪欧美文论丛书

		我的父亲丰子恺	5014
历史诗学	15155	我额头青枝绿叶 灰娃自述	4813
艾略特文学论文集	15194	完全李敖(李敖大传)	4403
论无边的现实主义	15195	启功 诗书继世	4942
美学或艺术和语言哲学	15196	命运变奏曲 我的个人当代史	5048
萨特文论选	15178	赵铁林 我的"老三届"岁月	4817
赫拉普钦科文学论文集	15323	昨夜星辰昨夜风 八十自述	4891
		彦涵:苦难风流	4918

二十世纪流行经典丛书

		祖父陆宗达及其师友	4910
		勇气与卓识 马寅初的一生	4904
大白鲨	13323	家在云之南 忆双亲,记往事	4812
不在犯罪现场	13333		

人文双语童书馆

二战记忆

		大森林里的小木屋	16203
一个人的遭遇	12588	五个孩子和沙地精	16198
上海,远在何方?	12027	丛林故事	16202
日日夜夜	12602	纳尼亚传奇 凯斯宾王子	16199
安妮日记	14577	纳尼亚传奇 狮子、女巫和魔衣柜	16205
这里的黎明静悄悄……	15764	彼得·潘	16196
青年近卫军	12362	爱丽丝梦游仙境	16200
海明威文集 丧钟为谁而鸣	15514	爱丽丝镜中游	16201
焦点不太准 卡帕二战回忆录	14489	绿野仙踪	16204
		黑骏马	16197

七堇年作品系列

人文平凉

大地之灯	1179	仙山玉屑 崆峒历代诗词选	8250
无梦之境	1353	陇头鸿踪:平凉历代游记选	5315
被窝是青春的坟墓	2063	金石萃珍——平凉历代碑刻金文选	10854
澜本嫁衣	1178	泾渭流韵 平凉历代诗词选	8249
		春秋逸谭——平凉历史掌故选(上下)	10855

人与岁月

人文原创

一个人的安顺	4435		
一个美国女孩在中国	4816		
一粒珍珠的故事	4525	发烧	982
人有病天知否 一九四九年后中国文坛纪实		酒楼	964
	4298	零年代	981
未完成的画	4038	1980的情人	980

1518

人文随笔系列

陈从周园林随笔	4624
熊秉明美术随笔	4623

人生驿站丛书

人间 希望伴我前行	5540
求学 寻找我的天地	5539
童年 爸妈盼我长大	5538

人民文学出版社·新中国60年长篇小说典藏

三家巷	83
大波（第一部）	52
上海的早晨（一）	56
小城春秋	40
无土时代	917
太阳照在桑干河上	2519
历史的天空	610
风云初记	100
乌泥湖年谱 1957—1966	622
六十年的变迁（一）	43
古城春色	123
古船	350
东藏记	630
白鹿原	465
圣天门口（上中下）	768
尘埃落定	562
吕梁英雄传	2518
伪满洲国（上下）	721
许三观卖血记	725
农民帝国	942
红高粱家族	849
红旗谱	76
纪实和虚构——创造世界方法之一种	467
赤彤丹朱	507
芙蓉镇	233
花腔	663
抉择	734
我的丁一之旅	791
我是太阳	530
沧浪之水	650
沉重的翅膀	239
青春之歌	50
苦菜花	74
英格力士	749
林海雪原	47
欧阳海之歌	129
和我们的女儿谈话	913
金牧场	848
钟鼓楼	308
保卫延安	12
活动变人形	321
突出重围	570
艳阳天（一）	116
晋阳秋	928
铁道游击队	64
唐浩明文集·曾国藩（上中下）	683
浮躁	843
雪城（上下）	844
野火春风斗古城	67
笨花	790
第二十幕（上中下）	588
蒙古往事	784
歇马山庄	606
暗示	681
暗算	815
新星	295
暴风骤雨（上下）	2520
蹉跎岁月	737
穆斯林的葬礼	754
藏獒	785

人民文学奖获奖书系

历史的天空	610
丹青引	554
乌泥湖年谱 1957—1966	622
古船	350
纪实和虚构——创造世界方法之一种	467
我是太阳	530
城市白皮书	513
南渡记	374

活动变人形	321		
第二十幕(上中下)	588	**三色猫探案**	
		心中海岸	13880
人狗情丛书		四舍五入	13888
白比姆黑耳朵	12535	安息日	13886
灵犬莱茜	12941	戏剧社	13860
荒野的呼唤	12943	狂想曲	13854
		战争与和平	13882
儿童中国文化导读		冒牌屋	13861
		追踪	13858
大学 中庸 笠翁对韵	8463	首席女高音	13887
史记 墨子 吕氏春秋	8467	离家出走	13881
老子 庄子	8460	继承人	13863
论语	8465	黄昏酒店	13879
弟子规 三字经 千字文 孝经	8462	推理	13857
易经(上下)	8466	猫公馆	13856
诗经 礼记 黄帝内经	8461	骑士道	13859
孟子(上下)	8464	黑将军	13883
		游泳俱乐部	13885
九元丛书		登山车	13855
		感伤之旅	13884
一地鸡毛	1942	歌剧院	13862
人生	1936		
三生石	1950	**三岛由纪夫作品系列**	
世界上所有的夜晚	1947		
古典爱情	1940	丰饶之海(第一卷)春雪	13752
北方的河	1937	丰饶之海(第二卷)奔马	13753
北极光	1944	丰饶之海(第三卷)晓寺	13754
动物凶猛	1946	丰饶之海(第四卷)天人五衰	13755
行为艺术	1951	金阁寺	13741
杂色	1952	爱的饥渴	13740
关于詹牧师的报告文学	1948	潮骚	13739
青衣	1935		
叔叔的故事	1953	**三岛由纪夫作品系列典藏本**	
爸爸爸	1949		
美食家	1938	丰饶之海(第一卷)春雪	13752
绝望中诞生	1943	丰饶之海(第二卷)奔马	13753
捕捉心跳	1954	丰饶之海(第三卷)晓寺	13754
离婚指南	1939	丰饶之海(第四卷)天人五衰	13755
绿化树	1945	阿波罗之杯	14778
棉花垛	1941	金阁寺	13741
		爱的饥渴	13740

假面的告白	13913	草虫的村落	9659
潮骚	13739	做在大胡子里的鸟窝	9658

"三驾马车"长篇小说丛书

大中华文库

风暴潮	596	三国演义 汉日对照（1—6）	2701
多彩的乡村	594	三国演义 汉法对照（1—6）	2682
家园笔记	595	三国演义 汉俄对照（1—6）	2693

工农兵音乐知识小丛书

		水浒传 汉法对照（1—6）	2681
		水浒传 汉俄对照（1—5）	2692
二胡演奏法	10548	西游记 汉日对照（1—8）	2702
小提琴演奏法	10543	西游记 汉法对照（1—6）	2680
月琴弹奏法	10546	西游记 汉俄对照（1—8）	2687
板胡演奏法	10544	红楼梦 汉日对照（1—8）	2685
怎样识简谱	10541	红楼梦 汉法对照（1—8）	2683
笛子吹奏法	10540	红楼梦 汉俄对照（1—7）	2691
琵琶弹奏法	10545	金瓶梅 汉日对照（1—8）	2700
		金瓶梅 汉西对照（1—9）	2690

大卫·阿尔蒙德作品系列

		金瓶梅汉英对照（1—5）	2672
		金瓶梅 汉法对照（1—5）	2699
天眼	16257	金瓶梅 汉俄对照（1—6）	2698
当天使坠落人间	16256	金瓶梅 汉德对照（1—8）	2696
吃火的人	16630	周易 汉俄对照	10938
走钢丝的人	16437	孟子 汉俄对照	2688
旷野迷踪	16258		
怪物比利·迪恩的真实故事	16491	## 大师手绘经典	
怪物克雷	16667		
寒鸦之夏	16398	木偶奇遇记	16369
献给艾拉·格雷的歌	16436	世界的尽头	16762
数星星	16618	伊索寓言	16382
		玛德琳的故事全集	16439

大卫·格罗斯曼作品集

		阿猫和阿狗	16406
		彼得兔经典故事全集	16283
一匹马走进酒吧	13828	班尼狗的故事	16311
到大地尽头	13805	爱丽丝梦游奇境	16632

大王鸽文库

大师杰作的秘密

		三个音乐家	16419
月光手帕	9662	小雨蛙哪儿去了	16331
写在雪地上的书	9661	云上之行	16330
年糕树	9660	瓦朗坦飞起来啦	16260
购买上帝的男孩	9663	卡蹦豆超市的小怪人儿	16321

外星人来啦	16426	千字文	10261
冬天的小鸟	16332	千家诗	10262
加莱义民	16425	中庸	10260
圣诞夜	16424	百家姓	10257
远航的白船	16422	弟子规	10256
吹魔笛的雅蒂微嘉	16259	笠翁对韵	10263
我,玛格丽特公主	16333		
表演开始啦	16420		
夜之色	16320		

大红狗克里弗

星空下的凯莉亚	16319	大红狗大救星	16513
美然与四季骑士	16262	大红狗手绘原稿故事集	
神奈川海边的大浪	16318	(50周年纪念精装版)	16601
猫与鸟	16261	大红狗去上学	16500
幕后故事	16421	大红狗去远足	16525
蒙娜丽莎	16423	大红狗去医院	16506
		大红狗去体检	16543

大师教我学知识

		大红狗去旅行	16507
		大红狗加入棒球队	16542
文心选编	9584	大红狗在马戏团	16504
怎样写作文	9580	大红狗在成长	16515
怎样学语文	9579	大红狗当消防员	16511
怎样爱科学	9582	大红狗忙碌的一周	16531
怎样做数学游戏	9581	大红狗克里弗	16509
阅读与写作	9583	大红狗还小的时候	16502
		大红狗找工作	16512

大师插图经典

		大红狗,我们爱你	16527
		大红狗和小猫咪	16524
自然纪事	14631	大红狗和爸爸	16518
拉封丹寓言	15854	大红狗和恐龙	16541
胡萝卜须	16829	大红狗和爱抱怨的邻居	16520
猎鲨记	14067	大红狗和暴风雨	16523
		大红狗的万圣节	16528

大自然旅行家

		大红狗的生日会	16514
		大红狗的圣诞节	16529
不寻常的河流旅行家	17127	大红狗的伙伴们	16521
划桨入海	17121	大红狗的快乐冒险	16516
寄居蟹成长的奥秘	17126	大红狗的春季大扫除	16522
随海鸟远航	17114	大红狗的复活节	16536
		大红狗的美国游	16535

大字拼音国学读本

		大红狗的夏天	16503
		大红狗的第一个秋天	16505
三字经	10259	大红狗的第一个雪天	16526
大学	10258	大红狗参加大巡游	16534

大红狗参加运动会	16533
大红狗是明星	16530
大红狗是冠军	16508
大红狗爱助人	16510
大红狗第一次去学校	16519
大红狗第一次在外面过夜	16532
大红狗最好的朋友	16517
大红狗懂礼貌	16501

大作家小童书

九月公主与夜莺	16919
小狗栗丹	16269
古怪故事集	16368
写给女儿的故事	16272
写给孩子们的故事	16273
西顿动物故事	16366
列那狐的故事	16664
画家王福历险记	16267
夜晚的秘密	16271
种树的人	16268
神奇故事集	16367
莎士比亚戏剧故事集	16457
难解的算数题	16274
猫咪躲高高	16236
奥德赛	16270
普拉斯童话童谣集(汉英对照)	16490

大作家写给小读者

奶奶的星星	8808
奴儿	8747
红蚂蚱 绿蚂蚱	8715
花瓣饭	8718
拾婴记	8716
格拉长大	8719
哭泣的小猫	8720
黑鲨洋	8748
鲁鲁	8717

大拇指丛书

大森林里的小木屋	16085
父与子	17421
半个魔法	16016
灵犬莱茜	12941
莎士比亚戏剧故事集	14487
爱的教育	11178
绿山墙的安妮	12891
森林报	16084

大学生必读

《一千零一夜》故事选	13425
三国演义	2574
女神	3516
马克思恩格斯论文学与艺术(一)	15126
子夜	2281
王蒙代表作	1907
元人杂剧选	5969
中国当代文学作品选(上)	7701
长生殿	5971
今古奇观(上下)	2594
文心雕龙注释	6794
邓小平论文艺	6247
双城记	11153
水浒传(上中下)	2611
艾青诗选	3538
卡拉马佐夫兄弟(上下)	11356
史记选	5627
白鹿原	465
乐府诗选	3618
台湾小说选	1758
母亲	12391
老残游记	2593
西方美学史(上)	7341
西厢记	5968
西游记(上中下)	2580
伪君子	14807
安娜·卡列尼娜(上下)	11323
红与黑	11184
红楼梦(上下)	2663
苏轼选集	3740
杜甫诗选注	3664
李白诗选	3653
李商隐诗选	3663

围城	2373		
牡丹亭	5976	**大家读大家**	
希腊的神话和传说	11026		
辛弃疾词选	3690	小说是灵魂的逆光	5271
沙恭达罗	15060	小说课	5233
沈从文小说选（第一集）	2378	不必然的对等——文学改编电影	5269
宋诗选注	3639	从热烈到温煦	5273
现代派诗选	3551	站在金字塔尖上的人物	5270
郁达夫小说集	2462	教我灵魂歌唱的大师	5272
诗学	15143	模仿上帝的小说家	5274
诗经选	3620		
赵树理选集	2565	**大脸猫和卷尾鼠**	
茶馆 龙须沟	5869		
哈姆莱特	14863	太空遇险记	16857
神曲（上中下）	13951	气球的颜色	16855
骆驼祥子	2303	分享美食	16851
泰戈尔诗选	14314	有趣的购物	16854
桃花扇	5970	收获好情绪	16856
索福克勒斯悲剧二种	14858	我们都是好朋友	16850
高老头	11193	宠物鹦鹉在哪里	16853
唐宋词选	3674	精彩伦敦游	16852
唐诗选（上下）	3661		
浮士德	14879	**与大师一起艺术创想**	
家	2284		
聊斋志异选	2591	手·造型	17270
曹禺选集	5951	动物王国	17301
雪国	13632	自然侦探	17300
野草	5502	创意世界	17303
悲惨世界（1）	11004	金秋	17293
等待戈多	14977	脑·想象力	17271
鲁迅小说集	2433	旅行奇遇	17302
楚辞选	3636	眼·色彩	17269
新月派诗选	3559	综合·自由创想	17272
德伯家的苔丝	10997	寒冬	17292
儒林外史	2581	暖春	17295
		酷夏	17294
大家说古典			
		万物的秘密·生命	
李商隐	7161		
李清照	7159	千奇百怪的菌	16605
屈原	7160	马的家族	16938
		不可思议的鲸豚	16936
		动物的大便	16940

动物的智慧	16604	不拿男生当回事儿	8594
有趣的海洋学	16603	男班主任的鲜事儿	8595
成千上万的新生儿	16942	聒噪大嘴的郁闷	8597
安乐的巢穴	16939	邋遢大王与臭美同桌	8598
远古的恐龙	16602		
极地的动物	16941		
昨日毛虫今日蝶	16935		

万物的秘密·自然

小土豆泥搞笑系列

大摇小晃的地震	16934	大便事件	8522
电的环形跑道	16937	变声期	8525
冬眠的动物	16251	捣蛋鬼学校	8523
鸟儿们的旅行	16253	狼狈的冒险	8524
发怒的火山	16250		

小小乔治

动物的菜谱	16254	大象	16660
变幻的天气	16248	小号	16663
逃走的小水滴	16249	吊车	16803
美丽的植物	16252	自行车	16662
神秘的星球	16247	灯泡	16804
		苹果	16373

上海寻旧指南丛书

		恐龙	16372
上海老城厢、龙华与徐家汇寻旧	10836	旅行箱	16661
上海英租界寻旧	10856	眼镜	16806
上海美法租界寻旧	10864	鞋子	16805

千禧年四部曲

小小研究员科普翻翻书

		不同的职业	17338
龙纹身的女孩	11896	世界真奇妙	17339
玩火的女孩	11912	交通工具	17335
直捣蜂窝的女孩	11945	运动身体棒	17334
蜘蛛网中的女孩	12152	科学真好玩	17336
		亲亲大自然	17337

女生地带.com

小小说精品系列

那个叫苹果的女孩	8513	老店铺传奇	2207
南方小蜜蜂俱乐部	8606	夷门书家	2208
谁寄给你紫色的信	8512	药都人物	2206
超女进行时	8557	俗世奇人（足本）	2211
		盐河旧事	2209

女生是个大麻烦系列

		湘潭故事	2210
小女生的秘密行动	8596		

小木屋系列经典插图版

大森林的小木屋	16448
农庄男孩	16446
快乐的金色年华	16447
阿曼佐的约定	16450
草原上的小木屋	16449
草原上的小镇	16452
梅溪岸边	16454
银湖岸边	16453
漫长的冬天	16451

"小书虫"儿童经典诵读

儿童经典古诗诵读（拼音绘图版）	8567
儿童经典成语故事诵读（拼音绘图版）	8565
儿童经典格言诵读（拼音绘图版）	8568
儿童经典寓言诵读（拼音绘图版）	8566

小书虫桥梁书

三角龙是我哥们	9046
土地婆婆变变变	9039
小糊涂蛋和小糊涂神	9045

小白桦诗库

一切始于爱情	
——罗日杰斯特文斯基诗选	14243
二十世纪独白——沃兹涅先斯基诗选	14247
人——梅热拉伊蒂斯抒情诗集	14244
贝壳——曼德尔施塔姆诗选	14245
生活——我的姐妹	
——帕斯捷尔纳克诗选	14246
白桦——叶赛宁诗选	14248
当今世界——古米廖夫诗选	14250
致一百年以后的你——茨维塔耶娃诗选	14242
爱——阿赫马托娃诗选	14249
婚礼——叶夫图申科诗选	14241

小皮卡系列图画书

一个人的夜晚	9510
皮卡和蜻蜓	9530
皮卡的金矿	9521
尖叫	9500

小豆包，上学啦！

大家都是好朋友	17176
小朋友和大朋友	17177
老师是位船长	17172
我们班的淘气包	17175
郊游去！	17174

小学生课外精读

小说	10028
古诗	10022
成语故事	10026
科学小品	10027
神话传说	10029
散文	10025
童话	10023
寓言	10024

小学语文教材"快乐读书吧"推荐书目

一千零一夜	13432
一只想飞的猫	10132
十万个为什么	16963
七色花	15892
山海经	10158
小英雄雨来	10151
小狗的小房子	10134
小鲤鱼跳龙门	10133
中外民间故事	10159
中外神话传说	10095
中国古代寓言故事	10139
叶圣陶童话（稻草人）	8432
列那狐的故事	15888
伊索寓言	15889
汤姆·索亚历险记	12734
安徒生童话	15887
克雷洛夫寓言	16909
希腊神话	15817

拉封丹寓言	15891	小淘气尼古拉最新版	
和大人一起读(1—4)	10136		
金波语文课 一起长大的玩具	10140	小尼古拉和红胡子	17095
孤独的小螃蟹	10131	小尼古拉的圣诞节	17093
"歪脑袋"木头桩	10135	淘气鬼小尼古拉	17094
神笔马良	10141		
格林童话	15886	小精灵迪迪和他的朋友们	
爱丽斯漫游奇境	11177		
爱的教育	11178	大战血蚂蚁	8501
读读童谣和儿歌(1—4)	10138	冰海魔踪	8504
骑鹅旅行记(上集)	15793	谁发出的火焰令	8503
森林报	15893	黑夜天使	8502
童年	12390		
愿望的实现	15890	马克西姆音乐奇遇记	

小孩子的权利

		马克西姆欢闹合唱团	16967
小孩子的权利	16417	马克西姆拯救芭蕾舞团	16965
生命是怎么回事	16411	马克西姆误闯音乐学校	16966
死亡是怎么回事	16410	马克西姆爱上交响乐团	16964
我们怎样远离暴力	16416		
我们怎样接受不同	16412	马克思主义文艺理论丛书	
爱是怎么回事	16413		
		毛泽东论文艺	6065

小蚕豆妮妮奇遇记系列

		论文学	15302
		沃罗夫斯基论文学	15311
人鱼部落	8545		
天使洞穴	8548	王刚文集	
牛皮城堡	8547		
假面王国	8546	月亮背面	517
		英格力士	749
		秋天的男人 王刚中短篇小说选	1932

小菟丝系列

		王安忆长篇小说	
小菟丝在水下	15926		
小菟丝在地下	15925	上种红菱下种藕	1419
小菟丝和颠倒屋	15924	长恨歌	724
		米尼	1420
		匿名	1236

小猪呼噜噜的冒险

		桃之夭夭	1423
成为小镇神探	17145	遍地枭雄	1424
寻找海盗宝藏	17147		
走到世界尽头	17146		

王安忆长篇小说系列

天香	1066
纪实和虚构——创造世界方法之一种	467
启蒙时代	861
流水三十章	1181

王璐琪少年小说系列

一棵行走的树	8804
肌理	8807
妹妹脸上的巴掌印	8805
雪的国	8806

井上靖中国古代历史小说选

孔子	13640
苍狼	13639
敦煌	13638

开心学校

大鱼之恋	9248
龙鸟迷踪	9068
阳台农场	9251
我只是个传说	9250
作业痒痒病	9249
你就是影帝	9254
骨折学习法	9247
校园功夫之王	9253
第六感男生	9252
蓝藻惊奇档案	9069

开心学校趣事多

天上馅饼店	8694
老爸的秘密	8692
变色人	8693
疯狂的头发	8691

天天典藏·孙幼军

没有鼻子的小狗	8921
国王蛇	8925
怪老头儿与"怪人国"	8924
怪老头儿的"豹子"	8923
亭亭的童话	8922
深夜里的玩具店	8926
蓝舌头	8927
熊猫小弟	8928

天天典藏·张之路

小心,猫房间	9050
目光	9549
伤心的试验	9422
青春电影事件	9051
奇怪的纸牌	8863
疯狂的兔子	9048
给个萝卜吃吃	9423
第三军团	9052
傻鸭子欧巴儿	8862
魔表	9049

天天典藏·张秋生

长脖子熊的故事	8942
坐在树杈上的月亮	8947
狮子饭店的毛驴厨师	8943
狮子窗外的白云	8948
骑在拖把上的巫婆	8944
散步的母鸡遇见狼	8949
锁在保险箱里的怪物	8946
躲在树上的雨	8945

天天典藏·黄蓓佳

小船,小船	9246
今天我是升旗手	9056
平安夜	9059
白棉花	9064
我飞了	9047
我要做好孩子	9063
你是我的宝贝	9057
住在橘子里的仙女	8869
含羞草	8868

阿姨你住过的地方	9421
草镯子	9060
星星索	9055
亲亲我的妈妈	9062
猎人海力布	8867
黑眼睛	9061
遥远的风铃	9066
漂来的狗儿	9065

天天典藏·常新港

麦山的黄昏	9239
男孩的街	9244
我亲爱的童年	9291
青瓜瓶	9240
咬人的夏天	9242
逆行的鱼	9243
请收藏我的声音	9327
淑女木乃伊	9245
遇到我的未来	9238
温柔天才	9241

天天典藏·葛冰

小糊涂神儿	8953
妙手空空	8952
狐小小、狐悠悠、狐涂涂	8956
蓝皮鼠和大脸猫	8954
蓝盒里的小怪蛇	8955
魔鬼天鹅	8951

天天典藏·葛翠琳

十四个美梦	9436
大海与玫瑰	9434
山林童话	8883
小路字典	8917
古老的歌	9550
鸟孩儿	8884
会飞的小鹿	8881
会唱歌的画像	8889
名门后代	9266
进过天堂的孩子	8882

幸运明星	8887
春天在哪里	8916
柳叶船	9554
树屋三邻居	8979
野葡萄	8885
第三只眼睛	9435
最丑的美男儿	8888
蓝翅鸟	9080
翻跟头的小木偶	8886

天天思维训练大卡

视觉幻象1	17344
视觉幻象2	17345
脑力游戏1	17342
脑力游戏2	17343

天天便携涂画大卡

我爱动物1	17273
我爱动物2	17274
我爱旅行1	17277
我爱旅行2	17278
我爱假日1	17275
我爱假日2	17276

天天诵读国学经典大字拼音本

三字经	9600
大学	9597
千字文	9593
千家诗	9598
中庸	9596
百家姓	9595
弟子规	9594
笠翁对韵	9599

天天益智游戏大卡

开心度假	17354
时空旅行	17361
快乐动手	17359
奇妙世界	17356

沿途探秘	17360	海底两万里（上）	16990
亲近自然	17357	骑鹅旅行记（下）	17020
美丽风景	17363	骑鹅旅行记（上）	17019
活力运动	17358	绿山墙的安妮	16989
梦想乐园	17355	绿野仙踪	17017
超级比拼	17362	黑骏马	16993

天天读经典·大师美文品读书系

天天读经典·名著名译名家导读本

乌篷船	9640	大卫·科波菲尔	16975
匆匆	9636	安娜·卡列宁娜	16981
论东西文化的幽默	9642	好兵帅克	16980
我所生长的地方	9641	约翰·克里斯朵夫	16982
我梦中的小翠鸟	9638	呼啸山庄	16973
卖白果	9644	战争与和平	16985
放河灯	9637	哈姆莱特	17043
织席记	9444	浮士德	17042
秋夜	9634	基度山伯爵	16974
海滩上种花	9635	堂吉诃德	16977
梧桐树	9639	斯巴达克思	16983
绵绵土	9440	罪与罚	16979
葡萄月令	9441	简·爱	16978
雅舍	9643	飘	16976
想北平	9433	德伯家的苔丝	16984

天天读经典·世界儿童文学名著精读本

天天最励志小说馆

小人国和大人国	17021	太阳溪农场的丽贝卡	17078
小王子	17016	贝茜成长的奥秘	17079
小公主	16994	贝茜成长的奥秘（新版）	17134
小妇人	16992	波莉安娜	16997
天方夜谭	17018	波莉安娜（新版）	17135
木偶奇遇记	17015	草原上的小木屋	17077
丛林故事	16995	草原上的小木屋（新版）	17085
坏男孩彭罗德	16986		
希腊神话	17022	### 天天童话城堡·汤素兰童话花园	
奇怪的赖医生	16988		
彼得·潘	17013	小老虎历险记 恐龙的朋友	8838
柳林风声	17014	月亮花	8834
秘密花园	16987	外星男孩 小巫婆真美丽	8833
爱丽丝漫游奇境 爱丽丝镜中游	17012	阁楼精灵 男孩木里外传	8839
爱的教育	16996	笨狼和他的爸爸妈妈 笨狼和他的朋友们	8837
海底两万里（下）	16991	笨狼的学校生活 笨狼旅行记	8836

蓝狐狸 寻找快乐岛	8835

天火丛书

飞鸟集 新月集	14725
少年维特之烦恼	10982
古代的人	14430
出了象牙之塔	15332
先知	14278
我的自传	14462
快乐王子集	15866
苦闷的象征	15333
思想·山水·人物	14726
爱的教育	11227

不一样的小公主

不能都由你说了算！	16836
什么都要可以吗？	16837
公主小姐不想吃饭	16833
世界上最美丽的妈妈	16839
我才是真的公主！	16835
我不要一个人上学	16834
说不出口怎么办？	16832
魔镜魔镜告诉我	16838

不一样的中国历史故事

历史选择了法家	8726
从神话走向文明	8721
礼崩乐坏的春秋	8723
齐桓晋文的霸业	8724
变法争鸣的战国	8725
封建制度的诞生	8722

不一样的花季

小城花开	9228
柳哑子	9230
绝响	9229

历史的足迹

追寻马可·波罗的足迹	16567
追寻文艺复兴大师的足迹	16608
追寻达尔文的足迹	16606
追寻达·芬奇的足迹	16566
追寻希腊众神的足迹	16568
追寻罗马缔造者的足迹	16569
追寻埃及众神的足迹	16610
追寻哥伦布的足迹	16609
追寻拿破仑的足迹	16607
追寻海盗的足迹	16571
追寻黑人奴隶的足迹	16611
追寻儒略·恺撒的足迹	16570

少年文库

羊脂球	15722
青春万岁	182
热爱生命	15736
鲁滨逊飘流记	15776

少年自我突破书

奇幻国成长记	9034
爱上读书的小树精	9033
骑着鸽子上学去	9035

少年读原典

给青年的十二封信 美绘版	9587
谈美 美绘版	9588

少年课外文学读本

古今短诗300首·中国	10170
古今短诗300首·外国	10171

日本中篇经典

不如归	13796
田园的忧郁	13794
春琴抄	13793
哥儿	13795

日本文库

扔在八月的路上	13667
多田便利屋	13669
夜晚的远足	13658
恋爱时代	13711
野猪大改造	13657

日本文学丛书

万叶集（上下）	14316
川端康成小说选	13604
小林多喜二小说选（上下）	13596
小说神髓	15343
不如归 黑潮	13617
日本古代随笔选	14723
今昔物语集（上下）	17501
今昔物语集 天竺震旦部	17503
风流佛	13620
平家物语	13418
叶山嘉树 黑岛传治小说选	13608
汉译与谢芜村俳句集	14405
芥川龙之介小说选	13407
近松门左卫门	15066
没有太阳的街	13607
雨月物语	13424
夏目漱石小说选	13677
高野圣僧——泉镜花小说选	13619
浮世澡堂 浮世理发馆	13423
落洼物语	13416
源氏物语（下）	13413
源氏物语（上）	13405
源氏物语（中）	13411

日本经典文库

牧神的午后	13841
盲歌女阿凛	13843
玻璃门内	13847
梨木香步精选集	13842
虞美人草	13848
路旁之石	13844
疑惑	13846
潘多拉的盒子	13845

日本轻文库

打工族买屋记	13926
阪急电车	13925
夜晚的远足	13924
第六个小夜子	13923

日记背后的历史

二十世纪女孩 弗洛拉·邦宁顿的日记	16428
大饥荒 爱尔兰女孩菲利斯的日记	16429
大瘟疫 伦敦女孩爱丽丝的日记	16432
凡尔赛公主 玛丽·安托瓦内特的日记	16430
古登堡的学徒 小印刷师马丁的日记	16312
尼罗河的女儿 克利奥帕特拉七世的日记	16433
在印象派画家身旁 波丽娜日记	16309
百年战争记事 让娜的日记	16313
伟大的旅程 叶卡捷琳娜的皇家日记	16434
自由的画面 黑奴女孩克洛蒂的日记	16435
俄国革命前夜 柳芭日记	16308
被占领的巴黎 伊莲娜·皮图日记	16315
维瓦尔第的歌手 露克蕾霞日记	16307
奥地利的皇后 茜茜公主的日记	16314
路易十四的宫廷 安吉丽科的日记	16310
新世界之旅 五月花号旅客女孩的日记	16431

中小学生阅读指导目录

小王子	15885
瓦尔登湖	14449
老人与海	13129
伊索寓言精选	15846
安徒生童话精选	15853
契诃夫短篇小说选	11413
哈姆莱特 莎士比亚戏剧选	14907
钢铁是怎样炼成的	12344
哦，香雪	2272
谈美	6760
新月集·飞鸟集	14317

中外名人传记

上海巨商黄楚九	4439
完全李敖（李敖大传）	4403
弦裂 柏林爱乐乐团首席小提琴家 　　斯特恩回忆录	14481

中西动物小说大王金品共读系列

再被狐狸骗一次·春田狐	9646
和乌鸦做邻居·乌鸦银斑点	9647
狼王梦·狼王洛波	9649
雪豹悲歌·少年和山猫	9652
第七条猎狗·忠犬宾果	9651
混血豺王（下）·黄狗乌利	9653
混血豺王（上）·牛头梗霹雳火	9650
最后一头战象·温尼伯狼	9648

中西动物小说大王金品共读系列拼音版

一对白天鹅·温迪古尔灰雁	9382
老马威尼·溜蹄的野马	9381
跛脚小苦鼠·更格卢鼠传奇	9379
撞笼的金雕·信鸽阿诺克斯	9380

中华传统价值观丛书

天人合一	10946
天下兴亡 匹夫有责	10951
天地正气	10944
奉公守法	10950
知书达礼	10947
修己以敬	10945
敬业乐群	10949
尊师重教	10948

中华典籍故事

上古神话与史话	8743
左传故事	8737
史记故事	8741
汉书故事	8735
百喻经寓言	8739
吕氏春秋寓言 晏子春秋寓言	8738
庄子寓言 列子寓言	8742
孟子寓言 韩非子寓言	8740
搜神记神话 世说新语故事	8736

中华通俗文学丛书

风尘侠士情（上下）	567
未完成的追踪	616
伤心万柳杀	607
红鸟国秘史	608

中华散文珍藏本

王蒙卷	4265
牛汉卷	4241
巴金卷	5533
史铁生卷（史铁生散文选）	4288
冯骥才卷（冯骥才散文）	4220
朱自清卷（朱自清散文）	5528
刘白羽卷	4287
冰心卷（冰心散文）	4292
孙犁卷（孙犁散文）	4269
严文井卷	4291
杨朔卷（杨朔散文）	4270
余秋雨卷（余秋雨散文）	4236
汪曾祺卷（汪曾祺散文）	4268
张承志卷（张承志散文）	4248
邵燕祥卷	4263
林语堂卷（林语堂散文）	5526
郁达夫卷	5525
季羡林卷（季羡林散文选）	4289
周作人卷（周作人散文）	5524
周涛卷（周涛散文）	4221
宗璞卷	4290
柯灵卷	4264
秦牧卷（秦牧散文）	4267
贾平凹卷（贾平凹散文）	4234
徐志摩卷	5536
梁实秋卷（梁实秋散文）	5534
梁遇春卷（梁遇春散文选）	5535
梁衡卷	4266

| 鲁迅卷(鲁迅散文) | 5527 | 鲁迅卷(鲁迅散文) | 5527 |
| 魏巍卷 | 4286 | | |

中华散文珍藏版

中华散文插图珍藏版系列

丁玲散文	5237	丰子恺散文	5572
丰子恺散文	5572	王小波散文	4619
王蒙散文	4620	王充闾散文	4578
方方散文	5172	王安忆散文	4632
巴金散文	5551	王蒙散文	4620
史铁生散文	4579	牛汉散文	4768
冯骥才卷(冯骥才散文)	4220	巴金散文	5551
老舍散文	5571	史铁生散文	4579
毕淑敏散文	4753	冯骥才卷(冯骥才散文)	4220
朱自清卷(朱自清散文)	5528	老舍散文	5571
刘亮程散文	5201	毕淑敏散文	4753
冰心卷(冰心散文)	4292	朱自清卷(朱自清散文)	5528
孙犁卷(孙犁散文)	4269	刘白羽散文	4622
杨朔卷(杨朔散文)	4270	冰心卷(冰心散文)	4292
余秋雨卷(余秋雨散文)	4236	孙犁卷(孙犁散文)	4269
汪曾祺卷(汪曾祺散文)	4268	严文井散文	4576
沈从文散文	5552	杨朔卷(杨朔散文)	4270
迟子建散文	4617	李国文散文	4489
张中行散文	4616	李锐散文	4752
张承志卷(张承志散文)	4248	余秋雨卷(余秋雨散文)	4236
陆文夫散文	4574	汪曾祺卷(汪曾祺散文)	4268
阿来散文	5205	沈从文散文	5552
范小青散文	5156	迟子建散文	4617
郁达夫散文	5570	张中行散文	4616
季羡林散文	4573	张抗抗散文	4766
周作人卷(周作人散文)	5524	张炜散文	4615
周国平散文	4618	张承志卷(张承志散文)	4248
周涛卷(周涛散文)	4221	陆文夫散文	4574
宗璞散文	4577	邵燕祥散文	4756
赵丽宏散文	5128	林斤澜散文	4575
秦牧卷(秦牧散文)	4267	林语堂卷(林语堂散文)	5526
贾平凹卷(贾平凹散文)	4234	郁达夫散文	5570
铁凝散文	4767	季羡林散文	4573
徐志摩散文	5550	金克木散文	4631
郭沫若散文	4611	周作人卷(周作人散文)	5524
萧红散文	5200	周国平散文	4618
梁实秋卷(梁实秋散文)	5534	周涛卷(周涛散文)	4221
蒋子龙散文	5127	宗璞散文	4577
		柯灵散文	4610

秦牧卷(秦牧散文)	4267
贾平凹卷(贾平凹散文)	4234
铁凝散文	4767
徐志摩散文	5550
郭沫若散文	4611
萧乾散文	4609
梁实秋卷(梁实秋散文)	5534
梁遇春散文	5573
韩少功散文	4621
鲁迅卷(鲁迅散文)	5527
魏巍散文	4769

中青论坛丛书

人在职场	4425
女人现在时	4426
同桌时代	4424
男人备忘录	4427

中国人民文艺丛书

王秀鸾(歌剧)	5957
王贵与李香香	3590
太阳照在桑干河上	2519
白毛女(歌剧)	5956
地覆天翻记	2522
吕梁英雄传	2518
刘巧团圆(鼓词)	10277
刘胡兰(歌剧)	5959
红旗歌(话剧)	5695
李有才板话	2523
李家庄的变迁	2526
货郎担(秧歌剧)	5958
战斗里成长(话剧)	5960
种谷记	2517
赶车传	3595
原动力	2524
高乾大	2525
诺尔曼·白求恩断片	5618
解救	5617
暴风骤雨(上下)	2520

中国儿童文学丛书

土拨鼠的传奇	8456
小坡的生日	8433
长生塔	8431
叶圣陶童话(稻草人)	8432
冰小鸭的春天	8455
严文井童话	8425
张天翼童话 一	8428
张天翼童话 二	8429
陈伯吹童话	8430
金近童话	8426
神笔马良	8469
哦,我的坏女孩	8452
高士其科普童话	8427
疲软的小号	8458
消逝的黑纽扣	8457
海姑娘洛丽	8453
野葡萄	8451
羚羊木雕	8468
寄小读者	8434
警察游戏	8454

中国小说史料丛书

十二楼	2633
儿女英雄传(上下)	2626
于少保萃忠全传	2635
飞龙全传	2617
无声戏	2639
玉娇梨	2623
古本平话小说集(上下)	2628
平山冷燕	2622
西湖二集	2637
花月痕	2621
豆棚闲话	2630
何典	2616
快心编	2650
金瓶梅词话(上中下)	2632
荡寇志(上下)	2618
战地莺花录(上下)	2652
洪秀全演义	2627

唐三藏西游释厄传 西游记传	2629
益智录(烟雨楼续聊斋志异)	2657
海上花列传	2620
浮生六记	2615
萤窗异草	2642
梼杌闲评	2625
野叟曝言(上中下)	2656
淞隐漫录	2624
谐铎	2631
隋史遗文	2640
续侠义传	2643
绿野仙踪(上下)	2634
新齐谐 续新齐谐	2655
醉菩提传 麹头陀传	2658
樵史通俗演义	2636
蟫史	2651

中国历代文论选

中国近代文论选(上下)	6769
先秦两汉文论选	6812
宋金元文论选	6793
明代文论选	6806
清代文论选(上下)	6815
隋唐五代文论选	6800
魏晋南北朝文论选	6814

中国中篇经典

四季流光	2235
我爱比尔	2244
神木	2232
艳歌	2233
原罪·宿命	2221
离婚指南	2231
踏着月光的行板	2234

中国文化入门读本

中国书画浅说	10955
词学通论	7199
徐霞客游记	5686
唐人小说	2707

中国文库

丁玲选集	8140
《七月》《希望》作品选(上下)	8104
九叶派诗选	3560
三家巷	83
大波(第一部)	52
上海的早晨(一)	56
上海屋檐下 法西斯细菌	5953
山药蛋派作品选	2555
小城春秋	40
子夜	2281
王安忆小说选	2009
王蒙小说选	2006
王瑶文论选	6718
天安门诗抄	2995
太阳社小说选	2496
太阳照在桑干河上	2519
中国小说史略	7238
中国文学史(一)	7258
中国现代小说史(第一卷)	6657
中国诗学(增订版)	7038
毛泽东诗词选	3080
风雪夜归人 闯江湖	5947
六十年的变迁(一)	43
文学研究会小说选(上下)	2437
巴金	8110
邓友梅小说选	2007
未名社作品选	8183
艾芜	8102
艾青诗选	3538
古船	350
可爱的中国	5452
平凡的世界(1—3)	720
东北作家群小说选	2441
史铁生小说选	2008
史铁生卷(史铁生散文选)	4288
白鹿原	465
冬天里的春天(上下)	228
老舍	8120
西方美学史(上)	7341
西南联大文学作品选	8180

尘埃落定	562	周涛卷(周涛散文)	4221
朱自清	8099	京派小说选	2432
创造社作品选(上下)	8181	废名选集	8143
刘白羽散文	4622	浅草—沉钟社作品选	8182
冰心选集(上下)	8127	赵树理选集	2565
论语派作品选	2444	胡风回忆录	4192
红高粱家族	849	南社诗选	3615
孙犁卷(孙犁散文)	4269	南渡记 东藏记	726
芙蓉镇	233	柯灵散文	4610
杨绛散文选	4770	钟鼓楼	308
杨朔卷(杨朔散文)	4270	秋瑾选集(秋瑾诗文选注)	8227
李国文小说选	2022	保卫延安	12
李準小说选	2005	食指	3197
围城	2373	闻捷	3204
男人的一半是女人	935	将军吟(上下)	204
财主底儿女们(上下)	2388	活动变人形	321
我负丹青——吴冠中自传	4438	《语丝》作品选	5507
邹容集	8251	贺敬之诗选	3143
汪曾祺小说经典	1933	骆驼祥子	2303
沙汀	8101	秦牧卷(秦牧散文)	4267
沉重的翅膀	239	荷花淀派作品选	2554
沈从文小说选(第一集)	2378	贾平凹卷(贾平凹散文)	4234
沈从文散文选	5494	铁凝小说选	2004
张天翼童话 一	8428	倪焕之	2286
张光年文论选	6442	徐志摩选集(上下)	8130
陈涌文论选	6717	鸳鸯蝴蝶——《礼拜六》派作品选(上下)	2440
邵燕祥散文	4756	高士其科普童话	8427
青春万岁	182	郭小川诗选	2985
现代派诗选	3551	郭沫若选集(1—4)	8126
苦菜花	74	唐弢文论选	6719
茅盾选集(1—3)	8125	唐浩明文集·曾国藩(上中下)	683
林斤澜小说经典	1934	海子的诗	3129
林海雪原	47	浮躁	843
林徽因	8112	家	2284
郁达夫选集(上下)	8129	谈美书简	6332
欧洲文论简史 古希腊罗马至十九世纪末	7361	黄河东流去	752
欧洲文学史(上)	7342	萧红	8091
昌耀的诗	3155	萧乾散文	4609
咀华集 咀华二集	6619	曹禺选集	5951
季羡林卷(季羡林散文选)	4289	野火春风斗古城	67
金牧场	848	第二十幕(上中下)	588
周扬文论选	6443	象征派诗选	3552
周作人卷(周作人散文)	5524	梁遇春卷(梁遇春散文选)	5535

舒婷的诗	3128
鲁迅选集（1）	8086
湖畔社诗选	3576
新月派诗选	3559
新感觉派小说选	2389
臧克家诗选	3525
暴风骤雨（上下）	2520
穆旦诗文集（1—2）	8141
戴望舒	8118
1949—2009 文论选	6441
1949—2009 报告文学选	4777
1949—2009 剧作选	5890

中国文学通史系列

元代文学史	7272
先秦文学史	7276
宋代文学史（下）	7275
宋代文学史（上）	7274
南北朝文学史	7273
唐代文学史（下）	7271
唐代文学史（上）	7270
魏晋文学史	7277

中国古代小说名著插图典藏系列

二刻拍案惊奇（上下）	2653
三国演义	2574
水浒传（上中下）	2611
古今小说（上下）	2596
西游记（上中下）	2580
全本新注 聊斋志异（上中下）	2638
红楼梦（上下）	2663
拍案惊奇（上下）	2644
醒世恒言（上下）	2590
儒林外史	2581
警世通言	2589

中国古代文体丛书

小说	6962
戏曲	6957
词	6959
诗	6961
骈文	6958
散文	6960
赋	6956

中国古代名家集

刘长卿集编年校注	3725
苏轼和陶诗编年校注	3805
李商隐诗集疏注（上下）	3687
李清照集校注	3666
李璟李煜词	3633
孟郊诗集校注	3715
孟浩然集校注	3703

中国古代思想家的故事

孔子的故事	9474
老子的故事	9475
庄子的故事	9476
齐孙子的故事	9477
吴孙子的故事	9480
孟子的故事	9479
荀子的故事	9478
韩非子的故事	9473
管子的故事	9472
墨子的故事	9471

中国古典小说青少版

七侠五义	8661
儿女英雄传	8681
三国演义（上下）	8680
大明英烈传	8679
小五义（上下）	8658
王昭君	8673
中国神话	8655
今古奇观	8657
月唐演义（上下）	8664
水浒传	8667
东周列国演义（上下）	8683
白蛇传	8662
西游记	8653

红楼梦(上下)	8659
花木兰	8668
杨家将	8654
刺客传奇	8666
郑和下西洋	8663
封神传	8656
施公案(上下)	8677
前汉演义(上下)	8682
济公传(上下)	8660
唐人传奇	8678
聊斋志异	8652
乾隆游江南	8671
清官海瑞	8674
彭公案(上下)	8669
滑稽传奇	8665
薛丁山征西	8672
薛仁贵征东	8670
薛刚闹花灯	8675
镜花缘	8684
儒林外史	8676

中国古典文学小丛书

王维诗选	3702
李清照诗词选	3701
周邦彦词选	3713
离骚 九歌	3688
陶渊明诗文选	8204

中国古典文学今译丛书

王安石文选译	10926
左传选译	10918
论衡选译	10923
板桥家书译注	10922
诗经国风今译	10914
孟子选译	10916
战国策选译	10921
袁枚文选译	10917
晏子春秋选译	10928
阅微草堂笔记选译	10919
韩非子选译	10925
新序 说苑选译	10920

中国古典文学研究丛书

王维论稿	7044
元代文人心态	7118
元剧考论	7171
文心雕龙研究	6807
石头记脂本研究	6965
东汉士风与文学	7006
北宋临川王氏家族及文学考论	
——以王安石为中心	7024
北宋新旧党争与文学	6986
乐府文学文献研究	7051
汉魏晋南北朝诔碑文研究	7018
西游记漫话	6953
杜牧研究丛稿	6805
李贽与晚明文学思想	7084
宋代词学审美理想	6808
宋代散文研究	6996
宋词诠释学论稿	7039
词论史论稿	6992
明代小说丛稿	7045
屈原论稿	6804
南社研究	7002
昭明文选研究	6966
神韵论	6803
贾岛研究	7052
唐五代小说的文化阐释	6991
唐五代北宋词学思想史论	7054
唐代歌行论	7041
唐传奇笺证	6970
唐宋时期馆驿制度及其与文学之关系	
研究	7060
唐宋词史论	6989
晚明诗歌研究	7004
庾信研究	6969
清代吴中词派研究	7011
清代词体学论稿	7050
敦煌文学千年史	7291
道教与唐代文学	6983
湖湘诗派研究	7057
禅与诗学(增订版)	7058
禅宗与中国文学	7196

谢灵运研究	7026

中国古典文学读本丛书

三国演义	2574
三曹诗选	3621
元人杂剧选	5969
元好问诗选	3645
元明清散曲选	3689
中国历代文选（上下）	5642
中国戏曲选（上中下）	5982
长生殿	5971
水浒	2571
水浒传（上中下）	2611
史记选	5627
白居易诗选	3656
乐府诗选	3618
汉魏六朝诗选	3640
西厢记	5968
西游记（上中下）	2580
先秦散文选	5628
全本新注 聊斋志异（上中下）	2638
红楼梦	2575
红楼梦（上中下）	2619
苏轼词选	3646
苏轼诗选	3630
杜甫诗选	3622
杜甫诗选	3671
杜甫诗选注	3664
杜牧诗选	3629
李白诗选	3653
李商隐诗选	3663
牡丹亭	5976
辛弃疾词选	3690
宋文选（上下）	5641
宋诗选	3748
宋诗选注	3639
陆游诗选	3623
范成大诗选	3644
欧阳修文选	5645
明诗选	3745
金元明清词选（上下）	3678
金元诗选	3762

诗经选	3620
孟子文选	5630
荀子选	5631
桃花扇	5970
高适岑参诗选	3686
唐文选（上下）	5647
唐宋传奇选	2606
唐宋词选	3674
唐诗选（上下）	3661
聊斋志异选	2591
梅尧臣诗选	3673
清诗选	3682
韩愈文选	5640
韩愈诗选	3680
楚辞选	3636
儒林外史	2581
儒林外史	2612

中国古典文学读本丛书·历代文选

汉魏六朝文选	5670
宋文选	5676
明文选	5666
唐文选	5669
清文选	5667

中国古典文学读本丛书·历代诗选

汉魏六朝诗选	3640
先秦诗选	3776
宋诗选	3748
明诗选	3745
金元诗选	3762
唐诗选	3746
清诗选	3682

中国古典文学读本丛书典藏

王维诗选	3742
元人杂剧选	5969
元稹诗文选	8233
中国古代戏剧选	5999
史记选	5627

1540

乐府诗选	3731	论文偶记 初月楼古文绪论 春觉斋论文	6770
先秦文选	5687	杜甫戏为六绝句集解	
关汉卿选集	5987	元好问论诗三十首小笺	6788
杜甫诗选注	3664	饮冰室诗话	6766
杜甫选集（杜甫诗选）	3723	怀麓堂诗话校释	6819
辛弃疾词选	3690	沧浪诗话校释	6777
宋文选	5676	词苑丛谈校笺	6798
宋词三百首笺注	3761	词源注 乐府指迷笺释	6784
宋诗选注	3639	苕溪渔隐丛话（前集后集）	6781
苏轼诗词选	3809	瓯北诗话	6783
李白诗选	3808	瓯北诗话校注	6827
初唐四杰诗选	3733	金代诗论辑存校注（上下）	6835
明文选	5666	诗式校注	6817
金元明清词选（上下）	3678	诗话总龟（前集后集）	6796
柳永词选注	3764	诗品注	6764
秋瑾选集（秋瑾诗文选注）	8227	诗品笺注	6820
唐文选	5669	诗品集解 续诗品注	6785
唐宋词简释	3787	诗源辩体	6797
黄庭坚诗选	3831	带经堂诗话（上下）	6786
梅尧臣诗选	3673	昭昧詹言	6779
龚自珍选集	8226	说诗晬语笺注	6828
清文选	5667	原诗 一瓢诗话 说诗晬语	6789
韩愈诗选	3680	谈龙录 石洲诗话	6790
		蛛溪诗话	6795
中国古典文学理论批评专著选辑		渚山堂词话 词品	6775
		随园诗话（上下）	6776
五代诗话	6799	蒲褐山房诗话新编	6824
中国中古文学史 论文杂记	6768	静志居诗话（上下）	6801
介存斋论词杂著 复堂词话蒿庵词话	6771	碧鸡漫志校正（修订本）	6830
六一诗话 白石诗说 滹南诗话	6780	蕙风词话 人间词话	6774
文心雕龙注（上下）	6765	薑斋诗话笺注	6791
文则 文章精义	6773		
文章辨体序说 文体明辨序说	6782	**中国古典文学雅藏系列**	
文章辨体序题疏证	6834		
文赋集释	6816	元人杂剧选	5969
石林诗话校注	6825	今古奇观（上下）	2594
石遗室诗话	6818	乐府诗选	3731
北江诗话	6792	唐宋传奇选	2606
四六丛话	6821	唐宋词选	3674
四溟诗话 薑斋诗话	6778		
白雨斋词话	6767	**中国古典文学鉴赏丛刊**	
汉魏六朝百三家集题辞注	6772		
在山泉诗话校笺	6833	元杂剧鉴赏集	6926

1541

元明散曲鉴赏集	6950	激情燃烧的岁月	5897
古代白话短篇小说鉴赏集	6938		
汉魏六朝诗歌鉴赏集	6934	**中国民间文学丛书**	
诗经鉴赏集	6941		
唐传奇鉴赏集	6922	云南各族民间故事选	9798
唐宋词鉴赏集	6924	中国出了个毛泽东	9717
唐诗鉴赏集	6917	召树屯 附嘎龙	9733
聊斋志异鉴赏集	6925	红旗歌谣（普及本）	9788
楚辞鉴赏集	6948	找姑鸟	9801
		阿诗玛	9722

中国古典文学精华丛书

		阿细人的歌	9719
		青海民歌选	9721
元明散曲精华	3709	苗族民间故事选	9799
古代小品文精华	5653	茅山歌	9729
古代文人书信精华	5655	爬山歌选（一）	9720
古代文人自传精华	5649	爬山歌选（二）	9726
古代文言小说精华	2646	爬山歌选（三）	9731
古代白话短篇小说精华	2645	康藏人民的声音	9884
古代抒情赋精华	5657		
古代骈文精华	5654	**中国民间叙事诗丛书**	
古代游记精华	5652		
古代寓言精华	5651	阿诗玛	9722
古剧精华	5986	阿细的先基	9789
汉文精华	5648	娥并与桑洛	9787
汉魏六朝诗精华	3706	梅葛	9780
先秦诗歌精华	3707	葫芦信 傣族民间叙事诗	9793
先秦散文精华	5656		
宋诗精华	3711	**中国当代长篇小说藏本**	
唐宋文精华	5650		
唐宋词精华	3705	三里湾	53
唐诗精华	3710	三家巷 苦斗（《一代风流》第一卷、	
清诗精华	3708	第二卷）	762
		大江风雷（上下）	125

中国电视剧三十年优秀剧作丛书

		大波（第一部）	52
		上海的早晨（一）	56
人间正道是沧桑	5892	山乡巨变（上）	58
士兵突击	5893	山村新人	932
大宅门（上下）（电视剧本）	5871	小城春秋	40
大明宫词（电视剧本）	5870	太阳照在桑干河上	2519
四世同堂 围城	5896	风云初记	100
闯关东	5894	风雨桐江	115
贫嘴张大民的幸福生活	5895	风雷（上下）	763
渴望	5898	六十年的变迁（一）	43

古城春色	123
平原枪声	77
平原烈火	1
在茫茫的草原上（上）	44
百炼成钢	54
吕梁英雄传	2518
创业史（第一部、第二部）	760
军队的女儿	923
欢笑的金沙江	26
红日	68
红旗谱	76
我们播种爱情	82
汾水长流	914
青春之歌	50
苦菜花	74
林海雪原	47
欧阳海之歌	129
沸腾的群山	126
草原烽火	78
战斗的青春	759
保卫延安	12
前驱（上下）	114
艳阳天（一）	116
晋阳秋	928
逐鹿中原	91
烈火金刚	1086
铁道游击队	64
敌后武工队	761
高玉宝	59
野火春风斗古城	67
铜墙铁壁	3
清江壮歌	128
渔岛怒潮	124
雁飞塞北	99
新儿女英雄传	35
暴风骤雨（上下）	2520

中国当代名诗人选集

艾青	3208
田间	3200
李季	3207
李瑛	3203
余光中	3205
昌耀的诗	3155
食指	3197
闻捷	3204
贺敬之	3206
顾城	3199
郭小川	3202
郭沫若	3198
海子	3196
舒婷	3217
臧克家	3201

中国当代名家长篇小说代表作丛书

人啊,人	846
马桥词典	723
中国制造	611
长恨歌	724
乌泥湖年谱1957—1966	622
水与火的缠绵	736
玉观音	727
古船	350
平凡的世界（1—3）	720
旧址	842
生活的路	187
白门柳 夕阳芳草 秋露危城 鸡鸣风雨	722
白鹿原	465
务虚笔记	841
圣天门口（上中下）	768
尘埃落定	562
伪满洲国（上下）	721
许三观卖血记	725
许茂和他的女儿们	735
羽蛇	730
红高粱家族	849
远去的驿站	851
赤彤丹朱	507
芙蓉镇	233
花腔	663
抉择	734
男人的风格	852
我是太阳	530
沧浪之水	650

玫瑰门	835	手机	953
金牧场	848	我叫刘跃进	954
故土	281	故乡天下黄花	952
南方有嘉木 不夜之侯 筑草为城		故乡相处流传	959
（茶人三部曲）	742	故乡面和花朵（1—4）	955
南渡记 东藏记	726	温故一九四二	2002
省委书记 K省纪事	850		
看上去很美	812	中国当代作家·李锐系列	
活动变人形	321		
唐浩明文集·曾国藩（上中下）	683	万里无云 行走的群山	911
浮躁	843	无风之树 行走的群山	910
雪城（上下）	844	旧址	842
蛇神	845	传说之死	1976
第二十幕（上中下）	588	拒绝合唱	4630
歇马山庄	606	厚土	1977
新星	295	被克隆的眼睛	4629
蹉跎岁月	737	银城故事	912
中国当代报告文学精品书系		中国当代作家·张平系列	
大雁情	4497	十面埋伏	961
马家军调查	4493	天网	962
中国知青梦	4499	凶犯	2003
中国的眸子	4494	红雪	963
以人民的名义	4496	抉择	734
扬眉鞭剑出鞘	4491	国家干部（上下）	960
沉沦的国土	4495	孤儿泪	4715
奇异的书简	4500		
根本利益	4492	中国当代作家·张炜系列	
淮河的警告	4498		
歌德巴赫猜想	4501	九月寓言	770
		丑行或浪漫	1003
中国当代作家·史铁生系列		古船	350
		外省书 远河远山	1006
务虚笔记	841	刺猬歌	838
我与地坛	4673	夜思与独语	4775
我的丁一之旅	791	柏慧	1005
命若琴弦	1990	海边的雪	2018
原罪·宿命	1991	能不忆蜀葵	1004
病隙碎笔	4672	蘑菇七种	2021
中国当代作家·刘震云系列		中国当代作家选集丛书	
一腔废话	951	马烽	7710

王小鹰	7751	赵德发	7763
王旭烽	7767	残雪	7745
王安忆	7731	秦兆阳	7712
王蒙	7706	莫应丰	7740
王愿坚	7722	格非	7752
韦君宜	7728	贾平凹	7743
从维熙	7734	峻青	7718
方方	7717	铁凝	7749
邓友梅	7730	高晓声	7723
叶文玲	7736	浩然	7735
叶兆言	7753	阎连科	7770
叶蔚林	7764	谌容	7715
史铁生	7737	蒋子龙	7711
冯骥才	7709	韩少功	7725
刘心武	7732	鲁彦周	7713
刘绍棠	7739	路遥	7738
刘恒	7756	潘军	7748
刘震云	7754		
刘醒龙	7744	中国当代作家·贾平凹系列	
池莉	7747		
严文井	7729	土门	905
苏童	7755	艺术家韩起祥(天狗)	1958
杜鹏程	7742	五十大话	4626
杨争光	7766	太白山手记(火纸)	1961
李国文	7704	丑石	4627
李佩甫	7733	古堡(鸡窝洼的人家)	1960
余华	7758	白夜	906
汪曾祺	7714	观我(五魁)	1962
迟子建	7746	进山东	4628
张宇	7726	怀念狼	900
张抗抗	7741	秦腔	907
张贤亮	7724	高老庄	903
张炜	7705	高兴	902
张洁	7719	病相报告	904
陆文夫	7707	浮躁	843
陈世旭	7716	猎人(制造声音)	1959
陈国凯	7720	商州	901
陈忠实	7760		
范小青	7750	中国当代作家·铁凝系列	
周大新	7759		
周克芹	7721	大浴女	837
周梅森	7761	无雨之城	836
宗璞	7708	午后悬崖	1964

巧克力手印	1966	水边的记忆	8535
永远有多远	1965	水边的记忆	9232
有客来兮	1967	水自无言	8573
会走路的梦	4558	水自无言	9267
玫瑰门	835	水波无痕	8577
像剪纸一样美艳明净	4557	水波无痕	9268
		北极公主	8861
中国当代作家·韩少功系列		半夜的星星会说话	8880
		扣子的颜色是天空的颜色	8571
人在江湖	4660	扣子的颜色是天空的颜色	9255
大题小作	4658	羊在想马在做猪收获	8536
山南水北	4657	冰小鸭的春天	8845
马桥词典	723	红奶羊	9234
归去来	1985	红豆相思鸟	9555
在后台的后台	4659	红鞋子	8530
同志时代	1986	红鞋子	8843
报告政府	1987	红嘴巴小鸟	8537
暗示	681	红嘴巴小鸟	9236
		走火事件	9269
中国当代作家·霍达系列		我飞了	9058
		我家的月光电影院	8533
未穿的红嫁衣 沉浮	975	我家的月光电影院	9270
红尘	973	灵魂草场	9235
听雨楼随笔·抚剑堂诗抄	7784	苦豺制度	8539
补天裂（修订版）	926	枫叶女孩	8879
国殇	4742	雨人	8531
秦皇父子（影视剧本）	5889	雨人	8840
搏浪天涯	4743	冒烟的书包	9258
穆斯林的葬礼	754	星球的晨风	9271
		蚂蚁唱歌	9233
中国当代获奖儿童文学作家书系		祝福青青的小树林	8578
		祝福青青的小树林	9428
大头鱼在雨天和晴天	8532	骄傲的风筝	8841
大头鱼在雨天和晴天	8846	夏天里的苹果梦	9409
大象树	9420	诸葛亮的N种死法	9256
小猴哈里流浪记	8574	黄月亮	9067
小猴哈里流浪记	8878	野百合也有春天	9237
木吉有事	8572	晚安,我的星星	8534
木吉有事	9273	晚安,我的星星	8844
友情是一棵月亮树	8575	猫王	9275
友情是一棵月亮树	9257	渔船上的红狐	8570
长腿娃娃夏天的奇遇	8538	渔船上的红狐	9231
为人鱼姑娘当翻译	8576	湖蓝色的水晶杯	8569

湖蓝色的水晶杯	9272
锯成两半儿的月亮	8847
歌王	9259
飘飘市长	8842
糊涂天使	9274
霍去病的马	8860

中国当代获奖儿童文学作家书系升级版

大头鱼在雨天和晴天	8991
友情是一棵月亮树	9361
电话大串线	9000
永远的哨兵	9362
耳朵上的绿星	8999
会飞的小溪	9002
问银河	9568
冰小鸭的春天	9004
红奶羊	9347
还有一位老船长	9349
快乐星期八	8994
兔面人传奇	9001
盲孩子和他的影子	8992
狮子的梦	9003
美丽的愿望	9452
真想变成大大的荷叶	9454
爱写诗的小螃蟹	8995
猫王	9360
歌王	9348
鹰泪	9363

中国当代获奖儿童文学作家书系·长篇新作

一个人的绿龟岛	9167
玩着,春天来了	9136
幸运的小金鼠	8993
弯月河	9149
弯弯的辛夷花	9132
梦田	9135
野云船	9189
船儿归	9190
黑猫叫醒我(百千定制版)	9188
鲁冰花开	8981
慢小孩	9026
噗噜噗噜蜜	9169
魔法星星海	8990

中国当代获奖儿童文学作家书系·冰心奖专辑

下雪了,天晴了	8617
小鸟快飞	8616
太阳花	8618
月亮上的小王子	8610
母豹出山	8615
走过落雨时分	8614
猫王	8612
跑,拼命跑	8611
就这样长大	8619
暖雨	8613

中国当代获奖儿童文学作家书系拼音版

一片树叶变呀变	8908
山大王和小小鸟	8904
小蝌蚪吞了一块天	8961
小懒猪买鸡蛋	8899
云朵棉花糖	8907
五颜六色的一天	8962
贝壳鸟	8905
毛毛虫的超级历险	8967
尖子班奇闻	9315
寻找大熊猫	9446
玫瑰鹅	8966
钓太阳	8900
怪雨伞	8906
南南的绿楼房	8965
给猴王照相	9447
栗子狗来了	8901
爱跳舞的小龙	8969
喵喵猫和喳喳鸟	8964
猎枪感冒了	8968
蓝星星的网兜	8903
熊爸爸的超级电话	8963
戴领结的鹅	8902

中国传统文化双语读本

风景名胜	10018
文物	10012
文学	10013
书画	10016
节日习俗	10019
四大发明	10015
丝绸之路	10014
京剧	10017

中国传统文化经典选读

元人杂剧选	5969
古文观止详注	5675
白居易诗（白居易诗选）	3756
苏轼词（苏轼词选）	3751
杜甫诗（杜甫诗选）	3759
李白诗（李白诗选）	3755
李清照词（李清照词选）	3754
辛弃疾词（辛弃疾词选）	3753
宋词三百首笺注	3761
诗经选	3800
唐宋传奇选	2606
唐宋词选释	3667
唐诗三百首简注	3719
楚辞选译	3799

中国名家谈人生系列

人生的修行	5605
中国人的修养	5606
容忍与自由	5604

中国戏曲史资料丛刊

元代杂剧全目	7297
曲海总目提要补编	7305
明代传奇全目	7307
明代杂剧全目	7299
清代杂剧全目	7308

中国近代城市文化丛书

近代中国的西式建筑	10671
近代中国的新式交通	10672
近代中国的新式码头	10674
近代中国的新式婚丧	10673

中国改革大潮报告文学大型丛书

历史的使命	4200
历史的使命（第二集）	4201
历史的使命（第八集）	4213
历史的使命（第三集）	4202
历史的使命（第五集）	4210
历史的使命（第六集）	4206
历史的使命（第四集）	4203

中国现代儿童文学典藏

小坡的生日	8433
长生塔	8431
叶圣陶童话（稻草人）	8432
阿丽思中国游记	8609
狐兔入井	8607
宝葫芦的秘密	8608
寄小读者	8434

中国现代中篇小说藏本

一个女人的悲剧	2480
二月	2481
八月的乡村	2296
三人行 路	2493
月牙儿 阳光 我这一辈子	2485
北极风情画 塔里的女人	2494
生死场 呼兰河传	2483
她是一个弱女子 迷羊	2479
李有才板话	2566
阿Q正传	2478
神巫之爱 边城	2477
莎菲女士的日记 韦护	2476
海的梦 憩园	2482

1548

象牙戒指	2484

中国现代长篇小说丛书

大波（第一部）	52
子夜	2281
太阳照在桑干河上	2519
长夜	2364
东方（上中下）	175
冬天里的春天（上下）	228
死水微澜	2315
芙蓉镇	233
财主底儿女们（上下）	2388
青春万岁	182
林海雪原	47
科尔沁旗草原	2322
保卫延安	12
蚀	2295
将军吟（上下）	204
骆驼祥子	2303
倪焕之	2286
淘金记	2302
寒夜	2382
腐蚀	2297
暴风雨前	2316
暴风骤雨（上下）	2520

中国现代长篇小说藏本

子夜	2281
风萧萧	2473
四世同堂（上下）	2445
死水微澜	2315
冲积期化石	2474
围城	2373
财主底儿女们（上下）	2388
纸醉金迷	2401
金粉世家（上下）	2475
春	2304
秋	2305
秋海棠	2486
蚀	2295
骆驼祥子	2303
倪焕之	2286
家	2284
猫城记	2472
淘金记	2302
寒夜	2382
腐蚀	2297
暴风雨前	2316

中国现代文学创作选集

中国现代独幕话剧选 1919—1949（第一卷）	5939
中国现代独幕话剧选 1919—1949（第二卷）	5940
中国现代独幕话剧选 1919—1949（第三卷）	5941
中国现代散文选 1918—1949（第一卷）	5490
中国现代散文选 1918—1949（第二卷）	5491
中国现代散文选 1918—1949（第七卷）	5499
中国现代散文选 1918—1949（第三卷）	5492
中国现代散文选 1918—1949（第五卷）	5497
中国现代散文选 1918—1949（第六卷）	5498
中国现代散文选 1918—1949（第四卷）	5493
中国现代短篇小说选 1918—1949（第一卷）	2362
中国现代短篇小说选 1918—1949（第二卷）	2363
中国现代短篇小说选 1918—1949（第七卷）	2372
中国现代短篇小说选 1918—1949（第三卷）	2365
中国现代短篇小说选 1918—1949（第五卷）	2367
中国现代短篇小说选 1918—1949（第六卷）	2368
中国现代短篇小说选 1918—1949（第四卷）	2366

中国现代文学作品原本选印丛书

分类白话诗选	3556
地之子 建塔者	2384
传奇	2394

自己的园地 雨天的书	5508
冲积期化石 飞絮 苔莉	2421
志摩的诗	3544
花之寺 女人 小哥儿俩	2396
时代姑娘 未完的忏悔录	2404
财主底儿女们（上下）	2388
作家论	6604
怂恿 喜讯	2387
卷葹	2383
春醪集 泪与笑	5503
草莽集	3545
南北极 公墓	2399
背影	5495
尝试集	3547
孩儿塔	3546
爱眉小札	5510
海滨故人 归雁	2393
浪漫的与古典的 文学的纪律	6610
谈美 谈文学	6608
喜筵之后 某少女 女性	2406
湖畔 春的歌集	3543
新梦 哀中国	3542
翦拂集 大荒集	5506

中国现代文学流派创作选

《七月》《希望》作品选（上下）	8104
九叶派诗选	3560
山药蛋派作品选	2555
文学研究会小说选（上下）	2437
东北作家群小说选	2441
论语派作品选	2444
现代派诗选	3551
京派小说选	2432
《语丝》作品选	5507
荷花淀派作品选	2554
鸳鸯蝴蝶——《礼拜六》派作品选（上下）	2440
象征派诗选	3552
新月派诗选	3559
新感觉派小说选	2389

中国现代名家诗集典藏

女神（初版本）	3588
志摩的诗 猛虎集	3586
尝试集	3587
望舒诗稿	3585

中国现代名剧丛书

日出	5945
风雪夜归人 闯江湖	5947
北京人	5942
屈原 蔡文姬	5948
茶馆 龙须沟	5869
原野	5944
雷雨	5943
蜕变	5946

中国现代作家作品新编丛书

丁玲作品新编	8162
丰子恺作品新编	8165
卞之琳作品新编	8153
巴金作品新编	8176
艾青作品新编	8161
叶圣陶作品新编	8175
冯至作品新编	8154
老舍作品新编	8178
师陀作品新编	8167
朱光潜作品新编	8149
朱自清作品新编	8156
冰心作品新编	8147
许地山作品新编	8184
孙犁作品新编	8172
何其芳作品新编	8163
沈从文作品新编	8171
茅盾作品新编	8158
林语堂作品新编	8177
林徽因作品新编	8151
郁达夫作品新编	8169
周作人作品新编	8168
废名作品新编	8146
赵树理作品新编	8179
胡适作品新编	8148
柯灵作品新编	8170
施蛰存作品新编	8150

闻一多作品新编	8145	屈原 蔡文姬	5948
徐志摩作品新编	8155	茶馆 龙须沟	5869
郭沫若作品新编	8159	原野 北京人	5955
萧红作品新编	8164	雷雨 日出	5954
鲁迅作品新编	8160		
路翎作品新编	8173		

中国现代经典美文书系

端木蕻良作品新编	8166
穆旦作品新编	8174
戴望舒作品新编	8152

友（怀鲁迅 我所见的叶圣陶）	5576
父（我们现在怎样做父亲 背影）	5577
月（荷塘月色 海上生明月）	5557
风（风 这是风刮的）	5554
兄（我的三个弟弟 做大哥的人）	5579

中国现代作家选集丛书

丁玲	8107	生（生命的路 谈生命）	5564
王统照	8111	冬（冬天 江南的冬景）	5561
卞之琳	8122	鸟（鸟的天堂 一只小鸟）	5583
巴金	8110	死（我的祖母之死 死后）	5562
艾芜	8102	师（藤野先生 沈从文先生在西南联大）	5578
艾青	8084	虫（夏三虫 夏天的昆虫）	5580
叶圣陶	8100	花（养花 看花）	5555
田间	8114	狗	5581
老舍	8120	春（我们把春天吵醒了 春意挂上了树梢）	5558
朱自清	8099	秋（秋夜 故都的秋）	5560
朱湘	8096	夏（扬州的夏日 夏）	5559
冰心	8095	梦（说梦 寻梦）	5565
许地山	8085	雪（雪 雪夜）	5556
李广田	8090	猫（养猫 阿咪）	5582
庐隐	8094	醉（湖畔夜饮 醉）	5563
沙汀	8101		

中国现当代名家儿童文学典藏书系

茅盾	8081	一只想飞的猫	9618
林徽因	8112	丁丁的一次奇怪旅行	8941
郑振铎	8116	大鼻子的故事	9623
胡适	8117	小坡的生日	9621
俞平伯	8113	小桔灯	9624
萧红	8091	小哥俩	9629
萧乾	8103	长生塔	9619
鲁彦	8115	竹公主	9622
臧克家	8119	呼兰河传	9628
端木蕻良	8121	宝葫芦的秘密	9617
戴望舒	8118	春水船	9645
		故乡	9625

中国现代话剧经典丛书

风雪夜归人 闯江湖	5947	给我的孩子们	9627

落花生	9626
稻草人	9620

中国非物质文化遗产

三彩马的旅行	9532
天上掉下一头鲸	9535
龙牙齿不见了	9525
米蒸糕和龙风筝	9524

中国典籍与文化研究丛书

王世贞史学研究	7034
《左传》《国语》方术研究	7036
左传疑义新证	7119
陆机陆云年谱	7322
欧阳修学术研究	7000
敦煌密教文献论稿	6999

中国话剧百年典藏

中国话剧百年典藏·作品卷 10（1990 年代）	5910
中国话剧百年典藏·作品卷 1（早期新剧）	5901
中国话剧百年典藏·作品卷 2（五四时代）	5902
中国话剧百年典藏·作品卷 3（1930—1937）	5903
中国话剧百年典藏·作品卷 4（1937—1940）	5904
中国话剧百年典藏·作品卷 5（1940 年代）	5905
中国话剧百年典藏·作品卷 6（1950—1960 年代）	5906
中国话剧百年典藏·作品卷 7（1970 年代）	5907
中国话剧百年典藏·作品卷 8（1980 年代Ⅰ）	5908
中国话剧百年典藏·作品卷 9（1980 年代Ⅱ）	5909
中国话剧百年典藏·理论卷一（1906—1929）	6752
中国话剧百年典藏·理论卷二（1929—1949）	6753
中国话剧百年典藏·理论卷三（1949—1977）	6538
中国话剧百年典藏·理论卷五（百年话剧记忆）	6536
中国话剧百年典藏·理论卷四（1978—2000）	6537

中国种子世界花

小野父子去哪儿了？	9488
风吹到乌镇时累了	9496
远方	9484
我不想做一只小老鼠	9481
帽子王	9483

中国科幻之父郑文光经典

飞出地球去	764
飞向人马座	765

中国断代专题文学史丛刊

中国近代文学发展史（修订本）（上中下）	7293
汉代文学思想史	7286
汉魏六朝乐府文学史	7266
近代词史	7285
明代小说史	7283
明代文学思潮史	7292
明词史	7280
明清传奇史	7290
唐代小说史	7281
唐前志怪小说史	7289
清词史	7288
清诗史（上、下）	7287
清诗流派史	7005

中国短经典

一匹马两个人	2265
人极	2243
月光下的银匠	2222

写字桌的1971年	2275	卡拉马佐夫兄弟(上下)	11356
麦子	2274	卡勒瓦拉(上下)	13988
玛多娜生意	2223	失乐园	14068
我的遥远的清平湾	2268	包法利夫人	11017
我是少年酒坛子	2228	尼贝龙根之歌	14055
你是谁？	2225	吉檀迦利 先知	15699
姊妹行	2267	伊戈尔远征记 涅克拉索夫诗选	14098
环山的雪光	2269	名利场(上下)	10995
厚土	2229	汤姆·索亚历险记 哈克贝利·费恩历险记	12797
哪年夏天在海边	2226	安徒生童话	11262
钻玉米地	2266	坎特伯雷故事	11205
铁血信鸽	2254	狄康卡近乡夜话	11312
流动的房间	2227	欧·亨利小说	12794
唱西皮二黄的一朵	2224	波斯人的婚礼	10999
黑蜻蜓	2230	契诃夫短篇小说	11432
		城与年	12612

中国新文学研究丛书

		柏拉图文艺对话集 歌德谈话录	15146
中国当代文学传媒研究	6489	钢铁是怎样炼成的	12344
文体与图像	6486	神曲	14038
文学史与知识分子价值观	6483	莫里哀戏剧 莫泊桑短篇小说	15703
文学批评的向度	6492	莎士比亚戏剧(上下)	14908
文学视阈与戏剧电影	6485	爱情与自由	14070
民国大学的文脉	6736	唐璜(上下)	13983
在语言之内航行:论新诗韵律及其他	6488	浮士德	14879
在感性与理性之间	6494	堂吉诃德	11045
应知天命集	6491	源氏物语(上)	13405
启蒙、文学与戏剧	6487	静静的顿河(第一部)	12404
越界与交融:跨区域跨文化的世界 华文文学	6484	德伯家的苔丝	10997
		德国,一个冬天的童话	14051
景象的困厄	6493	潘家洵译易卜生戏剧	14910

中国翻译家译丛

中学生文学阅读必备书系

一千零一夜	13434	中学生文学名著助读	10221
一生 伪币制造者	11300	艾青诗选	3310
九三年	10994	古文观止详注	5675
天竺诗文	14323	古希腊悲剧经典	14902
五卷书	14721	边城	2456
巨人传	10991	西游记(上中下)	2580
父与子 处女地	11434	朱自清散文精选	5542
幻灭	11044	红楼梦(上下)	2663
古希腊戏剧	14909	里尔克诗选	14158

呐喊	2356	骆驼祥子	2303
牡丹亭	5976	格列佛游记	11032
希腊的神话和传说	11026	家	2284
狄金森诗选	14050	谈美书简	6332
宋诗选注	3639	堂吉诃德	11045
青铜葵花	8636	朝花夕拾	5439
呼兰河传	2558	鲁滨孙飘流记	11027
受戒	2078	童年	12390
诗经选	3800	普希金诗选	14089
思维的乐趣	5072	雷雨	5943
莎士比亚戏剧故事集	14487	歌德谈话录	15118
唐宋词一百首	3798	繁星 春水	3564
唐宋词选	3674		
唐诗三百首详析	3802	**中学名校校本教材系列**	
海子的诗	3129		
聊斋志异选	2665	少年的人际交往与网络交往	10043
朝花夕拾	5439	毛泽东和他的诗词	10045
棋王	2084	古诗今读	10051
黑骏马	2083	生物史话	10047
童年 少年 青年	11372	生活中的数学	10046
楚辞选译	3799	讲演与口才	10044
雷雨	5943	英美国家人文风情	10055
新月集·飞鸟集	14317	品说扬州·人物篇	10052
额尔古纳河右岸	1041	道德课堂(初中版)	10050
		道德课堂(高中版)	10049
中学生课外文学名著必读丛书		趣味物理 趣味生活	10048
三国演义	2574	**中学红色文学经典阅读丛书**	
女神	3516		
子夜	2281	三里湾 小二黑结婚 李有才板话	1430
匹克威克外传(上下)	11200	三家巷 苦斗(《一代风流》第一卷、	
巴黎圣母院	11078	第二卷)	762
水浒传(上中下)	2611	太阳照在桑干河上	2519
西游记(上中下)	2580	历史的天空	610
论语通译	10924	古城春色	123
红楼梦(上下)	2663	地球的红飘带	367
围城	2373	吕梁英雄传	2518
呐喊	2356	红日	68
欧也妮·葛朗台	11186	红旗谱	76
诗集	14281	青春之歌	50
哈姆莱特	14863	苦菜花	74
钢铁是怎样炼成的	12344	林海雪原	47
复活	11326	战争和人(一、二、三)	468

保卫延安	12
铁道游击队	64
浴血罗霄	1100
野火春风斗古城	67
铜墙铁壁	3
湘江之战	1094
解放战争（第一卷）	5406
解放战争（第二卷）	5407
解放战争（第三卷）	5408
暴风骤雨（上下）	2520

中经典

马科斯与猫科动物	13324
红项圈	12156
弥补	12167
营救距离	13310

中经典精选

一个鲍米涅人	12258
大河两岸	13870
山冈	12257
心	13867
再生草	12256
回家的路	13243
名誉	13350
寻找帕依提提	13364
丧失了名誉的卡塔琳娜·勃罗姆	12224
空中有苍鹰	12225
星辰时刻	13362
黄雨	12252
惊马奔逃	12223
密室	12251
斯科塔的太阳	12250
黑水	13338

中俄文学互译出版项目·俄罗斯文库

回到潘日鲁德	12632
脑残	12623
野兽的标记	12633
群魔（上下）	11363
模仿者	12607

内米洛夫斯基作品集

大卫·格德尔 舞会	11809
伊莎贝尔	12236
狗与狼	12238
法兰西组曲	11728
孤独之酒	12226
契诃夫的一生	14515
秋之蝇 库里洛夫事件	11823
猎物	12237

毛芦芦儿童美文精选

飞渡油菜花	9439
爷爷电影院	9437
愿望满天飞	9438

毛芦芦"亲爱的小狼大傻"

知知大叫的桃树	8918
秋千上的怪物	8919
神奇的大钟	8920

毛姆长篇作品精选

人生的枷锁	12314
刀锋	12313
月亮和六便士	12312
寻欢作乐	12311
面纱	12310

毛姆短篇小说全集

一位绅士的画像	12325
丛林里的脚印	12321
英国特工	12323
雨	12326
贪食忘忧果的人	12322
带伤疤的男人	12320
狮子的外衣	12324

手印画绘本故事

小老鼠丽丽	16279
好痒啊	16275
丽丽的风筝	16278
丽丽的水果	16277
丽丽的菜园	16276

丹·布朗作品纪念珍藏版

天使与魔鬼	12949
失落的秘符	13046
地狱	13196
达·芬奇密码	13026
骗局	12965
数字城堡	12946

丹·布朗作品插图珍藏版

天使与魔鬼	12949
失落的秘符	13046
地狱	13196
达·芬奇密码	13026

文艺快书

二闯文化关	9948
人民的江山万万年	17768
人间天堂	17770
力争上游	17758
三千翻	17779
三座楼	17753
下驴上马	17771
大胆革新	17781
大破保守迷魂阵	17756
上车如到家	17774
女送货员	17755
打破陈规	17772
老将出马	9952
扫文盲	17761
扫荡五气	17760
先行官	9949
向月宫报喜	9954
会亲家	17776
多面手	9947
灯塔颂	17757
两朵跃进花	17765
我们是神仙	17777
张老汉游公社	9950
拔掉白旗插红旗	17766
往前看	17769
夜赶模型	17778
空中飞船	17759
参观展览会	17775
革新台上看高低	17762
总路线红旗遮满天	17754
总路线是指路灯	17763
秦岭低头	17764
铁水钢花冲天翻	9951
烧五气	17767
难兄难弟	17773
跃进之夜	17782
新媳妇下地	17780
瘸老何大显神通	9953

文艺快书号外

一场火警	9955
一定要解放台湾	9961
公开的秘密	9956
艾克发疯	9957
打跑美国狼	17783
皮包政府	17787
亚非人要独立	17786
自掘坟墓	9959
卖国贼的下场	17785
和平公报飞满天	9960
侵略者的哲学	9958
警告艾森豪威尔	17784

文艺建设丛书

开不败的花朵	1485
仅仅是开始	2
从延安到北京	3589

风云初记	4
为了幸福的明天	1483
为创造新的英雄典型而努力	6008
平原烈火	1
永生的战士	1486
光荣的任务	6003
早晨六点钟	1488
论生活艺术和真实	6006
坚决贯彻毛泽东文艺路线	6004
我们的节日	5
幸福	1484
欧行散记	3837
战斗的旗	2710
活人塘	1482
铜墙铁壁	3
跨到新的时代来	3838

文艺新学科建设丛书

艺术符号与解释	6252
艺术感觉论	
——对于作家感觉世界的考察	6253
文艺新学科导论	6265
文学价值论	6255
文学批评学	6262
文学解读学导论	6302
审美鉴赏系统模型	6278
象征论文艺学导论	6273

文化与中国现当代文学研究丛书

大众媒介与中国现当代文学	6388
文人集团与中国现当代文学	6389
都市文化与中国现当代文学	6390

文化中国

文化中国·文艺卷	10704
文化中国·军事卷	10705
文化中国·科技卷	10707
文化中国·哲学卷	10706

文化寻踪

中国老兵器说谜	10741
中国老游艺说趣	10740
溯源俗语老典故	10742

文化新视界丛书

长篇小说与艺术问题	6386
文化诗学 理论与实践	6385

文具盒学校

比萨镇奇遇	9012
校长是文具盒	9010
铅笔上学了	9011
新来的拖布老师	9013

文学大师的语文课堂

长生塔	9042
呼兰河传	9218
城南旧事	9406
稻草人	9043

文学广角丛书

欧洲文学背景——西方文明巨著背后的	
政治、社会、思想潮流	15179
美国文学思想背景	15177

文学小丛书

一九二八年三月十五日	13482
一场欢喜一场空	11355
一把小麦	13481
一周间	12447
二月	2344
二郎捉太阳	9762
七个铜板	11473
九歌	3657
三角帽	11023

三故事	11073	地雷阵	2553
大雷雨	14912	西利西亚的纺织工人	13968
上尉的女儿	11319	压迫	5930
女神	3516	在丛林中	12452
小麦与玫瑰	13503	在和平的日子里	1629
马没有罪过	11353	百鸟衣	2827
马雅可夫斯基诗选	14227	百合花	1605
乡村骑士	11010	光明在我们的前面	2335
丰收	2343	伐木者，醒来吧！	14136
王贵与李香香	3590	伪君子	14807
井岗山上的故事	9825	伊则吉尔老婆子	12460
云雀	13966	危地马拉的周末	12812
木木	11317	羊脂球	11009
木偶奇遇记	15795	羊脂球	11048
五月之夜	11333	关汉卿杂剧选	5977
不能走那条路	1625	汗和鞭子	14137
不能走那条路	1747	买牛记	1602
瓦西里·焦尔金	14240	红色歌谣	9759
日出	5928	麦琪的礼物	12740
中国神话	8285	麦琪的礼物及其它故事	12763
牛郎织女笑开颜(诗剧)	5770	贡劳格英雄传说	11011
毛主席颂歌	9770	苏东坡诗词选	3651
长夜行(歌剧)	5965	杜十娘	2597
月牙儿	2339	杜布罗夫斯基	11329
月光曲	5924	杜诗百首	3650
丹东之死	14869	杜诗百首	3655
巴黎公社诗选	13972	村仇	1603
巴黎公社诗选	13989	李有才板话	2523
世道	12814	两个女伴	12473
可爱的中国	5452	两亩地	14287
左撇子	11340	还魂草	2341
龙须沟(话剧)	5697	抗争	2337
龙须沟 茶馆	5868	把一切献给党	9823
卡里来和笛木乃	14719	把帽子传一传	13927
田间短诗选	2873	呐喊	2278
史记选	5635	岑参边塞诗选	3676
白兰花	2758	我不能死	13495
白奴的故事	11471	我们的一伙儿和他	13401
白夜 舅舅的梦	11378	我的一家	9826
半夜鸡叫	1604	我的心呀，在高原	13975
汉魏六朝民歌选	3647	我的包着红头巾的小白杨	12560
记贺龙	3950	我的师傅	1608
老麦梅尔到底胜利了	12472	我的苏联兄弟	11538

我的第一个上级	1749	狱中书简	14413
我是劳动人民的儿子	12339	狱中书简	14465
近代诗百首	3677	亲人	1642
彷徨	2277	柔密欧与幽丽叶	14802
这滩鲜血是不会干的	13499	绞刑架下的报告	14716
辛伯达航海历险记	13394	绞索套着脖子时的报告	14715
汽笛	2821	孩儿塔	3534
沉默的村庄	11505	莱辛寓言	15792
改邪归正的梅莫特 不可思议的杰作	11060	荷花淀	1649
陆游诗选	3654	桥	1557
阿列霞	11347	哥儿	13398
阿细人的歌	9719	热爱生命	12747
玩偶之家	14861	党和生命	1641
表	12338	倔强的红小鬼	9827
果戈理小说选	11345	狼	13488
国际友谊号	1648	高龙巴	11096
典型报告	1628	高尔基早期作品选	12537
败坏了赫德莱堡的人	12741	高利贷者	11016
货郎	14081	离骚今译	10903
彼得·史勒密奇遇记	11034	唐文选注	5644
放声歌唱	2828	唐宋传奇选	2600
盲音乐家	11335	竞选州长	12753
法西斯细菌	5927	悭吝人	14811
宝葫芦的秘密	8275	烟	12662
诗经选译	10904	烟斗	12453
诗经选译	10912	海员朱宝庭	1627
屈原	5912	海的梦	2355
契诃夫小说选	11344	诺尔曼·白求恩断片	5623
春蚕	2330	谁是最可爱的人	3840
春桃	2346	陶渊明诗文选	8204
项链	11097	聊斋志异选	2602
草原	11341	第六病室	11334
茶花赋	4101	清明时节	2293
茨冈	14073	斯蒂芬·茨威格小说四篇	
南行记	2350	（象棋的故事）	11592
柏林之围	11037	葛洛特·格	11022
柳宗元诗文选	8203	朝花夕拾	5439
虹	13493	短裤党	2334
哈泽穆拉特	11311	奥瑟罗	14853
钢花	11537	童话的时代	3925
香稻米	5929	错斩崔宁	2614
科尔沁草原的人们	1644	毁灭	12536
逃婚调	9728	新的家	1630

窦娥冤	5974	感悟与沉思	6285
嘉尔曼	11038	演进与代价	6280
赫克里斯的故事	15563		
蔷薇园	14286	**文学初步读物**	
歌谣选	14109		
歌德抒情诗选	13986	一千八百担	2308
裴多菲诗选	14110	一个平常的女人	1613
熔铁炉	12448	一匹瘦红马	1674
漳河水	3591	一车高粱米	2715
黎明的河边	1748	一架弹花机	1496
潘虎	9824	三顾茅庐	2584
磨坊之围	11028	工潮	2333
蟹工船	13554	大杂院里的人们	2292
		大劫狱	1623
文学少女		大沙漠	1526
		大闹天宫	2576
见习生的毕业	13872	大战孟良崮	1668
见习生的伤心	13873	上任	2332
见习生的初恋	13874	小二黑结婚	2527
		小矿工	1615
文学讲堂		王妈妈	1510
		五河县	2585
米·布尔加科夫	7444	不能走那条路	1525
阿·托尔斯泰	7443	尤三姐	2582
威廉·福克纳	7445	车迟国	2599
雅·哈谢克	7442	扎波里叶村的玛莎	12483
		中国寓言选	10555
文学评论家丛书		毛泽东的旗帜迎风飘扬	2713
		长坂坡	2577
从艺术到人生	6281	丹妮亚的露营地	12365
今天将会过去	6293	火烧赤壁	2573
文体的自觉与抉择	6289	为奴隶的母亲	2290
文林察辨	6288	斗争钱文贵	2529
文学的理性和良知	6291	包氏父子	2338
文学活着	6284	老羊工	1528
在历史的边缘	6283	老杨同志	2531
当代小说见闻录	6290	地下的战斗	1530
但求无愧无悔	6277	地雷阵	2528
审美之窗	6282	在其香居茶馆里	2340
审美的感悟与追求	6286	在教养院里	12484
南窗乱弹	6287	在鞍钢工地上	3851
点燃灵魂的一簇圣火	6276	扬着灰尘的路上	1682
海边草	6292	回家	1669

先晋胡子	1680	第一个胜利	1637
华威先生	2310	猪与鸡	1677
伊索寓言选	15783	猪的歌	13437
血缘	1500	筑路	12357
冲破黑暗	1679	寒假的一天	2291
红色的苦菜花	1671	献身	12355
贡献	12356	解珍解宝	2572
两匹马	1527	粮食的故事	1614
来信	12470	锻炼锻炼	1681
坚持	1531		
我们会见了彭德怀司令员	3846	**文学经典启蒙绘本**	
我要读书	1511		
我感谢党	3853	信天翁	16873
沙家店战斗	1494	给一颗星的颂歌	16933
没有弦的炸弹	1678	患瘟疫的动物们	16871
补课	12485	普鲁斯特的小蛋糕	16870
阿Q正传	2309	熊的话	16932
幸福	1509	醉舟	16872
林家铺子	2307	鹦鹉复活的故事	16931
奇袭虎狼窝	1670	蟾	16869
卓娅	14327		
国际友谊号	1648	**文学故事丛书**	
罗才打虎	1497		
周铁汉	1493	飞花逐月(上下)	396
炉	1499	天涯明月刀	370
参军	2532	无情剑(1—3)	395
春	12469	他们何其相似 附:荡秋千的男孩	12573
春蚕	2282	武林三凤(上中下)	397
赵小兰(话剧)	5689	画家,少妇,少女	11620
草原上的战斗	1675	牧童情话	15600
故乡	2283	夜总会——十七个著名的外国惊险故事	15606
战士快板诗	2712	亲王之子	386
科尔沁草原的人们	1495	洛阳豪客	2423
追匪记	1624	神秘的115	331
祝福	2289	紫凤钗(上下)	398
误会	12366	紫塞烟云	337
姚长庚一家人	1512	寒宫残月	330
真正的老师	1529	嘎达梅林传奇	324
射手	1508		
高老庄	2583	**文学爱好者丛书**	
海外奇遇	2598		
黄泥冈	2578	中国现代文学史简编	6600
野小鬼	12367	中国现代散文选萃	5504

文艺信息学	6225	赛查·皮罗多盛衰记	11047
文学作品是怎样写成的	6223		
古代作家写作技巧漫谈	6943	## 巴别塔诗典	
出口成章——论文学语言及其他	6126		
宋词纵谈	6944	一个博物学家的死亡 希尼诗100首	14206
阿Q正传（注释本）	2352	山巅之险	14195
新选千家诗	3685	天狼星的阴影	14179

方方中篇小说系列

		天堂的影子	14204
		五大颂歌	14200
		长长的锚链	14203
万箭穿心	2117	乌塔耶书	14059
风景	2118	巴黎的忧郁	14197
在我的开始是我的结束	2119	幻象集	14053
有爱无爱都铭心刻骨	2122	在冬日光线里	14198
祖父在父亲心中	2120	当下集	14193
埋伏	2121	观察一只黑鹂的十三种方式	14190
涂自强的个人悲伤	2123	声音集	14205
		坐在你身边看云	14060

方方长篇小说系列

		迟来的旅行者	14101
		林间空地	14166
乌泥湖年谱1957—1966	622	的里雅斯特与一位女性	14208
水在时间之下	1173	所有我亲爱的人	14184
武昌城	1068	斧柄集	14185
		夜晚的消息	14207

方舟故事系列丛书

		孤独者的秋天	14168
		春花的葬礼	14167
方舟故事（一）	15871	砌石与寒山诗	14186
方舟故事（二）	15872	弯曲的船板	14194
动物们的圣诞节	15874	莎士比亚十四行诗	14071
动物们的复活节	15875	浪游者	14054
彩虹的尽头	15873	黄金在天空舞蹈	14255
		匙河集	14178

巴尔扎克选集

		眼睛后面	14199
		遗失的赤裸	14202
十三人故事	11087	奥尔皮里的秋天	14408
中短篇小说选	11128	整数26	14177
贝姨	10979		
公务员	11125	## 邓一光长篇小说	
幻灭	11044		
农民	11127	我是太阳	530
驴皮记	11074	我是我的神（上下）	1244
欧也妮·葛朗台 古物陈列室	11126	亲爱的敌人	1242
高老头	10977	想起草原	1243

邓贤抗战纪实系列

大国之魂	426
黄河殇 1938·花园口	4541

书与影——最经典的抗战小说

风云初记	100
平原枪声	77
吕梁英雄传	2518
苦菜花	74
铁道游击队	64
敌后武工队	761
野火春风斗古城	67
新儿女英雄传	35

末代皇帝系列

末代太监孙耀庭传	4453
末代皇弟浦杰传	4452
末代皇帝立嗣纪实	4454
末代皇帝的后半生	4451

末代皇帝的五个女人

中国末代皇后郭布罗·婉容传	5117
中国末代皇妃额尔德特·文绣传	5116
伪满洲国"明贤贵妃"谭玉龄传	5118
伪满洲国"福贵人"李玉琴传	5119
溥仪的妻子李淑贤传	5120

末代皇族纪实系列

末代国舅润麒	4964
末代皇叔载涛	4945
末代皇妹韫龢	4946
末代皇帝的非常人生	4930

未成年人思想道德建设文学读本

中国姑娘	4458
可爱的中国	5452
我的大学	12393
轮椅上的梦	747
钢铁是怎样炼成的	12344
绞刑架下的报告	14716
谁是最可爱的人	3840

未来小说

生于1999	15973
我是克隆人	15974

世纪香港丛书

世纪沧桑 香港一百五十六年风雨录	10605
自由港之谜 香港经济奇迹探析	10603
英雄莫问出处 香港的移民与出入境	10601
神圣的承诺 香港基法的诞生	10602
雾里看花 香港世态百相	10604
霓虹港湾 香港文化的源与流	10607

世界十大中短篇小说家

外国中短篇小说藏本 马克·吐温	12786
外国中短篇小说藏本 杰克·伦敦	12787
外国中短篇小说藏本 欧·亨利	12785
外国中短篇小说藏本 莫泊桑	11243
外国中短篇小说藏本 爱伦·坡	12788
外国中短篇小说藏本 梅里美	11242
芥川龙之介读本	15683
契诃夫	11431

世界儿童文学丛书

小人国和大人国	15821
小王子	15869
王子与贫儿	15819
天方夜谭	13428
木偶奇遇记	15795
丑八怪	15907
水孩子	15820
世界著名寓言	15816
东欧儿童故事选	15913
卡尔卢什卡的戏法	15908

白比姆黑耳朵	12535	OZ国历险记(绿野仙踪)	15919
辽恩卡流浪记	15906		
托尔斯泰儿童故事选	15897	**世界儿童文学名著插图本**	
早来的鹤(白轮船)	13633		
克雷洛夫寓言一百篇	15898	一个孩子的诗园	15799
男孩彭罗德的烦恼	15867	十七岁	12932
吹牛大王历险记	15822	千奇屋	16050
希腊神话	15817	小人国和大人国	15821
快乐王子集	15866	小王子	15869
苦儿流浪记	15801	小公主	16005
盲音乐家	11335	小妇人	12777
法国童话选	15797	小伯爵	16074
勇敢的船长	11646	天方夜谭	13428
聂姆佐娃 克里昂格童话选	15909	木偶奇遇记	15795
莫吐儿	12890	公主与船长	16051
格林童话	15818	凤凰与魔毯	16080
格林童话百篇	15800	水孩子	15820
夏洛的网 校舍上的车轮	15859	世界上最迷人的100个童话	16081
捉猫故事集	15861	世界著名寓言	15816
秘密花园	12892	古堡里的月亮公主	15963
爱丽斯漫游奇境	11177	丛林故事	16006
爱的教育	11178	外公的13号古宅	16040
海蒂	11648	写给我天堂里的妹妹	16052
雪地三游客	15868	对女巫低语	16053
隐身人 时间机器	15870	地海巫师	16019
骑鹅旅行记(上集)	15793	灰姑娘逃婚	16026
绿山墙的安妮	12891	达·芬奇寓言故事	16072
普希金童话诗 小鸵鸟	15895	汤姆的午夜花园	16032
豪夫童话选	15791	汤姆·索亚历险记	12769
豪夫童话集	15787	安徒生童话	15823
精明人与吝啬鬼	15860	劳拉的秘密	16031
		杨柳风(柳林风声)	15996
世界儿童文学丛书新世纪精华版		来自矮人国的小兄妹	15943
		男孩彭罗德的烦恼	15867
小王子	15869	吹牛大王历险记	15822
天方夜谭	13428	我是克隆人	15974
木偶奇遇记	15795	希腊神话	15817
世界著名寓言	15816	快乐王子集	15866
安徒生童话	15823	沃特希普荒原	16022
希腊神话	15817	阿拉伯童话	16069
格林童话	15818	英国童话	16075
爱丽斯漫游奇境	11177	侠盗罗宾汉	16076
爱的教育	11178	彼德·潘	15997

所罗门王的宝藏	16073
金银岛	11218
怪物马戏团	15929
法老的诅咒	15986
法国童话	16061
幽灵大婶罗莎·里德尔	15969
幽灵船	15984
俄罗斯童话	16077
美人鱼公主	16082
叛逆的小精灵	16043
穿越夜空的疯狂旅行	16027
格林童话	15849
捣蛋鬼日记	16083
秘密花园	12892
健介的王国	16028
爱丽斯漫游奇境	11177
爱的教育	11178
脑袋里的小矮人 可爱的魔鬼先生	16060
恋爱的女孩	16033
海底两万里	11214
海蒂	11648
猫和少年魔笛手	16042
谎言城堡的秘密	16055
骑鹅旅行记(上集)	15793
绿山墙的安妮	12891
帽子里的天空	16044
黑骏马	16004
蓝熊船长的13条半命	15930
赖医生丛林记 赖医生航海记	16078
意大利童话	16079
豪夫童话集	15787
飘飘公主 太阳和月亮的孩子	16070
德国童话	16068
瘸腿小王子 地精布朗尼	16058
魔法岛	16071
魔船	16002
魔堡	16059
魔镜	16003
1+1=0	15989
OZ国历险记(绿野仙踪)	15919

世界儿童文学经典美绘本

小人国和大人国	16187
小公主萨拉	16183
木偶奇遇记	16191
丛林故事	16190
昆虫记	16188
彼得·潘	16185
法国童话	16189
穿越夜空的疯狂旅行(黑夜狂旅)	16192
黑骏马	16184
魔法岛	16186
OZ国历险记(绿野仙踪)	15919

世界儿童文学新经典

古堡里的月亮公主	15963
外公的13号古宅	16040
写给我天堂里的妹妹	16052
汤姆的午夜花园	16032
安妮卡的宝石	16101
来自矮人国的小兄妹	15943
法老的诅咒	15986
幽灵女孩	13050
幽灵船	15984
通灵少女吉尔达	16182
蓝熊船长的13条半命	15930

世界文库·少年版

九三年	15828
大卫·科波菲尔	15824
伊利亚特	15827
安娜·卡列宁娜	15830
好兵帅克	15829
约翰·克利斯朵夫	15839
呼啸山庄	15837
彼得大帝	15833
威尼斯商人	15825
战争与和平	15834
哈姆莱特	15843
浮士德	15842
基度山伯爵	15841
堂吉诃德	15840
斯巴达克思	15838
罪与罚	15835

简·爱	15836	卡夫卡小说选	11638
静静的顿河	15832	卡拉马佐夫兄弟(上下)	11356
飘	15831	卢贡大人	11103
德伯家的苔丝	15826	田园三部曲	11189
		史记选	5627
世界文学名著文库		白居易选集	3741
		白痴(上下)	11386
《一千零一夜》故事选	13425	白鲸	12773
一生 漂亮朋友	11088	外祖母	11466
一位女士的画像	12757	包法利夫人 三故事	11183
二刻拍案惊奇(上下)	2653	乐府诗选	3731
十日谈	11168	冯维辛 格里鲍耶陀夫 果戈理	
儿子与情人	11603	苏霍沃-柯贝林戏剧选	14940
九三年	10994	尼伯龙根之歌	13974
三国演义	2574	母亲 短篇作品选	12581
大卫·科波菲尔(上下)	11188	吉尔·布拉斯	10986
马丁·伊登	12886	吉姆爷 水仙花号上的黑水手 黑暗深处	11182
马亚一家(上下)	11118	亚·奥斯特洛夫斯基 契诃夫戏剧选	14941
马克·吐温中短篇小说选	12772	西班牙流浪汉小说选	11176
马雅可夫斯基诗选	14252	西厢记	5968
子夜	2281	西游记(上中下)	2580
王尔德作品集	14976	达洛维太太 到灯塔去 海浪	11642
无名的裘德	11018	列王纪选	14308
木桶的故事 格列佛游记	11187	死魂灵	11366
尤利西斯(上)	11635	托尔斯泰中短篇小说选	11411
巨人传	10991	华兹华斯 柯尔律治诗选	14036
戈拉	13417	伊利亚特	14028
戈洛夫廖夫老爷们 童话集	15625	全本新注 聊斋志异(上中下)	2638
少年维特的烦恼 亲和力	11165	名利场(上下)	10995
中短篇小说选(上下)	11359	庄子选集	5661
贝姨	10979	忏悔录(第一部)	11062
长生殿	5971	关汉卿选集	5987
巴黎圣母院	11078	米德尔马契(上下)	11110
双城记	11153	汤姆叔叔的小屋	12771
水浒传(上中下)	2611	汤姆·索亚历险记	
幻灭	11044	哈克贝利·费恩历险记	12770
艾凡赫	11046	安娜·卡列尼娜(上下)	11323
艾青诗选	3538	安徒生童话选	15785
古今小说(上下)	2596	好兵帅克历险记(上下)	12700
古希腊戏剧选	14883	红与黑	11184
古希腊散文选	14423	红字 七个尖角顶的宅第	12895
古罗马戏剧选	14878	红楼梦(上下)	2663
打鹿将	12756	约婚夫妇	11170

书名	编号
约翰·克利斯朵夫（1—4）	10993
纪伯伦诗文选	15626
玛丽亚蓝眼睛	12768
苏轼选集	3740
杜甫选集（杜甫诗选）	3723
李白选集	3716
还乡	11003
里尔克诗选	14158
牡丹亭	5976
我是猫	13427
你往何处去	11495
近松门左卫门	15066
狄德罗小说选	11192
辛弃疾选集	3717
弃儿汤姆·琼斯的历史（上下）	11091
陆游选集	3718
驴皮记 绝对之探求	11172
青年近卫军	12362
苦难历程（上下）	12583
雨果诗选	14034
欧也妮·葛朗台 高老头	11054
欧·亨利短篇小说选	12761
欧洲寓言选	15629
拍案惊奇（上下）	2644
轭下	11454
果戈理小说选	11409
易卜生戏剧选	14881
呼啸山庄	11185
罗兰之歌 特利斯当与伊瑟 列那狐的故事	15628
罗亭 贵族之家	11408
《罗摩衍那》选	14310
金人	11482
金钱	11007
金瓶梅词话（上下）	2659
变形记	11005
波斯人的婚礼	10999
诗经全注	3724
诗集	14281
屈原选集	3720
弥尔顿诗选	14033
契诃夫小说选（上册）	11320
珍妮姑娘	12874
草叶集（上下）	14000
南方与北方	11108
柳宗元选集	8218
勃洛克 叶赛宁诗选	14251
战争与和平（1—4）	11389
怎么办？（上下）	11310
复活	11326
庭长夫人（上下）	11104
施托姆小说选	11190
美国的悲剧（上下）	12867
前夜 父与子	11346
济慈诗选	14032
神曲（上中下）	13951
骆驼祥子 离婚	2443
都柏林人 青年艺术家的画像	11641
埃涅阿斯纪	14418
莱蒙托夫诗选 当代英雄	15614
莫里哀喜剧选	14885
莫泊桑中短篇小说选	11069
恶之花 巴黎的忧郁	14025
莎士比亚历史剧选	14886
莎士比亚喜剧选	14887
莎士比亚悲剧选	14888
桃花扇	5970
格林童话全集	15786
哥尔多尼戏剧集	14884
破戒 家	13426
秘鲁传说	12887
爱伦·坡短篇小说集	12755
高乃依 拉辛戏剧选	14889
郭沫若诗歌戏剧选	8124
席勒戏剧诗歌选	14880
唐宋传奇选	2606
唐璜（上下）	13983
涅曼河畔	11478
海涅选集 诗歌卷	13996
浮士德	14879
家	2284
谁在俄罗斯能过好日子	11412
基度山伯爵（1—4）	11049
萌芽	11076
梅里美中短篇小说全集	11175
曹禺戏剧选	5949

书名	页码
曹植选集 陶渊明选集	8217
雪莱诗选	14029
堂吉诃德	11045
猎人笔记	11318
维加戏剧选	14882
维廉·麦斯特的学习时代	11116
维廉·麦斯特的漫游时代	11115
绿衣亨利（下）	11083
绿衣亨利（上）	11057
塔杜施先生	14121
博马舍戏剧二种	14859
斯·茨威格小说选	11567
斯特林堡小说戏剧选	15627
韩愈选集	8224
悲惨世界（1）	11004
悲翡达夫人	11169
傲慢与偏见	11163
奥利弗·退斯特（雾都孤儿）	11191
奥勃洛莫夫	11410
奥德赛	14031
鲁达基 海亚姆 萨迪 哈菲兹作品选	14311
鲁迅小说集	2433
鲁迅散文选集	5521
鲁滨孙飘流记 摩尔·弗兰德斯	11173
童年 在人间 我的大学	12582
普希金小说戏剧选	15613
普希金诗选	14089
罪与罚	11361
简·爱	11132
源氏物语（上）	13405
静静的顿河（第一部）	12404
歌德诗选	14037
裴多菲诗选	14120
德伯家的苔丝	10997
摩诃婆罗多插话选（上下）	14302
醒世恒言（上下）	2590
儒林外史	2581
癞皮鹦鹉	12762
警世通言	2589

世界文学名著文库普及本

书名	页码
《一千零一夜》故事选	13425

书名	页码
九三年	10994
无名的裘德	11018
双城记	11153
死魂灵	11366
忏悔录（第一部）	11062
罗亭 贵族之家	11408
契诃夫小说选（上册）	11320
复活	11326
莫泊桑中短篇小说选	11069

世界经典推理文库

书名	页码
二流小说家	13221
牛津迷案	13003
电话安装奇事	12168
廷达里郊游	12145
冰封火焰之谜	13288
红宅谜案	12134
红拇指印	12136
吾栖之肤	12228
幸存者游戏	13267
房客	12135
莱文沃思案	13286
斯卡海文城堡	12227
福尔摩斯先生	13348
31号纽因客栈迷案	12204

世界音乐大师文学传记丛书

书名	页码
贝多芬	11726
柏辽兹	14523
莫扎特	11725
舒伯特	14519

世界插画大师彼得·西斯经典绘本

书名	页码
飞行员与小王子	16655
生命之树:达尔文的一生	16718
玛德琳卡	16658
玛德琳卡的狗	16656
足球明星玛德琳卡	16657
星际信使 伽利略·伽利雷	16654
弹吧,莫扎特,弹吧!	16659

世界短篇小说大师丛书

布宁短篇小说选	11414
吉卜林短篇小说选	11692
欧·亨利短篇小说选	12776
契诃夫短篇小说选	11413
埃梅短篇小说选	11691
莫泊桑短篇小说选	11198

艾米丽丛书

艾米丽的追求	16180
艾米丽的攀登	16179
新月农庄的艾米丽	16178

艾特玛托夫小说集

白轮船	13635
永别了,古利萨雷!	13634
我的包着红头巾的小白杨	13636

艾特玛托夫代表作

永别了,古利萨雷!	13916
早来的鹤(白轮船)	13633
我的包着红头巾的小白杨	13915

节日里的故事

好困好困的新年	9515
你好,中秋节(拼音版)	9520
粽子娃娃	9516

本色男女生·成长书写

再尝一粒酸葡萄	8491
我是一条鱼	8490
痛楚暖洋洋	8489

本色男女生·情感书写

我喜欢有些感觉不说	8487
被催眠的美丽	8488

左拉选集

小酒店	11015
卢贡家族的家运	11024
金钱	11007
崩溃	11021

布艺艺术童话

小鸟的朋友	16926
匹诺曹	16924
月光下的音乐会	16923
月亮	16922
好吃的香肠	16927
阿鲁巴农家的怪事	16928
金鹅	16930
爱吃意大利面的新娘	16929
喜欢穿破衣服的公主	16925

布宁美文精选

布宁诗文选	15721
布宁短篇小说选	11448
暗径集	11449

打口时尚书系

布尔乔亚之痒	4444
受不了的幸福	4441
爱钱的请举手	4440
被迫过着花天酒地的生活	4443
意义把我们弄烦了	4442

打鬼公司在行动

古城堡智胜女幽灵	16100
幽灵别墅追冰鬼	16098
海滨饭店战火鬼	16099
雾村险斗牛头鬼	16097

东野圭吾作品

天使之耳:交通警察之夜	13869
白马山庄杀人事件	13696
没有凶手的杀人夜	13686
怪人们	13685
挑战	14780
绑架游戏	13898
梦回都灵	13705
濒死之眼	13908
11字谜案	13897

北欧文学丛书

北极星下(第一部)	11621
饥饿 维多丽娅	11130
安徒生童话选	15785

北京市教育局儿童文库

下世纪的公民们	8421
飞虎队与野猪队	8361
小桔灯	8338
天方夜谭	15746
木偶奇遇记	15795
在法国的日子里	4059
列那狐的故事	15742
名作家写的童话故事	15751
安徒生童话选	15749
严文井童话寓言集	8392
克雷洛夫 谢德林寓言选	15750
拉封丹寓言诗选	15744
金波儿童诗选	8401
春风吹来的童话	8344
格林童话选	15747
野葡萄	8377
骑鹅旅行记(上集)	15793
黑箭	8397
普希金童话诗 小鸵鸟	15895
蟋蟀	8360

北京市教育局少年文库

大卫·科波菲尔(上下)	11001
中国神话	8285
水浒传(上中下)	2611
龙须沟 茶馆	5868
在人间	12392
伊索寓言	15798
我的大学	12393
希腊的神话和传说	11026
青年近卫军	12362
林家铺子	2331
钢铁是怎样炼成的	12344
绞刑架下的报告	14716
堂吉诃德	11045
鲁滨孙飘流记	11027
童年	12390
德国,一个冬天的童话	13979

北京市教育局青年文库

九三年	10994
女神	3516
子夜	2281
日出	5928
中国历代文选(上下)	5642
毛泽东诗词选	3080
长河浪花集	4036
伪君子	14807
名利场(上下)	10995
玩偶之家	14861
诗经选	3620
屈原	5912
钦差大臣	14939
复活	11326
美国的悲剧(上下)	12867
哥德巴赫猜想	4032
高老头	10977
唐宋传奇选	2600
家	2284
超越自我	4105

北美雨果奖桂冠作家书系

天网的坠落	12927
夜翼	12928
狼毒	12926

北洋文库·红色经典丛书

三家巷	83
太阳照在桑干河上	2519
风云初记	100
平原枪声	77
平原烈火	1
吕梁英雄传	2518
苦斗	96
苦菜花	74
林海雪原	47
保卫延安	12
铁道游击队	64
野火春风斗古城	67
新儿女英雄传	35
暴风骤雨（上下）	2520

归航系列

日落紫禁城	548
西风逐晚霞	551
冲上九重天	547
沧波万里风	550
金融大风暴	589
深情似往时	549
篱下的岁月	552

申京淑作品系列

李真	13722
深深的忧伤	13724
紫罗兰	13723

叶永烈儿童文学系列

飞向冥王星的人	8556
小灵通漫游未来	8555
"小溜溜"溜了	8550
奇怪的病号	8552
侦探与小偷	8554
哭鼻子大王	8549
圆圆和方方	8553
蹦蹦跳先生	8551

叶兆言中篇小说

王金发考	2141
不坏那么多，只坏一点点	2143
余步伟遇到马兰	2142

叶兆言长篇小说系列

死水	1361
后羿	1339
走进夜晚	1340
花煞	1362
花影	1329
苏珊的微笑	1332
别人的爱情	1330
我们的心多么顽固	1373
没有玻璃的花房	1350

电影艺术丛书

文学与电影	17582
动画电影	17651
论电影与戏剧中的冲突	17562
论电影艺术中的家庭道德	17605
论电影剧本中的人物	17636
论电影剧作的几个问题	17592
论斯坦尼斯拉夫斯基的创作方法	17593
论新闻纪录电影	17561
苏联电影中的摄影艺术	17646
苏联电影的道路与莫斯科艺术剧院	17564
苏联戏剧大师论演员艺术	17647
卓别林传	17563
思想战线上的电影	17648
科学普及电影的技巧问题	17645
海鸥导演计划	17652

银幕上的人	17617	钟义和小白龙	17642
斯坦尼斯拉夫斯基体系讲话	17602	怒海轻骑	17584
演员自我修养（第一部）	17614	夏伯阳	17616
演员自我修养（第二部）	17615	顿巴斯矿工	17577
演员创造角色	17625	最初的抵抗	17609
演员的道德	17560	新儿女英雄传	17568
		舞台生涯	17653
		橄榄树下无和平	17587
		暴风里的雄鹰	17641

电影剧本丛书

一个普通的战士	17638
三年	17571
上甘岭	17640
马兰开花	17632
乡村女教师	17585
天罗地网	17597
区委书记	17610
丹娘	17570
巴甫洛夫	17620
水乡的春天	17618
平原游击队	17604
尼门河上的黎明	17633
台尔曼传	17663
在祖国需要的岗位上	17643
伟大的公民	17612
伟大的心	17634
伟大的起点	17569
杀人的喜剧	17623
米丘林	17608
江布尔	17624
玛申卡	17619
苏妮和麻希瓦里	17649
我们来自喀琅施塔得	17650
我们的人	17606
沙漠里的战斗	17635
没有太阳的街	17630
宋景诗	17567
社会中坚	17600
英雄司机	17572
舍甫琴柯	17644
春到淮北	17639
政府委员	17622
草原上的人们	17579
哈森与加米拉	17573

电影眼丛书

文德斯论电影 情感电影 影像的逻辑	17413
法斯宾德论电影 　幻想的无政府主义电影解放心智	17409
欲望电影 阿尔莫多瓦谈电影	17420
雕刻时光	17493

叮铃和叮铃铃

一起去小镇	16343
一起去地下	16347
一起去冰雪森林	16344
一起去原野	16345
一起去海底	16346
一起去森林	16342

田德望译文集

乡村的罗密欧与朱丽叶	12024
神曲	14038
绿衣亨利（上）	11057

史铁生散文新编

无病集	5369
去来集	5371
有问集	5370
断想集	5372

四大名著珍藏版

三国演义	2574

水浒传（上中下）	2611	罗摩衍那（五）美妙篇	14298
西游记（上中下）	2580	罗摩衍那（六）战斗篇（上下）	14300
红楼梦（上中下）	2619	罗摩衍那（四）猴国篇	14297
		斯里甘特（一）	13585
		普列姆昌德短篇小说选	13600

生活轻哲学书系

日本的树木	14787
四季之花	14783
动物的错觉	14786
在爱情与欲望之间	17451
因为有你，世界在变	17450
我们一起坐看云端	17449
我想跟自己谈谈金钱哲学	17452
何以捡君还？	14785
学会观察和倾听自己的情绪	17457
战斗的植物	14784
选择有灵魂的工作	17453
遇到熊怎么办？	14782

印度故事文学名著集成丛书

五卷书	14721
佛本生故事	17497
故事海选	17500

外国儿童文学获奖作家作品丛书

本和我	16015
地海巫师	16019
我是跑马场老板	16023
勇敢的心	16017
通往特拉比西亚的桥	16020
黑鸟水塘的女巫	16021

仙界迷踪系列

校外追梦	8586
梦境再现	8587
黑色契约	8588

白骨精情感话题系列

男人是加法，女人是减法	4763
说爱，说不爱	4765
最寂寞的美好	4764

印度文学丛书

一个女人的遭遇	13422
五卷书	14721
伐致呵利三百咏	14295
花园与春天	13412
佛本生故事	17497
罗摩功行之湖	14306
罗摩衍那（一）童年篇	14292
罗摩衍那（二）阿逾陀篇	14293
罗摩衍那（七）后篇	14299
罗摩衍那（三）森林篇	14296

外国文艺理论丛书

十九世纪英国文论选	15134
十九世纪英国诗人论诗	15131
艺术哲学	15101
为诗辩护 试论独创性作品	15142
巴尔扎克论文艺	15144
古代印度文艺理论文选	15331
生活与美学	15148
伏尔泰论文艺	15141
论文学	15302
论浪漫派	15120
狄德罗美学论文选	15133
拉奥孔	15119
波德莱尔美学论文选	15140
诗的艺术	15096
诗学 诗艺	15100
柏拉图文艺对话集	15098
美学原理 美学纲要	15137
斯达尔夫人论文学	15139
新科学 附维柯自传	15136
歌德谈话录	15118

德国的文学与艺术	15123	九十分钟以外的地方	12879
		美女	12563

外国文学大师读本丛书

		笔迹的秘密	12717
		爱的故事	12575
王尔德读本	15686	爱情的考验	11599
艾特玛托夫读本	13742	桑德堡诗选	14150
加缪读本	14557	屠格涅夫散文诗	14459
乔伊斯读本	15691	黑狗店	11593
纪伯伦读本	15684	温顺的女性	11381
纪德读本	15685	温亭娜	11102
芥川龙之介读本	15683		

外国文学名著丛书

劳伦斯读本	15694		
里尔克读本	15679		
吴尔夫读本	15676	一个人的遭遇	12588
欧文读本	15673	一生 漂亮朋友	11088
茨威格读本	15689	一位女士的画像	12757
施尼茨勒读本	15678	二叶亭四迷小说集	13400
索尔仁尼琴读本	15682	十日谈	11168
高尔基读本	15681	儿子与情人	11603
海明威读本	14576	九三年	10994
萨特读本	15688	大卫·科波菲尔(上下)	11188
奥威尔读本	15677	万叶集选	14312
普鲁斯特读本	14556	木工小史	11264
福克纳读本	15692	巨人传	10991
福斯特读本	15675	戈拉	13417
		瓦尔登湖	14449

外国文学小丛书

		少年维特的烦恼	11070
		中洛辛郡的心脏	11066
人	14697	中短篇小说选	11128
人鬼之间	12870	文字生涯	14470
小癞子	10988	巴黎圣母院	11078
友谊与爱情(原名《机组》)	11636	幻灭	11044
贝法利亚城	11596	艾凡赫	11263
水上	14420	古希腊抒情诗选	14011
甘纽大叔	11493	古罗马戏剧选	14878
东方故事集	11609	布宁中短篇小说选	11447
永别了,苏珊	11610	卡勒瓦拉(上下)	13988
苍海茫茫	11597	叶甫盖尼·奥涅金	14093
村姑小姐	11387	失乐园	14068
狂人堡	11598	白痴(上下)	11386
苔蕾丝·德斯盖鲁	11595	包法利夫人	11017
单恋	12564	皮蓝德娄戏剧二种	14874
郝莉小姐在旅行中		吉尔·布拉斯	10986

列王纪选	14308	神曲	14038
列夫·托尔斯泰中短篇小说选	11443	埃斯库罗斯悲剧二种	14857
死魂灵	11366	莫泊桑小说精选	11235
当代英雄	11441	莫泊桑中短篇小说选	11069
伏尔泰小说选	11053	恶之花 巴黎的忧郁	14025
伊利亚特	14028	莎士比亚喜剧五种	14911
伊索寓言	15798	莎士比亚悲剧四种	14875
名利场（上下）	10995	格列佛游记	11032
多情客游记	11131	索福克勒斯悲剧二种	14858
忏悔录（第一部）	11062	破戒	13408
忏悔录（第二部）	11075	特利斯当与伊瑟	11139
米德尔马契（上下）	11110	高尔基短篇小说选	12542
安娜·卡列尼娜（上下）	11323	席勒诗选	13991
安徒生童话选	15785	唐璜（上下）	13983
好兵帅克历险记（上下）	12700	海明威文集 永别了武器	15515
红与黑	11184	海浪 达洛维太太	12107
约翰·克利斯朵夫（1—4）	10993	浮士德	14879
玛丽亚	12758	朗弗罗诗选	13973
坎特伯雷故事	11205	萌芽	11076
我是猫	13433	雪莱抒情诗选	13967
社会毒瘤	13616	堂吉诃德	11045
局外人 鼠疫	11949	猎人笔记	11318
阿拉伯古代诗选	14313	维廉·麦斯特的学习时代	11116
耶路撒冷的解放	14027	维廉·麦斯特的漫游时代	11115
雨果诗选	13997	绿衣亨利（下）	11083
欧也妮·葛朗台 高老头	11054	绿衣亨利（上）	11057
欧·亨利短篇小说选	12761	博马舍戏剧二种	14859
拉封丹寓言诗选	13995	彭斯诗选	13994
轭下	11454	斯特林堡小说戏剧选	15720
易卜生戏剧四种	14850	喧哗与骚动	13357
呼啸山庄	11185	傲慢与偏见	11305
金人	11482	奥德赛	14031
金钱	11007	鲁滨孙飘流记	11027
变形记	11005	谢甫琴科诗集	14122
波斯人的婚礼	10999	简·爱	11132
波斯古代诗选	14309	源氏物语（上）	13405
诗集	14281	蔷薇园	14282
契诃夫小说选（上册）	11320	德伯家的苔丝	10997
城堡	11644	德国,一个冬天的童话	14051
茨维塔耶娃诗选	14259	德国诗选	14072
哈克贝利·费恩历险记	12795	摩诃婆罗多插话选（上下）	14302
怎么办？（上下）	11310	蕾莉与马杰农	14307
前夜 父与子	11346	鲵鱼之乱	12696

癞皮鹦鹉	12762	罪与罚	11361
		德伯家的苔丝	10997

外国文学经典十篇系列

外国中篇小说经典 10 篇	15650
外国长诗经典 10 篇	15651
外国戏剧经典 10 篇	15652

外国古典文艺理论丛书

为诗辩护	15105
试论独创性作品	15104
诗学 诗艺	15100
柏拉图文艺对话集	15098

外国文学经典百篇系列

外国诗歌经典 100 篇	15638
外国散文经典 100 篇	15637
外国短篇小说经典 100 篇	15636
外国童话经典 100 篇	15639
外国寓言经典 100 篇	15649

外国古典文学名著丛书

五卷书	14721
布登勃洛克一家(上下)	11040
包法利夫人	11017
母亲	12391
吉尔·布拉斯	10986
伊索寓言	15782
名利场(上下)	10995
安徒生童话选	15785
沙恭达罗	15060
欧里庇得斯悲剧二种	14846
果戈理小说戏剧选	15569
易卜生戏剧四种	14850
波斯人的婚礼	10999
契诃夫小说选(上册)	11320
哈克贝利·费恩历险记	12745
怎么办?(上下)	11310
埃斯库罗斯悲剧二种	14857
格列佛游记	11032
索福克勒斯悲剧二种	14858
萧伯纳戏剧三种	14966
猎人笔记	11318
博马舍戏剧二种	14859
鲁滨孙飘流记	11027

外国文学资料丛书

文学与革命	15322
萨宁	11385

外国文学博士文丛

上帝是谁 辛格创作及其对中国文坛的影响	7409
方式即意义 自《黑暗之心》到《现代启示录》改编的中国古典美学观照	7427
美拯救世界 俄罗斯文学中的圣徒式女性形象	7430
普罗米修斯的"堕落" 俄国文学知识分子形象研究	7414
游戏、禅宗、后现代 佩列文后现代主义诗学研究	7419

外国古典长篇小说选粹

一生 漂亮朋友	11088
巴黎圣母院	11078
安娜·卡列尼娜(上下)	11323
欧也妮·葛朗台 高老头	11054
前夜 父与子	11346
萌芽	11076
堂吉诃德	11045

外国古典文学名著选粹

一生 漂亮朋友	11088
九三年	10994
巴黎圣母院	11078
双城记	11153
艾凡赫	11046

白痴(上下)	11386	教育诗(第三部)	12476
名利场(上下)	10995	静静的顿河(第一部)	12404
忏悔录(第一部)	11062	静静的顿河(第二部)	12417
安娜·卡列尼娜(上下)	11323	静静的顿河(第三部)	12429
红与黑	11119	静静的顿河(第四部)	12436
欧也妮·葛朗台 高老头	11054		
战争与和平(1—4)	11389	**外国革命文学丛书**	
复活	11326		
前夜 父与子	11346	小林多喜二小说选	13539
堂吉诃德	11045	母亲	12391
悲惨世界(1)	11004	钢铁是怎样炼成的	12344
傲慢与偏见	11163	祖国站起来了	13489
简·爱	11132		
德伯家的苔丝	10997	**外国幽默作家丛书**	

外国名诗礼品书

		马克·吐温幽默作品选	12783
		肖洛姆-阿莱赫姆幽默小说选	11417
先知	14304	欧·亨利幽默小说选	12781
自由颂	14008	帕尔马幽默作品选	12988
我在梦里梦见	14007	爱伦·坡幽默小说选	12782
邻笛集 现代诗选	14010	萨基幽默小说选	11724
青春的烦恼	14006		
夜听海涛	14001	**外国情诗集萃**	
诗与颂歌	14009		
恶之花选	14002	当我们眼光相遇的时候	14305
爱的哲学	14003	当我再也感受不到太阳	14015
爱情与自由	14004	我们走出浓荫之后	14018
野蔷薇	14005	我坐在这里,等待,等待	14016
榕树	14303	我看到开满了花的小径	14019
		我爱过而又失去的女人	14021
外国现代文学名著丛书		我曾经爱过你	14013
		我歌唱带电的肉体	14017
戈丹	13475	我愿意是急流	14020
水泥	12446	你为什么沉默不语	14014
共产党人(一)	11514		
走向新岸	12480	**外国情感小说**	
时间呀,前进!	12468		
苦难的历程(第一部)	12434	汤岛之恋	13868
苦难的历程(第二部)	12435	玛侬·列斯戈	11294
苦难的历程(第三部)	12451	克莱芙王妃	11298
绞刑架下的报告	14714	阿尔芒丝	11295
教育诗(第一部)	12430	阿达拉	11296
教育诗(第二部)	12437	牧师的女儿们	12247

春潮	11439
保尔与维吉妮	11297
谁之罪？	11440
维多利亚	12248

外国散文插图珍藏版

马克·吐温幽默作品选	12783
布宁散文	14705
布封散文	14440
卡夫卡散文	14537
兰姆散文	14439
尼采散文	14435
托马斯·曼散文	14565
纪伯伦散文	14754
劳伦斯散文	14507
里尔克散文	14436
吴尔夫散文	14531
雨果散文	14434
欧文散文	14437
叔本华散文	14433
帕乌斯托夫斯基散文	14706
茨威格散文	14508
泰戈尔散文	14727
海涅散文	14432
培根随笔集	14428
萨特散文	14514
梭罗散文	14538
雪莱散文	14438
屠格涅夫散文	14539
奥威尔散文	14540
普里什文散文	14707
蒙田随笔	14426
德富芦花散文	14728
穆齐尔散文	14511

汉译传记丛书

戈培尔传	14585
切·格瓦拉传	14555
巴尔扎克传	14566
丘吉尔传	14544
汉姆生传	14546
弗洛伊德传	14550
达利自传	14567
托洛茨基自传	14709
安徒生自传	14441
安德鲁·卡内基自传	14564
玛利亚·斯图亚特传	14542
肖洛霍夫传	14547
希特勒传	14549
陀思妥耶夫斯基传	14708
罗伯斯庇尔传	14571
帕斯捷尔纳克传（上下）	14711
昨日世界 一个欧洲人的回忆	14575
泰戈尔传	14755
索尔仁尼琴传（上下）	14710
哥伦布传	14543
拿破仑传	14573
爱因斯坦传	14545
萨特传	14563
梵高传	14548
断头王后——玛丽·安托瓦内特传	14604

冯骥才记述文化五十年

无路可逃 1966—1976 自我口述史	5194
凌汛 朝内大街 166 号	5035
漩涡里 1990—2013 我的文化遗产保护史	5349
激流中	5267

冯骥才散文新编

四君子图	5300
关于艺术家	5299
花脸	5303
南乡三十六村	5302
散漫的天性	5301

写好作文三部曲

成功作文的奥秘	10060
创新作文的玄机	10059
定势作文的突破	10058

永恒之王四部曲

风中烛	12062
石中剑	12059
空暗女王	12060
残缺骑士	12061

司各特选集

中洛辛郡的心脏	11066
艾凡赫	11046
肯纳尔沃思堡	11077
昆廷·杜沃德	11111
威弗莱或六十年的事	11107
修墓的老人	11067

民间文学丛书

大规模地收集全国民歌	6046
向民歌学习	6047

民国名人传记插图本

李健吾传	5238
徐志摩传	4818

弗兰纳里·奥康纳短篇小说全集

上升的一切必将汇合	13245
天竺葵	13244
好人难寻	13246

弗洛姆作品系列

存在的艺术	17481
逃避自由	17479
健全的社会	17478
爱的艺术	17480

出版人书系

我与兰登书屋 贝内特·瑟夫回忆录	14501
作家和出版人	14634

加缪代表作

西西弗神话	11974
局外人	12066
鼠疫	12294

发现数学天才

一半儿的奥秘	17326
加法是什么	17320
加法怎么用	17321
有趣的数与量	17327
乘法是什么	17324
乘法怎么用	17325
减法是什么	17322
减法怎么用	17323

"圣杯神器"系列

天堂圣火之城	12173
失落灵魂之城	13318
灰烬之城	13258
玻璃之城	13260
堕落天使之城	13319
骸骨之城	13261

对外汉语教学·中国文化系列教材

中国古代文学选读	10010
中国现代文学选读	10009
唐诗选读	10008

台湾小学生快乐作文

下雨的童话	8475
山林中的春天	8473
不一样的妈咪	8471
可怕的陷阱	8474
妈妈的红绿灯	8472
我们养过三只小鸭鸭	8479
我看见风了	8478

森林的舞会	8470
游山玩水	8477

台湾当代名家作品精选集

八角塔下	1876
玉米田之死	1877
台北人	1871
合欢	1872
孤绝	1878
将军族	1873
钱的故事	1880
家变	1874
情天无恨——白蛇新传	1875
黑面庆仔	1879

台湾当代名家作品精选集·诗歌系列

月出的风景	3116
在宽阔的土地上	3120
阴影的河流	3119
吾乡印象	3122
秋与死之忆	3123
脚步的声音	3118

幼儿认知互动百科

土里长了什么？	17312
大自然是什么？	17313
世界是什么？	17314
食物从哪儿来？	17311

动物小说大王沈石溪·精华爱读本

白象家族	9286
白象家族（升级版）	9386
牧羊豹	9289
牧羊豹（升级版）	9385
猎狐	9285
猎狐（升级版）	9389
雄鹰金闪子	9288
雄鹰金闪子（升级版）	9388
藏獒渡魂	9287

藏獒渡魂（升级版）	9387

考拉丛书

七个淘气包	16104
小蜂的故事	16103
多特和袋鼠	16106
眨眼睛比尔	16105
瑞恩和丹尼尔船长	16102

老舍儿童文学纪念本拼音版

宝船	9616
济南的冬天	9456

老舍作品名家插图系列

二马 牛天赐传 丁聪插图本	2502
四世同堂（上下）	2445
老张的哲学 猫城记 高荣生插图本	2499
我这一辈子 正红旗下 高荣生插图本	2498
赵子曰 离婚 韩羽插图本	2501
茶馆 叶浅予插图本	5891
骆驼祥子	2303
鼓书艺人	2497
微神集 月牙集 袁运生插图本	2503

老舍作品精选

二马 牛天赐传	2511
四世同堂（上下）	2445
老张的哲学 猫城记	2509
我这一辈子 老舍中短篇小说选	2508
赵子曰 离婚	2510
茶馆 龙须沟	5869
骆驼祥子	2303

地母三部曲

天地月亮地	950
无土时代	917
黑蚂蚁蓝眼睛	949

亚历杭德罗·桑布拉作品集

回家的路	13243
多项选择	13360
我的文档	13242
盆栽	13241

亚非文学丛书

土地	13467
大同江	13501
丹贝拉	13502
火炬	14382
北加里曼丹万岁	14374
饥饿	13443
民间故事剧	15071
西托尔·西杜莫朗诗集	14364
灰烬的沉默	13544
回声	15072
米凯亚诗选	14362
安哥拉诗集	14370
阳光与土壤	14368
我们心中的魔鬼	13472
我们时代的人	12386
辛酸	13543
阿拉亚	13523
苦难与光明	14371
金云翘传	14288
战斗之歌	14369
战斗的南越	14372
哈拉哈普·班达哈罗诗集	14365
胜利属于阿尔及利亚	14355
祖国颂	14376
神的儿女	13537
勇敢的年代	14377
爱国者	15073
萨巴尔桑多梭·阿南塔古纳诗集	14378
崔曙海小说集	13504
深夜	15070
深厚的感情	14366
密林的历史	14379
黑色的鹰觉醒了	14373

短篇小说集	13538
愤怒的火焰	14381
锤击集	14375
新兵	13441
暴风	14367
1926年的火炬	13536

亚森·罗平探案全集少儿版

八大奇案	16145
千钧一发	16172
双面人	16173
水晶瓶塞的秘密	16147
幻影杀手	16162
古堡惊魂	16167
地中海的王子	16160
亚森·罗平的秘密	16156
亚森·罗平智斗福尔摩斯	16151
名侦探罗平	16165
走钢丝的少女	16164
奇岩城	16154
虎牙	16153
罗平与杀人魔王	16174
罗平的大失败	16163
罗平的大冒险	16161
金字塔的秘密	16150
怪屋	16158
绅士怪盗	16152
神秘白牡丹	16171
恶魔诅咒的红圈	16166
恶魔钻石	16170
消失的宝冠	16149
黄金三角	16146
绿眼睛的少女	16157
棺材岛	16155
黑色的吸血蝙蝠	16169
魔女与罗平	16159
魔女的复仇	16168
813之谜	16148

再读儒勒·凡尔纳

一个天朝人的磨难	11272

冰上怪兽	11269	速写三篇	2347
沙皇的信使	11271	倪焕之	2286
喀尔巴阡古堡	11270	郭小川诗选	2985
		烙印	3536

百年百种优秀中国文学图书

二十年目睹之怪现状(上下)	2604	家	2284
大堰河	3572	野草	5502
女神	3516	望舒草	3567
小城风波	2460	随想录(一)	4049
子夜	2281	舒婷的诗	3128
王贵与李香香	3590	缘缘堂随笔	5471
毛泽东诗词选	3080	穆旦诗选	3550
风雪夜归人	5950	繁星 春水	3564
古船	350		

百年典藏

可爱的中国	5452	中华中篇小说百年精华(上中下)	1923
四世同堂(上下)	2445	中华文学评论百年精华	6346
白色花 二十人集	3020	中华百年游记精华	4329
白鹿原	465	中华杂文百年精华	4404
边城	2456	中华戏剧百年精华(上下)	5952
老残游记	2593	中华诗歌百年精华	3187
在黑暗中	2452	中华散文百年精华	4273
百合花	1746	中国短篇小说百年精华(上下)	1916
死水微澜	2315	外国中篇小说百年精华(上下)	15640
尘埃落定	562	外国戏剧百年精华(上下)	15648
芙蓉镇	233	外国诗歌百年精华	15634
围城	2373	外国散文百年精华	15633
呐喊	2356	外国短篇小说百年精华(上下)	15641
财主底儿女们(上下)	2388		
彷徨	2358		

百家文论新著丛书

阿诗玛	9722		
画梦录	5523	艺术文化论——对人类艺术活动的多维审视	6254
雨天的书	5532	艺术生产原理	6245
官场现形记(上下)	2592	艺术价值论	6271
屈原	5912	艺术现象的符号——文化学阐释	6231
城南旧事	617	艺术家的美学	6244
茶馆 龙须沟	5869	文艺心理学概论	6235
南行记	2457	文艺学的沉思	6264
南渡记	374	文学的反思	6226
尝试集	3547	文学的当代性	6240
保卫延安	12	主体性·创新·艺术规律	6239
活动变人形	321	西方影响与民族风格	6249
骆驼祥子	2303		

审美形态的立体观照	6248	棋王 树王 孩子王	2069
诗美的积淀与选择	6233	暗夜	2145
诗就是诗	6250	褐色鸟群	2147
美的结构	6243	橙血	2068
美学新论	6268		

百家讲坛

达伦·山传奇故事系列

东汉开国	10746	吸血鬼的助手	15927
金戈铁马辛弃疾	10739	血道	15928
赵晓岚说李煜 林花谢了春红	10712	怪物马戏团	15929
嘉庆皇帝	4762		

百篇必读书系

列夫·托尔斯泰自传体小说

外国诗歌百篇必读	15670	少年	11445
外国散文百篇必读	15672	青年	11444
外国短篇小说百篇必读	15671	童年	11446

有价值悦读

成长不烦恼：
新一代知心姐姐亲密枕边书

三生石	2091	阳光女生成长站	8708
天火	2076	阳光男生成长站	8695
四条汉子	2093		
对面	2070	## 成长的对话	
此地是他乡	2140	父子的远方	9365
那五	2094	心动周期	9367
我与地坛	2072	时间之间	9569
我与我的对话	7803	我在你身旁	9366
昆仑殇	2092	你好,沉默	9368
爸爸爸	2130		
城南旧事	2131	## 成为小王子系列	
看人	2073		
复仇	2075	人的大地	12208
俗世奇人	2074	小王子	15883
美食家	2090	夜航	12209
祖母绿	2071	空军飞行员	12207
荷花淀	2132	南方邮航	12206
致无尽岁月	2139	要塞	12210
离婚指南	2236		
浪漫主义者和病退	2095	## 托马斯·沃尔夫小说全系列	
接近于无限透明	2096		
猫与鼠 也缠绵	2089	天使,望故乡——被埋葬的生活的故事	13086

太阳与雨——托马斯·沃尔夫中短篇小说选	13087
时间与河流——青年渴望的传奇故事	13084
你不能再回家	13088
蛛网与磐石	13085

托芙·扬松姆咪故事全集

十一月的姆咪谷	16700
姆咪谷的冬天	16702
姆咪谷的伙伴们	16694
姆咪谷的夏天	16701
姆咪谷的彗星	16699
姆咪和大洪水	16695
姆咪爸爸回忆录	16697
姆咪爸爸海上探险记	16696
魔法师的帽子	16698

托芙·扬松姆咪故事原作绘本

危险的旅程 姆咪谷的故事	16891
姆咪、美宝和小美的故事	16889
姆咪家来了个小坏蛋	16888
谁来安慰托夫勒 又一个姆咪谷的故事	16890

毕飞宇文集

上海往事	1215
玉米	1135
平原	1103
那个夏季那个秋天	1214
青衣	2115
明天遥遥无期	2112
相爱的日子	2113
哺乳期的女人	2114
推拿	939

毕淑敏心灵四书

女心理师	1160
心灵与阳光同行	5058
红处方	1159
拯救乳房	702

光荣岁月

马烽与《吕梁英雄传》	6525
冯志与《敌后武工队》	6502
李英儒与《野火春风斗古城》	6503
李晓明与《平原枪声》	6524

当代文学丛书

一个女囚的自述	199
一个神秘世界的见闻	4077
土壤	251
女人的名字是弱者吗？	1822
代价	218
冬天里的春天（上下）	228
永远是春天	1768
有一个美丽的地方	1818
当代青年三部曲	282
危险的脑疝	1824
多余的人	209
安图的后代	224
她有多少孩子	4050
红房子	1849
远村	1835
走向地平线	1831
芙蓉镇	233
男婚女嫁	195
改革者	266
幸存的人	223
命运	4051
夜深沉	314
恰同学少年	1834
将军吟（上下）	204
耿耿难眠	1813
格桑梅朵	212
啊，昆仑山！	317
痴情女	1783

《当代》书丛

一针见血	801
上塘书	740

中国文人的活法	4432
中国知青终结	4405
月亮背面	517
水灾	641
龙年档案	685
白麦	887
白豆	699
白沙码头	929
犯罪嫌疑人	800
包公遗骨记	4487
伏藏	1035
血玲珑	634
米香	750
红晕	639
远嫁	674
我们的爱情	776
英格力士	749
拘留	802
明天战争	741
经典关系	668
香水	799
秋天的男人 王刚中短篇小说选	1932
首席记者	945
烧荒	810
流浪金三角	4285
欲望之路	636
藏獒	785
藏獒2	829

当代外国文学丛书

一幅画	12556
七十年代苏联青年作家小说选	12559
人子	12862
人生舞台	12571
尸骨还乡	11580
丰臣家的人们	13592
井伏鳟二小说选	13587
木下顺二戏剧集	15083
木头宝座	11652
历史(上下)	11563
日本当代小说选(上下)	13584
贝科夫小说选	12541
艾希广播剧选	14972
艾莉丝或真正的生活	11556
艾特玛托夫小说集(下)	12546
艾特玛托夫小说集(上)	12543
艾特玛托夫小说集(中)	12566
生——瓦尔拉莫夫小说集	12592
白比姆黑耳朵	12535
永恒的规律 附:白旗	12554
地下人,或当代英雄	12589
地下的星星	13577
百慕大三角	12593
冰点	13614
坎坷人生	11561
苏联当代小说选	12549
苏联当代诗选	14239
时刻	12701
伯尔中短篇小说选	11557
辛格短篇小说集	12840
社会之外	14471
阿纳泰的贝壳	11654
青春常在	12551
奇特的一生	12540
奇境	12842
拉斯普京小说选	12553
岸	12534
所罗门之歌	12872
受难地的女人	11660
法国当代短篇小说选	11564
契佛短篇小说选	12861
城山三郎小说选	13578
城市与狗	12849
荒诞派戏剧选	14973
胡安·鲁尔弗中短篇小说集	12843
面向未来	12562
战役	11653
科尔顿中短篇小说选	12860
鬼眼——作案现场	11619
总统先生	12836
洛东江	13574
穿方格大衣的女人	12715
咫尺天涯	12882
勇士	13582
烛光行动	12845

1585

教研室风波	12572
培养部长的学校	12544
移居北方的时期	13597
旋风少校	12576
断头台	12574
深沉的河流	12852
绿色的山脉	13594
绿房子	12856
紫颜色	12871
黑白天使	11659
舒克申短篇小说选	12555
曾野绫子小说选	13590
湖畔奏鸣曲	12565
富人,穷人(一、二)	12839
强盗	12580
雷格泰姆音乐	12868
暗潮 射程	13612
蜂巢	11607
简·皮特曼小姐自传	12846
遛马女	11655
新的任命	12578
滨河街公寓	12533
舞姬	13601
瘦子麦麦德(第一卷)	13580
漏洞	11573
德语课	11559
魔鬼的金属	12841

当代外国获奖小说

小岛	11765
马奇	12991
巴拉圭消息	12955
皮普先生	13943
伟大的维多利亚时期收藏品	12992
行同陌路	11766
帝国瀑布	12952
倒数第二梦	12990
基列家书	12980
童年的故事	13934
漫漫长路	11900

当代欧美畅销儿童小说

千奇屋	16050
公主与船长	16051
公主魔咒	16041
外公的13号古宅	16040
对女巫低语	16053
灰姑娘逃婚	16026
汤姆的午夜花园	16032
劳拉的秘密	16031
法老的诅咒	15986
幽灵船	15984
叛逆的小精灵	16043
穿越夜空的疯狂旅行	16027
神秘的Y符号	16067
海底来客	16030
被偷去记忆的博物馆	16066
猫和少年魔笛手	16042
谎言城堡的秘密	16055
帽子里的天空	16044
精灵国来的陌生人	15985
魔鬼的测试	16088
魔镜	16003

当代欧美畅销儿童小说·国际获奖系列

公主与船长	16051
古堡里的月亮公主	15963
外公的13号古宅	16040
写给我天堂里的妹妹	16052
灰姑娘逃婚	16026
吸血侠 达伦·山传奇Ⅰ 初变吸血鬼 吸血鬼的助手 吸血魔	15961
吸血侠 达伦·山传奇Ⅱ 吸血鬼圣堡 死亡测试 吸血鬼王子	15962
吸血侠 达伦·山传奇Ⅲ吸血鬼杀手 黑色陷阱 吸血魔王	15972
吸血侠传奇(4) 亡灵之湖幽灵之王 命运之子	16064
汤姆的午夜花园	16032
安妮卡的宝石	16101
来自矮人国的小兄妹	15943

法老的诅咒	15986	让化肥	19043
哈利·波特与凤凰社	11857	老将军让车	19048
哈利·波特与火焰杯	11662	杂谈《空城计》	19045
哈利·波特与死亡圣器	11775	好阿姨	19049
哈利·波特与阿兹卡班囚徒	11856	姑娘闹海	19040
哈利·波特与"混血王子"	11709	城市公社红旗飘	19052
哈利·波特与密室	11658	党的好女儿	19047
哈利·波特与魔法石	11656	满堂红	19042
幽灵船	15984		
穿越夜空的疯狂旅行	16027	**曲艺研究丛书**	
被偷去记忆的博物馆	16066		
谎言城堡的秘密	16055	曲艺音乐研究	10298
蓝熊船长的13条半命	15930	快书、快板研究	10299
数字魔鬼	16086	鼓曲研究	10297

当代法语获奖小说　　　　　　　**吕梁文化丛书**

忠诚	12332	古之旅 红色吕梁 灵奇的画卷	
修复生者	12273	大碛口 酒都杏花村	4746
		百代风流 餐韵食趣 红事白事	
当代诗人丛书		节日抒怀 天理良心	4859

同题散文经典

女性年龄	3106		
五彩梦	3071		
囚徒与白鸽	3087	山居闲话 胡同文化	5593
再生	3097	山(翡冷翠山居闲话 五峰游记)	5569
阳光·土地·人	3077	女子的服饰 第二件红毛衣	5595
我乡间的妻子	3079	艺术三昧 音乐会	5596
我的太阳	3088	友(怀鲁迅 我所见的叶圣陶)	5576
我的爱情诗	3095	从百草园到三味书屋 公园	5598
音乐岛	3065	父(我们现在怎样做父亲 背影)	5577
黄 "朦胧诗"精品	3098	月(荷塘月色 海上生明月)	5557
黑眼睛	3072	风(风 这是风刮的)	5554
简宁的诗	3142	兄(我的三个弟弟 做大哥的人)	5579
凝固的涛声	3070	生(生命的路 谈生命)	5564
		冬(冬天 江南的冬景)	5561
曲艺小丛书		鸟(鸟的天堂 一只小鸟)	5583
		死(我的祖母之死 死后)	5562
一定办好民校	19051	师(藤野先生 沈从文先生在西南联大)	5578
十大吉祥	19041	虫(夏三虫 夏天的昆虫)	5580
今昔天桥	19046	花(养花 看花)	5555
风雨夜路	19044	狗	5581
为了六十一个阶级弟兄	19050	河(桨声灯影里的秦淮河)	5568

春（我们把春天吵醒了 春意挂上了树梢）	5558	说岳全传	2671
秋（秋夜 故都的秋）	5560	隋唐演义	2670
夏（扬州的夏日 夏）	5559		

华德福教育丛书

海（海上的日出 海上的月亮） 5566	
谈吃 上海的吃及其他 5594	自由地学习 华德福早期教育 17416
谈抽烟 吸烟与文化 5599	学校是一段旅程 华德福教师手记 17417
梦（说梦 寻梦） 5565	解放孩子的潜能 华德福父母指南 17415
雪（雪 雪夜） 5556	

自然小实验

猫（养猫 阿咪） 5582	
喝茶 茶事 5597	自然放大镜 17230
湖（游了三个湖 大明湖之春） 5567	星空探索家 17229
樱花赞 西湖船 5592	探秘天气 17231
醉（湖畔夜饮 醉） 5563	

朱德庸经典作品系列

自然科学童话绘本

什么事都在发生 10890	一粒种子的旅行 16649
关于上班这件事 10892	小水滴的快乐旅行 16653
	春去春又来 16650

伍尔里奇作品

	毒蘑菇的秘密 16651
杀人回忆 13262	爱做梦的雷梦 16652
复仇新娘 13253	

伊夫林·沃作品系列

祭日之约 13252	
黑夜天使 13283	一抔尘土 12166
	故园风雨后 12165

华严知性情感小说

	独家新闻 12164
七色桥 894	

伊迪丝·内斯比特作品系列

生命的乐章 891	
花落花开 895	五个孩子和沙地精 16198
明月几时圆 892	凤凰与魔毯 16844
和风 890	闯祸的快乐少年 16848
智慧的灯 896	寻宝少年历险记 16846
燕双飞 897	护身符的故事 16847
镜湖月 893	铁路边的孩子们 16843
	想做好孩子 16849

华夏英雄传系列

	魔法城堡 16845
东周列国志（上下） 2587	

伊藤计划三部曲

杨家将演义 2669	
忠烈侠义传 三侠五义 2660	无形的武器 13791
封神演义（上下） 2588	

故去者之国	13780
理想国	13792

行人系列

人间正道	539
天下财富	569
东京有个绿太阳	571
君子梦	581
突出重围	570
曾在天涯	527

全国少数民族文学创作获奖作品丛书

中篇小说集	1814
电影·戏剧文学集	5867
幸存的人	223
诗歌集	3048
格桑梅朵	212
骑兵之歌	184
散文·报告文学·儿童文学集	4088
短篇小说集	1801

全脑益智总动员

玩出专注力	17366
玩出记忆力	17368
玩出创造力	17367
玩出思维力	17369

企鹅经典丛书

一九八四	11975
《一千零一夜》故事选	13425
一个女人一生中的二十四小时	11948
一个青年艺术家的画像	11579
八十天环游地球	11225
儿子与情人	11603
大师和玛格丽特	12568
马丁·伊登	12886
乡村的罗密欧与朱丽叶	12024
太阳照常升起	13146
少年维特的烦恼	11070
牛虻	12000
巴黎圣母院	11078
古希腊戏剧选	14895
白痴（上下）	11386
白鲸	12773
包法利夫人	11017
动物农庄	11973
老人与海	13145
西西弗神话	11974
名人传	11204
忏悔录（第一部）	11062
安娜·卡列尼娜（上下）	11323
好兵帅克历险记（上下）	12700
红字	12767
远大前程	11219
吴尔夫文集 到灯塔去	15494
纯真年代	13131
易卜生戏剧选	14982
呼啸山庄	11185
夜色温柔	12780
波斯人的婚礼	10999
城堡 变形记	11947
茶花女	11056
荒原狼	12026
复活	11326
泰戈尔诗选	14314
恶之花	13998
莎士比亚四大悲剧	14897
莎士比亚喜剧选	14887
高老头	11193
堂吉诃德	11045
骑兵军 插图本	12596
黑暗的心 吉姆爷	11244
蒙田随笔	14426
罪与罚	11361
简·爱	11132
嘉莉妹妹	12930
漂亮朋友	11124

名人传

马克·吐温 文坛顽童	8800
瓦特 伟大的工程师	8770

贝尔 听见了吗？	8773	诺贝尔 和平之友	8771
文天祥 正气永存	8764	康熙 开创康乾盛世	8758
巴斯德 微生物先知	8777	维多利亚女王 王冠与品德	8786
孔子 至圣先师	8755	韩信 忍小辱成大英雄	8762
丘吉尔 英国传奇首相	8788	富兰克林·罗斯福 新政先生	8802
白居易 乐天诗雄	8787	富兰克林 美国之父	8783
汉武帝 开疆辟土	8769	詹天佑 铁路巨擘	8776
亚历山大大帝 叱咤欧亚非三大陆	8785	雍正 评价两极的皇帝	8754
达尔文 进化论的奠基人	8775		
列夫·托尔斯泰 暴风中的孤帆	8795	**名作家谈《红楼梦》系列**	
伍子胥 弃小义,雪大耻	8763		
华特·迪士尼 从米老鼠到梦幻王国	8790	刘心武谈《红楼梦》	5096
华盛顿 美国第一人	8801	克非谈《红楼梦》	5122
安徒生 神秘花园中的精灵	8793	李国文谈《红楼梦》	5095
孙膑 坐轮椅的军师	8750		
苏武 十九年的孤独背影	16758	**名诗名译插图本**	
苏轼 千古风流人物	8784		
李白 欲上青天揽明月	8797	自由颂 普希金诗歌精粹	14094
宋应星 百工科技的集成者	8780	我爱人像红红的玫瑰花 彭斯诗歌精粹	14040
张仪 舌灿莲花定天下	8765	青春的烦恼 海涅诗歌精粹	14044
林则徐 禁烟先锋	8751	夜莺与古瓮 济慈诗歌精粹	14042
林肯 解放黑奴的美国总统	8799	恶之花 波德莱尔诗歌精粹	14041
岳飞 鹏举的忠魂	8761	爱的哲学 雪莱诗歌精粹	14046
忽必烈 纵马驰中原	8760	浪游者夜歌 歌德诗歌精粹	14045
法布尔 寻找昆虫学家之旅	16827	雅典的少女 拜伦诗歌精粹	14043
法拉第 电学之父	8774	暴风雨夜,暴风雨夜 狄金森诗歌精粹	14039
居里夫人 科学界的明珠	8778		
屈原 汨罗江畔的悲吟	8796	**名家自述丛书**	
孟德尔 迟来的掌声	8779		
项羽 悲剧英雄	8756	从文自传	4120
南丁格尔 提灯天使	8794	世纪风云中跋涉	4244
施韦泽 人类爱的典范	8798	记事珠	4121
秦始皇 一统中国	8753	老舍生活与创作自述	4122
莱特兄弟 让梦想飞上天	8782	创作回忆录	4123
莎士比亚 吟诗的剧神	8792	寻梦者的足印——文学生涯回忆录	4168
拿破仑 科西嘉战神	8803	我与我的世界	4126
爱因斯坦:天真可爱的物理天才	8781	我走过的道路(上)	4118
爱迪生 发明大王	8772	胡风回忆录	4192
高斯 观天测地的数学天才	8757	魍魉世界 风雪人间——丁玲的回忆	4138
唐太宗 最能接受批评的皇帝	8752		
海伦·凯勒 我要光明	16826	**名家名选丛书**	
海明威 爱冒险的酷文豪	8791		
诸葛亮 草庐中的智谋家	8759	元明清散曲选	3689

宋词三百首笺注	3761
宋诗选注	3639
金元明清词选（上下）	3678
唐宋词选释	3667

名家名选典藏

元明清散曲选	3689
宋词三百首笺注	3761
宋诗选注	3639
金元明清词选（上下）	3678

名家经典图画书

我的第一本童话故事书	16266
我的第一本睡前故事书	16265

名家经典图画书·南丁格尔绘本

女巫的魔法	16628
月亮上的一头长颈鹿	16623
月亮上的绿奶酪	16624
没人要的小熊	16626
苹果酒	16625
粉红小猪数数书	16627

名家经典绘本

老熊和老鼠	16912
如果我的胆子没那么小	16911
班尼和奶嘴	16546
班尼受够了！	16547
偷玩具的鳄鱼大盗	16910
嗷嗷！班尼	16548

名家经典绘本·汉英对照版

下雨天的大气球	16683
小老鼠准备好了	16690
本尼和佩妮 只是假装的	16687
本尼和佩妮 灯关了	16686
本尼和佩妮 玩具破坏者	16685
本尼和佩妮 绝对不行的事	16684
本尼和佩妮 帽子不见了	16688
杰克与盒子	16689
和老鼠一起去世界底部旅行	16691
傻乎乎的莉莉 今天我要做什么	16693
傻乎乎的莉莉 春夏秋冬	16692

名家绘本

伊索寓言	15977
安徒生童话	15975
格林童话	15976

名家散文经典译丛

开小差的狗	14655
无人爱我	14650
太阳和鱼	14651
在理发师的剃刀下	14656
那么现在该干什么了呢	14450
流动的盛宴	14653
偏见	14652
置身于苦难与阳光之间	14654

名家童话天天读

小布头奇遇记	9016
乌丢丢的奇遇	9015
白城堡 蓝雪花	9023
阿笨猫与外星小贩	9019
雨街的猫	9017
宝葫芦的秘密	9020
草原上的小木屋（云南新华版）	17088
笨狼的故事	9022
装在口袋里的爸爸	9018
稻草人	9021

名著名译

一位女士的画像	12757
十日谈	11168
巴黎圣母院	11078
卡拉马佐夫兄弟（上下）	11356
名利场（上下）	10995

红与黑	11184
里尔克诗选	14158
欧·亨利短篇小说选	12761
呼啸山庄	11185
契诃夫小说选（上册）	11320
复活	11326
美国的悲剧（上下）	12867
前夜 父与子	11346
神曲（上中下）	13951
萌芽	11076
雪莱抒情诗选	13967
堂吉诃德	11045
悲惨世界（1）	11004
简·爱	11132
德伯家的苔丝	10997

名著名译丛书

《一千零一夜》故事选	13425
一位女士的画像	12757
十日谈	11168
十字军骑士	12726
八十天环游地球	11225
人类星光灿烂时	14559
了不起的盖茨比	12940
三个火枪手（上、下）	11265
大卫·科波菲尔（上下）	11188
大师和玛格丽特	12568
小妇人	12779
马克·吐温中短篇小说选	12772
尤利西斯（上）	11635
少年维特的烦恼	11070
日瓦戈医生	12626
毛姆文集 人性的枷锁（上下）	15537
毛姆文集 月亮与六便士	15535
巴黎圣母院	11078
双城记	11153
卡夫卡中短篇小说全集	12054
叶甫盖尼·奥涅金	14093
白鲸	12773
外国中短篇小说藏本·海明威	13193
包法利夫人	11017
吉尔·布拉斯	10986

老妇还乡	11668
死魂灵	11366
伊利亚特	14028
伊索寓言	15850
名人传	11204
忏悔录（第一部）	11062
米德尔马契（上下）	11110
汤姆叔叔的小屋	12771
汤姆·索亚历险记	12734
安娜·卡列尼娜（上下）	11323
好兵帅克历险记（上下）	12700
红与黑	11184
红字 七个尖角顶的宅第	12895
约翰-克利斯朵夫（1—4）	10993
希腊的神话和传说	11026
杰克·伦敦小说选	12929
欧·亨利短篇小说选	12793
呼啸山庄	11185
罗生门	13749
金阁寺	13741
契诃夫小说选（上册）	11320
城堡	11644
茶花女	11056
南方与北方	11108
威尼斯商人	14906
战争与和平（1—4）	11389
哈克贝利·费恩历险记	12795
钢铁是怎样炼成的	12344
复活	11326
前夜 父与子	11346
神曲	14038
娜娜	11094
泰戈尔诗选	14318
都兰趣话	11209
莱蒙托夫诗选 当代英雄	15614
莫泊桑小说精选	11235
莎士比亚悲剧选	14888
格列佛游记	11032
格林童话全集	15786
笑面人（上下）	11052
爱伦·坡短篇小说集	12755
爱的教育	11178
高老头 欧也妮·葛朗台	11266

海明威文集 太阳照常升起	15517	十二把椅子	11415
海底两万里	11214	十日谈	11168
海浪 达洛维太太	12107	八十天环游地球	11225
浮士德	14879	儿子与情人	11603
培根随笔集	14428	九三年	10994
基度山伯爵（1—4）	11049	了不起的盖茨比	12940
堂吉诃德	11045	三剑客	11171
猎人笔记	11318	大卫·科波菲尔（上下）	11188
绿山墙的安妮	12891	大师和玛格丽特	12568
斯·茨威格中短篇小说选	11736	小妇人	12779
悲惨世界（1）	11004	马丁·伊登	12886
喧哗与骚动	13357	马克·吐温中短篇小说选	12772
傲慢与偏见	11163	巨人传	10991
奥利弗·退斯特（雾都孤儿）	11191	瓦尔登湖	14425
奥德赛	14031	少年维特的烦恼 赫尔曼和多罗泰	11201
鲁滨孙飘流记	11027	日瓦戈医生	12569
普希金诗选	14096	贝姨	11222
罪与罚	11361	文字生涯	14470
简·爱	11132	巴赛特的最后纪事	11229
源氏物语（上）	13405	巴黎圣母院	11078
静静的顿河（第一部）	12404	双城记	11153
嘉莉妹妹	12930	艾凡赫	11046
漂亮朋友	11124	古希腊戏剧选	14895
樱桃园	14942	卡夫卡中短篇小说选	11680
		卡拉马佐夫兄弟（上下）	11356

名著名译英汉对照读本

		卡斯特桥市长	11208
		叶甫盖尼·奥涅金	14093
马克·吐温短篇小说选	12775	白鲸	12773
伊坦·弗洛美	12896	丛林故事	11689
名利场	11196	包法利夫人	11017
欧·亨利短篇小说选	12774	母亲	12391
凯撒和克莉奥佩特拉	14892	吉姆爷	11211
哈姆莱特	14890	老妇还乡	11668
啊，拓荒者！	12897	亚瑟王之死 ⅠⅡ	11220
理想丈夫	14978	死魂灵	11366
黑暗的心	11195	任性的卡琴	11114
简·爱	11194	自由颂 普希金诗歌精粹	14094
		伊凡·杰尼索维奇的一天	11419

名著名译插图本

		伊利亚特	14028
		伊索寓言	15850
《一千零一夜》故事选	13425	名人传	11204
一个世纪儿的忏悔	11058	名利场（上下）	10995
一生	11041	忏悔录（第一部）	11062

1593

米德尔马契(上下)	11110	钢铁是怎样炼成的	12344
汤姆叔叔的小屋	12771	怎么办？(上下)	11310
汤姆·索亚历险记	12769	复活	11326
安娜·卡列尼娜(上下)	11323	前夜 父与子	11346
安徒生童话选	15785	神曲	14038
冰岛渔夫 菊子夫人	11224	诱拐	11226
好兵帅克历险记(上下)	12700	娜娜	11094
红与黑	11184	泰戈尔诗选	14314
红色的英勇标志	12945	都兰趣话	11209
红字	12767	莱蒙托夫诗选 当代英雄	15614
纪德小说选	11223	莫泊桑短篇小说选	11198
玛尔戈王后	11231	莫班小姐	11228
远大前程	11219	莎士比亚悲剧选	14888
坎特伯雷故事	11205	格列佛游记	11032
劳伦斯中短篇小说选	11723	格林童话全集	15786
克雷洛夫寓言全集	15900	破戒	13408
里尔克诗选	14158	爱伦·坡短篇小说集	12755
我是猫	13427	爱玛	11221
希腊的神话和传说	11026	高老头	11193
狄康卡近乡夜话	11312	唐璜(上下)	13983
这里的黎明静悄悄……	15764	海底两万里	11214
沉船	13387	浮士德	14879
青年近卫军	12362	被欺凌与被侮辱的	11348
苦难的历程(第一部)	12434	培根随笔集	14428
杰克·伦敦小说选	12929	基度山伯爵(1—4)	11049
欧也妮·葛朗台	11186	萨基短篇小说选	11738
欧文短篇小说选	12744	梅里美中短篇小说全集	11175
欧·亨利短篇小说选	12776	雪国	13664
呼啸山庄	11185	堂吉诃德	11045
罗亭 贵族之家	11416	情感教育	11207
往事与随想(上中下)	14460	斯·茨威格中短篇小说选	11736
彼得大帝(上下)	12567	董贝父子(上下)	11252
彼得堡故事	11327	悲惨世界(1)	11004
金银岛 化身博士	11213	傲慢与偏见	11163
变形记	11005	奥利弗·退斯特(雾都孤儿)	11191
夜色温柔	12780	奥勃洛莫夫	11410
契诃夫短篇小说选	11413	奥康纳短篇小说选	11230
城与年	12612	奥德赛	14031
城堡	11644	鲁滨孙飘流记	11027
草原和群山的故事	13637	童年 在人间 我的大学	12582
茶花女	11056	普希金诗选	14092
茫茫黑夜漫游	12058	道连·格雷的画像	11206
战争与和平(1—4)	11389	蒙田随笔	14426

书名	编号
罪与罚	11361
简·爱	11132
源氏物语（上）	13405
福尔摩斯四大奇案	11212
静静的顿河（第一部）	12404
嘉莉妹妹	12930
赫克尔贝利·费恩历险记	12766
漂亮朋友	11124
飘（上下）	12883
德伯家的苔丝	10997

名著名译插图本精华版

书名	编号
《一千零一夜》故事选	13425
一个世纪儿的忏悔	11058
一生	11041
十日谈	11168
八十天环游地球	11225
了不起的盖茨比	12940
三剑客	11171
大卫·科波菲尔（上下）	11188
大师和玛格丽特	12568
马克·吐温中短篇小说选	12772
少年维特的烦恼	11070
日瓦戈医生	12569
日瓦戈医生	12626
文字生涯	14470
巴黎圣母院	11078
卡夫卡中短篇小说选	11680
卡拉马佐夫兄弟（上下）	11356
白鲸	12773
包法利夫人	11017
死魂灵	11366
伊凡·杰尼索维奇的一天	11419
伊利亚特	14028
名人传	11204
名利场（上下）	10995
忏悔录（第一部）	11062
汤姆叔叔的小屋	12771
汤姆·索亚历险记	12769
安娜·卡列尼娜（上下）	11323
安徒生童话选	15785
好兵帅克历险记（上下）	12700
红与黑	11184
红字	12767
坎特伯雷故事	11205
希腊的神话和传说	11026
这里的黎明静悄悄……	15764
杰克·伦敦小说选	12929
欧也妮·葛朗台	11186
欧·亨利短篇小说选	12776
呼啸山庄	11185
契诃夫短篇小说选	11413
城堡	11644
茶花女	11056
战争与和平（1—4）	11389
钢铁是怎样炼成的	12344
复活	11326
前夜 父与子	11346
神曲	14038
娜娜	11094
泰戈尔诗选	14314
莫泊桑短篇小说选	11198
莎士比亚悲剧选	14888
格列佛游记	11032
格林童话全集	15786
爱伦·坡短篇小说集	12755
爱玛	11221
高老头	11193
海底两万里	11214
浮士德	14879
被欺凌与被侮辱的	11348
培根随笔集	14428
基度山伯爵（1—4）	11049
梅里美中短篇小说全集	11175
雪国	13664
堂吉诃德	11045
斯·茨威格中短篇小说选	11736
悲惨世界（1）	11004
傲慢与偏见	11163
奥利弗·退斯特（雾都孤儿）	11191
奥勃洛莫夫	11421
奥德赛	14031
鲁滨孙飘流记	11027
童年 在人间 我的大学	12582
普希金诗选	14092

罪与罚	11361
简·爱	11132
源氏物语（上）	13405
福尔摩斯四大奇案	11212
静静的顿河（第一部）	12404
赫克尔贝利·费恩历险记	12766
漂亮朋友	11124
飘（上下）	12883
德伯家的苔丝	10997

刘心武长篇小说系列

风过耳	1186
四牌楼	1185
刘心武续红楼梦（修订版）	1184
钟鼓楼	308
栖凤楼	532
飘窗	1247

刘以鬯经典

对倒	1359
寺内	2195
酒徒	1360

刘先平大自然文学精品集

金丝猴跟踪	9395
孤独麋鹿王	9182
追踪雪豹	9335
爱在山野	9336
海钓	9338
魔鹿	9337

刘克襄动物故事

风鸟皮诺查	8810
永远的信天翁	8809
座头鲸赫连么么	8811
野狗之丘	8812

刘亮程语文课

一生的麦地	5426
鸟飞到了时间上面	5424

问个不停的小孩

关于人生的哲学课	17170
关于世界的哲学课	17171

米泽穗信精选集

羔羊的盛宴	13906
满愿	13905
算计	13907

米德尔盖特奇幻系列

灵蛇咒语	16123
鱼王与斯芬克斯	16121
琥珀色琼浆	16122

江户川乱步少年侦探系列

二十面相的谜题	16757
大金块	16385
少年侦探团	16349
电气人	16551
地底魔术王	16756
妖怪博士	16384
青铜魔人	16380
奇面城的秘密	16629
夜光人	16669
怪盗二十面相	16381
怪盗四十面相	16557
透明怪人	16348
海底魔术师	16550
黄金怪兽	16670
黄金豹	16552
黄金假面	16748
塔上魔术师	16671
魔人响锣	16862
魔法玩偶	16861
魔法博士	16860

江右新散文

内心的命令	5104
见字如晤	5105
江南未雪 1990年代一个南方乡镇的日常生活	5106
带你去故乡	5101
神像的启示	5103
笨拙的土豆	5100
赣江以西	5102

江苏当代作家研究资料丛书

叶兆言研究资料	6519
毕飞宇研究资料	6513
朱苏进研究资料	6511
苏童研究资料	6517
张弦研究资料	6508
陆文夫研究资料	6510
陈白尘研究资料	6521
范小青研究资料	6512
周梅森研究资料	6514
庞瑞垠研究资料	6522
赵本夫研究资料	6523
胡石言研究资料	6518
高晓声研究资料	6520
黄蓓佳研究资料	6509
韩东研究资料	6515
储福金研究资料	6516

汤素兰童话·小朵朵非凡成长系列

小朵朵和大魔法师	8997
小朵朵和半个巫婆	8998
小朵朵和超级保姆	8996

安武林名家金品系列

一只想做强盗的猫	9007
月光下的蝈蝈（升级版）	9457
我是米拉儿（升级版）	9383
核桃鼠和他的伙伴们	9006
萝卜先生的信	9008
黑豆里的母亲	9458

安武林作品·"金蜘蛛"诗意童心系列

月光下的蝈蝈	9432
母亲的故事是一盏灯	9431
明天树上长橘子	8891
泥巴男生	9262
挂在月亮上的秋千	8892
夏日的海滩	9263
烟斗里的星星	8893
菊花小巫婆	8894

安迪历险记

天空岛奇遇	9027
孔雀王子的回家路	9030
寻找长江女神	9029
探秘熊猫王国	9028

安妮·普鲁文集

手风琴罪案	13058
老谋深算	12936
近距离 怀俄明故事（断背山）	12978
树民	13374
恶土	13380
船讯	12972
随遇而安	13379

安妮·普鲁作品

手风琴罪案	13058
老谋深算	12936
近距离 怀俄明故事（断背山）	12978
船讯	12972

安徒生奖获得者昆廷·布莱克经典绘本

一匹会表演的小马	16794
一年四季	16792
大熊的水上野餐	16797

大熊的冬天小屋	16798	青烟或白雾	696
小羊碧翠斯和温妮莎	16784	缱绻与决绝	536

农村文艺演唱丛书

六个和七个	16785		
世界上最懒的鸭子	16791	三访大寨（曲艺集）	10341
苍鹭小姐与灰鹤先生	16796	大寨精神颂	10347
我们五个	16790	毛主席开掘幸福泉（曲艺、戏剧集）	10338
你只能年轻两回	16789	老将上阵（小戏集）	5850
罗比洛的舞蹈	16787	华主席挥手我前进（曲艺演唱集）	10336
疯狂的洗衣女工	16788	迎春花开（曲艺集）	10342
捕鼠记	16795	除"四害"（相声集）	10340
诺得先生的方舟	16793	继往开来（曲艺演唱集）	10343
跟着鸟儿一起飞	16786	银河岸边（小戏集）	5854

安部公房作品系列

农村文学读物丛书

他人的脸	13834		
急欲轻生的鲸群	14770	万里送牛 报告文学（第四集）	3992
燃烧的地图	13839	小丫扛大旗 报告文学（第二集）	3984
		劳模嫁女	1711

安意如作品系列

		报告文学（第一集）	3976
人生若只如初见	4893	南柳春光 报告文学（第三集）	3985
当时只道是寻常	4892		

农村通俗文库

观音（晓来谁染霜林醉）	10708		
思无邪	4906	木匠迎亲	18000

冰之屋的童话汤

		文艺作品选 第一辑（八册）	9962
		文艺作品选 第二辑（八册）	9963
一群美丽的妖怪	8915	文艺作品选 第七辑（八册）	9994
雨雨的桃花源	8890	文艺作品选 第八辑（八册）	9996
星巴的梦	8978	文艺作品选 第三辑（八册）	9964
蒲家花园的狐狸	8914	文艺作品选 第五辑（八册）	9991
鼠皮皮的小快乐	8913	文艺作品选 第六辑（八册）	9993
		文艺作品选 第四辑（八册）	9965

讲给孩子的故宫

		四姊妹夸夫	18609
		农村业余剧团怎样化妆和制作服装道具	18254
寻找宝藏	9691	农村业余剧团怎样组织演出	18255
纸上看展	9693	农村业余剧团怎样排戏	18256
探秘建筑	9692	农村业余剧团怎样搭台和建筑剧场	18253

农民三部曲

		炉火熊熊	9995
		怎样培养农村业余戏剧骨干	18257
		怎样辅导农村戏剧活动	18259
君子梦	581	怎样做好巡回演出工作	18252

新型农村业余剧团组织经验　　　　18258

设计大师穆纳里 1945 系列

三只鸟的故事　　　　　　　　　　16596
生日礼物　　　　　　　　　　　　16600
永不满足　　　　　　　　　　　　16595
动物商店　　　　　　　　　　　　16593
吉吉的帽子丢了　　　　　　　　　16597
咚咚，谁在敲门　　　　　　　　　16594
黄色魔术师　　　　　　　　　　　16592
晚安　　　　　　　　　　　　　　16599
绿色魔术师　　　　　　　　　　　16598

阳光姐姐小说之星

六年级（甲）班同学录　　　　　　9313
忙碌的校园侦探社　　　　　　　　9311
转校生的愿望　　　　　　　　　　9312
疯狂奔放的夏天　　　　　　　　　9310
绿青藤神秘"盛开"　　　　　　　9309
超级八卦劲爆班　　　　　　　　　9314

阳光姐姐明星作家

友谊是一场信任游戏　　　　　　　9293
寻找丢失的星　　　　　　　　　　9294
你来自蔷薇星辰　　　　　　　　　9292

阳光姐姐注音童书

二年级日记狂　　　　　　　　　　8972
马拉松哭泣　　　　　　　　　　　8970
我家来了外星人　　　　　　　　　8971
炸弹蚂蚁和爱晕倒的羊　　　　　　8973

阳光姐姐童书花园彩绘注音版

二年级日记狂（升级版）　　　　　9570
驯象学校大作战　　　　　　　　　9572
我家来了外星人（升级版）　　　　9573
啊呜啊呜好吃的节日多　　　　　　9571

阳光家族小说营

六（六）班真给力　　　　　　　　9278
当烧饼遇上油条　　　　　　　　　9283
网络上的"幸福小猪"　　　　　　9295
麦克风女王就是我　　　　　　　　9277
男生严小段的花头经　　　　　　　9282
我不做痴缠小箭猪　　　　　　　　9281
我是一只小小鸟　　　　　　　　　9284
"沙皮狗男生"李多多　　　　　　9297
幸福糖果邮局　　　　　　　　　　9298
怪怪班级的怪人　　　　　　　　　9296
神秘的许愿瓶　　　　　　　　　　9280
糖果学院怪事多　　　　　　　　　9279

《收获》60周年纪念文存珍藏版

一九三七年的爱情　　　　　　　　1319
人到中年　方舟　中篇小说卷
　（1979—1982）　　　　　　　　2175
三寸金莲　　　　　　　　　　　　1323
大波　　　　　　　　　　　　　　1325
已经忘却的日子　不合时宜人生访谈卷　5280
无风之树　行走的群山　　　　　　 910
月色撩人　鬼魅丹青　中篇小说卷
　（2008—2011）　　　　　　　　2177
他乡的天空　摩尔宫殿的秘密　散文卷
　（2001—2005）　　　　　　　　5277
立新街甲一号与昆仑奴　摸鱼儿
　短篇小说卷（1991—2004）　　　2180
灰舞鞋　密码　中篇小说卷（2003—2007）　2176
名字游戏　请勿谈论庄天海　短篇小说卷
　（2011—2016）　　　　　　　　2182
麦秸垛　妻妾成群　中篇小说卷
　（1986—1989）　　　　　　　　2185
苍河白日梦　　　　　　　　　　　1322
苏东坡突围　草木春秋　散文卷
　（1993—2000）　　　　　　　　5281
男人的一半是女人　　　　　　　　1324
告别天堂　　　　　　　　　　　　1317
我们去找一盏灯　阿弟，你慢慢跑
　短篇小说卷（2005—2010）　　　2181

我的轮椅 舞台旋转 散文卷	
（2005—2016）	5278
怀念声名狼藉的日子 龙凤呈祥	
中篇小说卷（1998—2003）	2183
怀念狼	1318
怀念鲁迅先生 遥寄张爱玲 散文卷	
（1957—1992）	5279
茶馆 上海的早晨	7798
叙事 玛卓的爱情 中篇小说卷	
（1994—1997）	2248
结婚 没有意思的故事 短篇小说卷	
（1979—1990）	2179
烟壶 美食家 中篇小说卷（1983—1986）	2174
接近于无限透明 叔叔阿姨大舅和我	
中篇小说卷（1990—1993）	2184
欲望的旗帜	1321
富萍	1326
蘑菇圈 大乔小乔 中篇小说卷	
（2011—2017）	2178

那不勒斯四部曲

失踪的孩子	12198
我的天才女友	12113
离开的，留下的	12146
新名字的故事	12129

她世纪丛书

天赐之年	11786
年年夏日那片海	11781
多罗泰娅之歌	11785
你身体的印痕	11833
你的一句话	11831
沉睡的声音	11782
空盼	11783
离家出走	11859
清冷枕畔	11834
隐秘的和谐	11832
塞壬的沉默	11787
融融暖意	11784

戏曲基本知识小丛书

戏曲切末与舞台装置	18276
戏曲唱工讲话	18277
京剧化妆常识	18275
京剧曲牌简编	18272
京剧的角色分行及其艺术特点	18274
京剧锣鼓	18273

戏曲演员学习小丛书

生活的真实和戏曲表演艺术的真实	19063
试论《陈三五娘》的两种形象处理	19064
《秦香莲》的人民性	19065
谈《蝴蝶杯》里的精华与糟粕	19062

戏剧小丛书

一日千里	18942
一对喜猪	18620
马大友过关	18623
丰收图	18960
夫妻互助学文化	18624
风雨共伞	18601
文化关	19033
劝导员	18959
东风食堂	18574
归国	18972
四季花	18617
过社日	18621
会亲家	18971
庆丰收	18625
关不住的姑娘	18941
两亩试验田	18578
没有演完的戏	18564
青龙涧	18579
货郎哥	18565
姑娘们	18970
借衣 哭窑 打柴 训弟 打周仁 激友回店	18553
营房相会	18604
探亲家	18608
婆媳俩	18603

献砖	18602	红楼说梦(插图本)	7008
搬家	18975	红楼梦论稿	6888
新来的炊事员	18974	红楼梦辩	6904
满堂红	18563		

红色长篇小说经典

红学经典丛书

三家巷 苦斗(《一代风流》第一卷、第二卷)	762	石头记脂本研究	6965
		红楼说梦(插图本)	7008
太阳照在桑干河上	2519	红楼梦论稿	6888
古城春色	123	红楼梦辩	6904
平原枪声	77		
吕梁英雄传	2518		

红城王国

红日	68	大战蒙面狐	17091
红旗谱	76	大战蒙面狐 1 凶神蒙面狐	17062
青春之歌	50	大战蒙面狐 2 铁喙将军	17063
苦菜花	74	大战蒙面狐 3 毁灭地下王国	17064
林海雪原	47	风暴勇士	17003
保卫延安	12	风暴勇士 1 海上来的姑娘	17067
前驱(上下)	114	风暴勇士 2 冒险小分队	17068
铁道游击队	64	风暴勇士 3 决战伽波尔	17069
敌后武工队	761	六指雪貂	17133
野火春风斗古城	67	卢獭拉的珍珠	17090
新儿女英雄传	35	红城勇士	17004
暴风骤雨(上下)	2520	红城勇士 1 恶魔来袭	17059
		红城勇士 2 夺剑之路	17060

红色经典

		红城勇士 3 勇士归来	17061
		远程巡逻队	17083
山乡巨变(上)	58	钟匠约瑟	17084
太阳照在桑干河上	2519	勇士马丁	17001
风云初记	100	野猫终结者	17000
平原枪声	77	野猫终结者 1 野猫女王	17056
吕梁英雄传	2518	野猫终结者 2 火蜥蜴高岭	17057
林海雪原	47	野猫终结者 3 洪水与勇士	17058
保卫延安	12	獾主的城堡	17002
野火春风斗古城	67	獾主的城堡 1 獾城的玛拉	17070
新儿女英雄传	35	獾主的城堡 2 红城的小勇士	17071
暴风骤雨(上下)	2520	獾主的城堡 3 归家者之秋	17072

红学经典

红楼梦古抄本丛刊

石头记脂本研究	6965	俄罗斯圣彼得堡藏石头记(1—6)	2684
红楼艺术	7164	脂砚斋重评石头记(己卯本)	2675

脂砚斋重评石头记（甲戌本）	2674
脂砚斋重评石头记（庚辰本）	2668
乾隆抄本百廿回红楼梦稿（杨本）	2676
戚蓼生序本石头记（南图本）	2679
舒元炜序本红楼梦（1—3）	2706
蒙古王府本石头记	2678

红鞋子童话

小老虎历险记	8939
小巫婆真美丽	8940
月亮花	8933
外星男孩	8937
寻找快乐岛	8929
苹果王子	8930
奇迹花园	8974
阁楼精灵	8938
笨狼和他的爸爸妈妈	8931
笨狼和他的朋友们	8932
笨狼和聪明兔	8975
笨狼的学校生活	8935
笨狼旅行记	8936
蓝狐狸	8934

约卡伊·莫尔选集

中短篇小说选	11488
金人	11482
铁石心肠的儿女	11487

约翰·斯坦贝克作品系列

人鼠之间	13317
小红马	13354
月亮下去了	13352
烦恼的冬天	13355
愤怒的葡萄	13351
煎饼坪	13353
罐头厂街	13337

纪念中国人民抗日战争暨世界反法西斯战争胜利60周年丛书

一寸土	12601
一个人的遭遇	12599
八月的乡村	2296
生死场	2370
生命通道	1931
这里的黎明静悄悄……	15764
国殇	1930
钢琴师——二战期间华沙幸存记	14486
萨什卡	12600
奥斯威辛的爱情	11682
寒夜	2382

纪念建党85周年丛书

协商建国 1948—1949 年中国党派政治日志	4283
红色诗歌集	3175

纪德作品系列

伪币犯	12285
梵蒂冈地窖	12286

纪德·道德三部曲

田园交响曲	12211
违背道德的人	12213
窄门	12212

麦卡勒斯作品系列

心是孤独的猎手	13293
伤心咖啡馆之歌	13292
没有指针的钟	13294
抵押出去的心	15687
金色眼睛的映像	12139
婚礼的成员	13291

麦卡勒斯作品系列珍藏版

心是孤独的猎手	13293
伤心咖啡馆之歌	13292
没有指针的钟	13294
抵押出去的心	15687

金色眼睛的映像	12139
婚礼的成员	13291

麦唐诺作品

入戏	13371
出逃	13372

远行译丛

大块	14642
山旅书札	14590
马来群岛自然考察记 I	14626
马来群岛自然考察记 II	14627
云雾森林	14669
日升之处	14592
中非湖区探险记 I	14624
中非湖区探险记 II	14625
火车大巴扎	14672
占卜师的预言	14660
老巴塔哥尼亚快车	14659
在水边	14768
在西伯利亚森林中	14636
在南极,独自一人	14629
那里的印度河正年轻	14594
走在幽暗的小径上	14668
走到世界尽头	14635
极北直驱	14765
别列津纳河	14630
我的探险生涯 I	17455
我的探险生涯 II	17456
没有地图的旅行	14605
阿拉伯南方之门	14591
英国环岛之旅	14662
夜航西飞	14535
南方快车	14675
威尼斯是一条鱼	14637
美国深南之旅	14623
前往阿姆河之乡	14595
说吧,叙利亚	14661
珠峰史诗	14593
曼波鱼大夫航海记	13782
赫拉克勒斯之柱	14674

察沃的食人魔	14597
横越美国	14600
墨西哥湾千里徒步行	14596

坏小子环游记系列

乌鸦的诡计	8562
台海上空的鸟战	8561
珠峰上的雪崩	8563

苏联文艺丛书

虹	12337
钢铁是怎样炼成的	12344
保卫察里津	12335
铁流	12334
难忘的一九一九	14994
A.托尔斯泰小说选集(第一册)	12333
A.托尔斯泰小说选集(第二册)	12336

苏联文艺理论译丛

世界文学中的现实主义问题	15265
苏联作家论社会主义现实主义(第一次苏联作家代表大会前后的有关言论)	15278

杨红樱童话

七个小淘气	8859
寻找美人鱼	8857
那个骑轮箱来的蜜儿	8853
没有尾巴的狼	8854
鸡蛋里的悄悄话	8852
亲爱的笨笨猪	8848
神秘的女老师	8849
骆驼爸爸讲故事	8851
流浪狗和流浪猫	8856
猫头鹰开宴会	8858
森林谜案	8855
鼹鼠妈妈讲故事	8850

杨红樱童话手绘完全本

七个小淘气	8859

寻找美人鱼	8857	为女儿感动——从一串葡萄说起	4331
那个骑轮箱来的蜜儿	8853	扛着女儿过大江——最初的感动	4338
没有尾巴的狼	8854	吹着口哨走过来——雕刻时光	4332
鸡蛋里的悄悄话	8852	我家的时尚女孩——害怕长大	4308
亲爱的笨笨猪	8848	纯情年代——飞翔在童心世界	4337
神秘的女老师	8849	琢玉记——我和妈妈的"战争"	4307
骆驼爸爸讲故事	8851	Hi 十七岁——和儿子一起逃学	4305
流浪狗和流浪猫	8856		
猫头鹰开宴会	8858		
森林谜案	8855		
鼹鼠妈妈讲故事	8850		

李欧梵作品

园丁和新苗

		乌托小国	9139
		在高中与鲁迅相遇	9578
		青蛙梦想家	9490
		经典名著这样读	9592
人文文本 建筑、阅读、音乐与记忆	4839	既没圆缺	9449
西潮的彼岸	4791	遇见	9470
苍凉与世故	4790	AMUER・阿木尔・18	9716
我的观影自传	4806		
我的哈佛岁月	4789	## 旸谷文丛	
现代性的追求	6726		
狐狸洞话语	4858	五代作家的人格与诗格	6968
音乐札记	4797	史记与诗经	6972
铁屋中的呐喊	6727	红学与二十世纪学术思想	6967
		明清社会性爱风气	6977
## 李洁非明史书系		婚变、道德与文学	6978
野哭 弘光列传	5004	## 别说你懂我	
黑洞 弘光纪事	4986		
		我不只是小马	16895
## 李碧华小说精品系列		我不只是小仓鼠	16893
		我不只是小狗	16892
生死桥	473	我不只是小猫	16894
青蛇	499		
诱僧	500	## 我与大自然的奇妙相遇	
秦俑	579		
胭脂扣	490	发现昆虫	9687
满洲国妖艳——川岛芳子	501	寻觅兽类	9690
潘金莲之前世今生	578	观察植物	9688
霸王别姬	471	追踪鸟类	9689

两代人丛书

我们小时候

六眼看世界——儿子你自己拿主意	4306	文学少年	5257

当时实在年纪小	5259	乐在其中	7781
自行车之歌	5249	写画六十年	7778
会唱歌的火炉	5255	拙笔留情	7780
苏北少年"堂吉诃德"	5258	思想·手迹·足迹	7783
林中小屋	5353	漫画记事	7782
放大的时间	5256	漫画漫画	7779
侯家路	5254		
烟斗上小人儿的话	5322		
描花的日子	5268		

我的中国梦

我的中国梦·小学低年级版	9559
我的中国梦·小学高年级版	9556
我的中国梦·初中版	9557
我的中国梦·高中版	9558

我们的探侦团

我们的七日战争 我们的天使游戏	16045
我们的大冒险 我们的圣战	16046
我们的打工作战 我们的C计划	16047
我们的修学旅行 我们的秘密校园祭	16048
我们的秘岛探险队 我们的最终战争	16049

我的动物朋友

大象和我	14774
奶牛的秘密生活	14677

我们班的那点事儿

好想养只小宠物	8685
我是一根筋？	8687
"体育王子"与"奥地利公主"	8688
班主任是个大美女	8686
读了又读的童话 中国卷	8689

我爱大自然

它被谁吃了？	17253
多彩果蔬园	17256
你冬眠吗？	17254
雨从哪里来？	17257
神秘大森林	17252
海洋真奇妙	17255

我们班的那点事儿彩色插图本

好想养只小宠物	8685
我是一根筋？	8687
"体育王子"与"奥地利公主"	8688
班主任是个大美女	8686

我能行丛书

一生做个好人	15999
我是跑马场老板	16023
我能行	15998
我能跳过水洼	16000

我和我的动物朋友

挪威森林猫	9464
战马蜂	9466
爱犬的天堂	9394
黑熊和白熊	9465

兵生活作品系列

女兵事	4865
兵日志	4867
兵生活	4866

我的人间喜剧

方成讲幽默	7777

作案现场·少年猜谜探索系列

帝王谷中的背叛

达·芬奇笔记被窃疑案	16090	金银岛	16235
热带雨林绑架案		兔子彼得的故事	16216
达尔文和恐龙岛的秘密	16091	珍妮姑娘	12874
谁没来吃晚餐 爱因斯坦小提琴失窃案	16089	柳林风声	15996
		狮子,女巫和魔衣柜	16217

你长大之前必读的 66 本书

		神秘岛	11237
		莎士比亚戏剧故事集	14487
三大师	14480	格兰特船长的女儿	11239
大师和老鼠	16051	格林童话	16225
大草原上的小木屋	16223	捣蛋鬼日记	16083
大森林里的小木屋	16224	秘密花园	16230
小人国和大人国	15821	爱丽斯漫游奇境	11177
小王子	15869	爱的教育	16221
小公主	16119	海明威文集 老人与海	15516
小妇人	16459	海底两万里(上下)	11251
小狐狸买手套	16219	海蒂	11648
王尔德童话	16218	雪虎	16458
天方夜谭	13428	骑鹅旅行记(上集)	15793
木偶奇遇记	15795	绿山墙的安妮	12891
五个孩子和沙地精	16198	黑骏马	16234
玉女神驹	16024	奥利弗·退斯特(雾都孤儿)	11191
古堡里的月亮公主	15963	鲁滨孙漂流记	16464
失踪的王子	16118	童年	12390
丛林故事	16006	蓝熊船长的 13 条半命	15930
圣经中的故事	16466	福尔摩斯历险记	11693
地心游记	11260	豪夫童话	15787
西顿动物小说	12784	螺丝在拧紧	12944
伊索寓言	16220	魔法城堡	16231
名人传	11204	露着衬衫角的小蚂蚁	16222
汤姆的午夜花园	16032	OZ 国历险记(绿野仙踪)	15919
汤姆·索亚历险记	12734		
安妮日记	16465	### 你从小应该知道的世界科学家和发明家	
安徒生童话	15823		
杜利特医生的故事	16078	瓦特	8703
男孩十七	12932	牛顿	8700
男孩彭罗德的烦恼	15867	达尔文	8698
希腊神话	15817	伽利略	8706
狄更斯的圣诞故事	11285	法拉第	8707
灵犬莱茜	12941	居里夫人	8699
欧也妮·葛朗台	11186	哥白尼	8702
昆虫记	16233	爱因斯坦	8704
彼德·潘	15997	爱迪生	8701
所罗门王的宝藏	16073	诺贝尔	8705

		幽暗之地	13904
		福	13903

近代文学名家诗文选刊

严复选集	8229
林则徐选集	8228
秋瑾选集（秋瑾诗文选注）	8227
翁同龢选集	8230
龚自珍选集	8226
康有为选集	8232
梁启超选集	8231

库普林选集

中短篇小说选	11350
决斗	11349

快乐卡卡系列

天下乐无双	8516
神勇酷班头	8514
精灵俏魔镜	8515

近代名士别传丛书

风尘逸士——吴稚晖别传	4362
失行孤雁——王国维别传	4361
关西儒魂——于右任别传	4363
狂士怪杰——辜鸿铭别传	4364
孤独前驱——郭嵩焘别传	4365

快乐启智365

绘·智	17372
涂·智	17370
题·智	17371

狄更斯文集

大卫·科波菲尔（上下）	11188
匹克威克外传（上下）	11200
双城记	11153
老古玩店	11302
远大前程	11219
荒凉山庄（上下）	11301
董贝父子（上下）	11252
奥利弗·退斯特（雾都孤儿）	11191

汪曾祺散文小丛书

人间五味（插图本）	5420
人间草木（插图本）	5419

沃尔克斯作品集

大鸟科科骑士	16639
比利不怕强盗	16637
比利的生日晚会	16636
牛仔比利	16634
多多	16643
多多和美美的小房子	16641
多多和倒霉的小金鱼	16642
我的收藏	16640
疯马吉恩	16638
举起你的爪子！	16635

狄更斯的圣诞故事

人生的战斗	11278
圣诞颂歌	11276
炉边蟋蟀	11277
教堂钟声	11274
着魔的人	11275

沈从文散文新编

一个传奇的本事	5589
云南看云集	5587
从文自传	4120

库切文集

此时此地	14776
耶稣的学生时代	13876
耶稣的童年	13875

记丁玲 记丁玲续集	5588	东方百科全书 宋应星	9673
湘行书简	5590	永远的里程碑 居里夫人	9672
湘行散记 湘西	5591	驭风飞翔的旅程 莱特兄弟	9677
		杂交水稻之父 袁隆平	9675

宋词名家诵读

		果壳里的宇宙 霍金	9686
		放眼观宇宙 伽利略	9680
苏轼词(苏轼词选)	3751	神秘的圆周率 祖冲之	9667
李清照词(李清照词选)	3754	站在巨人的肩上 牛顿	9679
辛弃疾词(辛弃疾词选)	3753	跳跃的文字 毕昇	9683
柳永词	3750	微分几何大师 陈省身	9681
姜夔词	3752	数的世界 毕达哥拉斯	9668

迟子建中篇小说编年

张平现实四书

日落碗窑	2103	十面埋伏	961
世界上所有的夜晚	2105	天网	962
布基兰小站的腊八夜	2106	凶犯	2003
北极村童话	2101	孤儿泪	4715
向着白夜旅行	2099		
鸭如花	2102	### 张贤亮长篇小说系列	
秧歌	2104		
酒鬼的鱼鹰	2100	一亿六	1167
		习惯死亡	1169

迟子建长篇小说系列

		男人的一半是女人	935
		男人的风格	852
白雪乌鸦	1039	我的菩提树	1168
伪满洲国(上下)	721	绿化树	1170
树下	1156		
晨钟响彻黄昏	1158	### 张牧笛幻想文学	
越过云层的晴朗	1157		
额尔古纳河右岸	1041	天空之镜	9212
		夏天的森林	9408

改变世界的科学家绘本传记丛书

张炜中篇系列

人类从何而来 达尔文	9678	护秋之夜	2213
几何学的奠基人 欧几里德	9669	你好！本林同志	2238
开启神奇的电能宝库 法拉第	9684	秋天的思索	2220
天与地的问答 张衡	9670	请挽救艺术家	2212
不掷骰子的上帝 爱因斯坦	9674	黄沙	2240
中国数学之神 华罗庚	9685	葡萄园	2219
世界发明大王 爱迪生	9676	蘑菇七种	2239
古代人的百科全书 亚里士多德	9671	瀛洲思絮录	2218
本草神医 李时珍	9682		

张恨水长篇小说经典

纸醉金迷	2401
金粉世家(上下)	2475
夜深沉	2489
秦淮世家	2490
啼笑因缘	2487

张恨水名作插图珍藏版

纸醉金迷	2401
金粉世家(上下)	2475
啼笑因缘	2487

张恨水作品系列

八十一梦 五子登科	2514
丹凤街	2385
纸醉金迷	2401
金粉世家(上下)	2475
春明外史(上、下)	2515
啼笑因缘	2487

张洁文集

无字(1—3)	1085
中短篇小说卷	2029
世界上最疼我的那个人去了	4551
只有一个太阳	1105
四只等着喂食的狗	8634
沉重的翅膀	239
灵魂是用来流浪的	1106
知在	1107

张晓风经典作品系列

地毯的那一端	5027
步下红毯之后	5029
你还没有爱过	5028

阿尔菲心里成长故事

上学去,阿尔菲	17164
更多的怪兽,阿尔菲	17165
真狡猾,阿尔菲	17168
晚安,阿尔菲	17166
隐身的王国,阿尔菲	17167

阿尔菲和最好的爸爸

开心点,阿尔菲	17192
不争吵,阿尔菲	17181
不想吃饭,阿尔菲	17189
分类放,阿尔菲	17178
生日快乐,爸爸	17188
有怪兽吗,阿尔菲?	17197
米拉与阿尔菲	17196
欢乐的聚会,阿尔菲	17185
别乱动,阿尔菲	17182
系绳结,阿尔菲	17184
快一点,阿尔菲	17179
阿尔菲与战士"爸爸"	17187
阿尔菲在思考	17186
阿尔菲有力量袋?	17195
阿尔菲,别笑得太早	17191
阿尔菲的秘密朋友	17180
放松点,爸爸	17193
是误会吗,阿尔菲?	17183
勇敢点,阿尔菲	17194
谁来救阿尔菲?	17190
骗人的把戏,阿尔菲	17199

阿加莎·克里斯蒂"心之罪"系列

未完成的肖像	12108
母亲的女儿	12116
玫瑰与紫杉	12110
幸福假面	12109
爱的重量	12115
撒旦的情歌	12111

阿加莎·克里斯蒂侦探推理系列

人性记录	11731
三幕悲剧	11861
大象的证词	11867

万圣节前夜的谋杀案	11877	第三个女郎	11854
无人生还	11800	鸽群中的猫	11749
无尽长夜	11799	清洁女工之死	11871
云中命案	11744	密码	11776
牙医谋杀案	11810	谋杀启事	11760
古墓之谜	11751	斯泰尔斯庄园奇案	11750
东方快车谋杀案	11732	斯塔福特疑案	11894
四魔头	11818	葬礼之后	11797
犯罪团伙	11811	黑麦奇案	11915
闪光的氰化物	11887	寓所谜案	11777
尼罗河上的惨案	11729	蓝色列车之谜	11827
加勒比海之谜	11934	幕后凶手	11812
圣诞奇案	11846	零时	11845
地狱之旅	11820	暗藏杀机	11826
死人的殿堂	11819	褐衣男子	11816
死亡约会	11733	藏书室女尸之谜	11761
死亡草	11959	魔手	11778
杀人不难	11793	ABC 谋杀案	11743
旭阳岭疑云	11935		
阳光下的罪恶	11734	阿加莎·克里斯蒂爱情小说系列	
伯特伦旅馆	11950		
沉睡的谋杀案	11772	未完成的肖像	12108
沉默的证人	11798	母亲的女儿	12116
奉命谋杀	11824	玫瑰与紫杉	12110
罗杰疑案	11730	幸福假面	12109
命案目睹记	11771	爱的重量	12115
底牌	11769	撒旦的情歌	12111
怪钟	11868		
怪屋	11801	阿迪契作品系列	
波洛探案集	11960		
空谷幽魂	11745	半轮黄日	13804
柏棺	11851	亲爱的安吉维拉	14779
幽港谋杀案	11920		
复仇女神	11794	阿波罗文丛	
破镜谋杀案	11773		
捕鼠器	11914	左琴科小说艺术研究	7402
致命遗产	11873	乔伊斯长篇小说人物塑造	7450
借镜杀人	11762	多元·融合·跨越	
高尔夫球场命案	11817	——英国现当代诗歌及其研究	7431
烟囱宅之谜	11916	环境·动物·女性·殖民地	
悬崖上的谋杀	11913	——欧美生态文学的他者形象	7479
悬崖山庄奇案	11746	帕斯捷尔纳克创作研究	7426
啤酒谋杀案	11748	茨威格中短篇小说叙事研究	7458

1610

俄罗斯生态文学论	7406
美国华裔文学之文化研究	7422
阅读普希金	7388
想象俄罗斯	7393

阿哈龙·阿佩尔菲尔德作品系列

穿透烟雾的记忆	13830
黑暗之花	13832
躲在树上的孩子们	16360

陈希我疼痛小说系列

我疼	2085
命	2172
冒犯书	854

陀思妥耶夫斯基选集

少年	11375
中短篇小说选（上下）	11359
书信选	14457
卡拉马佐夫兄弟（上下）	11356
白痴（上下）	11386
死屋手记	11357
被欺凌与被侮辱的	11348
罪与罚	11361
群魔（上下）	11363

妖蛾子珍藏版

十面包袱	4960
还是妖蛾子	4539
把日子过成段子	4959
妖蛾子 纪念版	4721
都是妖蛾子	4510

鸡鸣丛书

大学之大	10695
"五四"文学论集	6713
不可一世论文学	6372
中国现代文化指掌图	6684
中国现代文学史研究的视阈	6712
中国现代社团文学史	6682
风高放火与振翅洒水	6370
文体与形式	6369
文学史的视野	6368
世界华文文学整体观	6423
当代中国人文观察	6371
戏剧与时代	6367
现代戏剧与现代性	6714
思想与文学之间	6373
"思想事件"的修辞	6428
重回"五四"起跑线	6683
虚构的可能性及其限度	6429
混沌的现代性	6425
想像的代价	6424
演剧职业化运动研究	10703

纯美小诗二重奏

草原 草原	9460
海风 海风	9461

纯棉时代·动感书系

纯棉女友	4467
纯棉爱情	4468
纯棉婚姻	4469

纳尼亚传奇

会说话的马与男孩	16753
凯斯宾王子	16752
狮子,女巫和魔衣橱	16749
银椅	16751
最后一战	16754
黎明踏浪号	16750
魔法师的外甥	16755

青少年必读传统文化书系

中国文化史	7214
傅斯年讲诗经	7213

青鸟文库

千代的即刻救援	16621
四一班的神奇教室(1—8)	16456
四一班的神奇教室 1 打喷嚏神秘事件	16322
四一班的神奇教室 2 重来一次的心愿	16323
四一班的神奇教室 3 我的名字真讨厌	16324
四一班的神奇教室 4 都是谎言惹的祸	16325
四一班的神奇教室 5 长大后想做什么	16326
四一班的神奇教室 6 偶尔也会闹别扭	16327
四一班的神奇教室 7 这也许就是恋爱	16328
四一班的神奇教室 8 我们还能再见吧	16329
严格的寒假补习	16619
绝无仅有的小学	16622
恋爱与打扮大作战	16620
黑魔女学园 1 千代的第一堂魔法课	16334
黑魔女学园 2 千代飞起来了	16335
黑魔女学园 3 棋逢对手	16336
黑魔女学园 4 黑魔女的仙履奇缘	16337
黑魔女学园 5 五年级一班大骚动	16338
黑魔女学园 6 秋琶特失踪了!	16339
黑魔女学园 7 万圣节前夕	16340
黑魔女学园 8 红线之谜	16341

青年批评家文丛

永远的质疑	6330
纸现场	6329
漂泊者手记	6328

青春期秘密花园

向日葵的秘密	9159
蒲公英的舞蹈	9160

青铜葵花图画书奖获奖作品

小狐狸的旅行	9536
中秋节快乐	9503
那只打呼噜的狮子	9502
我知道你们都没睡觉	9528
汪!汪!汪!	9533
驴小弟进城	9548
奇怪的团子	9504
狐狸的朋友	9531
星星去哪儿了?	9513
旋转木马	9514
森林装扮大赛	9512
猴婆婆的大苹果	9527

青铜葵花获奖作品

刀马人	9184
山芽儿	9224
飞鱼座女孩	9134
小塘主	9223
父亲变成星星的日子	9131
艾烟	9331
买星星的人	9221
苏三不要哭	9176
你的脚下,我的脚下	9178
沐恩奇遇记	9187
泥孩子	9332
终极恐龙	9226
草原之鹰	9183
将军胡同	9130
莫里	9393
摇啊摇,疍家船	9177
满川银雪	9225
溪山雪	9175
糊粮酒·酒葫芦	9222
镜子里的猫	9133
鲸鱼是楼下的海	9185

青橄榄女孩

恋爱的女孩	16033
烦恼的女孩	16034
流泪的女孩	16036
晚归的女孩	16035

现代文学述林丛书

二十世纪中国文学三人谈	6241
文化冲突与审美选择	6242

礼拜六的蝴蝶梦——论鸳鸯蝴蝶派	6660	踏上丛林征途	17378

现代散文学书系

中国现代传记文学史论	6756
中国现代散文史（1917—1949）	6758

幸福关键词

优雅的人生整理	
让你和家人告别混乱的生活	17477
冲绳岛幸福长寿秘诀	14647
把东京厨房搬回家 日本女人吃不胖	17549
把东京厨房搬回家 日本孩子真健康	17550

幸福种子情商绘本系列

奶奶现在不一样了	17228
安娜害怕去睡觉	17227
芽芽搬新家	9482
妖怪们的比赛	17169

幸福种子情商培育图画书系列

奶奶现在不一样了	17156
当安娜准备去睡觉	17155
芽芽搬新家	9656
妖怪们的比赛	17157

若热·亚马多童话

花斑猫与燕子西尼娅	16704
球和守门员	16703

英国经典思维冒险游戏书

火车出发了	17377
古怪城镇的一天	17381
圣诞夜奇遇记	17374
欢乐农场派对日	17379
来自海洋的邀请	17376
探索金字塔之谜	17380
登山挑战者联盟	17375

范小青长篇小说系列

于老师的恋爱时代	1278
个体部落纪事	1274
女同志	1265
天砚	1269
无人作证	1277
老岸	1267
百日阳光	1264
赤脚医生万泉和	869
我的名字叫王村	1272
采莲浜苦情录	1273
城市之光	1266
城市片断	1270
城市民谣	1263
城市表情	1268
香火	1262
误入歧途	1276
桂香街	1293
裤裆巷风流记	1275
锦帆桥人家	1271

茅盾文学奖获奖书系

东方（上中下）	175
白鹿原	465
冬天里的春天（上下）	228
尘埃落定	562
芙蓉镇	233
沉重的翅膀	239
战争和人（一、二、三）	468
钟鼓楼	308
将军吟（上下）	204
第二个太阳	356
骚动之秋	406

茅盾文学奖获奖作品全集

天行者	970
无字（1—3）	1085
历史的天空	610

茅盾文学奖获奖作品全集（特装本）

作品	页码
天行者	970
无字（1—3）	1085
历史的天空	610
少年天子	753
长恨歌	724
东方（上中下）	175
生命册	1310
白门柳 夕阳芳草 秋露危城 鸡鸣风雨	722
白鹿原	465
冬天里的春天（上下）	228
尘埃落定	562
许茂和他的女儿们	735
芙蓉镇	233
李自成（1—10）	751
抉择	734
你在高原（1—10卷）	1166
应物兄（上下）	1404
沉重的翅膀	239
张居正（1—4卷）	817
英雄时代	629
南方有嘉木 不夜之侯 筑草为城 （茶人三部曲）	742
南渡记 东藏记 西征记	1030
牵风记	1408
战争和人（一、二、三）	468
钟鼓楼	308
将军吟（上下）	204
秦腔	907
都市风流	755
浴血罗霄	1100
黄河东流去	752
黄雀记	1292
推拿	939
第二个太阳	356
蛙	1219
湖光山色	1162
骚动之秋	406
暗算	815
额尔古纳河右岸	1041
繁花	1358

索引

作品	页码
少年天子	753
长恨歌	724
平凡的世界（1—3）	720
东方（上中下）	175
生命册	1310
白门柳 夕阳芳草 秋露危城 鸡鸣风雨	722
白鹿原	465
冬天里的春天（上下）	228
尘埃落定	562
许茂和他的女儿们	735
芙蓉镇	233
李自成（1—10）	751
抉择	734
你在高原（1—10卷）	1166
应物兄（上下）	1404
这边风景（上下）	1413
沉重的翅膀	239
张居正（1—4卷）	817
英雄时代	629
南方有嘉木 不夜之侯 筑草为城 （茶人三部曲）	742
南渡记 东藏记	726
南渡记 东藏记 西征记	1030
牵风记	1408
战争和人（一、二、三）	468
钟鼓楼	308
将军吟（上下）	204
秦腔	907
都市风流	755
浴血罗霄	1100
黄河东流去	752
黄雀记	1292
推拿	939
野葫芦引 （南渡记 东藏记 西征记 北归记）	1407
第二个太阳	356
蛙	1219
湖光山色	1162
骚动之秋	406
暗算	815
额尔古纳河右岸	1041
穆斯林的葬礼	754
繁花	1358

1614

茅盾文学奖获奖作家短经典

八大时间	7613
人类的动物园	7606
大树还小	7616
它来到我们中间寻找骑手	7692
地上有草	7605
在水陆之间,在现代边缘	7693
在西线的列车上	7690
向右看齐	7608
红狐	7595
麦田物语	7614
苍老的爱情	7682
我那风姿绰约的夜晚	7610
忘却的魅力	7689
灵魂之舞	7612
或许你看到过日出	7691
品咂时光的声音	7604
离我们很近	7683
唐朝的天空	7611
萤火	7603
释疑者	7609
寒夜生花	7607
蓝色城堡	7594
醉里挑灯看剑	7615

林清玄作品

天边有一颗星星	5031
心的丝路	5022
心海的消息	5025
白雪少年	4957
处处莲花开	4965
玫瑰海岸	4958
思想的天鹅	5023
迷路的云	4962
鸳鸯香炉	5026
越过沧桑	4961
感性的蝴蝶	5024

林清玄经典作品系列

天边有一颗星星	5031
心的丝路	5022
心海的消息	5025
白雪少年	4957
处处莲花开	4965
玫瑰海岸	4958
思想的天鹅	5023
迷路的云	4962
鸳鸯香炉	5026
越过沧桑	4961
感性的蝴蝶	5024

松本清张短经典

共犯	13921
西乡钞	13783
佐渡流人行	13851
驿路	13785
某《小仓日记》传	13784
监视	13850
眼的气流	13919
黑地之绘	13849
憎恶的委托	13920

杰奎琳·威尔逊获奖作品系列

手提箱孩子	15987
坏女孩	15988
非常妈妈	15995
1+1=0	15989

画心与文心

刘海粟散文精选	4850
吴冠中散文精选	4841
郁风散文精选	4863
黄苗子散文精选	4864

画外话丛书

画外话 冯骥才卷	10611
画外话 吴冠中卷	10608
画外话 张仃卷	10614
画外话 范曾卷	10613

欧洲经典儿童创意涂鸦

外星巡游	17296
奇妙梳妆	17297
旅行盒子	17298
海盗宝藏	17299

欧洲经典儿童益智游戏

运动超级棒	17352
奇妙水世界	17353
职业做做看	17351

拉丁美洲文学丛书

太阳老爷	12816
风暴中的庄园	12819
卡斯特罗·阿尔维斯诗选	14138
阴暗的河流	12813
纪廉诗选	14139
远征 圣保罗的秘密	12817
时候就要到了	12809
秘鲁传说	14415
深渊上的黎明	12810
腹地	12746

非洲文学丛书

一粒麦种	13598
人民公仆	13615
大河两岸	13609
非洲当代中短篇小说选	13593
非洲戏剧选	15084
非洲童话集	15914
鸦片与大棒	13606
孩子,你别哭	13602
紧急状态	13605
桑戈尔诗选	14391
痴心与浊水	13610
僮仆的一生	13603

国际大奖儿童小说

女孩与弃狗	16831
芒果的滋味	16379
西尔克王国传奇	16841
知更鸟	16193
狼的眼睛	16830
银色的独角兽	16840

国际安徒生奖儿童小说

又见小不点魔法师	16679
万花筒	16807
小小烧炭工	16455
小不点魔法师	16678
小书房	16255
小零蛋流浪记	16675
天眼	16257
风一样的萝拉	16676
艾贝尔的飞行电梯	16677
卡米朗,大胃王	16808
当天使坠落人间	16256
旷野迷踪	16258
我的名字叫米娜	16559
咿咿和呀呀的故事 一只笑不停的狼	16812
咿咿和呀呀的故事 小精灵派对	16809
咿咿和呀呀的故事 肚子里的小眼睛	16811
咿咿和呀呀的故事 阁楼上的音乐	16813
咿咿和呀呀的故事 淘气的风	16810
秘密的心	16560
爱捣蛋的小邋遢	16673
做狮子好难	13893
最后关头	16438
帽子公寓里的吊车男孩	16674

国际获奖大作家低年级版

与众不同的男老师	17173
有20头大象的餐厅	17117
迪克西的热气球之旅	17148
变色猫与月亮冰激凌	17116

国际获奖大作家系列

大猫费迪南的旅行	17201
飞鼠萨米历险记	17198
小手指奇境历险记	17086
小绿人罗博	16998
不听话的小男孩	17203
外公突然变成猫	17109
让我陪在你身边	17111
记忆银行	17065
吉姆的狮子	17132
再见,不勇敢的我	17082
会说话的自行车	17131
冰鲸	17115
寻找小狗贝斯	17006
我家来了个怪外婆	17112
幸运的露西	17130
迪克西的爱心赛车	17144
迪克西智擒珠宝大盗	17036
彼得兔奇遇记	17037
爸爸去哪儿了？	17106
兔子的林间奇遇	17204
狐狸的森林魔法	17221
夜仙子	17104
茱莉亚的海边白日梦	17202
哞哞	17129
疯狂爱书人	17089
神奇的一年	16999
神象奇缘	17005
赶象人	17074
唐的赎金	17108
银色的小驴	17075
蒂拉的天空	17107
稀奇古怪虫家族	17087
等待魔法	17066
奥德智斗霜巨人	17105
缤纷羽毛	17073
精灵与圣诞的秘密	17200
爆笑探险队	17208
魔鬼的算术	17081

国际获奖插画家经典绘本馆

伊索寓言	17033
安徒生童话	17031
格林童话	17032

国际获奖插图大师绘本

伊索寓言	15977
安徒生童话	15975
格林童话	15976

国学启蒙读物插图本

《三字经》全解	8622
《千字文》全解	8621
《幼学琼林》精解（上下）	8625
《百家姓》精解	8624
《弟子规》全解	8620
《笠翁对韵》精解	8623

国学基础读物插图本

《史记》精解	8644
《庄子》精解	8642
《论语》全解	8645
《孙子兵法》全解	8643
《诗经》精解	8641
《孟子》精解	8635

国家地理探索·校园版

未来的科技 从机器人到机动独轮车	16111
极端天气 全球变暖与气候转变	16112
濒危动物 用科学行动拯救濒临灭绝的物种	16113

国家哲学社会科学成果文库

中国乡土小说的世纪转型研究	6476
中国古代文学观念发生史	7135
中国戏曲剧种研究	10942

中国近代小说史论	7188
中国审美文化焦点问题研究	7151
中国诗歌史通论	7122
《四库全书总目》的官学约束与学术缺失	7172
汉藏民间叙事传统比较研究	6498
论经典	7152
孙犁十四章	4939
杨柳的形象:物质的交流与中日古代文学	7091
金圣叹史实研究	7153
浪漫的中国:性别视角下激进主义思潮与文学(1890—1940)	6741
晚清民国传奇杂剧文献与史实研究	7092
清代唐宋诗之争流变史	7096
朝鲜中古文学批评史研究	7486
鲁迅与俄国	6738
儒、释、道的生态智慧与艺术诉求	7097
徽商与明清文学	7136

国家教委青年文库

母亲	12391
列宁	14237
名利场(上下)	10995
红楼梦(上中下)	2619

明清十大家诗选

王士禛诗选	3769
李梦阳诗选	3767
李攀龙诗选	3774
吴梅村诗选(吴伟业诗选)	3726
何景明诗选	3771
袁枚诗选	3773
钱谦益诗选	3775
黄景仁诗选	3768
龚自珍诗选	3772
谢榛诗选	3770

明清别集丛刊

二知道人集	8244
邓汉仪集校笺(上中下)	8269
孙应鳌集	8245
沈德潜诗文集(一——四卷)	8237
宋濂全集(1—5)	8261
陈子龙全集(上中下)	8258
陈恭尹集	8246
侯方域全集校笺(上中下)	8252
恽寿平全集(上中下)	8263
龚鼎孳全集(1—4)	8262
廖燕全集校注(上下)	8267
潘德舆全集(1—5卷)	8264

明清美文

忆语三种	5679
青泥莲花记	5677
板桥杂记·续板桥杂记	5678
浮生六记	5680

明清稀见小说坊

十二楼	2633
于少保萃忠全传	2635
无声戏	2639
玉娇梨	2623
古本平话小说集(上下)	2628
平山冷燕	2622
西湖二集	2637
花月痕	2621
豆棚闲话	2630
快心编	2650
荡寇志(上下)	2618
战地莺花录(上下)	2652
洪秀全演义	2627
唐三藏西游释厄传 西游记传	2629
益智录(烟雨楼续聊斋志异)	2657
海上花列传	2620
萤窗异草	2642
梼杌闲评	2625
野叟曝言(上中下)	2656
淞隐漫录	2624
谐铎	2631
隋史遗文	2640
续侠义传	2643
醉菩提传 麹头陀传	2658

樵史通俗演义	2636
蟫史	2651

典藏柏杨·小说

凶手(凶手 挣扎)	1972
旷野	889
莎罗冷	1974
秘密(怒航 秘密)	1973

典藏柏杨·历史

皇后之死	10669
帝王之死	10670

典藏柏杨·杂文

丑陋的中国人	4650
我们要活得有尊严	4648
柏杨妙语	4651
新城对(柏杨谈话录)	4613
酱缸震荡	4649

"岩层"书系

2012 青春文学	2064
2013 青春文学	2097
2014 青春文学	2127
2015 青春文学	2150
2016 青春文学	2167
2017 青春文学	2202
2018 青春文学	2246
2019 青春文学	2255

罗兰小语全本

从小桥流水说起	4483
为了欣赏为了爱	4482
成功的两翼	4481
给寂寞的人们	4479
留住你的春天	4484
推动自己	4480

罗萌国粹系列长篇小说

丹青风骨	623
杏林风骚	625
梨园风流	624

罗曼·加里作品

天根	11899
来日方长	11909
欧洲教育	11735
童年的许诺	11805

知识丛书

元代杂剧	6898
中国少数民族戏剧	6127
中国戏曲	6114
拉丁美洲文学	7340
鲁迅	6634

季羡林散文新编

牛棚杂忆	5077
再谈人生	5076
在敦煌	5078
两行写在泥土地上的字	5093
怀念乔木	5066
夜来香开花的时候	5067
重返哥廷根	5092
留德十年	5091
睁一只眼,闭一只眼	5081
清华园日记	5110

佳作丛书

一个中国人在美国	15726
三怪客	15729
上尉的女儿	15763
小人国和大人国	15775
天方夜谭	15746
无所不知先生	15737

无神论者望弥撒	15724	流浪者之歌——东欧三诗人集	15760
友情	15741	堂吉诃德	15781
少年维特的烦恼	15769	第一位老师	15732
孔雀翎毛	15738	塔拉斯·布尔巴	15762
世界上最幸福的人	15735	斯巴达克思	15779
卡门	15723	黑桃皇后	15730
卡里来和笛木乃	15745	鲁滨逊飘流记	15776
白轮船——故事外的故事	15765	舞会以后	15727
永不掉队	15733	樱桃时节——巴黎公社诗选	15756
出卖影子的人	15725	繁花似锦的五月——雨果诗选	15757
圣诞树和婚礼	15728	黛茜·密勒 熊	15766

彼得兔经典故事集

老人与海	15734
西西里柠檬	15731
列那狐的故事	15742
伊索寓言选	15748
名作家写的童话故事	15751
羊脂球	15722
安多纳德	15772
安徒生童话选	15749
好兵帅克历险记	15780

小兔彼得	17038
小猪鲁滨孙	17040
小猫汤姆	17039
田园鼠蒂米	17041

周大新文集

欢乐颂——歌德、席勒、海涅抒情诗选	15753
克雷洛夫 谢德林寓言选	15750
里昂的婚礼	15740
我听见亚美利加在歌唱——美国诗选	15758
伽弗洛什	15774
这里的黎明静悄悄……	15764
欧也妮·葛朗台	15773
拉封丹寓言诗选	15744
轮下	15771
罗亭	15778
变形记	15739
夜航	15770
法国童话选	15743
孟加拉母亲——印度诗选	15759
疯狂的石榴树——现代外国抒情诗选	15761
美国的悲剧	15777
迷人的春光——英国抒情诗选	15755
莎士比亚抒情诗选	15754
格林童话选	15747
哥儿	15768
热爱生命	15736
致大海——俄国五大诗人诗选	15752
啊,拓荒者!	15767

飞鸟	5900
天黑得很慢	1333
瓦解	2159
长在中原十八年	5207
曲终人在	1216
向上的台阶	2160
安魂	1239
走出盆地	1281
你能拒绝诱惑	5208
明宫女	2162
金色的麦田	2157
战争传说	1282
香魂女	2161
预警	1279
第二十幕(上中下)	588
紫雾	2158
湖光山色	1162
摸进人性之洞	5209
21大厦	1280

周立波文选

山乡巨变(上)	58

山那面人家	7804
暴风骤雨（上下）	2520

周有光语文丛谈

人类文字浅说	10722
中国语文的时代演进	10721
汉字和文化问题	10723
字母的故事	10720
语文闲谈（精编本）	10719

周作人散文自选系列

风雨谈	5609
瓜豆集	5613
自己的园地	5519
苦竹杂记	5614
苦茶随笔	5610
雨天的书 泽泻集	5615
秉烛后谈	5611
秉烛谈	5608
夜读抄	5612

周国平经典散文

只有一个人生	4734
灵魂只能独行	4737
思想的星空	4736
爱与孤独	4735

周锐幽默精华版

三眼皮美容剂	8528
男女生交往秘诀大全	8527
我被枪毙三个月	8526
诸葛亮的N种死法	8529

周锐绝对幽默系列

爸爸变成肉包子	8865
皇甫宠物馆	8866
魏吴游戏机大战	8864

狐狸大侦探系列

伪装者之谜	16874
美术馆盗窃案	16875
神秘香水配方	16877
甜点大赛离奇事件	16876

狐狸夫人和狗獾先生

团队	16920
狂欢	16916
相识	16913
野猫	16914
情绪	16918
喧嚣	16917
踌躇	16915

狗之物语

一只小狗的故事	16401
一只狗的典型一天	16400
一只捣蛋狗的回忆	16403
一只流浪狗的自述	16402
小狗达西卡	12730
小狗栗丹	16269
我们的朋友狗狗	16370
我的小狗	16281

狗故事名作集锦

白比姆黑耳朵	12535
海犬的故事——外国短篇小说选	15813
雪虎	12732
想当太阳的小狗	15814

夜幕下的故事

少年水手和他的母猫	16865
月圆之夜的秘密	16867
神奇的敲鼓男孩	16866
勇战大怪兽的小姑娘	16868
蒂让的地下探险	16864

郑媛纯情小说系列

天使的诡计	774
讲好了不说爱	773
玻璃鞋（上下）	772

炎黄家族没有名字的人

玩偶之家	8768
命运之轮	8789
封神之兽	8766
精灵之约	8767

法国婚恋小说十种

一个世纪儿的忏悔	11058
一生	11041
卡门	15723
卡斯特罗修道院女院长	11160
玛侬·列斯戈	11158
克莱芙王妃	11162
苏镇舞会	11154
阿道尔夫	11159
保尔与维吉妮	11157
魔沼	11161

法家著作丛书

《三国志·武帝纪》注译	5638
王安石诗文选读	8201
李贽文选读	5637
柳宗元论文选读	5639

波莉和狼

波莉再斗大笨狼	16779
波莉和大饿狼的故事	16760
波莉和大笨狼最后的故事	16761

波特莱尔大冒险

大结局	16802
可怕的爬虫屋	16408
严酷的学校	16468
初探总部	16799
狮口脱险	16646
鬼魅的大窗子	16407
真假医生	16645
破烂的电梯	16467
倒数第二次危机	16801
深海奇遇	16800
悲惨的开始	16409
糟糕的工厂	16469
VFD 村的秘密	16647

宗教故事丛书

古兰经故事	17499
圣经故事	17389
佛经故事	17498

诗世界丛书

牛汉诗选	3150
公刘诗草	3213
吕剑诗存	3138
李瑛近作选（1979—1999）	3167
邹荻帆诗选	3149
沙鸥诗选	3136
郑敏诗集（1979—1999）	3169
犁青的诗	3140
绿原自选诗	3148
蔡其矫诗选	3146

诗词灵犀

人间词话	6836
诗词指要	7190
诗境浅说	7191
唐宋词格律	7189
读词偶得 清真词释	3730

建国十年优秀创作选拔本

十年诗抄	2848

三千里江山	7	和平的最强音	2842
三里湾	53	金鹰	5777
万水千山（话剧）	5717	放歌集	2885
山乡巨变（上）	58	姑娘的秘密	1656
小黑马的故事	8279	春莺颂	2849
小溪流的歌	8281	草原之歌（歌剧）	5751
开不败的花朵	1485	草原烽火	78
五彩路	8278	战斗在滹沱河上	9
太阳初升的时候	1658	战斗集（话剧）	5775
车轮的辙印	1655	前线的颂歌	3937
月下集	2840	活人塘	1482
风雪之夜	1660	给孩子们	8280
火光在前	1487	骆驼集（十年来的诗歌选）	2860
田间诗抄	2839	桥	1557
生活的赞歌	2843	烈火红心	5778
白兰花	2758	铁道游击队	64
召树屯 附嘎龙	9733	特殊性格的人	1662
考验（话剧）	5720	胶东纪事	1653
老舍剧作选	5776	高玉宝	59
在和平的日子里	1629	谁是最可爱的人	3840
在康布尔草原上（话剧）	5754	难忘的春天	2844
百鸟衣	2827	铜墙铁壁	3
百炼成钢	54	渔船上的伙伴	1688
过渡	1639	寄到汤姆斯河去的诗	8282
欢呼集	2845	普通劳动者	1663
欢笑的金沙江	26	新生活的光辉	
红日	68	（兄弟民族作家短篇小说合集）	1686
红色风暴（话剧）	5774	新声集	3943
红旗谱	76	繁星集	2841
村风	2886		
村歌	1691	**建国前优秀作品选拔本**	
我们播种爱情	82		
我迎着阳光	2859	马凡陀的山歌	3604
我的第一个上级	1657	白毛女（歌剧）	5956
我握着毛主席的手		死不着	3593
（兄弟民族作家诗歌合集）	2870	吕梁英雄传	2518
迎春橘颂	2846	刘巧团圆（鼓词）	10277
纸老虎现形记（话剧）	5768	红旗歌（话剧）	5695
青春之歌	50	赤叶河（歌剧）	5964
幸福的日子	3939	李家庄的变迁	2526
苦菜花	74	英雄的十月	5619
林海雪原	47	政治委员	1558
明朗的天（话剧）	5764	赵巧儿	3594

战斗里成长（话剧）	5960
种谷记	2517
洋铁桶的故事	2541
原动力	2524
高乾大	2525
漳河水	3591
暴风骤雨（上下）	2520

姆咪一族的智慧

小美的精言妙语	16581
吸吸的精言妙语	16577
姆咪妈妈的精言妙语	16578
姆咪的精言妙语	16580
姆咪爸爸的精言妙语	16579
斯诺克小姐的精言妙语	16582
嗅嗅的精言妙语	16576

姆咪漫画全集精装珍藏版

姆咪在冬天做的傻事	16442
姆咪谷的俱乐部	16441
姆咪谷的彗星	16440
姆咪和盗贼	16443
姆咪的海上探险	16444

孟繁华文集

中国当代文艺学学术史（1949—1976）	6547
中国当代文学史论	6550
当代文学：终结与起点	
八十、九十年代的文学与文化	6552
传媒与文化领导权	6551
众神狂欢 世纪之交的中国文化现象	6549
梦幻与宿命 中国当代文学的精神历程	6548
新世纪文学论稿之文学现场	6553
新世纪文学论稿之文学思潮	6554
新世纪文学论稿之作家作品	6555
1978 激情岁月	6531

经典写作课

与达洛维夫人共舞	
文学名著背后的灵感故事	14648
小说教室	14777
写作中的大作家	15192
写作这回事 创作生涯回忆录	13248
出走的人 作家与家人	14664
关于陀思妥耶夫斯基的六次讲座	14641
穿睡衣的作家	14610
普林斯顿文学课	14679

经典典藏房龙手绘插图版

远古的人类	16561
航海的历史	16562

春天文学丛书

无痕永恒	1915
不恰当的关系	1921
西藏的女儿	7768
苏苏的幸福开始	4416
现在开始，什么时候结束	1913
亮了一下	1914

赵丽宏给孩子讲古诗词

风物与意象	9586
情趣与哲思	9585

南方分级阅读

三只小狼和一只大坏猪	16120
小尼古拉的礼物	16208
杀手的眼泪	16114
顽皮的小尼古拉	16210
淘气鬼小尼古拉	16209

南方吸血鬼系列

与狼人共舞	13095
亡者俱乐部	13089
达拉斯夜未眠	13082
全面启动	13120
攻其不备	13111

找死高峰会	13104
夜访良辰镇	13081
恶夜追击令	13097
意外的访客	13090

柏杨小说系列

凶手（凶手 挣扎）	1972
旷野	889
莎罗冷	1974
秘密（怒航 秘密）	1973

柏杨历史系列

中国人史纲（上下）	4914
中国历史年表（上下）	10276
中国帝王皇后亲王公主世系录（上下）	10275
柏杨曰（上下）	10748
皇后之死	10669
帝王之死	10670

柏杨杂文精选·西窗随笔系列

鬼话连篇集 死不认错集	
（六十年代台湾社会现象7）	4835
前仰后合集 大愚若智集 越帮越忙集	
（六十年代台湾社会现象8）	4833
神魂颠倒集 心血来潮集	
（六十年代台湾社会现象6）	4834
高山滚鼓集 道貌岸然集 闻过则怒集	
（六十年代台湾社会现象5）	4832

柏杨杂文精选·柏杨专栏系列

大男人沙文主义 踩了他的尾巴	
（八十年代台湾社会现象2）	4836
活该他喝酪浆 按牌理出牌 早起的虫儿	
（八十年代台湾社会现象1）	4828

柏杨杂文精选·倚梦闲话系列

玉雕集 怪马集 凤凰集	
（六十年代台湾社会现象1）	4829
红袖集 立正集 剥皮集	
（六十年代台湾社会现象3）	4831
蛇腰集 牵肠集	
（六十年代台湾社会现象4）	4827
堡垒集 圣人集	
（六十年代台湾社会现象2）	4830

柏杨解码

大男人沙文主义 踩了他的尾巴	
（八十年代台湾社会现象2）	4836
玉雕集 怪马集 凤凰集	
（六十年代台湾社会现象1）	4829
红袖集 立正集 剥皮集	
（六十年代台湾社会现象3）	4831
鬼话连篇集 死不认错集	
（六十年代台湾社会现象7）	4835
前仰后合集 大愚若智集 越帮越忙集	
（六十年代台湾社会现象8）	4833
活该他喝酪浆 按牌理出牌 早起的虫儿	
（八十年代台湾社会现象1）	4828
神魂颠倒集 心血来潮集	
（六十年代台湾社会现象6）	4834
高山滚鼓集 道貌岸然集 闻过则怒集	
（六十年代台湾社会现象5）	4832
蛇腰集 牵肠集	
（六十年代台湾社会现象4）	4827
堡垒集 圣人集	
（六十年代台湾社会现象2）	4830

拼音小博士·国际获奖大作家系列

与众不同的男老师	17214
不听话的小男孩儿	17217
吉姆的狮子	17212
彼得兔的故事	17215
变色猫与月亮冰激凌	17211
茱莉亚的海边白日梦	17216
嘿，小黑狗	17213

战争·人纪实丛书

金陵永生——魏特琳女士传	4295

带条纹的地狱囚服	11663	还乡	11003
		德伯家的苔丝	10997

星球大战绝地少年武士

哈维尔·马里亚斯作品系列

内部威胁	12918	不再有爱	12195
仇敌	12910	迷情	12086
记忆之战	12903		
邪恶的实验	12906		

幽默书房

危险援救	12907	三怪客泛舟记	12077
决裂	12912	三怪客骑行记	12074
报仇雪恨	12916	小人物日记	12075
报应之日	12914	小镇艳阳录	13234
皇冠上的标记	12911	文学上的失误	13336
前途未卜	12913	打油小说集	13263
神殿危机	12921	鸟小姐在巴黎	12090
真理之战	12904	当代寓言集	14598
破碎的和平	12915	闲人再思录	14589
致命追杀	12905	闲人痴想录	12076
铁血柔情	12908		
涌动的神力	12922		

幽默童话故事

惟一证人	12917	飞来飞去的鼻子	8494
魂消玉陨	12909	穿靴子的马	8495

思想家逸闻丛书

给火车开门	8493
颠倒巫婆的瞌睡片	8492

与苏格拉底散步	
——大思想家和生活中的小事	14485
当叔本华滑倒的时候	
——大思想家的小故事	14484
智者也疯狂	11708

科幻经典

三尖树时代	12094
重生	12093

哈代文集

科伦·麦凯恩作品系列

无名的裘德	11018	给青年作家的信	15191
卡斯特桥市长	11208	隧道尽头的光明	12163
远离尘嚣	11289		
还乡	11003		

科学虫子

枉费心机	11291		
哈代中短篇小说选	11290	小青蛙希罗尼穆斯的故事	16316
德伯家的苔丝	10997	火星人百科全书	16383

哈代选集

告诉我,什么是天和地?	16391

无名的裘德	11018

家长和孩子一起玩的小实验 1	16563
家长和孩子一起玩的小实验 2	16564
潘帕斯的居民们	16317

科学星座丛书

牛顿的苹果——物理学的灿烂星座	17410
达尔文的猴子——生物学的灿烂星座	17411

"重写文学史"经典·百年中国文学总系

1898 百年忧患	6745
1903 前夜的涌动	6746
1921 谁主沉浮	6747
1928 革命文学	6748
1942 走向民间	6750
1948 天地玄黄	6749
1956 百花时代	6534
1962 夹缝中的生存	6535
1978 激情岁月	6531
1985 延伸与转折	6532
1993 世纪末的喧哗	6533

保冬妮奇幻书屋

小狗巴罗和米拉	8874
长腿娃娃夏天的奇遇	9053
月亮船	8877
北极公主	8870
米兰小游星	8875
丽丽的蛋糕屋	8871
狐仙妮妮	8872
饼干武士	9054
屎壳郎先生波比拉	8873
魔法少女	8876

保罗·奥斯特作品系列

内心的报告	14622
神谕之夜	13113
隐者	13108
黑暗中的人	13056

俄国女性命运小说十种

白夜	11405
她有罪过吗？	11401
克莱采奏鸣曲	11399
初恋	11402
迟开的花朵	11406
阿列霞	11400
莉卡	11407
爱情	11404
黑桃皇后	11398
蓝眼睛的女人	11403

俄罗斯人文精神与文学

东正教精神与俄罗斯文学	7435
苦闷的园丁——"现代性"体验与 俄罗斯文学中的知识分子形象	7437
期盼索菲亚——俄罗斯文学中的 "永恒女性"崇拜哲学与文化探源	7436

追随三部曲

天使坠落在哪里	1425
少年巴比伦	1427
追随她的旅程	1426

恰佩克选集

小说散文选	15585
戏剧选	15057
鲵鱼之乱	12696

美丽新疆丛书

阳光抚摸的高地	10818
两千年前的微笑	10817
把爱刻在心上	10816
琴弦上的家园	10815

美国中小学生课外科普读物

火山爆发为什么会掀掉山顶？

关于火山和地震的问与答	15947
在太空中你能听到喊叫声吗？	
关于太空探险的问与答	15951
企鹅会被冻伤吗？	
关于极地动物的问与答	15982
星星有尖角吗？关于星星的问与答	15948
恐龙在你家的后院生活过吗？	
关于恐龙的问与答	15952
热带雨林里总是下雨吗？	
关于热带雨林的问与答	15980
海洋为什么是蓝色的？	
关于海洋的问与答	15978
蛙怎样用眼睛吞咽食物？	
关于两栖动物的问与答	15983
熊整个冬天都在睡觉吗？	
关于熊的问与答	15981
蝴蝶的名字是怎么来的？	
关于蝴蝶和蛾的问与答	15979
蝙蝠怎样在黑夜里看东西？	
关于夜行动物的问与答	15950
鲸有肚脐眼吗？	
关于鲸与海豚的问与答	15949

美国学生课外阅读丛书

了不起的盖茨比	12940
三只小猪	16009
小妇人	12779
小象巴贝尔的故事	16013
瓦尔登湖	14425
巴贝尔和他的孩子们	16014
玉女神驹	16024
本杰明·富兰克林自传	14424
本和我	16015
石头汤	16010
丛林故事	11689
半个魔法	16016
弗兰肯斯坦	11215
圣诞赞歌	11216
地海巫师	16019
执着的龙	16007
红色的英勇标志	12945
我的安东妮亚	12942

灵犬莱茜	12941
佩罗童话	16008
金银岛	11218
兔子彼得的故事	16012
荒诞书	15878
荒野的呼唤	12943
胡萝卜种子	16011
勇敢的心	16017
莎士比亚戏剧故事集	14487
铁路的孩子	16018
海底两万里	11214
通往特拉比西亚的桥	16020
绿山墙的安妮	12891
黑鸟水塘的女巫	16021
黑美人	11217
睡谷的传说	12778
福尔摩斯历险记	11693
螺丝在拧紧	12944

《美猴王》系列动画图书

美猴王·小石猴篇1·石猴出世	8813
美猴王·小石猴篇2·灵芝仙草	8814
美猴王·小石猴篇3·树叶耳朵	8815
美猴王·小石猴篇4·水帘仙洞	8816
美猴王·小石猴篇5·猴王之争	8817
美猴王·齐天大圣篇1·齐天大圣	8828
美猴王·齐天大圣篇2·大闹天宫	8829
美猴王·齐天大圣篇3·丹炉修炼	8830
美猴王·齐天大圣篇4·真假猴王	8831
美猴王·齐天大圣篇5·火眼金睛	8832
美猴王·孙悟空篇1·出海寻师	8818
美猴王·孙悟空篇2·仙山受阻	8819
美猴王·孙悟空篇3·石猴得名	8820
美猴王·孙悟空篇4·祖师授艺	8821
美猴王·孙悟空篇5·王者归来	8822
美猴王·金甲猴王篇1·初显神威	8823
美猴王·金甲猴王篇2·如意金箍棒	8824
美猴王·金甲猴王篇3·大闹阎罗殿	8825
美猴王·金甲猴王篇4·计退天兵	8826
美猴王·金甲猴王篇5·天庭授命	8827

洛林传奇

十号的命运	13282
七号的复仇	13265
五号的陨落	13266

穿越时空的艺术旅行

工艺美术	17317
中世纪	17305
古代中国	17309
古罗马	17316
古埃及	17310
印度	17318
非洲	17315
凯尔特	17319
装饰艺术	17306
新艺术	17307
墨西哥	17308

语文新课标必读丛书

三国演义	2574
女神	3516
小学生必背古诗70篇	10030
子夜	2281
匹克威克外传（上下）	11200
中国古代寓言故事	10165
巴黎圣母院	11078
水浒传（上中下）	2611
边城	2456
西厢记	5968
西游记（上中下）	2580
成语故事	10026
尘埃落定	562
朱自清散文精选	5542
伊索寓言精选	15846
名人传	11204
庄子选译	5662
安徒生童话精选	15844
论语通译	10924
红楼梦（上下）	2663
芙蓉镇	233
克雷洛夫寓言精选	15899
呐喊	2356
初中生必背古诗文50篇	10031
欧也妮·葛朗台	11186
欧·亨利短篇小说选	12776
孟子选注	5663
契诃夫短篇小说选	11413
茶馆	5878
哈姆莱特	14863
钢铁是怎样炼成的	12344
复活	11326
神话传说	10029
骆驼祥子	2303
泰戈尔诗选	14314
莫泊桑短篇小说选	11198
格列佛游记	11032
格林童话精选	15845
高中生必背古诗文40篇	10034
家	2284
谈美书简	6332
堂吉诃德	11045
朝花夕拾	5439
鲁迅杂文精选	5541
鲁滨孙飘流记	11027
童年	12390
普希金诗选	14091
雷雨	5943
歌德谈话录	15118
繁星 春水	3564

语文新课标必读丛书修订版

三国演义	2574
女神	3516
小学生必背古诗70篇	10030
子夜	2281
历史的天空	610
匹克威克外传（上下）	11200
中国二十世纪中短篇小说选读	10175
中国二十世纪戏剧选读	10179
中国二十世纪散文选读	
（二十世纪中国散文精选）	10177

书名	页码
中国古代寓言故事	10165
中国新诗选读	
（二十世纪中国诗歌精选）	10178
巴黎圣母院	11078
水浒传（上中下）	2611
平凡的世界（1—3）	720
外国二十世纪短篇小说选读	15647
边城	2456
西厢记	5968
西游记（上中下）	2580
成语故事	10026
朱自清散文精选	5542
伊索寓言精选	15846
名人传	11204
庄子选译	5662
安徒生童话精选	15844
论语通译	10924
红楼梦（上下）	2663
芙蓉镇	233
克雷洛夫寓言精选	15899
围城	2373
呐喊	2356
初中生必背古诗文50篇	10031
欧也妮·葛朗台	11186
欧·亨利短篇小说选	12776
孟子选注	5663
契诃夫短篇小说选	11413
茶馆	5878
哈姆莱特	14863
钢铁是怎样炼成的	12344
复活	11326
神话传说	10029
骆驼祥子	2303
泰戈尔诗选	14314
莫泊桑短篇小说选	11198
格列佛游记	11032
格林童话精选	15845
高中生必背古诗文40篇	10034
家	2284
课外文学名著导读（小学、初中版）	10167
课外文学名著导读（高中版）	10166
谈美书简	6332
堂吉诃德	11045
朝花夕拾	5439
鲁迅杂文精选	5541
鲁滨孙飘流记	11027
童年	12390
普希金诗选	14091
雷雨	5943
歌德谈话录	15118
繁星 春水	3564

语文新课标必读丛书最新版

书名	页码
儿童诗歌精选	10066
小学优秀古诗背诵指定篇目（75篇）	10064
小学、初中新课标文学名著助读	10068
中国历史故事精选	8591
中国古代寓言故事	10165
中国民间故事精选	9810
中国现代寓言故事	10067
中国童谣精选	10065
艾青诗选	3310
叶圣陶童话（稻草人）	8432
外国历史故事精选	16092
外国民间故事精选	16093
西游记（上中下）	2580
成语故事	10026
伊索寓言精选	15846
安徒生童话精选	15844
初中优秀古诗文背诵指定篇目（61篇）	10063
宝葫芦的秘密	8608
革命烈士诗歌选读	10069
钢铁是怎样炼成的	12344
神话传说	10029
骆驼祥子	2303
格列佛游记	11032
格列佛游记	11255
格林童话精选	15845
海底两万里	11214
朝花夕拾	5439
鲁滨孙飘流记	11027
鲁滨孙飘流记	11253
童年	12390
简·爱	11132
繁星 春水	3564

语文新课标必读丛书增订版

书名	编号
二十世纪外国散文精选	15659
三国演义	2574
女神	3516
小学生必背古诗70篇	10030
小兵张嘎	8593
子夜	2281
历史的天空	610
匹克威克外传（上下）	11200
中国二十世纪中短篇小说选读	10175
中国二十世纪戏剧选读	10179
中国二十世纪散文选读（二十世纪中国散文精选）	10177
中国历史故事精选	8591
中国古代寓言故事	10165
中国民间故事精选	9810
中国短篇童话精选	8592
中国新诗选读（二十世纪中国诗歌精选）	10178
巴黎圣母院	11078
水浒传（上中下）	2611
平凡的世界（1—3）	720
外国二十世纪短篇小说选读	15647
外国历史故事精选	16092
外国民间故事精选	16093
外国短篇童话精选	16094
边城	2456
老人与海	13129
西厢记	5968
西游记（上中下）	2580
成语故事	10026
朱自清散文精选	5542
伊索寓言精选	15846
名人传	11204
庄子选译	5662
安徒生童话精选	15844
论语通译	10924
红楼梦（上下）	2663
芙蓉镇	233
克雷洛夫寓言精选	15899
围城	2373
呐喊	2356
初中生必背古诗文50篇	10031
欧也妮·葛朗台	11186
欧·亨利短篇小说选	12776
孟子选注	5663
契诃夫短篇小说选	11413
城南旧事	617
茶馆	5878
哈姆莱特	14863
钢铁是怎样炼成的	12344
复活	11326
神话传说	10029
骆驼祥子	2303
泰戈尔诗选	14314
莫泊桑短篇小说选	11198
格列佛游记	11032
格林童话精选	15845
贾平凹散文精选	4663
高中生必背古诗文40篇	10034
海底两万里	11214
家	2284
课外文学名著导读（小学、初中版）	10167
课外文学名著导读（高中版）	10166
谈美书简	6332
堂吉诃德	11045
朝花夕拾	5439
鲁迅杂文精选	5541
鲁滨孙飘流记	11027
童年	12390
普希金诗选	14091
雷雨	5943
歌德谈话录	15118
繁星 春水	3564

神探四侠

书名	编号
可怕的病毒计划	9097
闹鬼的旅馆	9099
毒窟探秘	9098
恐龙山的幽灵	9100

费定选集

书名	编号
不平凡的夏天（上下）	12493

早年的欢乐	12492
篝火	12547

院士推荐外国新科普书系·DK 科学探索

人工智能	17239
人类的基因	17240
人脑是如何工作的	17238
正在变暖的地球	17243
安全的食物	17241
膨胀的宇宙	17242

院士推荐外国新科普书系·国家地理探索

人类的大脑	17237
未来科技	17235
极端天气	17236
最后一滴水	17232
遗传的奥秘	17234
濒危动物	17233

院士推荐外国新科普书系·国家地理探索·校园版

人类的大脑	16212
极端天气	16215
最后一滴水	16214
遗传的奥秘	16213

孩子应该知道的秘密

小孩子的权利	16417
生命是怎么回事	16411
死亡是怎么回事	16410
时间是怎么回事	16780
我们一起聊大便	16415
我们为啥长毛发	16414
我们怎样讲故事	16781
我们怎样远离暴力	16416
我们怎样接受不同	16412
爱是怎么回事	16413

孩子应该知道的植物标本

小红帽的野花标本集	16488
小拇指的树叶标本集	16485
灰姑娘的花草标本集	16487
魔豆杰克的魔力植物标本集	16486

秦文君原创大奖小说

女生贾梅 十六岁的少女	9165
小丫林晓梅	9164
小鬼鲁智胜	9162
男生贾里 孤女俱乐部	9163

秦文君原创大奖小说美绘拼音版

大狗喀啦克拉的公寓	9378
小人精丁宝	9377

秦瘦鸥作品精编

戏迷自传	2492
秋海棠	2486
梅宝	2491

泰戈尔选集

沉船	13387
诗集	14281

班克斯警探系列

无辜的坟墓	13020
杀手短信	13010
约克郡人骨之谜	13019

埃特加·凯雷特作品系列

美好的七年	14767
突然,响起一阵敲门声	13770
最后一个故事,就这样啦	13781

莫迪亚诺作品系列

一度青春	12050
八月的星期天	12099
多拉·布吕代	12097
来自遗忘的最深处	12081
我们人生开始时	14988
这样你就不会迷路	12082
沉睡的记忆	12234
环城大道	12051
青春咖啡馆	11902
夜巡	12052
夜的草	12096
星形广场	12053
凄凉别墅	12098
暗店街	12142

莫泊桑中短篇小说全集

于松太太的贞洁少男	11149
山鹬的故事	11135
小萝克	11147
月光	11137
巴朗先生	11141
巴黎一市民的星期日	11164
左手	11151
白天和黑夜的故事	11143
伊薇特	11145
羊脂球	11048
米隆老爹	11155
米斯蒂	11156
图瓦	11142
空有玉貌	11150
泰利埃公馆	11138
菲菲小姐	11134
密斯哈丽特	11136
隆多里姐妹	11144
奥尔拉	11148
新婚旅行	11167

莎士比亚剧本插图珍藏本

仲夏夜之梦	14900
麦克白	14901
李尔王	14868
罗密欧与朱丽叶	14899
威尼斯商人	14866
哈姆莱特	14863
第十二夜	14898
奥瑟罗	14853

莎拉公主

莎拉公主多功能相框拼图 1	17346
莎拉公主多功能相框拼图 2	17347
莎拉公主多功能相框拼图 3	17348
莎拉公主多功能相框拼图 4	17349
涂色书 1 小猫格朗将军	17279
涂色书 2 小绅士科吉	17280
涂色书 3 双胞胎姐妹	17281
涂色书 4 小厨师莎拉	17282

莎拉公主·小说系列

老师的秘密	17099
妈妈肚子里的宝	17103
我要做小伴娘	17102
爸爸失踪了	17100
谁是小偷	17098
曾祖母的来信	17096
温暖的龙卷风	17097
意外的奖章	17101

莎拉公主·认知书系列

认知书 1 快乐的一天	17329
认知书 2 美丽的颜色	17330
认知书 3 可爱的朋友们	17331
认知书 4 漂亮的衣服	17332
认知书 5 勤劳的小女孩	17333

莎拉公主·描红本系列

可爱的拼音	17263
有趣的数字	17261
优雅的字母	17264

美丽的汉字	17262

莎拉公主·感恩绘本系列

收获的季节	17159
亲亲我的小花	17158
爱心晚餐	17163
陪伴	17160
温柔的小医生	17162
愿望	17161

桂冠译丛

千夜之夜	13864
白老虎	13679
完美伴侣	12327
转吧,这伟大的世界	13080
修配工	13342
神圣的夜晚	13865

桃李 book

扎根	711
后悔录	783
非鸟	708

校园幽默欢乐谷·女生的强势出击系列

小女生的秘密行动	8596
不拿男生当回事儿	8594
男班主任的鲜事儿	8595
聒噪大嘴的郁闷	8597
邋遢大王与臭美同桌	8598

校园幽默欢乐谷·男生的温柔对抗系列

二班女生有点闹	8649
我的恐怖同桌	8648
奇耻外号"窥探狂"	8651
班里来了个冷美女	8650
最好离她远点	8647

核心阅读工程

大森林里的小木屋	16224
小人国和大人国	15821
小公主	16119
小狐狸买手套	16219
木偶奇遇记	15795
五个孩子和沙地精	16198
丛林故事	16006
地心游记	11260
男孩彭罗德的烦恼	15867
灵犬莱茜	12941
彼德·潘	15997
狮子,女巫和魔衣柜	16217
捣蛋鬼日记	16083
秘密花园	16230
绿山墙的安妮	12891
黑骏马	16234
魔法城堡	16231
露着衬衫角的小蚂蚁	16222

索尔·贝娄作品系列

更多的人死于心碎	13227
抓住时机	13224
雨王亨德森	13228
拉维尔斯坦	13226
洪堡的礼物	13223
奥吉·马奇历险记	13229
赫索格	13225
赛姆勒先生的行星	13222

索尔·贝娄作品集

更多的人死于心碎	13227
抓住时机	13224
雨王亨德森	13228
拉维尔斯坦	13226
受害者	13368
洪堡的礼物	13223
真情	13369
晃来晃去的人	13370

奥吉·马奇历险记	13229	紫木槿	13769
赫索格	13225		
赛姆勒先生的行星	13222	**铁衣侦探**	

贾平凹小说精粹中篇卷

		一先令蜡烛	11883
艺术家韩起祥(天狗)	1958	时间的女儿	11885
太白山手记(火纸)	1961	排队谋杀案	11886
古堡(鸡窝洼的人家)	1960	歌唱的沙	11884
观我(五魁)	1962		
猎人(制造声音)	1959	**铁凝长篇小说系列**	

大浴女	837
无雨之城	836
玫瑰门	835
笨花	790

贾平凹小说精粹短篇卷

太白山手记(火纸)	1961
猎人(制造声音)	1959

笑话世界

加布罗沃笑话与传闻	17495
苏联流行笑话与幽默	17492
犹太幽默笑话	17401
英国幽默笑话	17400
美国幽默笑话	17396
捷克幽默笑话	17496
瑞典幽默笑话	17397
意大利幽默笑话	17398
德国幽默笑话	17399

原创儿童科幻文学丛书

上古追缉	9372
天地奇旅	9375
厄尔尼诺诅咒	9369
月球闭合线	9373
世纪之约	9376
奇奇怪太空游侠	9371
食梦少年	9370
彗核	9374

唠叨故事系列

徐贵祥抗战系列

八月桂花遍地开	1221
马上天下	1002
历史的天空	610

大禹治水	8442
开天辟地	8439
武王伐纣	8444
国人暴动	8445
商汤与伊尹	8443

殷健灵温暖你:拼音美绘版

飞行的瓦片	9333
小明和小明	9601
萤火虫灯	9334

钻石译丛

"爱的礼物"大奖作家新童话

一粒麦种	13721
回家之路	13341
阿尔特米奥·克罗斯之死	13119
泳池夏日屋	12087
绕路而行	12080

飞翔的小樱桃	8980

小芬的蝈蝈	9005
公猫阿漆的奏鸣曲	8959
皮特儿·独眼猫·笨鸭鸭	8957
红花草原	8983
萤屋	8977
梦想号游船	8960
蓝鸟	8958

爱情经典

白夜 同一本书·爱情经典	15654
我愿意是急流 同一首诗·爱情经典	15655

翁达杰作品系列

世代相传	14649
劫后余生	13363
英国病人	13159
剥肉桂的人	14176
遥望	13073

鸵鸟文学丛书

小小职员	11676
身影离开大地	11675
铁栅栏上的眼睛	11674
鲜花	11673

恋上古诗词书系

一片幽情冷处浓 纳兰词	3779
一蓑烟雨任平生 东坡词赏读	3777
无可奈何花落去 二晏词	3789
长恨此身非我有 豪放词	3785
忆昔花间初识面 花间词	3778
玉楼明月长相忆 婉约词	3786
此情无计可消除 漱玉词·断肠词	3780
众里寻他千百度 辛弃疾词	3795
多情自古伤离别 柳永词	3790
学词入门第一书 白香词谱	3793
谁道人间秋已尽 人间词·人间词话	3781
梦里不知身是客 南唐词	3782
韶华不为少年留 秦观词	3788

恋上古诗词版画插图版

一片幽情冷处浓 纳兰词	3779
一蓑烟雨任平生 东坡词赏读	3777
无可奈何花落去 二晏词	3789
历代律诗选评	3812
中国八大诗人	7236
中国古典诗法举要	7167
长恨此身非我有 豪放词	3785
忆昔花间初识面 花间词	3778
玉楼明月长相忆 婉约词	3786
古诗十九首释 经典常谈	7180
东坡乐府笺	3823
北宋词境浅说	7194
乐府诗选	3822
此情无计可消除 漱玉词·断肠词	3780
年事梦中休,花空烟水流 梦窗词	3815
众里寻他千百度 辛弃疾词	3795
多情自古伤离别 柳永词	3790
壮心未与年俱老 陆游诗词	3807
苏辛词说	3836
杜甫诗选评	3824
李商隐诗选评	3835
近三百年名家词选	3814
词曲概论	7185
词学十讲	7183
词学通论	7199
学词入门第一书 白香词谱	3793
诗经名物图解	10939
南宋词境浅说	7192
唐人绝句精华	3675
唐五代两宋词简析	3820
唐五代词选注	3813
唐五代词境浅说	7193
唐宋名家词选	3810
唐诗三百首详析	3811
谁道人间秋已尽 人间词·人间词话	3781
梦里不知身是客 南唐词	3782
韶华不为少年留 秦观词	3788

高中语文选修课程资源系列

三大师	14480

中国二十世纪中短篇小说选读	10175	**唐宋名家诗词**	
中国二十世纪戏剧选读	10179		
中国二十世纪散文选读		千家诗评注	3722
（二十世纪中国散文精选）	10177	白居易诗（白居易诗选）	3756
中国新诗选读		苏轼词（苏轼词选）	3751
（二十世纪中国诗歌精选）	10178	杜甫诗（杜甫诗选）	3759
本杰明·富兰克林自传	14491	李白诗（李白诗选）	3755
外国二十世纪短篇小说选读	15647	李贺诗	3758
老舍作品选读	10173	李商隐诗	3760
名人传	11204	李清照词（李清照词选）	3754
希腊神话	15817	辛弃疾词（辛弃疾词选）	3753
林肯传	14490	宋词三百首简注（宋词三百首）	3732
莎士比亚戏剧选读	14893	柳永词	3750
唐诗三百首	3757	姜夔词	3752
谈美 谈文学	6608	唐诗三百首简注	3719
梵高自传	14427		
曹禺戏剧选读	10176	**唐诗名家诵读**	
鲁迅小说选读	10174		
鲁迅杂文选读	10172	白居易诗（白居易诗选）	3756
演讲艺术读本	10180	杜甫诗（杜甫诗选）	3759
辩论艺术读本	10181	李白诗（李白诗选）	3755
		李贺诗	3758
高尔基自传体小说		李商隐诗	3760
在人间	12392	**唐娜·塔特作品系列**	
我的大学	12393		
童年	12390	金翅雀	13220
		校园秘史	13239
高尔基选集			
		涅斯特林格优秀幻想小说	
三人	12487		
马特维·克日米亚金的一生	12445	巴特先生的返老还童药	15968
母亲	12391	可爱的魔鬼先生	15966
回忆录选	14685	冻僵的王子	15971
戏剧集	15027	幽灵大姊罗莎·里德尔	15969
克里姆·萨姆金的一生（第一部）	12505	脑袋里的小矮人	15967
克里姆·萨姆金的一生（第二部）	12508	新木偶奇遇记	15970
克里姆·萨姆金的一生（第三部）	12514		
苏联游记	14686	**《海内外文学》丛书**	
没用人的一生	12486		
阿尔达莫诺夫家的事业	12410	勿忘草	3114
短篇小说集	12409	失去的金铃子	213
福玛·高尔杰耶夫	12477		

考验	244
西方人看中国戏剧	6238
挑灯集——郑子瑜散文选	4186
战争与爱情(上下)	428
爱情试验	1850
悬崖的悲剧	416
落尘	376
翡翠的心——琦君散文精选	4183
飘泊	3110
蝶神	1867
孽子	362

海内外华文女作家小说系列

干燥花	615
东瀛我辈	613
行囊空空	614

海宝唱响中华童谣

小木偶	9412
小蜗牛请客	9419
云妹妹	9414
它是谁	9418
奶奶过生日	9417
有双小脏手	9413
两只小羊	9415
板凳歪歪	9410
牵牛花	9411
蝴蝶飞	9416

诺奖童书

大地的孩子	16556
白海豹	16363
他们的乐园	16881
尼尔斯骑鹅历险记	16555
许愿树	16282
如梦初醒	16284
红襟鸟	16289
我们的朋友狗狗	16370
我的小狗	16281
青鸟	16553

青鸟(续篇)	16554
奇幻森林	16364
夜莺之歌	16288
树国之旅	16285
孩子们的那些事儿	16880
泰戈尔经典诗集	16365
原来如此的故事	16286
柴堆旁的男孩	16057
爱尔兰童话故事	16287
蜜蜂公主	16371
蜜蜂的生活	16362

诺奖童书珍藏版

如梦初醒	16284
红襟鸟	16289
奇幻森林	16364
原来如此的故事	16286

通灵少女吉尔达

鬼魂奏鸣曲	13069
秘密情报点	13070
通灵侦探	13068
湖上仙子	13067

通俗艺术小丛书

同业余演员谈演技	17611
怎样开展职工业余艺术活动	17588
怎样编写鼓词	17590
教唱、指挥和歌詠团的组织训练	17595
简谱识谱法	17598

通俗文库

三换肩	18109
三摆渡	18114
小两口逛庙会	18116
五千一	18212
比比看	18115
月照东墙	18138
为了钢	18110

龙王辞职	18211
兄弟擂台	18214
刘介梅	18112
社会主义好	18209
牧鸭会	18111
昨天	18215
迷路记	18210
袁天成革命	18857
理发的故事	18216
喜相逢	18139
朝阳沟	18113
翻身记	18213

域外聊斋

入土不安 欧美惊悚小说精选集	11232
古文物专家的鬼故事	12102
玄幻故事集	12104
边陲鬼屋	12101
邪屋	13268
如果是真的,就太奇怪了	12202
克苏鲁的呼唤	13269
幽魂岛 欧美灵异小说名家名作选	11770
惊魂记	12103
塞拉斯叔叔	12105

域外随笔插图本

乐神的摇篮——萨尔茨堡手记	4412
维也纳情感	4415

教育部统编《语文》推荐阅读丛书

一千零一夜	13432
人间词话	6836
人类星光灿烂时	14559
三国演义	2574
大卫·科波菲尔(上下)	11188
女神	3516
小王子	15885
小兵张嘎	8593
小学优秀古诗背诵指定篇目(75篇)	10064
马克·吐温中短篇小说选	12772

子夜	2281
乡土中国	5389
木偶奇遇记	15795
瓦尔登湖	14449
少年维特的烦恼	11070
中外历史故事精选	10106
中外民间故事精选	10096
中外神话传说	10095
中国传统家训选	8746
中国现代诗歌选	3580
中国现当代儿童诗选	3466
中国寓言故事精选	10094
毛姆文集 月亮与六便士	15535
巴黎圣母院	11078
双城记	11153
孔子的故事(增订本)	10243
水浒传(上中下)	2611
世说新语选	2705
艾青诗选	3310
古文观止	5682
叶圣陶散文	5602
叶圣陶童话(稻草人)	8432
史记选	5681
四世同堂(上下)	2445
外国中短篇小说藏本·都德	11254
边城 湘行散记	8134
老人与海	13129
老子讲读	5683
西厢记	5968
西游记(上中下)	2580
成语故事	10026
朱自清散文精选	5542
伊索寓言精选	15846
名人传	11286
庄子选译	5684
汤姆·索亚历险记	12734
安妮日记	14577
安徒生童话精选	15853
论语通译	10924
红楼梦(上下)	2663
约翰-克利斯朵夫(1—4)	10993
杜甫传	6837
围城	2373

书名	页码	书名	页码
呐喊	2356	贾平凹散文精选	5325
牡丹亭	5976	秘密花园	16230
我是猫	13433	爱丽丝梦游仙境	11287
彷徨	2358	爱的教育	11178
希腊神话	15817	高中生古诗文推荐背诵95篇	10107
汪曾祺小说散文精选	7801	郭小川诗选	3468
宋诗选注	3639	唐宋传奇选	2606
初中优秀古诗文背诵指定篇目(61篇)	10063	唐宋词简释	3787
林海雪原	47	唐诗三百首详析	3802
杰克·伦敦小说选	12929	海子的诗	3129
欧也妮·葛朗台	10975	海底两万里	11214
欧·亨利短篇小说选	12776	海涅诗选	14065
昆虫记	16233	浮生六记	5680
呼兰河传	2567	流浪地球 刘慈欣作品精选	2252
彼得·潘	16631	家	2284
金银岛	16235	谈美书简	6332
夜莺与玫瑰	15852	培根随笔集	14428
宝葫芦的秘密	8608	聊斋志异选	2665
居里夫人自传	14620	堂吉诃德	11045
屈原 蔡文姬	5948	猎人笔记	11318
孟子选注	5663	寂静的春天	17458
契诃夫短篇小说选	11413	骑鹅旅行记(上集)	15793
城南旧事	617	绿山墙的安妮	12891
革命烈士诗歌选读	10069	朝花夕拾	5439
茶馆 龙须沟	5869	森林报	16644
柳林风声	16633	惠特曼诗选	14066
战争与和平(1—4)	11389	悲惨世界(1)	11004
星星离我们有多远	10879	傲慢与偏见	11163
哈姆莱特 莎士比亚戏剧选	14907	鲁迅杂文精选	5541
钢铁是怎样炼成的	12344	鲁滨孙飘流记	11253
怎样读书	5601	童年	12390
复活	11326	普希金诗选	14091
俗世奇人(足本)	2144	缘缘堂随笔	5600
语文杂谈	6755	简·爱	11132
神秘岛	11237	新选元曲三百首	5998
给青年的十二封信	5341	窦娥冤 关汉卿选集	6001
骆驼祥子	2303	歌德谈话录	15118
泰戈尔诗选	14318	臧克家诗选	3581
莫泊桑短篇小说选	11198	暴风骤雨(上下)	2520
荷花淀	2194	镜花缘(上下)	2586
莎士比亚戏剧故事集	14487	儒林外史	2581
格列佛游记	11255	戴望舒诗选	3578
格林童话	16225	繁星·春水	3577

OZ国历险记（绿野仙踪）	15919

基列三部曲

莱拉	13367
家园	13072
基列家书	12980

勒克莱齐奥作品系列

巨人	11908
乌拉尼亚	11789
饥饿间奏曲	11872
寻金者	12017
沙漠	11897
非洲人	11980
罗德里格斯岛之旅	14617
迭戈和弗里达	11978
变革	12194
看不见的大陆	14522
流浪的星星	11890
脚的故事	12023
奥尼恰	11931
暴雨	12185
墨西哥之梦	14561
飙车	11874
燃烧的心	11924

勒萨日选集

杜卡莱先生	14841
瘸腿魔鬼	10996

黄蓓佳非常成长系列

今天我是升旗手	9209
我飞了	9206
我要做好孩子	9205
你是我的宝贝	9208
亲亲我的妈妈	9207

菲茨杰拉德代表作

人间天堂	12792
了不起的盖茨比	12940
夜色温柔	12780

菲茨杰拉德作品全集

人间天堂	13313
了不起的盖茨比	13306
末代大亨	13312
所有悲伤的年轻人	13315
夜色温柔	13307
崩溃	14615
清晨起床号	13314
新潮女郎与哲学家	13316
漂亮冤家	13311
爵士乐时代的故事	13309

乾隆小子歪歪传系列

臭小子之乾隆告状	8540
野小子之板凳你好	8541
淘小子之大腕挺逗	8542
犟小子之作业风波	8543

乾嘉名家别集丛刊

王文治诗文集	8240
王昙诗文集	8241
杨芳灿集	8239

乾嘉诗文名家丛刊

王又曾集	8243
毕沅诗集（上下）	3803
孙原湘集（上中下）	8248
法式善诗文集（上下）	8242
郭麐诗集（上中下）	3806

萨冈作品系列

一月后，一年后	12275
心有戚戚	12281
平静的风暴	12277
你好，忧愁	12283

你喜欢勃拉姆斯吗……	12274
狂乱	12276
冷水中的一点阳光	12279
灵魂之伤	12280
孤独的池塘	11968
某种微笑	12282
凌乱的床	12284
舞台音乐	12278

"梅赛德斯先生"三部曲

先到先得	13301
梅赛德斯先生	13284
警戒解除	13340

曹文轩文集

一根燃烧尽了的绳子	4794
二十世纪末中国文学现象研究	6450
三角地	2028
三角地	9265
山羊不吃天堂草	8638
山羊不吃天堂草	9073
小说门	6447
天瓢	1014
云雀谣	9168
中国八十年代文学现象研究	6448
水边的文字屋	9560
红瓦	1013
红纱灯	9119
青瓦大街	9317
青铜葵花	8636
青铜葵花	9071
细米	8640
细米	9074
草房子	8637
草房子	9072
根鸟	8639
根鸟	9070
鸭宝河	9316
铁皮狗	9114
黄琉璃	9120
甜橙树	2027
甜橙树	9264
第二世界——对文学艺术的哲学解释	6449

曹文轩文集·丁丁当当

山那边还是山·草根街	9147
黑水手·蚂蚁象	9146
黑痴白痴·盲羊·跳蚤剧团	9145

曹文轩双语作品集

凤鸽儿 A Very Special Pigeon 汉英对照	9346
火桂花 The Cassia Tree 汉英对照	9343
白马雪儿 Looking for Snowy 汉英对照	9344
灰娃的高地 Huiwa's Stand 汉英对照	9345

曹文轩作品精装典藏版

三角地	9398
山羊不吃天堂草	9195
火印	9193
青铜葵花	9196
细米	9220
草房子	9197
根鸟	9399
甜橙树	9397

曹文轩典藏拼音版

八哥	9321
三斧头	9299
山羊坡	9323
小河弯弯	9300
长裙子短袜子	9307
月光下的秘密	9324
凤鸽儿	9326
白胡子	9301
有个丫头叫草环	9308
灰灰的瘦马	9320
会说话的铃铛	9319
红葫芦	9322
狂奔的鸭群	9302
金茅草	9306

哑牛	9305
孩子,该回家了	9325
唱歌的山羊	9318
愤怒的哇哇	9304
蔷薇女孩	9303

曹文轩新小说

寻找一只鸟	9407
草鞋湾	9204
穿堂风	9364
萤王	9172
蝙蝠香	9384

探索者丛书

二十五世纪的人(上下)	556
生命是劳动与仁慈	528
尘埃落定	562
羊角号	531
如花似玉的原野	516
赤彤丹朱	507
垂直的舞蹈	662
城市白皮书	513
南方的爱	599
独白与手势·白	604
独白与手势·红	648
独白与手势·蓝	603
疼痛与抚摸	509
婚姻生活的侧面	602
喜马拉雅	576
暂时之痛	565
新西游记(上下)	537

常新港经典长篇系列

亦德的冬天	9117
青春的荒草地	9116
青草的骨头	9118
烟囱下的孩子	9115

常新港经典成长系列

麦山的黄昏(升级版)	9353
男孩的街(升级版)	9354
我亲爱的童年(升级版)	9350
青瓜瓶(升级版)	9352
咬人的夏天(升级版)	9351
逆行的鱼(升级版)	9356
请收藏我的声音(升级版)	9358
淑女木乃伊(升级版)	9355
遇到我的未来(升级版)	9357
温柔天才(升级版)	9359

野生动物世界探险系列

大熊猫传奇(下)恶魔岭	9090
大熊猫传奇(上)食铁怪兽	9088
大熊猫传奇(中)强盗大胡子	9089
千鸟谷追踪(下)猴面鹰发起攻击	9087
千鸟谷追踪(上)大战野人岭	9085
千鸟谷追踪(中)猎雕	9086
云海探奇(下)月下白猸	9096
云海探奇(上)密林角斗	9094
云海探奇(中)鹰飞猴叫	9095
呦呦鹿鸣(下)鸟岛水怪	9093
呦呦鹿鸣(上)花鹿失踪	9091
呦呦鹿鸣(中)长在树上的鹿角	9092

野草莓丛书

马戏团的秘密	2258
马戏团的秘密	5219
太平,太平	2260
太阳从背后升起	2050
去可可西里吃大餐	2217
冬天的早班飞机	3307
永无回归之路	2049
在上帝的眼皮底下	2256
在上帝的眼皮底下	5217
在乌鲁布铁	2052
当爱情上了年纪	5335
仿佛或恰恰相反	3507
自言自语	5220
李二的奔走	2214
青花瓷碗	2051
闹鬼的房子	3370

城市和鱼	2109
阁楼	2271
狼獾河	8712
隐蔽在河流深处	2257
隐蔽在河流深处	5218
最后的狩猎	2107
寒蝉凄切	2108
肆意妖娆	5221
蓝钟花	3476
碰到物体上的光	3477
镜中的浮士德	3508

晚清四大谴责小说插图本

二十年目睹之怪现状(上下)	2604
老残游记	2593
官场现形记(上下)	2592
孽海花	2666

跃进小丛刊

一九二五年的风暴	9889
一个温暖的雪夜	9901
干劲及其他	9907
万能拖拉机诞生	9890
上海人	9908
不断革命的人	9896
毛主席在我们中间	9905
毛主席指示我们过草地	9898
为长寿而斗争	9893
生活的火花	9906
老长工	9894
老孟泰来到了上海	9892
卖酒女	9899
典型报告	9891
学习漫谈	9902
洋河大渠	9903
黄金之乡	9900
符家源上的新秀才	9897
船厂追踪	9895
额木尔脱险记	9904

跃进新民歌

一人能守半边天	9971
人民公社一枝花	9968
三月麦子满坝黄	9920
大跃进战歌	9911
山区人民唱山歌	9913
山水献宝	9925
千锤百炼红又专	9917
日厂办起满天星	9924
日夜守在山顶上	9923
打开山区金银窝	9974
打开文化百宝箱	9916
东方巨龙腾空起	9967
兄弟团结是一家	9918
四十条纲要放光芒	9910
共产党光辉万年红	9909
农民个个成专家	9972
如今瑶山大不同	9975
红旗插在人心里	9919
步步跟着毛主席	9966
我们自己当龙王	9912
社会主义快快来	9926
金黄稻浪接九霄	9973
要吃鱼虾下海洋	9928
钢水红似火	9921
总路线,进兵营	9922
跃进歌声送上天	9927
解放大军缚苍龙	9970
滔滔钢水日夜流	9969
歌唱技术革命	9915
整个车间一团红	9914

略萨作品系列

五个街角	13334
公羊的节日	13305
水中鱼 略萨回忆录	14638
世界末日之战	13109
坏女孩的恶作剧	13078
利图马在安第斯山	13303
凯尔特人之梦	13298

卑微的英雄	13297	X生物	15719
城市与狗	13304		
胡利娅姨妈与作家	13040	### 梨木香步作品系列	
首领们	13332		
给青年小说家的信	14612	西女巫之死	13714
酒吧长谈	13096	家守绮谭	13803
绿房子	13047		
潘达雷昂上尉与劳军女郎	13051	### 第二届全国少数民族文学创作获奖作品丛书	

银色独角兽

第二届全国少数民族文学创作获奖作品丛书

小丫头奥尔加 去度假	16481	中篇小说集	1858
小丫头奥尔加 过生日	16482	诗歌集	3101
小丫头奥尔加 变魔法	16484	短篇小说集	1859
小丫头奥尔加 做怪事	16483		
小心儿怦怦跳	16386	### 做个自然小侦探	
小船长全集	16648		
小淑女米莉·茉莉·曼迪和她的		池塘	17250
白色小茅屋	16358	荒野	17249
小淑女米莉·茉莉·曼迪和她的朋友们	16357	海滩	17248
不一样的森林小剧场	16388		
幻影	16361	### 袋鼠丛书	
世界上最奇怪的动物	16389		
令人烦恼的茶壶	16359	上了炸药的狗	13933
匆匆忙忙小故事	16672	少女寻父	13939
芒果的滋味	16379	红线	13940
西方战线上的五个孩子	16668	奇迹之年	13938
会飞的软木塞	16462	哲学家的狗	13935
我想变得与众不同	16665	偷窃 一个爱情故事	13941
每一天都快乐	16387	童年的故事	13934
没有我,世界会不会不一样?	16390	漫漫回家路	13937
追寻联盟	16461		
凋零城的花园	16666	### 彩精灵童话	
梦幻岛之旅	16705		
漂流的贝雷帽	16463	六十楼的土土土	8897
		老树精婆婆的七彩头发	8898
### 银河边缘		姥姥躲在牙齿里	8895
		暖暖莲	8896
天象祭司	15715		
多面AI	15716	### 彩蝶文丛	
次元壁	15718		
冰冻未来	15711	北欧缤纷 池元莲散文选	4293
奇境	15710	叶底红莲 赵淑敏散文选	4294
		尘世的火烛 吕大明散文选	4297

闯进灵异世界——戴小华散文选	4253
金色之门——尤今散文选	4251
相逢犹如在梦中——梦莉散文选	4254
爱情与幻想	4194
逢魔时间——李碧华散文选	4252

猫之物语

小猫尤什卡	11450
老人和猫	12295
阿奇与阿七	16404
阿猫和阿狗	16406
独来独往的猫	16943
想太多的猫	16405
擅长装扮的老猫经	16944

猫头鹰书丛

无声的黄昏	6296
叫喊的城市	6297
理解九十年代	6298
第三种尊严	6299

猫头鹰学术文丛

"人"与"鬼"的纠葛——鲁迅小说论析	6663
人在旅途——周作人的思想和文体	6669
三四十年代苏俄汉译文学论	6700
王学与中晚明士人心态	6976
"无"的意义——朴心玄览中的道体论形而上学	10612
中国文化的守夜人——鲁迅	6674
中国现代三大文学思潮新论	6701
中国现代长篇小说名著版本校评	6685
文化的重量:解读当代华裔美国文学	7413
文学台湾——台湾知识者的文学叙事与理论想像	6355
正误交织陈独秀——思想的诠释与文化的评判	10644
世变缘常——四十年代小说论	6676
本土语境与西方资源——现代中西诗学关系研究	6710
东方神韵——意境论	6325
生的执著——存在主义与中国现代文学	6668
用生命拥抱文化——中华20世纪学者散文的文化精神	6348
半是儒家半释家——周作人思想研究	6708
对话场景中的中国现代小说理论话语	6704
有狼的风景——读八十年代中国文学	6334
死火重温	6320
回眸"学衡派"——文化保守主义的现代命运	6666
传媒时代的文学	6417
多重对话——中国新文学的发生	6681
现代文学经典:症候式分析	6699
现代性:批判的批判——中国现代文学研究的核心问题	6696
现代诗的情感与形式	6347
美学新论	6268
黄与蓝的交响——中西美学比较论	6314
难以直说的苦衷——鲁迅《野草》探秘	6672
晚清民国时期上海小报研究——一种综合的文化、文学考察	6617
鲁迅回忆录正误	6654
鲁迅的生命哲学	6667
鲁迅前期文本中的"个人"观念	6695
解读博尔赫斯	7378

猫头鹰学术文丛精选

"人"与"鬼"的纠葛——鲁迅小说论析	6663
中国文化的守夜人——鲁迅	6674
文学台湾——台湾知识者的文学叙事与理论想像	6355
死火重温	6320
现代文学经典:症候式分析	6699
周作人的是非功过	6612
胡适传论(上下)	6664
鲁迅的生命哲学	6667

猫头鹰学术译丛

与地球重新签约 哥本哈根社会发展论坛文选之一	17407
后汽车时代的城市	17404
全球资本主义的终结 新的历史蓝图	17405

沉默的另一面	15344
抵抗的全球化（上下）	17424
拉丁美洲被切开的血管	17406
新阶级与知识分子的未来	17403

廊桥书系

一岁的小鹿	15856
十七岁	12932
中年——浪漫之旅	12931
风雨红颜	12933
我带你去那儿	12953
查特莱夫人的情人	11690
帝国瀑布	12952
迷魂谷	12951
野性的规则	11685
廊桥遗梦	12885
摩根的旅程	13936

"商小说"系列

乙方	990
夺位	991
争锋 世界顶级外企沉浮录	986
别样的江湖	987
流血的职场	988
猎狼	989

惊天父子系列

天池怪兽	8508
天坑迷雾	8509
天堂之岛	8507

清代诗人别集丛刊

冯溥集笺注	3832
何道生集	3827
金兆燕集	3828
姜宸英集（上下）	3829
郭曾炘集	3825
曹贞吉集	3826

淘气的乒乓猫

乒乓猫大冒险	16887
乒乓猫上报纸	16885
乒乓猫飞起来	16884
乒乓猫过生日	16882
乒乓猫玩音乐	16883
家里来客人啦	16886

屠格涅夫自传体小说

初恋	11436
阿霞	11437
春潮	11438

屠格涅夫选集

中短篇小说集（下）	11394
中短篇小说集（上）	11392
中短篇小说集（中）	11393
父与子	11314
书信选	14461
处女地	11343
戏剧集	14937
罗亭	11390
贵族之家	11391
前夜	11315
烟	11365
猎人笔记	11318
散文诗 文论	15612

"绿野仙踪"系列

多萝西与大法师	16957
通往奥兹国的路	16962
绿野仙踪	16960
奥兹王国的葛琳达	16949
奥兹王国的魔力	16955
奥兹仙境	16958
奥兹玛公主	16950
奥兹国之失踪的公主	16952
奥兹国之英加王子	16954

奥兹国之铁皮人	16956	经典与传统 先秦两汉诗赋考论	7007
奥兹国的碎布姑娘	16951	贯通与驾驭：宋代文体学述论	7165
奥兹国的翡翠城	16961	唐代小说文化意蕴探微	7095
奥兹国的滴答人	16953	唐宋八大家骈文研究	7056
奥兹国的稻草人	16959	唐宋士风与词风研究	
		——以白居易、苏轼为中心	7022
		唐宋诗宏观结构论	7032
		唐诗接受史	7112

斑斑加油

为了告别的聚会	9083	旅行故事：空间经验与文学表达	7154
书中藏有花生酱	9082	凌濛初研究	7069
走错教室上错课	9081	通俗小说"有诗为证"的生成及流变	6832
		晚唐五代江浙隐逸诗人研究	7070
		清中叶浙江女词人研究	7178
		清代扬州徽商与东南地区文学艺术研究	
		——以"扬州二马"为中心	7068
		禅与唐宋诗学	7001

博洛尼亚书展最佳童书奖

冬日一杯茶	16351
每一个的影子	16352
完美的一天	16354
到来的时刻	16353
夏天的早晨	16350

斯坦培克选集

中短篇小说选（一）	12854
中短篇小说选（二）	12859
伊甸之东	12869
烦恼的冬天	12851

博雅文丛

斯特林堡选集

士气文心 苏轼文化人格与文艺思想	7003	女仆的儿子	11080
韦庄研究	7017	戏剧选	14870
中国六大古典小说识要	7129	红房间	11064
中国古代小说与戏曲关系史	7086		
中国古代戏曲目录研究	7127		

斯蒂芬·金作品系列

水浒传源流考论	7035	尸骨袋	13169
古代小说与民间宗教及帮会之关系研究	7078	日落之后	13178
左传国策研究	7010	手机	13217
乐府学概论	6829	长眠医生	13238
玄学与魏晋南朝诗学研究	7125	布莱泽	13057
西昆体研究	7080	乐园	13237
朱熹文学思想研究	7131	闪灵	13215
江南文化与唐代文学研究	7027	头号书迷	13219
汤显祖与晚明戏曲的嬗变（增订版）	7232	写作这回事 创作生涯回忆录	13248
李渔戏曲叙事观念研究	7134	必需品专卖店	13140
两宋望族与文学	7085	亚特兰蒂斯之心	13247
陆氏《异林》之钟繇与女鬼相合事考论	7061		
明末清初西湖小说研究	7208		
明清文人话本研究	7067		
易代之悲 钱澄之及其诗	7144		
岭南三大家研究	7059		

杜马岛	13043	无土时代	917
丽赛的故事	13256	太阳照在桑干河上	2519
局外人	13377	中国制造	611
奇梦集	13376	风云初记	100
宠物公墓	13250	丹青引	554
穹顶之下（上下）	13216	乌泥湖年谱 1957—1966	622
捕梦网	13255	六十年的变迁（一）	43
绿里	13251	水乳大地	731
斯蒂芬·金的故事贩卖机（迷雾）	13133	古炉	1049
黑暗的另一半	13249	古船	350
暗夜无星	13218	平原枪声	77
魔符	13182	平原烈火	1
11/22/63（上下）	13366	生活的路	187
		白雪乌鸦	1039

韩少功长篇小说系列

马桥词典	723
日夜书	1421
暗示	681

韩国文学丛书

外面是夏天	13877
鸟的礼物	13661
那个男孩的家	13662
我爱劳劳	13853
你的夏天还好吗？	13773
肮脏的书桌	13772
客地——黄皙暎中短篇小说选	13674
冠村随笔	13729
韩国现代小说选 通过小说阅读韩国	13673

朝内 166 人文文库·中国当代长篇小说

人啊，人	846
三里湾	53
三家巷 苦斗（《一代风流》第一卷、第二卷）	762
大江风雷（上下）	125
大波（第一部）	52
上海的早晨（一）	56
小城春秋	40
马上天下	1002

边疆晓歌	934
圣天门口（上中下）	768
吕梁英雄传	2518
问苍茫	948
军队的女儿	923
农民帝国	942
羽蛇	730
红高粱家族	849
红旗谱	76
纪实和虚构——创造世界方法之一种	467
赤彤丹朱	507
花腔	663
足球门	1001
男人的风格	852
我的丁一之旅	791
我的生活质量	715
我是太阳	530
沧浪之水	650
青春之歌	50
苦菜花	74
英格力士	749
林海雪原	47
欧阳海之歌	129
国家干部（上下）	960
所以	855
金牧场	848
夜谭十记	268
河岸	965
沸腾的群山	126

1649

空山（三部曲）	968	麦琪的礼物	12790
草原烽火	78	这里的黎明静悄悄……	15764
战斗的青春	759	初恋	11426
省委书记 K 省纪事	850	变色龙	11425
便衣警察	303	变形记	11987
保卫延安	12	热爱生命	13156
前驱（上下）	114	黑猫	12791
活动变人形	321		
突出重围	570		
穿心莲	1017		
绝顶	670		
艳阳天（一）	116		
晋阳秋	928		
逐鹿中原	91		
铁道游击队	64		
敌后武工队	761		
唐浩明文集·曾国藩（上中下）	683		
雪城（上下）	844		
野火春风斗古城	67		
笨花	790		
第二十幕（上中下）	588		
第九个寡妇	1127		
黑白	868		
蒙古往事	784		
蒙面之城	1012		
歇马山庄	606		
暗示	681		
新儿女英雄传	35		
新星	295		
暴风骤雨（上下）	2520		
蹉跎岁月	737		
藏獒	785		

朝内 166 人文文库·外国诗歌

恶之花	14048
海涅诗选	14047
雪莱诗选	14049
普希金诗选	14095
新月集·飞鸟集	14317

朝鲜文学丛书

人间问题	13588
李箕永短篇小说集	13595

森林里的秘密

松鼠艾尔顿和艾吉斯	16775
狐狸拉克尔和雷莎	16776
狍子鲁特和洛基	16777
野兔哈里和海达	16778
森林里的动物	16774
森林里的游戏	16773

插画大师弗夫尤·泰斯塔经典绘本

一只打开坚果的狼	16493
小尼克的大探险	16480
如果要去探险	16495
带上你的画笔	16494
带上铅笔去旅行	16498
树叶	16496
看看你身边	16499
追蝴蝶的人	16479
猫和老鼠一起玩	16497
A 到 Z 路长长	16478

朝内 166 人文文库·外国中短篇小说

一个陌生女人的来信	11986
卡门	11250
白夜	11427
老人与海	13155
百万英镑	12789
死于威尼斯	11983
伊凡·杰尼索维奇的一天	11419
羊脂球	11249

插图本名著名译丛书

《一千零一夜》故事选	13425
一个世纪儿的忏悔	11058
一生	11041
十日谈	11168
八十天环游地球	11225
了不起的盖茨比	12940
三个火枪手（上、下）	11265
小妇人	12779
马克·吐温中短篇小说选	12772
少年维特的烦恼	11070
巴黎圣母院	11078
双城记	11153
卡夫卡中短篇小说全集	12054
外国中短篇小说藏本·都德	11254
外国中短篇小说藏本·海明威	13193
包法利夫人	11017
在人间	12392
死魂灵	11366
伊利亚特	14028
名人传	11288
忏悔录（第一部）	11062
汤姆叔叔的小屋	12771
汤姆·索亚历险记	12769
安娜·卡列尼娜（上下）	11323
安徒生童话选	15785
红与黑	11184
约婚夫妇	11170
我的大学	12393
希腊的神话和传说	11026
杰克·伦敦小说选	12929
欧也妮·葛朗台 高老头	11054
欧·亨利短篇小说选	12793
呼啸山庄	11185
契诃夫小说选（上册）	11320
威尼斯商人	14906
战争与和平（1—4）	11389
钢铁是怎样炼成的	12344
复活	11326
神曲	14038
泰戈尔诗选	14318
莎士比亚悲剧选	14888
格列佛游记	11032
海底两万里	11214
浮士德	14879
培根随笔集	14428
堂吉诃德	11045
猎人笔记	11318
绿山墙的安妮	12891
斯·茨威格中短篇小说选	11736
悲惨世界（1）	11004
傲慢与偏见	11163
奥利弗·退斯特（雾都孤儿）	11191
奥德赛	14031
鲁滨孙飘流记	11027
童年	12390
普希金诗选	14096
罪与罚	11361
简·爱	11132
静静的顿河（第一部）	12404

插图本茨威格传记丛书

人类星光灿烂时	14559
三大师	14666
巴尔扎克传	14566
约瑟夫·富歇 一个政治性人物的肖像	14644
玛利亚·斯图亚特传	14542
良心反抗暴力 卡斯台利奥加尔文	14645
昨日世界 一个欧洲人的回忆	14575
断头王后——玛丽·安托瓦内特传	14604

雅诺什经典童话集

雪茄盒里的小人	16720
偷星星的贼	16719
最有趣的圣诞故事	16721

最美女儿心

一条想念春天的鱼	9426
女孩四季	9427
天天天蓝	9425
月亮花园	9424

最美的欧洲童话绘本

小公主的生日	16292
玛丽和糖果人	16294
勇敢的泪珠儿	16293
塔楼传说	16295

喷火龙丹尼

万圣节奇遇	17113
会咬人的香肠	17009
作业大冒险	17007
怪梦探秘	17120
城堡里的骑士	17125
勇斗忍者蛙	17008
勇闯精灵国	17118
谁偷了假牙？	17124
营救鹿角兔	17119
蝙蝠怪"妈妈"	17110

黑白阎连科

发现小说	6490
我与父辈	5070
感念	5069
711号园	5068

黑白阎连科·中篇四书

天宫图 平平淡淡 瑶沟的日头	2082
年月日 朝着东南走 横活	2079
耙耧天歌 大校 乡村死亡报告	2080
黄金洞 寻找土地 中士还乡	2081

黑色系列

二流小说家	13221
血与水	13358
坏种子	13331
玩偶死去的夏天	12085
爱尔兰人	14670
梦景之眼	12220

黑色金融系列

交易场	13110
造市者	11925
滴血城市	11952

黑猫文库

写字楼的奇想日志	1472
扮演者游戏	2270
密室小丑	1469
溯洄	1471

黑暗塔系列

三张牌	12966
卡拉之狼	12994
苏珊娜之歌	13004
巫师与玻璃球	12986
枪侠	12968
荒原	12975
穿过锁孔的风	13271
黑暗之塔	13025

黑鹤亲近大自然动物小说

乌尔逊河边的狼	9342
母兔	9330
老奶奶的狼	9340
呼和诺尔野猫	9328
勇猛的牧羊犬	9150
喝牛奶的猪	9341
獾	9329

短经典

一切破碎，一切成灰	13126
七个来自远方的故事	12150
大象	12724
乡下的葬礼	12191
父亲的眼泪	13137
石泉城	13135

东区挽歌	13733
令人反感的幸福	13327
母与子	11962
动物寓言集	13102
存在	13308
死水恶波	13187
回忆,扑克牌	13708
安魂曲	12155
走在蓝色的田野上	11951
两次暗杀之间	13709
抛锚	12021
狂野之夜 关于爱伦·坡、狄金森、马克·吐温、詹姆斯和海明威最后时日的故事	13101
沉吟	12137
初恋总是诀恋	13706
耶稣之子	13162
雨后	12003
爸爸	12151
空荡荡的家	12001
孤独的池塘	11968
星期天	11958
美国鸟人	13100
炽焰燃烧	13121
倾诉	12197
爱,始于冬季	11940
爱情半夜餐	11981
偶然天才故事集	12245
隐居	13835
最后假期	13339
黑河钓事	12016
游戏的终结	13148
雷蒙德·卡佛短篇小说自选集	13038
摸彩	13180
避暑	13170
魔桶	13275

短经典精选

二十一个故事	12200
闯入者	13833
走在蓝色的田野上	11951
时光匆匆老去	12199
我们飞	12201
雨后	12003
星期天	11958
爱,始于冬季	11940
爱情半夜餐	11981
隐秘的幸福	13328

傅雷作品精选

世界美术名作二十讲	10839
谈艺录及其他	10838

鲁冰花园

小石头	8950
小鸟快飞	8912
切梦刀	8987
月亮生病了	8909
白鹅的孩子	8986
沙漠的眼睛	8984
金色小提琴	8911
树结钟	8989
彩霞果酱	8988
最亮的眼睛	8910
戴胜鸟日记	8985

童年中国原创图画书系列

大西瓜	9537
小鸟生物钟	9508
小雨后	9492
天衣无缝针	9493
五颜六色的一天	9499
风哥哥	9509
书之船	9546
我们都会错过一些事情	9495
我的家很大很大很大	9507
我是一个幸运的小孩儿	9538
刺猬灯	9485
拐角书店	9498
牧童	9505
和我玩吧	9491
咪子的家	9489

神奇的胡子	9529
捉鱼去	9544
爱小虫	9519
绣花儿	9506
野葡萄	9523
麻花小熊	9486
瞧瞧我的花指头	9497
辫子	9487

童年河拼音版

开学第一天	9404
石库门里的新家	9401
喜鹊、苹果和饼干	9403
雾中的大楼	9402

童话之林丛书

正义童话	15811
训谕童话	15807
幽默童话	15809
勇敢童话	15810
智慧童话	15806
温馨童话	15808

"愤怒的小鸟"大电影全新动漫故事

| 一群与众不同的鸟 | 16396 |
| 真正的朋友 | 16395 |

普希金代表作

上尉的女儿	11433
叶甫盖尼·奥涅金	14093
如果生活欺骗了你	14097

普希金经典文选

普希金经典小说选	11442
普希金经典情诗选	14099
普希金经典童话集	15901

普希金选集

| 长诗 | 14087 |
| 叶甫盖尼·奥涅金 | 14085 |

湘女自然文学精品

大树杜鹃	9430
山狸猫金爪	9261
小马倌阿里	9260
猎人的故事	9429

"温暖你"系列

天上的船	9161
月亮茶馆里的童年	9123
米兰公寓	9128
安安	9125
纸人	9186
轮子上的麦小麦	9126
哭泣精灵	9124
像你这样一个女孩儿	9127

温馨动物乐园

山里的猴子	15934
门廊里的小马	15937
学校里的松鼠	15938
婴儿围栏里的小猪	15936
厨房里的小猫	15933
储藏室里的小狗	15935

滑稽猫汤姆系列

汤姆猫	17151
汤姆猫在海边	17152
汤姆猫的派对	17154
汤姆猫游火星	17153
遇见汤姆猫	17150

游戏童年

| 错误岛 | 16290 |

瓢虫找新家	16291

塌鼻头女孩米拉多系列

大美女温老师	8585
我是妈妈的小棉袄	8583
班长有啥了不起	8584

蓝色花诗丛

小小的死亡之歌	14171
天真的预言——布莱克诗选	14058
不要温顺地走进那个良宵	
——狄兰·托马斯诗选	14169
未走之路——弗罗斯特诗选	14165
东西谣曲——吉卜林诗选	14180
北方的白桦树——布宁诗选	14100
对星星的诺言——米斯特拉尔诗选	14191
你是黄昏的牧人——萨福诗选	14057
狄奥提玛——荷尔德林诗选	14063
这无穷尽的平原的沉寂——魏尔伦诗选	14056
沙与沫——纪伯伦诗选	14320
注视一只黑鸟的十三种方式	
——史蒂文斯诗选	14183
城与海——朗费罗诗选	14172
荒原——艾略特诗选	14173
重返伊甸园——劳伦斯诗选	14182
致艾尔薇拉——拉马丁诗选	14061
浪漫主义的夕阳——波德莱尔诗选	14064
请你记住——缪塞诗选	14170
裂枝的嘎鸣——黑塞诗选	14181
新月集·飞鸟集——泰戈尔诗选	14321

蓝星诗库

于坚的诗	3171
王家新的诗	3176
戈麦的诗	3302
吉狄马加的诗	3472
芒克的诗	3241
西川诗选	3145
多多的诗	3304
孙文波的诗	3177

肖开愚的诗	3192
张枣的诗	3260
陈东东的诗	3490
昌耀的诗	3155
食指的诗	3170
骆一禾的诗	3268
顾城的诗	3151
海子的诗	3129
舒婷的诗	3128
翟永明的诗	3303

蓝星诗库金版

张枣的诗	3260
昌耀的诗	3155
食指	3197
顾城的诗	3151
海子的诗	3129
舒婷的诗	3128

蓝调文丛

不圆的珍珠	4644
布拉格,那蓝雨中的石子路	4645
写在水上的诺贝尔	4638
行人寥落的小径	4641
别样的风景	4640
我所见到的法兰西文学大师	4642
堂吉诃德的长矛	4639
塞纳河畔的文学景观	4643
樱花点缀的记忆	4636
潜行乌贼	4637

蒙台梭利自己做做中学

大自然观察笔记	16896
小宝宝的伟大诞生	16903
小冒险家的旅行日志	16842
爷爷回来了吗?	16899
看看世界有多大	16902
被颜色闯入的梦境	16901
想和我一起过生日吗?	16898
摸得着的数字	16900

100只兔子闯进了花园 16897

献给女性的诗

为这场雪我要感谢你 献给女友的诗 15706
在风吹到的所有方向里 献给妻子的诗 15705
晨歌 献给母亲的诗 15704

暗夜之光

不归之旅 17045
死亡测试 17048
灵魂之湖 17053
命运之子 17055
幽灵之王 17054
神秘追踪 17046
致命诱惑 17044
朝圣之路 17047
喋血之战 17049
黑色陷阱 17051
黎明杀手 17052
薄暮猎人 17050

跳跳兔脑力体操

跳跳兔找茬我最棒1 精灵岛的聚会 16709
跳跳兔找茬我最棒2 马戏团大冒险 16710
跳跳兔找茬我最棒3 魔法师与假兔子 16711
跳跳兔的怪物迷宫1 河童村的迷宫 16706
跳跳兔的怪物迷宫2 怪物大王的迷宫 16707
跳跳兔的怪物迷宫3 妖精们的迷宫 16708
跳跳兔迷宫大冒险1 迷宫达人的挑战 16712
跳跳兔迷宫大冒险2 捣蛋鬼误闯迷宫村 16713
跳跳兔迷宫大冒险3 强盗们的星星迷宫 16714
跳跳兔迷宫大冒险4 淘气鬼的森林迷宫 16715
跳跳兔迷宫大冒险5 玩具王国
　与美食王国的迷宫 16716

蜂鸟文丛

一个陌生女人的来信 11986
人的境遇 11650
乞力马扎罗山上的雪 13231
乡村医生 12122
车夫,挥鞭! 12218
文字生涯 14470
火与冰的故事集 12230
他和他的人 13776
印象与风景 14603
动物农场 12216
地粮 14602
竹林中 13894
米佳的爱情 11435
吴尔夫文集 奥兰多 15488
我的包着红头巾的小白杨 13915
沉睡的人 12240
局外人 12066
苹果树 12065
饲养 13757
夜半撞车 11695
夜里老鼠们要睡觉 12217
孩子,你别哭 13602
都柏林人 12121
啊,拓荒者! 12888
爱岛的男人 12219
被束缚的人 12123
野兽的烙印 12125
黑暗的心 11292
蜜月 12124
熊 13230

简·奥斯丁文集

劝导 11284
爱玛 11279
诺桑觉寺 11283
理智与情感 11281
曼斯菲尔德庄园 11280
傲慢与偏见 11282

像艾玛一样快乐成长

艾玛上学记 16819
艾玛不想睡觉 16817
艾玛在爸爸的办公室 16814
艾玛和老师的小宝宝 16822

艾玛和她的小伙伴	16820
艾玛的另一种爱	16818
艾玛的圣诞节	16815
艾玛的香蕉浴	16824
艾玛的秘密小本子	16823
艾玛的新发型	16816
艾玛学跳舞	16821
艾玛爱打扮	16825

微光城市系列

先知	13207
星火	13208
钻石	13206
微光城市	13209

詹姆斯·弗洛拉经典绘本系列

奶牛打喷嚏	16682
圣诞节的袋鼠	16680
透明的捡屑人	16681

触摸自然小丛书

瓦尔登湖	14425
鸟与诗人	14499
夏日漫步山间	14498

解放军文艺丛书

一车高粱米（快板诗）	2722
一对红的故事 战士业余演出独幕剧集	17984
三八线上的凯歌	39
大进军	2717
万水千山（话剧）	5717
上甘岭	1506
山村花正红	17936
开垦	2725
天安门上的红灯	2726
不可战胜的力量	3850
中国人民志愿军战士诗	2729
中国人民解放军战士诗选	2739
风雪东线	1490
打击侵略者（话剧）	5700
东线	24
生活在英雄们的中间	3845
代代红	17939
白兰花	2758
在轨道上前进	30
向苏军红旗歌舞团学习	6015
冲破黎明前的黑暗（话剧）	5701
访苏记	3844
红灯记 革命现代京剧样板戏	5780
赤道战鼓	17932
志愿军一日（第一编）	9815
志愿军一日（第二编）	9816
志愿军一日（第三编）	9817
志愿军一日（第四编）	9818
志愿军英雄传（一集）	9812
志愿军英雄传（二集）	9813
志愿军英雄传（三集）	9814
把人民解放军的文艺工作提高一步	6013
沙家浜 革命现代京剧样板戏	5783
英雄颂	2829
奇袭白虎团 革命现代京剧样板戏	5782
金色兴安岭	1513
革命生涯	9874
南方来信	17931
战士创作选	1505
战斗的边疆	1519
战线南移（五幕剧）	5755
保卫延安	12
保卫和平（话剧）	5763
胜利在望	17985
祖国的儿子黄继光	34
海港 革命现代京剧样板戏	5784
谁是最可爱的人	3840
绣花荷包（歌剧）	5704
智取威虎山 革命现代京剧样板戏	5781
新四军的一个连队	41
黎明风景	3602

新小说家系列

十七年蝉	1025
七月轮舞	1024

布克村信札	1029
沉睡的女儿	1023
绝色演员的温暖面具	1026

新中国60年中短篇小说典藏

山外青山(2000—2008)	2016
丰盈的激情(上下)(1976—1984)	2011
归去来兮(上下)(1985—1989)	2015
芳菲遍野(1990—1995)	2010
沉静的风景(1996—1999)	2014
站起来的声音(1949—1956)	2013
篱下百花(1957—1966)	2012

新中国70年70部长篇小说典藏

九月寓言	770
三里湾	53
三家巷	83
大刀记(第一卷)	141
万山红遍(上下)	1433
上海的早晨(一)	56
山乡巨变(上)	58
马桥词典	723
天行者	970
历史的天空	610
中国制造	611
长恨歌	724
水乳大地	731
东方(上中下)	175
东藏记	630
生命册	1310
白鹿原	465
冬天里的春天(上下)	228
尘埃落定	562
许茂和他的女儿们	735
抉择	734
我们播种爱情	82
我的丁一之旅	791
我是我的神(上下)	1244
沉重的翅膀	239
青春万岁	182
青春之歌	50

苦菜花	74
林海雪原	47
南方有嘉木 不夜之侯 筑草为城 (茶人三部曲)	742
省委书记 K省纪事	850
钟鼓楼	308
保卫延安	12
亮剑	875
突出重围	570
艳阳天(一)	116
秦腔	907
铁道游击队	64
浴血罗霄	1100
黄河东流去	752
黄雀记	1292
雪城(上下)	844
推拿	939
野火春风斗古城	67
笨花	790
第二个太阳	356
焦裕禄	1431
装台	1432
湖光山色	1162
暗算	815
新星	295
额尔古纳河右岸	1041
蹉跎岁月	737
藏獒	785
繁花	1358

新文学史料丛书

历史风涛中的文人们	4707
从文自传	4120
风雨五十年	4130
旧时月色中的文人们	4702
写作生涯回忆	4125
记事珠	4121
老舍生活与创作自述	4122
创作回忆录	4123
我与我的世界	4126
我走过的道路(下)	4131
我走过的道路(上)	4118

我走过的道路(中)	4127
钦文自传	4129
闻一多书信选	5505
徐懋庸回忆录	4124
旅广手记	4119
脚印	4128

新文学论丛丛书

小说创作谈	6176
北京书简	6182
生活的牧歌	6038
军人的美和美的军事文学	6218
论艺术的特性	6207
论"文学是人学"	6193
现代四作家论	6189
现代诗人及流派琐谈	6640
诗卷长留天地间——论郭小川的诗	6202
锈损了灵魂的悲剧	6177
精湛的史诗艺术	6198

新文学碑林

二月	2344
大堰河	3572
女神	3516
小小十年	2313
乡风与市风 灵山歌	8128
王贵与李香香 漳河水	3613
少年飘泊者	2447
文学与生活 密云期风习小记	6623
巴黎的鳞爪	5531
玉君	2326
生人妻	2557
饥饿的郭素娥 蜗牛在荆棘上	2415
边城	2456
地之子	2459
西滢闲话	5530
在黑暗中	2452
自己的园地	5519
红烛 死水	3563
志摩的诗	3544
花之寺	2451
芦花荡 荷花淀	2563
李有才板话	2561
谷	2559
沉沦	2448
画梦录	5523
画廊集	5624
咀华集	6624
呼兰河传	2558
鱼目集	3568
卷葹	2383
空山灵雨	5520
春醪集	5522
草莽集	3545
南北极	2455
南行记	2457
柚子	2453
背影	5495
尝试集	3547
昨日之歌	3569
差半车麦秸	2564
盈盈集	3614
桂公塘	2556
速写三篇	2347
栗子	2562
烙印 罪恶的黑手	3566
海滨故人	2449
梦家诗集	3565
蛇与塔	5625
望舒草	3567
缀网劳蛛	2446
喜筵之后 某少女	2450
湖畔	3562
缘缘堂随笔	5471
微雨	3571
醉里	2458
踪迹	3570
憎恨	2560
剪拂集	5529
穆旦诗选	3550
繁星 春水	3564

新世纪外国畅销小说书架

人们都叫我动物	11875

小岛	11765	万水千山（话剧）	5717
历史学家	12969	上甘岭	1506
午后四点	11768	开不败的花朵	1485
午间女人	11842	天山牧歌	2756
风之影	11752	不能走那条路	1625
乌拉尼亚	11789	中国民间故事选（一）	9732
布鲁克林的荒唐事	13008	六十年的变迁（一）	43
失物之书	11852	龙须沟（话剧）	5697
失窃的孩子	12989	四十年的愿望（话剧）	5767
亚瑟与乔治	11754	白兰花	2758
达·芬奇密码	13026	白求恩大夫	2530
曲终人散	13018	考验（话剧）	5720
回归	11828	在茫茫的草原上（上）	44
优美的安娜贝尔·李寒彻颤栗早逝去	13670	在新事物的面前（话剧）	5769
自杀俱乐部	11779	吕梁英雄传	2518
肖申克的救赎	12974	欢笑的金沙江	26
时间旅行者的妻子	12998	红日	68
男人与男孩	11849	红旗呼啦啦飘	2533
你好，忧愁	11829	红旗歌（话剧）	5695
直觉	13011	麦收	1567
奇迹之年	13938	李家庄的变迁	2526
庞贝	11855	把一切献给党	9823
法兰西组曲	11728	英雄的十月	5619
南方的寡妇	12984	明朗的天（话剧）	5764
皇帝的孩子	12999	金色兴安岭	1513
美国佬	11713	变天记	70
迷魂谷	12951	春种秋收	1523
埃德加的诅咒	14502	政治委员	1558
恋爱中的男人	11881	战斗里成长（话剧）	5960
雪花和秘密的扇子	12977	种谷记	2517
救救我！	11758	逃婚调	9728
第十三个故事	11806	前途似锦	1541
奥尔特校园手记	12967	赶车传	3595
童年的许诺	11805	桥	1557
微物之神	13652	原动力	2524
新生	13666	党费	1631
		铁道游击队	64

新创作选拔本

		高玉宝	59
		海员朱宝庭	1627
一面小白旗的风波	1626	谁是最可爱的人	3840
三千里江山	7	野火春风斗古城	67
三年早知道	1606	铜墙铁壁	3
三里湾	53	漳河水	3591

黎明的河边	1607

新观察丛书

小品文选集	3863
访战后朝鲜	3860
访康藏高原	3864
狱中	1537

新注古代文学名家集

司马相如集校注	3714
司空曙诗集校注	3791
刘长卿集编年校注	3725
孟郊诗集校注	3715
孟浩然集校注	3703
秦观集编年校注（上下）	3734
贾岛集校注	3736
贾谊集校注	5658

数独系列

数独1	9694
数独2	9695
数独3	9696
数独4	9697
数独5	9698
数独6	9699

塞普尔维达作品系列

斗牛士之名	13274
世界尽头的世界	13289
失落的南方	14616
边缘故事集	13277
读爱情故事的老人	13130

塞普尔维达童话

小米、小马和小墨	16545
小蜗牛慢慢来	16544
教海鸥飞翔的猫	15881

福尔摩斯经典探案绘本系列

巴斯克维尔的猎犬	17445
四签名	17443
血字的研究	17444
恐怖谷	17442

福尔摩斯探案全集

归来记	12176
四签名	12183
回忆录	12182
血字的研究	12179
冒险史	12177
幽灵犬	12181
恐怖谷	12178
最后的致意	12175
新探案	12180

福尔摩斯探案全集少儿版

土著的毒箭	16139
王冠宝石案	16124
巴斯克维尔的猎犬	16143
布鲁斯—帕廷顿计划	16136
四签名	16129
闪光暗号	16131
皮肤变白的军人	16126
血字的研究	16132
住院的病人	16137
驼背人	16127
神秘人像	16140
恐怖谷	16130
"格洛里亚斯科特"号三桅帆船	16142
银色马	16133
谜屋	16135
斑点绳子案	16128
黑彼得	16125
窗口的蜡黄脸孔	16134
戴面纱的房客	16141
魔鬼之足	16138

福尔摩斯探案全集青少版

土著的毒箭	16139
王冠宝石案	16124
巴斯克维尔的猎犬	16143
布鲁斯—帕廷顿计划	16136
四签名	16129
闪光暗号	16131
皮肤变白的军人	16126
血字的研究	16132
住院的病人	16137
驼背人	16127
神秘人像	16140
恐怖谷	16130
"格洛里亚斯科特"号三桅帆船	16142
银色马	16133
谜屋	16135
斑点绳子案	16128
黑彼得	16125
窗口的蜡黄脸孔	16134
戴面纱的房客	16141
魔鬼之足	16138

福娃系列

寻找赑屃	8558
如意碎片	8559
勇闯骷髅岛	8564
谁是真英雄	8579
赑屃的密码	8560
黑暗号角	8580
福娃之光	8581

漫忆女作家丛书

一片冰心	4346
又见梅娘	4349
女兵谢冰莹	4350
飞回的孔雀——袁昌英	4347
关露啊,关露	4313
别了,莎菲	4309
金锁沉香张爱玲	4345
海滨故人庐隐	4310
萧萧落红	4312
绿天雪林	4322
窗子内外忆徽因	4311
魂归陶然亭——石评梅	4348

漫说文化丛书

乡风市声	4177
父父子子	4156
世故人情	4157
生生死死	4181
男男女女	4155
佛佛道道	4159
闲情乐事	4158
神神鬼鬼	4178
说东道西	4180
读书读书	4179

漫说旧时光

长夜	2364
从文自传	4120
正红旗下	1766
呼兰河传	2558
城南旧事	617
南行记	2457
笠山农场	1291

漫说丛书

漫说"三言""二拍"	7013
漫说三国	6973
漫说水浒	6975
漫说西游	6974
漫说红楼	6979
漫说金瓶梅	7053
漫说聊斋	7015
漫说儒林外史	7014

演员小丛书

马卡洛娃	17558

日阿阔夫	17631	杨柳风（柳林风声）	15996
卡道奇尼科夫	17557	来自矮人国的小兄妹	15943
西蒙诺夫	17556	男孩彭罗德的烦恼	15867
安德列也夫	17555	希腊神话	15817
玛列茨卡娅	17559	昆虫记	16115
库兹明娜	17629	彼德·潘	15997
契尔诃夫	17576	所罗门王的宝藏	16073
格里包夫	17603	金银岛	11218
热洛夫	17599	怪物马戏团	15929
留别兹诺夫	17621	法老的诅咒	15986
塔拉索娃	17575	法国童话	16116
鲍果留波夫	17574	幽灵船	15984
		穿越夜空的疯狂旅行	16027

影响名人一生的成长故事 伯吉斯动物童话

		神秘岛	11237
		格兰特船长的女儿	11239
土拨鼠约翰尼奇遇记	17026	格林童话精选	15845
小嘲鸫莫克尔奇遇记	17027	捣蛋鬼日记	16083
田鼠丹尼奇遇记	17029	秘密花园	12892
负鼠比利大叔奇遇记	17030	爱丽斯漫游奇境	11177
青蛙爷爷弗洛格奇遇记	17028	爱的教育	11178
彼得兔奇遇记	17023	海底两万里	11214
狐狸雷迪奇遇记	17024	海蒂	11648
麝鼠杰里奇遇记	17025	被偷去记忆的博物馆	16066
		骑鹅旅行记（上集）	15793

影响孩子们一生的经典插图本

		绿山墙的安妮	12891
		黑骏马	16004
儿童圣经故事	16117	鲁滨孙飘流记	11027
小人国和大人国	15821	蓝熊船长的13条半命	15930
小王子	15869	赖医生丛林记 赖医生航海记	16078
小公主	16119	数字魔鬼	16086
小妇人	12777	魔堡	16059
天方夜谭	13428	露着衬衫角的小蚂蚁	16087
木偶奇遇记	15795	OZ国历险记（绿野仙踪）	15919
世界著名寓言	15816		
古堡里的月亮公主	15963	**墨水世界三部曲**	
失踪的王子	16118		
丛林故事	16006	墨水心	11862
外公的13号古宅	16040	墨水死	11946
写给我天堂里的妹妹	16052	墨水血	11898
汤姆的午夜花园	16032		
汤姆·索亚历险记	12769	**黎汝清战争经典系列**	
安妮卡的宝石	16101		
安徒生童话	15823	皖南事变	1093

湘江之战	1094
碧血黄沙	1092

德永直选集

没有太阳的街	13480
静静的群山（第一部）	13457
静静的群山（第二部）	13466

德国幼儿生活教育绘本·好朋友科妮

科妮上小学了	16734
科妮上幼儿园	16733
科妮去体检	16736
科妮去理发	16737
科妮去野营	16735
科妮在农场	16724
科妮过圣诞节	16742
科妮走丢了	16722
科妮住院了	16723
科妮和小宝宝	16740
科妮和复活节兔子	16741
科妮的山区徒步	16745
科妮的生日会	16744
科妮的"睡觉节"	16746
科妮的鳄鱼	16747
科妮学芭蕾	16731
科妮学音乐	16727
科妮学做比萨饼	16725
科妮学骑马	16729
科妮学骑车	16728
科妮学滑雪	16730
科妮学游泳	16726
科妮看牙医	16738
科妮捡了一只小猫	16739
科妮第一次乘飞机	16743
科妮踢足球	16732

德国情感教育经典童话

小毛毛不想长大	16614
小毛毛想飞起来	16613
世上也有小巨人	16612
汉诺有一只小龙宝宝	16617
被遗弃的小狐狸	16615
蓬蓬熊没兴趣	16828
蓬蓬熊捡了一个熊弟弟	16616

薛涛金牌幻想小说

围墙里的小柯	9076
废墟居民	9077
泡泡家族	9075
精灵闪现	9078

霍格沃茨图书馆

诗翁彼豆故事集	16096
神奇动物在哪里（插图版）	15884
神奇的魁地奇球	15877

镜海译丛

内港	12039
失约之城	12040
满大人	12038
滴漏	14174
澳门夜曲	12117

儒勒·凡尔纳海洋三部曲

神秘岛	11237
格兰特船长的女儿	11239
海底两万里（上下）	11251

儒勒·凡尔纳探险+幻想系列

八十天环游地球	11261
太阳系历险记	11257
气球上的五星期	11259
印度贵妇的五亿法郎	11256
地心游记	11260
金火山	11258
神秘岛	11237
格兰特船长的女儿	11239
海底两万里（上下）	11251

儒勒·凡尔纳探险系列

十五岁的船长	11238
八十天环游地球	11225
从地球到月球	11236
神秘岛	11237
格兰特船长的女儿	11239
海底两万里	11214

壁花系列

冬天的恶魔	13153
春天的丑闻	13152
秋天的童话	13154
夏夜的秘密	12970

戴夫·艾格斯作品

什么是什么	13091
国王的全息图	13236
野兽国	13060

辫子姐姐星座物语

大门牙姑娘有美梦	9110
不回信你会变丑的	9104
不是我天生脾气坏	9107
"灰常棒"的灰姑娘	9103
来自星星的弟弟	9111
我不是个胆小鬼	9113
我不是地球女孩	9108
我把自己弄丢了	9112
我最怕做选择题	9102
我遇到另一个我	9109
战无不胜小女神	9106
秘密会不会爆炸	9105

魔女莉莉系列丛书

莉莉大闹校园 莉莉与马戏团	15955
莉莉在狂野的西部 莉莉去印第安探险	15956
莉莉侦破木乃伊之谜	
莉莉造访沉没的世界	15953
莉莉迷上了足球 莉莉与中世纪魔剑	15954
莉莉登上了海盗船 莉莉过了把侦探瘾	15957

魔法小子朱皮皮系列

老妈是个大坏蛋？	8601
原来老妈有魔法	8600
眼珠子在狂奔	8599
做怪坏事的怪坏蛋	8602

魔法小巫女

小巫女去旅行	16904
小巫女过生日	16908
小巫女过圣诞	16907
机灵的小巫女	16905
好奇的小巫女	16906

露易丝想长大

百分之百无所畏惧	17123
百分之百独立完成	17122

霹雳贝贝之父金品集

乌龟也上网	9154
极限幻觉	9152
非法智慧	9153
螳螂一号	9156
魔表	9157
霹雳贝贝	9155

007 小说系列

金手指	12170
俄罗斯之爱	12158
皇家赌场	12169
诺博士	12159

20 世纪外国名家精品插图本

马里奥和魔术师	11721

1665

白海豹	11720
圣经的故事	17414
伊坦·弗洛美	12962
园会	11737
苹果树	11719
波希米亚女郎	12961
带星星的火车票	12512
故园	12604
威尔斯科幻经典	11718
哈尼娅	11722
哥儿	13650
海狼	12963
喀布尔人	13429
傻瓜吉姆佩尔	12964
福尔摩斯历险记	11693

21世纪年度小说选

2001 中篇小说	1910
2001 短篇小说	1909
2002 中篇小说	1917
2002 短篇小说	1918
2003 中篇小说	1924
2003 短篇小说	1922
2004 中篇小说	1928
2004 短篇小说	1929
2005 中篇小说	1955
2005 短篇小说	1956
2006 中篇小说	1970
2006 短篇小说	1968
2007 中篇小说	1983
2007 短篇小说	1984
2008 中篇小说	1996
2008 短篇小说	1995
2009 中篇小说	2020
2009 短篇小说	2019
2010 中篇小说	2037
2010 短篇小说	2036
2011 中篇小说	2043
2011 短篇小说	2048
2012 中篇小说	2066
2012 短篇小说	2065
2013 中篇小说	2086
2013 短篇小说	2087
2014 中篇小说	2133
2014 短篇小说	2124
2015 中篇小说	2151
2015 短篇小说	2149
2016 中篇小说	2128
2016 短篇小说	2186
2017 中篇小说	2200
2017 短篇小说	2201
2018 中篇小说	2245
2018 短篇小说	2242
2019 中篇小说	2263
2019 短篇小说	2253
2020 短篇小说	2000

21世纪年度文学评论选

2002 文学评论	6358
2003 文学评论	6377
2004 文学评论	6379
2005 文学评论	6391

21世纪年度报告文学选

2004 报告文学	4474
2005 报告文学	4526
2006 报告文学	4566
2007 报告文学	4646
2008 报告文学	4708
2009 报告文学	4793
2010 报告文学	4880
2011 报告文学	4919
2012 报告文学	4998
2013 报告文学	5056
2014 报告文学	5134
2015 报告文学	5177
2016 报告文学	5260
2017 报告文学	5327
2018 报告文学	5378
2019 报告文学	5412

21世纪年度散文选

2001 散文	4376

2002 散文	4381	台伯河边的爱情	11712
2003 散文	4421	老谋深算	12936
2004 散文	4471	亚瑟与乔治	11754
2005 散文	4523	在岸边	12049
2006 散文	4564	尘世的爱神	11687
2007 散文	4634	曲终人散	13018
2008 散文	4710	回到潘日鲁德	12632
2009 散文	4779	回家	13210
2010 散文	4848	优美的安娜贝尔·李寒彻颤栗早逝去	13670
2011 散文	4917	伊万的女儿,伊万的母亲	12597
2012 散文	4993	守望灯塔	11711
2013 散文	5044	阳光下的日子	12004
2014 散文	5136	形影不离	12033
2015 散文	5174	别了,那道风景	13942
2016 散文	5263	我们是姐妹	12032
2017 散文	5328	我的中尉	12630
2018 散文	5375	我脸上的秘密	11841
2019 散文	5415	希腊激情	13000
		饭店世界	11679

21世纪年度最佳外国小说

		间谍	11688
		沙滩上的小脚印	12007
大师之死	11838	完美罪行之友	11697
已无人为我哭泣	13365	灵魂之湾	12948
女大厨 一个女厨师的故事	12187	妖魔的狂笑	11753
小女孩与幻梦者	12188	幸福得如同上帝在法国	11686
夫妻的房间	12270	卖梦人	13044
天扰	13045	转吧,这伟大的世界	13080
天使之城或弗洛伊德博士的外套	11971	凯恩河	12925
天空的皮肤	12924	图书管理员	12616
无望的逃离	12598	所有爱的开始	12071
太阳来的十秒钟	11839	夜半撞车	11695
午间女人	11842	夜幕	11696
父亲岛	12119	要短句,亲爱的	11678
公无渡河	13691	砖巷	11698
乌拉尼亚	11789	星座号	12069
巴拉圭消息	12955	哪里传来找我的电话铃声	13707
古泉酒馆	11972	复杂的善意	12954
本来我们应该跳舞	12120	复活的艺术	13124
卡尔腾堡	11927	皇帝的孩子	12999
卡迪巴	11970	鬼火	13171
电厂之夜	13325	帝国之王	12006
生命	12037	美丽的年轻女子	12073
边缘	12034	美国佬	11713

首相 A	13759		
首都	12271	**99 图像小说**	
逆风	11928		
活在你手机里的我	12637	在他乡	8727
祖列依哈睁开了眼睛	12634	我们能谈点开心的事吗	17474
秘密手稿	11880	这个夏天	16558
爱的怯懦	11756	拇指男孩的秘密日记	16489
脑残	12623	树叶	8732
恋人	11926	爱丽丝梦游奇境（150周年纪念版）	16476
恋爱中的男人	11881	被遗忘的公主	16418
基列家书	12980	梵高	12232
萨尼卡	12613	群鸟的集会	16445
梅尔尼茨（上下）	11790	缝不起来的伤痕童年	17429
聋儿	13198		
唯愿你在此	12005	**99 博物艺术志**	
悠悠岁月	11882		
您忠实的舒里克	12603	日本江户时代织物纹样	17546
麻木	12723	日本明治时代设计图谱（上下）	17548
情系撒哈拉	11840	日本浮世绘纹样	17547
深谷幽城	12960	布封 鸟的世界（第一册）	17460
遇见	12189	布封 鸟的世界（第二册）	17461
黑炸药先生	12595	布封 鸟的世界（第三册）	17462
黑腚	13786	布封鸟的世界（第五册）	17464
骗子	12070	布封 鸟的世界（第四册）	17463
骗局的辉煌落幕	12009	灵动的设计 威廉·莫里斯的	
蓝色时刻	12981	经典设计纹样	17483
雷曼先生	11677	欧洲针织印花和壁纸纹样	17471
蜂王飞翔	12935	欧洲新艺术植物纹样	17470
酷暑天	12112	舞动的自然 威廉·莫里斯的经典纹样	17482
暴风雪	12625		
潜	12047	**J.K.罗琳读书单**	
		小公主	16005
21世纪新畅销译丛		小妇人	12777
艺伎回忆录	13346	古堡里的月亮公主	15963
失物之书	11852	丛林故事	16006
金翅雀	13220	杨柳风（柳林风声）	15996
特别响，非常近	13147	彼德·潘	15997
爱的历史	13349	秘密花园	12892
黄鸟	13335	黑骏马	16004
第十三个故事	11806		

编 辑 后 记

在我社总编室有一个卡片柜,里面保存着从 1951 年建社至今所有已出版图书的记录卡。每本新书,都有自己的"档案",记录下书名、著译者、出版时间和图书的装帧、开本、书号、印数、定价等信息,有的卡片上还记录了简单的内容说明,如果一本图书再版或重印,还会在已有卡片上续录版本的沿革、变更等情况。光阴似箭,流年如水,七十年过去了,总编室的记录人员换了一代又一代,而且从 1996 年开始使用计算机进行编务管理,但这项手工的卡片记录工作却从未间断,卡片也越来越多,它们按分类编号,有序排列,人民文学出版社七十年的图书出版资源就在这里积淀、延续、传承。

当我还在编辑部的时候,偶尔为了查找某种图书的版本,曾经见过这些卡片,那时就有感于其记录之详尽,想着如果整理出来,将是十分珍贵的出版史料。到总编室工作以后,作为纪念建社六十年的一个重点项目,社里决定要编一部人民文学出版社的图书总目,我有幸承担了它的编录工作。当编辑二十多年,编辑出版的图书也有许多,但这一次意义真的不同。我们常说当编辑是为人作嫁,而这回我感觉则像是为自己、为自己的家在做一件事情,一件大事,我愿意不避繁琐,倾尽全力,追求完美。

在我国,目录的编撰可谓历史悠久,东汉班固的《汉书·艺文志》,记载了先秦至西汉的学术文化典籍,是中国现存最早的目录。而反映我国古代的著述成就,规模最大、最全的目录就要推著名的《四库全书总目提要》和《四库全书简明目录》了。但是,对于编写当代图书的出版目录,可参考的文献并不是很多,尤其是编写体例,我基本上是在编录过程中边摸索边形成的,我所坚持的原则是既要有体例,又不能过于教条;一切以完整真实地体现出我社图书出版的实际和实绩为基本宗旨。

首先,根据我社图书出版的实际情况,从写作语言的角度,按照中文著作与译作两大板块对图书进行了划分,这从总体上体现了我社中外文学并举的出版特色,但有极个别用少数民族文字或外文写作的中国文学图书也依照习惯归入了著作类。接着,参照我社图书出版记录的原有分类,在著译两大板块之下,按小说、诗歌、散文、戏剧、理论研究等五种文体门类对图书进行次级划分,这又从另一个层面突出了我社作为专业文学出版社文学图书门类齐全、品种多样的优势。在这一个层次内,考虑到综合性的作家个人专集或包含多种文体的作品合集不能简单归入某一种文体类别,故又单独设立了"作品集"一类;而针对以上类别尚不能完全涵盖的图书,主要是非文学的社科文化类、少儿类、教育类、艺术类等图书,又另设了"其他"一类,这体现了我社在挺拔主业的同时,调整结构、丰富品种的出版思路。如此划分下来,在著作和译作的大框架下,恰巧各有七个类别,我社的图书就这样如彩虹一般缤纷呈现出来。

解决了分类问题,就进入到图书信息的收录阶段。对于信息的收录,应以客观准确为标准,最可靠的做法是以图书本身为依据。但由于时间和图书保存条件的限制,很难做到上万种图书的每一种版本和印次都能见到原书,此时,我主要依据的资料就是我社的图书出版记录了。选择哪些图书信息进入书目,直接关系到书目承载的信息量大小和书目的资料价值。在书名、著译者和出版时间这几个构成书目的必备项目之外,我又复选了丛书、装帧、开本、书号、定价等项目。我的考虑是:几十年间我们积累下雄厚的出版资源,这些资源不断被重组、激活、翻新,以适应今天读者的需求,这个过程也正是很多作品和图书走向经典的演化过程。最能够体现这个过程的就是丛书形式的出版,我们众多的常销图书,如《呐喊》《朝花夕拾》《家》《骆驼祥子》《围城》《红楼梦》《钢铁是怎样炼成的》等等,都一再被收入到不同的丛书中,使用过十几个甚至几十个书号发行不同的版本,通过收录这方面的信息,最能凸显我社图书多年来所产生的持久而深远的影响。装帧和开本虽然是对图书外观的客观记录,但它却是图书内容的外化和定位。建社之初的图书基本上是清一色的大小32开,但就在这大小考量之间也体现了出版者对图书的倾向性,堪比不着一字的春秋笔法。而从大小32开,到现在异彩纷呈的各式开本和装帧手段,更反映出我社图书在形式上不断丰富和发展的进程。书号和定价虽然是简单的数字,但书号是一本图书的身份证明,也是我社图书传承有序的标志。从我社最早的自有编号,到后来的全国统一书号,再到现在的标准书号,书目中全程记录了新中国成立以来书号使用、管理、演变的历史轨迹。而对图书定价的记录,虽然很多都是过时了,但也为从经济学的角度去研究文化提供了珍贵的第一手资料。值得一提的是,1955年之前的图书,那成千上万元的定价,是使用我国第一套人民币时的图书定价,现在看来已经很有历史感了!

定下了这样的收录体例,就等于给我自己上了一个紧箍咒。试想,几十年的图书记录,有一些疏漏舛错也在所难免,但我却要在有限的时间内对于发现的问题进行查补。感谢信息时代对信息流通和传播的支持,我需要的很多图书信息都是在网上获得的,像国家图书馆及各省市和各大学图书馆的公共目录查询系统,孔夫子旧书网等等都给了我很多的方便。特别是孔夫子旧书网,上面贴出的许多旧版图书封面或版权页,让我能够直观地得到可靠的数据,而有些旧书即使在图书馆也是极难找到的。

面对大量的图书信息,有时还需要甄别和考校。举个例子,鲁迅的杂文集《集外集拾遗》,在同一个书名下,存在两个不同内容的版本:一个版本是1938年第一版《鲁迅全集》出版时由许广平最后编定的一本鲁迅集外文集;另一个版本则是我社在1959年出版的继许广平编定之后又陆续发现的鲁迅其他佚文,两书收文几乎完全不同,这第二个版本其实就是后来的《集外集拾遗补编》。这在出版记录中并没有区分,为了体现这一点,我在书目中将两个版本分别列条。还有《莎士比亚全集》,我社在上世纪有十一卷本和六卷本两种版本,各卷收文有很大不同,而在图书出版记录上是重合的,前六卷叠加在一起,但标明了内容的区别,我在收录时予以剥离,另列条目。

在编录的过程中,很多细节都是需要注意把握的,稍有疏忽就会出现纰漏,比如名称前后的变化。1978年我社出版徐迟的报告文学作品,书名为《哥德巴赫猜想》,2005年"中国当代报告文学精品书系"中收入以此为书名的报告文学集,改为《歌德巴赫猜想》,前后仅半字之差;翻译作品也有译名差异的问题,托尔斯泰的作品,旧译《安娜·卡列尼娜》,现译为《安娜·卡列宁娜》;外国作者的名字不仅有不同的音译,连国籍也会有所变化,作家艾特玛托夫,在苏联解体之后国籍改为吉尔吉斯斯坦,他的相关图书也由原来的欧洲移至亚洲部分。这些细节都直接影响着书目的质量,更影响着读者对图书信息的准确了解。

2011年,在我社建社六十年的时候,出版了社史上第一部完整的图书总目。埋头编书的时候,时间紧张,来不及多想,当工作接近尾声,反倒诚惶诚恐起来。唯恐因为我个人的学识或疏忽,影响到图书的质量。我请社里的排校部多打了一份完整的图书清样,一直保存了十年。虽然也不知道十年之后会是怎样的变化,但心里始终还有这个情结在。十年的时间真的是一晃就过去了,我退休也已经三年了。命运还是让我重新打开了那份尘封的清样,开始了《人民文学出版社七十年图书总目》的编录。我又重新翻检、核对那一柜子的图书出版记录卡片,亲切熟悉的感觉扑面而来。

这次修订重编,体例仍然延续原来的规则,但内容增加了许多。首先,增补了2011年至2021年十年间出版的新书,所收图书总量由原来的12655种，增加到19072种，新增图书6400多种。由此可以看出我社图书出版数量和速度的激增。其次，增补了既有图书的重版信息，记录了十年间这些图书版本的沿革和不断被重组，收入到新的丛书、系列书的情况。这体现了我社图书资源的丰厚潜力和持久续航的生命力。

修订过程中，对六十年图书总目中图书信息的错漏之处进行了修改补充，当时没能查到的资料这次也有新的收获，这也给了我一个弥补遗憾的机会。另外，这次修订，在每一条书目的最后都补充了图书出版记录卡片号，便于社内工作中查找。

历经十个春秋，再次面对这本厚重的图书总目，对我来说，不变的依然是不避繁琐，倾尽全力，追求完美的态度和坚持。不变的还有我心中那许多的感激，首先要感谢十年前做了大量原始资料录入基础工作的张静、刘伟利、李娜、李婉愉。感谢社内各部门同事的合作、配合，我想起了在2020年春节，新冠肺炎肆虐的日子，是总编室同事将出版记录卡片快递到我家里，让我减少了外出的风险。每次借还卡片都是李娜、高处寒、齐欢一丝不苟地帮我清点。感谢排校部周红雨及校对人员的辛勤工作和大力协助。感谢策划部和美编同事提供的书影。感谢我的同事杨新岚和她的爱人翟铭，再次帮助提取本书的索引，就在我写这个编辑后记的同时，他们还不断地打来电话，讨论其中的问题。最后还要感谢我的家人对我工作的全力支持。在这里我要衷心说一声，谢谢你们！没有你们，这个图书总目是没有办法完成的。

这一本厚厚的图书总目包含了七十年几代文学出版人的汗水和心血，编完之后，我也仿佛跟着他们的脚步重新走过七十年。这里面的每一本书，都有他们的身影，都有不同的故事，就让我们在书中记住他们吧。

文章千古事，承载万卷书。七十年在历史的长河中仅仅是一个小小的节点，七十年过后，文学创作仍在继续，文学出版仍然前行。青山在，人未老，让我们一起相约下一个十年。

王　海　波

2021年3月，于朝内大街166号

PEOPLE'S
LITERATURE
PUBLISHING
HOUSE